통일교육학:
그 이론과 실제

통일교육학:
그 이론과 실제

박형빈 지음

▌머리말

"Gedanken ohne Inhalt sind leer,
Anschauungen ohne Begriffe sind blind."

Immanuel Kant(1781), Kritik der reinen Vernunft

한반도 분단 이후 대한민국에서 통일은 풀어야 할 숙제로, 언젠가는 이루어야 하는 과업으로, 그리고 우리에게 지루한 여정으로 남아있다. 한동안 학교현장에서 통일교육 관련 논의는 주로 정치학적 접근에 의존해왔으며 가치를 기반으로 한 교육학적 접근의 통일교육 논의는 도덕 윤리 교육학계를 제외하고는 그다지 활발하게 이루어지지 않았다. 그러나 통일교육이 교육의 한 영역이라는 점을 상기할 때, 통일교육은 통일교육학이라는 새로운 학문적 탐구를 요청한다. 특히 통일교육학은 궁극적으로 한 인간의 인격 형성에 지대한 영향을 미칠 수밖에 없고, 그래야만 한다는 점에서 필수불가결하게 도덕교육학이라는 모학문(母學文)에 기반을 둔다.

통일교육학은 남북의 통일을 위해 요구되는 교육이라는 특수성과 세계 평화와 인류번영에 이바지해야 한다는 보편성을 지닌다. 그런데 모학문인 도덕교육학과 통일교육학의 핵심적인 차이점은 통일교육학이 도덕교육학에 비해 보편성과 특수성 가운데 더욱 더 특수성에 주목할 수밖에 없다는 점이다. 대한민국에서 통일교육학은 남한과 북한이라는 분단된 두 체제가 하나의 민족으로서 통합을 추구하는 것으로 '통일 한반도'라는 특수성에 중점을 둘 수밖에 없기 때문이다. 결국 대한민국에서 분단 이후 이루어진 통일교육은 도덕교육학에 기초한 교육 분과로서 고유성과 보편성을 갖는다.

　필자가 이 책을 집필하는 내내 끊임없이 품고 있던 의문은 국가적 차원에서의 통일교육과 관련한 두 가지 주된 문제의식이다. 첫째, 통일교육학의 필요성과 과제는 무엇인가이며, 둘째, 통일교육학의 이론 기반과 실제 방법은 어떻게 제시될 수 있는가이다. 이 책은 이러한 문제의식에서 비롯된 오랜 기간의 고민과 여정에 대한 작은 결실이다. 여기에 실린 글들은 필자가 통일 및 통일교육이라는 주제와 직간접적으로 연관된 2011년부터 2020년까지 학술지에 발표했던 글들을 한 권의 책으로 재구성하고 수정 및 보완한 것이다. 이는 융복합학문인 도덕교육학의 하위 학문 분야로서 통일교육학의 이론과 실제를 탐색하는 데 기초가 될 수 있는 주요 교육 논의들을 하나로 모은 것이기도 하다. 특히 필자가 우리 사회에 정착한 탈북학생들을 직접 만나고 이들과 나누었던 고민과 이야기를 바탕으로 통일교육학의 이론적 기반과 실제적 방법론에 제시할 수 있는 교육 논의들을 함께 싣고자 했다.
　통일교육학을 위한 통일철학 및 통일교육 방법론의 다차원적이고 과학적인 접근을 제시함으로써 통일교육학 성립을 위한 다양한 학문 분야들과의 상호참조 가능 모형을 제안하는 데도 목적을 두고 있다. 필자는 통일교육학의 이론적 기반을 마련하고 실제 교육현장에서 유용하고 적절하게 활용될 수 있는 방법론적 핵심 요소들을 살펴보고자 했다.

필자의 이러한 논의가 통일교육학의 학문적 체계를 구축하는 밑거름이 되길 기대한다. 궁극적으로 통일교육이 사회통합 교육으로서 사람의 통일을 이루어 통일의 견인차 역할을 성실히 수행하길 바란다. 통일교육의 본질을 총체적으로 이해하고 실제적인 교육방법론을 마련하며 모학문인 도덕교육학과의 연관성 속에서 통일교육학의 정체성을 확보하는 기반이 되길 바란다. 그럼에도 불구하고, 미진한 부분이 많이 있음을 고백하지 않을 수 없다. 이 글을 읽는 독자들의 관심과 비판을 통해 지속해서 수정하며 보완하고자 한다.

『통일교육학: 그 이론과 실제』를 출간함에 있어 지난 10여 년간 발표했던 본 주제와 연관된 논문들의 요지를 일관되게 정리하여 유목화하고자 했다. 비록 전체적으로 보면 핵심 사상은 동일한 것이지만 여러 면에서 논의를 더욱 충실히 하고 강화하고자 노력했다. 학술지에 게재했던 논문들에 담긴 모든 주요 논제들이 다시금 세목에 걸쳐 다루어졌다. 논지의 전개는 이론과 실제로 나누어지며, 이론편의 제Ⅰ부~제Ⅵ부, 실제편의 제Ⅶ부~제Ⅷ부로 구성된다.

제Ⅰ부(제1장)의 주제는 도덕과 교육과정과 통일교육으로 도덕과 교육과정에서 통일교육이 갖는 민주시민교육과 평화교육과의 연관성을 다룬다.

제Ⅱ부(제2장~제3장)의 주제는 다문화시대 민족주의와 통일교육 관련 주제들을 다룬다. 여기에서는 통일교육에서 민족주의와 다문화주의, 사회통합 모색을 위한 민족 정체성과 세계 시민성의 논의가 이루어진다.

제Ⅲ부(제4장~제5장)의 주제는 여성·평화·안보, 인권과 통일교육과 관련된 내용을 다룬다. 관련 내용으로는 통일교육과 여성·평화·안보에 관한 UN 안보리 결의 1325와 함석헌 씨올사상의 실천 윤리적 성격과 인권 그리고 통일교육에 대한 논의이다.

제Ⅳ부(제6장~제7장)는 탈북청소년과 통일교육 관련 주제들을 다룬다. 관련 내용으로는 탈북청소년과 통합형 도덕성 진단 도구 개발, 탈북청소년의 시민역량 함양을 위한 통합형 도덕성 진단 도구 개발 및 적용이다.

제Ⅴ부(제8장)는 뇌신경과학과 통일교육 관련 주제를 다룬다. 거울 뉴런과 통일교육에 대해 논의한다.

제Ⅵ부(제9장~제10장)는 심리학, 심리치료와 통일교육 관련 주제를 다룬다. 관련 내용으로는 서구 심리치료(Psychotherapy)의 동향과 통일교육, 심리분석과 통일교육이다.

제Ⅶ부(제11장~제14장)의 주제는 인공지능 시대 Z세대와 통일교육이다. 관련 내용으로는 통일교육에서 그릿(grit)과 성장 마인드셋(mindset) 기반 발문 활용, 디지털 원주민 시대의 통일교육과 게이미피케이션(Gamification), 학습자 중심수업과 창의적 사고기법을 활용한 통일교육 수업 모듈 개발, 비판적 반성 사고를 위한 P4C와 미디어 리터러시 융합 통일교육이다.

제Ⅷ부(제15장~제17장)의 주제는 윤리상담과 통일교육을 다룬다. 관련 내용은 윤리클리닉으로서 윤리상담과 탈북청소년을 위한 통일교육, 문화 코호트로서 탈북학생 민주시민교육을 위한 윤리컨설팅 프로그램 모듈 개발, 민주시민교육으로서 탈북청소년 윤리상담 프로그램 개발 및 적용이다.

학술지에 실린 각 논문들을 통일교육학의 이론과 실제를 중심으로 전체적으로 수정 및 보완하고 새롭게 재구조화하였으며, 글의 출처는 다음과 같다.

제1장 :
박형빈. (2020). 도덕과 교육과정에서 통일교육과 민주시민교육 그리고 평화교육의 관계 설정 및 발전 방안. 도덕윤리과교육연구, (67), 99-128.

제2장 :
박형빈. (2013). 교과교육학: 통일교육에서 민족주의와 다문화주의. 윤리교육연구, (31), 213-235.

제3장 :
박형빈. (2018). 통일교육의 사회통합 역할 모색을 위한 민족 정체성과 세계 시민성 담론: Durkheim의 도덕론을 중심으로. 도덕윤리과교육연구, (60), 133-155.

제4장 :
박형빈. (2018). 초등 통일교육에서 '여성·평화·안보에 관한 UN 안보리 결의 1325'의 적용 가능성 탐색. 초등도덕교육, (59), 35-70.

제5장 :
박형빈. (2018). 세계화 시대 인권으로 보는 함석헌 씨ᄋᆯ사상의 실천 윤리적 성격과 교육적 함의. 윤리연구, 1(118), 171-198.

제6장 :
박형빈. (2018). 통합형 도덕성 진단 도구 개발을 위한 기초 연구 I. 윤리교육연구, (50), 413-461.

제7장 :
박형빈. (2019). 탈북청소년의 도덕적·시민적 역량 함양을 위한 통합형 도덕성 진단 도구 개발 및 적용. 도덕윤리과교육연구, (62), 89-120.

제8장 :
박형빈. (2011). 거울 뉴런과 도덕교육. 윤리연구, (81), 263-289.

제9장 :
박형빈. (2018). 서구 심리치료(Psychotherapy)의 동향과 도덕교육-심리치료 동향의 도덕 교육적 시사점으로 본 윤리상담학의 가능성 탐색. 초등도덕교육, (61), 387-421.

제10장 :
박형빈. (2016). 심리분석과 도덕교육. 윤리연구, 108, 155-193.

제11장 :
박형빈. (2019). 도덕교육에서 그릿(grit)과 성장 마인드셋(mindset) 기반 발문 활용 전략. 윤리연구, 1(126), 117-149.

제12장 :
박형빈. (2020). 디지털 원주민 시대의 통일교육과 게이미피케이션 (Gamification). 윤리교육연구, (55), 337-364.

제13장 :
박형빈. (2016). 학습자 중심수업과 창의적 사고기법을 활용한 도덕과 수업 모듈 개발. 도덕윤리과교육연구, (51), 101-143.

제14장 :
박형빈. (2020). 인공지능 시대 비판적 반성 사고를 위한 P4C와 미디어 리터러시 융합 통일교육 방안. 도덕윤리과교육연구, (68), 57-81.

제15장 :
박형빈. (2015). 윤리클리닉으로서 윤리상담에 관한 일 고찰. 초등도덕교육, (48), 187-221.

제16장 :
박형빈. (2019). 문화 코호트로서 탈북학생 민주시민교육을 위한 윤리컨설팅 프로그램 모듈 개발 기초 연구. 윤리교육연구, (53), 65-100.

제17장 :
박형빈. (2020). 민주시민교육으로서 탈북청소년 윤리상담 프로그램 개발 및 적용에 관한 질적 연구. 학습자중심교과교육연구, (20), 459-480.

통일교육은 남한 원주민, 북한이탈청소년, 다문화 학생 등 통일에 대해 각기 다른 시선과 견해를 갖는 학생들을 대상으로 이루어진다. 이 책으로 인해 대한민국에서 다루어진 통일교육을 더욱 명확히 알게 되고 그것을 더욱 발전시켜 줄 길을 제시받을 수 있길 바란다.

박형빈(서울교육대학교 윤리교육과 교수)
profphb@snue.ac.kr

목 차

실제 : 통일교육학, 그 과학적 실제 방법론

제VII부 인공지능 시대 Z세대와 통일교육

이론 :

통일교육학,
그 가능성과 과제

제 I 부

도덕과 교육과정과 통일교육

제1장

도덕과 교육과정에서
통일교육, 민주시민교육, 평화교육

Ⅰ. 서론

통일교육은 남북 상황에 민감하게 반응하며 시기마다 교육의 방향과 접근 방식이 변화해 왔다. 통일교육은 분단 이후 반공교육, 안보교육, 승공 통일교육, 통일안보교육, 통일교육, 평화·통일교육 등으로 칭호와 목적이 바뀌면서 교육의 기본 방향에서도 상당한 변화를 겪었다. 최근 통일교육은 냉전 시대의 이념 차이를 강조하던 교육에서 탈이념 교육으로 전환되어 안보 지향에서 평화와 화해·공존 지향 패러다임으로 변화하고 있다. 교육부는 이러한 시대 상황을 반영하여 2018년 '학교 평화·통일교육 활성화 계획'을 발표하며 2017년까지 사용하던 '통일·안보교육'을 '평화·통일교육'으로 변화시켰다. 이는 안보 중심의 통일교육을 평화, 공존, 화해의 관점으로 선회하는 동시에 변화하고 있는 북한에 대한 이해를 기반으로 미래세대의 통일 역량을 키우고 평화·통일 공감대 확산을 도모하기 위한 것이며 교육현장에서 현재의 분단체제를 극복하고 한반도의 항구적 평화정착을 구현하기 위한 것이다. 이러한 평화적 관점의 통일교육은 전쟁, 사회위협, 체제 불안과 같은 외재적 폭력뿐만 아니라 북한 주민에 대한 적대감, 북한이탈주민에 대한 편견과 차별, 사회갈등과 같은 내재적 폭력에서 벗어날 것을 요구한다. 동시에 비폭력적 문제해결 능력의 배양으로 폭력적 방법을 사용하지 않고 갈등을 해결할 수 있는 생활 속 평화역량 강화를 포함하며 이는 민주시민의 자질과도 밀접하다.

새로운 통일교육을 기존의 안보 위주 중심적 통일교육과 구분하기 위해 민주시민교육과 연계해서 바라보거나 평화통일 교육이라는 용어를 사용해야 한다는 주장도 있다. 통일된 사회는 민주주의와 인권, 자유와 평등, 복지가 조화롭게 보장되는 사회가 되어야 하기에 통일교육은 통일에 관한 것을 가르치는 것을 넘어서서 민주주의와 인간의 존엄을 저해하는 분단을 해소하고 그러한 가치가 온전히 보장되는 사회를 만들어낼 수 있는 민주시민으로서의 능력과 자질을 함양하는 교육이 되어야 한다. 이 점에서 통일교육은 민주시민교육과도 중첩된다. 평화교육, 민주시민교육과 연계하여 통일교육의 방향성을 설정하는 것이 통일교육 논의의 주요한 흐름이다(조정아, 2007: 295-296).

그러나 통일교육과 평화교육, 통일교육과 민주시민교육의 관계 설정을 어떻게 구체화할 것인가에 대해서는 의견이 분분하다. 학교 현장에서 통일교육은 여전히 민주시민교육, 평화교육의 여러 내용 요소들 사이에서 무엇이, 어떻게 연결되고 다루어져야 하는가에 대해 서로 다른 기준들이 제시됨으로써 도덕과 통일교육에서 민주시민교육과 평화교육 실행에 대한 이해를 어렵게 하고 있다. 예를 들면, 그동안 초등학교 교육현장에서 통일교육, 민주시민교육, 평화교육은 도덕, 사회과를 중심으로 그리고 범교과 학습 속에서 명확한 기준이 제시되지 않은 채 서로 내용과 주제가 중첩되어 다루어짐으로써 혼란을 가중하고 있다.

그러므로 본 연구에서는 도덕과 교육과정에서 통일교육과 민주시민교육 그리고 평화교육의 연계성을 초등학교 도덕과 교육과정을 중심으로 살펴보고 차기 도덕과 교육과정에서 민주시민교육과 평화교육으로서 통일교육의 내용 요소와 교수학습 방안 등이 어떻게 제시될 수 있는가를 모색하고자 한다. 이를 위해 제2차부터 2015 개정까지 초등학교 도덕과 교육과정, 통일부 통일교육원의 통일교육 자료, 통일교육지원법, 국외의 민주시민교육 및 평화교육 관련 자료에 대한 문헌 연구를 통해 도덕과 통일교육이 민주시민교육 그리고 평화교육으로서 내실을 다지기 위해 교육과정에서 다루어야 할 내용 요소, 교육 차원, 교육 원칙 및 방법을 체계적으로 확인하고자 한다.

각 장에서의 연구 문제는 다음과 같다. 제Ⅱ장에서는 제2차 교육과정부터 2015 개정 초등 도덕과 교육과정에서 통일교육, 민주시민교육, 평화교육 관련 내용 요소를 추출한다. 또한 학교 통일교육현장에서 통일교육의 기초 재료가 되는 통일교육원 교재, 통일교육지원법과 같은 국가적 차원의 통일교육 자료에 담긴 민주시민교육과 평화교육의 내용 요소를 도출하여 통일교육, 민주시민교육, 평화교육의 관계성을 확인한다. 제Ⅲ장에서는 통일교육, 민주시민교육, 평화교육의 공통 요소를 추출하기 위해 민주시민교육 그리고 평화교육과 관련한 국내외의 연구 자료를 살펴본다. 제Ⅳ장에서는 제Ⅱ장과 제Ⅲ장의 내용을 분석하고 종합하여 교육과정에서 민주시민교육과 평화교육으로서 도덕과 통일교육의 성격 및 목적을 명확히 하기 위해 중점적으로 다루어야 할 핵심 내용 요소, 필수 성취역량, 교육 원칙, 효과적인 교수학습 방법을 구조적으로 조직화한다. 이를 바탕으로 민주시민교육과 평화교육으로서 통일교육을 위한 도덕과 교육과정의 개선 방향을 제시하고자 한다. 궁극적으로 본 연구는 초등학교 도덕과 교육과정에서 통일교육 내용 체계, 교육 원칙을 보완하고 개선된 기준을 제안하여 도덕과 통일교육이 민주시민교육과 평화교육을 교육과정 안에서 어떠한 형태로 포섭하여 구조화할 수 있는가에 대한 제언을 하고자 한다.

Ⅱ. 초등 도덕과 통일교육, 민주시민교육, 평화교육 내용 분석

1. 초등학교 도덕과 교육과정의 통일교육, 시민교육, 평화교육 관련 요소

도덕과는 제2차 교육과정부터 '반공·도덕'의 명칭으로 등장하였는데 일종의 범교과로서 모든 교과에서 다루어지도록 하였다. 제3차 교육과정부터 반공·도덕이 없어지고 '도덕'이라는 도덕과 고유의 명칭이 확립되어 하나의 교과로 독립하였다. 제2차 교육과정부터 2015 개정 교육과정에 이르기까지 초등학교 도덕과 교육과정에 제시된 교육목표, 내용 체계, 성취기준 가운데 통일교육, 민주시민교육, 평화교육 관련 내용 요소를 추출하면 <표 1>과 같다. 다음은 제2차 교육과정부터 2015 개정 교육과정까지 국가교육과정정보센터에 첨부된 교육과정 자료를 통해 분석한 것이다.

〈표 1〉 교육과정별 초등 도덕과의 통일교육, 민주시민교육, 평화교육 관련 내용 요소

교육 과정	교육목표, 내용 체계, 성취기준 관련 요소		
	통일교육	민주시민교육	평화교육
2차	멸공 통일, 국가 민족의 번영과 발전을 위해 헌신하는 결의, 태도	민주사회에서 도덕의 기본 정신, 우리 사회를 더욱 민주적으로 발전 기능	
3차	민주주의의 우월함과 공산주의의 그릇됨을 알고 국토 통일을 평화적으로 이룩하려는 마음과 태도를 기른다.	사회의 일원으로서, 협동하는 사회생활을 민주적으로 영위할 수 있는 능력과 태도	통일을 평화적으로
4차	북한 공산당의 그릇됨과 침략성을 경계하고, 민주주의의 우월성을 이해하여 평화통일의 신념을 가지게 한다.	국민으로서의 긍지와 애국심을 가지고 나라와 겨레의 발전에 협력하며, 국제이해, 민주주의의 우월성을 이해	평화통일
5차	국토 분단의 현실과 북한 공산 집단의 실상을 바르게 이해하고, 대한민국의 정통성 및 우월성을 알아, 민주적 평화통일을 위한 신념과 태도 내용 요소(3학년) 평화통일을 위한 생활, 우리의 자유로운 생활에 대해 긍지를 가진다. 학년 목표(6학년) 북한 공산 체제의 문제점과 대한민국의 우월성을 인식, 자주국방 의식 민주적 평화통일 달성	민주시민으로서 생활하는 데 필요한 규범의 의미 이해, 이를 실천함으로써 바람직한 민주시민의 태도를 가지게 한다. 국민으로서의 긍지와 애국심을 가지고 나라와 겨레의 발전에 참여하며, 인류 공영에 이바지하려는 태도 (학년 목표)(6학년) 바람직한 민주시민의 자질. 자유민주주의 국가의 국민	(민주적) 평화통일 (내용 요소) (3학년) 대한민국의 정통성 및 우월성을 알아, 민주적 평화통일을 위한 신념과 태도를 가지게 한다.
6차	내용 체계(사회생활 영역)(국가·민족 생활) (5학년) 평화통일의 방법, (6학년) 통일을 위한 노력, 세계 평화와 인류 공영	(내용 체계)(사회생활 영역)(4학년) 민주시민으로서 자신의 생활을 반성하게 하여, 민주적인 생활 태도 (5학년) 민주시민 생활에서 요구되는 여러 규범들 간의 관련성을 파악(후략)	평화통일 세계 평화
7차	남북한의 통일정책과 통일과제를 파악하여 통일을 이룩하는 데 필요하며, 통일 이후에 기대되는 바람직한 한국인 및 세계시민으로서의 능력과 태도를 지닌다. 내용 체계(국가·민족 생활 영역)(5, 6학년) 평화통일	(바른 생활) (목표) 건전한 인성을 지닌 민주시민의 자질을 형성한다. (도덕)(성격) 도덕은 인성교육과 민주시민교육, 통일 대비 교육과 국가 안보교육을 핵심 영역으로 다루고 있는 핵심교과이다.	평화통일 (5학년)((4) 국가·민족 생활) (나) 평화통일의 당위성과 방법 이해, 조국의 평화통일 실천하려는 태도 의지 (1) 평화통일의 의미와 평화적 통일

교육 과정	교육목표, 내용 체계, 성취기준 관련 요소		
	통일교육	민주시민교육	평화교육
7차		(도덕)(5학년)((3) 사회생활) 민 주적 문제해결의 방법과 절차 를 실제 생활에 적용하고 실천 하는 태도, 민주사회의 도덕을 이해하고 실천하며(후략)	(도덕)(3. 내용) (6학 년)(4) 국가·민족 생 활 (가) 통일 조국의 미래 모습을 알고, 평 화통일 자세(4) 평화 통일 실천방안
2007 개정	내용 체계(가치 덕목) 애국·애 족, 평화·통일 (나라·민족·지구공동체와의 관계 영역)(4학년) 통일의 필 요성과 우리의 통일 노력, (6 학년) 추구하는 통일의 모습 (6학년)(3) 나라·민족·지구공 동체와의 관계 (나) 통일 모습	공동체 속에서 다른 사람과 더 불어 조화롭게 살아갈 수 있는 도덕적 능력과 태도 내용 체계(가치 덕목) 민주적 대화 (우리·타인·사회와의 관계 영 역)(5학년) 대화와 갈등 해결	평화로운 세상 (6학년)(3) 나라·민 족·지구공동체와 의 관계 (다) 평화로운 세상
2009 개정	(성취기준)(3, 4학년) (사회·국 가·지구공동체와의 관계) 통 일의 필요성과 통일 노력, 남북 협력과 평화 (5, 6학년) (사회·국가·지 구공동체와의 관계) (마) 우리 가 추구하는 통일의 모습: 평 화통일을 위해 우리가 노력 해야 할 일들과 실천방안	공동체 속에서 다른 사람과 더 불어 조화롭게 살아갈 수 있는 도덕적 행동 능력과 습관을 기 른다. (성취기준)(5, 6학년) (사회·국 가·지구공동체와의 관계) (다) 공동체 의식과 시민의 역할	(주요 가치 덕목) 평화 (5-6학년)(3) 사회·국 가·지구공동체와의 관계 (바) 지구촌 시대의 인 류애(생략) 평화, 인류 애와 평화 실현 ① 지구촌 시대, 인 류애, 평화 ③ 인류애와 평화 실 현, 실천 방법
2012 개정	(내용 체계) (사회·국가·지 구공동체와의 관계 영역)(영 역별 주요 가치 덕목) 통일 의지 (3·4학년) (다) 통일의 필요성 과 통일 노력	(내용 체계) (사회·국가·지구 공동체와의 관계 영역)(전체 지향 주요 가치 덕목) 존중·책임·정 의·배려(영역별 주요 가치 덕목) 준법·공익, 애국심, 인류애 (5·6학년)(다) 공동체 의식과 시민의 역할	(주요 가치 덕목) 평화
2015 개정	(내용 체계) (사회·공동체와의 관계) (3, 4학년군) 통일은 왜 필요할까(통일 의지, 애국심) (5, 6학년) 통일로 가는 바람직 한 길은 무엇일까(통일 의지) (성취기준)(4학년)(사회·공동 체와의 관계) 남북분단과정과 민족의 아픔을 통해 통일의 필	(내용 체계) (사회·공동체와의 관계) (3, 4학년군) 나는 공공 장소에서 어떻게 해야 할까 (공익, 준법), 나와 다르다고 차 별해도 될까(공정성, 존중), (5, 6학년군) 우리는 서로의 권 리를 왜 존중해야 할까(인권 존 중), 공정한 사회를 위해 무엇	(성취기준) (타인과 의 관계)(6학년) 다 양한 갈등을 평화적 으로 해결하는 것의 중요성과 방법을 알 고 의지를 기른다. ② 갈등을 평화적으로 해결하기 위해 경청,

교육 과정	교육목표, 내용 체계, 성취기준 관련 요소		
	통일교육	민주시민교육	평화교육
2015 개정	요성을 알고, 통일에 대한 관 심과 통일 의지를 기른다.	을 해야 할까(공정성) (성취기준)(4학년)(사회·공동 체와의 관계) 도덕적 탐구 성 찰, 사회·공동체 정의 지향, 성숙한 도덕적 시민	도덕적 대화하기 능 력을 어떻게 기를 수 있을까.

<표 1>에서와 같이 제2차 교육과정에서 반공·도덕의 명칭으로 등장하여 제3차 교육과정부터 '도덕과'라는 명칭으로 교과로서 자리를 확립한 도덕과는 도덕과 본연의 목표인 '도덕적 인간'으로의 성장과 아울러 '민주시민', '대한민국 국민'으로서 올바른 인간을 기르는 데 주안점을 두어왔다. 제5차 교육과정은 시민 생활 영역을 통해 '시민교육'을, 통일·안보 생활을 통해 '통일교육'과 '평화교육' 내용 요소를 포함하고 있다. 제5차 교육과정부터 도덕과 교과 목표에서 '민주시민교육', '통일교육', '평화교육'에 대한 내용이 이전보다 더욱 구체적으로 제시되었다.

평화라는 개념은 도덕과 교육과정에서 주요한 가치·덕목으로 다루어져 왔다. 민주시민교육은 세계시민교육의 내용 요소로 세계화, 세계화 시대, 인류애, 지구촌 문제, 국제이해 등과도 연결된다. 제2차 교육과정부터 2015 개정 초등 도덕과 교육과정에서 지식, 의지, 가치, 태도, 기술, 역량, 능력, 실행력, 행동 등의 차원에서 통일교육, 민주시민교육, 평화교육 연계 내용 요소를 발견할 수 있다. 교육과정의 역사적인 측면을 통해 볼 때, 도덕과는 지속적이고 계획적으로 통일교육, 민주시민교육, 평화교육을 교과의 주요 주제 및 내용 요소로 상정하여 학교현장에서 교육하도록 노력해 왔고 이들은 태도, 신념, 의지, 인식, 능력, 자질, 이해, 가치 등으로 구성된

다. 주목할 점은 최근 우리 사회에서 강조되고 있는 '도덕적 민주 시민의 육성'이 과거로부터 지금까지 도덕과 교육의 긴요한 목표이자 과제 가운데 하나라는 점이다. <표 2>는 제2차 교육과정부터 2015 개정 교육과정까지 초등학교 도덕과에서 다루어진 통일교육, 민주시민교육, 평화교육의 내용 요소와 이들 교육의 공통 인자이다.

〈표 2〉 초등학교 도덕과 교육과정의 통일교육, 민주시민교육, 평화교육 구성 요소

구성 내용 요소		
통일교육	민주시민교육	평화교육
평화통일신념, 평화통일 태도, 통일 필요성, 통일 모습, 통일실천방안, 통일 의지, 통일 노력, 통일 관심 등	민주적 생활 태도 및 능력, 민주주의 우월성 인식, 민주시민 태도와 신념, 민주시민 자질, 자유민주주의, 민주시민 윤리, 공동체 의식, 시민 역할, 민주시민 가치 이해 및 실천 능력, 도덕적 시민 등	평화통일, 인류애, 평화 실현, 지구 공동체, 세계 평화, 평화적 갈등 해결 능력 등
태도, 신념, 의지, 인식, 능력, 자질, 이해, 가치 등		

2. 통일교육 관련 법 및 수업 자료의 민주시민교육, 평화교육 내용 요소

통일교육을 촉진하고 지원하기 위해 제정된 통일교육지원법 제2조에서 '통일교육이란 자유민주주의에 대한 신념과 민족공동체 의식 및 건전한 안보관을 바탕으로 통일을 이룩하는 데 필요한 가치관과 태도를 기르도록 하기 위한 교육을 말한다.'라고 적시하고 있다. 제3조 통일교육의 기본원칙 제1항에서 '통일교육은 자유민주적 기본질서를 수호하고 평화적 통일을 지향하여야 한다.'라고 명시하고 있다. 또한 고발과 관련된 제11조에서는 '통일부 장관은 통일교육을 하는 자가 자유민주적 기본질서를 침해하는 내용으로 통일교육을 하였을 때에는 시정을 요구하거나 수사기관 등에 고발하여야

한다.'라고 강조하고 있다(통일교육지원법[시행 2018. 9. 14.] [법률 제15433호]). 본 지원법에서 통일교육은 자유민주주의에 대한 신념, 민족공동체 의식, 건전한 안보관을 바탕으로 통일을 이룩하는 데 필요한 가치관과 태도를 기르도록 하는 교육으로 정의되고 있는데 이는 대한민국 헌법의 기본 정신을 반영한 것이다. 대한민국 헌법 제4조에서 '대한민국은 통일을 지향하며 자유민주적 기본질서에 입각한 평화적 통일정책을 수립하고 이를 추진한다(헌법 전문 제1장 총강, 제4조).'라고 명시하고 있다.

이처럼 우리나라에서 통일교육은 자유, 민주, 평화의 가치 구현을 추구하며 자유민주주의 이념 지향을 핵심으로 내포하고 이를 강조하고 있다. 통일교육지원법에서의 통일교육은 <표 3>에서와 같이 자유민주주의에 대한 신념, 민족공동체 의식, 자유민주적 기본질서 수호 등의 내용 요소를 통해 민주시민교육과 연계되며 평화적 통일 지향의 관점을 통해 평화교육과 관련된다.

〈표 3〉 통일교육지원법의 민주시민교육과 평화교육 내용 요소

민주시민교육	평화교육
자유민주주의에 대한 신념, 민족공동체 의식, 자유민주적 기본질서 수호	평화적 통일 지향

통일교육지원법 제3조의 2(통일교육 기본사항)에 근거하여 2018년 발간된 통일부 통일교육원의 『평화·통일교육: 방향과 관점』은 1999년부터 『통일교육 지침서』로 발간되던 것의 명칭을 바꾼 것으로 기존의 북한·통일문제에 대한 지식, 정보, 지침을 제공해 오던 성격에서 선회하여 학교, 지역사회, 교육현장을 위해 통일교육의

방향과 관점 등을 제시하기 위한 것으로 기획되었다. 최근 우리나라 통일교육의 기본 관점 중 하나는 '평화'임을 자료의 명칭을 통해서도 알 수 있다. 본 자료에서 다음(통일교육원, 2018: 6-8, 15-16 참조)과 같이 민주시민교육, 평화교육 관련 내용 요소들에 주목할 필요가 있다.

〈표 4〉 『평화통일 교육: 방향과 관점』의 민주시민교육, 평화교육 내용 요소

민주시민교육	평화교육
(목표 및 중점 방향) 민주시민의식 고양, 민주적 의사결정과 문제해결 능력, 민주적 원리와 절차에 따른 행동 능력, 자유, 인권, 평등, 복지 등 인류 보편가치	(목표 및 중점 방향) 평화통일 실현 의지 함양, 평화의식 함양, 화해 협력 및 평화공존

평화·통일교육의 목표와 중점 방향으로 제시된 내용 가운데 민주시민의식 고양, 민주적 의사결정과 문제해결 능력, 민주적 원리와 절차에 따른 행동 능력 그리고 자유, 인권, 평등, 복지 등과 같은 인류 보편가치의 추구는 통일교육 안에 민주시민교육의 내용 요소가 포함되어 있음을 알게 한다. 또한 평화통일 실현 의지, 평화의식, 화해 협력 및 평화공존 등을 통해 평화교육의 내용 요소가 제시되어 있음을 확인할 수 있다. 도덕과 통일교육현장에서 통일교육 지원법이나 통일교육원의 교육 자료가 통일교육을 위한 기본 자료로 참조된다는 점을 고려할 때, 도덕과 통일교육은 의식과 의지, 기술 및 역량, 가치 등의 차원에서 민주시민교육 그리고 평화교육의 내용 요소를 공유하고 있다.

초등학교 도덕과 교육과정에서 통일교육은 민주시민교육과 평화교육의 내용 요소를 포함하며 학교현장 통일교육에서 중요한 위치

를 점유해 왔다. 우리 사회에서 민주시민교육은 정치 상황에 따라 변화 양상을 띄며 체계적이고 구조화된 교육 활동 기반을 마련하지 못하고 주로 범교과 학습 주제로 남아있다. 그러나 앞에서 살펴본 바와 같이 도덕과에서 민주시민교육은 통일교육, 평화교육 등과 함께 중요한 교육 요소로 상정되어 다루어져 왔다. 그런데도 도덕과 현장에서 통일교육, 민주시민교육, 평화교육의 구체적 연계성에 대한 로드맵은 아직 명확히 제시되고 있지 않다. 따라서 민주시민교육, 평화교육 관련 연구를 살펴봄으로써 이들의 핵심 내용 요소를 도출하여 도덕과 교육과정에서 통일교육과 더불어 제시할 수 있는 핵심적인 내용 요소의 체계적인 접목 모형, 교육 차원, 교육 원칙을 도출하고자 한다.

III. 통일교육, 민주시민교육, 평화교육의 관계성 체계화

1. 시민교육, 민주시민교육의 개념과 좋은 시민

시민교육, 시민성교육, 시민의식교육, 세계시민교육, 민주시민교육과 같은 시민교육 관련 용어들이 우리 사회와 교육현장에서 활발히 논의되고 있다. 특히, 최근 우리 사회에서 학생들에 대한 민주시민교육이 더욱 부각되고 있다. 서울시교육청은 '창의적 민주시민을 기르는 혁신 미래 교육'이라는 슬로건을 내걸고 서울형 학교 민주시민교육 기반 조성을 위해 '2019 학교 민주시민교육 활성화 지원 기본 계획'을 발표했다. 한국교육개발원, 한국교육과정평가원 등 관계기관에서도 민주시민의 자질에 주목하고 있다. 교육부는 2018년 포용적 민주주의를 실현할 성숙한 민주시민을 양성하고자 '민주시민교육 활성화를 위한 종합계획'을 발표했다. 민주시민교육은 교육의 패러다임을 경쟁을 넘어 협력으로 전환하며 참여와 실천을 통해 생활 속 민주주의 확산을 기반으로 학교현장의 변화를 촉진하고자 한다(박형빈, 2019a: 73-74). 2015 도덕과 교육과정에서 제시하고 있는 '도덕적 인간과 정의로운 시민'이라는 교과 목표 달성과 민주시민교육 활성화에 대한 시대적 요청을 고려하여 도덕과 통일교육 영역에서 민주시민교육의 내용 요소, 주제, 성취역량 등은 어떻게 제의될 수 있는가를 고민할 필요가 있다.

시민의식, 시민교육, 시민성교육, 세계시민교육 등의 민주시민교육과 통일교육의 관계 설정을 위해 이들의 개념을 탐구하면 다음과 같다. 민주시민교육과 유사한 개념으로 활용되는 용어는 시민교육이다. 시민의식, 시민성교육, 시민교육은 교육의 이론, 연구, 정책, 실천에 있어 중심 개념으로 이해되어왔다. 시민의식은 흔히 법적 권리 및 의무와 함께 어떻게 사람들이 공동체, 국가, 세계에서 다른 이들과 더불어 사는가에 대한 것으로 그리고 교육이 학생의 정체성 개발을 어떻게 지원할 수 있는가를 나타내는 것으로 설명된다. 일부 학자들은 읽고 쓰는 능력, 비판적 사고와 같은 기술의 구축이 시민교육에서 필요하다고 표명했다. 시민교육은 정치체제의 발전과 밀접하기도 한데 그것은 민주주의를 위해서 시민교육이 근본적으로 중요하다는 오래 전부터의 신념에 의한다(J. Westheimer, 2019: 4).

용어의 개념적인 측면에서 보면 지난 수십 년 동안 시민이라는 개념은 확대되고 심화하여왔다. 확대란 시민이 더 이상 한 국가와 연결되지 않고 지구촌 시민 개념을 통해 전 세계와 연결됨을 의미한다. 심화는 시민의 개념이 정치적 수준에서 사회 및 문화적 수준으로 확장되었다는 것을 의미한다. 심화의 결과로 시민의식은 '도덕'과의 관계를 강화했다(W. Veugelers & I. de Groot, 2019: 14-21).

시민교육은 여러 목적을 위해 사용되기도 하였는데 예를 들면, 유럽 도시에서 인종적 긴장과 테러에 대응하기 위해, 청소년과 소외계층을 보호하기 위해, 청소년들의 사회적 책임감과 공통 가치관을 가르치기 위해 이루어지기도 했다. 나라마다 다르지만 시민교육의 중심은 '좋은 시민'을 배출하는 것이기에 종종 가치가 포함된다. 대표적인 것은 관용, 공정, 자기 확신 등과 같은 덕이며 애국심, 민족의식과 같은 정체성 그리고 비판적 사고 능력과 같은 인지 기술 및 지식 등으로 구성된다. 예를 들어, 프랑스 공화당의 전통적 시민교육은 평등, 자치 등의 가치를 중심으로 구성되었다.

최근 시민교육은 수많은 사회적 문제에 대한 잠재적 해결책으로 간주되기도 한다. 역사적 배경에서 볼 때 시민교육은 프랑스 혁명까지 거슬러 올라간다. 국가는 학교를 통해 시민을 형성하고 심지어 통제하기 위해 시민교육을 사용했다. 18-19세기의 철학자 및 교육자들에게 시민교육은 주로 '도덕교육'이었으며 하층계급의 아이들을 문명화하기 위해 고안되었다. 독일, 프랑스와 같은 국가에서 시민교육은 국가 및 사회통합을 촉진하고 개인의 사회화를 목표로 하였다. 미국의 공립학교는 가톨릭계 아일랜드 이민자들의 동화를 촉진하기 위한 문화적, 종교적 기관으로 기능하기도 했다(P. Mouritsen & A. Jaeger, 2018: 1-4).

영국의 경우 지난 수십 년간 시민참여와 시민교육의 영향에 대한 광범위한 논쟁이 있었다. 시민교육이라는 용어는 시민들의 이탈, 정치에 대한 관심의 감소, 미래세대 시민의식에서의 비관적 전망에 대한 현대의 우려에 대한 반응으로 영국 정치 담론에서 주요 주제 중 하나로 부상했다. 이처럼 많은 국가는 시민교육을 통해서 국가 전통과 민족주의를 반영하기도 하고 가치를 내재화하고 있기에 도덕교육과 밀접하며 근대 국가들에서 사회통합, 국민통합, 사회화, 문명화 등을 목적으로 이루어졌다. 현대 시민교육은 본질에서 유용한 시민을 창출하려는 공화주의 모델과 관련된다(P. Mouritsen & A. Jaeger, 2018: 7). 시민교육이 학생들의 정치참여에 주는 영향을 조사한 연구결과는 학교에서의 시민권 학습의 필요성을 제안하기도 한다(A. I. Pontes, M. Henn, & M. D. Griffiths, 2019: 3-7).

시민교육에서 논의할 주요한 내용 가운데 하나는 '좋은 시민'이 갖는 의미이다. 그것은 '어떤 요소가 좋은 시민을 만드는가'라는 질문을 낳는데 시민교육에 대한 접근 방식에서 다음과 같은 두드러진 측면을 발견할 수 있다. 첫째, 시민의식 즉, 가치문제로 평등, 개인의 자율성, 자유, 인권, 사회정의, 민주주의 등 보편적 규범이다. 이는 국가적 상황에 따라 다르게 이해되기도 한다. 둘째, 미덕 즉 덕목이다. 이에는 공감 능력, 관용, 공평성, 판단에서의 이타성, 합리성, 자신감, 회복 탄력성, 문화 다양성을 인식하고 용납하고 공감할 수 있는 능력, 객관적이고 공정한 태도, 도덕적 정직, 용기, 독립적인 판단과 같은 성격의 성향, 자선 및 다른 사람들과 연대 등이 포함된다. 셋째, 정체성이다. 시민교육은 일반적으로 국가 정체성, 개별정체성 등의 개념을 포함한다. 넷째, 인지적 측면으로서 시민지식으로 사회생활에서 요구되는 기술과 지식이다. 역사에 대한 지식, 헌법상의 권리 및 의무, 정부 및 정치 철학의 원칙, 다양한 사회 및 인종 집단에 대한 친숙성 및 인권에 대한 지식 등이 다루어진다. 가치와 덕목의 구별이 불명확한 면이 존재하는 것도 사실이나 이 4가지 차원 즉, '가치', '미덕(덕목)', '정체성', '지식' 유형은 좋은 시민에 대한 의미에 일반적으로 매핑되어 있으며 국가 상황, 국가 정책, 교육과정, 교육 지도자의 선호에 따라 다양한 방식으로 강조된다(P. Mouritsen & A. Jaeger, 2018: 10-12). <표 5>와 같이 모릿센(P. Mouritsen)과 예거(A. Jaeger)는 좋은 시민의 요소로 가치, 덕, 정체성, 지식의 영역이 내포하고 있는 요소를 목록화했다(P. Mouritsen & A. Jaeger, 2018: 12). 이 가운데 민주주의, 관용의 가치는 여러 유럽 국가의 시민교육에서 강조되는 가치이다.

〈표 5〉 좋은 시민

모델	가치	덕	정체성	지식
시민적 공화주의 시민	평등 정치적 자율성 (비종교주의)	정치적 효능 공적 이유 참여 스킬	시민적 애국주의	정치사 참여제도
공동체적 국가 시민	전통/종교	권위 존중 규범적 근거 시민사회 자발성	국가에 소속	국사와 문화
다문화 시민 범세계주의	문화적 존중과 인정, 세계정의	대화와 공감 국제연대, 환대	다양성에 대한 자부심 집단 정체성 범세계주의자 탈국가적	식민지 이후 역사, 서로 다른 민족 집단의 유산, 인권, 국제기관
고전적 자유주의 시민 (정치적/공공성의 주체) 평등주의	개인의 자유 시민사회 다원주의 정치적 중립 사회정의	관용 비판적 합리성 공명정대, 사회연대	개인 자율성 상호 권리 상태 호혜	헌법상 권리 대의민주주의 복지국가 제도
경제 신자유주의 시민	효율성/생산성	자립 생산적인 작업 시장 회복력	자립	학업/시장성 있는 스킬, 개인 경제

세계시민교육은 학생들이 글로벌 사회에 참여할 수 있도록 준비하는 목적으로 최근 많은 교육 시스템에서 채택되었다. 유네스코가 세계시민교육에 제시하는 비전은 국제적 협력을 촉진하고 사회적 변화를 발달하게 하는 기술 및 태도를 포함한다. 인권, 평등, 문화적 다양성, 관용, 환경, 지속가능성 등과 같은 보편적 인간 가치와 유동성, 역사성 등에 관심을 기울인다. 청소년들이 정보에 근거한 비판적 판단을 하고 시민의 권리와 책임에 대해 배우며 민주주의 사회에서 시민으로서 의사결정에 능동적으로 참여할 수 있는 지식, 기술, 민주적 역량을 갖추도록 하는 것을 목표로 한다. 이러한 도전에도 불구하고, 국민국가의 개념은 여전히 시민교육을 위한 교육과정에서 우위를 점하고 있다. 각국의 시민교육 교육과정에 대한 검토에 따르면, 21세기 초 많은 국가가 학교 내에서 참여와 사회적 상호작용을 통해 시민 학습의 비공식적 측면을 강조하고 있다. 예를 들면 많은 학자들은 '도덕성'과 성격에 대한 개념을 시민교육 프로그램의 주요 성과로 본다(W. Schulz, J. Ainley, J. Fraillon, B. Losito, G. Agrusti, & T. Friedman, 2018: 1, 4-5). 시민교육의 기본 개념은 일반적으로 국가의 개념과 일치한다. 그러나 유럽 연합과 같은 초국가적 기구의 설립, 국경을 넘나드는 이주의 증가, 세계화의 압력은 시민에 대한 이러한 전통적 사고에 도전하고 있으며 세계시민의 개념 발달을 촉구하고 있다.

민주국가에서 민주주의는 계속 발전한다. 듀이는 민주주의는 매 세대 새롭게 태어나야 하며 교육은 그 산파라고 지적했다. 그러한 이유로 기성 민주주의 국가에서는 학생들을 교육하는 것 즉, 이성의 능력을 계발할 수 있는 기회, 자율성을 얻고 사회에 참여할 수 있는 기회를 제공하는 것에 관심을 기울여왔다. 학생들이 자신들과 다른 사람들과의 유사점을 인식하는 것뿐만 아니라 차이점을 인식하여 타인과 협력할 수 있는 능력을 갖추게 하는 것이 중요하다. 이 점에서 민주시민은 필연적으로 세계시민이라 부를 수 있게 된다(F. M. Reimers, 2018: 23, 29). 남북통일의 미래상, 통일 시민의 모습과 자질을 상정해야 하는 우리나라 통일교육현장에서 민주시민교육에서 요구되는 좋은 시민의 모형으로서 지식, 가치, 정체성, 기질, 역량, 능력 등은 도덕교육 차원에서 중요하게 다루어질 필요가 있다.

2. 평화교육의 구성요소와 통일교육 내용

1795년 칸트가 '항구적 평화'를 발표한 이래로 인류는 두 차례의 세계 대전, 수백 번의 전쟁과 대량 학살, 식민지화와 탈식민화, 수많은 폭력 혁명과 쿠데타를 경험했다. 이러한 사건 중 일부는 유엔 총회가 1948년 세계인권선언을 채택한 이후에 일어났다. 평화롭고 공정한 미래에 대한 약속의 실패는 많은 사람들에게 공의가 불가능하다는 느낌을 주었다. 그러나 칸트가 말했듯이 세계화와 상호의존성은 인류에게 공감, 상호이해, 세계적 연민의 필요성을 증가시키며 이를 추구하도록 인류를 이끈다는 점은 분명하다.

평화는 인류의 생존과 직결되는 문제이다. 우리 삶의 모든 개별 단계에서 평화를 수호하는 것이 반드시 필요하며 평화교육은 이미 세계적으로 중요한 교육의 키워드로 자리 잡았다. 갈등으로 고통받는 사회의 태도와 행동 변화를 촉진하기 위해 평화교육은 1990년대 이래로 평화구축을 지원하는 교육 장소를 찾고자 하는 유니세프와 같은 국제구호기관들 사이에 널리 보급되었다. 다양한 갈등의 영향을 받은 상황에서 국제구호단체들의 교사가 실시한 중재는 그러한 환경에 큰 영향을 주었다. 평화구축에 대한 교사의 기여는 학생, 가족 그리고 더 넓은 공동체의 마음, 정신, 가치 및 행동을 변화시킴으로써 더욱 조화로운 의사소통능력을 향상하기 위한 심리적, 사회적 갈등을 개선하는 과정과 일치한다(S. Higgins & M. Novelli, 2018: 29). 개인의 삶을 볼 때 인간은 필연적으로 관계의 삶 속에 놓여있다. 모든 실제 삶은 만남이라고 부버가 지적한 것처럼 우리는 삶의 모든 면에서 살아있는 다른 존재와 마주친다. 나딩스는 이러한 맥락에서 전쟁을 지원하는 민족주의, 증오 등과 같은 심리적 요인을 탐구하며 '배려' 관계를 가르치는 것은 지역사회, 개인 생활 및 세계에서의 '평화'를 가르치는 것이라고 제안했다(N. Noddings, 2008: 86-88).

평화는 이탈리아 단어 Pax에서 파생된 용어로 갈등이나 다툼이 없는 사람과의 관계 속에서 존재하는 상황이다. 교육적 차원에서 평화는 학생들의 규범, 가치 및 태도에 영향을 미치는 일종의 훈련으로 이들에게 교육될 수 있다. 평화교육 활동에는 다양한 철학, 기술이 활용될 수 있다. 평화교육은 평화를 만들고 분쟁과 폭력을 파괴하기 위한 핵심 과정이다. 따라서 평화교육은 지식, 기술, 태도, 개인의 사고방식, 행동을 전환하려는 가치를 증진하기에 사회 문화를 발전시키는 중요한 도구가 된다. 이러한 이유로 평화교육은 많은 국가에서 폭력적이고 치명적인 갈등을 막기 위해 사용되어왔다(S. Amin, N. B. Jumani, & S. T. Mahmood, 2019: 1-3).

평화교육의 보편적 방법은 공교육 즉, 학교 및 고등 교육 기관과 관련된다. 예를 들면 몬테소리 교육 방법의 핵심은 평화교육이라

할 수 있는데 그녀는 20세기 전반기의 혼란과 불안이 어린이들에게 미친 영향을 목도하며 평화교육을 교육현장에 적용했고 이러한 교육 방법은 21세기에도 계속 사용되고 있다. 그녀의 평화교육 철학은 교실 평화수업과 활동의 근간이 된다(J. Manzo & B. Hinitz, 2018: 1). 평화교육은 다음과 같은 구성요소를 포함한다. 첫째, '지식'이다. 평화의 개념 및 내용과 관련된 것으로 평화는 신체의 폭력이 존재하지 않는 것일 뿐 아니라 행복, 협력 그리고 사람 및 자연과의 연관성 등을 함의한다. 갈등과 폭력을 없애고 분쟁을 해결하고 예방하며 인간의 연대와 연합을 추구한다. 학생들은 종교 간, 이문화 간, 집단 간의 믿음, 이해, 경외, 협동 등을 높이는 방법을 응시한다. 또한 정의, 민주화, 지속 가능한 발전 등의 개념과 연계된다. 둘째, '태도 및 가치'이다. 태도는 행동 패턴과 근본적인 가치를 포함하며 무엇인가에 대해 생각하고 느끼는 방식을 결정한다. 이를 위해 개발해야 하는 태도의 일부로 자아존중, 타인존중, 삶과 비폭력 존중, 양성평등, 공감, 타인 이해, 세계적 주제에 대한 관심, 협력과 상호작용, 개방성, 사회적 책임, 성실, 평화, 행복, 긍정적 비전 등이 포함된다. 셋째, '기술'이다. 여기서 개발해야 할 필수 기술 중 일부로 성찰, 타인과의 연결성 발견, 비판적 사고 및 분석, 편견 극복, 합리적 의사결정, 상상력, 의사소통, 비폭력적 갈등 해결 역량, 대화, 공감 및 감정 이입, 이해력, 협업 능력, 책임감 등이 연관된다(S. Amin, N. B. Jumani, & S. T. Mahmood, 2019: 4-7).

한편 평화교육은 다양한 관점으로 전개되어 왔는데 전쟁의 부재로서의 평화, 국제 체제에서 세력 균형으로서의 평화, 거시적 수준에서 소극적 평화로서 전쟁 부재로서의 평화와 적극적 평화로서 구조적 폭력 부재로서의 평화, 거시적/미시적 수준 모두에서의 물리적·구조적 폭력의 제거를 강조한 페미니즘적 평화, 사람들 간의 평화를 강조한 이문화 간 평화, 세계 및 환경과의 평화를 강조한 전체적인 가이아(Gaia) 평화, 전체적인 내적/외적 평화, 세계윤리와 관련된 세계 평화 등이다(추병완, 2003: 105-109 참조). 이처럼 평화 개념은 전체적, 포괄적, 다차원적인 의미를 함축하고 있으며 비폭력적 문제해결, 분쟁 부재, 구조적 폭력 제거, 인권 존중, 정의 추구, 연대성과 협력 추구 등을 내포한다.

평화의 전체론적 성격을 고려할 때 평화교육은 광범위한 분야를 포함하기 때문에 본질에서 통합 능력 개발 및 역량 개발에 중점을 둔다. 능력은 지식, 기술, 태도의 종합으로 이해 가능하다. 종합적이고 전체적이며 포괄적인 교육 접근법인 평화교육은 복잡하고 상호 연결된 영역에서 역량을 개발하는 것을 목표로 한다. 앞에서 언급했듯이 평화를 달성하기 위해서는 개인의 내적 차원, 사회 및 환경 차원 등의 모든 차원이 고려되어 다루어져야 한다. 이러한 총체적인 교육 접근 방식을 통해 평화교육은 역량 개발에 중점을 둔다(N. Erskine, 2018: 11-12). 평화교육은 개인의 역량 개발을 위한 교육 수단이며 학습의 인지적 수단에 의해서 작동할 뿐만 아니라 정서적으로 포괄적인 형태의 교육이다. 이로써 평화교육은 인지, 감정 및 정서 학습을 포함하며 지식, 태도 및 가치, 기술의 측면 모두에서 학습을 다룰 수 있는 교육의 한 형태가 된다.

우리나라에서 최근 평화교육에 대한 논의는 통일교육과의 연계선상에서 이루어져 왔다(유병열, 2019; 황인표, 2019; 박형빈, 2018b; 오기성, 2018; 박찬석, 2012; 김창근, 2006; 추병완, 2003). 통일교육에서 평화 교육적 접근이 필요한 이유는 다음과 같다. 첫째, 통일 논의의 과정 중심 접근이다. 즉 통일을 과정으로 보려는 자세와 관련된다. 분단 상황에서 고착된 냉전 문화의 탈피, 남북한 간 평화공존과 화해 협력이 통일의 한 과정임을 인정하는 자세이다. 둘째, 폭력 문화 제거 접근으로 군사 문화와 폭력 문화를 제거하고 평화의 문화를 실현하기 위해서이다. 통일교육에서 평화 교육적 접근은 통일교육의 내용으로서 단순한 평화유지만이 아니라 한반도에 내재해 있는 복합적이고 다층적인 형태의 폭력을 다루기 위한 중재 전략 및 평화건설 전략을 강조한다(추병완, 2003: 116). 셋째, 비폭력적 갈등 해결 접근이다. 평화교육의 긍정적인 사례는 갈등 관계의 사람들에게 대화와 타협 그리고 갈등 해소를 찾게 한다(박찬석, 2009: 173). 넷째, 평화 윤리적 접근이다. 한반도 변화의 주요 특징들은 대체로 남북한 사이의 긴장 완화와 평화, 교류·협력 및 통일을 향한 노력 등으로 나타난다. 이러한 까닭에 학교 통일교육은 종래의 사회과학적, 정치학적 접근 및 인문학적 접근에 더하여 윤리학적 접근인 평화윤리 접근이 추구될 필요가 있다(유병열, 2019: 57). 예를 들면, 평화교육의 역사와 목표 그리고 통일교육과의 접목을 통한 갈등 해결 훈련 프로그램이나 교사에 의한 중재 및 또래 중재 프로그램을 들 수 있다. 남한 사회 구성원들부터 서로의 갈등을 해결하는 능력과 평화건설의 능력을 신장시켜 통일 시대 남북주민의 만남을 준비하도록 도울 수 있다(심성보, 2008: 399).

평화교육은 인류 생존을 위한 조건으로서 폭력 부재, 비폭력 갈등 해결, 관용, 배려, 정의, 존중, 협력 등을 기반으로 지식, 태도 및 가치, 기술의 구성요소를 내포한다. 뿐만 아니라 통일교육이 한반도의 항구적 평화정착 추구, 남북주민 상호 간의 존중과 협력 추구, 평화적 방법으로의 분단 갈등 해결 등을 도모한다는 점에서 통일교육은 필연적으로 평화교육과 밀접한 연관성을 갖는다.

Ⅳ. 민주시민교육과 평화교육으로서 통일교육 내용 및 교육 방안

1. 민주시민교육과 평화교육 차원의 통일교육 내용 요소

거버넌스 체제로서 민주주의는 모든 사람이 민주 정부에 참여하고 책임을 지는 것을 포함하여 기본적인 자유와 기회를 누릴 수 있다고 가정한다. 오늘날 민주주의 사회에서 좋은 삶을 살 기회는 산술능력, 리터러시, 관용과 같은 많은 기본적인 기술과 공평성, 공감, 배려 등과 같은 덕을 요구한다. 또한 합리적인 차이에 대해 반성적 사고와 존중을 가능하게 하는 것과 같은 더 복잡한 기술과 덕목을 필요로 한다. 예를 들면 정치적 문제에 대해 심사숙고할 수 있는 능력은 다양한 시민들이 자신들을 구속하는 법을 평가하고 그들의 대표자들에게 책임을 묻고 계속되는 의견 불일치 속에서 서로를 존중할 수 있는 능력이다.

심사숙고가 포괄하는 덕목에는 진실성, 관용, 비폭력, 실용적인 판단, 시민적 청렴성 및 공공 사고가 포함된다. 민주주의 사회는 시민의 심사숙고 기술과 덕목을 키움으로써 개인의 기본적 자유와 기회, 정의를 추구하는 집단적 능력 그리고 의견 불일치에 직면하여 상호존중을 확보하는 능력을 소유하도록 시민을 돕는다. 자유롭고 평등한 개인으로 간주되는 사람들 사이의 호혜성은 민주주의 교육의 핵심 목표이다(A. Gutmann & S. Ben-Porath, 2014: 863-864).

민주주의 국가는 생존과 번영을 위해 교육받은 시민을 필요로 한다. 민주주의는 필요한 지식, 기술, 기질을 가진 시민들에 의해 유지되기에 책임감 있는 시민의 육성은 민주주의 사회에서 중요한 과제로 인식된다. 민주주의의 기본적 가치와 원칙에 대한 시민의 이성적인 헌신 없이 사회는 성공할 수 없다는 점에서 민주시민교육은 필수적이다. 사회는 오랫동안 젊은이들이 시민 생활에 참여하는 법을 배우는데 관심을 보여 왔다. 특히 책임감 있는 시민의 발전보다 더 중요한 과제는 없다. 전통적인 시민교육은 종종 어린 아이들에 대한 교육에 민족주의, 애국심, 규칙과 법에 대한 복종 등을 포함하기도 했다. 이와 같은 사실은 민주시민교육이 가치, 덕목, 도덕성과 별개일 수 없음을 분명히 한다. 이러한 이유로 민주주의 교육의 한 가지 특징은 시민의 '능력'과 '덕목'을 가르치는 데 헌신하는 것이다(K. Swalwell & K. A. Payne, 2019: 127).

우리나라에서 민주시민교육, 시민교육은 도덕과 외에 사회과에서 시민성을 중심으로 다루어졌으며 지속가능발전교육, 다문화교육, 인성교육 등과 함께 범교과 학습 주제로서 접근되고 있다. 도덕과에서 다루어지는 민주시민교육은 사회과와 비교하여 차이점을 갖는다. 도덕과에서 민주시민교육의 특징은 2015 도덕과 교육과정에 제시되고 있듯이 '도덕적 인간'과 '정의로운 시민'이라는 중첩된 인간상의 모습과 관련 깊다. 한 사회의 시민을 위한 교육에 중점을 두는 사회과에서의 민주시민교육이 시민성을 중심으로 이루어진다면 도덕과에서의 민주시민교육은 도덕성을 갖춘 민주시민성, 유덕한 민주시민, 도덕적 시민을 지향하기에 역량과 덕성이라는 가치 기반 능력을 추구한다. 또한 도덕과에서 민주시민교육은 통일교육, 평화교육과 같은 연관되는 교육 차원과 가치를 중심으로 융합적으로 다루어진다. 도덕과에서 통일교육, 민주시민교육, 평화교육은 3차원의 복합 형태를 띤다.

따라서 민주시민교육에서 요구되는 좋은 시민의 모형으로서 지식, 가치, 정체성, 기질, 태도, 역량 및 능력 그리고 평화교육에서 요구되는 지식, 태도, 가치, 기술을 핵심역량으로 통합하여 다음 <표 6>과 같은 통일교육의 차원 및 내용 요소를 제안할 수 있다. 도덕과 교육과정에서 통일교육, 민주시민교육, 평화교육의 통합적 내용 요소는 학생들로 하여금 인격 형성 및 도덕성 발달, 민주시민 의식, 민주주의 및 국가 체제에 대한 정치 이해 등을 배우고 학습하게 함으로써 궁극적으로 미래 '통일 시대의 좋은 시민'이 되게 하는 것이다. 도덕과 교육과정에서 통일교육, 민주시민교육, 평화교육은 시민참여, 시민 정체성, 지식, 분석 및 추론, 태도, 가치, 덕목 등의 다차원 요소들을 영역 요소로 구조화하고 체계화하여 통합적으로 구성할 수 있다. 예를 들면, 북한 이해는 통일교육의 인식 및 지식 차원에서의 접근과 북한이탈주민의 심정 이해와 같은 타인존중, 공감, 배려의 태도 및 정서 차원에서의 접근 등이 동시에 가능하다. 그리고 이러한 내용 요소는 민주시민교육에서 추구하는 민주시민성의 배려 차원, 평화교육의 타인에 대한 공감을 통한 비폭력적 문제해결과 연결된다.

차원		통일교육	
		민주시민교육	평화교육
		내용 요소	
1	정체성	민주시민 정체성, 국가 정체성, 민족 정체성	
2	인식/지식	시민의식, 자유/민주, 인권, 평화, 행복, 참여, 정치체제 등 개념에 대한 지식 및 인식	
3	가치/덕(미덕)	책임, 평등, 자율, 자유, 정의, 관용, 공명정대 등	
4	태도/성향/정서	자아존중, 타인존중, 참여성, 자발성, 공감, 배려, 환대, 합리성, 지속가능성, 편견 및 편향 극복 등	
5	기술/역량	비판적 사고, 반성적 성찰, 리터러시, 대화, 소통, 연대, 비폭력 문제해결 능력, 도덕적 상상력 등	

2. 도덕과 교육과정에서
통일교육, 민주시민교육, 평화교육 교수학습 원칙

시민교육은 시민사회 형성과 유지에 결정적인 요소이기에, 학생들을 정치시스템에 연결하여 복잡한 정치 세계를 이해하도록 돕는 것은 민주주의 발전에 긍정적으로 작용한다. 시민교육의 목적은 이성적인 인간, 자율적인 개인, 민주시민의 육성에 둘 수 있기에 시민교육은 학생들에게 민주주의, 국가 및 국가 기관, 시민의 권리와 의무 등에 대한 지식과 이해를 발전시키고 사회적 및 도덕적 책임, 지역사회 참여 및 정치적 소양을 북돋워야 한다. 학생들은 시민교육을 통해 비판적 사고, 논쟁, 시민 및 정치 활동에 참여할 수 있는 기술을 개발할 수 있는 기회를 얻는다. 시민교육의 방법으로 사회적, 정치적 이슈에 대한 비판적 탐구, 토론과 합리적인 논쟁 등이 제시되기도 하였는데, 지난 20년 동안 국제교육평가협회(IEA)의 시민교육 연구는 개방적이고 참여적이며 존중하는 토론 풍토가 시민

참여에 연관되어 있다는 결과를 보여줌으로써 열린 교실 풍토의 긍정적 역할을 보여주었다. 연구들은 시민교육이 학생들의 민주적 능력을 향상했다고 보았다(J. Gainous & A. M. Martens, 2016: 261). 학교 의사결정에 대한 학생들의 영향 인정, 교실 토론을 위한 개방적인 존중 풍토 등은 국가 간 시민교육 성과에 있어 가장 일관되게 긍정적인 연관성을 보여준 요인이다. 미국의 경우에도 시민지식 및 참여로 측정된 민주적 역량을 창출하기 위해서는 이슈에 대한 논의를 위한 '개방'과 '존중'의 교실 풍토가 필수적이었다(R. T. Knowles, J. Torney Purta, & C. Barber, 2018: 8, 13).

그러므로 민주시민교육 및 평화교육을 내포한 것으로서 도덕과 통일교육에서 학생들은 민주주의란 무엇인가, 이것은 왜 형성되었고 인간의 삶에 중요한 이유는 무엇인가, 어떠한 원리와 규칙을 갖고 작동하는가, 민주주의를 더욱 잘 발전시키기 위해 시민들은 어떻게 노력해야 하는가 등에 대한 일종의 정치교육으로서의 민주시민교육을 넘어 학생 자신이 사회적, 도덕적 책임 있는 존재, 반성적 성찰 및 비판적 사고, 독립적이고 주체적인 사유의 능력을 갖춘 존재, 배려와 타인존중의 태도, 타인과 더불어 살 수 있는 비폭력적 소통과 문제해결 역량, 리터러시 능력 등을 갖춘 존재가 되도록 교육 받아야 한다. 이를 위해 학생들은 지식 및 이해, 정체성, 덕목, 기술, 역량 및 능력 등을 소유한 '좋은 시민', '유덕한 시민'이 될 수 있게 하는 교육 원칙 및 방법을 필요로 한다. 따라서 다음의 교수학습 기본원칙과 방법이 도덕과 교육과정의 민주시민교육, 평화교육으로서의 통일교육을 위해 활용 가능하다.

교수학습의 기본원칙은 다음과 같다. 첫째, 인지와 태도, 행동의 통합적 변화 추구이다. 지식적인 앎과 정서적인 태도의 변화를 통한 행동력의 제고를 추구할 필요가 있다. 학생들은 통일, 평화통일, 평화, 민주시민, 북한, 북한 주민, 민주주의 등에 대한 인지적 접근과 타인존중, 배려, 공감 경험, 공정성 추구 등의 정서적 접근의 교육을 동시에 필요로 한다. 둘째, 보편성과 특수성에 대한 균형이다. 한반도의 특성을 고려한 지구 시민, 민주시민으로서 통일 세대, 세계 평화와 한반도 평화의 관계 등과 같은 보편성과 특수성의 논의들에 대한 평형 유지가 참작되어야 한다. 셋째, 객관성과 주관성의 상호 참조이다. 통일의 논의는 객관적인 시각에서의 접근뿐만 아니라 내 삶의 환경 변화라는 주관적인 시각에서 모두 바라볼 수 있다. 세계 평화의 입장에서 객관적인 접근과 우선 내 삶의 안정을 위한 평화 또는 내 가족의 안전을 위한 안보와 같은 주관적 시각에서의 평화적 접근이 통일교육에서 함께 상기될 필요가 있다. 넷째, 내집단과 외집단 양자에 대한 존중이다. 통일, 한반도 평화, 민주시민은 내집단에 대한 책임, 충성, 성실, 배려를 요구하는 반면, 세계 평화, 지구촌, 지구 시민, 인류애는 외집단에 대한 책임, 공정, 형평을 필요로 한다. 다섯째, 외적 태도와 행동 변화에 더해 내적 인식과 의지의 변화 추구이다. 교육을 통해 학생들의 변화 도모가 지지부진한 이유 중 하나는 변화의 인자가 주로 인지적 측면에 치중된 때문이다. 도덕과 통일교육의 민주시민교육, 평화교육 차원에서의 교육적 노력은 지식 차원보다 의지, 태도와 같은 정서적, 심정적 내적 차원의 변화 도모에 중점을 두어야 한다. 여섯째, 무의식적 편향 인지와 집단극단화 극복이다. 인간은 무의식적 편향과 이로 인한 확증 편향에 취약하다. 특히 대상에 대한 정보 접근의 제약이 클수록 더욱 그러하다. 집단사고와 집단극단화 현상으로 인해 건전하고 비판적인 사고를 하지 못하는 경우가 많다. 따라서 학생들이 편향과 집단극단화를 극복하고 객관적인 시각에서 통일문제에 접근하도록 돕는 것은 민주시민교육, 평화교육의 차원과 맞닿는 중요한 부분이다. 교육의 기본 원리로 닫힌 민족주의, 폐쇄적 민족주의, 배타적 민족주의 경계와 열린 민족주의, 포용적 민족주의 추구가 제시될 수 있다.

교수학습의 기본원칙을 기반으로 다음과 같은 교수학습 방법을 제안할 수 있다. 첫째, 개방, 존중, 대화, 토론을 통한 열린 상호작용의 의사소통 기술 및 역량 함양이다. 통일교육은 그 어떤 주제보다 논란이 많은 주제이다. 통일에 대한 담론이 왜 필요한가에 대한 근본적인 질문에 대한 논의부터 열린 토론이 가능하다. 교사는 토론을 위한 프레임워크를 기반으로 높은 수준의 콘텐츠와 학생들의 참여를 유도함으로써 촉진자로서 역할을 담당할 수 있다.

둘째, 민주시민교육에서 활발히 논의되고 있는 보이텔스바흐 합의를 활용할 수 있다. 보이텔스바흐 합의는 제1원칙인 교화금지, 제2원칙인 논쟁성 재현, 제3원칙인 학습자의 이해관계 인지이다. 강압이나 주입식 교수 방법을 삼가는 것으로부터 시작되며, 궁극적으로 아이들의 삶에 바탕을 두면서 당면한 갈등을 평화적으로 처리할 수 있는 역량을 함양하게 한다. 이를 위해 사회적으로 합의되지 않은 도전적 논 윗거리를 교실에서 다룰 수 있다(심성보·이동기 외, 2018: 151-152, 162-163). 도덕과에서 통일교육, 평화교육 관련 주제들은 많은 논쟁거리를 담고 있다. 그런데도 우리나라 통일교육에서 이 세 가지 원칙을 구체적으로 어떻게 적용할 것인지, 그 적용 과정에서 겪게 될 어려움과 모순적 딜레마는 무엇인가에 대한 고민도 요구된다.

셋째, 반성적 성찰과 비판적 사고 촉진이다. 반성적 성찰은 자기 자신을 되돌아보는 것을 포함하기에 도덕적 삶의 영역에서 중요하게 인식되는 부분이다. 성찰의 삶은 민주시민성, 통일 인성, 평화 시민성을 형성하는 기반이 된다. 아울러 인간의 번영을 향상하는 이상적인 사회에 대한 학생들 자신의 개념을 분명히 밝히고 이를 반추하며 반성하는 능력, 그리고 자기 생각을 발전시키는 전략으로서 비판적 사고가 요청된다. 비판적 사고를 활용하는 목적은 건강한 인간관계, 강력한 참여민주주의 유지에 대한 기여에 있다. 나딩스가 지적하고 있듯이 비판적인 대화는 적어도 두 가지 중요한 교육적 목적에 도달하기 위한 것이어야 한다. 즉 중요한 도덕적 정치적 쟁점에 관해 학생들이 진지하게 사고할 수 있어야 하고 그만큼 중요한 것으로서 참여민주주의 사회의 구성원이라는 확신을 불러일으킬 수 있어야 한다(N. Noddings & L. Brooks, 정창우 외 역, 2018: 104).

넷째, 미디어 리터러시 능력의 개발이다. 뉴미디어, 소셜미디어의 사용은 Z세대의 대표적 특성이다. 미디어의 활용을 통해 자발성을 이끌고 미디어 리터러시 능력의 발달을 통해 디지털 시민성을 고양해야 한다. 미디어 리터러시는 인터넷과 기타 새로운 미디어를 포괄하는 것으로 확대되고 있다. 이것은 실제로 다양한 형태의 메시지에 접근하고 이를 분석 및 평가하고 생성하는 능력이다(박형빈, 2018d: 266). 미디어 리터러시, 소셜미디어 활용 등 미디어 연계 수업은 학생들의 흥미를 이끌어 이들이 재미있게 학습할 수 있도록 할 뿐만 아니라 이를 어떻게 적절하게 사용할 수 있는가에 대한 교육을 통해 학생들에게 더욱 의미 있는 학습 경험을 제공하는 자료로 계획될 수 있다.

이러한 교육 원칙 및 방법을 토대로 학생들은 통일미래 사회를 준비하는 도덕적 민주시민으로서 정보를 얻고 참여하는 '좋은 시민'이 되기 위해 필요한 역량을 획득하게 될 것이다. <표 7>은 도덕과 교육과정의 교수학습 방안이며, <표 8>은 핵심 내용 요소의 예이다. <표 6>에서 제안한 5가지 차원 가운데 '가치/덕'과 '태도/성향'은 상호 중첩되는 내용이 상당 부분 존재하고 개념 경계가 모호한 점이 있어 하나로 묶어 제시하였다.

〈표 7〉 도덕과 교육과정 교수학습 방안(개선안)

교육 영역	통일교육		
	민주시민교육	평화교육	
교육 원칙	인지·심정·태도·행동의 통합 변화 추구		
	보편성과 특수성에 대한 균형		
	객관성과 주관성의 상호참조		
	내집단과 외집단 상호고려		
	외적·내적 변화 추구		
	확증 편향 및 집단극단화 극복		
교육 방법	열린 상호작용의 의사소통		
	보이텔스바흐 합의		
	반성적 성찰과 비판적 사고		
	미디어 리터러시		
기본 원리	열린 민족주의		
기본 역량	성찰 역량	차원	정체성
	참여 역량		인식 / 지식
	존중 역량		가치 / 덕
	소통 역량		태도 / 성향
	평화적 갈등 해결		기술 / 역량

<표 8> 도덕과 교육과정 핵심 내용 요소(개선안)

교육 영역		통일교육	
		민주시민교육	평화교육
차원 및 내용 요소	정체성	민족 정체성, 국가 정체성, 세계 시민성, 민주시민성, 디지털 시민성, 통일 시민성, 애국심, 건강한 민족의식	
	인식 / 지식	북한 이해, 분단 이해, 한반도 상황 이해, 국제 사회 이해, 민주주의 체제, 민주시민의식, 평화이해, 평화적 갈등 해결 이해, 민주주의 개념, 평화 개념	
		예) 통일 필요성, 북한이탈주민에 대한 이해, 바람직한 통일의 미래상, 대한민국 헌법 정신이해	
	가치 / 덕 태도 / 성향	관용, 공정, 평등, 배려, 존중, 이타성, 심리적 건강성, 도덕적 민감성, 연대감(공동체 의식), 상호문화이해, 사회적 책임	
		예) 통일 의지, 북한이탈주민에 대한 공감, 합리적 통일 열정, 통일 감수성, 미래세대에 대한 책임	
	기술 / 역량	의사소통 역량, 반성적 성찰 역량, 비판적 사고 역량, 협업 역량, 자기조절능력, 도덕적 상상 역량, 합리적 의사결정 역량, 편향 극복 역량	

<표 7>에서 알 수 있듯이 통일교육 관련 핵심 내용 요소들은 민주시민교육 및 평화교육의 핵심 내용 요소와 연계되며 단순한 지식적 차원보다 심정, 역량 차원을 중요하게 포함하고 있다. 차원들은 서로 연관되며 서로 영향을 주고받는다.

V. 결론

인간은 오직 자기 삶의 사회적 조건을 형성하는 데 스스로 참여할 기회를 가질 수 있을 때에만 낯선 힘에 끌려다니는 수동적이고 예속적인 존재가 되지 않을 수 있다. 사람들은 자신만의 좋은 삶을 성공적으로 살 수 있기 위해서라도 충분한 시민적 역량을 지녀야 하기에 개인의 잠재력 계발과 시민적 역량 및 자질 함양이라는 목적은 국가 차원에서뿐만 아니라 개인의 차원에서도 중요하다. 민주 사회에서 시민의 참여는 정보에 입각한 비판적 성찰, 구성원의 권리와 책임에 대한 이해와 수용에 기초한다. 이러한 이유로 우리 사회에서 시민교육 즉, 민주시민교육은 민주주의의 이상, 가치, 원칙에 대한 이성적인 헌신에 대한 이해를 촉진하는 데 관심을 가질 필요가 있다. 민주시민교육은 모든 학생들에게 민주적 통치 과정에 참여할 수 있는 능력을 포함하여 기본적인 자유와 기회를 누리기 위해 필요한 지식과 기술 및 역량 그리고 책임과 같은 덕목을 갖추게 할 것을 목표로 한다는 점에서 평화교육 그리고 통일교육의 차원에서 함께 논의되어야 한다.

도덕과에서 이루어지는 통일교육은 그간 민주시민교육 그리고 평화교육과는 다소 별개의 것으로 여겨지기도 하였다. 그러나 통일교육이 통일 준비와 과정에서 평화통일을 이루는 데 필요한 인지, 태도, 정서, 행동 역량을 배양하며 합리적 통일관 및 통일 의지의 형성, 통일과정에의 참여능력 육성에 초점을 둔다는 점, 통일 이후의 변화된 현실 적응 능력과 민족공동체 생활을 위해 필요한 공생능력을 함양하도록 하는 교육이라는 점, 통일교육의 기본원칙으로 자유민주주의 기본질서를 수호하고 평화적 통일을 지향할 것을 제시하고 있다는 점, 교육대상의 자발적 참여에 의한 적극적인 통일교육을 실현할 필요가 있다는 점 등에서 통일교육은 민주시민교육 그리고 평화교육과 긴밀한 연관성을 갖는다.

통일교육 담론의 가장 큰 특징은 평화교육, 민주시민교육의 지향점과 내용 요소를 통일교육의 핵심 요소로 상정하고 있다는 점이다. 그것은 통일교육이 미래 통일사회의 시민을 위한 그리고 시민을 준비하게 하는 교육이기 때문이다. 또한 이러한 시민은 민주시민인 동시에 세계시민으로서의 지식, 기술, 가치, 태도, 성향, 역량, 능력을 소유할 것이 요구되기에 민주시민의 자질과 평화의 가치를 추구하게 된다. 이 점에서 민주시민교육, 평화교육은 가치를 중심축으로 하며 도덕과의 영역과 직결된다. 이는 사회과에서의 시민성 접근과 구별되는 부분이기도 하다.

도덕과 교육과정에서 통일교육, 민주시민교육, 평화교육은 5가지 차원 즉, 정체성, 지식, 가치/덕, 태도/성향, 기술/역량을 통해 서로 밀접히 연관된다. 각각의 차원은 도덕과라는 교과 교육학적 측면에서 민주시민 정체성, 자유민주주의와 평화의 개념, 책임, 정의, 자유, 연대, 공감, 대화, 소통 등의 핵심 가치 및 내용 요소를 공유한다. 따라서 도덕과 통일교육에서 교사는 다음의 역할을 담당할 필요가 있다. 첫째, 가치 지향적 교육환경 구성이다. 통일교육, 민주시민교육, 평화교육은 모두 핵심 가치 면에서 서로 긴밀한 공조 관계를 형성하고 있다. 교사는 단순 지식, 기술 전수에 매몰되지 않고 가치 지향 활동에 관심을 기울일 필요가 있다. 둘째, 교사는 사고의 촉진자가 될 수 있다. 통일 시대 통일 한반도의 훌륭한 민주시민을 육성하기 위해 학생들로 하여금 열린 자세로 서로 소통하고 대화하며 비판적으로 사고하고 깊이 숙고할 수 있도록 교실 환경을 더욱 참여적 열린 공간으로 변모하도록 만들기 위해 힘써야 한다. 셋째, 디지털 원주민세대로서 학생들의 특성을 고려하여 미디어를 적극 활용한 교육 활동으로 학생들의 자발성과 참가율을 높이는 동시에 미디어 읽기 능력과 같은 미디어 리터러시 역량을 발달시킬 필요가 있다. 넷째, 교사는 통일에 대한 당위의 전달자가 아닌 건설적 논쟁을 위한 숙련된 훈련가가 되어야 한다. 교사는 평화적 갈등 해결 능력을 함양하여 세대갈등, 지역갈등 등을 건설적으로 다룰 수 있는 역량을 갖출 필요가 있다.

아리스토텔레스는 중용의 덕에 따른 행동은 광범위한 훈련을 필요로 하며 사회와 부모에 의해 어린 나이부터 시작되어야 한다고 했다. 개인이 지니는 저마다의 잠재력을 제대로 계발할 수 있도록 하는 교육은 결과적으로 훌륭한 통일 시민, 민주시민, 평화 시민을 양성하는 교육이 된다. 이러한 교육과정을 거쳐 학생들은 통일 시대 민주주의를 더욱 융성하고 발전하게 하는 주역으로 성장할 것이다. 도덕적 민주시민교육은 좋은 시민, 유덕한 시민을 위한 교육으로 도덕과 교육의 목표가 된다. 이 점에서 현재 한국 사회에서 특히 통일의 미래상을 기획하는 도덕과 교육과정에서 통일교육은 민주시민교육, 평화교육과 핵심 가치 및 내용 요소로 서로 통합적 체계적으로 접근되어야 한다. 도덕과는 인성교육의 핵심교과이자 민주시민교육의 중핵 교과로서의 자리매김을 굳건히 할 필요가 있다.

제II부

다문화시대 민족주의와 통일교육

제2장
통일교육에서 민족주의와 다문화주의

Ⅰ. 서론

1990년대 초부터 산업 인력의 유입 정책과 농촌 지역 남성들의 결혼 문제해결을 위해 증가하게 된 이주노동자, 결혼 이주 여성 그리고 외국인 유학생 등 국내 거주 외국인 주민 수는 2020년 행정안전부 통계자료에 의하면 206만 명을 넘어 섰다. 탈냉전과 세계화, 다양한 이주민의 존재로 한국 국민을 더 이상 민족적 범주로만 묶기 어려운 상황이다. 이제 한국 사회에서 다문화주의는 세계화의 거대 흐름인 동시에 우리가 추구해야 할 이상처럼 논의된다. 캐나다, 호주 등의 나라가 출발부터 다인종 국가로서의 역사를 지니고 이민정책을 시행해온 반면, 우리나라는 반만년 이상 단일민족이라는 의식을 갖고 역사를 이끌어왔다. 동질적인 인종과 문화 그리고 단일 언어로 이루어진 한국사회의 순혈주의가 비록 신화에 불과하다고 비판할지라도, 이것이 오랜 역사 속에 한민족을 지탱해왔던 기본 관념이었음을 부정할 수는 없다. 이러한 점에서 통일의 당위성을 이야기할 때 민족통일을 천명하지 않은 채 단순히 실용주의적인 측면에서만 논할 수 있는가에 대해서는 의심의 여지가 있다. 민족통일에 대한 염원은 통일에 대한 강한 신념을 갖게 하는 기폭제로서 작용한다.

그러나 최근 통일의 문제를 '민족의 재결합'만으로 볼 수 있는가에 대한 문제의식이 대두되고 있다. 나아가 민족 동질성에 기반을 둔 통일에 대한 논의가 현재 다인종 사회, 다문화 사회로 접어든 한국의 현실에서 가능한 것인가에 대한 회의도 제기된다. 민족주의와 다문화의 논의가 통일교육에서 어떻게 다루어져야 하는가에 대한 더욱 철저한 고민이 필요한 시점이다. 관용과 평등, 인권의 문제에서 다문화의 대상은 북한이탈주민을 자연스럽게 포섭한다. 반면, 민족 정체성과 단일민족의 논의 속에 통일교육을 말하고자 할 때 단순히 이주노동자 혹은 결혼이주여성과 북한이탈주민을 동일 선상에 놓을 수 있는가의 문제는 또 다른 논의를 필요로 한다.

개성공단 근로자 철수와 같은 남북의 상황과 김정은 시대 이후 남북 관계의 변화는 통일의 실현에 대한 불확실성을 한층 더해주고 있다. 그런데도 통일은 당위성의 논거이며 민족의 과제로 여전히 남아있다. 그러나 한편 다문화의 흐름 속에서 민족에 대한 강조는 자칫 닫힌 민족주의, 폐쇄적 민족주의로 흐를 수 있으며 이러한 배타적인 태도에 대한 국제 사회의 우려의 목소리도 높다.

본 연구는 이러한 맥락 속에서 시대의 화두처럼 회자하고 있는 다문화주의와 통일의 논거에서 배제될 수 없는 민족주의가 어떠한 성격과 개념으로 재정립되어야 하는가에 대한 고민을 해보고자 한다. 이를 위해 먼저 다문화주의와 민족주의 개념을 살펴보고 이들이 통일이라는 시대적 과업을 안고 있는 현 한국 사회에서 어떠한 모습을 띄어야 하는가를 살펴보겠다. 그리고 다문화시대 통일을 준비하는 우리 사회에서의 통일교육에서 민족주의와 다문화주의가 각각 어떠한 위치를 차지하며 서로 어떻게 양립 가능할 것인가 그 접점을 모색해 보고자 한다. 끝으로 통일교육의 대상으로서 북한이탈주민과 여타 다문화 주체들과의 차별성에 대해 생각해 보도록 하겠다.

II. 통일 시대의 다문화주의

1. 통일의 과제와 다문화주의

통일은 한민족이 풀어가야 할 역사적 사명이며 시대적 과제이다. 그러나 최근 한국 사회의 다문화, 다인종 사회로의 진행은 종래 통일의 논거에서 강조되어 온 한민족, 민족 정체성, 민족 통합 등의 개념을 쇠퇴하도록 만들었다. 비단 외부적인 압력뿐만이 아니라 내부적으로도 민족주의에 대한 강조는 환상, 신화, 상징에 대한 집착이거나 배타적이며 폐쇄적인 전근대적 사고방식으로 오인될 수 있다. 더욱이 통일교육을 배려와 관용과 같은 다문화적 가치로 연계하여 논의하는 현시점에서 민족주의나 민족 정체성, 한민족에 대한 강조는 자칫 다문화주의와는 대치되는 개념으로 받아들여질 우려가 있다. 그러나 통일에 대한 논의에서 민족주의와 민족 정체성, 한민족 같은 개념을 배제할 수 있는가 하는 의구심이 남는다. 한반도 통일의 문제를 논의할 때 민족통일, 민족주의, 민족 정체성, 한민족, 순혈주의, 혈통주의를 간과할 수는 없다. 비록 이것이 현대 특히 다문화 사회에서 환상과 신화에 불과하다는 비판을 받을지라도 민족통일에 대한 논의 없이 통일의 당위성을 이야기하기 어려울 것이기 때문이다.

그러나 2000년대 초부터 연구자들은 한국 사회의 문화적 전통의 하나로 당연히 받아들여져 왔던 순혈주의 즉 혈통주의에 대한 논의를 다문화 사회로 접어든 오늘날 더 이상 받아들이기 어려운 구시대의 악습으로 치부하고 있는 실정이다[1]. 뱅크스는 한 한국 언론과의 인터뷰에서 한국을 '순수혈통'을 중시하는 사회로 묘사하며, 다양성을 좀 더 존중해야 한다고 조언했다(동아일보, 2009.05.11.). 그러나 통일이라는 국가적·민족적 과업을 안고 있는 현 상황에서 민족주의나 민족 정체성에 대한 회고가 전근대적이고 배타적인 사상의 전부로 인식됨에는 다소 무리가 있다. 민족주의와 다문화주의 이념이 배타적이고 갈등적인 관계에서 벗어나 상호 균형을 찾고자 하는 노력이 필요하다(양영자, 2007)[2]. 더욱이 한국의 다문화주의에 대한 명확한 관념 정립이 아직 완전히 이루어지지 않은 현시점에서 다문화주의에 대한 성찰과 정교한 개념 확립도 함께 요구된다.

다문화주의(multiculturalism)라는 개념을 사회 변화에 적용하기 시작한 것은 그리 오래되지 않는다. 그러나 짧은 시일 안에 이 단어는 급속히 확산되었고, 현재는 너무나 다양한 분야와 현상들에 적용되면서 다양한 사회 변화에 대한 비판과 옹호에도 함께 쓰이고 있다. 때문에 이 개념을 정확히 정의하기란 쉬운 일이 아니다(N. Glazer, 서종남 역, 2009: 33). 다문화주의는 1970년대 캐나다, 호

---

1) 과거 수천 년 동안 우리 사회는 '단일민족'의 신화에 기반을 두고 우리 사회의 정체성과 정통성을 구축하여 왔지만, 오늘날의 우리 사회는 더 이상 이러한 신화를 기반으로 사회의 통합과 결속을 유지해 나갈 수 없는 상황에 처해가고 있다(김세훈, 2006). 또한 단일민족에 의한 단일 문화를 강조하던 상황이 점점 다양하게 분화되는 인종과 문화, 지역과 종교 등의 도전으로부터 자유롭지 못하다(김남국, 2005)고 연구자들은 지적한다.

2) 한편, 이와는 다른 관점에서 문제를 바라본 송선영(2011: 59)은 한반도 통일의 가치 자체를 한국 다문화 사회가 지녀야만 하는 그 자체의 새로운 정체성의 문제로 인식하고 "한반도 통일사회에서 어떻게 살아갈 것인가?"의 근본적인 토대로서 다문화 사회의 구성원들의 분담할 수 있는 정서(emotion)에 관심을 두고 접근하였다.

주, 미국 등을 중심으로 등장하여 민족과 집단 간의 문화갈등 문제와 관련하여 논의되어왔으며, 최근 장애인과 소수자 집단의 문제까지 확대되어 다양하고 폭넓은 의미를 지니게 되었다. 1990년대 이후 논쟁은 소수자 정의의 문제로부터 사회통합의 문제로 그리고 시민적 덕성과 정치적 안정성이라는 주제로 심화하고 확장되어 왔다(W. Kymlicka, 장동진·장휘·우정열·백성욱 역, 2002). 다문화주의는 다민족 사회에서 문화적인 다양성을 관리하는 정책을 말하며, 공식적으로는 상호존중과 문화적 차이에 대한 관용을 중요시한다. 즉 여성문화, 소수문화, 비서구문화 등 여러 이질적인 유형의 문화를 제도권 안으로 수용하자는 의미를 내포하고 있다.

이러한 측면에서 다문화주의는 현대 세계 사회에서 여러 국가의 문화를 이해하고 자유롭게 접할 수 있는 문화적 다양성을 수용하기 위한 것으로 설명된다. 다문화주의는 하나의 이상과 이념으로 세계 각 나라의 정치·경제·사회·문화·교육 등의 기조 정책으로 자리 잡고 있다. 다문화주의 용어는 하나의 문화코드 나아가 이데올로기로서 받아들여지며 서구와 같이 다문화주의 지향은 당연한 것으로 인식되고 있는 실정이다. 우리 사회에서의 다문화 사회에 대한 접근은 한국과 서구의 차이점에 대한 깊은 성찰이 결여된 채, 피상적으로 서구의 다문화 사회의 이론과 제도를 무비판적으로 받아들이는 면이 없지 않다. 또 인권적·복지적 시각은 강조되는 반면, 경제적·정책적 시각은 결여된 것도 사실이다(임형백·이성우·강동우·김미영, 2009: 745).

과거 한국 사회에서 다문화주의가 학문적 호기심이나 미래적 전망에 대한 논의로 이루어졌었다면 근래의 다문화주의에 대한 관심은 정치·사회적으로 우리 사회가 당면한 문제에 대한 응답의 성격을 가지고 있다. 즉 다문화 공존의 필요성이 직접적인 정치·사회적 문제로 대두되고 이러한 문제를 해결하기 위한 정책적 대안을 요구하는 수준으로까지 진전되고 있다(문화콘텐츠기술연구원, 2009: 15). 오늘날 한국인은 한국인이면서 동시에 아시아인이고, 아시아인이면서 동시에 세계인으로서 다중심의 자아 정체성을 형성할 것이 요구된다.

한편, 다문화 교육, 세계시민 교육, 세계화 교육, 반(反)편견 교육, 국제이해 교육, 복수 문화교육, 인권교육, 관용 혹은 배려 교육은 다문화 시대에 등장하는 교육 이념들이다. 이러한 논의는 북한 주민에 대한 이해와 관용과 같은 논의 아래 통일교육과 다문화 교육의 접점 가운데 등장한다. 이처럼 다문화주의라는 슬로건은 그 자체로 매우 긍정적으로 들리는 것이 사실이다. 하지만 그것의 실제적인 적용과 실현의 측면에 대해서는 회의적인 시선도 적지 않다(문화콘텐츠기술연구원, 2009: 17). 더욱이 현재 한국 사회에서의 다문화주의 개념은 상당히 복잡하고 때로는 광의적인 동시에 협의적으로 정의되는 것이 사실이다. 즉, 한국 사회의 다문화주의가 융합되지 않은 다양한 단일 문화들의 병존인 것인지, 한국 문화에로의 포섭 또는 융합을 의미하는 것인지, 아니면 단순한 문화의 복수성을 의미하는 것인지 등에 대한 합의가 확실히 이루어지지 않고 있다. 더 큰 어려움은 다문화주의의 이론적 근거로부터 도출되는 문화적 상대주의가 지닌 문제이다. 문화 사이의 우열을 거부하는 것은 합당해 보이나 모든 문화가 가능하다는 것은 자칫 극단적 상대주의의 가능성을 충분히 내재하기 때문이다. 다문화주의는 분명 문화의 공존, 협력이라는 점에서 단일문화주의와 대치되는 개념으로 받아들일 수밖에 없는가에 대한 의문이 발생할 수밖에 없다.

　나아가 사회 내에서 외국인들이 차지하고 있는 비중이 증가함에 따라서 생기는 다문화 간 갈등은 후기 근대사회에서 가장 주요한 위험요인 중 하나로 지목되고 있다. 조너던은 전체주의, 민족주의에 대한 반감으로 다문화주의가 등장하였지만 정체성 약화로 오히려 사회통합이 아니라 분리를 야기했다고 주장한다(J. Sacks, 2009). 이러한 현상은 실제로 2000년대 초반부터 세계 곳곳에서 일어났다. 캐나다의 경우 다문화 국가로 성공적인 사례라 할 수 있지만, 영국3), 프랑스, 독일(C. B. Park, 2012) 등 유럽 주요국들은 2011년을 전후로 다문화주의의 실패를 선언했다. 스페인은 2009년 이민자를 본국으로 돌려보내는 프로그램을 시행했다4). 네덜란드는 이민자들에게 네덜란드 문화와 네덜란드 언어에 대한 테스트를 의무적으로 받도록 했다(이준 필립, 2006: 186). 2013년 영국·독일·네덜란드·오스트리아 4개국은 EU 집행위원회에 서한을 보내 이민으로 교육·보건·복지 체계에 심각한 부담이 가해지고 있다며 EU 차원의 이민 규제책을 촉구했다5). 호주의 경우 하워드 총리는 다문화주의에 앞서 호주의 전통적 가치가 우선되어야 한다고 강조하고, 호주 내 모든 소수민족 커뮤니티가 동등한 입장 아래 호주 주류사회에 전적으로 동화되어야 한다고 주장했다. 이는 호주의 다문화주의 폐기 선언이었다고 할 수 있다.

---

3) 2005년 7월 7일 발생한 런던 버스 자살 폭탄테러는 영국 사회에 큰 충격을 안겨주는 동시에 기존 다문화주의 정책에 대한 회의를 촉발했다. 2011년 영국 데이비드 캐머런 총리는 '다문화주의'의 실패를 선언했다(연합뉴스, 2011.7.25., http://news.naver.com/main/read.nhn?mode=LSD&mid=sec&sid1=100&oid=001&aid=0005178414, 검색일 2013.06.02).

4) 세계일보, 2011. 07. 20, http://www.segye.com/Articles/NEWS/INTERNATIONAL/Article.asp?aid=20110719003907&subctg1=&subctg2(검색일 : 2013. 06.01).

5) 중앙일보, 2013. 05. 08, http://article.joinsmsn.com/news/article/article.asp?total_id=11454214&cloc= olink|article|default(검색일 : 2013. 06.01).

시대적 사조로 인식되었던 다문화주의는 이처럼 2000년대 초부터 유럽 각국에서 상당한 갈등과 고민에 봉착해왔다. 막대한 예산과 정교한 통합 프로그램에도 불구하고 국가, 민족, 인종 간의 갈등과 분열이 종식되지 않는 점은 다문화주의의 한계이고 현실이다. 더욱 중요한 점은 다양성과 차이를 인정하는 다문화주의는 통일의 근거로 작용하는 민족 통합의 논거와 대치를 피할 수 없는 것처럼 보인다는 점이다. 따라서 다문화주의의 다양한 논거들 속에서 민족 통합의 논거와 공존할 수 있는 길을 모색할 필요가 있다.

2. 다문화주의 유형

다문화주의에 대한 유럽 각국의 실패 선언과 한계에도 불구하고 현재 한국 사회는 다문화주의의 노정을 피할 수 없다. 이미 한국 사회는 거주 외국인 수가 200만 명을 넘어선 다인종, 다문화 사회로 진입하였고 다문화 정책은 국가의 시책으로 받아들여지고 있다. 이러한 시점에서 한국 사회의 다문화주의가 지닌 의미를 되새겨 보고 통일 시대 우리가 추구해야 할 다문화주의는 무엇인가 하는 진지한 고민이 요구된다.

다문화주의란 폭넓고 다양한 가치들을 반영하는 이념이기 때문에 한 마디로 정의하기는 어렵다. 일반적으로 다문화주의는 한 사회 내 다양한 인종이나 민족 집단의 문화를 단일한 문화로 동화시키지 않고 서로 인정하고 존중하면서 공존하도록 하는 데 그 목적이 있다. 다문화주의는 정치적 입장이나 정책 시행 방식에 따라 여러 유형으로 구분된다. 기본적으로 한 사회 내의 모든 인종, 민족 집단이 문화적 차이에 상관없이 동등한 권리를 가지고 정치와 공동

생활에 참여할 수 있도록 노력한다는 특성을 갖는다.

마르티니엘로(Martiniello)는 다문화주의를 '온건 다문화주의', '강경 다문화주의', '시장 다문화주의'로 구분한다. '온건 다문화주의'는 사회적으로 시행되는 것을 의미한다. 즉, 요리, 음악, 의상 등의 생활양식과 소비양식 차이에서의 다문화주의로서 개인의 다문화성과 다양한 정체성을 추구한다. 반면, '강경 다문화주의'는 온건 다문화주의 내에 존재하는 피상적 다원주의를 극복하고 민족적 정체성에 문제를 제기하면서, 국민적 정체성을 확장할 것을 제안한다. 따라서 사회 건설에 있어 개인과 공동체가 각기 어떤 위치를 차지하는가를 논의함으로써 윤리적 기준을 제시하여 현재 민주주의 사회에서 다양한 문화공동체들을 인정해야 한다는 원칙을 정당화한다. 이와 함께 '시장 다문화주의'는 시장에서의 경제이익 추구를 위한 수단으로 보는 다문화주의이다. 그는 이러한 논의를 토대로 민권적 다문화주의를 제안한다. 이것은 민주주의와 인권이라는 인류의 보편적 가치를 인정하는 다문화 집단을 형성하자는 것이다(M. Martiniello, 윤진 역, 2008).

다문화주의는 또한 외국인의 정착을 받아들이는 정책의 유형에 따라 '차별적 포섭-배제모형', '동화모형', '다문화주의 모형'의 세 범주로 분류할 수 있다. 차별적 포섭-배제모형이나 동화모형에 입각한 국가에서는 문화적 단일성을 중시하는데 반해, 다문화주의 모형에 입각한 국가에서는 민족적·문화적 다양성 자체를 사회 구성의 기본 원리로 채용한다. 그리고 다양성이 공존하는 가운데 집단 간 상호존중의 질서가 자리 잡도록 하는데 정책의 목표를 두고 있다(임형백 외, 2009: 762-763 재인용).

마사미 세키네(關根政美)는 다문화주의의 유형을 다음과 같이 세 가지로 분류한다. 첫째, 사회통합을 위해 문화적 다양성을 허용하여 인종 집단의 존재를 인정하지만 시민 생활과 공적 생활에서는 주류사회의 문화, 언어, 사회관습을 따를 것을 요구하는 자유주의적 다문화주의이다. 둘째, 다양성의 승인을 조금 더 보장하는 조합적 다문화주의이다. 자유주의적 접근법이 단지 기회의 평등에 경도되어 있다고 한다면 조합적 다문화주의는 차별을 금지하는 데 그치지 않고 사회적 소수자의 경쟁상 불이익을 인정하여 이들의 사회참여를 위한 적극적인 재정적, 법적 지원을 통해 결과의 평등을 의도한다. 셋째, 다문화주의에 대해 급진적 접근법이다. 이는 소수집단이 자결의 원칙을 내세워 문화적 공존을 넘어서는 소수민족집단만의 공동체를 지향하는 경향이 대단히 강한 경우이다(이용승, 2007: 32-33). 한편, 킴리카의 다문화주의는 소수집단의 입장에서 다문화주의의 유형을 제기한다. 그의 다문화주의는 자유주의적 다문화주의라 할 수 있다(W. Kymlicka, 황민혁 외 역, 2010).

이러한 여러 유형 속에서 한국 사회가 추구해야 할 다문화주의 유형은 무엇인가. 통일이라는 특수한 시대적 과제를 안고 있는 한국 사회의 특수성을 고려하여 다문화주의의 유형을 모색할 필요가 있다. 아울러 통일교육의 장에서 민족주의와 민족 정체성의 논의는 다문화주의라는 시대적 사조 아래 새롭게 정립될 필요가 있다. 통일에 대한 논의와 다문화에 대한 논의 사이의 동질성과 차별성에 대한 분명한 인식이 요구된다.

통일의 논의에서의 공동체는 하나를 지향한 공동체로서 동질성을 추구하며 타 민족과는 다름을 상정한다. 반면, 다문화주의에서의 공동체는 서로의 다름을 그대로 인정한 공동체로서 타 문화와 민족에 대한 이해와 상호존중을 기반으로 해야 한다. 통일은 하나 됨을 추구하는 통일의 의미가 더욱 강하게 작용하는 반면, 다문화 주의는 다름을 인정하는 통합의 의미가 강하게 작용한다. 전자에서 는 민족주의가 강하게 작용하길 희망하나 후자에서는 민족주의가 보다 약하게 작용하길 희망한다.

통일의 논의에 민족의 개념이 강조되지 않을 수 없다. 이념과 체제가 상이한 상황에서도 서로 통일을 추구하고자 하는 동인으로 작용하는 것은 같은 민족이기 때문이다(최장집, 1996). 이러한 점에서 현재 한국 사회에서 논의되고 있는 다문화주의는 통일이라는 과제에서 필연적으로 받아들일 수밖에 없는 민족주의의 개념과 함께 공존하기 위한 것으로 변모할 필요가 있다[6].

Ⅲ. 다문화시대의 민족주의

1. 민족주의

세계주의 입장에 서 있는 상당수의 지식인들은 민족주의는 곧 배타적 순혈주의, 전체주의로 이해하고 있다(이선민, 2008: 109). 민족주의는 본질에서 폐쇄적인 것으로 이해하며 유엔이 권고한 대로 단일민족의 신화에서 벗어나야 한다고 주장하기도 한다(김응종, 2008: 167). 그러나 민족주의는 우리 민족에 있어 반만년의 역사를 이끌어

---

6) 통일교육의 논의에서도 다문화주의와 민족주의의 공존의 길을 모색하려는 움직임은 통일민족주의, 열린 민족주의, 한반도 민족주의 등의 용어로 시도되었다(정순미, 2008; 박찬석·최현호, 2007; 김창근, 2010; 박호성, 1997).

오는 데 사상적 지주의 역할을 했다. 조선 왕조 말기에는 개화, 보국안민, 애국계몽으로 일제 식민시대에는 독립, 광복 이후에는 나라 세우기, 조국 근대화, 통일 등 다양한 모습으로 나타난 사회 운동의 배후에는 민족주의가 자리 잡고 있었다(이선민, 2008: 6).

　민족주의는 역사적으로 파시즘, 나치즘과 같은 배타성과 외적 팽창을 기본 원리로 하는 위험한 이데올로기로 발현되기도 했다. 이런 점에서 오늘날 서양 사람들에게 민족주의는 금기 용어이다(김응종, 2008: 167). 그러나 강대국에 둘러싸여 있는 분단국인 우리의 경우 민족주의는 생존과 통일을 위해 현실적으로 필요한 동시에 정당성을 지닌다. 그것은 남한과 북한이 하나의 나라를 이루는 근거를 통일 신라 이후 천 년이 넘도록 하나의 국가를 이뤘다는 점을 통해 찾을 수 있기 때문이다.

　한편, 민족주의는 '민족'의 이익을 앞세운다. 그런데 여기서 민족의 범주를 어떻게 설정할 것인가가 문제가 된다. 역사적으로 형성된 복합적이고 중층적인 개념인 민족에서 어디까지를 민족주의의 단위로 설정할 것인지를 놓고 견해 차이가 발생한다. 영국의 경우 내부적으로는 잉글랜드, 스코틀랜드, 웨일스 민족주의가 각축을 벌이지만 대외적으로는 이를 모두 포함하는 '영국 민족주의'를 내세운다. 현재 한국민족주의 단위에 대해서는 대한민국 민족주의, 한반도 민족주의, 한민족 민족주의가 경합을 벌이고 있다. 한국민족주의는 오랫동안 한반도 민족주의로 받아들여져 왔다. 신라의 삼국 통일 이후 한민족이 살아온 터전이 한반도였기 때문이다. 1945년 일제의 식민지에서 벗어난 후 분단을 이야기하고 통일을 강조하는 것도 한반도를 민족주의의 기본 단위로 생각하기 때문이다. 그러나 남북한이 분단된 지 60여 년이 넘고 양쪽 사회의 이질화가 심화하면서 한국민족주의는 한반도 민족주의라는 등식에 의문이 제기된다(이선민, 2008: 48-49). 세계화, 다문화 시대 우리에게 새로운 양상으로서의 민족주의가 요청된다.

스미스(Anthony D. Smith)는 민족주의의 용어를 정의함에 있어 먼저 민족의 의미에 대해 천착한다. 그는 민족은 1) 역사상의 영역, 2) 정서와 의식 즉, 공통의 신화와 역사적 기억, 3) 언어와 상징화, 4) 사회·정치 운동, 그리고 5) 일반적이면서도 특유한 민족(혹은 국가)의 독트린 또는 이데올로기 등의 용어를 통해 구분하여 정의했다. 이에 민족의 동일성은 역사적으로 축적되어 온 생활양식과 그것을 특정하는 규범의 공통성에 대한 구성원들 자신의 인지에 의해 구성된다고 보았다(A. D. Smith, 2010: 6). 유사한 논지로 케두리(Elie Kedourie)는 민족주의를 19세기에 들어서면서 유럽에서 개발한 하나의 독트린으로 이해한다. 그는, 인류는 자연스럽게 민족 국가로 나누어지고 각각의 민족 국가를 확인할 수 있는 어떤 특색들이 나타나게 되었다는 것이다. 그리고 이러한 각각의 국가들을 하나로 통합시키는 일종의 사회 협약으로서의 독트린 즉 민족주의가 등장하게 되었다고 본다(E. Kedourie, 2012: 9-11). 앤더슨(Anderson)은 민족을 '상상의 공동체'라 정의한다(B. Anderson, 윤형숙 역, 2002).

한편, 브라운(Brown)은 민족주의에 대한 다양한 접근을 제안한다. 먼저, 민족주의 연구에 대한 근원주의자적 접근이다. 근원주의적 접근은 국가를 자연적인 유기적 공동체로서 묘사한다. 그리고 이를 가지고 구성원들의 정체성을 규정하며, 그 구성원들은 이에 대해 선천적이고 감정적으로 강한 애착을 느낀다. 자연적 국가는 민족자결에 대한 당연한 권리를 가진다. 둘째, 민족주의 연구에 대한 상황주의적 접근이다. 상황주의는 민족이나 국가의 정체성을 유기적 공동체에 대한 자연적인 본성적 유대관계라고 하지 않고, 공동의 이익을 추구하기 위한 개인들의 그룹에 의해 고용된 자원들로서 설명한다. 사람들이 변화에 맞서서 가지는 위협들과 기회들의 유형에 따라 그들의 선택과 반응이 달라진다. 민족성과 민족주의의 유용성, 그리고 그들이 택하는 방식 모두 변화하는 상황에 대응하여 각기 다르게 나타난다(D. Brown, 2000: 6-8). 셋째, 민족주의 연구에 대한 구성주의적 접근이다. 이것은 혼란스러웠거나 자신감이 없는 개인들에게 민족 정체성이란 단순한 정체성의 방식을 제공하는 제도적 혹은 이데올로기적 체계를 기반으로 구축되었다는 점을 제시한다. 넷째, 시민 및 민족·문화적 민족주의이다. 이는 잠재적으로 긴장 상태에 있는 두 가지 신화를 포함한다. 그 두 가지 신화는 공통의 조상에 대한 민족·문화적 민족주의 신화와 자신이 사는 조국에 대한 공통의 헌신을 추구하는 시민 민족주의 신화이다(D. Brown, 2000: 33).

통일문제에 있어 사회통합론적 기존의 통일 논의는 민족주의적 한계를 지닌다. 동시에 다문화 사회에서 중시되는 사회 이질적 문화인 북한의 문화를 통합하고자 하는 다문화주의적 접근은 기존의 민족주의와 충돌한다. 한편으로 최근 논의되고 있는 신민족주의, 열린 민족주의, 시민 민족주의 등과 같이 그 개념적 정의가 다소 불명확한 의미에 의존해야만 하는가도 의문의 여지가 있다. 따라서 앞의 논거들을 고려하여 다문화·통일 시대에 요구되는 우리 사회의 민족주의란 무엇인가에 대해 숙고할 필요가 있다.

2. 다문화시대의 한국식 민족주의(K-민족주의) 모색

한국에서는 최근 다문화 교육을 국가 교육과정에 수용하기 위한 방안들이 활발하게 논의되고 있다. 이는 한국 사회가 국제결혼자, 외국인 근로자, 북한이탈주민 등의 유입에 의해 다문화 사회의 특성을 많이 갖게 되었다는 인식에 기초한 것으로 볼 수 있다. 그러나 한 가지 주목할 사항은 이와 같은 다문화적 특성을 교육과정 개정에 반영하는 과정에서 교육 이념 설정의 딜레마를 겪고 있다는 사실이다. 한편에서는 단일민족주의와 순혈주의를 재검토해야 한다는 요구가 있는가 하면 동시에 민족 정체성을 강조할 필요도 제기되었다(양영자, 2007). 다문화주의 시대에서 브라운은 다문화 민족주의를 제안한다. 이것은 다문화 시대의 새로운 민족주의로서 시민 민족주의와 민족·문화적 민족주의 양자 사이에서의 균형을 추구한다(D. Brown, 2000: 48). 그러나 분단이라는 특수한 상황에 놓여있는 한반도 현실은 다문화 민족주의에서 한발 더 나아가야 할 필요가 있다. 우리는 다문화주의와 민족주의 사이의 적절한 균형보다 이 둘 각각이 지닌 근원적인 성질이 퇴색되지 않는 통합이 필요하다.

민족 정체성의 강조는 한국 사회에서 분단의 극복과 통일이라는 역사적 과업을 위한 당위적 과제이므로 민족 정체성 이념을 '극복의 대상'으로만 보기에는 어려움이 많다. 외국인 근로자에 대해서는 단일민족주의의 극복이 강조되는 반면, 북한이탈주민과 재외동포들에 대해서는 민족 정체성 교육이 강조될 수밖에 없다. 이러한 점에서 본다면 통일 시대를 준비하는 한국 사회에서 필요한 것은 한국 사회에 적합한 다문화주의의 개념을 확립하고 그것이 어떠한 이름으로 명명되어 불리든 민족주의를 재고하여 이를 기반으로 한 통일교육의 초석을 마련하는 것이다. 다문화 교육을 외국인 근로자나 국제결혼자 자녀들에 대한 관용적 태도를 길러주기 위한 교육이거나 그들에 대한 한국 문화 이해 교육 정도로 이해해서는 안 될 것이다.

특히 우리는 대한민국 헌법 전문을 통해 '평화적 통일의 사명에 입각하여 정의 · 인도와 동포애로써 민족의 단결을 공고히 한다.'라는 점을 강조하였다7). 나아가 헌법 제4조를 통해 '대한민국은 통일을 지향한다.'라고 명시하였다8). 통일에 대한 논의 가운데 변하지 않는 것은 민족이라는 개념이다. 이념과 체제를 달리하는 남북 모두에게 있어 민족이라는 개념은 통일의 당위성과 필요성을 설명해 주는 가장 강력한 논리적 근거였다. 남북이 혈연 · 언어 · 문화 · 역사를 같이 해온 하나의 민족이라는 사실은 남북 모두에게 있어 통일을 공동선 혹은 절대선으로 인식하게 만들었다. 그러기에 통일은 오랜 세월 하나의 민족 국가를 이루어 살아왔던 우리의 역사적 정통성을 회복하는 역사적 의미를 갖는 것으로 인식되었다(추병완, 2011: 56-57). 한국의 다문화 사회로 전환을 강조하면서 자연스럽게 탈민족, 탈민족주의 논리가 등장하고 있음에도 불구하고 통일을 희구하는 한반도 상황에서 쉽게 민족주의를 폐기할 수 없는 이유이기도 하다.

다문화 사회로 진입하고 있는 한국에 부여된 국가적 과제는 다양

---

7) 유구한 역사와 전통에 빛나는 우리 대한민국은 3 · 1운동으로 건립된 대한민국임시정부의 법통과 불의에 항거한 4 · 19 민주이념을 계승하고, 조국의 민주개혁과 평화적 통일의 사명에 입각하여 정의 · 인도와 동포애로써 민족의 단결을 공고히 하고, 모든 사회적 폐습과 불의를 타파하며, 자율과 조화를 바탕으로 자유민주적 기본질서를 더욱 확고히 하여 정치 · 경제 · 사회 · 문화의 모든 영역에 있어서 각인의 기회를 균등히 하고, 능력을 최고도로 발휘하게 하며, 자유와 권리에 따르는 책임과 의무를 완수하게 하여, 안으로는 국민 생활의 균등한 향상을 기하고 밖으로는 항구적인 세계 평화와 인류공영에 이바지함으로써 우리들과 우리들의 자손의 안전과 자유와 행복을 영원히 확보할 것을 다짐하면서 1948년 7월 12일에 제정되고 8차에 걸쳐 개정된 헌법을 이제 국회의 의결을 거쳐 국민투표에 의하여 개정한다(대한민국 헌법 전문, 1987년 10월 29일).

8) 헌법 제4조: 대한민국은 통일을 지향하며, 자유민주적 기본질서에 입각한 평화적 통일정책을 수립하고 이를 추진한다.

성과 통일성을 어떻게 조화하여 국가적 차원에서의 사회통합을 이룰 것인가의 문제이기보다는 통일 시대와 다문화 시대에 있어 우리가 추구해야 할 다문화주의의 유형과 민족주의의 성격을 재정립하는 것이다. 다문화 주민들 사이의 의식 통합은 필연적으로 요청되기보다 상호에 대한 이해와 존중을 요구할 뿐이지만, 통일의 논의에서 남한과 북한 주민 간의 통일에 대한 의식 통합은 필수적인 요소가 되기 때문이다.

이러한 점에서 본다면, 적어도 통일교육의 논의에서 북한 주민을 다문화주의로 묶어버리기에는 여러 가지 특수한 면이 존재한다. 그렇다면 기존의 민족주의는 다문화주의 사회에서 어떠한 모습으로 변용되어야 하는가.

여기에서 브라운의 민족 정체성 변용 유형을 살펴볼 필요가 있다. 그는, 민족적 정체성은 다양한 모습으로 <그림>과 같이 변용이 가능함을 제시했다. 먼저, 민족 정체성은 근원적 민족주의자에게는 본능 즉, 타고난 상태에 대한 헌신으로 나타난다. 둘째, 상황적 민족주의자에게는 이해관계 즉, 처한 상황에 따라 나타난다. 그리고 구성주의적 민족주의자에게는 이데올로기 즉, 이념적인 모습을 띠게 된다. 아래 <그림>(D. Brown, 2000: 5)의 개념어들은 각각 민족성과 민족주의, 민족 국가들의 발흥, 그리고 현대의 민족주의 정치의 문제성 사이에서 각자 어떠한 모습을 양산하는지를 보여준다. 모든 민족공동체의 구성원들은 그들 공동체에 대한 우선적 충성이 당연하다고 믿는다.

근원주의적 접근은 그러한 인식을 입증하고 구체화를 추구한다. 근원주의적 접근은 국가를 자연적인 유기적 공동체로서 묘사한다.

구성원들은 이에 대해 선천적이고 감정적으로 강한 애착을 느낀다. 상황주의적 접근은 합리적 이해관계로서 이를 묘사하며, 공동의 이익을 추구하기 위한 개인들의 그룹에 의해 고용된 자원들로서 설명한다. 사람들은 기회들의 유형에 따라 그들의 선택과 반응이 달라진다. 구성주의적 접근은 민족 정체성을 정치적으로 구성된 신화로서 본다. 구성주의적 접근은 개인들에게 민족 정체성이란 이데올로기적 체계를 기반으로 구축되었다는 점을 제시한다(D. Brown, 2000: 5-13).

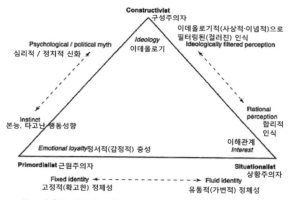

Figure 1 National identity—the three conceptual languages

출처: D. Brown, 2000: 5.

〈그림〉 민족 정체성 양상

브라운의 관점에서 본다면, 기존에 우리가 가지고 있던 민족주의는 근원주의자적 성격을 지닌다. 이것은 정서적이고 타고난 것이며 확고한 정체성을 부여한다는 점에서 남한과 북한 주민의 의식 통합에 결속력을 부여한다. 남한과 북한 주민이 가진 근원주의자적 민족주의의 성향은 통일에 대해 강한 정당성을 부여한다. 그러나 다문화 사회에서 우리가 지속해서 근원주의자적 민족주의를 강조할 것인가에 대해서는 숙고할 필요가 있다. 근원주의자적 민족주의는 자칫 배타적이고 폐쇄적으로 흐를 수 있기 때문이다.

한편, 상황주의적 접근은 이해관계의 측면을 강조한다는 점에서 우리에게 적합하지 않다. 그것은, 통일은 장기적으로 남한과 북한의 이익을 도모할 수 있을지 모르나 통일의 초기와 통일의 과정에는 상당한 손해를 감수해야 하기 때문이다. 희생이 요구되는 통일 과업을 감당하기에 이익의 측면을 논하는 상황주의적 민족 정체성은 역부족이다.

우리에게 요구되는 민족주의는 남한과 북한 주민을 강하게 결속할 수 있는 동력으로 작용할 수 있어야 한다. 이러한 점에서 혈통과 단군신화와 같은 심리적인 신화로 덧입혀진 하나의 이데올로기적 인식으로서의 민족주의가 요구된다. 이는 구성주의자들이 지닌 민족 정체성인 동시에 남한 주민과 북한 주민을 비롯한 한민족 디아스포라들의 통일을 향한 염원을 끌어내는 데 유리한 유형이 될 것이다. 따라서 우리에게 요구되는 것은 구성주의자적 민족주의다. 우리는 정제된 인식으로서 남한과 북한의 주민을 결속할 수 있는 민족 정체성을 확립할 필요가 있다. 동시에 이를 변용하여 우리 사회에 거주하는 이주민들의 국가 혹은 시민적인 민족 정체성 형성에 기여하도록 해야 한다. 구성주의적 민족 정체성은 통일을 지향한 민족 정체성인 동시에 우리 사회에 함께 공존하고 있는 이주민을 포섭하는 이념적 장치로 작동할 수 있을 것이다.

Ⅳ. 통일교육의 새로운 기반 모색

1. 한국형 다문화주의와 한국형 민족주의

민족의 통일을 추구하는 이념에서 본다면 민족통일 이념과 다문화주의는 충돌 관계에 놓이게 된다. 우리의 통일교육이 민족문화를 앞세우는 동시에 근원주의자적 시각을 벗어나지 못할 때 다문화와 함께 통일의 문제에 있어서 후유증은 더욱 클 것이다. 그러나 독일의 사례에서 볼 때, 독일 통일과정에서 민족주의는 나름의 역할을 담당했다(이태욱, 2001: 211; 노명환, 2001: 115).

서독인들은 동독의 체제에 대해 비판적이었으나 반면, 그들을 동포로 여기며 민족통일에 대한 의식을 갖고 있었음을 부인할 수 없다. 과거 한국 사회에서는 일제 식민지 통치, 세계열강에 의한 한반도 분단, 냉전 체제하의 미·소 대리전 양상의 한국전쟁 등을 경험하면서 외부 패권 국가의 침탈에 저항하여 민족을 지키려는 '저항적 민족주의'가 강하게 유지되었다. 한편, 개방화된 사회에서 한국 국민이 국제 사회의 역량 있고 책임 있는 구성원이 되기 위해서는 세계를 향한 정치·경제·사회·문화적 개방과 세계 보편적 원칙을 적극적으로 수용하는 보편적 세계주의를 추구해야 한다. 이를 위해 문화적 폐쇄성과 자국 이기주의를 극복하고, 인류의 보편적 가치를 인정하는 가치관을 형성하고, 문화적 다원주의를 수용하며, 적극적으로 국제기구에 참여하고 국제 사회에 공헌하는 등 세계시민으로서의 덕성과 자질을 갖추는 노력이 필요한 시점이다. 아울러 통일에 대한 의지를 확고히 할 것이 요청된다.

따라서 우리는 민족주의가 가진 역동성을 간직한 채 그것의 악영향을 해소하고 21세기 통일의 시대에 적합한 형태의 새로운 민족주의를 지향해야 한다. 이러한 새로운 민족주의에 대한 담론은 초민족주의, 지구적 민족주의, 열린 민족주의, 탈민족주의, 통일민족주의, 시민적 민족주의, 성찰적 민족주의 등 여러 가지 형태로 전개되어 왔다. 하지만 이러한 새로운 지향에 대한 담론들 역시 관념의 수준에 머물고 있을 뿐, 구체적인 실천의 문제는 결여하고 있었다. 사회통합형 모델을 민족주의 개념과 함께 보충하거나 변형 혹은 확장하면서 통일에 대한 관점과 정책 방향을 설정하는 동시에 통일교육에 대한 진지한 논의가 함께 이루어져야 한다.

그런데도 북한과의 통합은 근원주의적 뿌리를 빼고는 상당히 어려운 작업이 될 것이다. 또한 국내에서의 다문화적인 움직임은 통일의 민족주의 정당성과 대립하는 면이 있으며, 통일 이후에도 사회 통합적인 면에서 둘이 아닌 세 가지 이상으로 사회 여론 분열을 이끌 가능성이 있다. 경제나 정치, 사회적 불안으로 인해서 그 포섭의 한계에 도달한다면 그간의 불만이 다시 드러나면서 결국 사회분열의 양상을 띨 것이다. 대표적으로 프랑스에서의 폭동과 같은 유럽에서의 폭동이나 유고슬라비아 그리고 소련의 해체 이후 분열의 양상들을 들 수 있다.

앞에서 살펴보았듯이 킴리카는 다문화주의를 차별에 대한 반대로서 규정하며 긍정적인 시각을 보였다. 한편, 마르티니엘로는 다문화주의는 조상이나 혈통 등을 중심으로 하나의 고정된 그룹 정체성을 강조하여 새로 이주한 사회에 주체적으로 소속되고자 하는 개인들에게 편견으로 작용할 수 있다고 말하며 다문화주의가 지닌 위험성을 지적했다. 이제 우리는 한국적 특수성을 반영하는 다문화주의 개념을 정립할 필요가 있다. 즉, 이주민들을 선량한 한국 국민으로 만드는 데 주안점을 둘 것인지 혹은 그들을 한국인화 하기 위해 노력할 것인지 등에 대한 정책적 지향점 설정이 중요하다. 더욱이 통일의 시대에서 우리는 사회통합의 논의로서의 다문화주의가 아닌 통일을 준비하는 또 다른 형태의 이데올로기의 한 양상으로서 다문화주의에 대해 고민할 필요가 있다. 우리에게 필요한 것은 다문화주의와 민족주의와의 공생이다. 그러므로 과거 근원주의자적 민족주의에서 탈피하여 통일의 논거로 사용될 수 있는 동시에 제도와 이데올로기를 제공해 줄 수 있는 변용된 구성주의적 민족주의 즉, 우리 상황에 합당한 민족주의로 나아가야 할 것이다. 이른바 'K-민족주의'라 할 수 있겠다.

2. 통일교육 대상의 구분

국제화, 세계화, 지구화와 같은 용어들 속에서 필연적으로 요청되는 사회통합 정책은 결혼이민자, 외국인 근로자, 유학생, 북한이탈주민, 외국인에 대한 사회적 인식의 변화를 요구한다. 더욱이 통일교육의 논의에서 교육대상의 그룹을 선정함에 있어 북한이탈주민과 외국인 노동자 그리고 결혼이주여성과 유학생들을 같은 다문화라는 용어 안에 묶어 놓는 것이 타당한가에 대한 고민이 필요하다. 다문화주의의 사회통합 이론으로 제시된 용광로(Melting Pot) 이론이나 샐러드 볼(Salad Bowl) 이론 중 어느 하나의 이론을 고집할 수 없다. 통일이라는 특수한 상황을 고려하여 '한국식의 다문화주의'로서 통일의 시대를 준비해야 할 것이다. 아울러 우리가 추구해야 할 통일 시대의 다문화주의는 전체주의, 반(反)민족주의, 교조주의 등을 모두 극복할 것이 요청된다. 이는 'K-다문화주의'라 칭할 수 있다.

다문화시대 한반도 통일의 주체는 과거보다 세분되어 존재한다. 한국 사회가 다문화 사회로 진입함과 동시에 통일의 대상도 다양화되었다. 북한 주민, 북한이탈주민, 남한 주민, 북한지도부, 남한 지도부, 한민족 디아스포라(재일조선인, 재중 조선족, 재러고려인), 남한 내 다문화 이주민(노동 이민자, 결혼이주여성, 다문화 가정 자녀, 귀화 한국인 등) 그리고 6·25 전쟁 전후 세대에 대한 구분도 요구된다. 분단과 전쟁에 대한 경험을 공유하는 측면에서는 북한 주민과 남한 주민이 공통점을 소유한 반면, 분단 이후 문화적 공유성은 오히려 남한에 거주하고 있는 주민과 북한의 주민과는 차이가 존재한다. 이들의 통일 의식과 통일에 대한 염원은 각기 구성원에 따라 다를 수밖에 없다.

특히, 통일의 수동적 객체가 아니라 능동적 주체인 한국인들, 식민과 분단의 상처와 고통을 공유하고 있는 한반도 거주 한민족과 한반도 주변국에 이산해 있는 한민족 디아스포라들은 분단과 통일에 대한 의식과 감정에 있어 남한 내 거주하고 있는 이주민과는 큰 차이가 있다. 가장 큰 차이는 이들이 갖는 민족 정체성 특히 객관적 지표가 강조된 것으로서의 민족 정체성이다. 북한 주민, 북한이탈주민, 남한 주민, 한민족 디아스포라들의 민족 정체성은 종족, 단군신화와 같은 신화와 상징 그리고 역사와 문화의 공유와 같은 비교적 객관적 지표를 기반으로 한 민족 정체성이다. 반면, 이주노동자, 결혼이주여성, 다문화 가정 자녀와 같은 사람들이 지닌 한국에서의 민족 정체성은 시민으로서 혹은 국민으로서와 같은 정신적인 의미가 더욱 강한 주관적 지표로서의 민족 정체성이다. 물론 완전한 의미로서의 민족 정체성은 이러한 객관적 지표와 주관적 지표가 함께 결합할 때 나타날 수 있을 것이다. 이러한 이유로, 한국 내에 존재하는 다양한 문화 정체성을 지닌 구성원들을 어떻게 융합시킬 것이냐의 문제는 통합의 문제를 넘어 통일이라는 중차대한 과제를 안고 있는 한민족의 넘어야 할 커다란 산이기도 하다.

그동안 차이에 대한 수용, 관용 등에 초점을 두고 이루어진 다문화주의적 통일교육에서 간과해 왔던 통일에 대한 인식, 민족 정체성의 문제가 통일교육에서 더욱 심도 있게 논의되고 다루어져야 한다. 다문화 시대의 통일교육이 기존의 통일교육과 다른 의미를 지니는 것은 기존의 통일교육에서 강조되었던 민족 정체성, 단일민족, 민족의 통합의 부분에 새로운 개념 정립을 다문화 사회가 필연적으로 요청하기 때문이다.

통일교육지원법 제2조에서 명시하고 있듯이, 통일교육은 자유민주주의에 대한 신념과 민족공동체 의식 및 건전한 안보관을 바탕으로 통일을 이룩하는 데 필요한 가치관과 태도를 기르도록 하기 위한 교육을 말한다. 그리고 이러한 통일교육은 '…민족의 단결을 공고히 함'을 천명한 헌법 전문과 '대한민국은 통일을 지향하며, 자유민주적 기본질서에 입각한 평화적 통일정책을 수립하고 이를 추진한다.'라고 규정한 헌법 제4조의 정신을 바탕으로 이루어져야 한다. 이러한 점에서 통일교육에서는 다양한 다문화 구성원들에 대해 조국의 평화적 통일에 대한 사명감 즉, 민족 정체성을 바탕으로 한 통일에의 염원을 교육해야 하는 어려움에 봉착한다. 이 점은 북한 주민과 이주민과의 가장 큰 차이점이다. 북한 주민에게 북한 지역은 자신의 고향으로서 존재하지만 이주민에게는 특별한 의미를 주지 못한다. 이 두 집단은 적어도 통일문제에 있어 커다란 간극이 존재한다. 즉, 조국의 의미, 북한에 대한 인식, 민족 정체성의 성격은 확연한 차이가 있다. 이들은 각각 상이한 자기의 근원, 문화, 종족적 민족 정체성에서 벗어날 수 없는 것처럼 보인다.

사회학적 관점에서 통일은 정치적 통일 이후의 사회적 통합을 의미한다. 사회적 통합을 위한 다양성에 대한 관용과 포용은 다문화주의 가치와 상통한다. 그러나 통일을 이루기 위한 민족의 통합에서 요구될 수밖에 없는 민족주의는 그 앞에 어떠한 수식어가 붙는다고 할지라도 다문화주의와 공존하기 어려운 부분이 있다. 그러나 우리는 민족 대 탈민족, 국가 대 탈국가, 동질성 대 이질성, 다문화주의 대 민족주의라는 이원적 대립 구도에서 벗어나야 한다. 우리에게 필요한 것은 민족 동질성에 기반을 둔 통일에 대한 논의를 조심스럽게 다인종 사회, 다문화 사회로 접어든 한국의 현실에 적용하고 이 둘이 서로 모순 없이 공존하게 하려는 노력을 해야 한다.

다문화 가정과 같이 북한 주민을 다문화의 시각으로 받아들이자는 견해(윤인진, 2010: 46)도 있으나 북한 주민이 느끼는 통일의 문제와 다른 다문화 가정 혹은 이주자들이 느끼는 것은 다를 수밖에 없다. 헌법상 북한이탈주민은 우리와 동일한 역사와 언어를 공유하고 있는 문화적 동질성을 지닌 민족공동체의 구성원이다. 적어도 통일의 문제에서 우리는 북한이탈주민을 다문화의 한 구성원이 아닌 제3의 구성원으로 상정해야 한다. 통일과 다문화시대에 우리가 통합해야 할 대상은 북한 주민, 다문화 주민 그리고 한민족 디아스포라이다. 우리는 이중의 잣대를 가지고 북한 주민의 통합을 위해서는 민족주의적 스펙트럼으로, 이주민을 포용하기 위해서는 경계가 분명한 통합 정책을 추구해야 한다. 즉 북한 주민은 국민으로서의 통합을 추구하며 이주민은 주민으로서의 통합을 추구해야 할 것이다. 나아가 북한의 정체성에 대한 사회적 합의 즉, 북한을 화해와 협력의 대상인가, 경계의 대상인가, 적대적 대상인가에 대한 합의가 있어야 한다.

따라서 통일 시대의 민족 정체성 교육은 각기 대상이 지닌 특성에 따라 적합하게 제공될 필요가 있다. 변용된 구성주의적 민족주의적 시각에서 북한이탈주민과 재중 조선족, 재러고려인, 재일 조선족의 정체성 그리고 이주민의 민족 정체성을 재정립해야 한다. 다문화 사회에서 우리는 통일교육의 외연을 확대하여 다문화 구성 주체를 북한이탈주민 그룹, 이주노동자·결혼이주여성·외국인 유학생 등의 그룹, 중도 입국자 그룹, 다문화 가정 자녀 그룹으로 구분하여 이들 각 그룹에 적절한 유형으로서의 민족 정체성 교육이 이루어지도록 해야 할 것이다.

V. 결론

한국 사회는 인구변동으로 인한 다문화 사회로의 진입을 시도하고 있다. 노동력과 결혼문제를 해결하기 위해 이주민 정책으로 빚어진 변화된 사회의 모습은 한국을 다인종 다문화 국가로 변모하도록 만들었다. 다문화주의는 세계화의 거대 흐름인 동시에 우리가 추구해야 할 이상처럼 논의되고 있다. 동질적인 인종과 문화 그리고 단일 언어로 이루어진 한국사회의 동질성에 대한 가정이 비록 신화에 불과하다고 할지라도, 이것이 오랜 역사 속에 한민족을 지탱해왔던 기본 관념이었음을 부정할 수는 없다. 민족통일의 염원은 분단국으로서 통일에 대한 강한 신념을 갖게 하는 기폭제 역할을 하고 있다. 통일의 당위성을 논하며 되새겨온 한민족, 민족 정체성의 의미가 다문화 시대로 접어들면서 쇠퇴하고 있다. 다문화주의, 다문화 사조의 논지에 한민족, 민족 정체성, 민족주의 등의 용어는 걸맞지 않게 여겨진다. 그러나 우리가 통일의 당위성을 주창함에 있어 민족통일을 천명하지 않은 채 통일의 당위성을 단순히 실리적인, 실용주의적인 측면에서만 논할 수 있는가에 대해서는 생각해 볼 필요가 있다.

통일이라는 한반도의 중요한 과제를 안고 있는 특수성을 고려할 때 우리 사회에서의 다문화주의는 민족 정체성이라는 개념과 함께 공존할 필요가 있다. 우리 사회 내에 존재하는 다문화 구성원들은 한국 국민으로 살아갈 수는 있으나 과연 한민족이 될 수 있는가 되물을 필요가 있다. 이런 측면에서 본다면 북한이탈주민과 외국인 노동자 그리고 결혼이주여성과 유학생들을 같은 다문화라는 용어 안에 묶어 놓는 것은 무리가 있다. 북한이탈주민과 다른 다문화 주체들(다문화 가정 및 이주노동자, 결혼이주여성, 외국인 유학생 등)은 북한과 통일에 대한 인식, 민족 정체성의 성격 등에서 상당한 차이를 보인다. 다시 말해, 이들은 첫째, 통일에 대한 인식, 둘째, 한민족으로서의 인식, 셋째, 북한에 대한 인식, 궁극적으로 민족 정체성의 부분에서 차이를 갖는다.

따라서 통일교육의 당위성을 통해 사람의 통합을 지향하기 위해서는 다문화 구성 주체를 A 그룹 즉, 북한이탈주민 그룹, B 그룹 즉, 이주노동자·결혼이주여성·외국인 유학생 등의 그룹, C 그룹 즉, 중도 입국자 그룹, D 그룹 즉, 다문화 가정 자녀 그룹, E 그룹 즉, 한민족 디아스포라 그룹 등으로 나누어 차별적인 통일교육이 제공되어야 한다. 특히 A 그룹은 통일의 남한 주민과 북한 주민을 잇는 가교의 역할로서 통일의 또 다른 주체이기도 하다. 또한 북한 주민과 북한이탈주민 그리고 남한 주민들은 다시 전쟁을 겪은 세대와 그렇지 않은 세대와의 차별성이 존재함도 인식해야 한다. 다시 말해, 다문화 시대의 통일교육에서 이주민들에게는 시민 민족주의, 국가 민족주의로서의 민족 정체성 교육 즉, 국가와 시민 정체성으로서의 민족 정체성 교육을 제공하고, 남북한 주민과 한민족 디아스포라들에는 주로 종족에 기반을 둔 민족 정체성 교육 즉, 동일한 역사, 인종, 문화, 상징과 신화 등을 공유함으로써 형성되는 민족 정체성 교육을 해야 할 것이다. 이것이 통일과 다문화 시대에 우리가 추구해야 할 다문화주의의 지향점이며 민족주의이다. 이를 한국형 다문화주의, 발전된 시민권적 다문화주의 그리고 변용된 구성주의적 민족주의라 명명할 수 있을 것이다.

통일교육의 중심핵은 우리의 민족 정체성을 되찾고 이것을 시대에 맞게 변화시키고 정교화하는 작업이 되어야 하며 대상에 따라 적절히 차별적으로 이루어져야 한다. 아울러 다문화 청소년들이 대한민국 국민으로서 올바른 정체성을 가지고, 우리나라의 분단 현실을 인식하고 통일에 대한 신념과 의지를 확고히 할 수 있는 다문화주의를 지향해야 한다. 다문화주의가 시민권적 다문화주의, 민주주의적 다문화주의 등 그 어떤 용어를 차용하여 명명된다 할지라도 이것은 변용된 구성주의적 민족주의에 걸맞게 개념 정립되어야 한다. 다문화-통일 시대에 우리에게 필요한 것은 혼종적 다문화주의가 아닌 통섭적 다문화주의와 구성주의적 민족주의이다. 한국인으로서 자긍심이 강할수록 외국인에 대한 용인의 정도가 높다(김병조·김복수·서호철 외, 2011: 94)는 점을 고려할 때, 다름에 대한 수용에 앞서 자신의 정체성을 확립하는 방향으로 통일교육, 다문화주의, 민족주의가 함께 공존할 수 있는 '원원전략(win-win strategy)'을 모색해야 할 것이다.

결론적으로 통일교육에서 열린 민족주의, 시민 민족주의, 지구촌 민족주의, 보편적 민족주의, 초민족주의, 성찰적 민족주의 등 그 어떤 용어의 형태를 빌린다 하더라도 변용된 구성주의적 민족주의를 배제하고서 통일의 당위성을 논하기는 어렵다. 다문화주의 안에서 통일의 당위성의 주된 논거인 민족통일의 개념이 희석되지 않도록 해야 한다. 따라서 통일의 당위성을 공고히 하고 진정한 사람의 통합을 이루기 위해서는 통일교육에서 민족주의와 다문화주의 각각이 지니는 의의와 한계를 인정하고 이 둘의 핵심적인 가치가 희석되지 않고 상호 모순 없이 만날 수 있는 접점을 찾아가는 노력을 해야 한다. 이를 위해 다문화 구성 주체들 각 그룹에 적합한 민족 정체성 교육이 제공되어야 한다. 우리 민족의 정체성을 되찾으려는 노력이 통일교육에서 중요하게 다루어질 때 통일에 대한 더욱 확고한 의지와 신념을 끌어낼 수 있을 것이다.

제3장

통일교육의 사회통합 역할 모색을 위한 민족 정체성과 세계 시민성 담론: Emile Durkheim 도덕론을 중심으로

Ⅰ. 서론

통일과정과 통일 이후 남북한 주민 간의 통합은 통일의 성패를 좌우하는 주요 변인 가운데 하나이다. 과거 삶을 영위해왔던 북한 체제를 떠나 남한에 정착한 북한이탈주민들이 이질적인 남한 사회에 적응하고 사회의 구성원으로 자리매김하도록 도울 필요가 있다. 북한이탈주민의 남한 사회로의 통합 과정은 남북통일 이후 통일사회가 경험하게 될 남한 주민과 북한 주민 통합과 관련된 여러 문제를 검토해 볼 수 있는 실험의 장이 될 수 있다. 북한이탈주민들은 정치적, 경제적 위협으로부터 벗어나고자 또는 보다 나은 삶을 영위하고자 북한을 탈출하여 대부분 제3국을 경유해 남한에 정착한 사람들이다. 우리 사회의 다른 다문화 구성원과는 다르게 그들은 우리와 동일한 언어, 역사, 전통, 문화를 소유하며 동질적인 혈통에 바탕을 둔 민족 정체성을 공유한다.

남북한 주민의 민족 정체성 문제는 통일 준비기, 통일과정 그리고 통일 이후에 있어 완성으로서의 통일을 견고하게 하는 중요한 요인이다. 민족 정체성은 어떤 민족의 고유한 특성과 이를 기반으로 한 소속감을 의미한다. 다문화 사회, 세계화 시대에서 민족 정체성에 대한 강조는 자칫 폐쇄적 민족주의로 비추어질 수 있다. 민족주의는 역사적으로 나치즘, 파시즘과 같은 극렬하게 배타적인 모습으로 변질되거나 악용되었기에 부정적인 의미로 받아들여지는 면이 상당하다. 또한 우리 사회에서 일제식민지 시대를 거치며 배태된 강한 민족주의가 세계화, 다문화 시대에 민족 위주의 편협하고 폐쇄적인 성격을 띠게 될 수 있다는 비판도 있을 수 있다. 그러나 우리는 같은 민족이라는 믿음이 아직 남북한 모두에게 공통으로 존재한다는 점을 고려할 때 남북한 주민의 민족 정체성 확립은 남북통일을 위한 당위성 논거, 남북통일을 앞당기는 견인차, 남북통일 완성의 결속력을 돈독히 하는 기반이 된다.

그러나 한편으로 북한 주민들은 조선민주주의인민공화국의 공민으로 태어나 교육받고 성장한 사람들이다. 이들은 조선민주주의인민공화국의 공민으로서의 자아 정체성을 형성하며 자라왔다. 반면, 남한 주민은 대한민국의 국민으로서 삶을 영위해왔다. 그러므로 남북한 주민은 서로 다른 국가 정체성을 가지게 된다고 볼 수 있다. 더구나 현대 사회에서는 다문화, 세계화, 지구화, 4차 산업혁명 시대를 맞아 세계시민으로서 갖추어야 할 세계 시민성이 강조되고 있다. 따라서 통일교육 현장에서 남북한 주민들에게 민족 정체성, 국가 정체성 그리고 세계 시민성이라는 삼차원의 정체성이 어떻게 존재하고 조화될 수 있는가에 대한 깊은 고민과 통찰이 필요하다.

뒤르켐(Emile Durkheim)은 사회는 일정한 동질성을 가질 때만 생존할 수 있으며 교육은 그 동질성을 구체화하고 강화할 수 있다고 보았다. 통일교육은 통일을 준비하고 통일을 앞당기며 통일 이후 남북사회의 통합 기틀을 공고히 하는 역할을 감당하기 위해 남북한 주민 간의 동질성을 찾고 형성하도록 돕는 기제로 작용할 수 있다. 이는 통일교육이 지닌 사회통합 교육으로서의 역할이다. 그러므로 본 연구에서는 먼저, 통일을 준비하는 통일 시대라 할 수 있는 오늘날 우리 사회에서 민족 정체성, 국가 정체성, 세계 시민성이 갖는 의미와 기능을 살펴보고, 남북한 사회통합을 위해 요구되는 민족 정체성의 양태를 고민하고자 한다. 다음으로 뒤르켐의 도덕론에 대한 개관을 바탕으로 통일교육의 사회통합 교육으로서의 역할 수행 가능성을 위해 요구되는 통일교육에서 다루어질 민족 정체성, 국가 정체성 그리고 세계 시민성의 양상을 가늠하고 이것이 주는 교육 측면에서의 시사점을 도출해 보고자 한다.

II. 민족 정체성, 국가 정체성 그리고 세계 시민성

1. 민족 정체성의 개념과 발달

민족 정체성(ethnic identity)은 민족성(ethnicity)과 함께 사람들을 집단으로 분류하기 위해 사용되는 대표적 개념이다. 이것은 어떤 민족의 심리적 기능에서 핵심 요인으로 작용한다. 민족 정체성은 개인 및 집단 정체성의 전반적인 틀에서 중요한 부분으로 자기 개념의 중요한 구성요소이고 특히 청소년기에 두드러진다. 민족 정체성에 대한 대부분의 연구는 특정 민족 집단을 구별하는 독특한 요소들에 초점을 맞추어 왔다(J. S. Phinney, 1992: 156).

민족 정체성을 이해하기 위해서는 민족 정체성이 많은 측면을 소유하고 있으며 집단, 문화, 특정 환경 내의 사람들의 의식에서 비롯된다는 점을 인식할 필요가 있다. 민족 정체성은 단순히 지식, 이해, 인식만은 아니며 완전한 민족 정체성의 성취를 위해서는 경험도 중요하게 작용한다. 또한 한 개인의 민족 정체성은 시간이 흐르면서 형성되기 때문에 개인의 행동과 선택도 구성 과정에서 필수적이다. 민족 정체성은 개인적인 측면과 집단적인 정체성 모두를 공유하기도 한다(J. S. Phinney & A. D. Ong, 2007: 271).

이러한 이유로 민족 정체성의 개념은 생물학적 차원과 사회학적 차원 등의 다각적인 차원에서 접근 가능한 개념이며 때로 오인되고 논쟁의 대상이 되어왔다. 생물학적 차원에서 민족 정체성은 흔히 인종 정체성, 종족 정체성과 함께 이해되기도 한다. 먼저, 생물학적 범주로서, 인종은 개인의 신체적 특징, 유전 정보 및 특성에서 파생된다. 이 특징을 구별되는 특성으로 사용하여 유럽인, 아시아인, 아메리카 인디언, 아프리카인 등의 인종으로 구분하는 데 이용되며 인종 정체성으로 인식되고 표현된다. 다음으로, 생물학적 용어가 아닌 특정 인종 집단과 공통된 유산을 공유한다는 인식에 기초한 집단 또는 집단적 정체감을 지칭하는 사회적 구성으로서의 민족 정체성을 생각할 수 있다. 인종 정체성이 종종 개인의 생김새나 피부색에 근거하여 사람들을 분류하는 것이라면 사회적 차원은 사회문화적 요소들 안에서의 공통적인 특성을 찾는다(A. F. Chavez & F. Guido-DiBrito, 1999: 39-41).

민족 정체성은 종종 개인으로 하여금 자신이나 타인을 공통의 기원을 가지고 있으며 공통 문화의 부분을 공유하고 공동의 활동에 참여하는 더 큰 사회의 한 부분으로 인식하게 한다. 민족 정체성에서 공통적인 기원과 문화는 중요한 요소이다. 개인은 유사한 전통, 행동, 가치 및 신념으로 공통적인 유대감을 느끼는 사람들과 의식적으로 또는 무의식적으로 연결된다. 개인은 이러한 연결 지점을 통해 주변 세계를 이해할 수 있고 그들이 누구인지에 대한 자부심을 발견한다. 그런데 만약 부정적인 대중 메시지에 대한 대응으로써 민족 집단의 메시지와 지원이 명백하지 않거나 이용 가능하지 않다면 특정 개인은 자기 민족 정체성에 대해 부끄러움이나 단절을 느끼게 될 수 있다(Chavez & Guido-DiBrito, 1999: 40-41).

이러한 점에서 민족 정체성은 언어, 종교에 따라 차별화된 그룹을 쉽게 포용하는 도구가 되기도 한다. 그것은 민족 정체성이란 개인이 구성원의 자격을 가질 수 있는 모든 사회적 범주를 의미하기 때문이다. 민족 정체성 범주는 구성원의 자격을 선별하는 결정 속성에 의한다. 한편, 인종 정체성의 경우 유전적이고 생물학적 특성인 피부색, 모발 유형, 안구 색깔, 신체적 특징 등이 사용된다. 피부색은 개인이나 집단이 자신과는 다른 것으로부터 스스로를 멀리할 수 있게 해주는 많은 선별 도구 중 하나이다.

민족 정체성은 문화적, 역사적 사실들까지 포함하기에 그 범주의 제한은 다음과 같이 정의될 수 있다. 민족 정체성을 형성하게 하는 민족공동체는 (1) 비개인적이다. 즉 구성원이 직계 가족이나 친족 집단의 일부가 아닌 상상의 공동체이다. (2) 국가 안에서 전체보다는 한 부분을 구성한다. (3) 한 형제가 주어진 장소에서 어떤 범주의 구성원 자격을 가질 수 있다면 다른 모든 형제자매도 그 장소에서 자격을 얻는다. (4) 구성원 자격에 대한 유자격 특성은 유전적으로 전달된 자신의 특징, 부모 및 조상의 언어, 종교, 출신지, 부족, 지역, 국적, 인종에 국한된다. 이로 인해 인종 집단을 정의할 때 공통 조상, 공통 조상의 신화, 공통된 신화, 공통의 문화 또는 언어, 공통의 역사가 제시된다(K. Chandra, 2006: 400-403). 민족 정체성의 개념에서 인종적인 생물학적 요소를 배제할 수 없다.

주목할 점은 정체성은 항상 상호작용으로 구성된다는 점이다. 한 개인의 민족 정체성의 발달은 가족과 지역사회 그리고 그들의 문화에 대한 전수를 통해 이루어진다. 달리 말하면 개인은 강한 정체성으로 연결되어 있는 문화, 종교, 지리, 언어를 공유함으로써 민족 정체감이 형성된다. 이에는 혈연관계와 친밀감도 중요한 요소로 작용한다. 그리고 이러한 문화를 구성하는 양상은 기본 가치, 신념 그리고 가정에서 나타나는 의식, 상징 및 행동을 포함한다(Chavez & Guido-DiBrito, 1999: 42). 나아가 민족 정체성은 때로 우리가 어떻게 대우받는가와 깊은 관련이 있다. 같음과 다름에 의한 변별을 통해 수용과 거부의 틀 모두에서 민족 정체성이 사용된다.

2. 국가 정체성과 세계 시민성

오늘날 국가는 집단 정체성의 가장 적절한 형태로 남아있다. 국가 정체성(national identity)은 동료 내국인들이 공통으로 공유하는 특징일 뿐만 아니라 내부적으로 존재하지 않는 것, 즉 다른 나라나 민족 집단과 구별하고 차별화하는 것을 통해서도 형성되기에 다른 국가 사람들과의 대조를 통해서만 의미가 있다(A. Triandafyllidou, 1998: 593). 국가 정체성은 한 국가의 존속과 발전을 위해 요구되는 요소로 국민적 단합과 결속력을 강화하고 충성심을 기르게 함으로써 국가 존립에 필수적인 요인이다. 국가 정체성은 민족 정체성만큼이나 복잡하고 다차원적이다. 국가 정체성은 종족적 국가 정체성과 시민적 국가 정체성으로 나눌 수 있다. 먼저, 종족적 국가 정체성은 생물학적이며 인종적인 측면에서의 민족 정체성과 연결된다. 다음으로, 시민적 국가 정체성은 사회문화적 특히 정치적인 측면에서 하나의 국가에 소속된 의미로서의 민족 정체성과 연계된다.

스미스(Anthony D. Smith)는 국가의 고전적 정의를 역사적인 영토, 공통의 신화와 역사적 추억, 대중, 공공 문화, 공통 경제, 모든 사람을 위한 공통의 법적 권리와 의무를 공유하는 인간 집단 구성원들로 보았다(A. D. Smith, 1991: 14). 그는 국가의 정의에 있어 이념형 성격을 강조하며 역사적인 영토, 신화와 기억, 공통된 공공 문화와 공통된 법과 관습을 지닌 지명된 공동체로 정의한다(A. D. Smith, 2002: 15; M. Guibernau, 2004: 128). 그에 따르면, 국가 정체성은 정치 공동체, 역사, 영토, 시민권, 공통의 가치와 전통 등을 포함한다. 국가는 공동 문화와 시민의식, 민중을 고국에서 묶는 공통된 이해와 열망, 감정과 아이디어를 가지고 있어야 한다. 국가 정체성을 다차원적으로 간주하며 스미스가 제시한 국가 정체성의 기본 속성은 다음과 같다. (1) 역사적 영토 또는 고향, (2) 공통의 신화와 역사적 기억, (3) 공통적이고 대중적인 대중문화, (4) 모든 구성원에 대한 공통의 법적 권리와 의무, (5) 구성원들을 위한 영토 이동성을 지닌 공통 경제이다(A. D. Smith, 1991: 9-14). 국가 정체성은 또한 모든 구성원 공통의 법적 권리와 의무로 이해되는 시민권을 포함한다. 이것은 영토적, 경제적, 정치적 기능을

포함하는 한편, 매체와 교육을 통해 시민의 사회화에 의해 이끌어
진다(Guibernau, 2004, 133-134).

귀베르나우(M. Guibernau)는 국가 정체성에 심리적, 문화적, 영
토적, 역사적, 정치적 차원의 5가지 차원이 있다고 본다. 국가 정체
성의 심리적 차원은 국가에 속한 사람들을 하나로 묶는 친밀감을
바탕으로 집단을 형성한다는 의식에서 비롯된다. 친근감은 수년간
잠복해 있을 수 있으며 국가, 국민, 번영, 전통과 문화, 영토, 국제
적 지위 또는 나라를 위협하는 내외의 적과 직면할 때마다 갑자기
나타나기도 한다(Guibernau, 2004: 134-135). 특정한 성격을 공유
하는 공동체는 구성원들이 조상과 관련되어 있다는 주관적인 믿음
을 갖게 된다. 특정 국가의 정체성을 공유한다고 주장하는 사람들
은 서로 다른 시간과 장소에서 다양한 유형의 격렬함을 가지고 문
화, 역사, 전통, 상징, 혈연, 언어, 종교, 영토, 건국의 순간과 운명
에 대한 신념을 공유한다.

일반적으로 국가 정체성은 한 국가의 국민에게 적용된다. 국가가
독립적이고 집단적 억압을 견뎌 내거나 국제적인 지도력을 얻었을
때 그에 속한 사람들 사이의 공통된 정체감은 강화된다. 국가 정체
성의 주관적 성격으로 인해 국가를 공유하지 않는 개인들 사이에서
발생하는 경우도 있고 국가 소유 여부에 관계없이 국가 소속의 정
서를 반영하기도 한다. 예를 들면, 이스라엘 건국 이전 유대인들이
가진 시오니즘(Zionism)을 들 수 있다. 스미스 견해에서도 국가 정
체성 요소의 주관적 성격이 강조된다(A. D. Smith, 2002: 5-32). 국
가 정체성을 공유하는 것은 동료 국민 사이에서 근본적으로 심리적
이며 비합리적이고 감정적인 유대감을 낳는다. 어떠한 측면에서는

비합리적인 것이기보다 이성을 초월한 것이기도 하다. 이는 한 국가가 기본적으로 조상과 관련이 있다고 느끼는 집단이기 때문이다.

코너(W. Connor)에 의하면, 국가는 그 안의 구성원들이 서로 친족 관계를 맺고 있기 때문에 충성을 요구할 수 있는 가장 큰 집단이다. 이 관점에서 국가는 완전히 확장된 가족이라 할 수 있다. 그러나 거의 모든 국가가 다양한 민족 출신 사람들의 혈통 혼합에서 유래하고, 사실적 역사와 일치하지 않기에 연대기적이거나 사실적인 역사가 아닌 감각적인 또는 느껴진 역사가 중요하게 작용한다(Connor 1994: 196-202).

이러한 논의를 통해 볼 때, 국가 정체성이란 누구나 소유하고 있는 속성과 신념의 집합을 말하며 이것의 정치적 측면은 민족 국가에 적용될 때 가장 응집력 있고 충성스러운 시민을 육성하기에 용이하다. 따라서 시민들을 하나로 묶을 수 있는 단일 국가 정체성을 추구하는 데 국가가 일반적으로 사용하는 주요 전략은 다음과 같다. (1) 국가의 경계 내에 살며 공통의 역사, 공통의 문화 및 경계가 있는 영역을 구성하는 지배적인 국가 또는 인종 집단을 기반으로 국가의 특정 이미지를 구축하고 보급한다. (2) 시민들 사이의 공동체 의식을 강화하는 임무를 맡은 일련의 상징을 창안하고 보급한다. (3) 시민 권리 및 법적 권리, 정치적 권리 및 의무는 물론 사회경제적 권리가 잘 정의된 시민권의 발전과 구성원들에게 권리를 부여함으로써 국가에 대한 충성심의 상승을 지지하고 포함된 사람들과 시민 공동체에서 제외된 사람들 사이에 중요한 구별을 설정한다. (4) 공동의 적을 창조한다. (5) 국가교육 및 미디어 시스템을 점진적으로 통합한다(Guibernau, 2004: 139-140).

한편, 최근 다문화의 물결과 세계화는 경제를 넘어 사회, 정치, 문화, 교육 등 다양한 영역에서 하나의 지구, 지구촌 사회를 부각하며 개별 통치 국가별로 분절된 단일 국가에 머물렀던 시민을 세계 시민이라는 초국가 시민으로 끌어낸다(박형빈, 2018a: 175). 다문화주의, 세계화 확산 환경에서 지구 시민성(global citizenship), 세계 시민성(world citizenship)의 아이디어는 이제 정치적 의제에 확고하게 자리 잡고 있다. 운동가들은 지구촌 시민을 주장하고 교육자들은 지구 시민성을 위한 교육을 이야기한다. 세계 시민성(world citizenship)은 1990년대 지구 시민성(global citizenship), 범세계 시민성(cosmopolitan citizenship)으로 명칭이 변경되기도 하며 부상했다(A. Carter, 2013: 1-19). 누스바움(M. Nussbaum)은 미국인들이 미국적 정체성과 시민권에 대한 자만심에서 벗어나 인류공동체의 일원이라는 또 다른 충성심을 갖고 인류 공동의 문제해결에 적극적으로 참여할 것을 촉구한다(M. Nussbaum, 오인영 역, 2003 : 김남준·박찬구, 2015: 3 재인용).

지구 시민성(global citizenship) 개념은 범세계주의 개념과 밀접하게 관련되어 있다. 그리스 스토아학파 사람들은 세계의 도시인 코스모폴리스와 세계시민에 대해 이야기했다. 칸트의 입장에서, 국제 사회와 민족 국가 사이의 국제 권리와 공존하는 개인과 국가에 관한 범세계적 권리는 보편적인 인류의 시민성으로 간주할 수 있다(Carter, 2013: 1-2, 19). 지구 시민성(global citizenship)의 문구는 세계 빈곤의 증가를 방지하기 위한 노력을 포함하여 인권과 인간 의무 및 국제적 신념 사이의 일관된 이해를 나타낸다.

21세기의 시민성은 국가 시민성의 주장과 세계 시민성의 요구를

다 함께 포괄할 수 있는 새로운 관점에서 조망할 필요가 있다. 다
문화 시대에 국내에서도 민족 국가의 이념이 약화하고 탈민족주의
가 대두하며 세계화와 더불어 세계시민으로서의 삶이 중요해지는
경향을 반영하고 있다(김지현·손철성, 2009: 96). 그러나 민족분
단, 민족통일이라는 한반도의 특수성을 고려한다면, 특정 지역과
개별 국가의 특수성을 인정하는 가운데 인류의 보편적 가치를 지향
하는 다시 말해, 개별 국가의 가치와 존재를 인정하는 가운데 지구
적 의식과 책임감을 강조(변종현, 2006: 139)하는 방향으로 나아가
야 한다.

세계화는 타자에 대한 인식을 전달하지만 대다수의 사람들에게
는 국가의 경계가 조국의 한계를 알리는 신호이며 동료 국민은 대
개 외부인보다 나와 같은 인간으로 묘사된다. 동료 국민에 대한 감
정은 외국인, 미지의 민족, 낯선 사람, 잠재적인 적에 대한 우리의
감정과 종종 일치하지 않는다. 이러한 점에서 다문화, 세계화 시대
에도 여전히 국가적인 것과 국제적인 것 사이의 조화와 균형이 필
요하다.

국가적인 것과 국제적인 것 사이의 이분법은 뒤르켐(Durkheim)
이 국가적 이상이라고 부르는 인간주의적 개념에 대한 확인에 의해
부분적으로 해결될 수 있다. 그는, 인간 이상은 국경을 확장하지 않
고 구성원의 도덕성을 높이는 것으로 본다(Durkheim, 1973: 101).
그러므로 통일 시대를 준비하는 현시점의 통일교육 논의에서 민족
정체성, 국가 정체성 그리고 세계 시민성을 어떻게 서로 조화시키
며 자리매김하게 할 것인가에 대한 숙고가 요구된다.

Ⅲ. 남북한 통합에서 민족 정체성과 세계 시민성

1. 남북한 주민 통합과 민족주의 그리고 민족 정체성

민족주의는 민족적 정체성 및 의식, 민족을 하나로 모으는 마음 상태로 불린다(C. Calhoun, 1993: 211). 정보화, 세계화, 다문화, 신자유주의, 4차 산업혁명 시대, 초연결 사회, 지구화 등의 세계적인 추세 속에 민족성을 강조하는 민족주의는 배타적, 전근대적, 폐쇄적 이데올로기로 비치기 마련이다. 민족주의와 다문화 및 세계화는 종종 문화, 경제, 정치 역사에서 서로 반대 극으로 이어지는 과정으로 간주한다. 그러나 오늘날 민족주의는 한국사회의 개인주의적 시각에 매몰된 세대를 통일이라는 거대 담론에 동참하게 하는 원동력으로 기능할 수 있다.

오늘날 이민자와 디아스포라에 있어 시민권과 민족 정체성, 국가 정체성 관계는 다층적 애착, 소속감, 정치적 충성심을 포함하기 때문에 점차 복잡해지고 있다. 이들의 경우 시민권과 민족 정체성, 국가 정체성이 분리되어 주최국에서 시민권을 취득하지만 고국에 계속 연결되어 있다고 느낄 수 있다. 디아스포라는 계속해서 중요하게 생각할 수 있는 고향, 즉 장소에 대한 강한 애착을 형성한다(E. Mavroudi, 2008: 307-308). 남한에 정착한 북한이탈주민들의 경우도 유사 현상이 발생할 수 있다. 그들은 정착한 남한 사회에서 시민권, 민족 정체성, 국가 정체성 측면에서 분리된 정체성, 복합적 정체성을 소유하기 쉽다.

현재 한반도 통일문제와 관련된 민족 정체성 논의는 한편으로 민족과 민족주의에 대한 긍정 속에서 통일을 위해 생래적으로 주어진 민족 정체성을 어떻게 유지하고 강화해갈 것인지를 묻는 흐름과 아울러 다른 한편으론 민족과 민족주의에 대한 비판과 함께 통일 한반도의 정체성을 민족이 아닌 다른 것들로 구성하자는 흐름이 공존하고 있다. 전자의 입장은 민족을 통일 주체로 설정하면서 민족 동질성에 기반을 둔 민족 정체성의 확립을 선언하는 반면, 후자는 민족 대신 시민을 통일의 주체로 설정하고 이에 기초한 새로운 정체성 구성을 주장한다(박민철, 2016: 109-111). 민족 정체성이 어떤 민족의 고유한 특성과 이를 기반으로 소속감을 의미한다는 점에서 남북통일을 위한 기반이라는 점을 고려할 때 민족 동질성에 기반을 둔 통일의 논의가 다문화 그리고 세계화와 세계 시민성을 강조하는 오늘날 현실에서 상호 간 조화와 균형을 이룬 양상을 취할 필요가 있다.

2. 민족 정체성을 배태한 세계 시민성

민족 정체성은 다양한 층위에서 그동안 논의되어왔다. 통일의 시각에서 남북한 사회통합을 위해서는 남북한 주민의 통합이 요구된다. 그러나 남북한은 근본적으로 상이한 체제이념을 토대로 한다. 남한의 자유민주주의와 북한의 집단주의적 유일사상은 개인과 사회의 관계, 연대성과 정치참여, 자치와 대표성에 대한 이해에 있어 극단적인 차이를 보인다. 이로 인해 남북한은 민주주의와 공동체, 정치과정, 경제에 대한 인식에서 매우 다르다.

남북한 모두 민주주의를 주장하지만 남한은 개인 존중과 시민적 자유를 근간으로 하는 자유민주주의를 기본 가치로 삼는데 반해 북한은 근로 인민 대중의 계급적 가치 기준을 근간으로 사회적 일원성을 강조하는 사회주의적 민주주의를 주장한다(유홍림, 2007: 56).

서로 다른 정치체제와 그로 인해 상이한 사회문화 환경 속에서 생활한 남북한 주민의 사회통합을 위한 장치 마련은 통일의 성취에서 요구되는 사항이다.

민족 정체성의 강조는 한국 사회에서 분단의 극복과 통일이라는 역사적 과업을 위한 당위적 과제이므로 민족 정체성 이념을 극복의 대상으로만 보기에는 어려움이 많다(박형빈, 2013: 223). 대한민국 헌법 전문은 평화적 통일의 사명에 입각하여 정의 및 인도와 동포애로써 민족의 단결을 공고히 한다는 점을 강조한다. 그런데도 통일교육에서 민족주의가 민족문화를 앞세우는 동시에 근원주의자적 시각을 벗어나지 못한다면 사회통합에 있어 한계를 가지게 될 수밖에 없다. 그러나 독일의 사례에서 볼 때, 독일 통일과정에서 민족주의는 나름의 역할을 담당했다. 서독인들은 동독의 체제에 대해 비판적이었으나 반면, 그들을 동포로 여기며 민족통일에 대한 확고한 의식을 갖고 있었음을 부인할 수는 없다.

역사적으로 우리 안에서의 민족주의는 일제식민지 통치, 세계열강에 의한 한반도 분단, 냉전 체제하의 미·소 대립 양상의 한국전쟁 등을 경험하면서 외부 패권 국가의 침탈에 저항하여 민족을 지키려는 저항적 민족주의가 강하게 유지되었다. 한편, 개방화된 사회에서 한국 국민이 국제 사회의 역량 있고 책임 있는 구성원이 되기 위해서는 세계를 향한 정치·경제·사회·문화적 개방과 세계 보편적 원칙을 적극적으로 수용하는 보편적 세계주의를 추구해야 한다. 이를 위해 문화적 폐쇄성과 자국 이기주의를 극복하고 인류의 보편적 가치를 인정하는 가치관을 형성하며 문화적 다원주의를 수용하여 적극적으로 국제기구에 참여하고 국제 사회에 공헌하는 등 세계시민으로서의 덕성과 자질을 갖추는 노력이 동시에 필요한 시점이다(박형빈, 2013: 225-226).

우리의 민족주의는 무엇보다도 우리 사회의 통합에 기여해야 한다. 민족주의는 집단 이기주의나 지역주의, 또는 계층적 갈등과 같은 사회 균열 요소를 완화하거나 극복하는 훌륭한 도구로서 작용해야 한다(이범웅, 2012: 319). 이러한 점에서 민족(民族, Nation) 개념 및 이와 연관된 여러 개념들은 그 자체의 이론적 맥락과 한반도 통일이라는 실천적 맥락 사이에서 동일한 중요성을 갖는다. 특히 민족 정체성이 특정 민족의 고유한 특성 내지 소속감을 의미한다는 점에서 민족 정체성은 한반도의 통일을 가깝게 가져올 수 있는 근본적 기반으로 중시된다(박민철, 2016: 111). 아울러 통일에 대한 의지를 확고히 할 것이 요청된다. 그러므로 우리는 민족주의가 가진 역동성을 간직한 채 그것의 악영향을 최소화하고 21세기 통일의 시대에 적합한 형태의 새로운 민족주의를 지향해야 한다(박형빈, 2013: 225-226).

남한 사회 내에서 남한 원주민과 북한이탈주민과의 사회통합은 북한이탈주민들이 우리 사회의 가치와 규범을 내면화하고 자긍심을 가지고 살아갈 때 가능하다. 그러므로 북한이탈주민의 사회통합을 위해서는 그들이 민주사회의 가치와 제도를 어떻게 인식하는지 이해할 필요가 있다. 우리는 모두 민주공화국의 시민으로 서로 공감하고 연대할 수 있어야 한다. 통일 시대에 우리가 지녀야 할 세계 시민성의 모습은 이러한 이유로 민족 정체성을 포섭한 것이어야 한다. 동시에 다문화, 세계화 시대 통일과 남북한 주민 통합을 위해 세계 시민성을 망라한 민족 정체성이 요구된다.

Ⅳ. Emile Durkheim 도덕론을 통해 본 사회통합

1. 사회, 개인 그리고 도덕성의 3요소

뒤르켐(Emile Durkheim)은 사회학자, 방법론자, 철학자 그리고 윤리학자로 알려져 있다. 합리주의자인 그는 과학을 논리적이고 합리적인 것 이상으로 보았으며 사회과학에서 사회세계의 이론적 근거와 기초가 되는 구심적인 동학을 찾고자 했다(Gurvitch, 1938: 279; W. W. Miller, 2002: 1-3). 그의 중요한 관심사는 도덕성과 사회에 대한 성찰이었으며(E. Durkheim: 1973: x-xi), 과학의 방법론적 그리고 인식론적 힘에 대한 모더니티의 믿음은 그에게 전적으로 합리적 도덕교육을 가능하게 했다. 그는 인간 이성의 범위를 벗어나는 것은 없기에 합리적인 과학적 방법이 도덕성에 적용될 수 있다고 믿었다(J. S. Dill, 2007: 224).

그가 고민한 도덕이론의 핵심에는 적어도 다음과 같은 네 가지 큰 질문이 포함된다. (1) 도덕적 특성은 무엇인가 (2) 도덕적 동기 부여의 본질은 무엇인가 (3) 옳음과 선의 본질은 무엇인가 (4) 도덕적 심판자는 누구인가이다. 그는 이 가운데 도덕적 심판자는 단지 개인일 수 없다고 보았으며 개인의 도덕성으로 의무, 성실, 자존감, 발전, 번영 등에 관심을 보였다. 흄, 칸트와 마찬가지로 그는 도덕을 다른 사람들과의 관계에 대한 단순한 입법이나 자신이 무엇을 해야 하는지 묻지 않고 권리만을 말하는 것은 아니라고 생각했다(W. W. Miller, 2002: 10-11).

뒤르켐은 개인의 도덕성과 관련하여 사회에 관심을 기울였으며 교육사회학의 아버지라 칭해진다. 사회가 인간 사고의 원천이라고 보기에 도덕교육은 역할 모델 및 그룹 강화, 사회의 규범과 기대, 사회적 연대, 사회적 상호 지원과 연관된다. 사회규범은 사회적으로 외부로부터 부과되었기 때문이 아니라 자발적으로 내면화되어 우리 안에 기능할 때 가장 효과적인 통제 수단이 된다(J. S. Dill, 2007: 223).

뒤르켐의 교육 관련 논의의 대표적인 저술로는 「교육과 사회학」, 「도덕 교육론」, 「프랑스에서의 교육발달」 등을 들 수 있다. 그는 교육을 어린 세대를 사회화하는 것 즉 성인세대가 아동 세대에게 발휘하는 영향력으로 그리고 사회의 공통 감성과 믿음, 집단의식을 내면화시키는 것으로 보았다. 뒤르켐에 있어 교육은 도덕적 과업으로 도덕적 성격을 띠며 사회를 전제로 한다. 교육을 통하여 개인에게 종교, 도덕 신념, 관습 등의 집단의식을 전수해 사회적 존재로 형성하게 하는 것이 그가 주장하고 있는 교육의 목적이라 할 수 있다(Durkheim, 1953: 51-52; Durkheim, 이종각 역, 2004: 76; 이황직, 2008: 236, 245-246; 김철, 2010: 32-33).

교육에 대한 그의 관심은 교육의 목적, 교실에서 가르치는 그룹의 사회적 특성, 역사를 포함하여 넓은 영역을 다루었는데 그가 가장 관심을 기울인 것은 도덕교육이다(W. S. F. Pickering, 1995: 19). 그에 있어 도덕교육은 사회에서 종종 간과되어 왔지만 공동체 생활을 이해하기 위한 중요한 초석을 제공한다. 도덕교육은 사회의 도덕적 질서와 상호작용하며 어린이들의 사회화를 설명하는 것 이상의 의미를 갖고 공동체 생활을 이해하는 긴요한 토대 즉 인간관계의 가장 기본적인 특징들을 다룬다(R. Prus, 2011: 56).

한편, 뒤르켐은 도덕적 개인주의를 기초로 한 도덕공동체를 확립하고자 하였는데 도덕적 개인주의는 사회의 해체 위기에 대한 하나의 대안으로서 이기주의를 규제하기 위한 새로운 도덕 체계로서의 이념이라 할 수 있다. 도덕적 개인주의는 자유민주주의 전통을 특징짓는 가치, 제도, 관행의 집단을 지칭한다. 그는 개인의 도덕적 가치에 대한 믿음이 전체 도덕 시스템을 지배하고 있다고 주장했다. 사회적 정신이 청소년들과 자유주의 사회 사람들에게 가르쳐져야 한다고 보았다(Pickering, 1995: 23).

뒤르켐은 도덕교육에서 도덕의 두 가지 필수 요소로 규율 정신과 집단에 대한 애착을 주장했다. 규율 정신은 아동의 의지를 구속하고 의무를 향해 나아가게 하는 도덕성의 차가운 부분이다. 사회집단에 대한 애착은 아동이 가치 있는 그룹 멤버가 되고 싶어 하게 만드는 도덕성의 따뜻한 부분이다. 이 둘 다 아이들을 사회에 묶는 데 필수적이다. 그는 의지가 이성의 명령을 따르는 자율적 실체라는 칸트주의 견해를 거부한다. 그는 우리가 순전히 이성적 존재가 아니며 본성과 감각을 지니고 있기에 이성의 지시에 불응한다고 보았다. 이러한 불합리한 감성 때문에 어린이 또는 성인은 그들이 열망할 수 있는 도덕적 의무, 의무의 원천으로서 사회를 필요로 한다(J. Graham, J. Haidt, & S. E. Rimm-Kaufman, 2008: 272).

그가 제시하는 더욱 정교한 도덕성의 3가지 요소는 규율 정신, 사회집단에 대한 애착 그리고 자율성 또는 자기 결정성이다. 첫째, 규율 정신은 일관되고 신뢰할 수 있는 행동, 사회적 규범에 대한 존중 그리고 어떤 권한에 대한 감정을 포함한다. 규율은 단순한 구속과 다르다. 규칙과 권위는 규율 정신으로 묘사되는 상태의 두 측면을 구성한다. 규율 정신은 모든 도덕적 기질의 첫 번째 기본 요소이다. 도덕적 규율은 일종의 선입관으로 시작되는데 그것이 우리에게 명령하기 때문에 그리고 우리가 그 지시에 순종해야 하므로 그것은 가치 있는 것으로 보인다.

둘째, 사회집단에 대한 애착이다. 인간이 도덕적인 존재가 되려면, 그 자신이 아닌 다른 것에 헌신해야 하며 사회와 하나임을 느껴야 한다. 이에 도덕교육의 첫 번째 임무는 아이들을 가족 그리고 사회와 결합하는 것이다.

셋째, 자율성 또는 자기 결정성이다. 자율성은 서로 다른 행동 과정의 결과에 대해 잘 알고 사회에 충실하고 자신의 의무를 다하는 개인적인 결정을 수반한다. 뒤르켐의 입장에서 개인은 도덕적 능력을 지닌 존재인 동시에 이기적 충동을 지닌 감각적 존재이며 이기적 충동은 사회를 토대로 극복될 수 있다. 이러한 점에서 사회는 아동의 이기심을 극복하게 하는 최종 권위적 존재이지만 사회의 규칙을 따르느냐 여부는 자유롭게 선택되어야 한다. 개인은 자신이 의무를 지기 원하는 사회에 개입했음을 의식하면서 도덕적 존재가 된다. 이러한 이유로 자기 절제와 판단에 적용되는 집단에 대한 책임이 도덕교육의 핵심이 된다(C. Shilling & P. A. Mellor, 1998: 193-209; E. Durkheim, 2012: 17-36, 79-81, 95-110).

뒤르켐의 도덕교육에 대한 교육적 권고는 주로 처벌과 보상에 의존하여 학교에서 고도로 훈련된 사회를 만들고 아이들을 그들의 사회집단에 연결하기 위한 감정 이입 즉 공감을 촉진하는 것이다. 이것의 예로는 보이스카우트, 걸스카우트, YMCA, YWCA 등과 같은 20세기 초 미국에서 번성한 청소년 단체를 들 수 있다(J. Graham,

J. Haidt, & S. E. Rimm-Kaufman, 2008: 272). 결과적으로 그의 도덕교육에서의 규율 정신, 사회집단에 대한 애착, 자율성의 강조 그리고 사회에 대한 책임과 개인과 사회의 비분리에 대한 견해는 통일교육에서 민족 정체성과 같은 집단의식, 공동체 의식 발로의 중요성을 인식하도록 돕는다.

2. 통일교육에서 사회통합을 위한 집단의식으로서 민족 정체성 교육

모든 사회집단은 부분들로 구성되어 있다. 개인은 전체를 형성하는 기본 요소가 되기에 집단이 지속할 수 있도록 하기 위해 각 부분은 그것이 홀로 서 있는 것처럼 작동하지 않아야 한다. 집단의 존립과 발전을 위해서 각 부분은 전체가 생존할 수 있는 방식으로 행동할 것이 요구되기도 한다. 물론 개인의 이익은 자신이 속한 그룹의 이익이 아니며 실제로 종종 집단의 이익과 대립하기도 한다. 그러나 집단의 생존은 개인의 생존과도 직결되는 부분이 있기에 개인은 사회적 존재로서의 자신을 인식할 필요가 있다.

우리나라의 경우 남북통일의 논의에서 개인이 고려해야 하는 사회적 관심사에 대한 애정은 우리 공동체에 대한 애착으로부터 기원하며 이를 존중하도록 하는 어떤 시스템이 필요하다. 모두에 의해 소중히 여겨지는 공통된 신념, 공동의 열망, 대중적인 전통, 상징, 교육 특히 도덕교육은 사회를 정신적으로 하나로 묶는 중요한 수단이 된다. 이에 통일교육에서 통일에 대한 열망, 공동체 의식 및 연대감을 어떻게 키울 것인가는 관건이 된다.

뒤르켐은 분열되고 기계화된 세계에서 부족했던 사회적 화합과 경험을 학교가 제공할 것으로 보며 교육을 오늘의 문제와 도전에 대한 유망한 해결책으로 보았다(J. S. Dill, 2007: 222). 도덕교육 및 도덕적 행동의 단위는 집단 또는 사회이며 도덕성은 사회 또는 대인 관계 활동과 밀접하다. 뒤르켐은 자기중심적인 행동을 절대로 도덕적이라고 간주하지 않는다. 우리는 단지 우리가 사회적 존재라는 범위 내에서만 도덕적 존재이다. 따라서 도덕성은 한편으로 우리가 사회에 소속되어 있거나 사회와 동일시되어야 한다는 것을 요청한다. 이는 뒤르켐이 도덕성의 두 번째 요소로 제시한 사회집단에 대한 애착과 연관된다. 사회집단에 대한 애착은 자기 나라에 대한 애착으로 이 나라는 협소하게 이기적이고 공격적인 성격을 지닌 것이 아닌 인류에 대한 생각이 실현되는 기관 중의 하나로 인식된다(E. Durkheim, 2012: 207). 사회집단에 대한 애착 즉 집단 감정은 마치 초인적 존재와 같아서 구성원들을 하나로 묶어 주며 집단의식을 형성하게 한다(E. Durkheim, 1995: 424). 집단의식은 사회의 상호작용으로 형성되는데 동일 그룹의 구성원들 사이에서 지속적이고 장기간의 상호작용이 그들만의 문화를 만들며 집단의식을 이루게 한다. 공동체성 즉 지속적인 모임을 통해 강화되는 집단의식은 그와 관련된 연대감을 형성한다(채병관, 2016: 83-84). 현재 우리의 사회통합을 위한 통일교육의 논의에서 민족 정체성과 함께 살펴볼 수 있는 것이 이러한 사회집단에 대한 애착과 집단의식이다. 뒤르켐의 사회집단에 대한 애착은 민족, 공동체에 대한 애착이며 세계 시민성을 포함한다.

한편, 프랑스, 미국, 영국 같은 선진국에서도 국가는 교육과 기타 사용 가능한 수단을 통해 민족 정체성과 목적의식을 높이기 위해 힘써왔다. 이런 움직임은 전 세계적으로 국가와 사회를 연결하는 과정의 일부가 되었다. 어떤 국가도 국내적으로 민족 정체성과 목적의식을 장려하지 않고는 국제 공간에서의 경쟁에서 살아남을 수 없다. 하향식의 정체성 의식은 흔히 사회에서 운용되는 언론, 여론, 교육, 문화적 추세와 같은 요소를 통해 강화된다(J. Baylis, 하영선 외 역, 2006: 539). 그러나 민족주의는 때로 갈등의 원인, 전쟁의 원인이 되었기에 교육, 통일교육 차원에서 다룰 민족 정체성의 유형은 배타적이며 폐쇄적이고 자기 종족 중심주의에서 탈피하여 세계시민주의와 공존이 가능한 형태로 제시되어야 한다. 이러한 점에서 통일교육에서 사회통합을 위해 다룰 민족 정체성은 도덕적인 측면을 담지할 필요가 있다.

따라서 통일교육에서 사회통합을 위한 민족 정체성의 형태와 교육적 시사점은 뒤르켐의 도덕론에서 사회집단에 대한 애착을 중심으로 다음과 같이 제안할 수 있다. 첫째, 뒤르켐은 교육을 사회의 공통 감성과 믿음, 집단의식을 내면화시키는 것으로 보았다. 도덕교육의 첫 번째 임무는 아이들을 가족 그리고 사회와 결합하는 것이므로 남북주민 간의 사회통합을 위해서 통일교육 현장에서 학생들을 민족공동체와 결합할 수 있다. 둘째, 사회집단에 대한 애착 즉, 한민족 공동체에 대한 애착은 학생들로 하여금 민족 정체성 형성을 용이하게 하며 남북한 주민을 하나의 공동체 안에 포섭함으로써 연대감 형성과 감정적인 유대감 발생 그리고 집단에 대한 충성심 구성을 가능하게 할 수 있다. 셋째, 사회통합으로서의 통일교육의 방법론적인 측면에서 사회집단에 대한 애착과 민족 정체성의 고양은 교육을 통해 학생들의 사회화로 이루어질 수 있다. 넷째, 민족 집단에 대한 애착은 특정 이미지 구축, 일련의 상징 창안 및 보급을 통해 발달 가능하다. 다섯째, 민족 집단에 대한 애착을 발현하고 민족 정체성을 구성하게 하기 위해서 친밀감 형성이 중요하다. 민족 집단에 대한 애착, 민족 정체성은 심리적 차원에서 구성원들을 하나로 묶는 친밀감을 바탕으로 집단을 형성한다는 의식에서 비롯된다. 마지막으로 통일교육에서 추구되어야 할 민족 정체성은 세계 시민성과 조화될 수 있어야 한다. 즉 다문화, 세계화, 통일 시대 우리가 추구할 세계 시민성은 민족 정체성을 내포한 것이어야 한다.

V. 결론

분단국가로 남아있는 한반도에서 남북통일은 독일의 경우와 같이 급작스럽게 일어날 수도 있고 단계별 준비를 통해 점진적으로 이루어질 수도 있다. 남북통일의 모습이 어떠한 형태를 띠게 된다고 할지라도 남한 주민과 북한 주민 모두에게 통일은 그 자체로 충격적인 사건이 될 수 있으며 사회 전반적인 측면에서 많은 혼란과 불안을 야기할 수 있다는 사실은 부인하기 어려울 것이다. 통일이라는 역사적 변동이 가지고 올 충격을 최소화하기 위해서는 통일을 차분히 준비하는 자세와 함께 통일에 대해 깊은 관심을 기울이고 이에 대한 제반 대비책을 마련할 것이 요구된다.

그동안 통일은 거대 담론으로서 민족주의적 시각에서 통일의 규범적인 당위성과 정책적인 지향점이 주로 논의되어왔다. 그러나 통일 시대의 사회통합 행위의 주체가 남북한 주민임을 주지할 때 사회 구성원 개개인의 통일 담론을 어떻게 이끌어갈 것인가에 대한 구체적인 논의가 필요하다. 통일 시대를 대비해 남과 북이 함께 평화롭게 공존하며 살기 위해서는 그 중심에 있는 남북주민을 어떻게 하나로 연결하고 묶을 것인가에 대한 고민이 요구된다. 성공적인 통일 시대를 맞이하기 위한 통일 준비의 작업으로 가장 요청되는 것은 남북한 주민의 통합 즉 사회통합에 대한 것이다.

다문화, 세계화 시대의 시민성은 국가 시민성의 주장과 세계 시민성의 요구를 다 함께 포괄할 수 있는 새로운 관점에서 조망할 필요가 있다. 특정 지역과 개별 국가의 특수성을 인정하는 가운데 인류의 보편적 가치를 지향하며, 개별 국가의 가치와 존재를 인정하는 동시에 지구적 의식과 책임감을 강조할 필요가 있다. 민족 정체성은 어떤 민족의 고유한 특성과 이를 기반으로 한 소속감을 의미하고 자기가 속한 사회 즉 집단에 대한 애착을 갖게 한다는 점에서 남북통일을 위한 기반이 된다. 남북한 주민 간의 민족 정체성의 확립은 그러한 의미에서 통일이라는 민족적 숙원에 대한 깊은 관심과 열정을 끌어낼 수 있다. 남북주민 간에 형성된 민족 정체성은 상호 간 동류의식과 한민족 집단에 대한 애착을 끌어내게 함으로써 한국 사회에서 분단의 극복과 통일이라는 역사적 과업을 달성하게 하는 원동력으로 작용할 수 있다. 이는 민족 정체성이 갖는 가능성이다. 그러나 우리의 통일교육에서 민족 정체성이 우리의 민족문화만을 앞세우는 근원주의자적 시각을 벗어나지 못한다면 한계를 가지게 될 수밖에 없다. 한반도 분단체제에서 가지고 있던 경직되고 분리된 정체성, 폐쇄적인 자민족 중심의 민족 정체성은 어떤 형태로든 극복되어 새로운 정체성으로 발전되어야 한다. 이것은 포용적 민족 정체성, 모두를 위한 민족 정체성의 성격을 포함할 필요가 있다.

따라서 그간 단절되었던 민족의 정체성을 확인시키고 남북 상호 간의 이질감을 극복하며 동질감 회복을 통해 통일 민족으로서의 일체감을 조성해야 한다. 이것은 내부적으로는 동질적이고 대외적으로 배타적인 종족적 민족주의 복원이 아니라 내부적·외부적으로 다양성 속의 통일이라는 다문화, 세계화를 포섭하는 것으로서의 공존을 지향하는 민족주의이다. 이에 건강한 민족 정체성을 제시할 수 있으며 이것은 뒤르켐의 사회집단에 대한 애착 그리고 이것을 발판으로 발전한 집단의식을 통해 형성 및 고양 가능하다. 그가 제시한 사회집단에 대한 애착은 민족 정체성을 발현하고 견고하게 하는 동인으로 작용한다.

결론적으로 사회통합 역할을 위한 통일교육에서 다루어질 민족 정체성은 집단 이기주의, 폐쇄적이고 배타적인 민족주의의 한계를 극복할 수 있어야 한다. 이러한 점에서 통일 시대 한반도에서 추구할 민족 정체성은 세계시민주의를 염두에 둔 '모두를 위한 포용적 민족 정체성'이어야 한다. 이는 평화, 공존을 함께 추구할 수 있는 세계 시민성을 배태한 민족 정체성이라 할 수 있다. 이는 또한 우리 안에 그들로 존재하는 북한이탈주민을 포섭하는 역할도 담당할 수 있을 것이다.

제Ⅲ부

여성·평화·안보 및 인권과 통일교육

제4장
통일교육과 여성·평화·안보의
UN 안보리 결의 1325

Ⅰ. 서론

1990년대 르완다, 코소보 등 무력 분쟁지역에서 조직적인 대규모의 충격적 폭력이 여성과 여아 및 아동을 대상으로 이루어졌다. 국제여성단체들이 문제의 심각성을 유엔 안전보장이사회에 제기하면서 국제 사회는 국가 또는 분쟁당사자에 의해 자행된 여성에 대한 폭력 문제를 인권 차원에서 주목하기 시작했다. 2000년 유엔 안전보장이사회는 무력 분쟁 하 여성에 대한 조직적 폭력이 국제 사회의 평화와 안보에 대한 중대한 위협을 야기한다는 인식하에 '여성·평화·안보'에 관한 유엔 안보리 결의 1325호(UNSC 1325)를 만장일치로 채택했다. 결의안은 전쟁과 분쟁이 여성과 어린이에게 끼치는 특수한 영향을 다루며 분쟁과 갈등 상황에서 성폭력 등의 젠더 폭력으로부터 여성과 소녀들을 보호할 뿐만 아니라 분쟁 예방, 평화구축과 유지 및 정착, 분쟁 후 재건을 위한 조직, 정책, 교육에 여성의 주도적 참여를 제안했다. 이를 바탕으로 국가별로 1325호 이행을 위한 국가 행동 계획을 채택하도록 권고하였다. 유엔 사무총장의 2004년 10월 보고서는 회원국들에 결의안 1325 이행을 위한 준비를 요청했다. 덴마크 2005년, 영국 2006년, 핀란드 2008년, 스페인 2008년 등 10여 개의 나라들에서 국가 행동 계획이 제정되었다(B. F. Gumru & J. M. Fritz, 2009: 216). 우리나라는 2012년 정부 차원에서 국가 행동 계획의 수립을 착수하였으며 2014년부터 이행을 위해 노력해오고 있다. 여성가족부를 중심으로 외교부, 국방부, 통일부, 법무부, 행정안전부, 한국국제협력단(KOICA) 그리고 교육부 등의 정부 부처가 합동으로 참여하고 있으며 특히 교육부는 공교육 틀 안에서 1325 이행을 모색하고 있다(한국여성정책연구원, 2017: 161-175).

대한민국은 6·25전쟁 이후 정전협정 하에 민족 간 분단을 겪고 있는 분단국이며, 일제 치하에서 어린 소녀를 포함한 여성의 인권 유린을 일본군 위안부 제도를 통해 경험한 피해 당사국이기도 하다. 이러한 역사적 맥락에서 분쟁지역의 여성 보호 및 평화·안보 분야에서 여성의 실질적이고 주체적인 역할을 제시한 '여성·평화·안보에 관한 유엔 안보리 결의 1325호'는 우리에게 중요한 의미와 상징성을 지닌다. 더구나 현재 북한 정권으로부터 탈출을 감행한 북한이탈여성들 가운데 상당수가 탈북 과정에서 젠더 폭력, 인신매매 같은 인권침해를 겪고 있고 일제 치하 위안부 문제가 아직도 온전히 해결되지 않았다는 현실은 유엔 안보리 결의안 1325에 더욱 주의하게 한다.

한편, 인권, 안보, 평화의 문제는 통일교육의 차원에서 중요한 키워드이다. 그간 통일교육은 기존의 통일교육이 갖는 한계를 극복하고 학생들에게 더욱 실질적이고 실효성 있는 통일교육 소재와 방법을 제공하고자 하는 다양한 시각의 논의를 진행하였다. 통일교육에 대한 평화교육, 시민교육, 갈등 해결 교육 등의 접목뿐만 아니라 인권적 차원에서 통일교육 접근도 시도되었다(조기제, 2009; 김창근, 2014; 선수현 2014; 변종현, 2015). 특히 통일교육에서 북한 인권에 대한 관심은 인간의 존엄성을 해치는 위협에 맞서 인권 보호 활동을 하게 하는 인권 감수성 고양과 북한 주민의 인권 실태 인식을 매개로 통일 의지를 함양하게 하는 요인이 될 것이다.

여성, 인권, 평화, 안보의 문제는 단지 국내외의 관심사에 그치지 않고 국내평화와 국제평화 그리고 평화통일 실현과 직결된다. 한반도 평화통일을 준비하는 노력의 일환으로 통일교육에서 유엔 안보리 결의안 1325에 대한 관심과 실제 교육 적용 노력이 촉구된다. 안보와 평화, 인권 특히 여성의 인권에 주목하고 있는 유엔 안보리 1325의 결의안과 그 후속 결의를 학교 통일교육 현장에 어떻게 활용할 것인지 고민할 필요가 있다. 잠재적 무력 분쟁 지역인 한반도 통일교육에서 여성, 평화 안보에 관한 유엔 결의안 1325는 통일을 준비하는 데 깊은 의미를 갖는 인권, 평화, 안보의 기준 설정과 실행 지침을 제공한다. 따라서 본 연구에서는 인권, 안보 및 평화와 통일교육의 연관성을 살펴보고, 유엔 안보리 1325의 구체적 내용과 이것이 통일교육에서 갖는 의의 및 접목 가능성을 탐색하고자 한다. 이를 기반으로 가치관 형성 시기인 초등학생들의 통일 의지 고취를 위해 실제 초등학교 통일교육 현장에서 결의안 1325의 적용 가능성 방안을 모색하고자 한다.

II. 인권, 평화, 안보와 통일교육

1. 북한의 인권 문제와 통일교육

인권 문제는 개별 국가의 특수성과 문화적 상대성을 뛰어넘는 인류의 보편적 가치로 받아들여지고 있다. 도넬리(Jack Donnelly)는 인권에 대한 포괄적인 학제적 이해를 보편적 권리로 설명하며 옹호한다(J. Donnelly, 2013). 제2차 세계대전 이후부터 현재까지 국제관계에서 인권이 차지하는 지위는 근본적으로 변화해왔다. 많은 주권 국가들에 의해 국제인권의 실체가 인정되고 다양한 인권 이슈가 실천되고 있으며 인권 관련 비정부 기구도 수직적으로 성장했다(김창근, 2014: 213).

국제 사회는 유엔을 중심으로 전 세계 차원에서 인권 관련 논의와 활동을 오랫동안 전개해 왔다. '세계 인권선언(1948)'을 통해 국제 사회는 인간이라면 누구나 마땅히 누려야 할 권리와 존엄성에 대한 기본적인 기준을 규정하며 인간은 모두 태어나면서부터 자유롭고 평등할 뿐만 아니라 존엄과 가치를 지닌 존재임을 강조했다. 이 선언에서 천명된 인권은 인간이라면 누구나 국가의 부당한 간섭이나 차별을 받지 않고 당연히 누려야 하는 권리에 대한 최소한의 보편적 기준이다. 이러한 권리는 생명권, 자유권, 의사표시의 권리, 법 앞의 평등 등 시민·정치적 권리와 문화 활동 참가권, 존경과 존엄을 받을 권리, 노동권, 교육권 등 경제·사회·문화적 권리를 포함한다(통일교육원, 2014: 331).

인권이 보편적 권리로 국제 사회에서 강조되고 있는 반면, 북한 인권 실태의 심각성은 끊임없이 제기되고 있다. 북한 내외의 북한 주민에 대한 인권 상황이 위험하다는 것은 잘 알려져 있다. 유엔 북한 인권 특별보고관과 북한 인권 시민 연합 보고서, 북한 인권결의안, 유엔 인권기구의 북한이탈주민들 증언을 바탕으로 작성된 한국 및 국제 보고서는 북한 인권이 악화하고 있다고 지속해서 평가한다(B. H. Suh, 2016: 89). 이러한 사실은 북한 주민들이 계속되는 공포와 빈곤 속에 살며 국제사회의 끊임없는 관심을 필요로 함을 의미한다.

여러 조사들에서 북한이탈주민들은 북한과 제3국 체류, 남한 입국과정에서 많은 외상과 인권침해를 겪는 것으로 일관성 있게 보고했다. 북한에 대한 인권 비판은 1993년부터 유엔인권위원회와 유엔 인권소위원회에서 본격적으로 제기되기 시작했다. 이후 1997년 8월 21일 유엔인권위원회 산하 인권 문제 전문연구기관인 인권위원회는 제49차 회의에서 북한 인권 상황의 전면 개선을 촉구하는 결의안을 채택했다. 이것은 유엔기구가 최초로 북한 인권 문제를 제기한 것으로 북한의 인권 상황이 국제문제로 부각하는 계기가 되었다(정연선, 2008: 570).

휴먼라이츠워치(Human Rights Watch)는 2017년 제27차 세계인권보고서에서 북한이 김씨 일가와 공산당에 의해 70년 동안 통치된 세계에서 가장 억압적인 독재 국가 중 하나이며, 김정은의 권력을 뒷받침하는 것은 공포와 끔찍한 인권침해이고 북한은 수용소와 강제노동, 공개처형, 임의구금 등 20세기 최악의 인권침해를 보여주고 있다고 밝힌 바 있다. 2014년 유엔 북한 인권조사위원회 보고서는 살해, 노예화, 고문, 감금, 강간, 강제낙태 및 기타 성폭력 등 인류에 대한 범죄에 해당하는 심각한 인권침해를 북한 정부에서 조직적이고 광범위한 방식으로 자행하고 있다고 지적했다. 북한 주민들은 보상도 없이 강제노동에 동원되며 언론의 자유, 종교의 자유 등의 기본적인 인권마저 보장받지 못하고 있다. 북한 주민들은 북한을 탈출하는 과정에서도 심각한 인권침해를 겪는다.

중국은 1951년 난민 협약 및 1967년 의정서의 당사국이지만, 중국 내 모든 북한 주민들은 불법 체류자로 간주되어 그들의 망명 신청을 고려하지 않고 통상적으로 송환한다. 특히 북한이탈여성들은 종종 중국 남성과의 강제 결혼이나 성매매에 내몰리게 된다. 북한 이탈여성들은 수년간 중국에서 살게 됨에도 불구하고 그들은 언제든 체포와 송환 위험에 직면하며, 의도하지 않은 결혼에서 태어난 많은 아이들은 중국에서 합법적 신분이 없고 교육과 보건 서비스에 대한 접근도 어렵다(Human Rights Watch, 2017: 457-460).

우리나라는 북한 주민의 생존권 확보, 탈북난민의 지위 인정과 국제적 지원을 약속하는 등 북한 주민의 인권 보장 및 개선을 목적으로 한 북한 인권법을 2016년 제정하였다. 그러나 북한 인권 문제에 대한 우리 정부의 우려와 국제 사회의 노력에도 불구하고 북한의 인권 개선을 위한 노력은 가시적이지 않다. 체제유지를 위한 북한 내부에서의 처형과 숙청 그리고 공포를 주는 인권 유린이 북한 전역에서 횡행하고 있으며 고립에 따른 경제 상황 악화와 주민들의 동요가 다시 인권침해의 악순환으로 이어져 체제의 내구성을 약화시키고 있다(주승현, 2017: 280). 북한이 2018년 2월 개최된 평창 동계올림픽 참가 의사를 밝히며 김여정의 방남과 북한 응원단 방남 등이 이루어졌음에도 불구하고, 현시점까지 북한 주민의 북한 내외에서의 인권 문제는 여전히 개선되지 않고 있다.

인권은 개인적인 차원을 떠나 사회통합이라고 하는 사회적인 차원에서도 중요한 사안이기에 통일 이후 남북통합을 추구하는 통일 논의에서 북한 주민의 인권 문제는 통일이라는 민족적 사명과 연계해서도 매우 중요한 과제이다. 또한 독일통일 과정에서 서독의 통일 전 동독 주민의 자유와 인권 개선을 위한 일관된 노력이 동독의 정치적 민주화를 통한 독일민족 통일의 가능성을 높이는 데 기여했다는 점도 상기할 필요가 있다. 독일통일 전 통일 준비 과정에서 동독 주민의 인권 문제에 대한 서독의 기여는 통일에 대한 긍정적인 유인책이 되었다. 서독의 경우, 통일에 유리한 국제 분위기를 조성하면서 내독 간에는 동독 주민들의 인권과 삶의 질 개선에 초점을 두는 '독일 정책'을 추진했다. 서독이 독일민족의 유일한 합법적인 정부임을 말할 뿐만 아니라 실천으로 보여주었다. 그 중심에는 동독인을 포함하여 지구상 모든 독일인의 삶의 문제에 관심을 기울인다는 사고가 놓여있었다. 동독 정부와의 협상을 통해 동독 주민들이 제도적으로 서독을 보고, 듣고, 느끼도록 하였고 동독 주민들의 삶의 질을 개선했다. 특히 동독 정부에 돈을 주고서라도 정치범들을 석방해 서독에 데려와 자유롭게 하는 '정치범 석방거래(Freikauf)'는 동독 주민의 인권 문제에 대한 서독의 의지를 상징적으로 보여준다(손기웅·고상두·고유환·김학성, 2014: 10). 이러한 점에서 본다면 북한 주민들의 인권 문제와 남북통일 과제는 분리될 수 없는 불가분의 일이 된다. 북한 주민의 인권 문제는 한민족 통일이라는 지대한 과제와 직결될 수 있음을 유념하며 통일을 준비하는 과정으로서의 통일교육에서 북한 인권 문제를 간과해서는 안 됨을 인식해야 한다.

그러나 북한 인권 문제를 둘러싼 논의는 인식적 갈등의 장에 놓이기 쉬운 민감한 주제이다. 통일교육은 북한 인권 문제를 둘러싼 논리적 대립이나 이념적 갈등의 연장선에서 이루어져서는 안 된다. 북한 인권 문제에 대한 보편적 인권의 가치를 찾고 인권의 실천적 의미를 확인하며 통일교육의 역할을 모색할 것이 요구된다(김창근, 2014: 204). 인권의 보편성에 대한 진지한 이해는 통일교육의 시초가 된다. 그러므로 통일교육에서 북한 인권 실상에 대한 교육을 통해 학생들은 북한 인권을 이해하고 북한 주민의 인권 문제에 관심을 가지며 인권 존중의 문화를 형성하고 확산하도록 환기될 수 있다. 통일교육을 위한 인권 담론의 틀은 다차원의 방향과 관점에서 접근 가능하다. 이론과 거대 담론 중심의 따분한 내용과 지식 전달 위주의 통일교육에서 벗어나 학생들의 마음을 움직이는 내러티브적이며 감성적인 통일교육으로 학생들이 자연스럽게 통일에 대해 느낄 수 있도록 교육하는 방안 모색이 가능하다.

2. 통일교육에서 평화와 안보, 북한이탈여성의 문제

통일 준비는 정치, 안보, 외교, 교육, 문화 등 모든 면에서 다루어져야 하므로 통일교육 차원에서도 다양한 측면의 사안들이 논의될 필요가 있다. 특히 통일교육에서 안보와 평화는 상호 밀접하면서도 균형을 요구하는 중요한 구성요소이다. 9 · 11 테러, 이라크와 아프가니스탄의 전쟁, 전 세계 곳곳에서 무차별적으로 자행되는 테러는 안보의 긴요함을 환기시킨다. 더구나 핵 실험, 대륙간탄도미사일 발사 등 한반도 나아가 전 세계의 안보를 위협하는 북한의 공격적 태도와 행동은 통일문제에서 안보와 평화의 가치에 더욱 주목하게 한다. 역사적으로 안보의 양상은 보수와 진보라는 양대 논리 속에서 때로 반공주의 논리로 치닫는 등의 극단적 모습을 보이기도 했다. 하지만 안보와 평화는 이념논쟁, 색깔 논쟁과 같은 남남갈등을 넘어 상호 공조와 균형을 요청한다. 6·25전쟁이라는 민족상잔의 고통을 겪은 우리에게 통일은 무력이 아닌 평화로 이룰 것이 전제되며, 평화는 저절로 존재하는 것이 아닌 안보의 노력 속에 가능하다. 평화는 인간의 보편적 삶의 목표가 되기에 통일은 평화 지향적이어야 한다. 통일을 위해 평화적 수단 및 방법에 의한 평화구축과 굳건한 안보에 의한 갈등 및 전쟁 방지가 요구된다.

한반도 정전협정 이후 남북 대치상황에서 한반도의 전쟁 억제와 평화건설 및 유지 노력은 통일교육에서 간과할 수 없다. 우리나라는 통일교육의 목표를 '자유민주주의에 대한 신념과 민족공동체 의식 및 건전한 안보관을 바탕으로 통일을 이룩하는 데 필요한 가치관과 태도의 함양(통일교육지원법 제2조)'이라고 제시함으로써 통일교육에서 안보를 강조하고 있다. 적극적 의미와 소극적 의미로서의 평화를 고려할 때 평화에 대한 구축과 함께 평화를 지키는 것 또한 안보의 전제 속에 이루어질 수 있으며 평화정착 역시 안보를 위한 단단한 토대가 된다. 통일교육은 분단된 상황 속에서 발생하는 갈등을 극복한다는 점에서 한반도 평화와 밀접하다.

통일교육에서 다루어질 안보와 평화 문제는 통일에 주는 안보와 평화의 가치에 대한 것, 안보와 평화를 위해 요청되는 조건 및 남북 간 대화와 화해 모드에 관한 것, 평화를 유지하고 안보 확보를 가능하게 하기 위한 힘의 요구에 대한 것, 안보와 평화의 지속을 위해서 분쟁과 갈등 상황 같은 무질서를 야기하는 요인이 최소화되어야 한다는 것 등이다. 아울러 사회분열과 같은 사회통합 저해 요인도 안보와 평화의 장애 요인이 되기에 사회 구성원들의 분열을 최소화하고 의식 통합을 추구하는 것도 통일교육의 내용 안에 포함된다.

그런데 통일 의식조사 결과 남북통합에 있어 남북의식통합지수가 낮아짐이 보도되었다(조동준 외, 2017: 20-21). 낮은 남북한 의식통합지수는 남북한 간 다른 의식의 존재, 남북주민 상호 간 이해 수준이 저조함을 의미함과 동시에 남북주민이 서로에 대한 의식적 거리가 멀어지고 있다는 점을 나타낸다. 통일교육이 통일을 이룩하는데 요구되는 태도와 가치관 함양 교육이라고 볼 때 통일을 준비하는 과정에서 남북한 주민의 사회통합을 고려할 필요가 있다. 통일교육에서 다루어지는 북한 주민에 대한 이해는 남북통일국가에서 사람의 통합을 위한 사회통합 방안이 된다. 사람의 통합을 기반으로 한 사회통합은 갈등과 분쟁의 억제와 해소를 추구한다는 차원에서 안보, 평화와 직결된다.

통일에 대한 인식의 지평을 넓히고 새로운 통일 논리 개발을 위해 평화의 관점에서 현행 통일교육의 점검 및 보완이 요구된다. 학생들의 통일인식 제고를 위해 남북한 통일문제가 자신의 삶과 무관하지 않고 당면한 문제임을 자연스럽게 인식하고 평화통일에 공감하도록 도와야 한다. 통일교육에서 통일은 분단 극복이라는 단순한 의미를 넘어 통일이 갖는 의의와 이유를 좀 더 구체적으로 이해하고 인식하게 할 필요가 있다. 더욱이 현재 학교현장에서 직면한 민족 정체성과 민족주의에 기초한 당위적 통일론의 한계, 적대적 반공주의에 기초한 이데올로기 승리 관점에 기초한 통일론이 지니는 문제점들에 대한 비판이 필요하다. 통일교육을 국내외 사회의 변화상을 반영한 새로운 방향과 내용으로 재구성하며 제도뿐만 아닌 사람의 문제로, 그들의 문제가 아닌 우리의 문제로, 내 삶 밖의 영역이 아닌 나의 관심 문제로의 인식 전환을 위한 장려가 요구된다. 통일교육에서 평화, 통일, 인권, 안보에 대한 명시적인 논의가 이루어질 수 있다.

통일미래 주역 세대인 초등학생들에게 북한 인권 문제의 심각성을 알리고 통일을 어떤 식으로 준비해야 하는지 고민하게 하는 접근이 가능하다. 북한에 대한 관심 촉구는 북한 주민들의 생활에 대한 객관적 이해를 기반으로 시작할 수 있다. 통일 이후의 시민들의 삶, 남한 주민과 북한 주민과의 공존에 대한 논의는 학생들의 삶과 밀접한 구체적인 내용 접근을 요청한다. 우리 사회는 북한이탈주민 3만 명 시대에 들어섰다. 통일부 자료에 의하면 2020년 3월 기준, 북한이탈주민 누적 입국자 수는 33,658명으로 집계되었다. 이 중 여성의 비율은 71%로 남한에 정착한 북한이탈여성의 비중이 북한이탈남성에 비해 높다[9]. 이러한 점에서 실제 우리나라에 거주하고 있는 북한이탈주민들의 삶과 가치관에 대한 이해는 현시점에서 이들과의 사회통합을 위한 것일 뿐만 아니라 통일된 이후의 사회통합을 위한 밑거름이 된다.

북한이탈주민의 인권 문제 특히 우리나라에 남성보다 높은 비율로 정착한 북한이탈여성의 인권과 관련하여 생각할 때, 성에 대한 인권의식인 성인식의 측면을 살펴볼 수 있다. 남한과 대조되는 북한의 성인식은 남북한 통합 과정에서 사회통합의 장애 요인 및 갈등요인으

---

9) http://www.unikorea.go.kr/unikorea/business/NKDefectorsPolicy/status/lately/(검색 : 2020.07.20)

로 작용할 것이다. 서로 다른 이념과 체제에서 장기간 생활했던 남북한이 현실 생활에서 각각의 고유한 젠더 인식을 보편적인 생활양식으로 제시할 경우 통일 한국 주민들의 불화를 야기할 수 있다. 전통적인 가부장적 권위사회와 사회주의의 마초이즘(machoism)이 복합적으로 결합한 북한 주민의 남성우위 인식은 남한 주민들과 심각한 갈등을 야기할 가능성이 적지 않다. 남북한 성인식 및 양성평등의 간극을 좁히는 것은 통일 한국의 사회통합에 바람직하게 기여할 것이기에(남성욱·이가영·채수란·배진, 2017: 165), 북한이탈여성의 문제를 인권의 차원에서 주의 깊게 살펴볼 필요가 있다.

북한이탈여성 문제를 인권의 차원에서 관찰하는 것은 첫째, 우리나라에 정착한 북한이탈여성들에 대한 관심 촉구를 통해 통일 의식에 기여하고, 둘째, 남북한 인권 인식에 대한 온도 차를 확인함으로써 남북통합의 토대 마련에 도움이 되고, 셋째, 먼저 온 통일의 의미를 가진 북한이탈주민 특히 북한이탈여성들의 남한 정착 여건에 이바지함으로써 통일을 대비한 사회통합의 주요 견인차가 될 수 있다. 통일교육에서 안보, 평화와 함께 북한의 여성 문제 그 가운데 북한이탈여성들의 문제를 인권, 양성평등의 차원에서 유념하여 다룰 필요가 있다. 북한 주민의 인권 보호로서의 평화를 염두에 두고 북한 인권, 북한의 성인지 등을 세계인권선언과 남한의 헌법에 언급된 인권 그리고 유엔 안보리 1325를 기준으로 살펴볼 수 있다. 세계인권선언 제1조는 '모든 사람은 태어날 때부터 자유롭고, 존엄성과 권리에 있어서 평등하다. 사람은 이성과 양심을 부여받았으며, 서로에게 형제의 정신으로 대하여야 한다.'라고 명시하고 있다. 우리나라는 헌법 제10조에서 '모든 국민은 인간으로서의 존엄과 가치를 가지며, 행복을 추구할 권리를 가진다.'라고 적시하고 있다.

따라서 북한이탈여성의 인권 문제를 중심으로 인권, 평화, 안보 차원의 통일교육 접근이 가능하다. 여성, 평화 및 안보에 대한 유엔 안보리 1325 의제는 강간 및 기타 형태의 성폭력에 대한 광범위하고 체계적인 범죄를 구체적으로 정의하고 있다. 유엔 안전보장이사회 결의안 1325호는 국제법을 구속하며, 지역 여성단체를 중심으로 한 시민사회를 평화 구축 노력에 포함할 것을 요구한다. 이에 통일교육에서 여성·평화·안보를 중심 논제로 하는 유엔 안보리 결의 1325를 통해 북한이탈여성 문제를 살펴봄으로써 학생들이 북한이탈주민을 이해하고 인권의식의 차이를 확인하여 인권 감수성, 통일 감수성, 통일 의지를 고양하는 데 일조할 수 있을 것이다.

III. 유엔 안보리 1325호: 여성인권보호와 평화의 내밀성

1. 여성인권유린과 유엔 안보리 1325호

역사적으로 인권과 평화를 침해하는 대표적인 사례는 분쟁과 전쟁이다. 전쟁은 폭력의 특수한 발현 형식으로서 시공간을 초월해 인류의 역사에 항상 존재했다. 전쟁과 분쟁 상황에서 여성의 인권 침해는 더욱 심각하다. 갈등이 점점 더 많은 민간인을 목표로 삼을수록 여성과 소녀들은 남성과 다른 방식으로 영향을 받을 뿐만 아니라 여성이기 때문에 종종 폭력의 대상이 된다. 우려할 사항은 갈등 상황에 있는 많은 사회가 법 제도를 제대로 수행하지 못하기 때문에 범죄의 가해자들은 거의 또는 전혀 자신들의 행위 결과의 책임에 직면하지 않는다는 점이다(S. Huß, 2004: 4). 심지어 여성들은 평화의 효과적인 대리인으로 널리 인정받고 있음에도 여전히 권력과 평화 협상에 거의 접근하지 못하고 있다.

20세기 후반 전쟁 상황에서 사망자는 대부분 민간인이며 그 중 여성과 여아는 80~90%를 차지한다. 폭력과 학대가 세계의 일부 지역에서 흔히 발생하며 피해자인 여성과 소녀들은 특히 폭력의 위협에 취약하다(B. F. Gumru & J. M. Fritz, 2009: 210). 무력 분쟁이 일어나는 곳에서 여성과 여아 및 아동에 대한 성폭력과 기타 형태의 폭력은 심각한 수위에 이르렀다. 국제적 여성단체들과 여성 NGO들이 이 부분에 주목하면서 유엔 안전보장이사회에 문제의 심각성을 전달했고 2000년 유엔 결의안 1325호가 만들어졌다. 결의안 1325는 전쟁을 포함한 무력 분쟁이 여성 인권에 어떤 영향을 미치는지 진단하고 무력 분쟁에서 지속해서 발생하는 여성과 여아에 대한 폭력은 여성 인권을 저하할 뿐만 아니라, 궁극적으로 국제 평화의 걸림돌이 된다고 결론짓는다(이정은, 2012: 29-57). 또한 분쟁 예방, 평화구축 및 의사결정에 여성의 중요한 참여 역할을 강조한다. 2002년과 2004년 유엔 회원국은 1325 시행에 대한 강력한 조치를 하기 위해 국가 행동 계획을 준비하도록 요청 받았다. 세계 평화 실현을 위해서 무력 분쟁에서 여성과 여아에 대한 성폭력 근절과 사회의 모든 부분에서 여성의 지위가 요구된다.

이러한 국제적 요청 속에서 한반도의 여성 인권 상황을 되짚어볼 필요가 있다. 한반도는 잠재적 무력 분쟁지역이기 때문에, 전쟁과 관련하여 여성 인권 문제를 논하지 않을 수 없는 곳이다. 더구나 일제 치하에서 자행된 일본군 위안부를 통해 어린 소녀를 포함한 수많은 여성들의 인권이 유린되었고 이 문제는 지금까지 완전히 해결되지 않고 있다. 전쟁과 여성 인권의 문제가 현재 한국 사회와 밀접한 관련을 갖는 이유는 첫째, 한국은 정전협정 이후 잠재적 분쟁지역이라는 점, 둘째, 일제 치하에서 일본군 위안부라는 우리의 소녀를 포함한 여성을 대상으로 이루어진 끔찍한 인권침해를 경험했다는 점, 셋째, 현재 북한이탈여성들이 북한 내외에서 심각한 인권침해를 겪고 있다는 점 등이다. 여성, 안보, 평화는 통일이라는 과제를 안고 있는 한국 사회의 주요한 관심사일 뿐만 아니라 국제평화의 실현과도 관련된다. 이러한 점에서 무력 분쟁에서 여성과 여아에 대한 성폭력 및 인권 유린이 국제평화 실현에 방해가 된다는 맥락에서 접근하는 유엔 안전보장이사회의 결의안 내용은 우리의 통일교육 현장에도 의미가 깊다. 유엔 결의안 1325의 세부 사항의 일부는 다음과 같다(UN Security Council 2000, UN Secretary General 2008; S. Willett, 2010). 국가들은 이를 고려하고 이에 대한 국가이행을 취하도록 요청받는다.

- 국가, 지역 및 국제기구의 모든 의사결정 수준에서 여성의 표현이 증가하고 갈등의 예방, 관리 및 해결을 위한 메커니즘을 보장하도록 회원국에 촉구한다.
- 회원국들에 모든 평화유지 및 평화구축 조치에 여성을 참여시키는 것의 중요성뿐만 아니라 여성의 보호, 권리 및 특정 요구에 관한 훈련 지침 및 자료를 국가 연수에 반영하도록 요청한다.
- 평화 협정 협상 및 이행 시 관련된 모든 행위자에 대한 요청, 평화 협정의 모든 이행 메커니즘에 여성을 참여시키는 지역 여성의 평화 구상 및 분쟁 해결을 위한 토착 프로세스를 포함하

는 성 관점을 채택한다.

· 평화 협정 협상 및 이행 시 여성과 소녀들의 인권 보호와 존중을 보장하는 조치를 포함하여 성 평등적 관점을 모든 행위자가 채택하도록 요구한다.

· 무력 충돌의 모든 당사자들에게 여성과 소녀들을 성에 기반을 둔 폭력, 특히 강간 및 기타 형태의 성폭력 및 무력 충돌 상황에서의 모든 다른 형태의 폭력으로부터 보호하기 위한 특별 조치를 할 것을 촉구한다.

· 모든 국가가 대량 학살, 인류에 대한 범죄, 여성과 소녀에 대한 성폭력 관련 범죄를 포함한 전쟁 범죄를 기소하는 책임을 강조하며, 이와 관련한 전쟁을 배제할 필요성을 부각한다.

· 무장 충돌 당사자 모두에게 민간인 및 인도주의자를 존중하도록 촉구한다.

2. 통일교육에서 북한이탈여성 인권 문제

북한 인권 문제는 한반도의 분단체제나 남북한 관계와 분리되어 논의될 수 없는 맥락적 성격을 지닌다. 북한 인권 문제는 인권이라는 가치의 보편성이 북한의 특수한 상황과 충돌하면서 제기되는 문제이며 또한 분단체제의 특성이 반영되어 나타나는 문제이기도 하다(변종헌, 2015: 62-63). 통일교육에서 중요한 것은 북한 인권 문제를 통일과의 유기적 관계 속에서 접근하는 전체적 시각과 통찰이다.

북한의 인권 문제는 북한 내에서 발생하는 인권 문제로 국한되지 않는다. 북한의 인권 문제는 모든 북한 사람과 그 가족, 친인척 인권과 관련 현상을 포괄한다. 구체적으로 북한에 사는 사람들의 인권, 남한을 포함하여 제3국에 사는 북한이탈주민, 이산가족, 납북자, 전쟁포로 등의 인권 문제가 모두 해당한다(서보혁, 2014: 1). 북한이탈주민들의 인권 문제는 중대하다. 1990년대 말 북한은 극심한 식량난을 겪었고 이로 인해 북한이탈주민들이 급속도로 증가했다. 북한이탈주민의 인권은 즉시 국제 사회의 관심사가 되었다. 2010년부터는 북한의 식량 사정이 개선되고 중국이 북한이탈주민들에 대한 단속을 심하게 하면서 그 수는 감소했으나 규모의 측면에서 보면 현재 한국에 있는 북한이탈주민의 수는 3만 명이 넘는다. 그러나 한국 밖에 거주하는 북한이탈주민의 수는 추정만 할 수 있을 뿐이다. 탈북 사유의 주요 원인은 경제적 생존이지만, 북한 정권에 대한 불만족, 더 나은 삶 추구, 불법 행위에 대한 처벌의 두려움 등이다(B. H. Suh, 2016: 94-97).

그런데 여기서 남한에 정착한 북한이탈주민의 70%가 여성이라는 사실에 주목할 필요가 있다. 북한 경제 위기는 여성의 경제적 참여 패턴을 변화시켰고 여성을 공식 노동 시장에서 끌어 내 비공식 민간 부문으로 몰아넣었다. 또한 자신과 가족의 생계를 위해 많은 여성들이 고향을 떠나야 했다. 북한 여성들은 경제적으로 어려움을 겪을 뿐만 아니라 폭력도 겪기 쉽다(Suh, 2016: 94-97). 북한 여성이 식량 위기를 겪으면서 갖게 된 새로운 경제적 역할은 여성의 삶에 여러 가지 부정적인 영향 즉 노동의 증가, 성폭력의 위협 증가 등을 가져왔다. 더욱이 북한 사회는 남성 우월의 전통이 굳건히 자리 잡고 있기에 여성들은 경제적, 사회적, 정치적, 조직적 자원이 부족하여 집단으로 자신들의 불평등한 위치에 불만을 표출할 수 없다(K. A. Park, 2011: 159-177).

탈북 과정에서 북한 여성들은 심각한 인권침해의 위험에 처하게 된다. 북한이탈여성들이 북한 내에서뿐만 아니라 탈북 과정에서 중국 등지에서 겪는 인권 유린의 심각성은 여러 경로를 통해 전 세계적으로 알려져 있다. 국제 앰네스티는 이미 2006년 연례보고서를 통해 북한에서는 정치적 반대자에 대한 공개처형, 고문과 부당한 대우, 여성에 대한 강제구금, 젠더 폭력, 표현과 결사의 자유에 대한 억압이 있고, 중국에서 북한이탈여성의 성적 착취 등 비인간적 대우가 만연하고 있다는 사실을 보고했다. 탈북 여성들은 70% 혹은 90%가 중국 사창가나 농부들에게 팔려간다는 충격적 보도도 있다(정연선, 2008: 30, 581). 국경 간 그리고 중국 내에서 북한 여성의 인신매매 및 폭력의 만연도 지적되었다(E. Kim, M. Yun, M. Park, & H. Williams, 2009: 154-169).

북한이탈여성들의 인권 침해문제는 2010년을 전후로 보다 전문적으로 제기되었다. 국가인권위원회의 북한이탈여성의 탈북 및 정착과정에 있어서 인권침해 실태조사(2010)는 북한이탈여성의 체류 및 정착 공간별 인권침해 실태조사를 통해 북한 내 여성의 지위와 권리에 대한 상황, 북한 이탈 이후 중국 등 제3국 내 체류 북한이탈여성의 인권침해 상황, 국내 정착과정에서의 권리 의식 및 침해 상황을 제시하였다. 비교적 남한보다 가부장적인 북한 사회에서 남성과 여성의 활동과 활동영역은 확연히 구분되며 특히 여성들의 노동으로 전담된 시장 활동은 여성 인권침해의 또 다른 장을 제공한다. 많은 북한 여성들은 시장 내 장사 및 이동 과정 등에서 국가권력을 빙자한 남성들로부터 심리적 괴롭힘, 언어적 폭력, 신체적 폭력에 대부분 무방비로 노출되어 있다.

북한이탈여성들의 인권침해 상황은 탈북 과정에서도 심각하다. 북한이탈여성들은 중국에서 난민의 지위도 인정받지 못하고 불법 경제 이민자이기 때문에 북한에서보다도 더욱 열악한 상황에 놓이게 된다. 심지어 중국에서 매매혼으로 강제 결혼을 하기도 한다. 간과할 수 없는 점은 남한에 정착한 이후에도 다시 북한이탈여성으로서 사회적 약자의 위치에 놓이게 된다는 점이다. 남한 사회에서 북한이탈주민이라는 일반적 편견과 차별, 탈북 과정에서의 상처를 고스란히 떠안게 된다.

북한 여성들이 북한 내외에서 경험하게 되는 인권침해의 이와 같은 내용을 통일교육에서 주목함으로써 북한 인권 문제를 환기시킴과 동시에 통일은 남북의 통합과 더불어 북한 주민들의 인권 회복이라는 가치를 갖는다는 점을 함께 확인할 수 있다. 특히 유엔 결의안 1325는 전 세계 여성들에 대한 폭력 금지와 갈등 예방, 분쟁 해결 및 평화구축에 이들의 참여를 촉구한다는 점에서 북한 여성들의 북한 내에서의 인권침해와 중국 등지에서 탈북 과정에 겪는 인권 유린 문제의 심각성을 분명히 한다는 점에서 의미가 있다. 초등학교 통일교육 현장에서 유엔 결의안 1325를 매개로 북한이탈여성의 인권 문제를 조명함으로써 초등학생들의 관심을 집중하는 현실 반영의 통일교육 접근을 도모할 수 있다.

Ⅳ. 2015 개정 초등 도덕과 교육과정에서 1325의 통일교육 적용안

1. 유엔 결의 1325와 통일교육 내용

통일부의 학교 통일교육 실태조사 보고서에 의하면 학생들이 학교 통일교육 후 통일에 대한 관심도 변화에 대해 '향상'이라고 응답한 비율이 48.9%로 나타났으며 향후 희망하는 북한 및 통일 관련 교육 내용으로 '북한의 생활 모습'이라는 응답이 38%로 가장 높게 나타났다(통일부, 2019: 8-9). 또한 북한에 대한 고정관념 그리고 통일에 대한 거리감과 관련한 연구에서 통일에 대한 거리를 가깝게 느끼는 정도는 북한과 북한 내 하위 집단에 대한 긍정적인 고정관념, 감정 이입의 정도, 정보의 양이 크면 클수록 강한 것으로 나타났다(전우영·조은경, 2000: 167-184). 이러한 조사들을 고려할 때 북한에 대한 정보의 양이 많을수록, 북한 주민에 대한 감정 이입의 정도가 높을수록 통일에 대한 관심이 높고 거리감도 가깝다고 예측 가능하다. 초등학교 통일교육 현장에서도 학생들에게 북한 주민에 대한 정보를 제공하고 이들에 대한 공감을 형성하게 하는 노력을 통해 통일에 대한 관심을 증대시키고 통일 의지를 북돋울 수 있다.

북한 주민에 대한 공감은 접촉 가능성과 물리적 거리감이 먼 북한 내 거주하고 있는 북한 주민보다는 북한을 탈출하여 남한 내 거주하고 있는 북한이탈주민을 통해 접근하는 것이 보다 용이하다. 북한이탈주민 관련 내용 가운데 인권 문제는 공감을 이끄는 주제로서 유용하다. 북한의 심각한 인권 상황은 국내외적으로 귀추의 주목 대상이며, 유엔 인권이사회와 안전보장이사회 등은 북한 인권결의안을 채택하고 권고 사항에 대한 후속 조치를 밝히고 있다. 국제 사회의 염려와 요구에도 불구하고 북한은 '우리식 인권론'을 주장하며 인권에 대한 문화상대주의적 관점을 앞세우면서 인권을 집단주의적이며 계급주의적으로 설명하고 있다. 북한은 인권을 국가의 자주권과 직결시켜 놓고 있기에 국제 사회의 인도주의 개입의 정당성 자체를 부정하고 있다(김창근, 2014: 205-206).

그러나 국제 사회에서 유엔 결의안 1325가 2000년 만장일치로 통과되면서 유엔 안전보장이사회는 역사상 처음으로 개인, 특히 여성과 소녀들에 대한 위협이 국제평화와 안전에 위협이 된다는 점을 강조했다. 유엔 결의안 1325 이행을 위한 실천을 지킬 책임이 전 세계 국가들에 부여된다. 결의안의 통과와 함께 국제 사회는 여성과 소녀들이 무력 분쟁과 인도주의 위기에서 직면한 안보 위협을 공식적으로 인정하고 남녀 간의 평화와 평등의 불가분의 관계를 천명했다. 무력 분쟁에서의 성폭력, 인신매매, 인도주의 위기에 대한 여성과 아동의 불균형의 취약성과 같은 비전통적 안보 위협이 점차 국제 안보 및 통치와 관련성이 높은 것으로 인식되고 있다. 왜냐하면 무력 충돌에서의 성폭력이 인류에 대한 범죄, 전쟁 및 대량 학살의 구성적 행위로 체계적이고 광범위하게 사용된다는 것을 식별했기 때문이다(S. Dharmapuri, 2012: 244-245).

이제 북한 내외에서의 북한 주민 인권 특히 북한이탈여성의 인권 문제는 한 지역의 권력에 한정되는 상대주의적 문제가 아닌 국제 사회의 이목이 집중되는 국제적 인권 문제이다. 북한 인권 개선을 위해서는 국내외의 사회적 연대뿐만 아니라 통일교육을 통해 학생들의 인권 감수성을 향상하고 인권 문화의 형성과 확산이 중요하다는 점이 환기되어야 한다. 이러한 점에서 북한이탈여성의 인권 문제가 통일교육에서 다루어질 수 있다. 유엔 결의안 1325에서도 보듯이 최근 국제 사회에서 인권의 중요성은 더욱 부각하고 있다. 통일교육에서 북한 인권은 특수주의가 아닌 보편주의 시각에서 접근될 수 있다. 북한 주민의 인권 상황에 담겨야 할 보편적 인권의 가치를 확인하고 이를 실천하는 통일교육의 역할을 찾아야 할 것이다.

여성의 문제를 인권의 측면에서 고려할 때 여성 인권의 내용에 해당하는 자유, 안전, 생명을 위협하거나 침해하는 일체의 행위는 인권침해에 해당한다. 유엔 결의안 1325는 군대, 경찰 및 민간인과 같은 모든 평화유지 요원들에게 여성의 보호와 권리에 관한 교육을 받고 평화유지 활동에 여성을 참여시키는 것이 중요하다는 사실을 교육하도록 요청한다(Dharmapuri, 2012: 266). 결의안은 국제적으로 공인된 법적 프레임워크를 제공한다. 성 평등과 무력 분쟁의 지역적, 국제적 수준에서의 여성 안보에 영향을 미치는 문제들을 다룬다. 북한이탈여성의 인권 상황에 비추어 무력 분쟁이 여성과 소녀들에게 미치는 영향 및 무력 분쟁에서 여성과 소녀들의 인권 증진 및 보호, 분쟁 해결 및 평화 과정에서의 의사결정 수준에서의 여성 참여 증대, 군사 및 민간에 대한 양성평등 교육 등의 내용을 통일교육에서 다룰 수 있다.

통일교육에서 북한이탈여성 인권 문제는 북한 주민에 대한 정보 제공, 공감 증대를 통한 통일 의지 고취에 기여할 것이기에 다음의 내용이 초등학교 통일교육 내용으로 활용될 수 있다. 첫째, 핵심 소재로 인권, 북한 주민 인권, 북한이탈여성 인권, 여성·평화·안보에 대한 유엔 결의안 1325이다. 둘째, 교육 목적으로 인권 감수성 고취, 통일 의지 함양이다.

2. 2015 개정 초등 도덕과 교육과정에서 여성·평화·안보(WPS) 1325 적용 가능성 모색

2015 개정 도덕과 교육과정에서 도덕과의 학교 급별 목표는 초등학교 단계에서는 '바른 생활'과에서 형성된 인성을 바탕으로 자신, 타인, 사회·공동체, 자연·초월과의 관계에서 자신의 생활을 반성하고 다양한 도덕적 문제를 탐구하며, 더불어 살아가는 데 필요한 기본적인 가치·덕목과 규범을 이해하고 도덕적 기능과 실천 능력의 함양이다. 초등학교 도덕과 내용 체계에 있어 통일교육과 연계된 영역은 사회·공동체와의 관계이다. 남북, 북한 주민의 인권, 북한이탈여성의 인권 문제, 그리고 유엔 안보리 1325와 관련된 통일교육 내용은 사회·공동체와의 관계 영역의 3-4학년군과 5-6학년군 해당 단원에서 다룰 수 있다.

〈표 1〉 2015 초등학교 도덕과 교육과정에서 유엔 안보리 1325 적용 가능 내용 요소

| 영역 | 핵심 가치 | 일반화된 지식 | 내용 요소 | | 기능 |
			3-4학년군	5-6학년군	
사회 · 공동체와의 관계	정의	공정한 사회를 만들기 위해 법을 지키고 인권을 존중하며, 바람직한 통일관과 인류애를 지닌다.	· 통일은 왜 필요할까? (통일 의지, 애국심)	· 우리는 서로의 권리를 왜 존중해야 할까? (인권 존중) · 통일로 가는 바람직한 길은 무엇일까? (통일 의지)	· 공동체 의식 · 관점 채택하기 · 도덕적 가치 · 덕목 이해하기 · 올바른 의사 결정 하기 · 행위 결과 도덕적으로 상상하기

2015 초등학교 도덕과 교육과정에서 유엔 안보리 1325의 적용이

적합한 통일교육 중심 영역과 학년별 내용 요소는 위와 같으며 활용 방안은 다음과 같다. 먼저, 3-4학년군 통일교육에서 통일의 필요성을 중심으로 통일 의지 함양과 관련하여 북한이탈여성의 인권 상황을 주제로 다룰 수 있으며, 5-6학년 군에서는 통일교육의 인권 존중과 인권 실천을 통한 통일 의지 고양의 차원과 연계하여 적용할 수 있다. 둘째, 기능과 관련하여 초등학생들은 3-4학년군 및 5-6학년군에서 북한이탈여성의 인권 문제에 대한 '공동체 의식'을 바탕으로 접근하여 → 인권침해의 상황에 놓인 북한이탈여성의 '관점을 채택'하고 → 보편적 인권의 가치를 '도덕적 가치·덕목으로서 이해'하며 → 북한의 인권에 대한 관심과 통일 의지의 함양으로 통일에 대한 '올바른 의사를 결정'하여 → 미래 통일사회에서 확립할 인권 가치를 상상함으로써 통일의 과정과 통일의 미래상에 대해 '행위 결과를 도덕적으로 상상'하게 된다. 셋째, 유엔 결의안 1325를 기반으로 북한이탈여성의 인권 문제를 의식하고 이해하며 그들의 고통에 공감하게 함으로써 일반화된 지식인 인권 존중, 바람직한 통일관, 인류애를 획득하게 할 수 있다.

나. 성취기준
[초등학교 도덕]
(3) 사회·공동체와의 관계
[4도03-03]
② **북한이탈주민을 배려**하는 것이 왜 중요하며, 생활 속에서 어떻게 통일 의지를 기를 수 있을까?
[6도03-01] **인권의 의미**와 인권을 존중하는 삶의 중요성을 이해하고, **인권 존중의** 방법을 익힌다.

[6도03-03] 도덕적 상상하기를 통해 바람직한 통일의 올바른 과정을 탐구하고 **통일을 이루려는 의지와 태도**를 가진다.
① 통일의 과정과 방법, 통일의 미래상은 무엇이며, **통일에 대한 도덕적 민감성**을 어떻게 기를 수 있을까?
② **통일 이후에 예상되는 문제점**은 무엇이며, 바람직한 통일을 위해 민주시민으로서 자신이 할 수 있는 구체적인 방법에는 어떤 것이 있을까?
[6도03-04] **세계화 시대에 인류가 겪고 있는 문제**와 그 원인을 토론을 통해 알아보고, 이를 해결하고자 하는 의지를 가지고 실천한다.

유엔 결의안 1325에 입각하여 북한이탈여성의 인권 문제 적용을 위한 2015 개정 초등학교 도덕과 성취기준 관련 내용은 다음과 같다. 먼저 학년별로 생각하면 <4학년>에서 북한이탈주민에 대한 배려를, <6학년>에서는 인권의 의미 및 존중과 관련하여 북한이탈여성이 겪는 인권침해 상황을 이해하고, 이에 관심을 가지며, 이 문제를 해결하는 방안으로서 인권 감수성, 인권 보호, 통일의 필요성을 소재로 다룰 수 있다. 또한 <6학년> 통일에 대한 도덕적 민감성으로서 북한이탈여성의 인권침해에 대한 인권 감수성이 역할을 할 수 있으며, 남북한에 존재하는 성인지와 같은 젠더 의식 차이가 통일 이후 사회통합의 저해로 작용할 수 있음을 다룰 수 있다. <6학년> 세계화 시대 인류가 겪고 있는 문제로서 인권 특히 북한이탈여성 인권의 침해문제가 연계된다.

다음으로 성취기준과 관련하여 첫째, [4도03-03]에서 북한이탈주민 배려의 중요성, 통일 의지 내용과 연계 가능하다. 둘째, [6도03-01]의 인권 의미, 인권 존중 삶의 중요성 및 인권 존중 방법과 관련하여 다룰 수 있다. 셋째, [6도03-03]에서 통일에 대한 도덕적 민감성, 통일 이후 예상 문제점에서 통일에 대한 도덕적 민감성으로 북한 주민에 대한 인권 감수성의 문제를, 그리고 통일 이후 예상 되는 인식적 문제로서 남한과 북한의 성인지 격차를 적용할 수 있다. 넷째, [6도03-04]의 세계화 시대에 인류가 겪고 있는 문제에 대한 원인 이해 및 해결 의지와 관련하여 북한의 인권 특히 북한이탈여성의 인권침해 문제를 확인하고 이를 해결하기 위한 궁극적인 방법으로서 통일의 필요성을 제시 가능하다.

[초등학교 도덕]
(3) 사회·공동체와의 관계
　(가) 학습요소
　・민족분단, 통일, **통일 의지**, 통일 비용, 통일 편익 등
　(나) 성취기준 해설
　・[6도03-03] 학생들은 **통일의 중요성**을 알고 있음에도 불구하고 실제로 통일이 되는 것에는 무관심하거나 통일이 자신들의 삶과 동떨어진 것으로 여기는 경향이 매우 높다. 이에 **분단으로 인한 고통을 공감하고 통일의 의미와 필요성**을 이해하며 나아가 학생들이 나라 사랑의 올바른 방법을 익혀 **통일 의지**를 갖도록 성취기준을 설정하였다.

학습요소, 성취기준 해설과 관련하여 볼 때, 유엔 결의안 1325 기반 북한이탈여성의 인권 문제를 다루는 것은 먼저, 학습요소에 비추어 통일 의지 함양에 도움이 되고, 성취기준 해설의 내용 중 통일의 무관심 및 통일이 자신들의 삶과 동떨어진 것으로 생각하는 문제를 해소할 수 있으며, 북한이탈여성의 고통을 목격하고 이해하며 공감하게 함으로써 분단으로 인한 고통 공감, 통일 의미와 필요성 이해, 통일 의지 함양과 연관 가능하다.

통일 의지 함양을 위해 [6도03-03]에서 6학년 학생들이 갖는 통일에 대한 거리감을 줄이기 위한 방안으로 현재 우리나라에 정착한 북한이탈여성의 이야기와 그들의 인권 침해 경험을 다룰 수 있다. 이를 통해 초등학생들은 북한이탈여성들의 분단으로 인한 고통을 공감하고 통일의 의미와 필요성을 이해하며 나아가 학생들이 이들의 고통에 관심을 기울임으로써 통일 의지를 갖도록 할 수 있다.

(다) 교수·학습 방법 및 유의사항
　① 교수·학습 방법
　·주변에 있는 전쟁 관련 사적지를 직접 방문하게 하거나 혹은 전쟁을 경험한 어른
　　들을 찾아가서 그들과 이야기를 나누는 **체험 학습**을 하게 한다.
　② 유의사항
　·교사는 학생들이 전쟁과 분단을 직접 경험하지 않은 세대임을 충분히 인지하고
　　지적인 접근보다는 **실천과 체험을 통한 방법**을 활용한다.

　　교수학습 방법 및 유의사항 측면에서 교수·학습 방법으로서 북한이탈여성의 북한 내에서의 삶과 이탈과정을 직접 들을 수 있는 기회를 직·간접적으로 제공할 수 있다. 나아가 이들과 이야기를 나누는 참여, 경험, 체험 학습을 하게 할 수 있다. 초등학생들은 전쟁과 분단을 직접 경험하거나, 북한이탈여성들의 인권침해를 직접 목격할 기회가 거의 없거나 적기에 지나치게 학생들을 자극하는 것을 경계하면서도 북한이탈여성들이 직·간접적으로 전하는 이야기를 체험하게 하는 방법을 활용할 수 있다. 예를 들면, 미디어를 활용하는 방법으로 영화, TV 프로 등을 이용한 유엔 안보리 1325를 적용한 초등학교 통일교육 수업을 제안할 수 있다.

　　초등학교 통일교육을 통해 인권의 보편성 의미를 명확히 반영하고 보편적 인권이 북한 주민, 북한이탈주민의 삶 속에서 정당화될 수 있도록 노력할 수 있다. 인권, 결의안 1325의 관점에서 북한이탈여성에 대한 인격 침해문제에 주목하고 성인지 편향을 극복하도록 돕는 것은 북한 주민에 대한 공감을 높이는 동시에 통일 의지를 함양하게 하는 유용한 매개체가 된다. 다음은 유엔 결의안 1325를 초등학교 통일교육에 접목하기 위한 수업 청사진이다.

<表 2> 1325 활용 통일교육(예시)

유엔 안보리 1325를 활용한 초등학교 통일교육		
영역	사회·공동체와의 관계	
목적	통일 의지 함양	
[3-4 학년용]	학습 요소	**통일의 필요성** 중심으로 **통일 의지** 함양과 관련하여 **북한이탈여성의 인권** 상황을 주제로 다룸	내용 요소 · 유엔 결의안 1325 · 인권, 평화, 안보와 통일 · 인권 감수성 · 올바른 성인지 · 인권의 보편성 · 북한이탈여성의 인권 상황 · 통일 공감 · 통일 의지
[5-6 학년용]		**인권** 존중과 인권 실천을 통한 통일 의지 고양	
기능	1) 북한이탈여성의 인권 문제에 대한 '**공동체 의식**' 바탕으로 접근 2) 인권침해의 상황에 놓인 북한이탈여성의 '**관점을 채택**' 3) 보편적 인권의 가치를 '**도덕적 가치·덕목으로서 이해**' 4) 북한 주민의 인권, 특히 북한이탈여성의 인권 문제에 대한 관심과 통일 의지의 함양으로 통일에 대한 '**올바른 의사결정**' 5) 미래 통일사회에서 확립할 인권 가치를 상상함으로써 인권의식 기반의 사회통합의 모습을 확인하여 '**행위 결과 도덕적으로 상상**'	
수업 내용 요소 및 주제(예시)		

1) 북한이탈여성의 인권 현실
· 북한이탈여성의 탈북 과정에서 인권침해 문제 및 남한 내에서의 인권 상황
· 2016년 "북한 인권법" 제정
· 북한이탈여성의 인권 보호 필요성과 방법
· 북한의 성인지 및 북한 내 여성 인권 문제

2) 유엔 결의안 1325
· 여성, 평화, 안보 제안의 의미 및 1325의 핵심 내용
· 여성과 소녀들의 인권 증진, 보호 의미 및 중요성
· 분쟁 해결 및 평화 과정 의사결정 수준에서 여성 참여 증대 필요성 및 방안
· 성 평등 의식 및 올바른 성인지 교육 내용

3) 1325를 통해서 본 북한이탈여성의 인권
· 북한이탈여성의 인권 문제에 대한 대한민국 및 국제 사회의 시각
· 유엔 결의안 1325 핵심 내용에 비추어 본 북한이탈여성의 인권 상황
· 통일 준비 과정 및 통일 후 사회통합으로서의 성인지 남북통합 기준 중요성
· 유엔 결의안 1325, 북한이탈여성 인권과 통일
· 북한이탈여성의 인권 보호 및 평화 활동 참여 방안 모색

북한이탈주민의 보호 및 정착 지원에 관한 법률(약칭: 북한이탈주민법)
[시행 2017.9.22.] [법률 제14608호, 2017.3.21.]

제4조(기본원칙)에서 보호 대상자는 대한민국의 **자유민주**적 법질서에 적응하여 건강하고 문화적인 생활을 할 수 있도록 노력하여야 한다.
제4조의2(국가의 책무) ① 국가는 보호 대상자의 성공적인 정착을 위하여 보호 대상자의 보호·교육·취업·주거·의료 및 생활보호 등의 지원을 지속적으로 추진하고 이에 필요한 재원을 안정적으로 확보하기 위하여 노력하여야 한다. <개정 2017.3.21.>
② 국가는 제1항에 따라 보호 대상자에 대한 지원시책을 마련하는 경우 아동·청소년·**여성**·노인·장애인 등에 대하여 **특별히 배려·지원하도록 노력**하여야 한다.

[읽기 자료][10]

○ 북한은 사회정치계급체제인 성분 제도를 통해 국민을 정치적 배경에 따라 '핵심', '동요', '적대' 계층으로 분류하고, 개인 및 그의 가족들에게 고용, 거주, 교육 등 주요 부문에서 차별을 가하고 있다. '성분' 제도는 북한 주민들에게 있어서 생계를 위한 직업, 특정 교육에의 진학, 또한 거주지 및 특히 평양과 같이 좋은 지역에 살 수 있는 기회를 포함한 기타 서비스에의 접근성을 결정하는 가장 중요한 요소이다. 북한에서 차별은 지도층이 대내외적 잠재 위협으로부터 주민에 대한 통제권을 유지할 수 있는 주요 수단이다.

○ 북한은 사회 모든 분야에서 아직 여성에 대한 차별이 만연하다. 1990년대 대기근 당시 많은 여성들이 생계를 위해 개인적으로 장에 나와 물건을 팔기 시작했다. 그러나 북한 당국은 마흔 미만의 여성들이 시장에 참여하는 것을 금지하는 등 여성이 주도권을 쥐고 있는 시장에 많은 제재를 가했다. 북한에서 성차별은 여성에게만 뇌물이나 벌금을 내게 하는 형태를 띠기도 한다. 최근에는 북한 여성들이 그러한 부당한 처우에 저항하거나 거부하는 사례도 있었다. 남성 주도의 특성을 갖는 북한 사회에서 여성의 경제적 지위 향상에 맞는 사회·정치적 영역에서의 발전이 뒤따르지 못하고 있다. 정치 영역을 볼 때, 여성은 당 고위 간부급 중 겨우 5%만 차지할 뿐이며 중앙 정부 관료 중 10%만이 여성이다.

○ 북한은 국경 출입의 자유를 엄격히 제한하기 때문에 북한 여성들은 국경을 넘기 위해 조직적인 인신매매를 이용할 수밖에 없는 상황에 처하기도 한다. 인신매매의 피해자가 된 상당수의 북한 여성들은 본인들이 누구에게 팔려 가는지 인지하지 못한 채 중국 남성에게 인계되기도 한다. 이들은 중국에서 결혼을 하고 생활하지만 대부분의 경우 호구를 취득하지 못하며 결혼생활 중 가정폭력이 있는 경우에도 신분상의 제약과 강제송환에 대한 위험으로 인해 적절한 보호를 요청하지 못한다(도경옥 외, 2016, 23).

초등학교 통일교육에서 유엔 안보리 결의 1325를 기반으로 북한

---

10) http://www.unikorea.go.kr/nkhr/info/invasion/residence/?boardId=bbs_00000
　　00000000073&mode=view&cntId=51457&category=&pageIdx=(검색: 2018.3.20)참조

이탈여성의 인권을 소재로 접근할 때 유념해야 할 사안은 다음과 같다. 첫째, 북한의 인권 문제를 둘러싼 이념적 대립과 같은 민감한 갈등의 문제를 고려하여 인권의 보편성을 염두에 두고 북한의 인권 문제에 접근할 필요가 있다.

둘째, 북한 이해 교육의 통일교육 측면에서 북한 인권 상황에 접근하며 이것이 지닌 통일의 필요성 의미를 깨닫게 할 필요가 있다. 북한 주민은 한민족 공동체라는 공동체 의식 아래 우리의 관심과 배려의 대상이 된다.

셋째, 북한이탈여성의 인권 문제는 인도주의적 차원에서의 통일, 평화통일, 자유민주통일을 지향한다는 것을 유념한다. 우리가 추구하는 통일은 무력이나 적화통일이 아닌 평화통일이다. 평화는 안보의 바탕 위에 유지되고 획득된다. 이 점에서 여성의 인권, 평화, 안보에 대한 유엔 결의안 1325가 한반도 통일에 갖는 의의를 찾을 수 있다.

넷째, 인권은 단지 그들이 인간이라는 이유만으로 갖게 되는 인간의 고유 권리이기에 사회공동체 영역에서 '정의'의 핵심 가치와 직결된다. 북한이탈여성의 인권 문제는 북한 주민, 북한이탈주민, 북한이탈여성이라는 특수성과 함께 보편적 인권의 측면을 동시에 내포한다. 북한 주민의 인권 문제를 해결하는 가장 유용한 방법은 평화통일이다. 그러므로 한반도 평화통일 문제는 지구촌 보편적 가치인 정의와도 밀접하다.

다섯째, 유엔 결의안 1325는 여성, 평화, 안보의 문제이며 통일교육에서 여성 인권, 평화, 안보는 모두 중요하게 다루어져야 한다. 북한이탈여성의 인권을 다룸에 있어 평화유지 및 평화구축의 장기적인 성공을 제공하기 위해서는 갈등 조절 및 해결 능력이 필요함을 인식하고 갈등 해결 능력에도 관심을 기울일 필요가 있다.

덧붙여 교육현장에서 교사는 중고등학생과 달리 초등학생 대상의 통일교육에 있어서 학생들의 연령을 고려하여 북한과 관련된 부정적인 정보에 대한 접촉이 북한 주민에 대한 거부감, 공포감, 부담감, 이질감 등의 부정적 감정으로 나아가지 않도록 세심하게 주의를 기울일 필요가 있다. 이는 북한에 대한 부정적 사실들이 자칫 통일과 북한에 대해 부정적 시각으로 작용할 경우 결과적으로 통일의 필요성에 대한 인식은 높일 수 있으나 반면 통일을 이룩하고자 하는 통일 의지에 부정적 효과가 발생할 우려도 있기 때문이다. 그러므로 교사는 통일교육에서 북한의 인권, 북한 여성의 인권침해 관련 자료를 다룰 때 갖게 되는 한계점에도 아울러 유념할 필요가 있다. 이러한 문제들에 대해 학생들이 부정적 감정보다는 상황을 극복하기 위한 배려, 공감 등을 갖도록 격려하고 정의의 차원에서 인권을 수호하려는 의지의 일깨움을 통해 통일 의지를 불러일으키도록 도울 수 있다.

V. 결론

국제 보고서는 북한 인권이 악화하고 있다고 지속해서 평가한다. 인권은 개인적인 차원을 떠나 사회통합이라고 하는 사회적인 차원에서 중요한 사안이기에 통일 이후 남북통합을 추구하는 통일 논의에서 북한 주민의 인권 문제는 통일이라는 민족적 사명과 연계해서 매우 중요하다. 북한이탈주민들은 북한에서의 억압된 체제에서 벗어나 새로운 삶을 찾고자 죽음을 각오하고 북한을 탈출하여 중국이나 태국, 라오스 등을 거쳐 대한민국 사회에 입국하게 된다 (조동운·최양진, 2015: 119). 탈북 후 제3국을 경유해 한국으로 입국하기까지 북한이탈여성 일부는 감금, 폭행, 강제노동, 인신매매, 성폭력, 성매매 등의 인권 유린을 경험하게 된다. 이러한 이유로 남한 내 정착한 북한이탈주민에 대한 연구에서 남성 북한이탈주민에 비해 여성 북한이탈주민의 우울증이나 외상 후 스트레스 장애(PTSD)를 경험할 가능성이 높았다고 보고한다(H. A. Kim: 2016). 현재 북한 주민, 북한이탈주민 특히 북한이탈여성들의 인권 상황은 위험한 실정이다. 최근 북한이탈여성들이 탈북 과정에서 놓이게 되는 인권침해의 상황이 국제적인 관심사로 부각하고 있다.

한반도의 평화통일을 이룩하기 위해 통일교육에서 포함할 내용 가운데 평화, 안보와 함께 인권의 문제는 중요하게 다룰 필요가 있다. 평화통일은 안보의 기반 위에 성립될 수 있으며 갈등과 분쟁은 안보를 위협하고 평화를 저해하는 요소가 된다. 그런데 전쟁과 분쟁 상황에서 민간인 더욱이 여성 및 아동에 대한 폭력이 극심하다는 사실은 이들의 인권 보호에 유념하게 한다. 북한이탈여성 인권과 한반도 평화의 관계는 여성 인권과 세계 평화와 마찬가지로 밀접하다.

2000년 만장일치로 채택된 여성, 평화, 안보에 관한 유엔 안전보장이사회 결의안 1325호는 전시 성폭력 근절, 평화구축에 여성의 참여를 강조한다. 유엔 안전보장이사회는 본 결의안에 대한 후속 조치 및 각국의 행동 계획에 대한 적극적인 실행을 요청하고 있으며 우리나라 또한 국가 행동 계획을 수립하여 실천에 노력하고 있다. 한반도는 6·25라는 동족상잔의 전쟁을 겪었고 일제 치하에서 일본군 위안부라는 여성 인권 유린의 아픔을 경험했으며 정전협정 하에 있는 분단국인 동시에 현재 북한이탈여성들은 탈북 과정에서 인권 침해를 경험하고 있다. 이러한 이유로 유엔 결의안 1325가 한반도에서 그리고 통일교육 현장에서 갖는 의미는 깊다.

초등학교 통일교육은 학생들이 통일에 대한 고정관념을 가지기 전 올바른 통일 의식 및 통일 의지를 고양하는 데 중요하다. 평화통일을 지향하는 통일교육의 일환으로 초등학교 통일교육에서 평화, 안보에 대한 의식과 더불어 북한 주민의 인권에 관심을 두게 할 필요가 있다. 초등학생들은 북한이탈여성들의 인권 상황을 이해함으로써 이들에게 공감할 수 있으며 이는 궁극적으로 통일 의지를 북돋는 원천이 될 수 있다. 지속 가능한 평화와 보편적 인권 개념에 기반을 둔 성 평등 의식 및 성인지 감수성 정착, 올바른 통일 의식과 안보의식 형성은 통일을 위해서 필히 요청되는 사안이다. 그러나 한편 북한과 관련된 부정적인 정보에 대한 접촉이 북한 주민에 대한 거부감과 같은 부정적 감정으로 나아갈 수도 있기에 교사는 이러한 문제점을 고려하여 학생들이 부정적 감정보다는 이를 극복하기 위한 용기, 공감 등의 긍정적 감정을 격려하여 통일 의지를 함양하도록 주의를 기울일 수 있다.

초등학교 교육현장에서 3학년, 4학년, 5학년, 6학년 학생들에게 사회・공동체와의 영역의 통일교육 관련 단원에서 북한이탈여성, 인권, 평화, 안보 등의 주제로 유엔 안보리 1325를 활용한 통일교육을 접하게 할 수 있다. 초등학교 통일교육에서 유엔 안보리 1325의 활용은 초등학생들의 통일에 대한 인지적 측면과 정의적 측면을 함께 아우르는 교육 자료로 활용될 수 있을 것이다.

제5장

함석헌 씨을사상의 실천 윤리적 성격과
인권 및 통일교육

Ⅰ. 서론

현대 세계는 세계화에 의해 정의된다. 세계화는 국제 무역과 투자, 정보 기술에 의해 주도되는 인류, 기업, 정부 간의 상호작용과 통합 과정이다. 이 과정은 환경, 문화, 정치체제, 경제 발전과 복지 등 전 세계인의 삶에 영향을 미친다. 세계화는 지리적 정치적 경계를 넘나드는 커뮤니케이션과 무역의 과장된 가속을 말하며 그 근원은 대륙 정복과 식민지로 거슬러 올라간다. 세계화는 어떤 현상의 전 세계적 수용 또는 영향을 포함하는 과정으로 국가와 국가를 초월한 시간과 공간의 축소에 기여하고 있다(A. K. Meena, 2017: 53). 세계화는 일반적 정의에서 국가의 경계를 약화하며 정부가 서로 관련되어 있고 세계적 차원에서의 자본주의 발전, 상호 의존, 정보 교환 그리고 인권과 같은 요소들에 관여한다(M. Ghorbanzadeh & N. Mardani, 2015: 438).

인권의 측면에서 세계화는 인권을 강화하고 인권 문제를 해결하기 위한 가장 체계적인 시도로 여겨지기도 한다. 세계화로 인한 정보의 흐름은 인권 캠페인을 전파하고 다국적인 활동가 네트워크 육성을 가능하게 한다. 세계화로 야기되는 인권의 보편화 현상은 세계 각지에서 발생하고 있는 인권 유린 상황에 주목한다. 전 세계적으로 빈번하게 발발하고 있는 민족분규, 예를 들면 보스니아, 이라크의 쿠르드족 문제, 아프가니스탄, 소말리아 등에서의 인권 유린에 대해 국제 사회는 주시하며 인권 보호에 관심을 둔다. 이로 인해 세계 사회의 강제적 개입으로 심각한 인권 위반을 막을 수 있는 새로운 규칙이 만들어지기도 한다. 세계화 시대 특정 나라의 인권 문제는 더 이상 개별 국가의 문제나 자치권 영역에 한정되지 않는다. 인권의 보편성이 강조되면서 한 나라의 국제 경쟁력은 인권 분야의 경쟁력 강화와 밀접히 관련된다.

인권은 정치적 측면과 상당히 밀접하며 한 사회의 정치적 지향성에 따라 인권 개념은 상이하게 받아들여진다. 민주주의 실현 및 발전과 인권 보장은 서로 긴밀한 관계를 갖는다. 우리나라의 경우 인권은 국가 권력, 개인의 권리, 인간의 존엄 등과 같은 요소들의 상호작용에 의해 영향받았다. 한국 근현대사에서 많은 이들이 인권과 민주화를 위해 헌신했다. 1960년 4·19민주화운동, 1979년 부마항쟁, 1980년 5·18 광주 민주화 운동, 1987년 6월 민주항쟁 등에서 많은 이들의 헌신이 있었다. 예를 들면, 함석헌은 민중의 인권 회복, 언론의 자유, 민주화를 위해 노력한 인권운동가이자 실천사상가로 1970년 『씨올의 소리』를 발간하여 민중운동을 전개하였다.

세계화 시대 국가 경쟁력의 하나로서 인권의 확립과 보편적 인권 개념의 정착을 위해 교육의 역할은 중요하다. 인권을 보호할 수 있는 방안으로 교육과정 내에서 인권의 의미를 교육하는 방향 모색이 요구된다. 따라서 본 연구에서는 세계화, 정보화, 인공지능 시대로 대변되는 현대 사회에서 인권의 특성을 확인하고 우리나라 근현대 인권 실천가로 인정받고 있는 함석헌의 인권 사상을 그의 씨올사상을 바탕으로 살펴보고자 한다. 이를 통해 2015 개정 도덕과 교육과정의 인권 관련 부분과 연결점을 찾아보고자 한다.

II. 세계화와 인권의 보편성

1. 세계화 시대 인권

세계화(globalization)는 학자마다 다양한 개념으로 사용되며 경제적 측면, 정치적 측면, 문화적 측면, 교육적 측면 등 다양한 스펙트럼에서 논의된다. 세계화란 전 세계적으로 경제적, 정치적, 문화적 변화가 다차원적으로 상호 작용하는 과정을 의미하며 이를 통해 사회적 상호 관계가 증진되고 사람들 간의 경쟁의 기회가 확대되는 것을 말한다. 세계화는 통신과 교통의 기술적 진보와 경제 및 무역의 상호의존성에 의해 뒷받침된다. 국제 경제 영역에서 세계화는 신자유주의 경제 질서의 전파로 종종 다국적 기업 및 다국적 기업의 상품과 서비스의 이동성 확대를 의미하며 세계 경제 시장과 세계 경제기구의 상대적인 힘은 국가 정책 공간을 축소한다.

세계화는 경제를 넘어 사회, 정치, 문화, 교육 등 다차원의 영역에서 하나의 지구, 지구촌 사회를 부각하며 개별 통치 국가별로 분절된 하나의 국가에 머물렀던 시민을 세계시민이라는 초국가 시민으로 끌어낸다. 이로 인해 세계화는 경제, 상업, 정보화와 관련된

과정일 뿐만 아니라 인권에도 상당한 영향을 미친다. 세계화에 따라 국제적 교류와 상호의존성이 증대된 현실 속에서 인권은 세계화 시대에 중요한 가치이다. 인권의 프레임에서 교육, 식량, 적절한 주거 및 건강관리는 단순한 필요의 문제가 아니라 권리라는 개념을 추가한다. 사회적 약자들이 자신의 권리를 주장하고 의사결정에 참여할 법적 및 정치적 공간을 가져야 함을 의미한다. 이는 정부 정책이 정의에 대한 접근을 보장하고 차별로부터 보호하며 경제적 사회적 권리를 충족시켜야 함을 내포한다. 보편적 인권의 측면에서 볼 때 세계화 시대 사회는 적절한 생활 수준에 대한 인간의 권리를 존중해야 한다.

한편, 세계화는 양면을 지니고 있다. 초국적 통합과 이동성 증대는 개인의 권리 보호와 인간의 존엄성을 강화하는 반면, 감소시키기도 한다. 세계화는 노동자 권리와 사회 보호를 침식하기도 하고 새로운 세계시민 사회를 창출하기도 한다. 예를 들면, 세계화된 시장은 사회적 조건에 대한 모니터링을 촉진하지만 경제적 착취 기회를 더 많이 양산함으로써 불평등을 야기한다. 세계의 불평등은 끊임없이 커지고 있다. 수백만 명의 사람들이 강제 퇴거, 교육 및 기본적인 건강관리와 열악한 노동 조건으로 어려움을 겪고 있다. 경제 주체, 특히 다국적 기업의 권력은 지난 수십 년 동안 증가했다. 아동의 노동 착취와 같은 세계화로 인한 인권 위협의 문제도 간과할 수 없다.

1990년대 인종 말살(génocide)이라는 단어가 르완다나 구(舊) 유고슬라비아(Yugoslavia)에서 벌어진 잔혹한 사건들을 지칭하기 위해 등장했다. 경제적 세계화를 어떻게 받아들일 것인지조차 분명히 하지 못했던 당시 상황에서 이러한 일들이 연이어 세계를 뒤흔들자 세계화라는 것이 심지어 인권 유린에도 예외를 두지 않는 오로지 이익과 이윤만을 뒤쫓는 현상이라는 생각이 퍼져 나가기도 했다(S. Allemand & J. C. Ruano-Borbalan, 김태훈 역, 2007: 86). 이로 인해 세계화는 비판자들에 의해 인권에 대한 위협으로도 여겨지고 있다. 다국적 기업의 불안정한 활동, 구조 조정 정책의 파괴적 영향, 자본의 변덕스러운 움직임, 사회복지 국가의 해체, 국가 권력의 침식, 환경 파괴, 난민 위기 및 세계 거래는 세계화 문제로 가장 자주 언급되는 단점들이다. 세계화의 해로운 영향에 대한 이러한 우려는 지난 수십 년 동안 상대주의와 보편주의 사이의 논쟁, 이를테면 문화상대주의 논쟁이 지배해온 인권 이론에서 출발했다. 보편적 인권에 대한 학자들의 확고한 합의가 없지만 세계화가 인권에 보편적 위협을 가하는 것은 널리 확산되고 있다(M. E. Goodhart, 2003: 935-936.).

그러나 한편, 세계화가 심화할수록 환경문제에서 보듯이 인권에 대한 세계적 규범이 보편적으로 작용할 가능성 또한 높아지고 있다. 세계화는 인류 공통의 문제, 세계윤리의 측면에서 긍정적 영향을 미치기도 한다. 세계화는 국경을 초월하여 국제인권 사상과 제도의 확산에 기여한다. 세계화로 세계 인구의 상호의존성이 증대됨에 따라 인권 패러다임은 세계화의 영향에 대한 공통적인 토대가 된다. 세계 인권 기준과 기관이 설립되면서 인간의 존엄성에 대한 도전이 계속되고 있다. 세계화로 인해 국가 중심의 시민권에서 보편적 인권으로 균형이 옮겨가고 있다. 최근 NGO들은 세계 연대를 통해 인권 획득과 보호를 위한 시도를 하고 있다. 세계 각지에서 인권의 중요성은 정치적, 종교적, 민족적 박해, 신분제 기반 편견, 인종 차별과 관련된 차별과 사회적 지배와 관련된다. 유엔과 같은 초국적 행위자의 국제 정의를 증진하고 인권을 보호하는 역할이 대두된다.

세계화는 인권의 개념과 내용 변화에도 영향을 주었다. 트위스(Sumner B. Twiss)는 세계화로 인한 인권 내용으로 개인 대 집단 인권, 여성의 인권, 건강과 건강한 환경에 대한 권리라는 세 가지 주제에 초점을 맞춘다. 개인 인권 대 집단 인권은 새로운 인권 범주로 이끄는 체계적인 발전으로, 여성 인권은 소외계층에 대한 새로운 강조와 적용으로, 건강과 관련한 인권은 역사적으로 인정되어왔던 인권에 대한 세분화로 간주된다. 이 세 가지 발전 모두 소수민족의 정치적 성숙, 해방과 발전, 여성운동 등 환경적 요인에 부응하여 세계화 과정에 의해 크게 도움을 받았다고 본다(S. B. Twiss, 2004: 41-43).

인권은 모든 사람들에게 내재한 기본적 권리를 대표하는 것으로 출생할 때부터 신의 선물로서 부여 받은 주요한 권리이다. 인권은 보편적이며 모든 인간에게 적용되기 때문에 평등의 가치와 관련된다. 인간은 모두 평등하고 그 결과로 동등하게 대우받아야 한다(J. D. Hackett, A. M. Omoto, & M. Matthews, 2015: 47, 49). 인권에 대한 관념은 로크(John Locke), 몽테뉴(Montesquieau), 볼테르(Voltaire)에 의해 발전되었으며 현대 법치 국가에서 찾아볼 수 있다(A. J. Kusuma, 2015: 17). 세계화 시대 국제적 관점에서 볼 때, 인권은 보편적 가치로서 모든 개인을 국가의 압제와 잔학 행위로부터 보호하기 위한 합법적 수단이 되었다.

2. 인권 보편성 논의와 국가 특수성

국제 정치 연구에서 인권은 보편성에 대한 주장과 밀접한 관련이
있다. 오늘날 인권은 세계의 우세한 정치, 경제 및 문화 권력에 의
해 뒷받침되며 국제 사회에서 이데올로기적 헤게모니가 되었다. 현
대 보편적 인권 논의의 대표적 사례는 세계인권선언, 국제 인권규약
이다. 반면 인권 보편성에 대한 공격도 널리 퍼져있다. 인권 보편성
주장은 국가적, 지역적, 문화적 특수성 및 다른 형태의 다양성과 상
대성이라는 도전을 받는다. 특히 문화적 상대주의는 인권 이론에서
가장 많이 논의된 이슈이다. 소수의 국가들은 세계인권선언의 많은
부분이 그들에게 적용되지 않는다고 강하게 주장한다. 인권 보편성
의 설명이 실제로 이론적으로는 무책임하고 정치적으로 유해하다고
주장하는 학자들은 인권의 상대적 보편성을 주장한다. 이들은 인권
보편주의의 한 형태를 주장하면서 동시에 상대주의에 대한 공간을
허용한다(J. Donnelly, 2007: 281-282). 호프만(Hoffmann)은 추상적
수준에서 인권이 보편적일 수 있다고 주장했다. 그러나 적용 수준에
서 구체적인 문제에 대해서는 혼란스럽게 묘사했다. 인권을 삶의 구
체적 현실에 실제로 적용하기 위해서는 주어진 사회와 그 법체계의
맥락에서 가능하게 이루어질 수 있는 인권에 대한 판단 연습과 타
협이 필요하다(R. Spano, 2014: 487-502). 인권 학자들과 사회 활동
가들은 세계화 개념을 다음의 두 차원에서 이해하기도 한다. 세계화
는 첫째, 국가 행위자, 금융 및 기업과 같은 강대국 행위 주체 간의
경제적, 정치적 협력을 말한다. 둘째, 지방정부, 국가 정부 및 국제
기구 예를 들면, 비정부 기구 유엔 기관들이 전 세계의 시민사회 질
을 향상하거나 변화시키는 데 관심을 쏟는 현상이다.

서구에서 인권 개념이 정립된 시기는 대체로 근대 이후부터라고 본다. 근대시민혁명이라는 아래로부터의 저항이 여러 형태의 선언과 문서로 승인을 받고 근대시민 헌법이 제정되면서 인권은 근대 국가의 최고 가치로 승인되었다(홍성수, 2014: 31-75). 인권에 대한 전통적 개념은 인권을 근본적으로 모든 사람들이 가진 가치 있는 기본 도덕적 권리로 해석한다. 인권은 용어의 명백한 표현에 따라 일반적으로 사람이 인간이기 때문에 단순히 가지고 있는 권리로 이해된다. 1948년 12월 10일, 유엔총회는 당시 인간이 자유롭고 평등하게 태어났다는 전제하에 '인간의 권리에 관한 보편적 선언(Universal Declaration of Human Rights)'을 발표했다. 모든 사람에게 '어떤 종류의 구별도 없이 선언에 명시된 모든 권리와 자유를 부여함으로써' 자유와 평등의 원칙을 지키고 있다. 이로부터 70년 동안, 국제 연합은 인권을 보호하고 평화, 진보 및 번영에 필수 불가결한 공식으로 널리 알려진 국제법적 제도의 모든 것을 확장해왔다. 보편성의 원칙은 국제 인권법의 초석이다(E. M. Hafner-Burton, 2012: 266). 인권선언은 삶, 재산, 건강, 교육 및 자유와 같이 사람들에게 적용되는 여러 보편적 권리를 다룬다(P. Hanna & F. Vanclay, 2013: 146-157). 인권이라는 동등한 권리를 가지고 있기에 모든 인간은 평등하다. 인권은 자연적으로 불가침적인 사실로 여겨지기에 양도할 수 없는 권리이다.

역사가 마조워(Mark Mazower)에 따르면 인권은 제2차 세계대전 중 및 그 이후에 더욱 중요하게 등장했다. 소수민족 권리 보호 시스템에 인권은 매력적이고 그럴듯한 대안을 제공했기 때문이다. 국제 사회는 나치 점령이 끝나고 소수민족 권리를 보호하는 국제연맹 조약

제도를 부활시키는 데 관심을 보였고 이러한 권리가 국제적으로 인식되고 인정되면서 법적 구속력이 없었던 개인의 인권이 세계 정치의 무대로 들어서게 되었다(M. Mazower, 2004: 7). 이처럼 제2차 대전 중 저질러진 흉악한 만행의 여파로 인권 담론이 부활하게 되었는데 거의 모든 인권은 제2차 세계대전 이전과 도중 유대인 및 다른 소외계층에 대한 나치의 비인간적 행태를 체계적으로 다루고 수정한 것으로 잘 알려져 있다. 1980년대 인권은 외국 지배와 국내 독재에 대항하는 지역 투쟁에 유용한 지침으로 사용되었다. 국가 주권의 평등과 인권은 이원론적 국제 체제의 규범적 원칙이며 두 개념 모두 체제의 보다 정당한 버전을 구축하는 데 필요하다(J. L. Cohen, 2008: 578).

인권의 본질에 대한 두 가지 관점 즉, 정치적 또는 실용적 관점에 따르면, 인권은 개인이 특정한 제도적 구조, 특히 현대의 국가에 대해 가질 수 있는 소유권을 말한다. 보다 전통적인 인도주의적 또는 자연주의적 관점에 따르면, 인권은 공통 인류의 특징인 이익을 이유로 개인이 다른 모든 개인을 상대로 하는 제도적 권리의 주장이다(P. Gilabert, 2011: 439). 국제무대에서 논의되고 추구되는 개인의 권리 역시 인권이다. 인권은 다른 법률과 마찬가지로 이것의 구현은 제도화를 필요로 한다. 인권의 법적 권리는 법률에 따라 권리가 창출된 것이 아니라 법률에 따라 인정된 것으로 간주된다. 우리가 법에 독립적으로 가지고 있는 도덕적인 권리이기에 법은 이를 인식하고 시행하고 보호해야 하는 것이다(J. Raz, 2015: 39). 세계화 시대 인권은 사회정의와 인간 존엄성을 위한 국가적, 국제적, 초민족적 투쟁에서 필수 불가결한 요소이다. 인권의 보편성은 더 공정하고 인도적인 국가 사회와 국제 사회를 건설하는 데 도움이 되는 강력한 자원이다. 인권은 우리가 보편적으로 인간으로서 가지고 있는 권리에 관한 것이다.

　인권은 국가의 주권을 제한하고 국경을 초월한 책임성을 정당화하기도 하며 모든 인류의 가치를 강조하는 국제무대에서 기능한다. 또한 인권은 개인의 이익을 국제관계에서 중심적인 위치에 두며 성격에 따라 법적, 정치적 보호를 요구하는 도덕적 권리를 지닌다. 인권 보호를 위한 기제는 공정해야 하며 인권에서 언급되는 권리로는 건강, 교육 등을 들 수 있다. 그러나 문화 다양성은 각각의 국가에서 인권의 확인과 보호를 어렵게 한다. 오늘날 많은 국가에서 국제적으로 인정된 인권에 대한 적극적 이행을 거부하고 심지어는 체계적으로 심각하게 침해하고 있다. 모든 국가에서 일부 인권에 대한 중대한 위반이 매일 발생한다. 세계인권선언의 실효는 국제적으로 인정된 인권의 국가적 이행에 달려있기에 규범 생성은 국제화되었으나 권위 있는 국제인권 규범의 집행은 거의 전적으로 주권 국가에 맡겨져 있는 상황이다.

　특히 대량 학살, 인류에 대한 범죄, 특정 전쟁 범죄 및 고문과 자의적 처형 등이 국가 권력 아래 놓여있다. 이를 견제하기 위해 국제 사회는 인권 준수를 다양한 국제 프로그램 참여 및 재정적 지원 등의 조건으로 사용할 수 있을 뿐이다. 인권은 그 어떤 개념보다 실천성을 요구하는 개념이기에 인권이 실질적으로 사회 내에 자리 잡기 위해서는 무엇보다 각 개별 국가들의 인권 실천에 대한 의지와 실행이 요청된다. 세계화 시대 보편적 인권의 견지에서 한 국가의 인간 존중 문화, 인권 보호 수준은 그 나라의 민주적 성숙을 가늠하는 바로미터가 된다. 이제 우리나라 근현대사에서 인권은 어떠했으며 우리 의식 안에 담긴 인권의 근본 개념, 인권 사상은 무엇인가 살펴볼 필요가 있다.

III. 인권과 함석헌의 씨ᄋᆞᆯ사상

1. 인권과 민중의 인권 실천사상가

한국의 현대 사상가이자 실천 철학자인(김대식, 2016: 47) 함석헌(咸錫憲, 1901-1989)은 일제식민지 시기 이래 해방과 분단, 전쟁, 독재, 민주화에 이르기까지 험난한 한국 근현대사의 굴곡을 종교사상가, 사회운동가, 교육자, 언론인으로서 깊고 넓게 경험하며 독자적인 사상을 개척해 나간 인물로 평가받는다(문지영, 2013: 49-79). 그는 한국의 간디, 인권의 실천가로 불리는 반면, 독설가, 선동가, 종교적 이단자라는 비판과 함께 재야 민주화 운동의 지도자로 이해된다(김성수, 2011: 55). 함석헌에 대한 긍정적인 시각과 비판적인 시각의 공존에도 불구하고 그가 20세기 한국의 근현대사와 민주화, 실천적 인권운동 등에 미친 영향은 간과할 수 없다.

한국사에서 20세기는 과거 어느 때보다 급변하는 격동의 시대였다. 일제의 식민지 통치로 인한 수탈과 압제의 시대를 경험했으며, 해방 이후 구소련과 미국의 남북한에 대한 군정, 남과 북에서의 2개의 정권, 6·25 동족상잔의 전쟁, 4·19 혁명, 5·16 군사 쿠데타에 의한 군 독재, 민주화 그리고 세계화 등 다차원의 정치적, 사회적 변혁들이 일어났다. 일제 치하에서 독립운동에 헌신한 수많은 민족 사상가들이 존재했듯이 근대화, 민주화 시기에도 실천사상가들이 존재했다. 함석헌도 일제식민지, 남북분단, 독재정권의 시대 상황에서 반외세, 반분단, 반독재에 맞섰던 인물 가운데 하나이다.

1928년 도쿄 고등사범학교를 졸업하고 귀국 후 오산학교에서 역사와 수신(修身)을 가르치기도 했으며 『사상계』에 영향력 있는 글들을 발표하면서 군사 독재에 항거한(함석헌, 남승원 편, 2017: 307) 함석헌은 한국의 인권 및 민주화 운동사에서 상징적인 인물이다. 그는 일제 식민시대에는 일제에 항거했고 이승만 정권, 5·16 군사 쿠데타를 비판하며 독재정권에 저항했다. 씨올 사상가, 인권 실천가로 그의 철학 안에 인권사상은 깊이 내재해 있다. 그는 민중, 노동자, 농민, 여성 등 사회적 약자의 목소리에 귀를 기울이려 노력하였는데(이상록, 2017: 45) 계몽하면 민중이 깨어나며 정치적 투쟁이 아니라도 인간적으로 인권에 대한 자각이 생긴다고 생각했다(함석헌, 2009: 171). 예를 들면, 당시 여직공에 대한 처우가 심각한 상황에서 여직공의 인권과 권리에 대해서 말을 아끼지 않았다. 여직공들은 제대로 된 의식주의 기본적인 복지도 누리지 못하는 데다가 실질적인 연봉도 받지 못하는 열악한 환경에 있다고 강하게 지적했다. 함석헌은 "자신의 인권이 소중한 만큼 타자의 인권도 소중하다."라고 생각했으며 "인권을 지키기 위해서 훈련이 필요하다."라고 역설했다. "인권에 대한 훈련이 되어있지 않다는 것은 인권에 대한 교양적 지식, 정보, 습관이 형성되지 않았다고 볼 수 있으며 인권을 위한 투쟁 방식은 예수의 비폭력으로부터 나와야 한다."라고 주장했다(함석헌, 1983: 325-328; 김대식, 2016: 67-68 재인용).

사람은 사회적 죄악과 공공연히 싸워서만 선(善)일 수 있고 그 인격
(人格)이 자랄 수 있다. 그리고 하늘나라는 인격이 완전히 자라서
얻는 자리다. …(『저작집』 제 16권 333쪽, 1957)(김영호, 2016: 21)

마치니(Giuseppe Mazzini), 웰스(Wells), 헉슬리(Huxley), 간디
등의 민중사상에 영향을 받은 함석헌은 실천적인 인권운동가로
한국의 정치·사회적 민주화와 씨올의 인권 향상을 위해 일했으
며 군사 정권에 온몸으로 저항하는 실천윤리 사상가였다(박경서,
2012: 148; 박경미, 2006: 153). 그는 『씨올의 소리』 창간을 통해
민중의 대변자로 우뚝 선다. "나는 이제 자유와 평등사상을 내놓
고는 살 수가 없습니다. 나는 씨올사상을 부르짖고, 스스로 타고
난 민주주의자라 하기도 합니다."(함석헌, 남승원(편), 2017:
217-229)라는 그의 고백에서 볼 수 있듯이 인권의 기본 전제가
되는 자유와 평등이 함석헌의 사상과 삶 속에 깊이 뿌리내리고
있다. 함석헌은 인간의 존엄성을 해치는 위협에 맞서 인권을
지키기 위해 노력한 비폭력 인권운동가로 한국인의 인권과 평
화의 수준을 한 계층 높이려 노력한 사람이다.

2. 민중과 씨올사상[11]

함석헌 사상의 중요한 축을 이루는 씨올사상에 대한 일련의 글들
은 1970년 『씨올의 소리』에 게재되었다. 씨올사상은 그가 창간호
'씨올의 소리' 잡지를 내는 목적 설명에 잘 나타난다. 유영모의 씨
올로부터 이어진 씨올을 더욱 발전시킨 것이 씨올사상이다. 그는

---

11) 본 장의 씨올사상에 대한 내용은 함석헌(2016a), 함석헌 선집 편집위원회(편), 『씨올의 소리(함
석헌 선집 I)』의 내용을 참고함.

씨울에 民, 씨앗, 얼, 우주 등을 모두 담아낸다. 씨울은 '씨'라는 말과 '울'이라는 말을 한데 붙인 것으로 종자라는 뜻을 빌려 민(民)의 뜻으로 쓴 것이다.

> 국(國)은 나라라 하면 되고 인(人)은 사람이라 할 수 있으나 민(民)을 순전한 우리말로 하는데 적절한 것은 옛 글자를 사용한 씨울이다. 중국 문화에 눌려 한문자를 전적으로 쓰게 되면서 民에 대한 본래 우리말을 잊어버리게 되었다. 民은 무엇인가. 民은 아무 차별이 없는 사람으로 보통 사람, 평민, 아무 지위 없는 사람들이다. 이에 대립되는 것은 왕(王), 군(君), 신(臣)이다. 民은 곧 사민(四民)으로 사·농·공·상이며, 이 안에 역사와 사회가 나타나기에 民은 단순한 사람 곧 인(人)이 아니기에 씨울은 이러한 뜻을 잘 나타낸다. 씨울은 民대로 두는 것보다 어색한 듯 보이나 중요한 것은 주체성 때문이다. 민족주의나 국수주의를 주장하자는 것이 아닌 民의 참뜻을 이해하기 위해서다. 우리의 주체성을 찾기 위해 우리의 나를 찾기 위해 잃었던 말을 찾아보아야 한다. 인격은 특정적인 것이지 일반적인 것이 아니다. 세계 일원이 되기 위해 나는 나여야 할 것이다. 변화될 때 변화되더라도 그때까지 나의 서는 자리가 있어야 한다. 民은 봉건 시대를 표시하지만 씨울은 민주주의 시대를 표시한다(『씨울의 소리』 창간호, 1970)(함석헌, 2016a: 599-602).
> 民은 무엇이라 할까. 백성이라 할 수도 있지만 그것은 百姓의 음 뿐이지 순전한 우리말이 아닙니다. 그래서 그 民이란 말을 우리말로 씨울이라 하면 어떠냐 하는 말입니다. 이것은 사실 내가 생각해낸 것이 아니고 유영모 선생님이 먼저 하신 것입니다(『저작집』 제2권, 263-264쪽, 1970)(김영호, 2016: 21).

함석헌은 "나는 바보의 생각을 말하리라."라는 문장을 시작으로 '씨울'에 대한 자신의 견해를 피력한다. 그의 씨울에 대한 관점은 두 가지로 정리해 볼 수 있다. 첫째, 그는 자신이 씨울에 미쳤고 죽어도 씨울을 놓지 않겠다며 '민중'을 '씨울'이라 지칭한다. 그가 주장하는 것은 나라가 망해도 씨올은 남겨두어야 한다는 것인데 이는 사회·역사 생활을 하는 인간성은 없어지지 않기에 이것을 지키고 가꾸어야 한다는 것이다. 둘째, 그는 '씨올에 대한 믿음'을 간직하고 끝까지 씨올을 신뢰할 것이라고 고백한다. 그러하기에 그는 씨올이 비록 잘못하는 것이 있어도 낙심하지 않겠다고 하는데 그것은 그가 씨올이 미처 모르고 그런 것으로 생각하기 때문이다. 그가 이렇게 믿는 이유는 씨올이 본바탕은 착하다는 믿음을 갖고 있기 때문이다. 그의 씨올의 선한 본바탕에 대한 신뢰는 씨올이 필요 이상의 지나친 소유도 권력도 지위도 없는 맨 사람이라는 그의 이해에서 나온다. 그가 보기에 나라의 대다수 사람은 이러한 맨 사람이다. 다만 소수의 사람이 남을 간섭하고 지배하기를 좋아하는 사람이 있으나 대다수의 민중은 타고 난 대로의 인간성이 살아있다고 보는 것이다. 그는 민중을 신뢰하고 믿는다. 이러한 까닭으로 함석헌의 사상은 씨올사상으로 대표되며 그가 강조하는 씨올은 시민, 국민이라기보다 피지배층을 지칭하는 데 주로 쓰이는 민중에 가깝다.

함석헌이 『씨올의 소리』라는 잡지를 낸 목적은 다음과 같다. 첫째, 씨올 속에는 일어만 나면 못 이길 것이 없는 정신의 힘이 있다고 믿기 때문이다. 그는 서로 책임지는 유기적인 공동체를 조직하는 것이 필요하다고 보았는데 야심가에게 이용되기 쉬운 눈에 보이는 조직체를 만들기보다 각자 양심의 명령에 따라, 잡지 보는 것을 기반으로 서로 통해서 하나라는 느낌이 이르도록 하는 운동을 시작하자고 주장한다. 둘째, 국민적 양심의 자리를 강조하기 위해서이다. 그는 사회의 양심을 대표하는 어떤 중심이 있어야 하는데 씨올이 그러한 역할을 할 수 있다고 생각한다.

주목할 점은 함석헌이 씨올을 씨알이 아닌 씨올로 표기하고 있다는 점이다. 그가 '씨올'을 '씨알'로 쓰지 않고 '씨올'로 쓰는 이유는 다음과 같다. 그는 씨올에서 알을 올로 쓰는 이유를 음보다 그 뜻을 위해 쓰고자 하는 것이며 '올'은 현재 맞춤법에는 들어있지 않으나 본래 있던 것으로 알, 얼, 올의 음이 모두 나오는 기본 되는 것이기 때문이라고 설명한다. 또한 '씨올'은 모든 삶의 밑뿌리이면서도 무시를 당해 거의 잊어버렸던 것으로 이제 다시 제 모습을 찾아 제 소리를 내자는 하나의 상징이라고 제안한다(1970년 5월 씨올의 소리 제2호; 함석헌, 2016a: 626-627).

씨올은 곧 민(民), 민중이며 나대로 있는 사람으로 모든 옷을 벗은 사람, 곧 알 사람을 뜻한다. 그는 "알은 실(實), 참이며 대통령도, 장관도, 학자도, 목사도, 신부도, 군인도, 관리도, 문사도, 장사꾼도, 죄수도, 다 알은 아니다. 이것들은 그 입은 옷으로 인하여 서 있는 것들이다. 정말 있는 것은 한 알뿐이고 그것이 '올' 혹은 '얼'이다. 민(民)이란 곧 그러한 모든 우연적이고 일시적인 제한이나 꾸밈을 벗고 바탕대로 있는 '인격'이다."라고 강조한다(함석헌, 2017: 60-62). 그는 이처럼 한자와 개화기 이후 대거 유입된 외래어의 문체를 거부하고 우리의 정신이 깃든 특유의 구어체 문장들을 '씨올의 언어'를 통해 드러냈다. 민중과 씨앗이라는 의미를 동시에 가지고 있는 '씨올'이라는 단어를 통해 그 자신이 일제 강점기를 거쳐 이승만-박정희-전두환으로 이어지면서 권위주의를 고스란히 드러낸 근대 우리 역사의 어두운 시기 내내 '씨올'이라는 말을 가슴에 품고 실천하는 모습을 보여주었다(함석헌, 2017: 60-62). 그의 씨올사상은 민중, 씨올의 마음을 강화하고 열심히 훈련하며 고통에 저항해야 한다는 생각으로 이루어져 있다. 이처럼 함석헌은 우리나라 근현대사의 역사 한 가운데에서 몸소 인권운동을 통해 자신의 윤리 사상을 실천함으로써 우리 근현대사에서 인권이 갖는 의미와 무게를 되새기게 했다는 점에서 의미 깊다.

Ⅳ. 씨ᄋᆞᆯ사상이 인권교육에 주는 의미

1. 인권교육과 씨ᄋᆞᆯ사상

인권은 국제적 의제일 뿐만 아니라 교사와 학생들에게 직접적인 영향을 미친다. 세계화 시대 인권의 보편적 권리를 인정하는 인권 교육은 사회정의의 강화를 가능하게 하는 출발점이 된다(A. Osler, 2015: 244). 인권교육은 시민교육, 평화교육, 반인종차별 교육 등 학교에서 다른 교육 분야의 활동과 종종 교차한다(F. Tibbitts, 2017: 69-95). 인권교육에 관한 UN 선언(2011)은 국제연합이 인권 교육을 위한 국제 표준을 공식적으로 선언한 최초의 수단이다. 이는 인권에 관한, 인권을 통한, 그리고 인권을 위한 교육이라는 총체적 인권교육에 필요한 주요 구성요소의 기본 틀을 포함하고 있다(A. EC. Struthers, 2015: 53). 유엔의 주요 목적 중 하나는 모든 사람을 위한 인권 존중 및 준수를 증진하고 인권 실현을 촉진하기 위한 보편적 권리로서 인권을 교육하는 것이다. 그러나 국제 수준에서의 국가에 대한 보다 상세한 지침과 지원에 앞서 인권교육을 위한 포괄적이고 효과적인 국가 전략은 각 개별 국가의 인권에 대한 의식을 확인하는 것이다. 이 점에서 우리나라 근현대사에서 인권운동가 가운데 한 사람인 함석헌의 씨올사상에 내포된 인권의 의미를 살펴볼 필요가 있다. 이를 통해 2015 개정 도덕과 교육과정에서 인권교육 관련 단원을 확인하고 함석헌의 씨올사상에 담긴 인권사상과의 교육 접목 가능성을 모색해보고자 한다.

3・1운동의 경험을 통해 민중이 비로소 세계사의 무대에서 정치적 주체로 등장하는 것을 보았던 함석헌은 형이상학적 전체성에 대한 인식을 주체의 본질 즉 주체성으로 보고 그것을 민주주의의 근본조건으로 이해한다(이규성, 2006: 276). 그는 "정치의 근본은 도덕에 있다. 지배, 피지배 속에 인간은 있을 수 없다. 정치의 요체는 자유・평등의 도덕적 존재이자 살아있는 유기체로서의 인간을 존중하는 생명 정치로 집약할 수 있다."(함석헌, 2016b: 83)라고 단언함으로써 인간의 자유, 모든 인간의 평등을 근간으로 도덕 정치, 생명 정치, 인권정치, 민본정치의 실천 윤리적 성격을 드러낸다.

씨올사상에 내포된 인권사상은 그의 민중에 대한 강조와 씨올에 대한 설명을 통해 나타난다. 함석헌은 천안에 씨올농장을 세우고 민중 속에서 진리를 설파하고 정의와 인권과 평화의 비폭력 투쟁을 전개했다. 그에 있어 '씨올'은 '민중'이다. 씨올이 민중인 이유는 씨올은 작고 보잘것없듯이 민중 역시 그러하기 때문이며 씨올이 껍데기를 깨고 생명의 싹을 돋게 하듯이 민중이야말로 억압을 극복하고 삶을 살아야 하는 존재이기 때문이다. 씨올은 일체의 꾸밈이 없는 맨 사람이다(유현상, 2015: 310). 그러나 한편, 씨올은 고귀한 존중의 대상인 나라의 주인이다. 씨올인 민중은 양심을 지닌 존재로서 자유롭고 존엄한 존재로 존중받아야 한다.

3·1운동은 그 잠자던 나라의 소리였다. 어째 그 나라가 깼나? 씨
ᄋᆞᆯ의 가슴이 열렸기 때문이다. 왜 열렸나? 자기네를 사람으로 대
접해주는 것을 보았기 때문이다. 우리나라 역사에 민중이 제 대접
을 받아본 것은 이 3·1운동이 처음이다. (중략) 말 없다고 민중을
업신여기지 말고 민을 주(主)로 모시고 절하고 호소하라(함석헌,
2016b: 116-117). 양심은 스스로 하는 씨ᄋᆞᆯ이다. 양민의 양심이
스스로 활동하도록 하기 위하여 가만두어라(함석헌, 2016b: 417).
미래를 위해 가장 중요한 것은 교육이다. 넓은 의미로 하면 정치
니 경제니 하는 인간의 모든 활동이 교육적이 아니면 안 된다. 문
화 그 자체가 교육이어야 한다. 지금의 요구를 만족시키자는 것이
인간의 문화 활동의 목표지만 지금의 만족만이라면 인간 생활은
없다. 지금의 요구를 만족시키면서 동시에 미래에 대한 준비가 되
어야 한다. (중략) 기술은 인격의 발현이다. 기술 뒤에는 언제나
인격이 있어서 그 기술을 부려야 한다(함석헌, 2016b: 502-504).

함석헌은 사람의 살림에 있어 가장 요긴한 것은 뿌리가 있어야
하며 그 뿌리는 '사실'을 바탕으로 한 '생각함'이라고 강조한다. 개
인이나 민족이 한때는 매우 힘 있는 살림을 하는 듯 보이다가도 실
패하는 것은 모두 살림의 뿌리가 깊지 못했기 때문이라는 것이다.
감흥과 명상도 있어야 하나 더욱 중요한 것은 사실로 이 사실을 삭
여서 살로 만드는 사색이 중요하다고 주장한다(함석헌, 2003:
29-30). 또한 우리의 할 일은 얼힘(精神力)을 키우는 데 있으며 이
는 깨달음이고 덕(德)이라 한다(함석헌, 2016c: 75). 씨ᄋᆞᆯ인 민중을
사실에 기초하여 생각하게 하는 것, 사색하게 하는 것, 깨닫게 하는
것은 교육의 주요한 역할이다.

따라서 함석헌의 씨ᄋᆞᆯ사상이 갖는 인권의 의미와 인권교육에 주는
함의로 첫째, 양심을 지닌 존재로서 씨ᄋᆞᆯ인 민중은 고귀하다. 둘째,
씨ᄋᆞᆯ은 자유롭고 존엄한 존재로서 존중받아야 한다. 셋째, 민중은 역
사와 나라의 주체이다. 넷째, 민중은 새롭게 자기 주체에 대한 본연

의 탐구를 해야 한다. 다섯째, 씨올의 양심을 키우게 하라. 여섯째, 교육에 있어 인격도야가 앞서야 한다. 마지막으로 사실을 바탕으로 씨올의 생각함의 힘을 키우게 한다. 등을 생각할 수 있다. 그리고 이러한 사상은 오늘날 세계화 시대 보편적 인권 개념과 맞닿는다.

2. 씨올의 2015 개정 도덕과 교육과정 인권교육에의 적용 탐색

함석헌이 유영모로부터 씨올이란 말을 처음 들은 것은 해방 후 10여 년이 지난 때였다. 그가 이를 근간으로 메타언어 씨올의 실체를 그리기 시작한 것은 『성서적 입장에서 본 조선 역사(1950)』를 내놓기 전부터로 본다(이치석, 2015: 7). 씨올은 그에게 백성, 민족의 얼, 우주, 신, 역사의 주체 등을 모두 내포한 것으로서의 민중이다. 그는 씨올의 교육에서 사색, 생각함, 깨달음을 중요하게 여긴다. 그는 정치 잘하는 것은 백성으로 하여금 스스로 생각하도록 하는 것이라고 보았다(함석헌, 2016c: 25). 그는 "민주주의란 다른 것이 아닌 곧 사람마다 나도 나를 위해 직접 생각을 하겠다고 하는 것이고 이제는 민주주의 시대이며 대중이 스스로 하기로 깨는 시대."(함석헌, 2016c: 200, 223)라고 선언한다. "생각하는 백성이라야 산다."라는 그의 말처럼 민중을 스스로 깨어나도록, 스스로 생각하도록, 스스로 깨닫도록 돕는 것이 민중을 위한 교육이라 할 수 있다. 씨올 인권교육은 인간 존재가 모두 고귀한 씨올임을 인식하게 하는 것으로부터 출발한다. 따라서 다음의 <씨올 인권교육 기본 이념>의 내용을 '2015 개정 도덕과 교육과정'의 인권 관련 내용의 기반으로 제시하고자 한다. 그리고 2015 개정 도덕과 교육과정 가운데 중학교 '도덕'과, 고등학교 '생활과 윤리'를 중심으로 씨올사상을 바탕으로 인권교육의 연계가 가능한 부분들을 살펴보고자 한다.

〈씨올 인권교육 기본 이념〉

1. 씨올인 민중은 모두 고귀하다.
2. 씨올은 자유롭고 존엄한 존재로서 존중받아야 한다.
3. 민중은 역사와 나라의 주체이다.
4. 민중은 새롭게 자기 주체에 대한 본연의 탐구를 해야 한다.
5. 씨올의 양심을 키우게 하라.
6. 교육에 있어 인격도야가 앞서야 한다.
7. 사실을 바탕으로 씨올의 생각함의 힘을 키우게 한다.

〈중학교〉

영역	핵심 가치	일반화된 지식	내용 요소
사회·공동체와의 관계	정의	인간의 존엄성… 도덕적 시민…	○ 인권의 도덕적 의미는 무엇인가? (인간 존중) ○ 국가 구성원으로서 바람직한 자세는 무엇인가? (도덕적 시민) ○ 정의란 무엇인가? (사회정의)

(3) 사회·공동체와의 관계
 … 성숙한 도덕적 시민 …

[9도03-01] 인간 존엄성과 인권, … 모든 인간을 인권을 가진 존재로서 공감하고 배려할 수 있다.

출처 : 교육부(2015), 『2015 개정 도덕과 교육과정』중학교 도덕과.

먼저, 2015 개정 중학교 도덕과 교육과정 가운데 '사회·공동체와의 관계' 영역에서 인간의 존엄성, 도덕적 시민과 연관하여 씨올 인권교육을 생각해볼 수 있다. 함석헌은 "모든 문명의 근본은 민족적 정신의 힘에 달려있고, 사회의 발전에서 중요한 것은 훌륭한 인격을 낳고, 우리 교육의 목표는 위대한 얼의 사람을 길러내는 데 집중해야한다."라고 했다. 또한 "인격은 몸과 마음이 된 것으로 나 스스로 내몸가짐을 단정히 하여야 하기에 욕심이 하자는 대로 끌려서는 아니된다."라고 했다(함석헌, 2016c: 77-78, 87). 그의 씨올사상에서 강조되는 것은 자유, 평화, 평등, 인간 존엄, 존중, 유기적 공동체, 반계급, 반차별, 호혜주의, 교육, 인격도야, 생각함, 깨달음, 사색 등이다.

> 같이 살기란, 수의 말을 빌려서 하면, '옷이 두 벌 있는 이는 하나를 벗어 없는 이에게 주자'라는 말이요. '있고 없는 것을 서로 나눠 쓰잔 말이요, 가난한 자에게 복된 소식을 주자'라는 말이다. 그가 했던 것 같이 벙어리의 입이 되어주고, 병신의 팔다리가 되어주며, 불행에 빠진 자를 위로하고 격려해 주자는 말이다. 넝마주이에게는 친구가 되고, 죄수에게는 그 죄 짐을 나눠서 지는 사람이 되어 일체 사회적 도덕적 계급주의, 차별주의를 깨뜨려 없이하고 하나 된 살림을 하자는 말이다(함석헌, "같이 살기 운동을 일으키자", 『씨올의 소리』 1972년 4월호: 13-14; 이상록, 2017: 33-58, 41 재인용).

따라서 다음의 내용이 인권교육과 씨올사상에 관련된다. 첫째, 인간은 모두 인간의 존엄성을 갖는다. 둘째, 인간은 도덕성과 인간성을 추구해야 한다. 셋째, 인간 존중은 더불어 사는 유기적 공동체를 지향을 포함한다. 이에 다음의 내용이 인권교육에 포함될 수 있다.

○ 인권은 보편적이며 모든 인간에게 적용되기 때문에 평등과 관련된 가치와 관련되어 있다.
○ 나의 인권이 소중하듯이 타자의 인권도 소중하다.
○ 인간이 모두 평등하고 그 결과로 동등하게 대우받아야 한다.
○ 인권은 근본적으로 모든 사람들이 가진 가치 있는 기본 도덕적 권리이다.
○ 인권에는 삶, 재산, 건강, 교육 및 자유와 같이 사람들에게 적용되는 여러 보편적 권리가 포함된다.
○ 인권은 자연적으로 불가침적인 사실로 여겨지기에 양도할 수 없는 권리이다.
○ 도덕적 시민은 더불어 사는 유기체적 공동체 의식을 지닌 사람이다.

〈고등학교〉

영역	핵심 가치	일반화된 지식	내용 요소	기능
사회와 윤리	성실 배려 정의 책임	시민에 대한 국가의 의무에는 시민의 생명, 재산, 인권을 보호할 의무와 사회보장과 복지를 증진할 의무 등이 있으며, 시민의 정치참여는 국가의 권력 남용을 견제하고 …더 좋은 민주주의를 실현하게 하는 토대가 된다.	3. 국가와 시민의 윤리 : 참여는 시민의 의무인가?	○ 도덕적 공동체 의식 ・ 윤리적 실천방안 제안하기

1. 성격
'생활과 윤리'는 동서양의 윤리 이론을 토대로 다양한 윤리 문제의 해결방안을 모색하는 **실천윤리**의 성격에 주안점을 둔다.
(중략)
'생활과 윤리' 수업에서는 현대 생활에서 발생하는 윤리적 문제와 쟁점들을 … 도덕적으로 탐구하며 윤리적으로 성찰할 수 있도록 한국윤리, 동양 윤리, 서양 윤리의 관점과 실천윤리학의 관점을 중심으로 지도하되, …. 특히 **탐구형으로 제시된 학습 주제는 학생들이 여러 가지 윤리적 관점에서 탐구하고 성찰할** 수 있도록 지도한다.

출처 : 교육부(2015), 『2015 개정 도덕과 교육과정』 고등학교 선택교과 생활과 윤리.

다음으로, 고등학교 생활과 윤리와 관련해서는 첫째, 시민에 대한 국가의 의무이다. 시민을 억압하고 복종의 대상으로 보는 것이 아닌 국가의 주인이자 인격적 존재로서 시민을 인식하고 시민의 생명, 인권, 재산을 보호하는 것이 국가의 의무임을 인식한다. 둘째, 국가 권력의 정의롭지 않은 권력 횡포와 남용에는 당당히 시민의 참여로 인한 견제가 필요하다. 이는 민주주의 실현과 발전의 토대가 된다. 함석헌은 20세기 3・1운동 참여, 5・16 군사 쿠데타 비판 등 제국주의 및 국가 권력의 폭력을 극복하고 인권, 사상의 자유와 민주주의를 실천하고자 했다. 셋째, 민주시민의 사회참여는 시민의 권리이자 의무이다. 사회문제를 실천윤리학의 관점에서 탐구하고 성찰함으로써 보다 도덕적인 사회를 만드는 데 필요한 도덕적 실천 성향을 지향해야 한다. 함석헌은 씨올사상에서 씨올, 백성, 민중이 생각하고 깨달음을 얻기를 추구한다. 그리고 씨올이 일어나 자신의 목소리를 자유롭게 내어놓기를 강조한다. 넷째, 생각하는 백성이라야 산다는 함석헌의 주장처럼 시민으로서 다양한 윤리 문제를 성찰하고 탐구할 필요가 있다. 다음과 같은 내용이 인권교육에 포함될 수 있다.

○ 인권을 위한 투쟁 방식은 비폭력으로부터 나와야 한다.
○ 정치의 근본은 도덕에 있다.
○ 정치의 요체는 자유·평등의 도덕적 존재이자 살아있는 유기체로서의 인간을 존중하는 생명 정치로 집약할 수 있다
○ 국가와 역사의 주체요 근본인 민중은 씨올이다.
○ 인간이 모두 평등하고 그 결과로 동등하게 대우받아야 한다.
○ 시민은 자신의 권리를 주장하고 의사결정에 참여할 법적 및 정치적 공간을 가져야 한다.

V. 맺음말: 인권을 바탕으로 한 통일

국제 사회에서 인권에 대한 관심이 부각되는 만큼 우리나라 안에서의 인권 상황과 인권의식을 되돌아볼 필요가 있다. 더욱이 통일 한반도를 지향하는 측면에서 볼 때, 통일을 준비하고 이루어내는 과정 그리고 통일된 한반도의 미래상 모두에서 인권은 우리가 놓쳐서는 안 될 가장 핵심적인 주제이다.

세계화 정보화 시대로 대변되는 현대 사회에서 한 나라의 권력 요체가 부패하게 되었을 때 인간의 자유, 인간 존엄, 인간 평등은 실현되기 어렵다. 우리는 이것을 한국 근현대사의 역사적 증거들을 통해 목도했다. 이 땅의 민주화와 인권 보호, 인간 존엄 수호, 인권

의 가치 지향은 그간 많은 시대의 실천사상가들 특히 이 땅을 지키고 우리 자신을 지켜내고자 했던 백성들에 의해 명맥을 이어왔다고 해도 과언이 아니다.

세계화 시대, 통일 시대에 있어 인권의 가치가 더욱 주목되는 시점에서 민중과 인권을 가슴에 안고 실천사상가의 길을 걸었던 함석헌의 씨올사상을 되짚어볼 필요가 있다. 물론 함석헌의 사상에는 기독교, 유교, 불교, 도교, 인도철학 등 다양한 철학들이 한데 어울려 있고 그의 저작들의 문체 또한 논리적이거나 명료하기보다 포괄적이고 직관적이라는 단점을 갖고 있다. 특히 그의 글 속에 짙게 묻어나는 도가적 색채는 읽는 이가 명확한 체계로 담아내기가 여간 어렵지 않다. 이러한 까닭에 제도권 종교계와 학계에서는 그의 사상을 학문으로 인정하지 않으려는 경향이 농후했다. 그러나 한국 근현대사에서 제국주의에 항거하고, 부패한 권력에 맞서며 오직 민중이 역사의 주체요 국가의 주인이라 강조한 인권과 민주주의의 실천운동가라는 점은 간과할 수 없을 것이다.

함석헌은 민중이라는 언어를 씨올이라는 우리의 고유어에 담아내고자 했다. 민중이 정치적 언어에 가깝다면 씨올은 종교 철학적 언어에 가깝다. 씨올이 민중인 이유는 씨올은 작고 보잘것없듯이 민중 역시 그러하기 때문이며 씨올이 껍데기를 깨고 생명의 싹을 돋게 하듯이 민중이야말로 억압을 극복하고 삶을 살아야 하는 존재이기 때문이라고 그는 강조했다.

2015 개정 도덕과 교육과정에서 중학교 <도덕>은 사회·공동체와의 관계 영역에서 인권을 그리고 고등학교 <생활과 윤리>의 사회와 윤리 영역에서 실천 윤리적 성격으로서의 시민의 정치참여를 다루도록 되어있다. 함석헌 씨올사상의 실천 윤리적 성격과 교육적

의미를 2015 개정 교육과정의 관련 영역들과 연계하여 되새겨 보는 것은 의미 있는 일이다. 더욱이 통일교육에서 북한 주민, 남한 주민, 북한이탈주민 등의 인권 문제는 매우 긴요한 주제이며, 통일 한반도가 지향해야 할 핵심 과제 가운데 하나도 인권에 대한 것이다. 통일의 전체 과정에서 인권은 통일이라는 목적지향의 단어와 긴밀하게 연관된다. 남한 주민, 북한 주민, 북한이탈주민의 인권은 모두 동등하게 존중받아야 마땅하다.

따라서 씨올사상이 갖는 인권의 의미와 통일교육에 주는 함의는 다음과 같이 제시할 수 있다. 첫째, 씨올인 민중은 고귀하다. 둘째, 씨올은 자유롭고 존엄한 존재로서 존중받아야 한다. 셋째, 민중은 역사와 나라의 주체이다. 넷째, 민중은 새롭게 자기 주체에 대한 본연의 탐구를 해야 한다. 다섯째, 씨올의 양심을 키우게 하라. 여섯째, 교육의 궁극적 목적은 인격도야이다. 마지막으로 씨올의 생각함의 힘을 키우게 하기 위해 사실을 바탕으로 사고하게 해야 한다.

함석헌이 주장했듯이 "생각하는 백성이라야 산다."라는 말을 교육현장에서 되새겨 볼 수 있다. 백성, 민중을 생각함의 힘을 지닌 존재로 교육해 내는 것이 그들의 인권을 보호하는 첫걸음일 것이다. 그러므로 학교에서 아이들이 스스로 고귀한 씨올임을 깨닫고 의식과 양심을 일깨우고 깊이 사색하도록 하는 교육이야말로 진정한 인권교육, 통일교육의 목적이라 할 수 있다.

제IV부

탈북청소년 이해와 통일교육

제6장
탈북청소년과 통합형 도덕성 진단 도구 개발

Ⅰ. 서론

　도덕성의 개념, 도덕성의 구성요소, 도덕성의 특성 등 도덕성과 관련된 논의는 윤리학, 철학, 교육학, 도덕철학, 도덕심리학, 도덕교육학의 주요 관심사일 뿐만 아니라 심리학, 사회학 분야에서도 접근이 이루어지고 있다. 1990년대 이후 신경과학의 발전과 함께 신경철학, 신경윤리학, 신경생물학, 뇌신경과학 등 다양한 학문 분야에서의 접근도 활발히 시도되고 있다. 도덕성은 인지발달이나 정서발달과 같은 발달 관점에서의 접근과 인지, 정의, 행동 측면과 같은 구성 관점에서의 접근, 덕 윤리와 같이 덕목, 품성과 같이 인격특성 접근 등 여러 시각에서 이해 가능하다. 예컨대 도덕성은 대상 견해에서 제도, 규칙 및 역할에 의해 정의된 사회의 공식적인 구조에 관한 거시도덕성(Macromorality)과 사람들이 일상생활에서 갖는 특정한 것에 관한 미시도덕성(Micromorality)을 생각할 수 있다(J. Rest et al., 1999: 292-293).

　미시도덕성은 개인에 대한 충성도를 강조하는 것으로 특히 개인이 익숙한 사람들에게 충실하며 가족, 친구 및 동료와 직접 대면하는 대인 관계 측면에 중점을 둔다. 미시도덕성 관점에서 기능하는 개인은 일반적으로 개인적인 이익이나 손실의 관점에서 도덕적인 상황을 분석한다. 개인이 행동의 결과로 갖는 개인적인 지분에 호소하여 도덕적으로 올바른 결정을 정당화한다. 반면, 거시도덕성은 적용되는 도덕적 사고에 중점을 두며 제도, 규칙 및 역할에 의해 정의된 사회의 공식적인 구조에 관심을 둔다. 법의 도덕적 기초, 사회정의, 사회 전반의 구조와 관련된다(P. Bell, 2015: 2-3).

도덕성에 대한 전형적인 이해는 인지적 측면과 정의적 측면에서의 접근이다. 도덕판단, 도덕적 사고, 도덕 추론과 같은 접근은 인지적 측면에서의 도덕성 이해이며, 도덕적 감정, 도덕 정서, 도덕적 직관과 같은 접근은 정의적 측면에서의 도덕성 이해이다. 철학, 윤리학에서의 도덕성 이해는 대체로 관념적, 추상적, 당위적인 성격을 보이는 반면, 도덕심리학, 신경철학, 신경윤리학, 뇌신경과학, 생리학, 진화생물학 등에서의 도덕성 이해는 보다 물질적, 현상적, 사실적인 양상을 띤다.

도덕성의 여러 측면 가운데 특히 그동안 많은 연구자들에 의해 관심을 받아온 것이 도덕 추론 능력이다. 종종 인지 도덕발달로 이해되는 도덕 추론 능력은 심리학, 도덕심리학 및 관련 분야에서 상당한 관심을 받았다. 이 개념과 관련된 연구는 1950-60년대 콜버그 (Lawrence Kohlberg)의 연구가 대표적이다. 인지 도덕발달은 도덕적으로 결정하기 어려운 딜레마에 대한 판단과 관련하여 도덕적 사고의 발달을 나타낸다. 도덕 판단력 검사(Defining Issues Test)의 도덕적 난제는 가장 잘 알려진 콜버그의 하인즈(Heinz) 딜레마 즉 아내가 희귀암으로 죽지 않도록 비싼 약을 훔칠지 여부를 남편이

결정해야 하는 것에서 영감을 받았다(T. R. Cohen & L. Morse, 2014: 31). 이후 도덕성 연구들은 인지발달에 더하여 정서적 측면에 대한 고려, 도덕성에 대한 통합적 시각에서 도덕적 정체성이나 도덕적 품성에 대한 주의 그리고 상황 및 맥락을 고려한 도덕성 평가에 대한 관심 등으로 발전되어 왔다.

도덕성은 최근 다각적인 측면과 통섭, 통합의 입장에서 이해된다. 즉, 철학과 윤리학, 뇌신경과학 등의 도덕성 이해 그리고 이성적 측면에서의 접근과 정서적 측면에서의 접근 등이 상호 교차적으로 이루어지고 있다. 예를 들면 윌슨(John Wilson), 레스트(James Rest), 나바에츠(Darcia Narvaez) 등의 도덕성 이론에서는 인지와 정서 상호작용의 이론화가 모색됨을 볼 수 있다. 이러한 점을 고려할 때 도덕성에 대한 이론은 도덕성에 대한 이원론적이고 분절적인 시각을 극복하고자 한다.

근래 도덕성, 도덕성 진단 및 측정과 관련한 연구들은 도덕 추론(moral reasoning)과 같은 인지적 관점에서의 도덕발달 외에 도덕적 정체성(moral identity), 도덕적 인격(moral character), 도덕적 성격(moral personality), 도덕 정서(moral emotions), 도덕지수(Moral Quotient) 그리고 정서적 공감 측정(A. Mehrabian & N. Epstein, 1972: 525-543)과 같은 정의적, 심성적 접근인 비인지적 접근과 총체적 시각에서 도덕성을 이해하고자 하는 통합적 시각의 접근이 시도되고 있다.

우리나라에서도 한국 청소년의 도덕성 발달 진단을 위한 연구(문용린, 1994), 청소년 도덕성 진단 검사 도구 개발 연구 I: 도덕적 동기화(박병기·변순용·김국현·손경원, 2011), 청소년 도덕성 진단 검사 도구 개발 연구 I: 도덕적 감수성(박균열·홍성훈·서규선·한혜민, 2011), 청소년 도덕성 진단 검사 도구 표준화 연구 Ⅱ(도덕적 동기화, 품성화)(이인재·박균열·홍성훈·윤영돈·류숙희·전종희·김연종, 2012), 한국판 도덕 판단력 검사(KDIT): 세 가지 지수의 타당도 비교(문용린·김민강·엄채윤, 2008), 도덕적 역량 검사 도구(MCT)(박균열, 2017) 등 도덕성 진단 검사와 관련된 연구가 개진되고 있다. 그런데도 통합형 도덕성 진단 및 측정 도구에 대한 연구는 그리 활발히 진행되고 있지 않은 실정이다.

이에 본 연구에서는 통합적 측면에서의 도덕성 진단 도구 개발을 위한 예비 연구로서 통합형 도덕성 진단 도구 개발을 위한 기틀을 마련하고자 한다. 이를 위해 국외 도덕성 진단 및 측정 연구 가운데 대표적인 이론과 척도를 살펴보고 이러한 연구 동향이 국내 도덕성 진단 및 측정 관련 연구에 끼친 영향과 양상에 주목하고자 한다. 즉 도덕성 진단 검사에 관한 기존 국외 연구들의 기본 이론과 이에 사용된 질문 문항들을 비판적으로 고찰하여 통합형 도덕성 진단 도구 개발을 위해 제안 가능한 도덕성 차원과 구성 영역 및 요소를 추출하고자 한다.

궁극적으로 도덕교육학의 철학적 연구를 현실화하기 위해 도덕교육현장에서 학생들의 도덕성 진단과 처방을 위해 효과적으로 활용할 수 있고 도덕교육학의 실증적 연구 기반이 될 수 있는 통합형 도덕성 진단 도구를 위한 토대를 마련하고자 한다. 또한 한반도 통일과제라는 특수성을 고려할 때, 통합형 도덕성 진단 도구는 차후 통일 한반도에서 북한 학생뿐만 아니라, 이미 남한에 정착한 탈북학생들의 교육경험과 내적 가치체계, 도덕적 역량 등을 타진하는 유용한 도구가 될 것이다. 특히, 통일의 과정에서 사람의 통일에 기초한 사회통합을 위한 준거로 활용될 수 있을 것이다.

II. 인지 기반 도덕성 측정 평가 진단 도구

1. 콜버그의 도덕 추론 모델의 도덕성 특성

인간의 도덕적인 행동에 대한 가장 영향력 있는 이론적 접근 방식 중 하나는 1930년대 피아제가 제안한 인지발달 모델이며, 이는 1960-70년대 콜버그, 레스트와 같은 연구자들에 의해 확장 및 발전되었다. 콜버그의 인지발달론은 매우 저명한 도덕발달론으로 도덕 추론을 검토하는 데 가장 널리 사용되는 이론일 뿐만 아니라 교수법을 비롯하여 전문 분야에서 도덕 추론을 검토하는 데 보편적으로 적용되는 이론 중 하나이다. 인지발달 모델의 핵심은 한 사람의 도덕 추론의 정교함이 그의 도덕적 행동을 예측한다는 것이다. 콜버그는 도덕 추론이 도덕적 행동을 설명하는 충분조건이라고 주장하지는 않았지만, 그것이 도덕적 행동을 알려주는 데 도움이 된다고 보았다(K. Aquino & I. I. Reed, 2002: 1423). 그에 따르면 인지성숙과 사회적 경험의 상호작용은 보다 성숙한 도덕 추론이나 판단의 발전을 가져온다. 피아제의 인지발달 이론을 모델로 하는 콜버그 이론은 도덕 추론을 질적으로 뚜렷한 6단계로 분류하여 사람들이 낮은 단계에서 높은 단계로 나아가는 과정을 설명한다(M. Lardén et al., 2006: 454). 도덕발달은 도덕 추론의 구성이 나이와 개인 경험으로 발전하는 순차적 단계를 거치는 보편적인 인지의 연속 과정이다. 사람들이 도덕적 딜레마에 대한 해결책을 추론하기 시작할 때 인지 불균형을 경험하며 궁극적으로 새롭거나 기존의 도덕적 스키마에 대한 수용과 동화가 유도된다. 콜버그에 따르면, 인지 불균형의 과정은 도덕 추론의 지속적인 발전과 진보를 위한 촉매제이다.

콜버그의 도덕적 의사결정에 대한 접근 방식은 거시도덕성과 사회적 협력에 기반을 두고 있으며 3가지 수준 즉, 전인습 수준, 인습 수준, 후인습 수준의 도덕 추론을 포함한다. 전인습 수준에서 도덕 추론은 일반적으로 부모나 다른 중요한 권위자를 통해 외부 결과에 주로 초점을 둔다. 이는 벌과 보상의 1단계와 2단계이다. 전인습 수준의 도덕성을 가진 어린이는 전형적으로 자기중심적이며 아직 옳고 그름에 관한 사회의 협약을 내면화하지 못한 상태이다. 승인과 적합성의 3단계와 4단계에 해당하는 인습 수준과 인권과 정의 추론의 5단계와 6단계에 해당하는 후인습 수준은 사회 내 일반적인 성인들의 도덕 추론의 특징이다. 단계는 다른 사람의 관점을 취하는 개인의 능력과 함께 진화하는 3수준의 6단계로 구성된다(L. Kohlberg, 2015: 22-23).

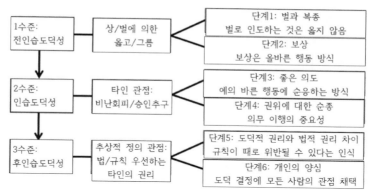

출처 : P. Bell, 2015: 4.

〈콜버그의 도덕발달 3수준과 6단계〉

2. 콜버그 계열 도덕판단 검사: MJI, DIT, SRM-SF와 MCT

콜버그의 도덕발달 이론을 바탕으로 도덕판단 인터뷰(Moral Judgment Interview, MJI), 도덕 판단력 검사(Defining issues test, DIT), 사회 도덕 반영측정(Sociomoral Reflection Measure-Short Form/Social Reflection Questionnaire, SRM-SF) 그리고 린트(G. Lind)의 도덕역량검사(Moral Competence Test, MCT) 등의 도덕 추론을 활용한 측정 척도가 개발되었다. 이들은 도덕적 딜레마 사용을 포함한다(J. C. Gibbs, K. S. Basinger, R. L. Grime, & J. R. Snarey, 2007: 459-460). 도덕판단의 전통적인 척도는 도덕판단을 도출하기 위해 가설적인 도덕적 딜레마를 사용하는 MJI이다. 콜버그의 도덕판단을 결정하는 과정은 추론의 과정을 통해 파생되는데 이 과정에서 추상적 도덕에 관한 체계적이고 자유로운 질문이 제기된다. 각 딜레마에는 모순된 의견이 포함되어 있으며 개인은 자신의 이유를 근거로 선택을 내린다.

MJI는 추상적이며 아동, 특정 문화, 실제 도덕적 상황에 완전히 적합하지 않을 수 있다는 지적을 받았다. 콜버그의 도덕판단 인터뷰는 다음과 같은 이유로 지나치게 복잡하고 주관적인 것으로 비난받았다. (a) 면접 대상자를 채점하기 위한 복잡한 채점 가이드, (b) 피실험자가 자신의 도덕판단을 구술로 표현할 때 야기될 수 있는 혼란스러운 변수에 대한 우려 즉, 자신의 인지 과정에 대한 설명은 개인이 인지의 산물에 대해 보고할 수는 있지만 자신의 정신적 활동 자체를 보고할 수 없다는 한계점, (c) 점수 해석의 모순과 다양성 즉, 채점자 자신의 도덕적이거나 철학적 토대에 기초한 주관성, (d) 행정 편의성 부족 즉, 오랜 녹음 시간과 면담 시간이다. 이러한 우려에 대해 도덕 심리학자이자 콜버그의 제자이며 지지자인 레스트와 그의 동료들은 문제의 양을 크게 줄인 객관식 형태의 테스트를 개발했다. 레스트는 30여 년 동안의 연구 끝에 콜버그 이론을 개정한 도덕 추론에 대한 네오 콜버기안(Neo-Kohlbergian) 접근법으로 알려진 이론을 제안했다. 콜버그와 같이 네오 콜버기안 접근법은 도덕적 사고의 발달 변화를 순차적인 단계 또는 스키마에서 발생하는 도덕 추론에 대한 인지발달접근에 초점을 둔다. 그러나 레스트의 4구성 요소 모형은 도덕적 사고보다는 도덕적 행동에 초점을 두고 있다는 점에서 발전된 측면을 보유한다.

레스트의 도덕성 4구성 요소 모델(The Four Component Model)은 실제의 도덕적 행동과 의사결정의 이해와 예측이라는 궁극적인 목표를 가지고 있다. 그의 도덕 행동을 위한 4가지 요소 모델은 윤리적 딜레마를 포함하는 의사결정 과정이 민감성, 판단력, 동기, 품성이라는 네 가지 요소를 통해 처리된다는 것을 암시한다. 도덕적 실패는 구성요소 중 어느 하나의 결함에서 발생할 수 있다. 레스트 모델의 요소는 다음과 같다. (a) 구성요소 1은 특정 상황 속에 내포된 도덕적 문제를 제대로 인지하고 상황을 해석하며 자신의 행동이 타인에게 어떤 영향을 미치는지를 미리 가늠하고 해석할 수 있는 능력이다. (b) 구성요소 2는 어떤 행동이 도덕적으로 옳은 것인지, 공정하거나 도덕적으로 좋은 것이 무엇인지 등, 그 상황에서 도덕적으로 해야 할 행동의 방침을 판단할 수 있어야 한다. (c) 구성요소 3은 도덕적으로 옳은 일을 하려는 결정이 내려질 수 있도록 다른 개인적인 가치보다 도덕적인 가치를 우선시해야 한다. (d) 구성요소 4는 도덕적으로 행동하고, 피로함을 견디며, 장애물을 극복하기 위해 자신의 의지를 지키고 따를 수 있는 충분한 인내심, 자아의 힘 및 실행 능력을 지녀야 한다. 요소 1은 도덕적 민감성(moral sensitivity), 요소 2는 도덕적 판단(moral judgment), 요소 3은 도덕적 동기(moral motivation), 요소 4는 도덕적 품성(moral character)이다(S. P. McNeel, 1994: 27).

이러한 요소들은 일반적인 특징이 아니라 과정이다. 레스트의 도덕성 요소 이론은 콜버그나 길리건(Giligan)의 도덕발달 이론과 같이 단계이론이 아니다. 구성요소들의 관계는 독립적인 동시에 종속적인 것이며 순서에 있어 특별히 선형적이지 않다. 4개의 과정은 논리적 순서에 따라 존재하며 도덕적인 행동을 위해 무엇이 진행되어야 하는지를 묘사하는 분석 틀이다(J. F. Klinker & D. G. Hackmann, 2004: 1-37, 10-11).

레스트는 사회가 아닌 개인이 옳고 그름을 판단하는 것으로 보았다. 그가 콜버그의 작업을 정량적으로 테스트하기 위해 개발한 DIT

는 콜버그 이론에 기반을 둔(K. R. Williams, 2010: 41) MJI의 압축된 버전으로 개발된 도덕판단 척도로 이해된다. DIT에서 측정하고자 하는 것은 도덕성의 핵심으로서 사회적인 문제를 도덕적인 원리에 입각해 판단할 수 있는 능력이다.

콜버그의 MJI와 마찬가지로 DIT는 결정을 내리는 데 필요한 여러 가지 도덕적 딜레마, 각 딜레마의 바람직한 결과, 그 근거를 전달하는 항목의 등급 및 순위, 도덕적 행동의 선택 이면의 합리적 결정 이유 등을 고려한다. MJI의 전통적인 인터뷰 형식과 비교하여 DIT는 정의 추론의 관점에서 개인이 도덕적 딜레마에 대한 이해를 어떻게 구성하여 도덕 추론을 하는가를 측정한다. 수십 년 동안 레스트, 나바에츠 등은 DIT를 효과적인 척도로 입증하는 경험적 지원을 제공하는 연구를 해왔다. DIT의 강점 중 하나는 도덕 추론을 측정하는 도구로서의 타당성이다. 도덕 판단력 수준을 측정하기 위해 개발된 도구인 DIT의 구인타당도는 다음과 같다. (a) 나이와 교육의 상향 차별화는 높은 수준의 도덕성을 보여준다. (b) DIT 점수의 증가는 시간이 지남에 따라 상승 곡선을 보인다. (c) DIT는 도덕적 이해력 및 인지 능력과 상관관계를 보인다. (d) DIT는 도덕적 교육 개입에 민감하다. (e) DIT 점수가 높을수록 전문적인 행동 및 의사결정과 관련이 있다. (f) DIT 점수는 정치적 태도와 선택을 예측할 수 있다 등이다. 개개인의 기본 도덕 추론 수준은 p 점수라고 불리는 점수로 측정된다. p 점수의 높음은 사회가 준수하는 법, 도덕 기준을 넘어 보편적으로 타당한 이상적인 도덕 원칙에 의해 의사결정을 내릴 확률이 높음을 의미한다. 원칙적으로 p 점수가 높을수록 도덕 추론의 수준도 높아진다(J. R. Rest, 1979; P. Bell, 2015: 7-9, 34).

DIT 2는 1970년대 제시된 DIT의 개정판으로 딜레마와 항목을 갱신하고 테스트를 단축하였으며 명확한 지침 및 새로운 분석방법을 제공한다. 1990년대 후반 레스트, 토마(Thoma), 에드워즈(Edwards) 등은 도덕판단 측정 도구를 평가하는 데 사용할 수 있는 7가지 기준을 제안했다. 이들은 DIT 2의 지수가 기존의 p 지수와 달리 7가지 기준에서 우수한 성과를 보였다고 보고했다. DIT 2는 DIT의 발전 버전이다([부록 1] 참조)(J. R. Rest, D. Narvaez, S. J. Thoma, & M. J. Bebeau, 1999: 644, 659).

MJI를 보완하기 위해 1990년대 제안된 척도의 또 다른 유형은 단순한 형식의 사회도덕반영측정(Sociomoral Reflection Measure-Short Form/Social Reflection Questionnaire, SRM-SF)이다. SRM-SF는 청소년과 다른 이들의 도덕 추론을 측정하기 위해 일반적으로 사용되는 도구 중 하나이다. 깁스(Gibbs), 바싱어(Basinger), 풀러(Fuller)는 네오 콜버기안 유형에 따라 도덕판단을 측정하기 위한 단순 유형의 사회 도덕 반영질문지를 디자인했다. SRM-SF는 도덕적 딜레마 기술에 대한 간단한 자극 자료 및 평가 질문을 제시한다. 콜버그의 6단계가 아닌 4단계로 도덕 추론의 발전을 설명하는 본 유형의 처음 두 단계는 미성숙한 도덕 추론을 반영하고 3단계와 4단계는 성숙한 도덕판단을 반영한다(M. Lardén et al., 2006: 454). SRM-SF는 도덕적 역량을 측정하는 것으로 응답자는 도덕적인 이유를 제시해야 한다. 연구자들은 SRM-SF가 인상적인 수준의 신뢰성과 유효성을 보인다고 보고한다. SRM-SF 질문은 딜레마가 없는 인터뷰 방법으로 도덕 추론을 끌어낸다(D. Brugman, K. S. Basinger, & J. C. Gibbs, 2007: 1). 이것은 도덕적 딜레마 대신 문맥적으로 개방형 자극을 사용하는데(K. S. Basinger, J. C. Gibbs, & D. Fuller, 1995: 537) 응답자에게 각 항목에서 샘플링된 도덕적 가치를 지지하는 강도를 표시할 것을 요청한다(H. Tarry & N. Emler, 2007: 169). SRM-SF는 계약, 합병, 생명, 재산, 법, 법적 정의를 포함한 11가지 사회 도덕 가치를 평가한다(D. Brugman & A. E. Aleva, 2004: 326). 생명을 구하고 훔치지 않으며 약속을 지키는 것과 같은 여러 가지 사회적 가치를 다루는 항목에는 2가지 질문이 있으며, 응답자들은 각 값의 중요성을 평가하고 정당화할 것을 요청받는다. 답변은 도덕 추론의 단계를 위해 채점된다(S. F. Stevenson, G. Hall, & J. M. Innes, 2004: 165). 도덕 추론 측정 도구에 대한 피아제, 콜버그, 깁스의 도덕판단 평가 기법을 간략히 제시하면 다음과 같다(Gibbs, Basinger, Grime, & Snarey, 2007: 449).

〈피아제의 이야기 쌍〉

A. 존이라고 불리는 한 소년이 그의 방에 있다. 그는 저녁 식사에 초대되었다. 그는 식당으로 들어간다. 하지만 문 뒤에는 의자가 있었고 그리고 의자 위에는 15개의 컵이 있는 쟁반이 있었다. 존은 이 모든 것이 문 뒤에 있다는 것을 알 수 없었다. 그가 안으로 들어가면서 문이 쟁반에 부딪히고 15개의 컵이 모두 깨진다.
B. 옛날에 이름이 헨리인 어린 소년이 있었다. 어느 날 그의 어머니가 밖에 나갔을 때 그는 찬장에서 잼을 꺼내려고 했다. 그는 의자에 올라 그의 몸을 뻗었다. 하지만 잼은 너무 높이 있어서 손이 닿지 않았고, 헨리가 그걸 가져오려던 도중에 컵 하나를 넘어뜨려 컵 하나가 떨어져 깨졌다.
 1. 이 아이들은 똑같이 나쁜 것인가?
 2. 둘 중 어느 쪽이 더 나쁜가? 이유는?

〈콜버그의 도덕적 딜레마〉

유럽에 암으로 거의 죽어가는 한 여성이 있었다. 의사들이 그녀를 구할 수 있다고 생각한 약이 하나 있었다. 같은 마을의 약사가 이를 발명했지만 10배의 비용을 청구하고 있었다. 아픈 여인의 남편 하인즈는 그가 아는 모든 사람들에게 돈을 빌렸으나 약값의 절반만 모을 수 있었다. 약사는 약을 더 싸게 팔거나 하인즈가 나중에 약값을 지불하는 것도 거부했다. 그래서 하인즈는 절박하게 되었고 마침내 그의 아내를 위해 약을 훔치기 위해 그 남자의 가게에 침입했다.

하인즈가 약을 훔쳤어야 하는가? 왜 그런가? 혹은 왜 그렇지 않은가?
하인즈 딜레마는 도덕판단 인터뷰(MJI)의 형식 A, B, C 세 가지 형식 중 첫 번째 A 요소이다. 샘플 질문은 다음과 같다.:

1. 하인즈가 약을 훔쳐야 하는가? 그 이유는 무엇인가?
2. 하인즈가 그의 아내를 사랑하지 않는다면, 그는 약을 훔쳐야 하는가? 그 이유는 무엇인가?
3. 죽어가는 사람이 아내가 아니라 낯선 사람이라고 가정해 보자. 하인즈는 낯선 사람을 위해 약을 훔쳐야 하는가? 그 이유는 무엇인가?
4. 사람들이 다른 사람의 생명을 구하기 위해 할 수 있는 모든 일을 하는 것이 중요한가? 그 이유는 무엇인가?
5. 사람들은 법을 준수하기 위해 할 수 있는 모든 것을 해야 하는가? 왜 그런가? 혹은 왜 그렇지 않은가? 사회의 관점에서 볼 때, 법을 어긴 사람들은 처벌을 받아야 하는가?

[아버지가 아들에게 한 약속을 둘러싼 딜레마에 대한 샘플 질문]
약속을 지키는 것이 중요한가? 그 이유는 무엇인가?
잘 모르거나 아마도 다시 보지 못할 누군가에게 약속을 지키는 것이 중요한가? 왜 그런가? 혹은 왜 그렇지 않은가?

〈깁스의 사회 도덕 반영질문지(1992)〉

1. 친구와 약속했을 때를 생각해보세요. 친구들에게 약속을 지키는 것이 얼마나 중요한가? [매우 중요, 중요, 중요하지 않음]
   왜 그렇게 생각하는가? [다른 질문에도 동일한 형식이 사용됨]
2. 누군가와 약속을 지키는 것은 어떠한가? 만약 할 수 있다면, 심지어 거의 모르는 누군가에게라도 약속을 지키는 것이 사람들에게 중요한가?
3. 어린이에게 약속을 지키는 것은 어떠한가? 만약 그들이 할 수 있다면, 아이들에게 부모가 약속을 지키는 것은 얼마나 중요한가?
4. 일반적으로 사람들이 진실을 말하는 것이 얼마나 중요한가?
5. 당신이 어머니와 아버지를 언제 도왔었는지 생각해보세요. 아이들이 부모님을 돕는 것은 얼마나 중요한가?
6. 당신의 친구가 당신의 도움이 필요하고 심지어 그가 죽을 수도 있고, 그 친구를 구할 수 있는 사람은 당신뿐이라고 한다면, 친구의 생명을 구하는 것은 얼마나 중요한가?
7. 누군가의 생명을 구하는 것은 어떤가? 낯선 사람의 생명을 구하는 것은 얼마나 중요한가?
8. 그 사람이 원하지 않더라도 생명을 이어간다는 것은 얼마나 중요한 일인가?
9. 사람들이 다른 사람의 것을 가져가지 않는 것이 얼마나 중요한가?
10. 법을 지키는 것이 사람들에게 얼마나 중요한가?
11. 판사가 법을 어긴 사람들을 감옥에 보내는 것은 얼마나 중요한 일인가?

독일의 도덕 심리학자인 린트와 그의 동료들에 의해 1970년
대 창안된 도덕성 측정 도구인 MCT는 콜버그의 도덕성 발달
이론과 도덕적 추론에 근거한다. 린트는 콜버그의 인터뷰에 의
한 도덕 판단력 측정 도구인 MJI와 이를 객관화한 레스트의
DIT의 자기 꾸밈 효과를 최소화하고 특히 DIT에서 5단계 이하
단계 값들이 거의 역할을 할 수 없었던 점을 고려하여, 도덕적
역량을 더 높은 도덕적 사고를 통해 추론할 수 있는 능력이라고
보았다. 린트에게 있어서 도덕적 역량은 도덕판단 역량을 말한
다(박균열, 2017: 67, 74 재인용). MCT는 도덕적 지향성과 역
량을 동시에 측정할 수 있도록 개발되었다. MCT의 표준 버전
에는 누군가가 도덕적인 딜레마에 직면하는 2개의 짧은 이야기
인 노동자 딜레마와 의사의 딜레마가 있다. 참가자는 주인공의
결정이 옳은지 그른지를 판단해야 한다. 그렇게 함으로써, 그
또는 그녀는 위기에 처한 문제들에 대한 어떤 의견들에 대한 헌
신을 드러낸다. 그런 다음 참가자는 결정에 찬성하는 6개의 주
장과 반대되는 6개의 주장에 직면한다. 모든 논쟁은 콜버그가
식별한 6가지 도덕적 지향을 대표하기 위해 선택된 것이다(G.
Lind, 2008: 323-324). MCT는 교차 문화 연구에 자주 사용되며
다양한 문화권의 시민들의 도덕판단 행동을 비교하는 데 사용
할 수 있는 도덕적 역량의 유효한 척도로서 도덕적 추론의 상호
문화적 및 제도적 비교를 위한 척도이다(D. A. Biggs & R. J.
Colesante, 2015: 498).

III. 비인지 중심 도덕성 진단 평가 도구

1. 도덕 추론의 한계와 도덕적 정체성

도덕 추론과 범죄 사이의 연관성을 검토한 스메타나(Smetana)의 연구에서 범죄 청소년들은 일반 청소년들에 비해 전체적으로 덜 성숙한 도덕 추론을 보여주었다. 넬슨(Nelson)과 스미스(Smith) 등의 청소년 비행과 도덕 추론에 관한 연구는 미성년자 또는 반사회적인 청소년이 대체로 미성숙한 도덕 추론을 제시한다는 주장을 뒷받침한다. 여러 연구들은 미성숙한 도덕 추론과 폭력, 재산 범죄와 같은 부도덕한 행동 사이의 특정한 관계를 나타낸다(M. Lardén et al., 2006: 454). 그러나 몇몇 학자들은 도덕적 행동의 설명에 대한 도덕 추론 이론의 한계를 인정한다. 그들은 도덕적 행동이 도덕적 정체성, 감정 등에 의해 영향을 받을 수 있다고 주장한다. 이들은 도덕판단의 차이가 도덕적 행동에 영향을 줄 수 있는 요인이지만 도덕적 정체성 또한 도덕적 행동에 영향을 준다고 지적한다(A. L. Glenn et al., 2010: 497).

콜버그의 연구에 대해 지적된 비판 가운데 하나는 길리건에 의해 제기된 소녀와 여성의 경험에 대한 배제이다. 도덕발달에 있어 성 차이에 대한 길리건의 주장은 많은 토론과 논쟁을 야기했지만, 일상의 도덕 언어가 결국에는 도덕적인 경험과 도덕적 발전을 이해하는 중요한 열쇠라는 점을 간과하지 말아야 한다. 연구자들은 비고츠키로부터 시작되는 도덕발달의 사회문화적 관점 즉, 도덕적 사고, 감정, 행동이 사회적으로 조정되고 사회문화적으로 위치한다는 점에 주목한다. 특히 블라시의 도덕적 자아의 개념 또한 콜버그의 이론이 갖는 한계를 극복하고 보완하여 대체하고자 한다 (M. B. Tappan, 2006: 352). 블라시, 랩슬리, 나바에츠 등의 견해와 같은 발달심리학에서의 도덕적 자기 정체성의 중요성은 개인의 도덕적 숙고와 밀접한 관련을 맺고 있는 현대 윤리학의 최근 동향에도 반영되고 있다(D. K. Lapsley & P. C. Stey, 2008: 85).

정체성은 자기 인식 또는 자기 정의이다. 블라시는 도덕적 이해와 도덕적 행동 사이의 관계를 설명하려는 시도에서 도덕적 행동의 자기 모델을 제안했다. 이 모델은 3가지 주요 가설을 포함한다. 도덕적 이해는 도덕적 행동을 일으키는 원인이 된다. 도덕적 책임은 자신의 정체성이나 자기감정에 도덕성을 통합한 결과이다. 도덕적 정체성은 심리적 요구를 끌어내기에 도덕적 정체성을 지닌 사람은 도덕적 행동을 해야 한다는 책임감을 갖게 된다(A. Blasi, 1993: 99). 도덕적 정체성은 자신의 도덕적 측면을 중심으로 한 특정한 종류의 정체성이다. 도덕적 정체성은 한 개인의 정체성에 있어 중요한 도덕적 인격의 정도이며 사회적 관계와 사회제도에 의해 크게 좌우된다(S. A. Hardy & G. Carlo, 2011: 212).

도덕적 정체성은 개인의 행동에 대한 매개변수를 설정하고 도덕적인 특정 행동을 동기화하는 자율규제 메커니즘 역할을 한다. 도덕적 정체성의 동기부여의 힘은 일관성 원칙에 의해 설명된다. 일관성 원칙은, 정체성은 개인이 자신에 충실할 필요성을 창출하므로 자신의 정체성과 일관되게 행동해야 할 필요성을 나타낸다. 따라서 강인한 도덕적 정체성은 개인을 도덕적 방식으로 행동하도록 강요한다(S. J. Reynolds & T. L. Ceranic, 2007: 1611). 블라시가 제안한 점은 정직하고, 동정심 많고, 충성스럽고, 관대함 같은 특성들은 자기 인식에 더 중점을 두게 한다는 것이다. 도덕적 정체성은 자아 인식에 중심이 될 수 있는 도덕적 특성과 연계된 특질들의 일부를 활성화한다(K. Aquino & I. I. Reed, 2002: 1424-1425). 도덕적 정체성은 한 개인이 자기 정의의 기준으로 사용할 수 있는 많은 가능한 신원 중 하나이다. 특정한 정체성은 도덕판단 및 선택과 관련된 상황을 해석하고 대응하는 방법에 영향을 미침으로써 도덕적 기능에서 중요한 역할을 한다. 도덕적 행동에 관여해야 할 의무는 자기모순을 극복하고자 하는 욕망을 통해 도덕적 정체성과 직결된다.

도덕적 정체성과 도덕성의 논의에서 빈번하게 언급되는 것은 인격(character)과 성격(personality)이다. 성격은 개인의 삶에 대한 유일성을 나타내며 시간과 상황에 따른 행동의 차이를 설명할 수 있는 특성으로 정의된다. 경험적 연구에 따르면 도덕적 행동의 가능성은 적어도 성격에 의해 부분적으로 결정된다. 2000년대 워커(Walker)와 프리머(Frimer), 트레비노(Treviño)와 워버(Weaver), 베리(Berry)와 원스(Ones) 등의 연구는 성격이 도덕적 행동의 결정을 설명할 수 있는 힘을 추가한다는 것을 드러낸다. 성격이 개인차를 구성하는 한 가지 유형이라고 할 때 심리학 문헌에서 주목받는 개인적 차이가 도덕적 정체성이다(B. McFerran, K. Aquino, & M. Duffy, 2010: 38, 39). 힐(Hill)과 로버트(Roberts)는 도덕적 성격이 복수 구조라는 것을 주장한다. 그들은 도덕적 성격 모델이 도덕 추론 모델이나 정체성 이론과 양립할 수 없으며 성격의 특정 개념에만 국한되지도 않는다고 주장한다. 현존하는 연구의 상당 부분이 청소년기와 성인 초기에 초점을 맞추었지만 도덕적 성격의 형성과 유지는 평생의 발달 과업이며 관심사이다(Lapsley & Stey, 2008: 91).

아퀴노(Aquino)와 리드(Reed)는 도덕적 정체성에 대한 정의를 도덕적 특성, 예를 들면 정직하고 친절하며 배려하는 등을 중심으로 구성된 자기 개념으로 채택한다. 이들에 따르면, 도덕적 정체성은 내부적으로 유지되고 다른 사람들에게 투영되는 성격의 정신적 표현이다. 도덕적 정체성은 도식(schema)이라고도 하는 도덕적 자아에 대한 정신적 표현이며 자신의 행동을 자신이 보는 방식과 일관되게 만들기 위해 노력하기 때문에 도덕적 행동의 조절자 역할을 한다(A. Blasi, 1984). 아퀴노와 그의 동료들은 도덕적 정체성의 사회인지 모델을 제안했다. 블라시, 랩슬리 등의 다른 이론가들에 이어, 아퀴노와 리드는 사람들이 전반적으로 도덕적 정체성으로 간주되는 것에 차이가 있다고 주장했다. 사회인지 관점에서 보면, 이러한 차이는 도덕적인 자아가 다른 것보다 인지적으로 더 접근하기 쉽다는 것을 암시한다(K. Aquino, B. McFerran, & M. Laven, 2011: 704-705).

현대의 관점에서 볼 때, 개인은 여러 유형의 정체성을 가질 수 있다. 예를 들어, 한 개인은 음악가, 여성, 철학자 또는 도덕적인 사람의 정체성을 채택할 수 있으며 정체성 각각은 각기 상황에서 자신에 대한 자각에 있어 다른 양상을 보일 수 있다. 정체성이 확고할수록 이것이 개인의 정서 및 행동에 영향을 줄 가능성이 높다. 연구자들은 개인이 그들의 도덕적 자아와 행동 사이의 일관성을 유지하기 위해 노력한다는 생각을 토대로 도덕적 정체성이 의지와 관련될 것으로 기대한다. 이것은 도덕적 신념과 행동 사이의 의사결정을 유지하는 데 있어 중요한 역할을 한다(McFerran et al., 2010: 40).

도덕적 정체성 이론은 도덕의 본질을 규명하고 도덕적 경향의 기원을 이해하고 도덕적 삶의 추구를 촉진하려는 시도이다(D. Hart, 2005: 165). 블라시는 도덕적 정체성과 관련해 불확실성과 혼란에도 불구하고 인격과 덕은 도덕적 기능에 있어 중요하다고 본다. 그는 도덕적 이해나 인지 구조에 완전히 동화될 수 없는 것을 포착하며 핫숀과 메이(Hartshorne & May)의 결론과 성격 특성에 관한 논쟁에도 불구하고 실제로 도덕적으로 느끼고 행동할 수 있는 상대적으로 안정된 성격의 성향이 있다고 믿을 만한 이유가 있다고 본다(A. Blasi, 2005: 67-70). 교육적인 측면에서 블라시의 접근법의 한가지 제안은 아이들은 적절한 도덕적 욕망을 의지로써 발전시키고자기통제의 미덕을 숙달시켜야 한다는 것이다(Lapsley & Stey, 2008: 92). 도덕적 정체성은 도덕적 특성을 중심으로 조직된 자기인식으로 특정한 도덕적 동기에 연계되어 있다.

도덕적 정체성 측정 도구와 관련하여 아퀴노와 리드의 10개 항목의 도덕적 정체성 척도(Moral Identity Scale)를 생각할 수 있다. 이것은 도덕적인 사람이 가질 수 있는 특성, 예를 들면 동정심 많고 관대하고 정직한 등을 나열하고, 이러한 특성이 응답자의 자아와 어떻게 관련되는지에 대한 여러 가지 질문을 제시한다. 하위 범주는 도덕적 정체성이 개인의 존재 핵심에 뿌리를 둔 정도를 파악한다(McFerran et al., 2010: 41-42). 응답자들은 리커트 척도로 평가된다. 다음은 이들이 사용한 도덕적 정체성 측정 평가(The Self-Importance of Moral Identity Measure) 질문이다(I. I. Reed & K. F. Aquino, 2003: 1286).

〈도덕적 정체성 자기 중심성 측정〉

> 배려, 동정심, 공정함, 친근함, 관대함, 유익성, 근면함, 정직, 친절:
> 이 특성을 가진 사람들이 생각하고, 느끼고, 행동하는 방법을 상상해 보고 당신의 일상생활을 통해 다음 질문에 답하십시오.
> [내] 1. 이런 특성을 가진 사람이 되는 것은 나를 기분 좋게 할 것이다.
> [내] 2. 이러한 특성을 가진 사람이 되는 것은 내가 누구인지에 대한 중요한 부분이다.
> [상] 3. 나는 종종 이런 특징들을 가진 나를 나타내는 모습을 한다.
> [내] 4. 나는 이러한 특성을 가진 사람이 된 것을 부끄러워할 것이다. [역]
> [상] 5. 여가 시간에 내가 하는 일(취미)을 통해 이러한 특성이 있음을 분명히 알 수 있다.
> [상] 6. 내가 읽은 책은 내가 이러한 특징이 있음을 나타낸다.
> [내] 7. 이 특성을 갖는 것은 나에게 아주 중요한 일은 아니다. [역]
> [상] 8. 내가 이러한 특성들을 가지고 있다는 사실은 내가 특정 조직에 가입함으로써 다른 사람들에게 알려진다.
> [상] 9. 나는 이러한 특성이 있는 사람들과 의사소통하는 활동에 적극적으로 참여하고 있다.
> [내] 10. 나는 그 특성들을 갖기를 강렬하게 열망한다.
> [내]=내재화, [상]=상징화, [역]=역문항

출처: I. I. Reed & K. F. Aquino, 2003: 1286.

2. 도덕성 평가로서 도덕적 인격(moral character)

사람들이 다른 사람들의 인상을 형성할 때 사회적 인식에 대한 최근의 연구에서 가장 관심을 가지는 특성 정보는 광범위하게 해석된 따스함이다. 그러나 일부 연구는 다른 이들의 도덕적 특성, 즉 그들의 도덕적 인격에 대한 정보가 일차적인 차원이 될 수 있다고 제안한다. 다양한 맥락에서 볼 때, 인상의 형성에 있어 인격은 보통 따스함보다 더 중요하다. 인격은 정체성에 대해 인식된 근본 특성, 인간의 고유한 성품, 맥락에 대한 의존성 등을 갖는다(G. P. Goodwin, J. Piazza, & P. Rozin, 2014: 148). 도덕적 인격(moral character)은 따스함, 친절 등의 특성이나 도덕적 사고, 도덕 추론보다 포괄적이고 복합적인 개념으로 이해된다. 호간(Robert Hogan)은 도덕적 행위는 설명될 수 있으며 도덕적 인격의 발전은 도덕적 지식, 사회화, 공감, 자율성, 도덕판단의 차원과 같은 5가지 개념으로 설명될 수 있고 이러한 차원은 도덕적 행위를 이해하는 수단으로서 유용하다고 본다(R. Hogan, 1973: 217).

한편, 코헨(Cohen)과 모스(Morse)는 특성 이론의 관점에서 인격 연구에 접근한다. 인격이란 생각, 감정 및 행동 패턴을 일관된 단위로 요약하는 심리학적 구성이다. 그들이 제안하는 도덕적 인격(moral character)은 윤리적이거나 비윤리적인 방식으로 개인이 생각하고 느끼고 행동하는 성향으로 도덕과 관련된 개인 차이로 개념화된다. 도덕적 인격은 윤리적 및 비윤리적인 행동과의 관계를 이해하기 위한 (a) 동기 요소, (b) 능력 요소, (c) 정체성 요소라는 세 가지 구성 체계 모델을 제공한다. 도덕적 인격의 동기 요소는 다른 사람에 대한 배려이다. 즉, 다른 사람의 필요와 이익을 고려하는 성향과 자신의 행동이 다른 사람에게 어떤 영향을 미치는지 알아보는 것이다. 능력 요소는 자기 규제이다. 특히 단기적으로 긍정적인 결과를 초래하는 행동과 관련하여 효과적으로 자신의 행동을 규제하는 성향을 나타낸다. 자신이나 다른 사람들에게 장기적인 효과를 보는 요소는 도덕적 정체성이다. 즉, 도덕성을 중시하는 성향과 자신을 도덕적인 사람으로 보기를 원하는 특성이다. 동기, 능력, 정체성 요소는 도덕적 인격을 이해하기 위한 3가지 기본 요소이다. 다시 말해 세 가지 요소는 (a) 도덕적 인격의 동기 요소인 타인 고려로서 선을 행하고 나쁜 일을 하지 않기 위한 욕망 및 동기, (b) 도덕적 인격의 능력 요소인 자기 규제로서 선을 행하고 나쁜 일을 피하는 능력, (c) 도덕적 인격의 정체성 요소인 도덕적 정체성의 확립으로서 선량한 사람과 나쁜 사람 사이의 자기 정체성이다(T. R. Cohen & L. Morse, 2014: 2, 8, 18-20).

3요소 도덕성 모델의 첫 번째 요소는 타인의 욕구와 필요에 대한 고려와 자신의 행동이 다른 사람들에게 미치는 영향에 대한 헤아림을 포함한다. 다른 사람들의 고려와 가장 밀접하게 관련되어 있는 광범위한 차원의 특성은 정직-겸손 또는 성격의 H 요소이다. 정직-겸손은 다른 사람들과 협력한다는 의미에서 다른 사람들을 상대할 때 공정하고 진실한 경향을 나타낸다. 이는 긍정적인 사회관계를 유지하는 측면에서 자기 이익을 다른 사람의 이익과 균형을 맞추는 것과 관련되어 있다는 점에서 도덕성과 직접 관련이 있다. H 요소를 포함해 이들이 제안하는 도덕적 품성은 HEXACO 모델로 특징지어지는데, 이는 (H) 정직-겸손, (E) 정서성, (X) 외향성, (A) 합리성, (C) 양심, (O) 개방성이다. 각 차원은 다양한 특성을 포괄하는 광범위한 요소로 정직-겸손은 진실성, 공정성, 탐욕 회피 및 겸손을 포함하며, 정서성은 두려움, 불안, 의존 및 감동을 포함하고, 외향성은 표현력, 사회적 담대함, 사교성 및 활력을 포함하며, 합리성은 용서, 부드러움, 유연성 및 인내심을 포함하고, 양심은 조직, 근면, 완전함, 신중함을 포함한다. 개방성은 심미적인 감상, 호기심, 창의력 및 비인습성을 포함한다(Cohen & Morse, 2014: 18-20).

두 번째 요소는 윤리적으로 행동하고 비윤리적으로 행동하는 것을 자제하는 능력을 나타낸다. 그것은 행동의 조절과 관련된 다양한 특성을 포함하는데, 구체적으로 양심, 자기통제를 들 수 있다. 세 번째 요소인 도덕적 인격의 정체성 요소는 도덕성을 자기 개념에 중요하고 중심적인 것으로 보는 성향을 가리킨다. 이 범주는 도덕적인 사람이 되고 그에 따라 자신을 보는 것에 대한 깊은 관심을 나타내는 개인차를 함축한다. 정체성 요소의 특징은 도덕적 정체성 내재화로 정의된다(Cohen and Morse, 2014: 26, 29). 코헨과 모스에게 이러한 인격은 특성, 기질로 이해된다.

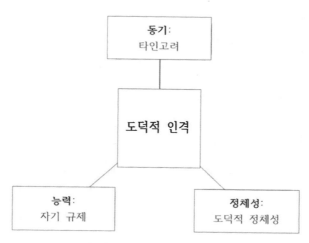

출처 : T. R. Cohen & L. Morse, 2014: 70

〈도덕적 인격의 삼각이론체계〉
(Tripartite Theoretical Framework of Moral Character)

Ⅳ. 환경과 개인: 사회인지(social-cognitive) 모델과 도덕 지능(moral intelligence)

1. 도덕적 행동의 사회인지 모델

도덕적 행동의 사회인지 모델 테스트를 제안하는 연구자들은 상황 및 맥락과 도덕적 정체성의 상호작용적 영향에 관심을 둔다. 도덕 추론, 도덕적 정체성, 도덕적 인격, 도덕적 성격 등과 같은 연구들은 일반적으로 이러한 특성들이 다양한 도덕적 행동과 관련되어 있음을 발견하였지만 도덕적 행동의 상황적 다양성을 충분히 예측하거나 설명하지는 못하였다(K. Aquino et al., 2009: 124). 어떤 사람들은 도덕적이고 다른 사람들은 비도덕적이라는 믿음은 항상 후세인과 같은 독재자의 야만스러움과 이와는 반대로 세계를 위한 테레사 수녀의 희생을 설명하는 편리한 방법이었다. 하지만 우리는 악인이나 선인이 가진 도덕성의 부수적인 본성을 완전히 파악하지 못했다. 주지하다시피 가장 신앙심이 깊은 사람조차도 때로는 자신이 소중하다고 주장하는 도덕적 기준을 어기는 반면 가장 비열한 악당들조차도 가끔 친절과 너그러움을 드러낸다. 우리는 어떤 상황에서 도덕적 원칙을 포기하기도 하고 다른 상황에서 특별한 의지와 결의를 가지고 행동하기도 한다는 것을 인식할 필요가 있다.

상황적 요인이 행동에 영향을 미친다는 개념은 사회심리학의 기초 가설 중 하나이다. 많은 경험적 연구는 도덕적 행동의 결정 요인으로서 상황의 역할을 지지한다. 예를 들어, 달리(Darley)와 뱃슨(Batson)은 신학교 학생들이 친사회적 행동의 요청에 상황적인 시간 압력의 제한을 받았을 때, 즉 그들이 서둘러가야만 하는 상황에서는 어려움에 처한 사람들을 도울 가능성이 훨씬 적어진다는 것을 발견했다. 아퀴노(Aquino)는 협상 행동에 대한 연구에서 협상가가 조직 내의 윤리적 규범이 강조될 때 협상 대상자를 속일 가능성이 낮아짐을 확인했다. 최근 연구에 따르면 사람들은 자신의 행동이 합리화될 수 있는 상황에서 다른 사람들에게 해를 끼치는 방식으로 행동할 가능성이 특히 더 높다(Aquino et al., 2009: 123).

따라서 도덕적 인격은 일종의 지향성, 경향성을 갖는다. 인격은 하나의 결정된 고정된 위치로 존재하기보다 경향성을 형성(박형빈, 2017a: 148)하는 것으로 이해하는 것이 더욱 타당해 보인다. 한 인간의 도덕성과 관련된 일련의 특성, 형상인 그의 도덕적 인격, 도덕적 정체성, 도덕 추론 등을 파악하는데 있어 맥락 및 상황적 요인들을 동시에 고려할 필요가 있다. 도덕적 행동을 결정하는데 상황과 인격은 모두 역할을 수행한다. 그러므로 도덕적 동기의 측면을 포함해 도덕성 이해와 관련하여 도덕 추론, 도덕적 정체성 그리고 도덕 정서의 역할을 통합적 측면에서 고려할 필요가 있다.

2. 도덕 정서(moral emotion)와 도덕 지능(moral intelligence)

콜버그의 도덕 추론 발달 이론이 정의(justice)와 옳음에 주안점을 두고 있다면 길리건의 도덕발달 이론에서는 배려(care)와 책임이 강조된다. 다시 말해, 콜버그의 정의윤리(ethic of justice)가 도덕적 정당성에 대한 것이라면 길리건의 배려윤리(ethic of care)는 인간관계의 감수성에 기초를 둔 도덕성 발달에 대한 것이다. 전자가 도덕성의 인지적 측면에 보다 무게를 두고 있다면 후자는 도덕성의 정의적 측면과 관련된다고 할 수 있다.

이 가운데 도덕 정서와 관련하여 예를 들면, 감정 이입의 경우 이것은 다른 사람의 감정 상태에 대한 개인의 정서적 반응으로 정의될 수 있으며 사회적 상호작용, 감성 및 원근감 획득과 관련된 몇 가지 별개의 기능을 제공한다는(Lardén et al., 2006: 454) 점에서 도덕 정서로서 기능한다. 사회인지 연구자들은 도덕판단과 도덕 정서 연구에 대한 통합적 발전 접근법을 요구해 왔다. 사회인지의 관점에서 볼 때, 도덕판단과 도덕 정서의 속성 모두 도덕적인 행동과 관련이 있다. 연구진에 따르면, 아이들은 그들이 도덕적인 위반을 감정적으로 예민하게 경험하기 때문에 도덕적인 위반을 부정적으로 판단한다. 그리고 그들은 이러한 사건들에 죄책감과 같은 도덕적인 감정을 연관시킨다. 아이들의 도덕판단 능력은 그들의 도덕적 감정 속성과 관련이 있다(T. Malti, L. Gasser, & E. Gutzwiller-Helfenfinger, 2010: 8-9).

한편, 사회적 직관을 강조한 하이트(Jonathan Haidt)의 입장에서 도덕 정서가 궁극적으로 도덕 추론의 하인 또는 주인 혹은 동등한 동반자 가운데 어느 것으로 보일지라도 인간 도덕의 창조와 일상 기능에서 엄청난 양의 일을 한다는 것은 분명하다. 경멸감, 분노, 혐오감, 부끄러움, 당혹감, 연민, 감사 및 공헌을 느낄 수 있는 능력은 인간을 다른 동물과 명확하게 구분할 수도 있고 때로는 그렇지 않을 수도 있다. 그러나 이러한 정서들은 우리를 호모 에코노미쿠스(Homo economicus)와 분명히 구분한다. 도덕성은 우리 모두를 우리보다 더 큰 어떤 것, 즉 서로와 연결해주기 때문에 우리를 존엄하고 고상하게 만든다(J. Haidt, 2003: 866).

도덕 정서와 연계하여 살펴볼 수 있는 개념 가운데 다른 하나는 도덕 지능(moral intelligence)이다. 도덕 지능은 콜스(Robert Coles)가 아이들의 성장에 필요한 중요한 지수인 지능지수(IQ), 감성지수(EQ) 이외에, 도덕적으로 성장하기 위해 요구되는 지능으로 도덕 지능(MQ)을 언급한 것에서 시작되었다. 도덕 지능은 목표, 가치관, 행동에 윤리적 원칙을 적용하는 능력을 말한다. 이것은 옳고 그름을 알고 윤리적으로 행동하는 능력이다. 도덕 지능은 이미 확립된 인지적, 감정적, 사회적 지능보다 더 새롭고 덜 연구되었지만 행동에 대한 우리의 이해를 향상한다.

도덕 지능의 정의는 학자들의 입장에 따라 그 의미와 구성요소에서 차이를 보인다. 콜스의 경우, 선하고 친절하며 다른 사람을 생각할 줄 알고 배려할 줄 아는 마음으로 무엇이 옳은지 그른지 판단할 수 있는 능력으로 도덕 지능을 정의하며, 그 구성요소로 관용, 친절, 사려 깊음, 감수성, 동정심, 공감 능력을 제안한다(R. Coles, 1998; R. H. Clarken, 2009: 2-3). 보스(Boss)는 본유 가치를 소유하고 있는 자기 자신과 타인을 존중하는 것으로 도덕 지능을 이해했으며, 구성요소로는 도덕적 민감성, 도덕적 동기화, 도덕적 행동력을 제시한다(J. A. Boss, 1994: 399-416). 보바(Borba)는 옳고 그름을 판단하는 능력, 확고한 윤리적 신념에 따라 행동하고 바르고 부끄럽지 않게 행동한다는 의미로 도덕 정서를 정의한다. 이러한 능력에는 다른 사람의 고통을 알고 난폭하게 굴지 않는 능력, 자신의 충동을 조절하며 욕구 충족을 나중으로 미루는 능력, 판단을 내리기 이전에 편견 없이 경청하는 능력, 차이를 수용하고 이해하는 능력, 윤리적인 선택과 비윤리적인 선택을 구별하는 능력, 공감 능력, 부정과 부패에 저항하는 능력, 연민과 존경심을 갖고 다른 사람을 대하는 능력과 같은 특질이 포함된다고 보았으며, 도덕 지능 측정 검사 도구로 도덕지능검사(Moral Intelligence Checklist, MIC)를 제안했다(M. Borba, 2001).\

V. 국내외 도덕성 진단 도구의
  시사점과 진단 도구 개발 구성 요소

1. 국내 도덕성 진단 도구 개관 및 국내외 도구의 시사점

국내의 도덕성 진단 관련 검사 도구는 상당 부분 국외의 도덕성 관련 검사 진단 도구의 영향을 받았다. 대부분의 경험적이고 실증적인 연구들은 콜버그, 레스트 등의 견해를 기반으로 한 이론의 틀에 따라 도덕성 발달단계를 진단하고자 했다. 특히 콜버그 중심의 전통적인 도덕성 발달의 이론체계에서 도덕성으로 정의한 도덕판단은 많은 연구와 측정이 이루어져 왔다. KDIT는 1986년, 2004년 레스트의 DIT를 국내에 맞게 번안하여 표준화한 것으로 국내에서 많이 사용되는 도덕판단 검사이다. KDIT는 딜레마 스토리를 제공하고 그에 대한 반응을 통해 도덕판단을 측정하는 방식을 취한다(문용린 외, 2008). 레스트의 도덕성 4요소를 근거로 개발한 진단 도구로는 청소년 도덕성 진단 검사 도구 개발연구 I: 도덕적 동기화(박병기 외, 2011), 청소년 도덕성 진단 검사 도구 표준화 연구 Ⅱ(이인재 외, 2012), 청소년 도덕성 진단 검사 도구 개발연구 I: 도덕적 감수성(박균열 외, 2011) 등이 있다.

이 이외에도 깁스의 SRM-SF를 번역한 사회 도덕적 사고의 측정 간편식(길임주, 1997)과 한국판 청소년용 도덕발달수준 평가 도구(신지용·조수철, 1997), 도덕 판단력 검사 도구(박균열, 2006), 인성 측정 도구(지은림·이윤선·도승이, 2014) 등을 들 수 있다. 최근 긍정심리학의 영향으로 셀리그만(Seligman) 등의 VIA(Values In Action) 성격강점척도 그리고 린리(Linley)와 해링턴(Harrington)

의 강점 등을 토대로 개발한 청소년 강점척도(김기년·탁진국, 2013), 고등학생용 정신건강 진단 검사(박성은, 2003), 심리 사회적 성숙 진단 검사(송명자, 1994) 등이 있으며, 보바의 MIC를 우리나라 청소년의 사고와 가치관에 맞게 수정하여 타당화한 한국형 도덕 지능 검사지(최은숙·안정선·이경열, 2017)가 있다.

국내의 도덕성 진단 및 측정 관련 도구들은 크게 콜버그, 레스트, 블라시, 린트 등의 도덕철학 및 도덕 심리학 기반의 도덕 추론, 도덕적 정체성에 대한 측정과 셀리그만 등의 긍정심리학 기반의 성격 강점의 측면으로 나눌 수 있다. 세부적으로는 도덕 판단력, 도덕 추론, 가치관, 도덕 지능, 도덕적 인격, 성격 유형, 성격 강점, 회복 탄력성 등이다.

국내외 도덕성 진단 검사 도구 연구들은 도덕성에 대한 다음과 같은 이해를 가능하게 한다. (1) 도덕적으로 행동하기 위해서는 최소한 일정한 특성, 성향, 능력이 있어야 한다. (2) 도덕적 행위자로서 개인은 도덕적으로 좋거나 나쁨에 대한 인식, 의식이 있어야 한다. (3) 도덕적 행동은 개인 특성, 도덕적 행위를 실제 행하는 행위자 특성, 행위자를 둘러싼 삶의 맥락 특성, 행위와 관련된 상황적 특성, 도덕적 행위의 대상 특성 등 다변적인 요소로 복잡하게 얽혀 있다(L. Myyry et al., 2003: 2-3). (4) 구조적인 측면에서 도덕성은 도덕 추론 및 도덕판단과 밀접한 관련을 갖는다. (5) 도덕 정서는 도덕성 구성, 도덕적 동기로서 중요한 요소이다. (6) 도덕적 정체성은 도덕적 행위의 동기로서 작용한다. 이를 토대로 국내외 도덕성 관련 진단 도구 연구의 시사점은 다음과 같이 제안 가능하다.

첫째, 도덕성은 선형적인 측면과 비선형적인 측면을 동시에 소유한다. 둘째, 도덕성은 거시적 관점과 미시적 관점 두 가지 방향에서 접근 가능하다. 셋째, 도덕성은 추상적인 딜레마 상황과 구체적이고 맥락적인 상황을 모두 고려할 수 있어야 한다. 넷째, 도덕성은 사회의 도덕성, 개인의 도덕성이 존재한다. 다섯째, 일반적으로 도덕성 평가에는 개인의 친사회적 성향 및 태도와 같은 사회도덕성이 포함된다. 여섯째, 인지적 측면에서의 도덕적 추론, 도덕 판단력과 같은 도덕성은 교육 개입에 민감한 영향을 받는다. 일곱째, 인지적 측면에서의 도덕적 추론, 도덕 판단력과 같은 도덕성은 이해력, 사고력 등의 인지 능력과 관련된다. 여덟째, 도덕성은 가치 덕목의 면에서 다양한 덕목들에 대한 지지도, 가치 일관성, 열정, 실행 능력, 내면화 등을 토대로 측정 가능하다. 아홉째, 도덕성 진단에서 개인의 가치 지향성, 도덕적 사고 및 추론 능력, 도덕 정서, 도덕 지능, 도덕적 정체성, 도덕적 행동력, 도덕적 민감성, 자기 조절력 등이 종합적으로 고려되며 통합적인 측면에서의 접근이 고려될 필요가 있다. 열 번째, 도덕적 행동의 예측은 궁극적으로 미시도덕성의 측면에 대한 진단으로부터 가능하다. 열한 번째, 도덕성의 기준은 자기 중심성의 극복이며 나의 이익과 동등하게 다른 사람의 이익을 고려하는가에 놓여있다. 이때 다른 사람은 나와의 친분에서 원근 친소를 극복할 것이 요구된다. 열두 번째, 도덕적 삶, 도덕적 가치에 대한 열망과 자기통제는 도덕성에 있어 중요한 구성요소이다.

2. 도덕성 진단 도구 개발 한계 및 극복과 통합형 도덕성 진단 구성요소

피아제의 도덕성 발달 이론의 중심 개념은 인지발달과 도덕발달이 병행하여 이루어진다는 것이다. 그는 이야기를 사용한 임상적 면담을 바탕으로 타율성과 자율성의 도덕성 발달단계를 측정해 내고자 했다. 콜버그는 그의 이론이 지나치게 단순화되어 있음을 지적하며 연구의 대상을 성인까지 확대하는 등 도덕발달이론을 체계화하여 논리적으로 더욱 발전시켰다. 콜버그에 의해 시작된 인지발달에 기초한 도덕성 발달단계 이론은 갈등 및 동기의 역할 최소화, 도덕판단과 실제 도덕적 행동 사이의 간극 등에서 한계가 지적되었으나 수십 년 이상 도덕 심리학 연구를 지배하며 상당한 영향을 끼쳤다.

콜버그에 있어 도덕성은 주로 도덕적으로 판단하고 추론하는 인지적인 측면에 중심축을 두고 있다. 레스트의 도덕성 4 구성요소, 레스트와 그의 동료들이 개발한 DIT는 콜버그의 이론을 더욱 확장하고 보완하고자 한 시도라 할 수 있다. 콜버그의 이론이 사람들의 도덕적 문제의 구조를 이해하는데 있어서 중요성을 잃지는 않았지만, 레스트의 4 구성요소 모델은 도덕적 행동의 다른 과정을 고려하거나 구성요소가 복잡한 방식으로 서로 영향을 준다는 점을 강조함으로써 도덕적 심리의 범위를 넓혔다(L. Myyry et al., 2003: 5-8). 도덕발달에 대한 일반적인 이론, 특히 콜버그의 이론에 대한 도전에도 콜버그 도덕발달이론은 발달심리학, 교육심리학 그리고 도덕교육학의 주류로 여전히 도덕발달론 중에 가장 잘 알려진 이론이다(Tappan, 2006: 351). 이후 사회인지, 도덕적 정체성, 도덕적 인격, 도덕적 성격, 도덕 지능, 도덕 정서 등의 콜버그류 또는 이를 극복하고자 하는 도덕성 진단 평가를 보완하기 위한 노력이 시도되어 왔다.

그러나 도덕성 진단은 실제 행동과 실제 도덕적 동기와 도덕적 정서 등의 인간 내면을 완벽히 측정하거나 파악하기 힘들다는 점, 현재의 설문이나 인터뷰에 의한 경향, 정도, 특성 등을 포함한 도덕성 진단이 향후 도덕적 행동, 도덕적 사고, 도덕적 정서 등에 대한 예측을 담보하기 어렵다는 점, 도덕적 행위와 관련된 대상의 친밀도에 따라 도덕판단 및 도덕적 행동이 달라질 수 있다는 점, 자신의 내적 사고 및 정서에 대해 거짓 정보 제공이 가능하다는 점 등의 한계를 갖는다. 아울러 평가의 기술적인 측면에서 도덕성 진단 도구의 복잡함은 도덕성 진단 자체보다는 인지적 사고 능력을 측정하는데 보다 더 많이 기여할 수 있다는 단점도 갖는다. 이에 심층 면담이 아닌 설문지로 이루어지는 도덕성 진단 도구는 도덕성에 대한 통합적 진단이 가능한 동시에 가능한 간소하고 명료하게 제시될 필요가 있다.

따라서 도덕성 진단 측정 도구에서 다음과 같은 사항들이 고려될 수 있다. (1) 인지발달 차원에서 이익 고려의 범위 지향이 자기중심으로부터 자기 이외의 존재까지 얼마만큼 확장되는가? (2) 가치 기준 및 가치 순위는 어떻게 되는가? (3) 도덕적 정체성과 도덕적 인격의 관점에서 가치 관련 덕목들 예를 들면, 존중, 약속 준수, 진실성, 책임, 정직, 동정심, 친절, 배려, 공정, 근면, 겸손, 공감, 사려 깊음 등을 얼마만큼 내면화하고 있는가? 혹은 지향하는가? (4) 자기통제 및 조절 능력의 차원에서 욕구 지연, 자기감정 조절을 얼마나 잘

할 수 있는가? (5) 도덕성의 핵심적 차원인 타인의 이익 고려에 대한 인식 및 지향, 타인 배려 성향을 어느 정도 갖추고 있는가? 배려 대상에 속하는 타인과 나의 친분 정도는 어떠한가? 등이다.

도덕성 진단 도구 구성을 위한 차원은 다음과 같이 제시될 수 있다. 첫째, 도덕 추론(moral reasoning) 능력이다. 이는 도덕적으로 사고하고 판단할 수 있는 능력인 동시에 합당하고 합리적인 이유를 제시할 수 있는 능력이다. 이에 대한 이론 배경은 콜버그를 비롯한 도덕 추론을 기반으로 한 도덕성 진단 검사에서 찾을 수 있다. 둘째, 도덕적 정체성(moral identity)이다. 이는 정직하고 친절하며 배려하는 등을 중심으로 구성된 자기 개념이며 의지, 내면화 등과 관련된다. 셋째, 도덕적 인격(moral character)이다. 이는 윤리적이거나 비윤리적인 방식으로 개인이 생각하고 느끼고 행동하는 성향 및 특성의 소유, 내면화이다. 이것은 생각, 감정 및 행동 패턴의 일관성을 추구한다는 점에서 도덕적 정체성과 연관된다. 넷째, 다른 사람의 이익 고려이다. 이는 자신의 행동이 다른 사람에게 어떤 영향을 미치는지와 관계된다. 다섯째, 자기 규제 능력이다. 이는 자기통제 및 자기조절 능력과 연계된다. 여섯째, 도덕 지능이다. 이는 다른 사람의 감정을 인지하고 그들의 고통에 함께 공감할 수 있는 등의 능력을 말한다. 이러한 요소들을 갖춘 사람은 도덕적으로 교육된 사람이며, 도덕성이 함양된 사람이고 선하고 친절하며 다른 사람을 생각할 줄 알고 배려할 줄 아는 마음, 무엇이 옳은지 그른지 판단할 수 있는 능력 등을 갖춘 사람이라 할 수 있다. 이를 갖춘 사람들은 관용, 친절, 사려 깊음, 감수성, 동정심, 공감 능력, 도덕적 민감성, 도덕적 동기화, 도덕적 실천력을 지닌 사람이다. 또한 옳고 그름을 판단하고 확고한 윤리적 신념에 따라 행동하며 바르고 부끄럽지 않게 행동하기 위해 요구되는 도덕적 정서가 발달한 사람이다. 궁극적으로 다른 사람의 고통을 알고 난폭하게 굴지 않고 자신의 충동을 조절하며 욕구 충족을 나중으로 미루며, 판단을 내리기 이전에 편견 없이 경청하고, 차이를 수용하고 이해하며, 윤리적인 선택과 비윤리적인 선택을 판별하며, 공감 능력 및 연민과 존경심을 갖고 다른 사람을 대하는 능력 등을 소유한다. 한편, 이러한 6가지 차원 간에 중첩이 있을 것으로 예상하는 측면을 처리하기 위한 보다 세밀한 요소 분석이 요구될 수 있다. 그런데도 이러한 차원 요소들과 세부 내용은 도덕성 진단을 위한 척도로 활용 가능하다.

〈통합적 도덕성 구성 차원(예)〉

VI. 결론: 탈북청소년 이해가 전제된
통일교육을 지향하며

미성숙한 도덕 추론은 분명히 폭력이나 재산 범죄, 인격침해와 같은 비도덕적인 행동과 관련이 있다. 도덕 추론은 도덕적 행동을 일으키는 원인이 된다는 점에서 중요하지만 도덕적 행동의 설명에 한계를 갖는다. 도덕적 행동은 도덕적 정체성, 인격, 성품, 성격, 감정, 정서 등에 의해서도 영향을 받는다. 예를 들면, 도덕적 정체성은 자기 인식이나 자기감정에 도덕성을 통합한 결과이므로 도덕적 행위에 대한 심리적 요구를 끌어낸다. 도덕적 정체성은 도덕적 신념과 행동 사이의 의사결정을 유지하는데 있어 중요한 역할을 한다.

인지 차원과 정서 차원의 도덕성에 대한 접근에서 볼 때, 도덕판단과 도덕 정서는 함께 상호 작용하며 도덕적인 행동에 연관된다. 아이들은 그들이 도덕적인 위반을 감정적으로 예민하게 경험하기 때문에 도덕적인 위반을 부정적으로 판단하며 죄책감과 같은 도덕 정서를 발달시킨다. 도덕적 행위 과정에서 도덕적 사고와 도덕 정서는 상호 간에 긴밀한 작용을 통해 서로 영향을 주고받는다. 한편 상황과 같은 맥락은 한 사람의 도덕적 행위 발휘에 결정적인 역할을 하기도 한다. 누군가에 대해 도덕 정서인 공감을 느끼고 그를 돕기로 도덕적으로 사고하고 도덕판단과 도덕 결단을 내리는 것은 삶의 맥락, 행위 주체, 대상, 상황 등과 별개로 진공 속에서 이루어지는 현상이 아니다. 수많은 생각의 흐름과 상황에 대한 검토 혹은 정서적 이끌림, 때로는 도덕적 직관 등에 의해 이루어지는 복합적 현상이다(박형빈, 2017a: 142).

그동안 국내외 도덕교육 관련 학자들은 학생들의 도덕성을 진단

하기 위해 도덕 추론, 도덕적 정체성, 도덕적 인격, 도덕 정서, 도덕 지능, 인성, 성품, 인격특성, 성격 강점 등 다소 유사하지만 다양한 용어 안에서 진단 검사 및 측정 도구를 개발해왔다. 그런데도 대부분의 도덕성 진단 도구들은 콜버그식의 도덕성의 인지발달 및 추론 발달 측면에 다소 치중해 왔다. 도덕적 정체성, 도덕적 성품, 도덕 정서 등과 같은 도덕성의 정의적 측면에 대한 진단은 심리학적인 차원이나 정신건강의학 측면에서 주로 다루어져 왔다.

도덕성 진단 검사와 관련한 국내외의 연구들은 도덕성의 다차원적 측면에 주의를 기울이게 한다. 도덕성은 도덕적 사고, 도덕적 추론, 도덕판단, 행위 결과의 예측 및 인식과 같은 인지적 차원, 배려, 공감과 같은 정서적 차원, 자기조절, 자기 규제, 만족 지연, 도덕적 행동력과 같은 능력적 차원, 자기 자신에 대한 인식, 선에 대한 열망 등과 같은 도덕적 정체성, 덕스러운 사람과 같이 덕목의 내면화와 같은 인격적 차원으로 복합적으로 구성되어 있다. 이 가운데 어느 하나라도 문제가 발생할 경우 엄밀한 의미에서의 도덕적 행동을 위한 올바른 판단, 도덕 정서, 도덕적 동기, 바른 행동을 끌어내기 어렵다. 궁극적으로 연구자들이 도덕성 진단 검사에서 제시한 도덕성의 핵심 요소는 다른 사람의 필요와 이익을 고려하는 성향과 관련된다. 이는 월슨(John Wilson)이 타인의 이익 고려로 제시한 도덕성 요소이다.

통합적인 측면에서 청소년의 전반적인 도덕성 발달을 진단할 수 있는 도덕성 진단 도구 개발은 교사와 부모 그리고 학생 스스로 도덕성 발달 수준, 영역별 장점 및 취약점에 대한 파악을 바탕으로 개별적인 교육을 계획하게 할 수 있게 한다는 점에서 의미가 있다.

이를 기반으로 도덕성 발달 및 함양 교육 실천에 활용할 수 있는 자료를 제공할 수 있다는 점에서 중요하다. 그러므로 성공적인 통일교육을 위해서는 먼저 학생들이 지향해야 할 가치들이 무엇인가에 대한 설정과 더불어 현재 학생들이 처한 도덕성에 대한 진단과 파악이 필요하다. 학생 개개인의 도덕적 특성과 상황에 대한 진단은 학생 개개인의 인격, 품성, 인성 도야, 도덕적 사고, 도덕성 발달을 체계적으로 도울 수 있다. 특히 우리 사회에 정착한 탈북학생들을 깊이 이해하는 도구로 유용하다.

따라서 도덕성에 대한 통합형 진단 도구는 다른 사람의 이익 고려를 중심으로 도덕 추론, 도덕 정서, 도덕적 정체성, 도덕적 인격에 대한 전반적인 접근이 가능해야 할 것이다. 효과적인 도덕교육, 통일교육, 민주시민교육을 설계하고 학생들의 도덕적인 의사결정과 일관된 행동을 돕기 위한 도덕과 교육을 준비하는 데 사용할 수 있는 통합형 도덕성 진단 검사 도구 개발을 위해 다음과 같은 차원의 구성요소가 고려될 수 있다. 첫째, 도덕 추론 능력, 둘째, 도덕적 정체성, 셋째, 도덕적 인격, 넷째, 타인의 이익 고려, 다섯째, 자기 규제 능력, 여섯째, 도덕 지능이다. 기 개발된 도덕성 진단 관련 도구들을 참고하여 이러한 차원에 대한 도덕성 측정 예시 문항을 제시할 수 있다([부록 2] 참조). 이들 구성요소 간의 중첩 방지, 포함과 배제의 확인 및 이를 보완하기 위한 보다 세심한 설명과 범위 설정이 요구될 수 있으며 이는 후속연구를 통해 이루어지길 기대한다.

끝으로 학생들의 도덕성 진단을 위한 통합적 차원에서의 측정 요소에 대한 숙고는 철학적, 윤리학적 접근의 도덕교육학의 영역을 실증적, 경험적 차원에까지 확장, 발전시킴으로써 임상 도덕교육학, 증거기반 도덕교육학의 가능성을 마련하는 계기가 될 수 있을 것이다. 이는 도덕과에서 이루어지는 도덕교육학 기반의 통일교육에서도 마찬가지이다. 특히 먼저 온 통일, 먼저 온 미래라 불리는 남한 정착 탈북학생들에 대한 이해가 교육에 선행되어야 한다는 점에서 더욱 그러하다. 이러한 작업은 통일교육에서 '무엇을', '왜' 추구할 것인가에 더하여 실존하는 학생들의 상태가 '어떠하고' 이들을 '어떻게' 교육해야 하는가에 대한 유의미한 답변을 제공할 것이다.

다시 말해, 통일교육은 탈북학생을 포함하여 교육의 대상이 되는 학생들에 대한 깊이 있는 이해와 진단을 필요로 하며, 이러한 작업은 학생들이 미래 통일 시민으로 성장하게 하는 밑거름으로 작용할 것이다. 본 연구가 남한에 정착한 탈북학생들을 이해하는 데 유용한 자료가 되길 바란다. 또한 이러한 시도가 적용 가능한 통합형 도덕성 진단 검사 도구의 개발과 학교 도덕과 통일교육의 목표와 방향, 내용과 방법의 개선을 위한 기초 자료로도 유용하게 활용되기를 기대한다.

⟨DIT 2 견본 이야기: 기아⟩

인도 북부의 작은 마을은 이전에 식량 부족을 겪어왔지만 올해의 기근은 그 어느 때보다
악화하고 있다. 어떤 이들은 나무껍질로 수프를 만들어 먹기도 한다. 머스타크의 가족은
거의 굶주려 죽어가고 있다. 그는 그의 마을에 있는 한 부자가 식량을 비축해 둔 것을 들
었다. 그 부자는 나중에 음식을 더 큰 이익을 보고 팔 수 있도록 음식 사재기를 하고 있었
다. 절망에 빠진 머스타크는 부자의 창고에서 음식을 훔칠 생각을 하고 있다. 그가 가족을
위해 필요로 하는 음식은 부자의 음식 창고에 보관된 것의 소량일 뿐이다. 머스타크는 어
떻게 해야 하는가? 음식을 훔치는 행위에 찬성하는가? (하나만 선택)

        1□ 강하게 찬성   2□ 찬성
        3□ 약간 찬성   4□ 보통
        5□ 다소 반대   6□ 반대
        7□ 강하게 반대
        중요도 측면에서 다음 문제를 평가하시오
        (1=엄청난, 2=많이, 3=약간, 4=거의, 5=전혀).

1부터 5까지의 번호를 모든 항목에 표시하세요.
1□ 머스타크는 도둑질이 발각될 위험에 대해 충분히 용감한가?
2□ 가족을 사랑하는 아버지가 가족을 위해 훔치는 것이 당연하지 않은가?
3□ 공동체의 법은 지켜져야 하는가?
4□ 머스타크는 나무껍질에서 수프를 만드는 좋은 방법을 알고 있는가?
5□ 부유한 남자는 다른 사람들이 굶주릴 때 음식을 저장할 합법적인 권리가 있는가?
6□ 머스타크가 도둑질한 동기는 그 자신을 위해서거나 가족을 위한 것인가?
7□ 사회 협력이 기초가 되는 가치들은 무엇인가?
8□ 생존을 위한 음식 섭취가 절도의 비난 가능성까지 포섭할 수 있는가?
9□ 부자가 너무 탐욕스럽기에 도둑질을 당해도 괜찮은가?
10□ 사유재산은 부자들이 가난한 사람들을 착취할 수 있는 제도는 아닌가?
11□ 도둑질이 관련된 모든 사람에게 더 큰 이익을 가져다주는가, 그렇지 않은가?
12□ 법이 사회의 어떤 구성원들의 가장 기본적인 주장에 방해가 되는가?

12가지 쟁점 중 첫 번째로 가장 중요한 것은?
(항목번호를 적으세요)
12가지 문제들 중 두 번째로 중요한 것은 무엇인가?
12개의 문제들 중 3번째로 중요한 것은 무엇인가?
12개의 문제들 중 4번째로 중요한 것은 무엇인가?

출처 : J. R. Rest, D. T. Narvaez, S. J. Thoma, & M. J. Bebeau, 1999: 644, 659.

[부록 2]

〈통합형 도덕성 진단 척도(예)〉

1		일반적으로 사람들이 진실을 말하는 것은 중요하다.
2	도덕 추론	누군가의 생명을 구하는 것은 그가 낯선 사람이라도 매우 중요한 일이다.
3		사람들이 다른 사람의 것을 가져가지 않는 것은 중요하다.
4		법을 지키는 것은 사람들에게 중요한 일이다.
5	도덕적 정체성	나는 항상 감사하며 살려고 노력한다.
6	도덕적 인격	나는 나를 비난한 사람들에게조차 원한을 품는 일이 거의 없다.
7	자기 규제 : 자기성찰	나는 신중하게 생각하기보다 순간적인 감정에 따라 결정을 내린다.
8	도덕 지능	다른 사람이 우는 것을 보면 나도 울고 싶다.
9	도덕적 정체성	나는 내가 보통 사람들보다 더 많은 존경을 받을 자격이 있다고 생각한다.
10	도덕적 인격	다칠 위험이 있거나 나중에 후회할 일은 잘 하지 않는다.
11		나는 친구의 표정을 보면 친구의 기분을 정확하게 파악한다.
12	도덕적 지능	나는 친구나 가족이 힘들어할 때, 쉽게 알아차리고 위로한다.
13		나는 고통스러워하는 사람을 보면, 함께 고통을 느끼고 슬퍼한다.
14		나는 부당하거나 불친절하게 대우받는 사람을 보면 걱정된다.
15	도덕적 인격	나에게 조금 손해가 되더라도 다른 사람과 한 약속은 꼭 지킨다.
16		시간 약속을 지키는 것은 나에게 매우 중요하다.
17	도덕 지능	다른 사람들의 감정에 둔하다.
18	자기 규제: 자기성찰	나는 화가 났을 때 스스로 화를 다스릴 수 있다.
19		나는 상황에 맞게 생각이나 감정을 잘 통제하고 조절할 수 있다.
20	타인 고려	나는 다른 사람을 헐뜯거나 부정적으로 말하지 않는다.
21	타인 고려	나는 동물을 소중히 다루고 괴롭힘 당하는 사람들을 돌본다.
22		나는 나의 감정 상태를 잘 구분할 수 있다.
23	자기 규제: 자기성찰	나는 미래에 어떠한 사람이 되어야겠다는 뚜렷한 신념이 있다.
24		나는 일이 잘못되었을 때 내가 왜 그렇게 행동했는지 생각한다.
25		나는 타인에게 상처를 주었을 때 나의 모습, 행동, 말들을 돌이켜 본다.

제7장

탈북청소년의 시민역량을 위한
통합형 도덕성 진단 도구 개발 및 적용

Ⅰ. 서론

통일부의 2020년 3월 집계 기준 우리나라에 정착한 북한이탈주민의 수는 33,658명으로 3만 명을 넘어섰다. 북한이탈주민의 증가와 가족 단위 탈북이 늘어남에 따라 한국에 거주하는 탈북청소년의 수도 급속하게 증가하여 2019년 기준 초·중·고에 재학 중인 탈북청소년 인구는 2,531명이다[12]. 한국교육개발원 산하 탈북청소년 교육지원센터에서는 탈북청소년에 대한 정의를 다음과 같이 내리고 있다. 좁은 의미로 탈북청소년은 북한에서 출생하여 한국에 사는 만 6세 이상, 24세 이하의 북한이탈주민을 말한다. 그러나 넓은 의미로는 탈북청소년의 범위에 부모 중에 한 사람 이상이 북한이탈주민이고 중국 등 제3국에서 출생한 아동 청소년을 포함한다. 후자의 경우 원칙적으로는 법률이 정의하는 북한이탈주민 범주에 포함되지 않으나 탈북가정의 자녀로서 교육지원 대상에 포함된다[13]. 이 때문

---

12) http://www.unikorea.go.kr/unikorea/business/NKDefectorsPolicy,
   https://www.hub4u.or.kr/hub/edu/status01.do(검색 : 2020.10.05)

13) https://www.hub4u.or.kr/hub/edu/understand.do(검색 : 2019.1.14)

에 실제 학교현장에서는 부모 중 한 사람이 북한이탈주민이며 본인은 남한에서 출생한 학생들도 탈북청소년으로 분류된다.

북한이탈주민 자녀 가운데 베트남, 몽골, 라오스, 미얀마, 태국, 캄보디아 등 제3국 출생 자녀의 수가 꾸준히 증가함에 따라 제3국 출생의 재학생 수 역시 지속해서 늘어나고 있다. 또한 북한 혹은 제3국에서 가족의 해체를 경험하고 중국 내 불안정한 생활을 피해 홀로 북한을 탈출하여 부모 없이 남한에 입국한 무연고 탈북청소년들도 꾸준히 증가하고 있다. 현재 우리나라에 거주하고 있는 탈북청소년은 크게 3부류로 나눌 수 있다. 북한에서 태어난 탈북청소년, 부모 중 한 사람 이상이 북한이탈주민으로 중국 및 제3국에서 태어난 탈북청소년, 부모 중 한 사람 이상이 북한이탈주민이지만 남한에서 출생한 탈북청소년이다. 첫 번째 경우는 본원(本源) 탈북청소년, 두 번째 경우는 중도입국 탈북청소년, 세 번째 경우는 남한출생 탈북청소년으로 지칭하고자 한다. 이들 모두 광의적인 입장에서 탈북청소년이라고 불리지만 중국 및 제3국에서 태어난 중도입국 청소년, 남한출생 청소년은 본원 탈북청소년과 출생국가, 사용 언어, 생활 문화 등에서 다르다.

민족의 과제인 통일을 준비하는 과정에서 중요하게 거론되는 것이 체제의 통일뿐만 아니라 사람의 통일이다. 이것은 70년 이상의 분단 기간을 통하여 이질화 과정을 겪어 왔던 남북한 사람들이 함께 어울려 하나의 사회를 이룰 수 있는 동질성을 회복하고 건강하게 새로운 생활공동체를 만들어 가는 통일을 말한다. 사람의 통일은 외형적 통일보다 더 복잡하고 긴 과정을 요구하며 만남, 소통, 이해, 협력을 통해 가능하기에 통일의 노정에서 남북한 주민의 통합에 앞서 이미 남한에 정착한 북한이탈주민과 남한 원주민과의 융합에 대한 철저한 고민과 노력이 요구된다. 특히 우리 사회 안에서 때로는 낯선 존재로서 살아가고 있는 탈북청소년들이 우리 안에 그들이 아닌 사회의 구성원으로서 잘 성장하도록 돕는 것은 통일 준비 과정에서 우리에게 주어진 중요한 과제이다.

1990년대 중반 이후 북한이탈주민의 입국자 수가 누적되기 시작하였으며 2000년대 이후 북한이탈주민, 탈북청소년을 대상으로 한 연구들이 가시적으로 드러나기 시작했다. 탈북청소년 대상 연구의 경우 탈북청소년들의 남한 사회 적응(안권순, 2010), 문화 적응(김윤나, 2008), 학교 적응(정진경·정병호·양계민, 2004), 심리적응(백혜정·길은배·윤인진·이영란, 2007) 등 이들의 남한 사회정착과 적응에 관심을 두고 있다. 또한 탈북청소년 지원정책, 사회통합 방안 및 프로그램(길은배, 2015) 등의 연구와 탈북청소년의 감정과 문화 심리적 특징(정향진, 2005), 진로성숙도와 자기효능감(허은영·강혜영, 2007), 정신건강(김희경·신현균, 2015) 등에 주목하기도 한다. 최근에는 관찰자의 관점이 아닌 탈북청소년의 관점에서 그들의 경험을 이해하기 위한 연구들(김명선, 2015 송진영·배미경, 2015 김정원, 2017)이 수행되고 있다. 한편, 탈북청소년의 남한 내 삶에서 심리적 해결과제는 그들의 심리를 남한 청소년과 충분히 비교해서 그 결과를 보다 객관적으로 해석해야 한다는 주장도 있다(채정민, 2016).

사람의 통일, 사회통합을 위한 통일교육에서 탈북청소년들이 우리와 다른 것이 무엇인가에 대한 차이를 확인하고 이에 대한 적절한 조치를 마련할 필요가 있다. 이를 위해 가치, 심리 문화적 측면과 같은 탈북청소년들의 내면에 관심을 기울일 필요가 있다. 탈북청소년들은 남한과는 다른 북한 사회 그리고 제3국에서 성장하고 생활했다는 점, 남한 내에서의 교육 기회가 남한 원주민 학생들에 비해 부족했다는 점, 부모와 같은 양육자의 남한 사회 성장 경험이 부족하다는 점 등으로 인해 가치관 및 도덕성 형성, 시민성 함양에서 남한 청소년들과 다른 배경을 가질 수 있다는 점을 유념할 필요가 있다. 남한 사회가 자유경쟁의 개인주의적 측면이 강한 자본주의 사회의 특성을 갖추고 있다면, 북한 사회는 통제된 집단주의적 사회주의 사회의 특성을 갖추고 있다. 탈북청소년들의 도덕적 역량, 시민적 역량을 기르도록 돕는 노력이 요구된다.

따라서 먼저 탈북청소년들의 개별 특수성을 이해하기 위해 이들의 도덕성, 시민성을 포괄적으로 측정할 수 있는 측정 도구의 개발이 시급하다. 본 연구는 탈북청소년의 도덕적, 시민적 역량을 포함하여 그들의 내적 특성을 진단할 수 있는 통합형 도덕성 진단 도구 개발하고 이의 적용 결과 분석 및 남한 학생들과 비교하고자 한다. 이를 위해 다음의 연구문제를 설정한다.

연구문제 1. 탈북청소년의 문화 심리적 특성은 어떠한가?
연구문제 2. 탈북청소년을 위한 통합형 도덕성 지표 문항은 어떻게 구성할 수 있는가?
연구문제 3. 탈북청소년의 통합형 도덕성 진단 검사 결과는 어떠한가?
연구문제 4. 고등학교 재학 탈북청소년과 남한의 대학생 간의 진단 결과에 대한 비교 분석 결과는 어떠한가?

II. 탈북청소년의 심리 문화적 특성

1. 탈북청소년 문화 특성

2000년대 이후 탈북청소년의 남한 사회 적응과 관련된 많은 연구가 발표되었다. 북한 출생, 제3국 출생인 탈북청소년은 남한 사회에 정착 시 언어와 문화, 학령기 교육 단절 등으로 인해 어려움을 겪는 경우가 많다. 탈북청소년 대상 문화적응 유형 및 정체성 변화 양상에 대한 연구는 탈북청소년이 남한 정착과정에서 정체감 변화 과정을 겪고 있으며 주변화와 같이 남한 청소년들과의 생활에서 높은 적응 스트레스를 보인다고 지적한다(금명자·권해수·이희우, 2004: 295-308). 연구들은 탈북청소년이 학교 적응에 어려움을 보이며(이기영, 2002: 175-224) 극적인 감정 표현의 심리 경향을 나타내고(정향진, 2005: 81-111) 낮은 진로 자기효능감을 보이는(허은영·강혜영, 2007: 1485) 반면, 탈북연령이 높을수록 권위주의적 성향은 강하다고 보고한다(현인애, 2016: 3-22). 탈북청소년의 심리 특성으로 불안 증상, 심리적 스트레스, 위축감, 소외감, 어색함, 고독감, 극단적 공격성향 등의 문제를 지적하기도 한다(최명선·최태산·강지희, 2006: 23-34). 많은 연구들이 탈북청소년들의 남한 사회 적응과 관련하여 그들이 심리 정서 측면에서 혼란과 갈등을 겪고 있고 남한 사회에서 부정적인 자아 정체감을 형성하고 있기에 이들이 남한 사회에 적응하기 위해서는 문화적응에 초점을 맞추어야 한다고 제안한다(안권순, 2010: 25; 길은배·문성호, 2003: 163-186). 탈북청소년들과의 사회 협력적 소통과 통합을 위해 이들을 깊이 있게 이해하기 위해서는 탈북청소년의 도덕적, 시민적 특성을 포함한 심리 문화적 특성을 이해할 필요가 있다.

한편, 탈북청소년들의 탈북 과정으로 인한 학령기 교육 기간 단절은 남한 청소년들과의 교육 수준의 차이를 초래하여 문해력과 사고력을 필요로 하는 도덕판단 진단에 영향을 준다. 이는 탈북청소년이 독해력을 요하거나 상황 해석이 필요한 도덕판단 검사에서 남한 청소년에 비해 원래 자신이 소유하고 있는 도덕성보다 낮은 평가를 받을 수 있음을 나타낸다. 탈북청소년용 통합형 도덕성 진단 검사 도구 개발에서 인지력과 이해력이 진단 결과에 영향을 줄 수 있다는 점을 고려하여 탈북청소년들이 질문 자체를 쉽게 이해할 수 있도록 진단 질문지를 명료하고 간결하게 하며 질문 문항수를 최소화할 필요가 있다.

2. 탈북청소년 대상 심리 관련 검사

탈북청소년을 대상으로 한 심리 관련 검사 연구로는 탈북청소년의 진로성숙도 연구(허은영·강혜영, 2007), 문화적응 스트레스와 자기효능감 매개 연구(김태동, 2010), 민주적 가치에 대한 인식 연구(김신희·이우영, 2014), 심리상태 검사 개발 연구(김희경·신현균, 2013) 등이 있다. 탈북청소년용 심리상태 검사(Psychological State Inventory for North Korean Adolescent Refugees; PSI-NKR-A)는 국내에서 탈북청소년을 대상으로 개발된 한국판 다면적 인성검사 청소년용(Korean Minnesota Multiphasic Personality Inventory-Adolescent: MMPI-A), 한국판 청소년 자기 행동 평가척도(Korean Youth Self-Report: K-YSR) 등이 탈북청소년에게 용어 이해가 쉽지 않고 응답에 어려움이 따른다는 점을 보완하기 위해 개발된 도구이다. 탈북청소년용 심리 상태 검사는 5개의 내재화 척도(우울, 신체화, 불안, 대인 예민성, 외상 후 스트레스)와 2개의 외화 척도(분노, 품행 문제), 4개의 보충 척도(정신증, 낮은 자존감, 학업 스트레스, 가족 문제) 등 총 11개의 소척도의 98문항으로 구성되었다(김희경·신현균, 2013: 524). 북한이탈청소년의 적응 유연성 척도는 북한이탈청소년의 적응 유연성을 객관적으로 측정할 수 있는 도구로 13개 문항 그리고 강인성, 친밀감, 목표의식의 3 요인으로 구성되어 있다(김현아·조영아·김연희, 2012: 25-46).

탈북청소년의 민주 의식조사 도구는 탈북청소년의 가치관을 측정하기 위한 검사 도구이다. 이는 탈북청소년의 민주적 가치에 대한 인식 실태를 확인하기 위한 것으로 가치와 권리에 대한 인식을 조사하고 분석하여 탈북청소년의 시민성 실태 파악을 위해 고안되었다. 조사 도구는 국제교육성취도 평가협회(International Association for the Evaluation of Educational Achievement: IEA)에서 주관한 2009년 국제시민성교육연구(International Civic and Citizenship Education Study: ICCS)에서 청소년의 시민성 측정을 위해 개발하여 사용한 설문지를 재구성하여 2011 아동 청소년의 민주시민역량 실태조사에서 사용한 중·고등학생용 설문지를 탈북청소년용으로 재구성한 것이다(김신희·이우영, 2014: 268-313). 그러나 이를 구성하고 있는 5개의 내재화 척도(우울, 신체화, 불안, 대인 예민성, 외상 후 스트레스), 2개의 외현화 척도(분노, 품행 문제), 4개의 보충 척도(정신증, 낮은 자존감, 학업 스트레스, 가족 문제)의 구성 특성을 살펴볼 때 11개의 소척도들이 탈북청소년의 심리 특성 중 부정적 측면에 초점이 맞추어져 있다는 점을 간과할 수 없다.

한편 탈북청소년들의 민주적 가치에 대한 인식 연구에서 탈북청소년은 자유권에 대해 높은 지지도를 보였으며 특히 국가 안전을 위협하는 용의자의 재판 없는 구속에 대해서는 남한 청소년보다 더 높은 비율로 반대했다. 반면 정치지도자 가족의 공직 진출과 기업과 정부의 언론사 독점적 소유에 대해서는 비교적 반대 의견이 낮았다(김신희·이우영, 2014: 268).

탈북청소년의 집단의식에 대한 연구에서 탈북청소년은 수직적 집단주의, 수평적 집단주의 등 집단주의적 성향 및 수직적 개인주의 성향이 남한 청소년보다 높게 나타났다(이정우, 2006: 159). 탈북청소년들의 지구 시민의식연구에서는 지구 시민의식을 지구공동체 의식, 국가 정체성, 사회적 책임, 사회적 참여, 평등, 신뢰, 다문화의식의 7개 범주로 구성하였는데 연구결과에 따르면, 탈북청소년들과 남한 청소년들은 국가 정체성, 사회적 책임, 평등, 신뢰에서는 집단 간 인식수준의 차이가 드러났으며, 특히 신뢰의 경우 탈북청소년들이 남한 청소년들에 비하여 매우 높은 인식수준을 나타냈다. 즉, 탈북청소년들은 정부, 언론기관, 공직자 등에 대하여 신뢰하는 반면, 남한 청소년들은 이들에 대한 불신 수준이 상당히 높게 도출되었다(조영하·정주영, 2015: 5-27). 그 외에 탈북청소년을 대상으로 사용된 도구로 지구 시민의식 척도가 있다. 이는 대학생의 지구 시민의식을 진단하기 위해 개발된 척도로 다국적 의식, 시민의식, 지구공동체 의식, 국가 정체성 의식, 민주 의식의 5개 하위 영역을 포함하여 25개 문항으로 이루어졌다(지은림, 2007: 151-172).

연구결과들을 종합적으로 볼 때, 탈북청소년들은 남한 청소년들과 비교해 집단주의 성향이 보다 높고 감정성이 두드러지며 자유권에 대한 지지도가 높다는 점 등의 특성을 보인다. 탈북청소년 심리 검사 관련 국내 선행 연구들의 특징으로 첫째, 탈북청소년의 심리 상태, 의식, 정서 등을 측정하는 데 있어 대부분의 선행 연구들은 외국의 자료를 번안하여 사용하거나 전체를 대상으로 개발된 기존의 자료에 의존하고 있는 실정이라는 점, 둘째, 탈북청소년을 대상으로 국내에서 개발된 심리 측정, 의식조사 도구 개발은 극히 제한적으로 이루어지고 있다는 점, 셋째, 보편성과 특수성을 동시에 내포하고 있는 탈북청소년의 도덕성 전반을 측정할 수 있는 간편화된 검사 도구는 찾기 어렵다는 점 등을 들 수 있다. 따라서 본 연구에서는 탈북청소년의 도덕적, 시민적 역량을 진단하기 위해 통합형 도덕성 진단 검사 도구(박형빈, 2018c: 413-461)에 민주 의식, 시민 의식, 세계시민의식 등의 측면을 함께 측정할 수 있는 문항을 보완하여 탈북청소년용 통합형 도덕성 진단 검사 도구 개발 및 적용 결과를 살펴보고자 한다.

III. 탈북청소년용 통합형 도덕성 검사 도구

1. 통합형 도덕성 진단 검사 도구와 탈북청소년

통합형 도덕성 진단 도구는 이미 개발된 도덕성 진단 도구를 분석, 유목화, 재구조화하여 도덕적 민감성, 도덕적 동기화, 도덕적 품성화 등 도덕성의 총체적인 측면을 타당성 있게 진단하고자 개발된 검사 도구이다. 통합형 도덕성 측정 도구 개발에 기반이 된 검사 도구와 도덕성 측면은 도덕판단 인터뷰(Moral Judgment

Interview, MJI), 도덕 판단력 검사(Defining Issues Test, DIT), 사회 도덕반영측정(Sociomoral Reflection Measure-Short Form/Social Reflection Questionnaire, SRM-SF), 린트(G. Lind)의 도덕역량검사 (Moral Competence Test, MCT) 그리고 도덕적 정체성, 공감, 도덕적 인격, 품성 등의 정의적 영역과 행동적 측면이다(박형빈, 2018c: 419-420). 탈북청소년용 통합형 도덕성 진단 검사 도구 개발을 위해 인지 차원에서는 도덕 추론 및 도덕판단 능력 측정 검사지를, 가치 차원에서 사회 도덕반영질문지를, 정체성 차원에서 도덕적 정체성, 품성 차원에서는 성격 구조 HEXACO 모델 요소를 참고하였다. HEXACO 모델의 최근 판이라 할 수 있는 HEXACO(60) 예시 문항은 [부록 1]과 같다.

탈북청소년들은 북한, 중국, 제3국에서의 출생 및 성장이라는 남한 청소년과는 다른 특수한 성장 배경 및 경험을 갖는다. 이러한 이유로 탈북청소년의 도덕적, 시민적 특성 진단에서 집단의식 및 집단 정체성 차원을 함께 살펴볼 필요가 있다. 집단 정체성 차원에서 민족 정체성, 국가 정체성, 세계 시민성 그리고 의식 차원에서 집단주의와 개인주의, 자유에 대한 열망이 구성요소로 포함될 필요가 있다. 먼저 민족 정체성과 세계 시민성에서 보면, 민족 정체성 측정을 위해 사용되는 것 가운데 하나는 피니(Phinney)의 다중그룹 민족 정체성 측정(Multigroup Ethnic Identity Measure: MEIM)으로 민족적 자기식별이나 분류에 대한 평가 외에 세 가지 하위요소로 구성된다. (a) 긍정과 소속 즉, 개인의 집단에 대한 집단 구성원 의식과 태도, (b) 민족 정체성 성취 즉, 자기 민족에 대한 확신과 확신을 갖게 된 정도, (c) 민족 행동 즉, 그룹 성원과 관련된 활동이다. 다중 민족 정체성 측정(MEIM)은 세 가지 구성요소를 측정하는 14개 항목을 사용한다(R. E. Roberts, J. S. Phinney, L., & C. Masse, 1999: 302, 307). 민족 정체성 각 항목에 대한 예시 측정 문항은 아래의 민족 정체성 측정(예)과 같다. 세계 시민성의 특성으로 제시되는 것은 개방성, 관용, 존중 및 책임이다(A. Boni & C. Calabuig, 2017: 24). 이를 측정하기 위한 3차원 세계 시민성 척도는 사회적 책임, 글로벌 역량 및 글로벌 시민참여를 포함한다(D. B. Morais & A. C. Ogden, 2011: 445). 세계 시민성 문항의 샘플 예는 [부록 2]에 제시하였다. 둘째, 집단주의와 개인주의이다. 심리학자 사이에 집단주의와 개인주의에 대한 견해 차이가 있고, 개인주의와 집단주의 경향을 측정하기 위한 수많은 시도가 있었다. 트라이앤디스(Triandis)는 개인주의와 집단주의와 관련한 행동 특성으로 자신이 속한 그룹에 더 많은 관심을 보이는 것, 결정을 내릴 때 그룹 구성원의 견해에 더 많은 관심을 기울이는 것, 적절할 때 '아니오'라고 직설적으로 말하는 것, 목표 달성을 위해 지역사회에서 사람들의 네트워크를 개발하는 것 등을 제안한다(D. PS. Bhawuk & R. Brislin, 1992: 418). 집단주의와 개인주의의 예시 문항은 [부록 3]과 같다. 마지막으로 자유에 대한 열망이다.

<표 1> 문화체육관광부 : 민족 정체성

귀하께서 한민족이라고 생각하시는 대상을 모두 말씀해 주십시오. ① 북한 주민 ② 재외동포 1세 ③ 재외동포 2, 3세 ④ 해외 입양아 ⑤ 국적을 바꾼 한국인 ⑥ 귀화한 외국인 ⑦ 외국인과 결혼한 한국인

출처: 문화체육관광부, 2016; 정한울, 2017: 83.

<표 2> 민족 정체성 측정 문항(예)

나는 자신을 _____로 생각합니다. (4) 강력하게 동의한다. (3) 동의 (2) 동의하지 않는다. (1) 전혀 동의하지 않는다.
1. 역사, 전통, 관습과 같은 민족에 대해 더 많은 것을 알려고 노력한다. 2. 나는 나의 민족적 배경에 대해 명확한 의미를 갖고 있으며, 그것이 나를 위해 무엇을 의미하는지를 잘 알고 있다. 3. 나는 내가 속한 민족의 일원임을 기쁘게 생각한다. 4. 나는 내 민족에 속한 강한 감정을 가지고 있다. 5. 나의 민족 배경에 대해 더 많이 알기 위해, 나는 종종 내 민족에 관해 다른 사람들과 이야기한다. 6. 나는 나의 민족에 많은 자부심을 가지고 있다. 7. 나는 특별한 음식, 음악, 관습과 같은 내 민족의 문화적 실천에 참여한다. 8. 나는 내 민족에 강한 애착을 느낀다. 9. 나의 문화적 또는 민족적 배경에 대해 좋은 감정을 갖고 있다.

출처: R. E. Roberts et al., 1999: 319 참조.

<표 3> 주제별 분류에 의한 세계 시민성

	사회적 책임	글로벌 역량	세계시민 참여
Falk, 1994; Urry, 2000	세계 개혁자 : 인류를 위해 느끼고 생각하고 행동하라.	엘리트 글로벌 비즈니스 사람: 공동 관심사를 중심으로 통합	글로벌 환경 관리자, 정치의식이 있는 지역주의자, 초국적 운동가
Andrzejewski & Alessio, 1999	개인적, 직업적, 공공 생활의 윤리적 행동에 대한 이해	지역, 주, 국가 및 세계 수준에서 책임 있는 시민권 위한 지식과 기술	타인, 사회 및 환경에 대한 시민의 책임에 전념
Lagos, 2001	보편적 권리 인정과 인권 옹호	정부 간 조직, 관료체, 새로운 전자 통신 영역 등에 대한 인식	시민사회 운동에 종사. 시민참여와 지역 간의 관계 재정의.
Parekh, 2003	다른 나라의 시민들에 대한 책임감	한 국가의 정책을 이해하며 타인에 해를	국가들이 상호 관심사를 가지고 함께

	사회적 책임	글로벌 역량	세계시민 참여
		끼치지 않음	일하는 공정한 세계 질서 위해 헌신
Dobson, 2003; Westheimer & Kahne, 2004	개인적으로 책임 있는 시민	정의 중심의 시민; 사회적, 정치적, 경제적 구조를 평가하는 방법과 체계적 변화 인식	참여 시민; 기존 시스템 및 커뮤니티 구조에 적극적으로 참여하고 주도적 위치를 차지
Noddings, 2005	지역의 결정이 세계 경제에 미치는 영향 이해	다문화, 종교 및 지적인 다양성을 이해하고 가치를 부여	빈곤 퇴치와 지구 보호에 전념
Carens, 2000; Langran & Ozment, 2009	심리적 차원: 세계 정치 공동체에서 정체감을 느낀다.	정치적 차원: 다른 국제기구를 구별하고 자국의 역할을 이해한다.	법적인 차원: 세계의 상호 연관성에서 오는 책임을 반영한다.

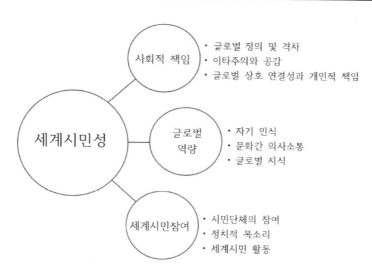

출처 : D. B. Morais & A. C. Ogden, 2011: 3.

[그림 1] 세계시민 개념 모델

2. 탈북청소년 대상 통합형 도덕성 진단 도구

탈북청소년을 대상으로 한 통합적 측면에서의 도덕성 진단 검사 도구는 도덕 추론(moral reasoning) 능력, 도덕적 정체성(moral identity), 도덕적 인격(moral character), 다른 사람의 이익 고려, 자기 규제 능력, 도덕 지능과 같은 도덕성 차원 그리고 집단 정체성과 관련된 민족 정체성, 국가 정체성, 세계 시민성 나아가 자유에 대한 측정 요소를 포함하여 개발되었다. 각 성분별 예시 문항은 다음과 같으며(숫자는 문항 번호이다.) 각 성분이 지닌 성격적 특성이 엄밀하게 구분되지 않는 부분을 고려하여 문항의 중복 성격을 염두에 두었다.

탈북청소년 대상 통합형 도덕성 진단 검사 도구 문항은 기존 검사들의 문항들을 검토한 후 내용 타당도가 있다고 판단한 문항들을 지표별 특성에 따라 배정 및 구성하였다. 의미가 중복되거나 모호한 문항들을 명확히 하고 탈북청소년이 이해하기 용이한 언어표현으로 수정하여 각 하위 지표별로 1개 문항 초과 7개 문항 미만의 총 48문항을 선정하였다. 검사 도구를 개발함에 있어서 국내 정착한 중국어 번역이 가능한 북한이탈주민 교사로부터 언어표현과 이해에 대한 자문을 구하여 문항의 언어표현을 수정하고 중국어 번역본을 만들었다.

〈표 4〉 도덕성 차원에 따른 문항(예)

도덕 추론

1. 누군가의 생명을 구하는 것은 그가 낯선 사람이라도 매우 중요한 일이다.
5. 사람들이 다른 사람의 것을 가져가지 않는 것은 중요하다.

도덕적 정체성

6. 나는 법과 규칙을 지키려고 언제나 노력한다.
21. 시간 약속은 나에게 매우 중요하다.
32. 강한 위협을 무릅쓰고 내 주장을 지킬 때가 많다.
33. 약속을 꼭 지키려고 노력한다.

도덕적 인격

9. 나는 단체 회의에서 내 의견을 거의 말하지 않는다.
10. 혼자 일하는 것보다 활동적으로 사회적 상호작용이 필요한 직업을 더 좋아한다.

타인 고려

20. 나에게 조금 손해가 되더라도 다른 사람과 한 약속은 꼭 지킨다.
28. 나는 다른 사람을 헐뜯거나 부정적으로 말하지 않는다.
29. 나는 내 물건뿐만 아니라 다른 사람의 물건도 소중하게 다룬다.
30. 나는 동물을 소중히 다루고 괴롭힘 당하는 사람들을 돌본다.
31. 나는 사람을 평등하고 정당하게 대우하기 위해 그들의 권리를 생각한다.

도덕 지능

13. 다른 사람이 우는 것을 보면 나도 울고 싶다.
16. 나는 친구의 표정을 보면 친구의 기분을 정확하게 파악한다.
17. 나는 친구나 가족이 힘들어할 때, 쉽게 알아차리고 위로한다.

자기 규제

12. 나는 신중하게 생각하기보다 순간적인 감정에 따라 결정을 내린다.
25. 나는 화가 났을 때 스스로 화를 다스릴 수 있다.
26. 나는 상황에 맞게 생각이나 감정을 잘 통제하고 조절할 수 있다.

자기성찰

36. 나는 일이 잘못되었을 때 내가 왜 그렇게 행동했는지 생각한다.
37. 나는 타인에게 상처를 주었을 때 나의 모습, 행동, 말들을 돌이켜 본다.

민족 정체성

38. 나는 내 민족에 많은 자부심을 가지고 있다.
39. 나는 내 민족에 강한 애착을 느낀다.

세계 시민성

41. 어느 국가나 집단도 세계의 다른 국가를 지배하고 착취해서는 안 된다.
42. 나와 다른 문화적 가치를 가진 사람들과 일하기를 환영한다.

집단주의/개인주의
43. 집단의 이익을 위해 나 개인의 이익을 희생할 생각이 없다.
45. 나는 국가를 위해 기꺼이 희생할 각오가 되어있다.

자유
44. 나에게 자유는 그 어느 것과 바꿀 수 없는 매우 소중한 가치이다.

IV. 탈북청소년 도덕성 진단 검사 및 결과 분석

1. 통합형 도덕성 진단 검사 실측

1) 연구대상 및 기간

본 설문은 경기도 소재 탈북청소년 학교인 H 중고등학교 학생
100명과 서울특별시 소재 Y 초등학교에 재학 중인 탈북청소년 22명,
서울특별시 소재 S 대학교 대학생 82명을 대상으로 실시되었다. 설
문은 2018년 8월 서울교육대학교 기관생명윤리위원회(IRB)로부터
연구윤리 심의(승인번호 SNUE IRB-201808-001)를 거친 후 2018년
9-12월 진행되었다. 자료 수집은 2018년 8월 해당 학교를 방문하여
연구에 대해 설명하고 기관장의 동의를 득한 후 학부모 설명문, 학부
모 동의서를 배부하여 설문 참여를 희망하는 학부모들의 동의를 구
하였다. 실제적인 설문은 H 중고등학교는 2018년 9월 19일, Y 초등
학교는 2018년 10월 2일 해당 학교에 방문하여 온라인으로 실시하
였으며, S 대학교 학생들은 2018년 11월 26일부터 2018년 12월 7일
기간 중 설문에 참여하였다. H 중고등학교, Y 초등학교 설문의 경우
각 학교 학생들 3-5명마다 한 명의 연구 보조 대학생 및 대학원생이
배정되어 학생들의 온라인 설문을 보조하였다.

통합형 도덕성 진단 검사 결과 분석 대상은 H 중고등학생 100명과 Y 초등학생 22명, S 대학생 82명이다. 설문에 참가한 H 중고등학교 학생 가운데 중학생은 31명으로 여학생은 20명, 남학생 11명이다. 이들의 출생연도는 2001년부터 2005년도이고 입국 연도는 2009년-2017년이다. 고등학생은 69명으로 여학생은 36명 남학생은 33명이다. 출생연도는 1993년부터 2001년도이고 입국 연도는 2007년-2018년도이다. Y 초등학생 22명 가운데 남학생은 15명, 여학생은 7명이며 출생연도는 2005-2009년이다. S 대학교 학생 82명 가운데 남학생은 18명, 여학생은 64명이고 출생연도는 1996년부터 1999년이다.

탈북청소년의 통합형 도덕성 진단 검사는 온라인 설문의 정량적 검사, 간편 인터뷰 형식의 정성적 검사를 병행하여 이루어졌다. 정성적 연구방법으로는 참여관찰과 희망자에 대한 미니인터뷰 그리고 심층 면접조사법을 활용하였다. 정량적 연구방법으로는 인터넷 설문을 진행한 후 신뢰도 및 타당도 검사, 요인분석, t-test를 진행하였다. 정성적 연구방법을 진행할 때는 탈북청소년 가운데 희망자에 한하여 10분 정도의 심층 면접 및 미니인터뷰를 연구자가 직접 실행하였다. 연구 진행의 객관성 유지를 위해 학생들이 온라인 설문 후 원하는 문항에 대한 이유를 제시하게 하는 방식으로 인터뷰 및 심층 면접을 진행하였다. 이를 통해 연구대상자들의 응답 이유, 가치, 동기, 경험, 욕구 등을 확인하여 동일한 질문에 대한 보완적인 자료를 확보하고자 하였다. 정량적 연구방법은 탈북청소년의 연령층을 고려하여 연구대상 3-5명마다 1명씩의 대학생 또는 대학원생의 연구 보조 인력을 배치하여 온라인 설문을 돕도록 하였다. 정성적 연구방법은 학생들의 설문 응답에 대한 보완 설명을 듣는 방식으로 이루어졌다. 희망자에 한해 H 중고등학생 15명과 Y 초등학생 15명에 대한 문항 답변 내용에 대한 이유를 중심으로 연구책임자가 심층 면접을 진행하였다. 심층 면담은 설문 완료 후 해당 교실에서 희망자가 있을 경우 연구책임자가 심층 면담에 대한 안내를 한 후 희망자에 한해 10분 이내의 면담 및 기술로 이루어졌다.

〈표 5〉 설문 참여자 학교급별 인원 및 성별

Y 초등학생		H 중고등학생		S 대학교 학생	
남	여	남	여	남	여
15	7	56	44	18	64
22		100		82	

2) 측정 도구 및 방법

본 연구는 연구자가 개발한 통합형 도덕성 진단을 위한 측정 도구를 사용하였다. 통합형 도덕성 진단 검사 도구는 탈북청소년의 도덕성을 통합적인 면에서 측정하기 위해 개발된 도구로 콜버그 유형의 도덕성 진단 검사가 가지고 있는 난점을 보완하고 탈북청소년의 특성을 반영하기 위해 개발되었다. 검사 문항은 총 48문항으로 구성되어 있다. 탈북청소년들의 한국어 사용 수준을 고려하여 북한 교원 출신인 북한이탈주민 교사로부터 자문을 받아 작성한 중국어 번역본을 한국어와 함께 제시하였다. 설문 실행은 설문지를 활용한 지필형 설문이 아닌 인터넷 설문-https://ko.surveymonkey.com/r/2P7Y9GN-을 통해 이루어졌다. 답변 양식은 리커드(Likert) 5점 척도-① 전혀 그렇지 않다(1), ② 그렇지 않은 편이다(2), ③ 보통이다(3), ④ 그런 편이다 (4), ⑤ 매우 그렇다(5)-로 구성되었으며 역문항 및 특수문항을 제외하고 각 영역별 하위 구성요인의 점수가 높을수록 해당 문항이 나타내는 영역에 대한 태도나 능력이 높은 것으로 간주할 수 있다. 여기서 얻어진 점수를 통해 도덕적 역량 및 특성을 진단하였다. 자료 분석은 SPSS 20을 사용하였다. 통계 처리 결과 분석 내용에 대해 교육학과 교수 1명으로부터 자문을 받았다.

3) 데이터 신뢰도, 타당도 및 요인분석

통합형 도덕성 진단 검사 도구의 신뢰도와 타당도 검사 분석을 위해 사용한 데이터는 2018년 9월 19일과 2018년 10월 2일 설문 조사 결과로 얻은 125명의 자료이다. 125명 가운데 탈북청소년은 122명으로 H 중고등학교 고등학생 69명, 중학생 31명, Y 초등학교 초등학생 22명이다. 나머지 3명은 남한 원주민인 조사 보조원 대학생 및 대학원생이다.

48개 항목의 Cronbach의 알파 값은 0.908로 신뢰도가 있다고 볼 수 있다. KMO와 Bartlett의 구형성 검정에서 KMO 값은 0.767이었으며 각 변수들은 적당한 상관관계를 갖는다고 할 수 있다. 요인분석에서 Bartlett의 구형성 검정의 근사 카이제곱은 2633.433, 유의확률은 0.000으로 유의수준 0.05보다 작게 나타났으므로 연구모형이 적합하다고 할 수 있다. 공통성 표의 추출 값을 통해 48문항이 모두 해당 변수의 설명에 양호한 값을 갖고 있음을 알 수 있었다. 48개 문항 가운데 Q18, Q19, Q22, Q24, Q33, Q53, Q56 문항은 역문항 및 문항 특수성을 지닌 문항들이다. 문항의 예는 다음과 같다.

<표 6> 역문항 및 특수성 문항

Q18	나는 나를 비난한 사람들에게조차 원한을 품는 일이 거의 없다.
Q19	나는 집단 회의에서 내 의견을 거의 말하지 않는다.
Q22	나는 신중하게 생각하기보다 순간적인 감정에 따라 결정을 내린다.
Q24	나는 내가 보통 사람들보다 더 많은 존경을 받을 자격이 있다고 생각한다.
Q33	나는 다른 사람들의 감정에 둔하다.
Q53	집단의 이익을 위해 내 개인의 이익을 희생할 생각이 없다.
Q56	나는 내가 태어난 나라가 나의 조국이라고 생각한다.

4) 심층 면담 기술 내용

H 중고등학생 15명과 Y 초등학생 15명에 대한 문항 답변 내용에 대한 이유를 중심으로 심층 면접을 진행하였다. 학생들은 이미 설문에 응한 48개 문항 가운데 특별히 자신의 이유를 제시하고자 하는 문항을 중심으로 심층 면담에 참여하였으며 해당 문항에 대한 답변 이유를 간략히 필답 형식으로도 서술하여 제공하였다. 아래는 심층 면담에 자원한 탈북청소년들이 해당 항목에 '매우 그렇다(5)' 와 '그렇다(4)' 등을 선택한 이유의 예이다.

<표 7> 심층 면담 답변 내용(예시)

문항 번호	질문 및 답변 이유
1	누군가의 생명을 구하는 것은 그가 낯선 사람이라도 매우 중요한 일이다.
	생명은 무엇보다 중요하기 때문이다. 생명은 소중하기 때문이다. 생명은 소중하니까 생명 자체로 소중하기 때문 생명이 중요해서 사람을 구하는 것은 당연한 것 누군가의 생명이 다 중요하다. 생명은 다 소중하기 때문이다.

2	나와 친하지 않은 사람에게도 약속을 지키는 것은 중요하다.
	약속을 어기면 신용이 깨진다.
	약속을 지키는 것은 가장 기본적인 도덕이라 생각
	약속은 지키라고 있는 것이다.
	약속은 신뢰와 같아서
	약속 지키는 것은 곧 그 사람의 인격과 양심이다.
	약속을 잘 지키면 일상생활 잘 됩니다.
	약속은 꼭 지켜야 된다고 생각하기 때문입니다.
	친하지 않는다고 약속을 안 지키는 것은 사람들과의 예의가 없기 때문에
3	나는 거짓을 말하지 않고 진실을 말하려고 항상 노력한다.
	진실을 말해야 상대방과 더 가까워질 수 있어서
	다른 사람의 믿음을 주어야 한다고 생각하기 때문입니다.
	거짓말은 한번 하게 되면 계속하게 된다.
	자신이 거짓말을 하면 안 되기 때문이다.
	거짓말하면 다른 사람이 피해를 받습니다.
4	스스로 방어할 수 없는 사람들이 있을 때, 나는 그들을 대신해 나선다.
	나보다 낮다고 무시하는 사람들은 자신을 높게 평가하는 건데 사람들과의 관계에서 어려워진다.
	불평등을 용납할 수 없다.
	그 사람보단 내가 할 수 있어서
	누군가 힘들 때 항상 먼저 하는 습관을 지녀야 한다.
	어려움이 있는 사람은 내가 도와줘야 한다고 생각하기 때문입니다.
5	사람들이 다른 사람의 것을 가져가지 않는 것은 중요하다.
	다른 사람들의 물건을 가져가는 것은 도둑질과 마찬가지기 때문이다.
	기본적인 것 중 하나이다.
	남의 물건이기 때문이다.
	도덕적이지 않기 때문이다.
	이 물건은 다른 사람한테 중요한 물건
6	나는 법과 규칙을 지키려고 언제나 노력한다.
	법과 규칙은 지키라고 있는 것이기 때문이다.
7	나는 항상 감사하며 살려고 노력한다.
	북한에서 출생한 우리 부모님 덕분에 매일 고맙게 살아야 한다.
	사람이 감사한 마음이 있어야 된다.
9	나는 집단 회의에서 내 의견을 거의 말하지 않는다.
	자신감이 낮아서 쉽게 누군가의 앞에 나설 수가 없기 때문이다.
	부끄러워서
	저의 의견이 중요한지 생각하고 말하는 편이다.
10	나는 혼자 일하는 것보다 다른 사람과 함께 상호작용하는 직업을 더 좋아한다.
	저는 다른 사람들과 같이 하는 활동을 하면 더 빨리 끝날 수 있어서 좋습니다.

14	나는 내가 보통 사람들보다 더 많은 존경을 받을 자격이 있다고 생각한다.
	사람이 다 같아요. 자기를 사랑할 줄 알고 자존감도 높아야 한다.
19	나는 부당하거나 불친절하게 대우받는 사람을 보면 걱정된다.
	마음이 아파서
37	나는 타인에게 상처를 주었을 때 나의 모습, 행동, 말들을 돌이켜 본다.
	그 당시 화가 나고 짜증이 나서 나도 모르게 행동을 했지만, 시간이 지나서, 그 사람 입장이 되어본다.

　　심층 면담에 자원한 탈북청소년들의 설문 문항 답변에 대한 면담 및 학생들의 이유 서술 내용을 통해 탈북청소년들의 도덕성 측면에서 인간의 생명 자체에 대한 존중, 타인에 대한 배려, 겸손의 미덕, 자신을 되돌아보는 것, 타인존중, 약속 지키기 등과 같은 도덕적인 측면을 추구한다는 점을 알 수 있었다. 도덕적인 삶의 양식, 태도, 가치의 측면에서 탈북청소년들은 중고등학생과 초등학생 간의 큰 차이는 발견되지 않았다.

2. 학교급별 기술통계분석

1) H 중고등학교와 Y 초등학교 기술통계분석

　　H 중고등학생 100명과 Y 초등학생 22명에 대한 문항별 기술통계분석을 나누어 비교 분석하였다. H 중고등학생 100명 가운데 여학생은 56명, 남학생 44명, 출생연도는 1993년부터 2005년도이고 입국 연도는 2007년-2018년이다. 출생지역은 북한 54명, 남한 2명, 중국 44명이다. Y 초등학교 설문 참가 초등학생 22명 가운데 여학생은 7명, 남학생 15명, 출생연도는 2005년부터 2009년도이고 입국 연도는 2007년-2018년이다. 출생지역은 북한 5명, 남한 4명, 중국 13명이다.

	응답	
북한 朝鮮	54.00%	54
남한 南韓	2.00%	2
중국 中國	44.00%	44
기타 其他	0.00%	0
	Answered	100
	Skipped	0

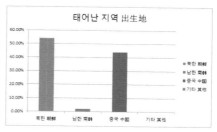

〈표 8〉 H 중고등학교 학생의 태어난 지역

	응답	
북한 朝鮮	22.73%	5
남한 南韓	18.18%	4
중국 中國	59.09%	13
기타 其他	0.00%	0
	Answered	22
	Skipped	0

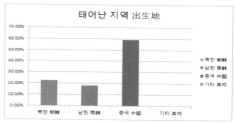

〈표 9〉 Y 초등학교 학생의 태어난 지역

남한 입국 북한이탈주민의 수가 누적됨에 따라 최근 남한출생 탈북청소년의 수도 증가하고 있다. 중고등학교 학생들의 출생지역을 초등학교 학생들의 출생지역과 비교해 보면, <표 6> H 중고등학교 학생의 남한출생 비율에 비해 <표 7> Y 초등학교 학생의 남한출생 비율이 높음을 알 수 있다. 또한 중국출생 학생의 수는 꾸준히 증가함을 알 수 있다.

H 중고등학교, Y 초등학교 기술 통계량의 경우 문항별 평균은 중고등학생과 초등학생의 연령상의 차이를 반영하여 H 중고등학교 학생들의 평균 점수가 Y 초등학교 학생들의 평균보다 다소 높았다.

H 중고등학교 학생과 Y 초등학교 학생 비교(2006년 이후 출생자
는 Y 초등학생)에서 유의확률, 유의수준 0.05보다 작은 항목은 적
게 나타났다. 따라서 초등학생과 중고등학생에 따른 도덕성 진단상
의 유의미한 차이는 없다고 판단된다.

2) H 중고등학교 고등학생과 S 대학교 학생들의 기술 통계량 분석

H 중고등학교의 고등학생 69명 가운데 여학생은 36명, 남학생은
33명이며 남한 입국 연도는 2007년부터 2018년이다. S 대학교의
대학생 82명 가운데 남학생은 18명, 여학생은 64명이다. 탈북학생
들의 남한 입국 후 교육기관 학령 배정 시 누락된 교육 기간에 의
해 한국 학생보다 높은 연령의 학년 배정이 자주 이루어진다는 점
을 고려할 때, H 고등학교에 재학 중인 탈북청소년과 S 대학교에
재학 중인 남한 대학생의 통합형 도덕성 진단 검사 결과를 비교해
볼 필요가 있다. 실제로 H 중고등학교 고등학생 가운데 S 대학교
대학생보다 연령이 높은 학생들도 상당수 존재했으며 설문 참여 연
령은 19세가 가장 많은 비율로 44.93%를 차지했다. S 대학교 설문
결과 분석 대상 자료는 2018.11.26. - 2018.12.7. 기간에 이루어졌
으며, H 중고등학교의 고등학생들과 연령차를 최소화하기 위해 대
학교 1-2학년을 중심으로 설문조사를 실시하였다. 설문조사에 참여
한 S 대학교 대학생은 82명으로 20세가 가장 많은 비율인 73.17%
를 차지했다. 일반적으로 연령의 증가는 도덕적 판단과 같은 추론
능력의 상향을 예측하기에 H 중고등학교의 고등학생인 탈북청소년
들의 각 문항별 평균값에 비해 S 대학교 남한 대학생들의 평균값

은 유사하거나 다소 높을 것이 기대된다. H 중고등학교 고등학생과 S 대학교 대학생의 문항별 평균 그래프 비교는 다음과 같다.

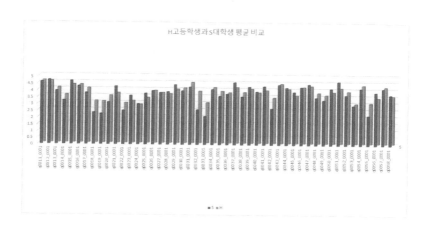

H 중고등학교 학생과 S 대학교 학생 기술 통계량 비교 설문에 참가한 H 중고등학교 학생들과 S 대학교 학생들의 기술 통계량 비교에서 특수문항과 역문항을 제외한 문항 점수 가운데 연령 증가에 따른 점수 상향을 보이지 않은 문항은 9번, 10번, 21번, 22번, 23번, 32번, 39번, 45번 등의 문항이다. 예를 들면, 나는 집단 회의에서 내 의견을 거의 말하지 않는다(9번), 나는 혼자 일하는 것보다 다른 사람들과 함께 상호작용하는 직업을 더 좋아한다(10번), 시간 약속을 지키는 것은 나에게 매우 중요하다(21번), 공평하다는 것은 똑같이 나누는 것이다(22번), 나는 강한 위협을 무릅쓰고 내 주장을 지킬 때가 많다(32번), 나는 내 민족에 강한 애착을 느낀다(39번), 나는 국가를 위해 기꺼이 희생할 각오가 되어 있다(45번). 등이다. 연령 증가에 따른 점수 상향이 크게 작용하지 않는 '나는 내

가 지금 사는 나라가 나의 조국이라고 생각한다(40번).' 문항에서 남한 학생들이 탈북청소년보다 다소 높은 평균을 보였다.

이를 통해 설문에 참가한 남한 대학생들과 탈북청소년(고등학생)의 문항별 점수를 비교해 볼 때 다음과 같은 탈북청소년의 통합형 도덕성 진단 검사 결과 특성을 도출할 수 있다. 첫째, 탈북청소년들은 남한 학생들에 비해 집단 회의에서 자신의 의견을 보다 덜 피력하는 경향을 보인다. 둘째, 자신에게 손해가 되더라도 시간 약속을 지키려 하는 모습에서 탈북청소년들은 남한 학생들에 비해 덜 개인주의적인 성향을 보인다고 추론할 수 있다. 셋째, 탈북청소년은 남한 학생들에 비해 강한 위협에도 보다 더 자신의 주장을 지키고자 한다. 넷째, 탈북청소년은 남한 학생들에 비해 보다 강한 민족에 대한 애착을 갖고 있다. 다섯째, 탈북청소년들은 남한 학생들에 비해 국가를 위한 희생에 보다 더 동조하는 경향을 보인다. 여섯째, 탈북청소년들은 남한 학생들에 비해 대한민국에 대한 조국애가 현저히 크지 않다.

V. 시사점 및 제언

본 연구는 탈북청소년 대상 통합형 도덕성 진단 도구를 개발하고 이를 실제 활용하여 탈북청소년의 도덕성 특성을 알아보는 데 목적을 둔다. 연구결과에 의하면 첫째, 개발된 탈북청소년 대상 통합형 도덕성 진단 검사 도구 전체 문항의 Cronbach의 알파 값은 0.908로 신뢰도가 있다고 볼 수 있다. 요인분석에 대한 KMO 값이 0.767로 0.6 이상이므로 측정변수들이 요인분석에 적합하다고 증명되었으며 유의확률 또한 0.000으로 요인들의 상관관계가 유의하다고 측정되었다. 48개 문항에 대한 각기 공통성 표 추출 값은 0.543 부터 0.811로 0.4 미만의 값이 없으므로 제거 대상의 문항이 없고 48개 문항이 모두 해당 변수의 설명에 양호한 값을 갖고 있다고 볼 수 있다.

둘째, 학생들의 통합형 도덕성 진단 검사 항목별 점수는 연령에 따라 상승 경향을 보이며 문항별 평균은 중고등학생과 초등학생의 연령상의 차이를 반영하여 문항 전체적으로 H 중고등학교 학생들의 평균 점수가 Y 초등학교 학생들의 평균보다 다소 높았다. 그러나 문항별 차이가 존재하였으므로 문항 전체적으로 유의미한 점수 차가 존재한다고 보기는 어렵다. 셋째, 탈북청소년들의 북한과 중국 출생지에 따른 t 검정과 남녀성별 t 검정의 유의수준에서 문항 전반적으로 비일관성을 나타냈다. 넷째, 탈북청소년들은 남한 학생들에 비해 민족 정체성, 집단주의 의식에서 보다 강한 성향을 보인 반면, 개인주의 의식에서는 보다 약한 경향을 보여주었다. 또한 남한 학생들에 비해 기꺼이 개인의 이익을 국가의 이익을 위해 희생하는 경향을 나타냈으며 어려움에도 자신의 주장을 지키려는 성향도 보다 강한 것으로 드러났다. 다섯째, 탈북청소년은 남한 학생들에 비해 강한 민족 정체성을 보인 반면, 대한민국을 조국이라고 생각하는 점에서는 남한 학생들이 보다 높은 경향을 드러냈다. 그러므로 본 연구결과는 탈북청소년의 강한 민족 정체성과 집단의식 그리고 이중적인 국가 정체성을 갖고 있음을 실증적으로 보여주었다.

본 연구를 통해 제시한 탈북청소년의 도덕적·시민적 역량 함양을 위한 탈북청소년용 통합형 도덕성 진단 검사 도구가 차후 표준화와 유형화를 통해 그 활용도를 높이고 교육현장에서 학생들의 도덕적·시민적 특성을 용이하게 파악할 수 있는 통합형 도덕성 진단 검사 도구로 적용되길 기대한다. 이를 기반으로 탈북청소년들의 도덕적·시민적 특성을 반영한 교육과정, 교육 내용, 교육 프로그램 등이 개발되어 탈북청소년들의 성장을 돕는 계기가 되길 바란다.

[부록 1]

<HEXACO-60(예)>

1. 미술관을 방문하면 상당히 지루하다.
2. 나는 마지막 순간에 서두르지 않기 위해 미리 계획을 세운다.
3. 나는 나를 비난한 사람들에게조차 원한을 품는 일이 거의 없다.
4. 나는 나 자신에게 전반적으로 합리적으로 만족한다고 느낀다.
5. 날씨가 안 좋을 때 여행을 해야 한다면 걱정이 될 것이다.
6. 직장에서 승급이나 승진을 하기 위해서라도 아첨을 하지 않을 것이다.
7. 다른 나라의 역사와 정치에 대해 배우는 데 관심이 있다.
8. 나는 목표를 달성하기 위해 노력할 때 종종 나 자신을 매우 강하게 몰아붙인다.
9. 사람들은 때때로 내가 다른 사람들에게 너무 비판적이라고 말한다.
10. 나는 단체 회의에서 내 의견을 거의 말하지 않는다.
11. 가끔 사소한 일에 대해 걱정을 하지 않을 수 없다.
12. 만약 내가 절대 잡히지 않는다고 확신한다면 나는 10억을 훔칠 것이다
13. 나는 소설, 노래 또는 그림과 같은 예술 작품을 만드는 것을 즐긴다.
14. 어떤 일을 할 때는 사소한 일에 별로 신경 쓰지 않는다.
15. 사람들은 때때로 내가 너무 완고하다고 말한다.
16. 혼자 일하는 것보다 활동적으로 사회적 상호작용이 필요한 직업을 더 좋아한다.
17. 고통스러울 때 나는 나를 편안하게 해줄 누군가가 필요하다.
18. 많은 돈을 갖는 것이 특히 중요하지 않다.
19. 나는 급진적인 생각에 주의를 기울이는 것은 시간 낭비라고 생각한다.
20. 나는 신중하게 생각하기보다 순간적인 감정에 따라 결정을 내린다.
21. 사람들은 나를 성질이 급한 사람이라고 생각한다.
22. 나는 거의 매일 쾌활하고 낙천적인 기분을 느낀다.
23. 다른 사람이 우는 것을 보면 나도 울고 싶다.
24. 나는 내가 보통 사람들보다 더 많은 존경을 받을 자격이 있다고 생각한다.
25. 기회가 된다면 클래식 음악회에 가고 싶다.
26. 일을 할 때 체계적이지 않아서 가끔 어려움을 겪는다.
27. 나를 심하게 대했던 사람들에 대한 나의 태도는 용서하고 잊어버리는 것이다.
28. 나는 내가 인기가 없는 사람이라고 생각한다.
29. 육체적 위험에 관해서라면 나는 매우 두렵다.
30. 만약 내가 누군가에게 무언가를 원한다면, 나는 그 사람의 최악의 농담에도 웃을 것이다.
31. 나는 백과사전을 보면서 즐거워하지 않는다.
32. 나는 내가 해야 할 최소한의 일만 한다.
33. 나는 다른 사람들을 판단하는 데 관대하다.
34. 사회적 상황에서, 나는 보통 첫걸음을 내딛는 사람이다.
35. 나는 대부분의 사람들보다 훨씬 덜 걱정한다.
36. 나는 아무리 큰 뇌물이라 하더라도 절대 받지 않을 것이다.
37. 사람들은 종종 내가 좋은 상상력을 가지고 있다고 말한다.
38. 나는 항상 시간을 들여서라도 정확하게 하려고 노력한다.

39. 사람들이 나와 의견을 달리할 때 나는 보통 내 의견에 상당히 유연하다.
40. 내가 항상 새로운 곳에서 하는 첫 번째 일은 친구를 사귀는 것이다.
41. 나는 다른 사람의 감정적인 지지가 없어도 어려운 상황에 대처할 수 있다.
42. 나는 비싼 사치품을 소유하면 큰 즐거움을 얻을 수 있을 것 같다.
43. 나는 관습에 벗어난 견해를 가진 사람들을 좋아한다.
44. 나는 생각하지 않고 행동하기에 많은 실수를 한다.
45. 대부분의 사람들은 나보다 더 빨리 화를 내는 경향이 있다.
46. 대부분의 사람들은 나보다 더 긍정적이고 역동적이다.
47. 나는 가까운 누군가가 오랫동안 떠나 있을 때 격한 감정을 느낀다.
48. 나는 사람들이 내가 높은 지위에 있는 중요한 사람이라는 것을 알기를 원한다.
49. 나는 나 자신을 예술적이거나 창조적이라고 생각하지 않는다.
50. 사람들은 종종 나를 완벽주의자라고 부른다.
51. 사람들이 많은 실수를 하더라도, 나는 부정적인 말을 거의 하지 않는다.
52. 나는 때로 내가 쓸모없는 사람이라고 느낀다.
53. 위험 상황에서조차도 당황하지 않을 것이다.
54. 나는 그 사람이 나에게 호의를 베풀도록 누군가를 좋아하는 척하지 않을 것이다.
55. 나는 철학에 대해 토론하는 것이 지루하다.
56. 나는 계획대로 하기보다는 마음속에 떠오르는 대로 하는 것을 더 좋아한다.
57. 사람들이 내가 틀렸다는 말을 할 때, 나의 첫 번째 반응은 그들과 논쟁하는 것이다.
58. 내가 사람들의 단체에 속할 때, 나는 종종 그 단체를 대표해서 말하는 사람이다.
59. 나는 대부분의 사람들이 매우 감정적이 되는 상황에서도 감정적이지 않다.
60. 만약 내가 위조지폐를 가지고 도망갈 수 있다고 확신한다면, 나는 그것을 사용할
    것이다.

[채점]
정직-겸손: 6, 12R, 18, 24R, 30R, 36, 42R, 48R, 54, 60R
감정 Emotionality : 5, 11, 17, 23, 29, 35R, 41R, 47, 53R, 59R
외향증 Extraversion : 4, 10R, 16, 22, 28R, 34, 40, 46R, 52R, 58
Agreeableness 대 분노 Anger: 3, 9R, 15R, 21R, 27, 33, 39, 45, 51, 57R
Conscientiousness : 2, 8, 14R, 20R, 26R, 32R, 38, 44R, 50, 56R
경험에 대한 개방성 Openness to Experience: : 1R, 7, 13, 19R, 25, 31R, 37, 43, 49R,
55R (R은 역문항)

[부록 2]

〈세계 시민성 측정 도구(예)〉

사회적 책임 (SR) : 세계정의와 격차
  SR.1.1 나는 전 세계 대부분의 사람들이 가지고 있는 자격을 얻는다고 생각한다.
  SR.1.2 세계의 일부 사람들이 다른 사람들보다 더 많은 기회를 가지고 있다고 해도 상관없다.
  SR.1.3 나는 전 세계의 사람들이 그들이 받을 만한 보상과 처벌을 받는다고 생각한다.
  SR.1.4 부족한 시기에 때때로 필요한 것을 얻기 위해 다른 사람들을 강압할 필요가 있다.
  SR.1.5 세계는 일반적으로 공정한 곳이다.
  SR.1.6 어느 국가나 집단도 세계의 다른 국가를 지배하고 착취해서는 안 된다.

사회적 책임 : 이타주의와 공감
  SR.2.1 이 세상에서 가장 연약한 사람들의 요구는 나 자신보다 더 절실하다.
  SR.2.2 전 세계 많은 사람들이 열심히 일하지 않기 때문에 가난하다고 생각한다.
  SR.2.3 나는 전 세계 모든 사람들의 권리를 존중하며 염려한다.

사회적 책임 : 전지구적 상호 연관성 및 개인적 책임
  SR.3.1 선진국은 세계의 소득을 가능한 공평하게 책정할 의무가 있다.
  SR.3.2 미국인들은 다른 선진국의 지속 가능하고 평등한 행동을 모방해야 한다.
  SR.3.3 나는 세계의 불평등과 문제에 대해 책임을 느끼지 않는다.
  SR.3.4 나는 세계 사회에 환원하는 관점에서 생각한다.

글로벌 역량 (GC) : 자기 인식
  GC.1.1 나는 어떤 문화나 나라에서든 번성할 수 있다고 확신한다.
  GC.1.2 나는 세계적인 환경이나 사회문제를 완화하는 것을 도울 수 있는 장소를 개발하는 방법을 알고 있다.
  GC.1.3 나는 이 세상에서 가장 걱정스러운 문제의 일부에 변화를 줄 수 있는 몇 가지 방법을 안다.
  GC.1.4 나는 다른 사람들이 지구적 문제에 관심을 두게 할 수 있다.

글로벌 역량 : 다문화 의사소통
  GC.2.1 나는 다른 문화의 사람들과 상호 작용할 때 내 행동과 버릇을 무의식적으로 적응시킨다.
  GC.2.2 나는 종종 다른 사람들의 문화적 배경에 나의 의사소통 양식을 적응시킨다.
  GC.2.3 나는 다른 문화권의 사람들과 다른 방식으로 대화할 수 있다.
  GC.2.4 나는 하나 이상의 언어에 능통하다.
  GC.2.5 나와 다른 문화적 가치를 가진 사람들과 일하기를 환영한다.
  GC.2.6 나는 서로 다른 문화를 가진 사람들이 서로의 가치와 관행을 이해할 수 있도록 도움으로써 상호작용을 중재할 수 있다.

글로벌 역량 : 글로벌 지식

GC.3.1 나는 국제 관계에 영향을 미치는 현안에 대해 알고 있다.

GC.3.2 나는 사람들 앞에서 시급한 지구 문제에 관해 내 의견을 표명하는 것을 편하게 생각한다.

GC.3.3 지구적인 불평등과 이슈에 대한 나의 우려를 표하는 현지 언론 매체에 의견서를 쓸 수 있다.

글로벌 시민참여 (GCE) : 시민 단체 참여

GCE.1.1 앞으로 6개월 동안, 나는 해외의 개인과 지역사회를 돕기 위해 자원봉사를 할 계획이다.

GCE.1.2 앞으로 6개월 동안 전 세계적인 일을 지원하기 위해 산책, 춤, 달리기 또는 자전거 타기에 참여할 것입니다.

GCE.1.3 앞으로 6개월 동안 저는 해외에 있는 개인이나 공동체를 돕기 위해 자원봉사할 것입니다.

GCE.1.4 향후 6개월 동안 전 세계적인 인도주의 단체 또는 프로젝트에 참여할 계획입니다.

GCE.1.5 앞으로 6개월 동안 어려움에 처한 국제 사람들을 도울 계획입니다.

GCE.1.6 향후 6개월 동안 나는 지구 환경 위기를 다루는 프로그램에 참여할 계획입니다.

GCE.1.7 앞으로 6개월 동안 나는 글로벌 인도주의적 문제를 해결하기 위한 그룹과 함께 비공식적으로 일할 것입니다.

GCE.1.8 다음 6개월 동안 나는 글로벌 자선단체에 회원으로 가입하거나 현금 기부를 하겠습니다.

글로벌 시민참여 : 정치적 목소리

GCE.2.1 다음 6개월 동안 나는 지구 환경, 사회 또는 정치 문제에 대한 나의 우려를 표현하기 위해 신문이나 라디오에 연락할 것입니다.

GCE.2.2 다음 6개월 동안 나는 국제 정치에 대한 나의 견해를 드러낼 것입니다.

웹 사이트, 블로그 또는 채팅방.

GCE.2.3 앞으로 6개월 동안 나는 해외에 있는 개인이나 공동체를 돕기 위해 이메일이나 청원서에 서명할 것입니다.

GCE.2.4 향후 6개월 동안 저는 글로벌 이슈와 관심사에 대한 공개 조치를 하기 위해 정부 기관에 연락하거나 방문할 것입니다.

GCE.2.5 다음 6개월 동안 나는 더 공정하고 평등한 세상을 조성하기 위해 배지 / 스티커 / 표지판을 전시하거나 착용할 것입니다.

GCE.2.6 앞으로 6개월 동안 나는 캠퍼스 포럼, 라이브 음악, 연극 공연 또는 청소년들이 지구촌 문제에 관해 의견을 표현하는 행사에 참여할 것입니다.

글로벌 시민참여 : 눈부신 시민운동

GCE.3.1 가능한 한 항상 공정 무역이나 지역에서 재배된 제품과 브랜드를 구입할 것입니다.

GCE.3.2 나는 소외된 사람들과 장소의 선량한 청지기로 알려진 브랜드와 제품을 고의로 구매할 것입니다.

GCE.3.3 소외된 세계인과 장소에 피해를 주는 것으로 알려진 브랜드 나 제품을 보이콧하지 않을 것입니다.

〈집단주의와 개인주의 측정 도구(예)〉

1. 단체와 동의하지 않을 경우 중요한 문제에 대한 내 견해를 바꾸기보다는 단체 안에서 갈등상태로 남을 것이다. (I)
2. 나는 차에서 나의 상사에게 나의 자리를 양보할 것이다. (C)
3. 나는 사람들을 대할 때 직접적이고 솔직해지는 것을 좋아한다. (I)
4. 나는 내가 일하는 사람들과 장기적인 관계를 발전시키는 것을 즐긴다. (C)
5. 나는 내 자신의 성취에 대해 말할 때 아주 겸손하다. (C)
6. 나는 나의 일에서 협조가 필요한 사람에게 선물을 줄 때 나는 의심스러운 행동에 빠져 있는 것 같다. (I)
7. 내 부하 직원이 일을 하길 원할 경우 나는 상사가 그 작업을 수행하기를 원한다고 말한다. (C)
8. 나는 사람들이 진실을 말하기보다는 체면을 구하는 데 도움이 될 의견을 제시하는 것을 선호한다. (C)
9. 해야 할 때 나는 "아니오"라고 바로 말한다. (I)
10. 나는 이름, 성별, 연령 및 기타 인구통계학적 특성에 주의를 기울임으로써 타인의 지위를 정의한다. (C)
11. 판매량을 늘리기 위해 가장 높은 판매를 한 영업 사원에게 '뛰어난 영업 사원' 상을 수여할 것이라고 발표한다. (I)
12. 나는 일하는 사람들과 감정적으로 가깝게 지내는 것을 즐긴다. (C)
13. 달성해야 할 과제가 있을 때 도움을 줄 수 있는 지역 사람들의 인맥을 개발하는 것이 중요하다. (I)
14. 나는 상사와 동등한 가치로 여겨지는 것을 좋아한다. (I)
15. 나는 상호 작용하는 권위자들에 대한 존경심을 가지고 있다. (C)
16. 어떤 사람이 특정한 일을 수행하기를 원한다고 할 때, 그 일이 그 사람의 단체의 다른 사람들에게 어떻게 이익을 주는지 보여주려고 노력한다. (C)

출처: D. PS. Bhawuk & R. Brislin, 1992: 413-436.

제 V 부

뇌신경과학과 통일교육

제8장
거울 뉴런과 통일교육 방법의
과학적 방법론 모색

Ⅰ. 서론

뇌 과학, 인지과학, 신경 생물학 등과 같은 자연과학 분야의 연구는 철학, 교육학, 윤리학 등과 같은 인문학 분야와는 별개로 이루어져 왔고 이들 사이의 학문적 교류도 활발히 전개되지 않았다. 에드워드 윌슨(Edward O. Wilson)의 『통섭(Consilience)14)』이후 이러한 학문 분과들 사이에 학제 간의 소통과 융합에 대한 논의가 시도되었다. 우리나라에서도 몇 년 전 통합에 대한 논의가 인문학과 자연과학의 만남과 같은 학문 간의 대화를 시도하며 학계의 주목을 받았다. 통섭은 학계의 대화와 통합을 끌어낼 수 있다는 점에서 의의가 있다.

도덕교육에 대한 논의는 주로 철학, 사회학, 윤리학, 심리학과 같은 인문학적 접근에 의존해왔다. 더구나 통일교육에 대한 논의는 정

---

14) 최재천 교수는 윌슨의 책을 소개하면서 Consilience를 통섭으로 번역하였다. Consilience는 통섭, 통합, 융합 등으로 번역될 수 있다. 본 연구에서는 통섭의 개념을 정립하는 데 그 목적이 있는 것이 아니므로 통섭의 전체적인 큰 틀인 학문 간의 소통과 대화, 영역 간의 넘나듦의 측면에서 뇌 과학적 성과의 하나인 거울 뉴런의 도덕 교육적 적용 가능성을 모색하고자 한다.

치학 차원의 접근도 많았다. 그러나 도덕교육의 궁극적인 목적이 도덕적인 인간 육성에 있다고 할 때, 인간으로 하여금 어떻게 도덕적인 인간이 되도록 만들 수 있느냐 하는 부분은 다양한 학문 관점에서 논의할 필요가 있다. 동일하게 통일교육 또한, 한 인간에 대한 교육적 차원을 염두에 두어야 한다. 그것은 인간의 본성은 무엇인가, 인간을 인간답게 만드는 것은 무엇인가, 인간으로 하여금 도덕적으로 사고하고 행동하게 하는 주요 인자는 무엇인가, 인간은 도덕적인 정서를 어떻게 소유할 수 있는가 등의 수많은 문제에 대한 답을 도덕교육 그리고 통일교육에서 논할 수밖에 없기 때문이다.

인간에 대한 철학, 과학, 심리학, 사회학 등의 다양한 분야에서의 논의는 보다 다각적인 관점에서 인간을 이해하도록 도우며 교육의 방향과 구체적인 방법 설정에 중요한 실마리를 제공한다. 따라서 인간에 대한 보다 총체적 시각에서의 이해를 위해서 최근 신경 생물학, 인지과학 등 분야에서의 발전을 교육에 어떻게 적용할 수 있는지 그 가능성을 모색할 필요가 있다.

인지과학, 뇌 과학 분야의 발전 중에서 우리가 주목해 보아야 하는 것은 1990년대 중반 발견된 거울 뉴런(Mirror Neuron)이다. 학계에서는, 인간은 거울 뉴런을 통해 다른 사람의 행동을 관찰·모방하고 이에 공감하며 행동하는 사람의 의도까지도 알 수 있다고 설명한다(한일조, 2010). 거울 뉴런이 원숭이와 같은 동물의 실험을 통해 발견되었다는 점에서 본다면 거울 뉴런의 존재와 그 역할을 인류에게 적용한다는 것은 다소 무리가 있을 수 있다. 그러나 관련 학자들은 연구를 통해 인간의 뇌의 영역에도 거울 뉴런이라 일컬을 수 있는 부분이 있음을 주장한다. 뇌 신경학자들은 fMRI와 같은 고도의 뇌 영상 촬영기법을 통한 연구 등에서 인간에게도 거울 신경 세포 시스템이 존재함을 증명했다.

본 연구는 거울 뉴런이 통일교육 현장에 어떠한 의미를 갖는지 살펴봄으로써 통일교육을 위한 새로운 방향의 시각을 탐구해 보고자 한다. 이를 통해 학교에서 이루어지는 통일교육의 중요성과 가능성을 모색하는 데 그 목적이 있다. 이어지는 장에서는 오늘날 학계에서 논의되고 있는 자연과학과 인문학의 통합의 의미가 통일교육에 주는 시사점을 살펴보고, 인류의 대발견이라 일컬어지는 거울 뉴런이 갖는 교육적 의의를 공감의 측면에서 살펴보고자 한다. 끝으로 이러한 논의를 기반으로 앞으로 통일교육이 나가야 할 방향을 제시해 보고자 한다.

II. 거울 뉴런과 교육의 조우(遭遇)

1. 자연과학과 통일교육의 만남 : 거울 뉴런, 공감 그리고 통일교육

철학자들이 인간을 생각하는 존재, 이성을 지닌 존재로서 여타 영장류와 구분을 짓고자 하였다면, 신경과학자들은 인간의 뇌의 구조, 뇌의 작용 방식으로 인간을 다른 영장류와 차별된 존재로 인식한다. 가자니가(Michael S. Gazzaniga)는 *Human*(2009), *Ethical Brain*(2006) 등의 저술을 통해 인간이 다른 종과의 가장 큰 차이는 인간 두뇌에 있다고 강조한다. 인간의 두뇌는 다른 영장류의 두뇌와 유사성을 갖고 있으면서 동시에 동물과는 다른 특수성을 지닌다. 인간 두뇌는 그것이 다양한 자극에 의해 복잡한 모듈로 구성되어 있는 뉴런들의 기능으로 인해 다른 동물과 차별화된다. 따라서 인간의 뇌에 대한 논의는 인간의 특징을 가장 잘 반영하는 실체에 대한 논의가 됨과 동시에 인간의 사고와 정서와 같은 인간만의 독특한 행동 방식을 이해하는 가장 기초적인 틀을 제공한다는 점에서 의의가 있다.

인간의 삶과 사고, 정서, 행동에 주된 관심을 두고 탐구하는 도덕과 통일교육 담론 장에 뇌 과학, 인지과학에서의 발견과 성과들은 적극적으로 논의에 입문하지 못했다. 그러나 기존의 통일교육에 대한 반성과 통일교육이 학교 교육에서 반드시 이루어져야 하는 교육임을 증명하기 위해서 뇌 과학, 인지과학적 논의는 통일교육의 장에서 간과되어서는 안 될 것이다. 특히, 인지과학, 뇌 과학, 신경과학 등의 관련 학계에서 큰 반향을 일으켰던 거울 뉴런에 대한 논의는 인간이 어떻게 특정 행동을 따라 하고 나아가 그러한 행동을 자신의 행동으로 체득하게 되는지에 대한 이해의 틀을 제공함으로써 통일교육의 차원에서 논의할 주제가 된다. 이러한 시도는 통섭과 통합의 측면에서 의미를 가질 뿐만 아니라 앞으로 통일교육에서 의식할 필요가 있다.

거울 뉴런[15]은 1996년 이탈리아의 한 대학에서 원숭이의 뇌 신경을 연구하는 가운데 발견된 이후, 인간에게도 유사한 뉴런이 존재할 것이라는 가정하에 여러 연구가 진행되었다. 원숭이의 뇌에서 발견된

---

15) 1996년 라촐리티가 실험실에서 원숭이의 신경을 관찰하던 중 발견한 뉴런을 거울 뉴런(mirror neuron)이라 명명한 이후, 야코보니는 거울 뉴런 시스템이 인간의 공감 능력을 일으키는데 관여하는 뉴런 시스템이라 하며 거울 뉴런 이론을 확장했다. 다른 사람의 행동을 보고 그의 의도를 파악할 수 있는 것은 거울 신경 세포 시스템을 통해 우리가 그와 같은 행동을 직접 하지 않아도 그러한 행동을 목격하는 동안 우리가 그러한 행동을 하는 것처럼 우리의 뇌 안의 거울 뉴런이 반응한다는 것이다(M. Iacoboni & M. Dapretto, 2006).

거울 뉴런에서 발전하여 거울 신경 세포 시스템과 같은 것(Phineas Gage)이 인간의 뇌에 존재한다는 데 의견이 모이고 있다. 또한 게이지라는 한 철도 노동자가 사고로 뇌의 한 부분에 치명적인 상처를 입고 이전과는 다른 인격적인 특성을 보인 데서 인간의 두뇌 영역에 인간의 도덕성과 같은 부분을 관장하는 특정 영역에 대한 이해를 높였다. 거울 뉴런이 비록 동물 실험에서 기인한 것이기는 하지만 자폐아 아동에 대한 연구와 기타 특정 부위의 뇌 손상 환자들에 대한 연구들에서 인간 두뇌의 부분에는 분명 사회성, 도덕성, 인성과 같은 영역을 관장하는 부분이 있다는 것이 입증되었다.

거울 뉴런은 단지 특정 행동에 대한 목격만으로 그러한 행동을 실행할 때와 동일한 방식으로 작동하는 신경 세포이다. 인간의 경우, 거울 뉴런은 모방 행동을 설명하는데, 신경과학자들은 거울 뉴런이 영화를 보면서 눈물 흘리는 주인공과 함께 눈물 흘리는 사람의 행동, 자신을 보며 반갑게 웃는 타인을 향해 자신도 모르게 미소로 화답하는 사람의 행동, 엄마의 내민 혀를 보고 그대로 따라하는 아기의 행동 등과 같은 수많은 모방 행동에 대한 과학적인 해명이라고 설명한다. 더욱 중요한 것은 거울 뉴런이 단지 우리로 하여금 타자의 행동을 모방하게 할 뿐만 아니라, 그와 같은 행동을 하는 '주체의 의도를 관찰자로 하여금 파악'하게 한다는 점이다. 즉, 거울 뉴런은 사회적 존재로서의 인간이 상대방을 이해할 수 있는 메커니즘으로 작용한다는 데 의의가 있다.

거울 뉴런은 뇌의 한 영역에서 이루어지는 작용의 미숙이나 결여가 한 인간의 사회적 지능, 정서, 도덕적 행동에도 영향을 준다는 점을 알려준다. 이는 비도덕적 행동을 하는 사람의 문제가 그의 심리적 도덕성의 결여뿐만 아니라 신체적 건강의 저하와 같은 육체적 문제에도 기인할 수 있음을 나타낸다. 거울 신경 세포계 시스템 이론은 인간의 행동과 마음의 작용을 뇌의 특정 부분들의 신경작용이라는 과학적 설명으로 해석한다. 인간의 사고 작용과 행동에 대한 이해의 기초를 과학적 측면에서 제공한다는 점에서 의의가 있다. 존 윌슨(John Wilson)은 인간의 도덕성의 문제를 정신건강의 측면에서 논의한 바 있다(J. Wilson, 1972). 도덕성의 문제를 인문학적 측면에서 뿐만이 아닌 과학적 측면에서 바라보았던 그의 관점은 오늘날 뇌 과학적 발견 성과에 의해 입증된다.

거울 뉴런은 감정 이입, 공감의 가능성을 제공한다는 점에서 중요하다. 거울 뉴런은 시각적으로 보이는 동작을 모방하는 경향을 갖고 있다. 인간이 언어를 배우고 타인의 행동을 모방할 수 있는 것은 뇌의 이러한 부분이 있기 때문이다. 그리고 모방은 다른 사람의 목적을 파악하기 위한 것으로 이해된다(C. Frith, 장호연 역, 2009). 학자들은 공감 영역은 머리 앞쪽, 중앙선 근처의 계곡인 대상결고랑 주위의 회로들에 의존하는 것으로 생각한다. 타인의 심리상태를 상상하는 '심리화'가 요구되는 이야기를 읽을 때 그 부위가 스캐너로 밝아지는 것을 발견했고(Matt Ridley, 김한영 역, 2004: 99), 이것이 거울 뉴런의 발견과 함께 공감을 느끼는 영역으로 자리 잡게 된다. 공감은 일종의 감정 이입이다. 공감은 타자가 느끼는 정서를 동일하게 소유하는 것으로 이를 통해 타인을 이해하고 배려하며 도울 수 있게 된다. 이런 점에서 공감은 통일교육의 중요한 키워드가 된다.

리프킨(Jeremy Rifkin)은 『공감의 시대(The Empathic Civilization, 2009)』에서 공감을 인류의 중요한 유산으로 소개한다. 공감을 통해 인간은 자신이 아닌 타인을 자신의 안으로 끌어들임으로써 자아의식을 확대한다. 축소된 자아의식은 자신의 몸 안에 갇힌 것으로 나 자신의 고통과 입장밖에 고려할 줄 모른다. 그러나 확대된 자아의식은 나를 넘어서 내가 아닌 타인의 고통을 공유하고 그들의 아픔을 인지하며 그를 나와 동일한 존재로 받아들이게 된다. 이러한 확대된 자아인식을 통해 인간은 내가 아닌 타인을 배려하고 존중할 수 있게 되는 것이다. 공감 경험은 이후 유사한 상황에서 도덕적 상상을 가능하게 한다. 즉, 도덕적 상상은 과거 경험했던 도덕적 경험에 의해 가능하다(M. Power, 2010: 4.). 통일교육에서 내가 아닌 타인의 입장에 대한 고려는 무엇보다 중요한 지점이다.

사회통합 차원에서 사람 통일을 지향하는 것으로서 통일교육을 이해할 때, 북한 주민, 탈북청소년에 대한 공감과 배려가 요구된다. 공감이 통일교육에서 중요한 이유는 인지적인 뇌와 정서적인 뇌 사이의 연구를 통해서도 확연히 드러난다. 죠슈아 그린(Joshua D. Greene)은 감정적 영역의 뇌와 인지적 영역의 뇌의 작용에 따른 각기 다른 행동 패턴에 대해 유의미한 설명을 한다. 전두측 치매(frontotemporal dementia)를 앓는 환자는 감정적으로 무뎌진다고 알려져 있다. 감정적 반응을 느끼지 못하는 상황에서는 많은 사람들이 꺼리는, 남자를 직접 밀쳐야 하는 '인도교 딜레마[16]'에 대해 높은 비율의 승인율을 보였다. 반면, 이 딜레마 실험에서 일반인들은 철로로 직접 남자를 미는 행위에 대해 심한 거부감을 갖는다는 것이다. 중요한 것은 감정적 영역의 작용을 받는가와 그렇지 않는

---

16) 인도교 딜레마(Footbridge dilemma)는 트롤리 문제(Trolley Problem)라고 알려진 사고 실험의 일부로 내용은 이러하다. 당신은 철로를 바라보며 다리 위에 서 있는 구경꾼이다. 저 아래 철로로 전차가 들어오고, 철로 끝에 인부 다섯 명이 있다. 그런데 브레이크가 말을 듣지 않는다. 전차가 인부 다섯 명을 들이받기 직전이다. 피할 수 없는 재앙 앞에서 무력감을 느끼다가 문득 당신 옆에 서 있는 덩치가 산만 한 남자를 발견한다. 당신은 그 사람을 밀어 전차가 들어오는 철로로 떨어뜨릴 수 있다. 그러면 남자는 죽겠지만 인부 다섯 명은 목숨을 건질 것이다. 여기서 철로로 남자를 미는 행위가 옳은가? (M. J. Sandel, 이창신 역, 2010: 37).

가가 도덕적 판단에 영향을 준다고 보는 것이다. 즉, 감정적 반응을 느끼지 못하는 환자들은 누군가를 직접 밀어 철로에 떨어뜨려 더 많은 인명을 구하는 행동을 괜찮은 선택으로 받아들인다는 것이다. 그리고 이러한 반응의 차이는 눈앞의 고통에 대한 반응의 차이라고 지적된다(Brockman, M.(Eds.), 한세정 역, 2010: 19-24). 여기서 고통에 대한 반응의 차이 즉, 감정을 불러일으키느냐 아니냐의 문제는 거울 뉴런과 긴밀히 연결된다. 거울 뉴런은 공감을 가능하게 하며 공감은 도덕판단에 상당한 영향을 준다.

헤어(R. M. Hare), 윌슨(John Wilson), 스미스(Adam Smith), 피터즈(R. S. Peters), 콜즈(Robert Coles) 등이 강조한 도덕적 상상력은 우리의 뇌 안에 존재하는 거울 뉴런의 작용으로, 목격에 기초한 상상을 함으로써 획득된다고 할 수 있다. 요하임 바우어(Joachim Bauer) 역시 거울 뉴런의 발견으로 사람들이 서로 이해할 수 있는 능력에 관한 신경생리학적 토대를 갖게 되었다고 말한다. 그는 동정심을 느끼거나 감정 이입을 할 수 있는 능력은 상대가 감지하는 느낌을 우리의 신경 세계(뇌의 다양한 감정 중추)가 자동적이면서도 즉각적으로 재구성하는 까닭에 생겨난다고 설명한다. 또한 신경생물학적 공명 현상 즉, 다른 사람이 느끼는 것을 느끼는 현상은 다른 사람이 어떤 행동을 하거나 어떤 느낌이 있다는 점을 인지하고 관찰하면서 시작된다는 것이다(J. Bauer, 이미옥 역, 2009: 48-50). 이러한 측면에서 거울 뉴런은 상상하는 인지의 작용이 공감과 같은 정서를 일으킬 수 있다는 것을 증명한다. 거울 뉴런은 공감에 대한 신경과학적, 신경생물학적, 인지과학적 설명이다.

2. 통일교육에의 거울 뉴런 적용의 한계와 시사점

과거에 비해 괄목할 만한 발전을 이룬 뇌 과학의 업적에도 불구하고 뇌는 아직 인간에게 낯선 장치이며 미개척 분야의 하나이다. 과학자들은 이제 뇌 회로의 극히 일부분만을 알아내었을 뿐 뇌 안에서 이루어지는 복잡한 신경 회로망과 그 기능들을 완벽하게 분석할 수 있는 지도를 만들어내지 못했다. 뇌라는 실체는 컴퓨터 공학자가 컴퓨터 내부를 분해하여 해석해 내듯이 뇌 과학자가 해부해낼 수 있기에는 지나치게 복잡한 구조를 갖고 있다. 설사 뇌 과학자가 뇌세포 각각에 대한 분석을 통해 각각의 기능을 규명해 낸다고 하더라도 그것을 통해 인간의 사고와 행동을 일대일 대응 방식으로 환원시킬 수 있는가는 또 다른 논란을 일으키는 문제이다.

한때 학계에 유행했던 물권주의나 환원주의가 나름의 비판을 받았던 것과 마찬가지로 인간의 사고과정과 행동 과정을 일종의 시뮬레이션의 개념 하에 뇌 안에서 이루어지는 신경회로의 상태 변화와 작용으로 풀어내기에는 아직 과학의 발전도 미진할뿐더러 적용의 한계가 있는 것이 사실이다. 더구나 현재까지 진행된 뇌 과학적 발견과 업적들이 인간의 본성, 도덕성, 교육이 해결해야 할 모든 문제들을 해명해 줄 수 있는 것은 아니다. 현시점에서 우리가 할 수 있는 것은 뇌를 구성하는 단백질 세포와 그 신경망들은 다양한 기능을 담당하고 있으며 이를 통해 우리는 많은 것을 유추해 볼 수 있다는 점일 것이다. 따라서 도덕과 통일교육에서는, 거울 뉴런이 우리 안에 타인을 거울처럼 비추는 것을 가능하게 하는 신경 세포로서 공감 능력의 바탕이 된다는 점에서 접근해야 할 것이다.

다음으로 과학의 발전에 대한 무비판적 수용은 인문학에 오히려

독이 될 수 있다는 점을 인식해야 한다. 철학적 성찰과 반성 아래 과학적 발견을 어떻게 인간 삶의 현장에 적용할 수 있는지 고민할 필요가 있다. 최근 등장한 통섭의 개념에 대해 학계에서는 학자마다 다양한 의견과 해석을 내놓고 있다. 그러나 그 주된 핵심은 반성적 성찰을 통한 개념 수용이 필요하다는 것이다. 이런 점에서 본다면, 거울 뉴런의 역할에 대해 맹신할 수는 없다. 뇌 과학에서 주장하는 거울 뉴런 이론을 교육의 분야에 그대로 적용함에는 분명한계가 있다. 그런데도 거울 뉴런의 발견은 통일교육의 방법론적 차원에서 간과할 수 없는 과학적 업적 중의 하나임에는 틀림없다. 따라서 뇌 과학의 연구결과를 도덕과 통일교육 차원에서 논의함에 있어 이것의 맹목적 추종은 경계해야 하지만, 동시에 뇌 과학에서 이루어낸 성과를 외면해서도 안 될 것이다.

마지막으로 뇌 과학적 사고는 지나치게 과학적 사고에만 의존해 있다는 것이다. 현대 뇌 과학에 대해 한편에서의 반론은 그것이 철학을 떠나 과학적 사고에만 의존하고 있다는 점이다. 알바 노에(Alva Noë)는 『뇌 과학의 함정(Out of Our Heads)』에서 의식(consciousness)이 경험(experience)이라고 말한다. 의식은 인간이 경험의 세계와의 상호작용 속에서 느끼고, 생각하는 과정에서 형성된다. 따라서 인간의 마음, 가치관, 의지를 통한 행동은 모두 하나의 실체 안에서 종합적으로 해석되어야 한다는 것이다. 이러한 논리를 통해 인간의 몸 즉, 신경망의 기반을 갖는 뇌와 인간의 마음을 나누어 경계 짓고 분리하는 이원론적 사고는 인간의 실제 삶과 모순될 수 있다고 강조한다. 과학자인 그는 본 저서에서 철학적 토대를 통해 신경과학적 실험결과들을 이해하려는 노력을 보인다. 그는 현대의 뇌 과학에서 인간의 전부를 뇌로 가정하는 데 대해 반기를 들면서 인간의 실체를 이해하기 위해서는 철학적 논의를 바탕으로 해야 한다고 주장한다. 노에는 한 인간의 삶은 마음과 뇌, 몸, 경험 그리고 그를 둘러싼 세계가 모두 유기적으로 상호 작용하는 과정에서 이루어진다고 했다. 노에의 견해를 전적으로 받아들일 수는 없을지라도 과학과 인문학의 교류를 이루려고 할 때 무엇을 기반으로 해야 할 것인지에 대해 진지하게 고민할 필요가 있다.

현재 뇌 과학과 관련된 연구는 인간의 사고와 의식 작용이 과거와 세계의 상호작용에 의존한다는 사실을 간과하고 있다. 인간의 의식을 신경과학적 현상으로 단순히 설명하는 것 자체에 오류가 있을 수 있다. 인간의 사고과정은 살아있는 활동이다. 접시 위에 놓인 사과 하나를 분석하고 해부해 내듯이 인간의 두뇌 안 뉴런의 작용을 해석해 내서는 안 된다. 노에의 지적처럼, 두뇌, 몸, 세계와의 상호작용을 통한 경험으로서의 인간의 의식을 철학과 단절하여 과학적 분석 안에서만 논할 수 없다. 의식은 단순히 신경만을 기반으로 하지 않는다. 같은 부분의 뇌 활성화를 보이는 두 사람의 뇌 작용은 그들이 처한 환경, 각자의 독특한 경험과 사회적 위치 등에 의해 전혀 다른 의식의 작용으로 발현될 수 있기 때문이다. 인간의 사고과정, 정서 작용, 행동 등을 철학을 떠난 오로지 뇌 과학적 문제로 일축할 수 없는 이유가 여기에 있다. 인간의 사고, 정서, 행동의 문제는 과학의 문제이기도 한 동시에 철학의 문제이다.

Ⅲ. 학제 간 상호참조 기반 통일교육

1. 통일교육에서 학제 간 교류의 필요성

학제 간의 교류와 상호참조는 서로에 대한 단절과 이탈에서 벗어나 서로에 대한 인정을 기반으로 시작해야 한다. 철학적 논의를 벗어난 과학이 불완전한 것과 마찬가지로 과학적 논의를 떠난 철학 또한 불완전하다고 할 수 있다. 우리는 현재 진행되고 있는 뇌 과학의 인간에 대한 해명의 한계에도 불구하고, 통일교육의 논의에 뇌 과학적 논의를 참조할 필요가 있다. 학제적 연구와 학문 간의 소통은 보다 큰 그림 안에서 도덕과 통일교육의 논의 가능성을 제공해 줄 것이다. 통일교육에서는 내가 아닌 타인에 대한 고려가 배제되어서는 안 되기 때문이다. 북한 주민, 북한이탈주민, 코리안 디아스포라 등에 대한 헤아림이 필요하다. 따라서 거울 뉴런의 발견을 통해 통일교육에서 얻을 수 있는 시사점은 다음과 같다.

첫째, 콜즈가 주장하는 '목격에 기초한 상상'의 도덕교육에 대한 과학적 입증을 제공한다. 거울 뉴런 이론은 '목격에 기초한 상상'에 대한 철학, 인문학, 교육학적 논의가 자연 과학적으로 타당성을 지님을 증명한다. 콜즈는, 아동이 부모 혹은 기타 타인의 행동을 관찰함과 같은 목격을 통해 도덕적 상상을 하게 되며 이러한 도덕적 상상을 통해 도덕적 행동을 하게 된다고 보았다. 거울 뉴런은 이러한 콜즈의 주장을 보다 과학적으로 뒷받침한다. 크리스천 케이서스(Christian Keysers)는 손가락을 베이면 대상 피질(cingulate cortex)과 전측뇌섬엽(anterior insula)이 아픔을 느낀다고 말한다. 중요한 것은 다른 사람이 손가락을 벤 것을 보았을 때도 우리 뇌의 이 두

부위가 작동한다는 것이다. 물론, 남이 아파하는 것을 보았을 때 느끼는 고통은 자신이 직접 경험할 때보다 그 강도는 덜 하다.

그러나 타인의 고통을 함께 느낀다는 것이 중요하다. 그는 감정 역시 유사한 법칙을 따르는 것 같다고 말한다. 역겨운 냄새를 맡으면 뇌섬엽(insula)의 작용으로 혐오감을 느끼게 되는데 다른 사람의 혐오의 표정을 보기만 해도 마치 내가 그 느낌을 경험하고 있는 것처럼 뇌의 같은 부위가 자극을 받는다고 주장한다(M. Brockman(Eds.), 한세정 역, 2010: 42-45). 이러한 뇌의 영역은 거울 뉴런이다. 거울 뉴런에 대한 이와 같은 설명은 우리가 왜 눈앞의 고통에 대해 공감하고 반응하는지에 대한 설명이 된다. 우리는 다른 사람의 기쁨과 고통을 목격할 뿐만 아니라 그것을 함께 공유한다. 다시 말해, 거울 뉴런의 존재는 목격에 기초한 상상에 대한 과학적 증명이다. 따라서 거울 뉴런 이론을 목격에 기초한 상상이론에 적용하면 다음과 같다.

A. 거울뉴런
대상 행동 관찰 ──→ 모방 행동
      　　　 거울뉴런의 작용

A-1. 목격에 기초한 상상
도덕적 행동의 목격 ──→ 목격에 기초한 상상 ──→ 도덕적 관점 획득과 도덕적 행동
      　거울뉴런의 작용　　　　　　거울뉴런의 작용

여기서 A-1 모형은 A 모형에 의해 과학적으로 타당성이 입증된다. 아이들은 끊임없이 눈으로 보면서 그러한 행동을 두뇌 속에서 행동으로 따라 한다. 아이들의 도덕적인 행동을 기대하기 위해서는

그들에게 계속해서 도덕적 모범을 보여주어야 한다. 반면, 아이들에게 비도덕적 모범을 보여주어서는 안 되는 이유 또한 여기에서 찾을 수 있다. 거울 뉴런의 작용은 행동의 관찰만으로도 이루어지기 때문이다.

우리의 현실을 볼 때, 아이들은 사회 속에서, 가정에서, 인터넷상에서, 매스컴을 통해 비도덕적인 삶의 모습을 끊임없이 목격하고 있는 것과 동일하게 북한, 통일, 북한 주민, 북한이탈주민 등에 대한 편향된 정보, 태도, 행위에 노출되고 있다. 그들은 이러한 행동을 따라 하고 있으며 그들 자신도 의식하지 않은 사이에 그들의 몸은 그와 같은 행동 패턴을 체득하고 있다. 거울 뉴런 이론이 통일교육에 주는 시사점은, 인간은 끊임없이 무의식적으로 행동의 암시를 받고 무엇인가를 전달받고 있다는 것이다. 우리는 의식적 사고 작용에 의해서 우리의 정서와 행동을 지배받는 것과 동일하게 무의식적인 기제들에 의해서도 동일한 영향을 받기 때문이다.

둘째, 인지와 정서의 상호 연관성에 대한 과학적 토대를 제공한다. 핑커(Pinker)는 감정은 일종의 적응 특성이고, 지성과 조화를 이루는 동시에 마음 전체의 작용에 필수적 역할을 하는 잘 설계된 소프트웨어 모듈이라고 말한다. 또한 감정은 복잡한 계획을 공모하기도 한다고 지적하면서 감정이 지닌 복합성을 주장한다(S. Pinker, 김한영 역: 570, 572). 윌슨(Edward Wilson)도 같은 관점에서 감정은 이성을 당혹하게 만드는 무엇이 아니라 오히려 이성을 위해 꼭 필요한 부분이기에 이 둘은 상호 조력의 관계에 놓여있다고 강조한다(E. Wilson, 최재천·장대익 역, 2005: 200-201; A. Damasio, 1994 : preface). 인지와 정서는 뇌의 기능에서 서로 독립된 영역이 아니다. 인지와 정서는 다양한 모습으로 뇌 안에서 통합된다(한일조, 2010). 파우어 (Power)는 우리의 인지와 정서가 상호작용하며 우리의 인지 작용이 우리의 정서를 발현시킨다고 말한다(M. Power, 2010: 5). 이처럼 많은 연구들은 도덕적 정서와 도덕적 인지는 상호 의존하고 있다는 사실을 보여준다(L. A. Jensen, R. W. Larson, & W. Damon(ed.), 2010: 3).

통일교육 안에서 인지와 정서 작용은 통합된 시각에서 조망됨과 동시에 종합적인 시각에서 접근되어야 한다. 통일교육에서 통일 사고의 교육이 통일 정서에도 영향을 줄 수 있다는 것을 설명한다. 한편, 이것은 그동안 많은 비판을 받아왔던 교실에서의 텍스트 중심으로 이루어졌던 통일 수업이 학생의 인지뿐만 아니라 정서에도 어느 정도 영향을 주어왔음을 인식하게 한다. 따라서 학교에서의 통일 수업은 그것이 비록 지식 위주로 이루어져 왔다고 할지라도 학생들의 성장에 기여해 왔다는 사실을 전면 부인할 수는 없을 것이다.

셋째, 교실이라는 제한된 공간에서 이루어지는 통일교육의 유의미성에 대한 과학적 해명을 제공한다. 도덕적 모범에 대한 관찰은 도덕적 사고와 정서, 행동에 영향을 준다. 바우어(Bauer)는 사람의 정신이자 신경학적 기구인 뇌는 의식을 무시한 채 매일 수많은 지시 사항과 자극을 받아들이며 이렇게 인지한 내용은 의식적이든 무의식적이든 축적될 뿐만 아니라, 반응하도록 만들고 정신적·육체적인 변화를 일으키는 것은 물론 행동을 준비하게끔 인도한다고 강조한다. 그리고 이러한 현상이 생기는 것은 모두 거울 뉴런 때문이라고 말한다(Bauer, 이미옥 역, 2009: 11).

따라서 아동의 다양한 정서 경험의 참여는 타인의 관점을 받아들이는 인지 능력을 발달시킴과 동시에 공감과 같은 정서 능력의 발달을 돕는다. 여기서 중요한 것은 정서의 참여가 직접적 참여만을 의미하지 않는다는 점이다. 거울 뉴런을 통해 학생들은 모니터를 통해 보이는 장면을 통해서도 그러한 행동에 참여하는 만큼의 두뇌 활동을 진행한다. 이는 학교에서 이루어지는 통일교육이 비록 제한된 시·공간에서 이루어질 수밖에 없지만 학생들은 그와 같은 교육 활동 속에서도 통일 시민의 모범을 교육받고 있다는 사실을 입증한다.

　마지막으로, 습관화 교육의 중요성을 시사한다. 교육에서 습관화 교육은 비합리적인 것으로 폄하되는 경향이 있었다. 콜버그를 위시한 인지론자들이 도덕적 판단력과 사고력을 강조한 것은 무의식적으로 행해지는 도덕교육에 대한 반기였다. 그러나 피터즈(Peters)가 강조하는 '습관의 마당을 지나 이성의 궁전에 들어가야 한다'는 것, 아리스토텔레스가 강조하는 '한 마리의 제비가 왔다고 해서 봄이 온 것은 아니라는 것'은 모두 교육에서 습관화의 중요성을 강조한 것이다. 같은 행동을 일정 수 이상 반복하게 되면 습관이 형성된다. 제임스는 인간의 습관이 바뀌면 행동이 바뀌고 행동이 바뀌면 인생이 바뀐다고 강조한 바 있다. 리들리(Ridley)는 인간에게 너무 많은 이성과 적은 습관을 부여한다고 지적하며 니코틴 중독자에게 담배를 끊도록 설득해 보라고 권유한다(Ridley, 2004: 30).

　이성은 분명 결심을 세우고 이를 실행하는 의지를 갖도록 하는 데 전환점을 제공한다. 그러나 이것을 실행에 옮기는 순간 그것은 반복적인 노력의 끊임없는 이성, 의지의 작용에 의해 지속되어야 한다. 인간은 습관 형성을 통해서 자신이 희망하는 방향으로 지속해서 나아갈 수 있다. 반복과 습관의 중요성은 손다이크(Thorndike)의 '연습의 법칙(law of exercise)', 다니엘 레빈틴(Daniel Levintin)의 '일만 시간의 법칙17)'을 통해서도 강조되었다. 연습의 법칙은 인간의 정의적 영역에도 동일한 형식으로 작용한다. 워즈니악(Wozniak)은 연습의 법칙에서 모든 활동의 흥분 과정은 그 활동 빈도와 강도에 비례하며 흥분은 자극과 흥분성에 비례하고 반복에 의해 증가한다고 설명한다. 감각적 흥분의 모든 과정은 자극이 제거되고 난 후에도 계속되는 경향이 있다고 말한다(R. H. Wozniak, 진영선·한일조 역, 2011: 163-164). 이러한 현상은 인간의 심리 작용과 행위 전반에 동일하게 반영된다. 인간의 행동, 사고, 정서의 영역에서 행위의 반복과 그를 통한 강화를 거부할 수 없다. 통일교육 또한 지속적인 반복과 습관을 필요로 하는 교육의 영역이다.

결과적으로, 거울 뉴런은 인간의 관찰이 모방을 이끄는 것을 설명한다. 끊임없이 보고 관찰하게 하면 그러한 관찰과 목격은 학생들의 두뇌의 거울 뉴런을 일깨워 그들로 하여금 실제 행동하는 것과 같은 두뇌작용을 하게 하고, 그러한 행동을 무의식적으로 따라하게 할 것이다. 그리고 반복된 이러한 행동은 학생들에게 습관화되어 그들의 몸에 체득될 것이다. 연습의 법칙이나 일만 시간의 법칙은 이러한 반복과 습관이 어느 정도의 기간을 통해 완전한 체득의 상태로 나아가는지에 대한 해설을 덧붙인다. 따라서 거울 뉴런

---

17) 일만 시간의 법칙은 신경과학자 레빈틴의 연구결과로 어느 분야에서건 세계적인 전문가가 되려면 일만 시간의 연습이 필요하다는 법칙이다. 레빈틴은 작곡가, 야구선수, 소설가, 피아니스트 등 다양한 분야의 전문가들을 조사하였는데 모든 분야에서 일만 시간보다 적은 시간을 연습하여 세계적인 수준의 전문가가 된 경우는 없었다는 것이다. 따라서 두뇌가 어떠한 특정 분야에 전문가의 수준으로 적응하기 위해서는 일만 시간 정도의 기간이 필요하며 그러한 시간의 연습과 적응 후에는 그 분야의 정통한 사람이 될 수 있다고 설명한다(M. Gladwell, 노정태 역, 2009 재인용).

은 인간의 모방 행동이 어떻게 가능한가에 대한 과학적 해명이며 습관화 교육의 중요성에 대한 과학적 근거이다. 이러한 일만 시간의 법칙은 통일교육에서 바람직한 통일 시민 육성의 장에도 같은 논지 아래 적용된다. 아이들에게 지속해서 제공되는 교육적 장치로서 통일의 미래상, 북한 실상, 전쟁의 참혹함, 남한 원주민과 북한 이탈주민과의 어울림 등이 묘사된 영상, 글, 사진 등은 아이들에게 효과적인 교육 도구로 작용할 것이다.

2. 뇌 과학과의 학제적 접근을 통한 통일교육의 가능성

거울 뉴런이 통일교육에 주는 시사점을 기반으로 통일교육이 나아가야 할 방향을 모색하면 다음과 같다. 첫째, 통일교육의 논의에 학제적 접근이 요구된다. 에델만(Gerald M. Edelman)은 생물학적 토대를 회피하는 것으로는 인간의 마음이 어떻게 나타났으며 어떻게 기능하는지에 대한 우리의 이해를 높여주지 못할 것 같다고 지적하며 심리학에 생물학을 강력하게 연결하려는 노력을 한다. 그는 생물학 없이 마음을 이해할 수 있다는 생각은 극히 위험한 발상이라고 주장한다(G. M. Edelman, 황희숙 역, 2006: 70, 312). 심리학을 생물학적 기반 위에 올려놓으려는 그의 시도를 전적으로 받아들이기 위해서는 몇 가지 짚고 넘어가야 할 사안들이 있다. 그러나 마음에 대한 심리학적, 철학적 담론에 생물학적 논의를 함께 고려하고자 했던 노력은 통일교육의 방법론 논의에도 필요한 자세이다. 통일교육 현장에서 학생들 교육에 생물학, 뇌 과학, 심리학, 사회학 등의 다양한 학문의 교류를 통한 상호참조의 노력이 필요하다.

둘째, 통일교육에서 공감 능력과 관찰, 그리고 모방이 중요한 요소가 됨을 인식해야 한다. 공감 능력은 도덕적 정서로서 다른 사람을 이해하고 배려하기 위해 요구되는 능력이다. 거울 뉴런의 존재는 우리 인간이 타인과 어떻게 상호작용이 가능한가를 설명한다. 우리는 종종 칼에 베인 다른 사람의 상처를 보면서 눈살을 찌푸리고 상대방과 유사한 고통 경험을 떠올린다. 그것은 우리 뇌 속의 거울 뉴런이 마치 내 손이 칼에 베인 것과 유사하게 반응하기 때문이다. 칼에 베인 상대의 아픔을 마치 나의 아픔으로 여기는 것은 일종의 공감이다. 공감은 곧 다른 사람의 처지를 마치 나의 것처럼 이해하고 상상하는 도덕적 상상력과 밀접히 관련 된다. 아프리카 오지에서 굶어가는 아이들의 이야기를 들을 때 비록 내 눈앞에서 굶고 있는 아이를 목격하지 않지만 우리는 그런 아이의 상황을 상상함으로써 그들에 대해 공감할 수 있다. 따라서 공감은 통일교육 현장에서 도덕적 상상력, 도덕 지능, 정서 지능과 연결되며 북한 주민, 탈북학생, 코리안 디아스포라 등에 대한 깊이 있는 이해를 이끌 수 있다.

공감은 신경과학적으로 거울 뉴런을 통해 설명된다. 바우어는 거울 뉴런은 뇌의 고통 중추에도 있는 것으로 이를 통해 우리는 다른 사람의 고통을 직접 공감할 수 있게 된다고 설명한다. 고통과 동정심을 담당하는 것이 거울 뉴런이라고 말한다. 또한 관찰자의 거울 뉴런은 고통을 직접 관찰해야만 반응하는 것이 아니라 앞으로 고통을 느끼게 될 상황만으로도 관찰자는 충분히 고통을 느낄 수 있다고 말한다(Bauer, 이미옥 역, 2009: 47). 이처럼 거울 뉴런은 공감을 가능하게 하는 인자로서 타인의 행동을 거울과 같이 자신의 뇌 안에 비춘다. 공감은 우리로 하여금 다른 사람의 마음에서 일어나는 감정을 동일하게 느끼게 함으로써 타인과 나 사이의 장벽을 완화한다. 이러한 이유로, 공감은 타인에 대한 배려와 박애를 가능하게 하기에 통일교육에서도 관심을 기울일 주제이다.

그러므로 통일교육은 학생들의 공감 능력, 도덕 지능, 정서 지능의 향상에도 주목할 필요가 있다. 콜즈의 도덕 지능, 골먼의 정서 지능과 같은 개념들은 이성과 감정에 대해 통합적인 이해를 가능하게 하게 한다. 정서 지능에 대한 관심을 끌게 했던 메이어(Mayer)와 셀러비(Salovey)의 제안은 학교 교실 현장에서 정서 지능을 높이는 구체적인 방향을 제공한다. 그들은 정서 지능은 정서에 대해서 정확하게 인식하고 평가하며 표현하는 능력, 생각을 돕기 위해 정서를 유발할 줄 아는 능력, 또한 정서와 정서에 대한 지식을 이해하는 능력, 정서적·지능적 성장을 위해 정서를 통제하는 능력이라 정의한다.

골먼은 정서 지능에 정서를 아는 것, 정서를 다스리는 것, 스스로에게 동기부여를 하는 것, 다른 사람의 정서를 파악하는 것, 그리고 관계를 조절하는 것의 의미를 부여한다(J. Ciarrochi, J. Forgas, & J. Mayer(Eds.), 박재현 외 역, 2005: 201, 202). 말티(Malti)와 락코(Latcko)는 도덕적 정서 교육에 있어 상호작용(interaction)과 참여(participation)가 또한 중요한 원천이라고 지적하며 콜버그의 정의 공동체 접근(Just Community Approach)에서의 도덕적 정서 교육이 의도적이고 정형화된 것보다 자연스러울 수 있다고 강조한다(B. Latzko & T. Malti(Eds.), 2010: 5).

다른 사람의 처지에 공감하고 그에게 감정 이입할 수 있으려면 그가 되어볼 수 있어야 한다. 그리고 타인이 되어보는 것은 관찰을 통해 거울 뉴런을 일깨움으로써 가능하다. 그러한 사람들의 삶을 직접 목격하는 것, 영화나 동영상, 사진 등과 같은 매체를 통해 내가 아닌 다른 사람들의 삶을 들여다보는 것은 우리의 거울 뉴런을 작용하게 하여 공감 능력을 향상하는 또 하나의 방법이 된다. 아래의 모형은 공감이 거울 뉴런으로부터 어떻게 이끌어지는가를 간략히 설명한 것이다.

A-2 모형
거울뉴런 → 의도 파악 → 이해 → 공감

A-2-1 모형
타인의 고통 목격 → 고통 경험 → 공감 → 배려와 같은 도덕적 행동
　　　　　　　　거울뉴런 작용

* 앞서 제시된 A 모형으로부터 이끌어진 A-1, A-2는 통일교육에서 중요하다.

　학교에서 이루어지는 통일교육이 삶의 현장을 직접 다루지 못한다는 제약에만 얽매일 필요는 없다. 비록 관찰된 행동들을 통해서도 학생들은 끊임없이 교육받고 있다. 이것은 학생들의 거울 뉴런을 자극하는 동시에 이를 활성화하는 작업이다. 실제로 거울 뉴런 부분이 손상된 환자들은 다른 사람과 공감하는 능력에 제한을 받는다는 뇌과학의 설명은 통일교육 현장에 중요한 시사점을 안겨준다.

　셋째, 학교에서 이루어지는 통일교육은 학생들에게 유의미한 학습 경험을 제공할 수 있어야 한다. 도덕과 통일교육 수업은 듀이가 강조하는 교과의 심리화(psychologization of subject matter)(J. Dewey, 1938)를 추구해야 한다. 듀이는 교과는 성인의 교과로서만 존재할 뿐 아동들의 교과는 아니며 단지 가능성으로만 존재한

다고 말한다. 학습자의 맥락을 벗어난 교과는 교과 그 자체의 가치는 있을지 모르나 학습자에게 교육적 가치가 있다고 장담할 수 없다(J. Dewey, 1952: 289-290). 듀이가 강조하는 교과의 심리화란 학습할 내용을 학습자의 심리적 내부의 일부분으로 만드는 것이다. 그러므로 통일교육에서 아동에게 제공된 삶의 모습은 그들의 삶과 밀접히 관련된 것으로서 학생들의 거울 뉴런을 자극하도록 해야 한다.

넷째, 사회 환경의 전환을 통한 통일 공감대 노력이 요구된다. 오늘날 학생들은 사회 환경 속에서 끊임없이 자기 중심주의 교육을 받고 있다. 미디어에서 방영되는 많은 폭력적이고 자기중심적인 이기적 행태들은 이를 보는 사람들의 두뇌를 끊임없이 자극하고 이처럼 행동하도록 만들고 있다. 바우어는 인간의 경우, 어떤 행동이 어떻게 일어났는지 이야기만 들어도 거울 뉴런에서 공명 현상이 일어난다고 말한다(Bauer, 이미옥 역, 2009: 25). 사회에서 벌어지는 갖가지 현상과 이에 대한 이야기들은 모두 관찰자와 청자의 뇌의 작동과 그들의 행동에 영향을 준다.

거울 뉴런은 들어오는 정보를 판단할 능력이 없다. 단지, 눈에 보이는 자극에 그와 같은 행동을 취하는 것과 동일한 방식으로 반응할 뿐이다. 아이들은 그들의 두뇌에 존재하는 거울 뉴런을 통해 그들의 눈에 보이는 대로 따라 하면서 배운다. 방송이나 신문 지면을 통해 쏟아지는 통일반감은 아이들에게 그대로 여과 없이 제공되기도 한다. 이는 사회 전체의 자각과 각성을 요구한다. 이러한 상황에서 학교에서조차 통일교육을 외면해서는 안 된다.

다섯째, 통일교육은 학생들의 정신건강과도 관련된다는 것을 인식해야 한다. 특히 통일교육이 남한 원주민뿐만 아니라 탈북청소년을 대상으로 한 교육이라는 점에서 그러하다. 이는 또한 남한 원주민 학생들의 북한 주민, 북한이탈주민에 대한 공감의 교육이 될 수 있다는 점에서도 필요하다. 통일교육을 통해 끊임없이 학생들의 공감 능력과 성향을 일깨워야 함을 인식해야 한다. 거울 뉴런은 인간의 모방 행동과 언어 습득, 공감과 도덕적 상상력 등의 가능성을 제공하는 유전적 능력이다. 그러나 이러한 유전적 기본 장비는 사용할 때에만 그 능력이 계발된다. 바우어는 유전적인 기본 장비란 유아가 훗날 성장했을 때 실제로 이 장비가 제대로 작동할 것임을 보장할 뿐이라고 지적한다. 태어날 때 이미 갖추게 되는 거울 뉴런은 유아가 자신에게 적합한 관계를 맺을 경우에만 계속 발달할 수 있다(Bauer, 이미옥 역, 2009: 57-58.).

감정 이입, 공감 등을 잘할 수 있는 능력은 이를 가능하게 해주는 거울 뉴런이 잘 작동하는가의 여부에 달려있다. 만약, 아동이 성장 과정을 통해 공명 현상과 감정 이입을 하는 데 필요한 능력을 발달시킬 수 없다면 그러한 능력이 계발될 것을 기대하기 어렵다. 잔인하고 냉정한 부모에게서 성장한 아동은 자애롭고 다정한 부모에게서 성장한 아동과는 다른 행동 양식을 보일 수 있다. 학교에서 통일교육이 절대적으로 필요한 이유는 아동은 유년기로부터 청소년기를 거쳐 지속적인 교육의 장을 통해 다른 사람을 배려하고 이해하고 공감하는 능력을 계발시켜야 하기 때문이다. 그것은 가정과 사회가 아이들에게 충분히 통일교육의 모범이 되지 못하는 데 그 이유가 있다. 예를 들면, 아이들에게 우리 사회에 공동 구성원인 북한이탈주민에 대해 그들이라는 시선이 아닌 우리라는 시선을 갖게 하는 기회가 제공되어야 한다.

Ⅳ. 맺음말

비약적인 뇌 과학적 발견과 업적이 인간 본성, 인간 행동, 인지와 정서, 언어 등을 모두 해명하는 것은 아니다. 그것은 지금까지의 연구 성과로는 할 수도 없고 해서도 안 되는 일이다. 인간 본성과 행동 그리고 도덕성의 문제는 철학적인 담론을 더욱 필요로 한다. 그런데도 최근에 신경과학에서 이루어진 일련의 발견과 과학적 성과는 도덕과 통일교육의 실제 방안을 강구하는 데 많은 시사점을 제공한다.

그렇다고 해서 통일교육의 방법론을 논의함에 있어 전적으로 뇌 과학적 논의만을 기반으로 삼아서는 안 된다. 인간의 사고와 행동 자체를 모두 뇌 과학적인 측면에서 논하는 것은 많은 어려움이 있다. 그것은 이러한 발견과 성과들이 완전하게 논증된 상태가 아닐 뿐더러, 설사 그렇다 할지라도 복잡한 인간의 사고과정과 행동 양식을 과학적인 입장에서만 논한다는 것에는 많은 무리수가 있기 때문이다. 그러므로 보다 심오한 인간 이해를 위해서는 철학과 과학 사이에서 양자의 균형 잡힌 시각을 가질 필요가 있다.

한편, 뇌 과학적 논의들은 통일교육의 논의에 상당한 정당성을 부여한다. 대중 매체와 사회에서 벌어지는 다양한 일들은 그것이 도덕적이든 도덕적이지 않든지 상관없이 이를 지켜보고 목격하는 학생들의 뇌와 마음에 각인되어 그들의 사고, 정서, 행동을 지배한다. 이것은 거울 뉴런 이론에 의해 입증되었다. 따라서 이러한 현상에 대한 반성적 논의의 과정을 거치지 않는다면 학생들은 그들 자신도 모르게 비도덕적인 사고와 정서를 획득하게 되고 무의식적으로 그러한 비도덕적 행동을 하게 될 것이다. 예를 들면, 북한, 통일,

북한이탈주민 등에 대해 뉴미디어에 묘사된 극단적 양상은 고스란히 아이들의 내면에 영향을 주게 된다.

뇌 과학자들이 주장하는 바와 같이 뇌의 작용을 통한 의지의 획득과 행동이라는 가정을 전적으로 받아들일 수는 없을지라도 이것은 통일교육의 정당성과 방향 설정, 통일교육의 방법론 측면에 중요한 단서를 제공한다. 공자는 '예가 아니면 보지도 말고, 예가 아니면 듣지도 말며, 예가 아니면 말하지도 말라'고 단언했다. 몇천년 전에 살다간 공자의 말은 21세기의 과학에서 발견한 거울 뉴런의 존재를 인식한 혜안의 발언이라 감탄해 마지않을 수 없다. 아동은 부모를 보고, 스승을 보고, 사회를 보고 자란다. 미디어에 떠도는 온갖 비도덕적인 행태들, 북한이탈주민과 남한 원주민 간의 갈등 유발 요인들을 접하며 보고 배우고 따라 하는 아이들에게 우리가 지금 보여주어야 할 것이 무엇인지 깊이 고민해야 할 것이다.

가정에서 그리고 사회에서 도제교육으로서의 도덕교육, 인성교육이 이루어지고 있지 않고 오히려 그 역으로 나아가는 현실에서 교육의 최후의 보루에 서 있는 학교는 도덕적 도제교육으로서 통일 인성교육을 하는 것을 외면해서는 안 될 것이다. 아이들은 보는 대로, 듣는 대로, 느끼는 대로 사고하고 행동한다. 사회 전체가 도덕교육의 장이 되어 아이들이 날마다 삶의 도덕적 상황을 경험하고 목도하게 할 수 없는 상황이라면, 인터넷과 미디어를 통해 끊임없이 도덕적인 내용을 전수할 수 없는 현실에서 학교 도덕교육의 절실함을 잊어서는 안 된다. 마찬가지로, 사회 전체가 통일교육의 장이 되지 않은 현실에서 학교 도덕과 통일교육의 중요성을 간과해서는 안 된다. 통일 시민의 습관 형성, 통일 정서, 통일 사유의 장려가 이루어져야 한다. 이것은 학교의 도덕과 통일교육을 통해 보다 구체적이고 체계적으로 이루어질 수 있고 이루어져야 한다. 도덕교육과 동일하게 통일교육에서도 연습의 법칙, 일만 시간의 법칙이 적용되어야한다. 학교에서 학생들은 일정 시간의 통일교육을 받아야 할 필요가 있다. 그러므로 오늘날 학교 통일교육에 대한 인식의 전환과 적절한 시간 확보가 절실하게 요청되는 바이다.

제VI부

심리학, 심리치료와 통일교육

제9장

서구 심리치료(Psychotherapy)의
동향과 통일교육

I. 서론

힐링 영화, 힐링 여행, 힐링 플레이스, 힐링캠프 등 힐링은 우리 사회에서 한때 온 국민의 트렌드로 자리 잡았다. 힐링(healing) 즉 치유 열풍은 그만큼 오늘을 사는 현대인들이 많은 상처와 스트레스에 노출되어 있음을 보여주는 방증이기도 하다. 청소년들의 경우 학업, 학교폭력, 가정 및 사회의 무관심 등으로 인한 스트레스 노출로 심리적 정신적 고통을 호소하고 있기도 하다. 어린이와 청소년들의 심리적 스트레스는 기쁨, 행복감 같은 긍정적 정서보다는 좌절, 분노, 슬픔과 같은 부정적 정서를 야기하며 이는 비행, 학교폭력, 일탈 심지어 자살과 같은 심각한 문제로까지 표출될 수 있다는 점에서 유의할 필요가 있다.

학생들의 심리적 문제를 해결하기 위한 심리치료 차원에서의 접근은 정신건강의학, 심리학, 상담학, 심리 치료학뿐만 아니라 교육적 차원에서 특히 탈북청소년을 대상으로 한 통일교육 차원을 통해서도 이루어질 수 있다. 따라서 본 연구에서는 서구에서의 심리치료 동향 변화를 살펴보고 각각의 심리치료 기법들이 지닌 특징을 파악하고자 한다. 이를 기반으로 서구 심리치료의 전개와 그 발전 기법들이 탈북청소년을 대상으로 한 통일교육에 갖는 시사점을 도출하고, 이것의 한계와 적용 가능성을 탐색해 보고자 한다.

II. 서구 심리치료(Psychotherapy)의 동향

1. 현대 심리치료의 대두와 발전 양상

심리치료와 상담은 정신건강 구조의 넓은 맥락에서 고려된다. 서구에서 심리치료는 상담과 함께 그동안 대폭적이고 중요한 변화 양상을 겪으며 지난 시간 동안 많은 새로운 기법들을 제안해 왔다. 현대적인 치료법으로서 심리치료 발전의 한 양상은 19세기 후반 이후 현대 의학의 발전과 밀접하게 관련되며(B. E. Wampold, 2010: 49) 이는 우울증, 불안, 약물 남용, 경계성 인격장애, 정신병 등 특정 질환에 대한 심리치료에 완전히 새로운 분야를 추가했다. 20세기 초 정신분석학과 행동주의에 의해 구현된 혁신적이고 기술적인 접근법의 개발은 심리치료가 건강관리에 있어 중요한 치료요법이 되게 했다(D. Bienenfeld, 2002 : xiii).

심리치료는 19세기 프로이트(Sigmund Freud)의 정신분석치료(Psychoanalytic Therapy)를 시초로, 1920년대 행동치료(Behavior Therapy), 아들리안 치료(Adlerian Therapy), 융의 분석이론(Jungian Analytical Theory), 1950년대 이후 마슬로우의 인본주의심리학(Humanistic Psychology), 로저스(Carl Rogers)의 인간 중심치료

(Person Centered Therapy), 프랭클(Victor Frankl)과 메이(Rollo may)의 실존치료(Existential Therapy), 펄스(Fritz Pearls)의 게슈탈트 치료(Gestalt Therapy), 벡(Aaron beck)의 인지 치료(Cognitive Therapy) 및 인지 행동치료(Cognitive Behavior Therapy), 엘리스(Albert Ellis)의 합리적 정서 행동치료(Rational Emotive Behavior Therapy)가 등장했다. 1960년대 이후 글래서(William Glasser)의 현실치료(Reality Therapy), 1970년대 가족치료(Family Systems Therapy)와 같은 체계치료(Systems Therapy), 1960년대 후반과 1970년대 이후 페미니즘 사회 운동과 함께 제기된 페미니즘 치료(Feminist Therapy)(S. A. Thomas, 1977: 447) 그리고 포스트모던 접근(Postmodern Approaches), 수용전념치료(Acceptance-Commitment Therapy), 마음 챙김(Mindfulness), 인지 내러티브 심리치료(Cognitive narrative Psychotherapy), 긍정심리치료(Positive Psychotherapy), 초월심리학(Transpersonal Psychology)의 주요 학자인 윌버(Can Wilber)의 통합심리치료(Integral Psychology) 등으로 발전되어 전개되고 있다. 통합심리치료는 통합이론에 기초하는데 통합이론은 실제로 많은 다양한 학문의 메타 이론적 통합이다(A. Marquis & A. Elliot, 2015: 1-2). 최근에는 신경 심리치료(Neuro-psychotherapy)와 같이 뇌신경과학의 발전으로 특정 심리과정 및 행동과 관련된 뇌의 구조와 기능에 관한 연구(L. G. Baruth & M. L. Manning, 2016; K. Grawe, 2017)가 있다. 심리치료는 심리학, 상담학, 정신의학 그리고 철학의 연결 선상에서 다양한 방식으로 접근되며 변화하고 발전해 왔다. 심리치료 이론들은 모두 클라이언트[18])가 처한 환경의 변화를 도

모하고 그의 행동적·정서적 장애를 치료하고자 한다.

심리치료에 대한 전문적인 접근은 정신과 의사이자 심리학자인 프로이트에 의해 시도되었다. 정신분석학의 창시자인 그는 인간 행동을 이해하기 위한 새로운 기술을 개척했다. 무의식에 대한 그의 발견은 의식의 이면에 존재하는 광범위한 무의식의 차원이 인간 활동을 크게 지배할 수 있음을 알게 했다. 개인심리학의 창시자인 아들러는 프로이트, 융과 더불어 초기 정신병리 치료에 기여하였다. 그는 프로이트와 달리 인간이 성적 충동보다는 사회적 관계에 의해 주로 동기 부여된다고 보며 선택과 책임, 노력 등을 강조했다. 한편, 행동치료의 경우 스키너, 반두라와 같은 학자를 들 수 있는데 여기서는 직접 관찰 가능한 행동, 행동의 현재 결정 요인, 변화를 촉진하는 경험, 개별 클라이언트 치료 전략 맞춤과 평가에 중점을 둔다. 행동치료는 다양한 클라이언트 집단과 함께 광범위한 심리적 장애를 치료하는 데 사용되었으며 불안장애, 우울증, 외상 후 스트레스 장애, 물질 남용, 식사 및 체중 장애, 성적 문제, 통증 관리 및 고혈압 등이 이 접근법을 사용하여 성공적으로 치료 결과를 얻었다(G. Corey, 2009: 177, 244-247). 행동에 주로 초점을 두는 행동치료 체계는 외형적으로 드러난 행동을 변화의 주요 대상으로 삼는다는 점에서 행동 외의 내면의 변화에 한계를 갖는다는 비판을 제기할 수 있다. 그러나 행동치료는 발달 장애, 정신 질환, 임상 심리, 재활, 자기 관리, 사회심리학, 스포츠 심리학, 건강 관련 행동, 의학, 노인학, 교육, 특수 교육 등의 다양한 분야에서 널리 활용되고 있다.

---

18) 본 연구에서는 client가 의뢰인, 환자, 고객, 내담자 등의 의미를 갖는 용어임을 표시하기 위해 클라이언트라는 단어를 그대로 사용하였으며 문맥에 따라 클라이언트라는 용어 대신 환자, 내담자를 혼용하여 표기하기도 하였다.

2. 실존주의, 인본주의와 심리치료 전개

제2차 세계대전을 전후로 유럽의 실존주의 철학자들의 사상에 근거를 둔 몇몇 심리학자와 정신의학자들에 의해 개발된 일종의 정신운동으로 실존적 심리치료를 들 수 있다. 실존치료자들은 현대문명의 획일화와 비인간화 세계에 사는 인간의 본성을 재발견하는 데 관심을 가지고 이를 위하여 심층적 분석을 시도한다(심응철, 2008: 249). 실존치료의 대표자인 프랭클(Viktor Frankl)은 전반적으로 프로이트의 결정론적 개념에 반하는 자신의 이론과 실천을 개발하여 자유, 책임, 의미 및 가치 추구라는 개념을 강조했다. 그가 창시한 실존치료는 프로이트의 정신분석학, 아들러의 개인주의 심리학과 견주어 비엔나 정신분석학의 제3학파로 지칭된다. 실존치료는 심리치료에 있어 별도의 요법이라기보다 카운슬러의 치료 실천에 영향을 미치는 철학적 접근이다(G. Corey, 2009: 175-177).

한편, 마슬로우(Abraham Maslow)는 정신분석학과 행동주의 이후 나타난 심리학의 제3의 흐름인 인본주의 심리학(Humanistic Psychology)의 시조 중 한 사람으로 인간 본성에 대한 깊은 통찰을 얻기 위해 과거처럼 정신 질환과 병리 현상을 연구하는 대신 건강하고 완전한 인간을 연구했다(J. Whitmore, 김영순 역, 2007: 169). 그는 자아실현인을 연구하여 이들이 일반 사람들과는 중요한 차이가 있음을 발견했는데 핵심 특징은 자유, 정직, 배려, 신뢰, 자율성 등이다. 또한 자아실현인들은 대인 관계를 위한 깊고 강한 능력, 기꺼이 다른 사람들을 위한 진정한 돌봄 제공, 타인의 기대에 의해 살아가는 경향과는 반대로 자신의 내면에 대한 지향성을 갖는다. 이러한 모든 특성은 또한 로저스(Carl Rogers)의 인간 중심치료의 핵심이 되는데 인간 중심치료는 개념과 가치의 많은 부분에서 실존치료 관점을 공유한다. 여기서 강조되는 것은 카운슬러의 태도로, 클라이언트의 세계에 대한 공감적 이해, 진실성 그리고 객관적인 입장을 클라이언트에게 전달할 수 있는 능력이 성공적인 치료의 기초가 된다고 본다. 로저스는 치료사의 책임을 강조하며 치료사가 환자의 신뢰를 얻는 한편 환자에게 진정한 존중과 호의를 베풂으로써 동등한 입장에서 환자와 협력하지 않는 한 환자의 증세가 호전될 수 없다고 주장했다(D. Freeman, 이종훈 역, 2012: 284).

실존주의와 인본주의는 1960-70년대 정신분석 및 행동주의 접근법에 대한 대안으로 심리치료에서 카운슬러들 사이에 관심을 끌었으며 치료법으로는 실존치료, 인간 중심치료, 게슈탈트 치료를 들수 있다. 이들은 클라이언트의 주관적 경험, 독창성, 개성 그리고 클라이언트가 긍정적이고 건설적인 의식적 선택을 할 수 있는 능력에 대한 신뢰를 존중한다. 그들은 공통으로 자유, 선택, 가치, 개인의 책임, 자율성, 목적 및 의미와 같은 개념에 중점을 둔다. 또한 치료 과정에서 기술적 역할에 가치를 두지 않으며 진정한 만남의 중요성을 강조한다. 한편, 실존주의 및 실존치료에서는 본질적인 의미가 결여된 세계에서 정체성을 창조하려는 선택에 대한 불안에 직면해 있다는 입장과 인간의 현실을 인정하는 경향이 있기에 그들의 저작은 종종 죽음, 불안, 우울증 및 고립에 초점을 맞춘다. 그러나 인본주의, 인간 중심치료에서는 다소 덜 불안정한 자세를 취하며 인간 각자가 실현할 수 있는 본성적인 잠재력이 있고 의미를 찾아낼 수 있다는 낙관적 견해를 나타낸다(G. Corey, 2009: 175-177).

게슈탈트 치료(Gestalt Therapy)의 대표적 인물인 펄스(Fritz Perls)

와 그의 동료들은 1952년 게슈탈트 치료 뉴욕 연구소를 설립했다(G. Corey, 2009, 210-211). 이 요법에서는 인간의 성장 과정을 촉진하고 잠재력을 개발하는 데 관심을 가지며 즉각적인 즐거움, 감각 인식, 치료를 강조하지 않는다. 다시 말해 지금-여기에 초점을 맞추며 알아차림을 증진하고 현재의 순간과 상황에 집중하여 충분히 경험하게 함으로써 내담자의 내면의 변화를 이끌고자 한다. 게슈탈트 치료는 일종의 정신의학으로 인간을 다시 완전하게 만들고자 한다(F. S. Perls & S. Andreas, 1969: 22).

글래서(William Glasser)를 대표로 하는 현실치료(Reality Therapy)의 경우, 전통적인 심리치료가 클라이언트의 행동에 대해 심리적인 변명을 하게 하고 그의 행동 방식에 대한 책임을 충분히 갖지 못하게 한다고 보았다. 현실치료는 클라이언트의 현재 행동에 초점을 맞추고 그의 개인적인 책임을 강조하는 동시에 그의 과거, 무의식적인 갈등 등은 무시한다(W. Glasser, 1964: 135-136). 현실치료에서는 대부분의 클라이언트들의 근본 문제가 동일하다고 믿는데 그들은 현재 불만족스러운 관계에 있거나 또는 심지어 관계라고 불릴 수 있는 것이 부족하다고 본다. 클라이언트의 많은 문제는 서로 연결되어 있거나 다른 사람들과 가까워지거나 자신의 삶에서 중요한 사람과 만족스럽고 성공적인 관계를 유지할 수 없기 때문에 발생한다. 따라서 치료사는 클라이언트를 만족스러운 관계로 인도하고 그들에게 보다 효과적인 행동 방식을 가르친다. 이러한 이유로 현실치료사는 교사, 멘토, 모델로서의 역할을 수행하여 클라이언트가 하는 일과 기본 필요를 충족하는 데 있어 클라이언트 자신의 행동이 자신이나 타인에게 해를 끼치지 않는지 여부를 평가하는 데 도움을 준다. 현실치료의 핵심은 보다 효과적인 선택과 통제를 하는 법을 배우는 것이다. 현실치료사는 현재 자신의 행동을 바꿀 수 있는 클라이언트의 능력과 의지에 중점을 두기에 다른 사람들과 중요한 관계를 맺는 방법을 가르친다. 이 치료의 목표는 행동 변화, 보다 나은 의사결정, 중요한 관계 개선, 삶의 향상, 그리고 모든 심리적 요구에 대한 보다 효과적인 만족을 포함한다(G. Corey, 2009: 333-354).

한편, 사회 환경의 변화로 여성주의, 포스트모더니즘 등이 심리치료요법에 반영되었고 가족 전체의 체계에 초점을 맞추는 치료도 등장하였다. 여권주의자들은 페미니스트 치료를 제안하는데 이들은 많은 전통적인 이론이 젠더 중심적, 이성애자적과 같은 성에 편향된 개념에 근거하고 있다고 비판한다. 페미니스트 치료의 구성은 성 평등, 유연성, 상호작용주의 그리고 삶의 방향을 지향한다. 성 기능과 권력은 페미니스트 치료의 핵심이다. 이것은 개인의 문제에 기여하는 문화적, 사회적 및 정치적 요인을 인식하는 시스템 접근 방식이다. 포스트모더니즘 치료는 인간이 타인과의 대화를 통해 삶의 의미를 창조한다고 본다. 포스트모던 접근은 클라이언트의 강점과 자원을 발견하는 데 높은 가치를 부여한다. 치료의 초점은 문제에 대해 이야기하기보다 현재와 미래의 해결책을 만드는 데 있다. 또한 가족의 상호작용을 강조하는 가족치료는 클라이언트가 살아있는 시스템에 연결되어 있으며 시스템의 한 부분이 변경되면 다른 부분이 변경된다고 본다. 특히 가족은 개인이 다른 사람과의 관계에서 어떻게 행동하는지 이해할 수 있는 환경을 제공하기에 치료는 가족 단위를 다룬다. 개인의 역기능적 행동은 가족의 상호작용 단위와 큰 시스템에서 비롯된 것으로 이해한다(G. Corey, 2009: 473). 가족치료 및 구조적 치료(Family and Systemic Therapies)는 가족 내의 전반적 역학 관계를 살펴보고 그 안에서 심리 장애를 이해하려고 시도한다. 치료사는 환자만이 아니라 환자 가족의 도움을 얻어 흔히 집단 상담을 시행한다(D. Freeman, 이종훈 역, 2012: 284).

III. 심리치료에서 인지(Cognition)의 강조

1. 인지 치료(Cognitive Therapy: CT)의 등장과 전개

아들러의 개인심리학((Individual Psychology)은 프랭클의 실존주의적 의미치료(Logotherapy), 마슬로우의 욕구이론, 번(Eric Berne)의 교류분석(Transactional Analysis), 글래스의 현실치료 그리고 행동치료와 인지 치료에도 영향을 주었다. 그는 인간을 단지 환경에 의해 형성된 수동적인 존재가 아니라 그 자신의 인격 형성에 있어 활동적이고 창조적인 주체임을 강조한다(B. H. Shulman, 1985: 243). 전통적인 행동치료는 인지 행동치료의 방향으로 확대되어 발전되었다.

심리치료에서 인지적 요인의 중요성은 인지 행동치료 학자들인 엘리스(Albert Ellis), 아론 벡(Aaron T. Beck), 쥬디스 벡(Judith S. Beck), 마헨바움(Donald Meichenbaum) 등을 통해 강조되었다. 1960년을 전후로 등장한 인지를 강조한 인지 치료는 심리적 문제의 원인을 무의식에서 찾는 정신분석이나 강화와 처벌에서 찾는 행동주의와 달리 상황을 받아들이는 인간의 생각에서 찾는다(강현식, 2010: 367). 엘리스(Albert Ellis)의 합리적 정서 행동치료(Rational Emotive Behavior Therapy: REBT), 아론 벡과 쥬디스 벡의 인지 치료(Cognitive Therapy: CT), 마헨바움(Meichenbaum)의 인지 행동치료(Cognitive Behavioral Therapy: CBT)를 비롯한 몇 가지 중요한 인지행동접근법이 전개되었다. 모든 인지 행동치료법은 전통적인 행동치료법과 동일한 기본 특성과 가정을 공유한다. 접근법은 상당히 다양하지만, (1) 클라이언트와 치료사 간의 협력적 관계, (2) 심리적 고통의 원인은 인지 과정의 교란, (3) 행동에 바람직한 변화를 일으키는 인지 변환에 초점, (4) 현재에 초점, (5) 능동적 태도, (6) 특수하고 구조화된 표적 문제에 초점을 둔 교육적 치료를 강조한다. 또한 인지 치료와 인지 행동치료는 구조화된 심리교육 모델을 기반으로 클라이언트에게 치료 과정에서 적극적인 역할을 맡을 책임을 지우고 강한 치료 동맹을 개발하는 것을 강조하며 변화를 가져오기 위한 다양한 인지적·행동적 전략을 추구한다. 치료사는 클라이언트가 자신과 세계를 이해하는 방식을 검토하고 새로운 행동 방식을 실험하도록 돕는다. 대부분의 경우, 인지 치료와 인지 행동치료는 자기 진술의 재구성이 자신의 행동에 상응하는 재구성을 가져올 것이라는 가정에 기반을 두고 있다(G. Corey, 2009: 287-291).

인지 치료는 인식 과정에 깊은 변화를 일으킬 수 있는 새로운 치료 방법을 추구하며 발전해 왔다. 인지 치료의 몇 가지 변화의 차원 중에서 주목할 만한 것은 합리주의에서 구성주의로의 전환, 정보처리 모델에서 지식과정 내러티브 모델로의 전환, 의식과정에 대한 강조에서 경험의 무의식적 차원에 대한 강조로의 전환, 엄격한 인지 과정에 대한 강조에서 경험의 정서적 차원에 대한 시인으로 이동, 개인적 및 논리적 절차에서 더 많은 유추와 대인 관계 전략으로의 치료 방법론 전환이다(O. F. Conceives, 1994: 105-106).

인지 치료는 목표 지향적이고 교육적이며 협업적이고 통찰모델을 기반으로 한다. 인지 모델은 사람들이 그들의 경험을 인지하는 방법이 그들의 감정적, 행동적, 그리고 생리적 반응에 영향을 미친다고 가정하기에 오해를 시정하고 도움이 되지 않는 생각과 행동을 바꾸는 것은 개선된 반응을 가져온다고 본다. 아론 벡과 그의 동료들은 인지 치료가 우울증으로 고통 받는 사람들을 치료하는 데 효과적이었음을 보여주었다. 그는 우울증 환자들이 특유의 부정적인 사고방식을 보인다는 것을 발견했다. 그들은 그들 자신, 그들의 세계, 그리고 그들의 미래에 대해 끊임없이 자발적으로 부정적인 인식을 하고 있었다. 벡은 우울증 환자들이 현재의 문제들을 해결하는 데 집중하는, 보다 주도적인 치료 방식으로 옮겨갈 때 빠르게 개선된다는 것을 발견했다. 환자들이 그들의 기능 장애적인 행동을 수정하고 그들의 생각 왜곡을 교정했을 때 그들의 기분, 증상, 관계는 개선되고 문제는 해결되었다(A. T. Bec & M. Weishaar, 1989: 21). 이것에 따르면 정신병리는 관련되거나 연속적으로 기능을 상실한 믿음, 의미, 기억이 작용하는 집단의 활성화로 특징지어진다(A. T. Beck & D. J. Dozois, 2011: 398).

인지 치료는 현재 심리학, 정신의학, 의학, 간호학 등의 건강 전문가들의 훈련프로그램에 널리 사용되고 있다. 인지 치료와 관련된 심리치료 모델로는 인지 행동치료(cognitive behavioural therapy: CBT), 인지 내러티브 치료(cognitive narrative therapy: CNT) 등이 활용되고 있다.

2. 마음 챙김(Mindfulness), 심신의학과 긍정심리치료(Positive Psychotherapy)

마음 챙김(Mindfulness)이라는 용어는 팔리어(Pali) 사티(Sati)를 영어로 번역한 것이다. 팔리어는 2,500년 전 불교 심리학의 언어였으며 마음 챙김은 이 전통의 핵심 가르침이다. 사티는 인식, 관심, 기억을 암시한다. 마음 챙김은 당면 과제에 우리의 주의를 집중한다. 우리가 주의 깊게 집중할 때 우리의 마음은 과거나 미래에 얽매이지 않으며 기억하는 것을 포함하지만 기억 속에 거주하지 않는다. 이는 우리가 몽상에서 벗어나 순간을 충분히 경험하고 신선하게 사물을 볼 수 있도록 돕는다(C. Germer, 2004: 25-26). 카밧진(Jon Kabat-Zinn)은 마음 챙김 명상 연구에 일생을 바쳤는데 마음 챙김 명상을 최초로 의료에 도입해서 미국인들의 질병 치료 개념에 획기적인 전환을 가져왔다(이영돈, 2006: 325).

기술적인 측면에서 볼 때 마음 챙김은 누구나 배양할 수 있는 기술로 에너지, 깨끗한 마음, 기쁨을 준다. 이론적 구조는 명상 또는 마음에 두는 심리적 과정(mindful)을 연마하는 연습을 묘사한다. 이 단어의 기본적인 정의는 순간마다의 인식으로 서구 심리학의 인지 과정 측면에서 볼 때, 의식을 현재 현실에 살아있게 유지, 인식의 연속적인 순간에 우리와 우리 안에서 실제로 일어나는 일에 대한 명확한 인식, 주의 집중, 순간적 경험에 대한 완전한 주의 기울이기 혹은 심리적 관점에서 새로운 범주의 창출, 새로운 정보에 대한 개방성 등으로 설명될 수 있다. 궁극적으로 여기에서의 주의는 미묘하고 비언어적인 경험이기 때문에 단어로 완전히 포착되지 않는다. 마음 챙김의 특성으로 (1) 인식, (2) 현재 경험, (3) 판단하지 않음이 제시되는 데 이 세 가지 요소는 심리치료와 불교문학에서의 마음 챙김에 대한 대부분의 논의에서 찾아볼 수 있다(C. Germer, R. D. Siegel, & P. R. Fulton, 2016: 3-7). 마음 챙김은 우리나라에서도 언론과 정신치료 문헌에서 지난 10여 년 간 많은 인기를 얻고 있다.

마음 챙김 기반 스트레스 감소(Mindfulness Based Stress Reduction: MBSR) 프로그램의 성공과 변증법적 행동치료에서의 중추적인 역할 등으로 마음 챙김은 불교적 개념에서 정신치료 구조로 옮겨왔다. 실제로 마음 챙김은 심리치료법에서 일반적인 요인으로 제시되었는데 이것이 이론화된 것 가운데 자기통제, 객관성, 평등, 집중력과 정신적인 선명도 향상, 정서 지능, 친절함과 수용, 연민, 다른 사람과 자기 자신을 관련시키는 능력 등을 들 수 있다. 마음 챙김은 흔히 판단 없이 자신의 경험에 대한 순간적인 인식으로 정의된다. 이 의미에서 마음 챙김은 특성이 아니라 상태로 간주되며 특정 관행이나 활동, 예를 들면 명상에 의해 촉진될 수도 있지만 명상과 동의어는 아니다. 또한 마음 챙김은 다른 심리치료 구조와 유사한데 예를 들어 마음 챙김은 개인의 생각, 감정 및 욕구 측면에서 자신과 타인의 행동을 이해하는 심리발달 과정과 유사하다(D. M. Davis & J. A. Hayes, 2011: 198).

마음 챙김 심리치료 모델의 대표적인 것 가운데 하나는 마음 챙김 기반 인지 치료(Mindfulness-Based Cognitive Therapy: MBCT)이다. 이것은 우울증과 관련된 자기 관리 증상을 개선하도록 설계된 그룹 기반의 심리 사회학적 개입으로 심각한 우울증 재발 방지를 위해 개발된 전략이다. 우울증 재발에 대한 효율적인 정신 사회학적 조정으로 알려진 이 치료법은 명상 요법, 우울증에 대한 정신교육, 그리고 인지행동 전략의 조합을 이용하는 예방적 중재로 간주되어 왔다(W. Kuyken, E. Watkins, E. Holden, K. White, R. S. Taylor, S. Byford, & T. Dalgleish, 2010: 1105; S. Dimidjian, B. V. Kleiber, & Z. V. Segal, 2010: 307).

한편, 심리치료에서 20세기 후반 새롭게 탄생한 심신의학(Mind Body Medicine: MBM)은 정신의학적인 차원에서 심리치료에 대한 접근으로 마음, 몸, 영성이 서로 통합된 전체론적인 것으로 보고 마음을 중심으로 신체의 질병 치유 입장을 강조한다. MBM에서는 식이 상담 및 운동과 같은 기존의 생활 습관 개선 조치가 이완 기법 및 심리적 동기 요소로 보완된다(H. Cramer, R. Lauche, A. Paul, J. Langhorst, A. Michalsen, & G. Dobos, 2015: 759). 심신의학 치료에서는 마음 몸 치료(Mind-Body Therapy: MBT)의 효용성을 검토한다. MBT는 신체의 기능과 증상에 영향을 줄 수 있는 정신의 능력을 촉진하기 위해 고안된 다양한 기술을 사용하는데 이에는 휴식, 명상, 최면, 생체자기 제어[19] 등이 있다(J. A. Astin, S. L. Shapiro, D. M. Eisenberg, & K. L. Forys, 2003: 131-133).

긍정심리치료(Positive Psychotherapy: PPT)는 1980년대 이후 등장한 셀리그만(Martin Seligman)의 긍정심리학의 원리에 기초한 치료 접근법이다. 긍정심리학은 정신병리 및 고통을 이해하고 개선하는 것뿐만 아니라 인간 경험의 긍정적인 측면을 이해해야 할 필요성을 강조한다. 긍정심리치료(PPT)는 우울증에 대한 표준 개입과 대조적으로 우울증 증상을 직접 겨냥하기보다는 긍정적

---

19) 생체자기제어는 바이오피드백(biofeedback)이라고도 불리는 것으로 이것은 혈압이나 심박수처럼 내부의 긴장 상태를 보여주는 시청각 정보를 제공받기 위해 장비를 사용하는 기술이다. 통상 병원에서 수행되는 생체자기제어 기술은 고혈압, 두통, 그 밖의 스트레스 장애를 치료하는 데 효과적임이 입증되었다(R. Kurzweil, 정병선 역, 2006: 489).

감정, 참여, 의미를 증가시킨다(M. E. Seligman, T. Rashid, & A. C. Parks, 2006: 774).

성격 강점에 대한 피터슨(Peter Peterson)의 획기적인 연구에 뿌리를 두고 있는 긍정심리치료(PPT)는 인간 경험의 내재적 복잡성 이해와 강점, 위험성, 가치 있는 약점, 후회와 희망을 통합한다. 심리치료에 대한 전통적인 접근보다 균형을 이룬 대안적인 접근법을 제시한다. 구체적으로 긍정감정, 성격 강점, 의미, 긍정 관계 및 본질에서 동기화된 성취를 제공한다. 이는 강점과 약점에 대한 치료적 초점의 균형을 맞추기 위한 점진적 변화이다(T. Rashid, 2015: 25).

Ⅳ. 내러티브 심리치료(Narrative Psychotherapy)의 등장과 의의

1. 내러티브 접근 심리치료의 등장

심리치료에서 언어과정 연구에 대한 관심이 증가한 것은 1990년대 이후이다. 연구 및 치료 과정의 이론적 공식은 언어적 형태의 미시적 연구에서 내러티브로 구성되는 거시적 접근을 제안했다. 내러티브는 이 관점에서 의미 형성을 위한 기본 수단으로 생각된다. 심리발달은 점점 복잡한 방식으로 내러티브를 정교하게 만드는 능력과 관련이 있다. 아주 어린 아이들은 내러티브 과정을 통해 능력을 개발하고 일상의 의미를 나타낼 필요가 있다. 많은 심리치료 전략이 내러티브 측면에서 치료 과정을 구성했는데 곤살베(Gonçalves)의 인지 내러티브 심리치료(Cognitive Narrative Psychotherapy), 샤퍼(Schafer)의 정신 역동 치료의 내러티브 계통 (Narrative Formulation of Psychodynamic Therapy), 화이트 (White)와 앱스톤(Epston)의 체계적 전통 내에서의 내러티브 치료(Narrative Therapy within the Systemic Tradition)(Ó. F. Gonçalves & P. P. Machado, 1999: 1179-1180), 인지 내러티브 치료(Cognitive-Narrative Therapy), 내러티브 인지 치료(Narrative Cognitive Therapy: NCT) 등이 있다. 우리나라 연구자들(이춘정·유형근·권순영, 2010: 265; 한효정·조희주, 2016: 185)이 이야기 치료로 번역하여 사용하고 있는 내러티브 테라피(Narrative Therapy) 등이 있다.

인지 치료가 변화된 최근의 발전 유형 가운데 하나인 인지 내러티브 심리치료는 고전적 인지 치료 과정에서 은유와 서사의 중요성을 강조하는 사람들로부터 시작되었다. 이 모델의 초기 형식에서 치료사는 클라이언트의 의도적 변화를 일으키기 위해 자신의 은유와 서사를 신중하게 고안한다. 이 방법이 진화함에 따라 치료사의 내러티브 방식보다 클라이언트에게 일관되고 복잡하며 다양한 내러티브를 개발할 수 있는 기회를 제공하는 것이 더 중요해졌다(Gonçalves & Machado, 1999: 1183).

내러티브 심리치료를 위한 영감은 내러티브 이론가들과 브루너 (Jerome Bruner), 데리다(Jacques Derrida), 프코(Michel Foucault)와 같은 포스트모던 철학자들로부터 나왔다. 내러티브 심리치료는 문제가 되는 이야기를 공동으로 해체하기 위해 함께 모인 치료사와 클라이언트로 시작된다. 이러한 '단절된' 이야기들은 은유, 줄거리,

서술적 식별, 견해를 혼란스럽게 하고 선택 사항들을 지나치게 제한하며 장애를 만들어내는 관점들로 구성된다. 내러티브 심리치료에서 클라이언트와 치료사는 이 문제 서술을 보완하고 앞으로 새로운 선택과 희망을 제공하는 선호하는 이야기를 개발한다(B. Lewis, 2011: 491).

내러티브 치료(Narrative Therapy)는 사람들이 자신을 정의하고 일상의 경험과 삶의 사건에 의미를 부여하는 서술을 구성한다는 개념을 바탕으로 한 심리치료 접근법이다. 삶의 경험들을 다시 이야기하는 치료자와 클라이언트 사이의 이야기 '대화'에 큰 의미를 부여한다(A. Morgan, 고미영 역, 2015: 24, 42). 이것은 화이트와 앱스톤에 의해 창시되어 1990년대 이후 전 세계적으로 큰 반향을 일으켰다. 내러티브 치료는 내러티브를 활용한 체계적인 치료 방법으로서 이야기 치료, 스토리텔링 치료로 불리기도 한다. 내러티브 치료는 이야기의 은유로써 인간의 심리구조와 발달과정을 이해하는 내러티브 심리학(Narrative Psychology)을 가족치료에 도입하면서 이루어졌으며 인간의 정체성과 실존적 삶에 미치는 내러티브의 중요성에 대한 인식을 공유한다(박진, 2018: 10-11). 근래 심리치료에 대한 내러티브적 접근은 가족치료 분야에서 중심적인 위치를 점하게 되었다.

2. 인지 내러티브 치료의 활용과 의의

내러티브 치료는 정신건강에서 아동기 문제를 포함하여 치료가 가장 어려운 것으로 인식되는 어려움을 겪고 있는 광범위한 클라이언트 집단의 치료에 활용된다. 예를 들면, 따돌림, 신경성 식욕부진,

아동학대, 결혼갈등, 정신분열증 등이다. 내러티브 치료에서 이러한 어려움 중 어느 것도 인간의 본질적 특성으로 간주하지 않는다. 오히려 이러한 것들은 삶에 있어 내러티브의 일부로 간주한다(A. Carr, 1998: 485). 내러티브 심리치료의 목적은 클라이언트가 자신의 인생 이야기를 더 풍부하고 즐겁게 이야기할 수 있도록 돕는 것이다. 인간을 의미 형성의 주체로 간주하는 이러한 견해는 최근 수년간 임상 심리와 심리치료에 상당한 영향을 미쳤다(R. T. Lopes, M. M. Gonçalves, P. P. Machado, D. Sinai, T. Bento, & J. Salgado, 2014: 662). 내러티브 치료에서 인간은 의미의 창조자로서 이해되며 내러티브는 이 의미가 발전되고 변화되는 과정으로 간주한다.

내러티브는 사람들이 과거와 미래를 연결하고, 자기표현과 그에 수반되는 기대를 내재화할 때 구성된다. 내러티브는 우리가 누구인가에 대한 이야기뿐 아니라 다른 사람들과의 관계에 대한 근거를 형성한다. 내러티브는 본질에서 대화적이거나, 개인과 다른 사람들 사이의 지속적인 대화에 의해 유지된다(P. H. Lysaker & J. T. Lysaker, 2001: 253). 실제로 내러티브는 기억, 감정, 지각, 의미와 같은 다양한 심리적 과정과 관련된 언어를 개인이 사용하는 방식으로 특징짓는다(P. Moreira, L. E. Beutler, & Ó. F. Gonçalves, 2008: 1182). 접근법 대부분에서 치료의 임무는 클라이언트가 기존 이야기를 수정하고 현재에 대해 관련성과 의미가 더 큰 새로운 것을 구성하는 데 도움을 주려는 것이다. 이것은 내러티브의 형성은 복잡한 정서적 경험을 조직하는 데 도움을 주기 때문이다.

내러티브 방법에서 클라이언트는 그들의 삶의 이야기를 바꾸어 자신을 변형시킨다(M. White & D. Epstone, 1990; M. M. Goncalves, M. Matos, & A. Santos, 2009: 3). 클라이언트가 처

한 문제는 사회적, 문화적, 정치적 맥락에서 만들어지기에 그들이 놓여있는 문맥 즉 맥락에서 바라보아야 한다. 내러티브 치료는 사람들을 문제와 별개로 자신을 보도록 돕는 것을 목표로 한다(M. Etchison & D. M. Kleist, 2000: 62). 내러티브 접근은 삶의 이야기를 이해하는 방법과 치료사와 클라이언트의 협력을 통해 이러한 이야기를 다시 저작하는 방법을 포함한다(J. Wallis, J. Burns, & R. Capdevila, 2011: 487-488). 인지 내러티브 치료의 경우, 치료 과정을 5단계로 조직함으로써 이러한 목표를 달성하려고 한다. (1) 내러티브 회상하기, (2) 객관적인 내러티브, (3) 내러티브 구체화, (4) 은유적 서술, (5) 내러티브 투사(Gonçalves & Machado, 1999: 1183)이다.

심리치료 기법의 도덕과 통일교육 적용을 타진하는 데 있어 인지, 언어, 내러티브는 심리치료와 도덕교육, 통일교육의 연결을 보다 용이하게 하는 요소이다. 그것은 도덕교육, 통일교육은 도덕적 언어, 학생들의 인식, 인지, 학생들의 삶의 이야기 속에 담긴 도덕적 측면에 관심을 두기 때문이다. 다시 말해 도덕과 통일교육에서 언어를 제외하고 교육의 실행을 상상하기 어렵다. 도덕과 통일교육에서 언어 활동은 중심 활동이고 학생들에게 있어 도덕적 사고, 도덕적 판단, 도덕 언어 습득, 도덕적 인식, 가치관 확립, 삶의 도덕적 이야기 구성 등은 중요하다. 내러티브 치료, 인지 치료 그리고 도덕교육, 통일교육에서의 주된 활동인 대화, 이야기, 은유, 서사, 사고, 이야기 구성, 인식 변화는 언어와 인지 활동에 의존한다는 공통점을 갖는다. 따라서 도덕과 통일교육에서 주로 이성의 활동으로 이해되어왔던 도덕적 판단, 도덕적 사고 등의 교육은 심리치료의 기법 가운데 인지 치료, 내러티브 치료와 밀접한 관련을 갖는다.

Ⅴ. 서구 심리치료의 통일교육에의 적용 가능성

1. 심리치료 기법들의 통일교육에의 시사점

심리치료라는 용어의 정의는 다양하며 심리치료는 정신과 의사, 심리학자 혹은 심리치료사가 할 수 있는 것으로 알려져 있다(B. Granger, 2007: 136). 이를 필요로 하는 사람은 생명을 위협하는 심각한 질병과 관련된 통증을 갖고 있거나, 무능력을 대처하는 데 어려움이 있거나, 자신의 건강 상태를 받아들이는 데 어려움을 가지고 있는 사람들이다. 심리치료에서는 건강 증진이나 질병 예방보다 정신 역동이나 성격에 더 초점을 두며(이광자 외, 2008: 32), 언제나 두 사람 혹은 여러 사람의 만남을 전제로 한다(Granger, 2007: 136).

한편, 도덕과에서 통일교육은 도덕성 발달, 인성 함양, 도덕적인 인간 육성을 배제할 수 없기에, 도덕성이 갖는 인지적·정의적·행동적 측면과 정신건강 측면, 총체적인 시각에서의 도덕성, 통일인성에 대한 이해는 자아존중, 타인의 이익 고려, 자기조절 및 통제, 사회적 관심 등의 정신건강을 포함한다. 도덕적 건강은 한 인간의 옳고 그름에 대한 감각과 그들의 도덕적 행위에 있어서 행동할 수 있는 능력이 된다(박형빈, 2016: 14-15). 더욱이 통일교육의 대상으로서의 탈북학생을 전제로 할 때, 탈북학생들의 심리적 지지로서의 통일교육 역할은 자연스레 도덕성의 정신건강 측면, 복합적 특성, 통합적 성격을 통해 마음치유, 심리적 건강 추구와 밀접한 관련을 갖게 된다. 심리치료와 통일교육은 이 점에서 모두 인간의 건강한 정신, 마음, 심리상태를 배제하지 않는다.

서구 심리치료의 동향을 통해 통일교육에 대한 다음과 같은 시사점 도출이 가능하다. 첫째, 프로이트의 무의식에 대한 발견은 의식의 이면에 존재하는 광범위한 무의식의 차원이 인간 활동을 크게 지배할 수 있음을 인식하게 한다. 이를 통해 통일교육에서 학생들의 통일 민감성, 통일 사고, 통일 정서, 통일 감수성 등은 의식적 측면뿐만 아닌 무의식 기제에 의해서도 영향 받을 수 있음을 알게 한다.

둘째, 아들러는 인간을 단지 환경에 의해 형성된 수동적인 존재가 아니라 그 자신의 인격 형성에 있어 활동적이고 창조적인 주체임을 강조하였으며 인간이 사회적 관계에 의해 주로 동기 부여된다고 보고 선택과 책임, 노력 등을 강조한다. 이는 통일교육에서 목적론적 존재이며 주체적 존재인 학생들이 자율성, 책임감 등을 육성하도록 돕는 것이 중요함을 일깨운다.

셋째, 행동치료와 현실치료는 직접 관찰 가능한 행동, 행동의 현재 결정 요인, 변화를 촉진하는 경험 등에 중점을 둔다. 통일교육에서 직접 관찰 가능한 학생들의 말과 행동을 교정하고 변화하게 하기 위해 교사는 학생들의 행동에 보다 주의를 기울여 관찰할 필요가 있다.

넷째, 실존치료, 인간 중심치료는 인간의 자유, 책임, 의미 및 가치 추구라는 개념을 강조한다. 또한 카운슬러의 태도로 클라이언트에 대한 존중과 책임, 공감적 이해, 진실성과 객관적인 입장을 클라이언트에게 전달할 수 있는 능력을 중요시하며, 치료 과정에서의 카운슬러와 클라이언트 간의 진정한 만남과 협력이 성공적인 치료의 기초가 된다고 본다. 이를 통해 통일교육에서 교사는 학생들에 대해 책임을 갖고 학생들을 존중하며 진실한 태도를 지닐 것이 요청된다. 나아가 학생들에게 공감하고 그들을 이해하며 학생들과 진실하게 만나고 협력할 것이 요구된다.

다섯째, 현실치료에서는 클라이언트의 많은 문제는 인간관계에서 성공적인 관계를 유지할 수 없기 때문에 발생한다. 따라서 도덕교육, 통일교육에서 교사는 학생들을 만족스러운 인간관계로 인도하기 위해 그들에게 보다 효과적인 대인 행동 방식을 가르칠 필요가 있다. 교사는 멘토, 모델로서의 역할을 수행하여 학생 자신의 행동이 자신뿐만 아니라 타인에게 해를 끼치지 않는지 여부를 평가하는 데 도움을 줄 필요가 있다. 교사는 통일교육을 통해 학생들이 통일 시민으로서 미래 통일 한반도에서 요구하는 바람직한 행동으로의 변화, 보다 나은 의사결정, 중요한 관계 개선, 삶의 향상을 이룩하도록 도울 수 있다.

여섯째, 가족의 상호작용을 강조하는 가족치료는 통일교육에서 교사가 학생들, 특히 탈북학생들이 살아있는 시스템에 연결되어 있으며 시스템의 한 부분이 변경되면 다른 부분이 변경된다는 것을 인식하도록 돕는다. 탈북학생에게 있어 가족은 개인이 다른 사람과의 관계에서 어떻게 행동하는지 이해할 수 있는 환경을 제공하기에 통일교육은 학생들의 가족을 염두에 두고 가족 단위로 다루어질 때 더욱 성공적으로 이루어질 수 있다.

일곱째, 인지 행동치료법은 통일교육에서 교사와 학생 간의 협력적 관계의 중요성, 학생들의 심리적 고통의 원인은 인지 과정의 교란 때문이라는 점을 알게 하며, 학생들의 행동에 바람직한 변화를 일으키는 인지 변환에 초점을 둔 교육적 치료가 될 수 있다는 점을 깨닫게 한다. 인지 치료에서 인간의 인지하는 방법이 그들의 감정적, 행동적, 그리고 생리적 반응에 영향을 미친다고 가정하는 것은 통일교육에서 학생들의 도움이 되지 않는 생각에 대한 변화가 행동을 개선하도록 도울 수 있음을 나타낸다. 통일교육은 통일, 북한, 북한 주민, 북한이탈주민 등에 대한 학생들의 생각 왜곡을 교정함으로써 그들의 문제를 해결하고 개선할 수 있다.

여덟째, 마음 챙김은 당면 과제에 대한 우리의 주의 집중, 자기 통제, 객관성, 집중력, 정서 지능, 친절함과 수용, 연민 등을 제안한다. 통일교육에서 인지적 접근뿐만 아니라 정서적 접근 및 훈련으로서 학생들의 정서 지능, 연민, 자기통제 등을 다룰 수 있다.

아홉째, 내러티브 치료는 심리발달이 점점 복잡한 방식으로 내러티브를 정교하게 만드는 능력과 관련이 있다고 본다. 이는 통일교육에서 도덕적 내러티브의 발달이 학생들의 도덕적 통일 사고 및 통일 감수성 발달에 기여할 수 있음을 제시한다. 예를 들면, 내러티브는 우리가 누구인가에 대한 이야기뿐 아니라 다른 사람들과의 관계에 대한 근거를 형성함과 같이 학생들로 하여금 통일교육 현장에서 자신과 다른 사람과의 관계, 삶의 문맥을 이야기하고 이를 탐구하도록 도울 수 있다.

마지막으로, 긍정심리치료는 개인의 성격과 경험의 긍정적인 측면을 이해해야 할 필요성을 강조한다. 이를 통해 통일교육에서 정서에 대한 과학적 접근으로 학생들의 강점 파악, 긍정적 특성의 발견과 이를 북돋는 작업은 남북의 사람통합 차원에서 학생들의 통일 정서와 같은 통일 역량의 정의적 측면의 고양에 요긴하게 작용할 수 있다.

2. 한계 극복 및 적용 방안과 윤리 상담학 가능성 모색

서구 심리치료 기법들의 통일교육에의 적용에는 다음과 같은 한계점을 동시에 고려하여 적용 방안을 모색할 필요가 있다. 첫째, 통일교육의 심리치료 역할 가능성에 대한 것이다. 심리치료는 전문적인 훈련을 받은 정신과 의사, 심리학자, 심리치료사 혹은 심리상담가가 할 수 있는 일이라는 편견이 있다. 이러한 견해는 특히 치료라는 용어의 사용에 대한 회의감을 갖는다. 흔히 치료는 질병을 낫게 하는 행위로 인식되며 치료 행위는 정신과 의사, 심리치료사, 심리상담가들과 같은 치료 영역의 전문가의 전유물로 여겨진다. 또한 질병에 대한 치료라는 협의의 의미로서의 치료는 통상적으로 일반 학생들을 대상으로 하는 도덕교육, 통일교육의 차원과는 다르게 보일 수 있다. 그러나 치료의 보다 적극적인 차원과 예방적 차원을 고려하여 접근한다면 학생들의 도덕성 발달과 인성 함양, 품성 교육, 건강한 정신과 마음의 정신건강을 도모하는 교육은 치료의 차원까지 그 영역을 확장할 수 있다. 다시 말해, 도덕성의 복합적 특성, 통합적 성격을 통해 통일교육은 학생에 대한 마음치유, 심리 건강을 추구하는 심리치료의 역할과 밀접한 관련을 갖게 된다.

둘째, 심리치료 기법들이 통일교육의 교수학습 방법으로서의 효용성에 대한 것이다. 적어도 형식적인 교육과정 안에서 도덕과 통일교육 관련 수업은 한정된 장소와 한정된 시간에 주로 이루어진다. 교사는 학급 내에서 도덕 교과, 통일교육 시간에 학생들에게 교육할 정해진 수업 텍스트를 갖고 수업을 진행한다. 그러나 잠재적 교육과정 측면에서 본다면 학생들과 만나는 모든 순간, 모든 장소에서 통일교육이 일어난다고 보는 것이 적절하다. 통일교육 수업 시간 외에 교사가 학생들을 대면하는 모든 장소와 시간에서의 교육은 만남과 대화를 통해 이루어진다. 이 점에서 대화가 전제가 되는 상담 즉 윤리상담은 교실에서의 통일교육 수업을 보완하는 좋은 대안이 된다. 수업 내에서 혹은 수업 외의 시간에 학생을 대면하는 교사의 모든 활동은 학생들을 윤리적 사고, 성찰과 마음치유 활동에 참여시킬 수 있다는 점에서 윤리상담이 될 수 있다. 따라서 다양한 심리치료 기법이나 상담기법들은 효과적으로 도덕과에서 통일교육의 목적을 달성하기 위한 새로운 교수학습방법과 교수전략으로서 개발되어 활용될 수 있다.

셋째, 심리치료 기법들은 저마다 다른 인간에 대한 전제를 갖고 있다는 점이다. 상담 및 심리치료 분야는 각각 나름의 인간관을 가지고 있다. 각 분야마다 인간을 이해하는 방식이 다르다. 예를 들면, 프로이트는 결정론적 입장에서 인간을 이해하는 반면, 아들러 그리고 마슬로우 등은 목적론적 입장에서 인간의 가능성, 선택, 책임을 강조한다.

따라서 다양한 심리치료 기법들을 도덕과 통일교육 현장에 적용하기 위해서는 먼저 인간에 대한 관점을 확인할 필요가 있다. 이러한 것은 윤리상담이 윤리학, 도덕철학을 기반으로 한다는 점을 통해 해소될 수 있다. 예를 들면, 칸트는 인간을, 이성을 지니며 자유의지를 가진 존재로 본다. 우리는 다양한 도덕철학, 윤리학의 관점을 바탕으로 하나의 기술적 기법으로서 그리고 실제 존재하는 학생들의 있는 그대로의 심적 상태를 이해하는 것으로서 심리치료 기법들을 참조할 수 있다. 정신건강의학, 심리학, 상담학, 심리 치료학에서 제안하는 인간의 모습이 있는 그대로의 사실적 인간의 모습에 보다 초점을 두고 있다면 도덕철학, 윤리학, 윤리상담학에서는 인간이 나아가야 할 가치, 당위의 문제에 주안점을 둔다. 따라서 이 둘은 서로 상호 참조함으로써 윤리상담의 통일교육으로서의 역할과 방향을 모색할 수 있을 것이다.

넷째, 통일교육 윤리상담의 가능성을 타진할 때 윤리상담의 개념 정립에 대한 이견이 발생할 수 있다. 윤리상담은 윤리학, 도덕철학, 도덕교육학을 바탕으로 심리학, 상담학, 정신의학, 심리 치료학을 상호 참조한 것으로서의 상담이 되어야 한다. 기존의 심리학이나 상담학에서는 윤리학 및 도덕철학을 거의 다루지 않거나 다루더라도 이에 방점을 두지 않는다. 이들은 인간 이해에 있어 윤리적 측면에서 보다 덜 전문적이다. 또한 윤리상담은 법조인의 윤리, 의료인의 윤리와 같이 상담자가 지켜야 할 윤리로서의 직업인이 가져야 할 윤리적 태도와 자세로서의 상담윤리의 측면이 아닌 학생들의 도덕적 성장, 도덕성 발달, 인격 형성, 인성 함양, 품성 도야와 같은 도덕교육을 목적으로 한 교사와 학생 사이의 대화로 이루어지는 상담 활동에 대한 것이다. 따라서 도덕과 통일 수업에서 이것은 하나의 교수 방법이 되는 동시에 교사와 학생 사이에 잠재적 교육과정에서 이루어지는 모든 언어적, 비언어적 대화 속에서 윤리적인 인간, 도덕적인 통일 시민을 지향하며 이루어지는 상담을 말한다.

다섯째, 심리치료 기법들을 통해 인간의 지향점을 제공받을 수 있는가 라는 점이다. 인간의 심리적 문제의 많은 부분에서 그 근본 원인은 윤리 문제와 직결된다. 우리가 궁극적으로 무엇을 위해 살아야 하는가, 어디에 가치를 두어야 하는가, 왜 나만이 아닌 타인을 함께 고려하며 살아야 하는가, 진정으로 행복한 삶이란 무엇인가 등에 대한 적절한 지향점을 얻지 못했을 때 심리적 병리를 경험하기 일쑤이다. 이에 대한 심리치료 접근으로 심리학자, 상담학자, 정신과 의사, 심리치료사 등이 동원될 수 있다. 그들은 실험적 임상적 경험들을 토대로 기법과 방법론적인 측면에서 내담자, 환자, 학생을 더 잘 다룰 수 있을지 모른다. 그러나 우리가 '왜' 그리고 '무엇'을 '추구'해야 하는가의 근본적인 '가치'의 문제에 대해서는 이러한 치료사들보다 도덕교육학자와 도덕과 교사들이 더 깊이 있는 접근을 할 수 있다. 왜냐하면 도덕과 통일교육에서 교사들은 이들에 비해 도덕, 가치의 문제에 더욱 깊이 천착해 왔기 때문이다.

결론적으로 서구 심리치료와 통일교육은 양자 모두 인간의 심리, 정신, 마음에 대한 모종의 영향과 변화라는 공통의 관심을 가진다. 그러나 엄밀한 의미에서 볼 때 치료와 교육은 동의어가 아니며 이 둘 사이에는 분명한 차이가 존재하기에 심리치료 기법을 교육, 즉 도덕과 통일교육에 직접 적용하는 데에는 한계와 제약이 따른다. 그런데도 윌슨의 견해와 같이 도덕성을 영혼의 상태, 정신건강 등의 의미로 설명할 때 정신건강은 하나의 교육 목적이 될 수 있고 정신을 건강하게 하기 위한 치료 행위는 도덕성을 함양하는 도덕교육과 맞닿게 된다. 윌슨은 교육은 개념적으로나 사실적으로 가치 있거나 정당화될 수 있는 여러 가지 활동이나 사고방식으로의 입문을 포함하며 여러 가지 활동이나 활동 군에는 여러 가지 형태의 정당화나 기술양식이 적용될 수 있다고 보았다. 그러므로 어떤 활동은 치료라고 불리고 어떤 활동은 이성의 발달, 또 어떤 활동은 성격의 발달이라고 불릴 수 있다고 주장한다(J. Wilson, 최원형 역, 2003; 박형빈, 2016: 16 재인용).

따라서 서구의 심리치료를 통일교육 윤리상담에 적용하기 위해서는 적극적이고 예방적 차원에서 접근이 필요하다. 그런데도 서구의 심리치료 모델은 몇몇을 제외하고 대부분은 질병 모델에 기반을 두기 때문에 서구 심리치료에서 통일 교육적 시사점을 도출하고자 할 때, 치료적 개념을 어떻게 교육을 통한 치료로 접근할 것인지에 대한 고민이 요구된다. 이것은 윤리상담 기반 통일교육학의 성립 가능성을 모색하는 데 있어 고찰해야 할 요소들 가운데 하나이다. 윤리상담을 도덕교육학, 윤리학, 철학, 심리학, 상담학, 사회학, 정신건강의학 등의 관련 학문을 기반으로 윤리상담 기반 통일교육학으로의 발전 가능성이 모색될 수 있다. 윤리학적 지식과 방법을 활용하는 윤리상담이라는 일종의 치료기법을 통해 진정한 의미로서의 행복추구에 필수 조건인 탈북학생들의 마음 건강을 도모할 수 있을 것이다.

그러므로 과학과 철학 그리고 사실과 당위의 문제가 함께 고민될 때 육신을 입고 사는 한 인간으로서의 학생들에 대한 보다 정교한 통일교육 행위가 마련될 수 있을 것이다. 심리치료란 언제나 두 사람 혹은 여러 사람의 만남을 전제로 대화를 통해 이루어진다. 이 점에서 교사가 윤리상담자로서의 역량을 기르는 것은 통일교육 전문가로서의 전문적 자질과 능력을 함양하는 과정이 된다.

Ⅵ. 결론

탈북학생들의 심리적 문제를 해결하기 위한 심리치료 차원에서의 접근은 정신건강의학, 심리학, 상담학, 심리 치료학뿐만 아니라 교육적 차원에서 이루어질 수 있다. 심리치료와 상담은 정신건강 구조의 넓은 맥락에서 고려된다. 서구에서 심리치료는 상담과 함께 그동안 대폭적이고 중요한 변화 양상을 겪으며 지난 시간 동안 많은 새로운 기법들을 제안해 왔다.

도덕성의 정신건강 측면, 심신 복합적 특성, 이성과 정서의 상호 유기적인 통합적 성격을 통해 마음치유, 심리적 건강을 추구하는 심리치료는 도덕과에서 학생을 대상으로 이루어지는 통일교육과 긴밀한 관련을 갖는다. 심리치료와 통일교육은 모두 인간의 건강한 정신, 마음, 심리상태를 추구한다. 따라서 논의한 서구 심리치료의 동향을 통해 통일교육에 대한 다음과 같은 시사점 도출이 가능하다. 첫째, 학생들의 무의식적 기제에 대해 관심을 기울일 필요가 있다. 둘째, 목적론적 존재, 주체적 존재로서 학생들이 자율성, 책임감 등을 육성하게 하는 것이 중요하다. 셋째, 학생들의 직접 관찰 가능한 행동에 주목하고 이를 교정하고 변화시키기 위한 노력이 필요하다. 넷째, 통일교육의 성패를 가늠하는 데 있어 교사의 역할과 태도가 중요하며 교사는 학생들에 대한 존중과 책임, 진실한 태도를 지닐 것이 요구된다. 다섯째, 교사는 멘토, 모델로서의 역할을 수행하여 학생들이 자신의 행동이 자기 자신이나 타인에게 해를 끼치지 않는지 여부를 평가하도록 도와야 한다. 여섯째, 성공적인 통일교육을 위해 학생 개인뿐만 아니라 학생들의 가족을 염두에 둔 가족 단위 통일교육을 고민하여 다룰 필요가 있다. 일곱째, 학생들의 심리적 고통의 원인은 인지 과정의 왜곡에 의한 것일 수 있기에 잘못된 인지에 대한 교정을 통일교육에서 확인하고 다룰 필요가 있다. 여덟째, 통일교육에서 인지적 접근뿐만 아니라 정서적 접근이 요구되며 훈련과 같은 방법을 통해 학생들의 정서 지능, 연민, 자기 통제 등을 향상할 수 있다. 아홉째, 도덕적 내러티브의 발달이 학생들의 통일 사고와 통일 감수성 발달에 기여할 수 있기에 학생들이 자신의 삶, 타인과의 관계 등을 하나의 이야기로 다루게 할 수 있다. 마지막으로, 통일교육에서 긍정심리학과 같은 정서에 대한 과학적 접근은 학생들의 도덕적 정서 및 통일정서와 행복 고양에 요긴하게 작용할 수 있다. 마음 챙김, 명상 등의 활동이 수행될 수 있다. 이는 탈북학생뿐만 아니라 타인을 이해하고 수용하는 마음을 지닐 필요가 있는 남한 원주민 학생들에게도 절실하다.

통일교육의 방법론적 측면에서 상담학, 정신건강의학, 심리학, 심리 치료학에서 사용되고 있는 심리치료기법들의 활용은 학생들의 정신건강, 심리적 건전함, 도덕성 형성에 기여할 수 있다. 이는 곧 통일교육의 방법론적 차원에서 윤리상담 접근 가능성을 제시하며 동시에 교사의 소양 교육 차원에서 윤리상담의 구체적인 프로그램의 발전을 요청한다. 향후 통일교육에 대한 심리 치료적 접근, 상담학적 접근, 정신건강의학적 접근은 윤리상담 접근으로 통합되어 이루어질 수 있으며 나아가 윤리상담을 통일교육학의 하나의 독립된 교육 방법으로 발전시킬 수 있는 이론적 기반 마련에도 도움이 될 것이다.

학생의 인지와 정서의 통합적 접근을 추구하는 것으로서의 통일교육은 윤리상담이라는 표제 아래 기존의 단순한 덕목들의 주입이나, 지식 전달이 아닌 통일 사고, 통일 감수성 등을 위한 보완 방법으로 접근될 수 있다. 이는 학생들의 심리적 차원을 다루는 유용한 방안이 되며 이것의 응용 분과는 일반교사 뿐만 아니라 형사정책의 청소년 대상 교정프로그램, 사회봉사 프로그램, 평생 시민교육 영역까지 확장될 수 있다. 결과적으로 서구 심리치료의 동향과 이것이 통일교육에 주는 시사점에 대한 고찰은 통일교육학의 한 방안으로서 통일 윤리상담의 발전 가능성을 모색하는 데 기여할 수 있을 것이다. 심리치료와 도덕과 통일교육의 접목 즉 통일교육 윤리상담의 가능성을 탐색하는 이러한 연구는 학생들 특히 탈북학생들에게 남한 사회에서 사회적, 정서적 지지를 제공하고 마음의 치유 및 대한민국의 가치교육으로의 역할을 하고자 하는 통일교육 목적 실현에도 도움을 줄 수 있을 것이다.

제10장
심리분석과 사람통합 지향의 통일교육

I. 서론

도덕과 통일 수업을 이루는 요소는 다양하다. 교사 자신, 교재, 교육과정, 학교 환경, 교실 분위기 그리고 학생 등이 수업의 결과에 영향을 주는 변인들이다. 특히 학생 변인은 통일교육에서 가장 중요하면서도 과거 교과교육 연구에서 다소 큰 관심을 받지 못했던 요소이기도 하다. 그것은 도덕과 통일교육에서 교육의 대상 및 핵심 요소가 되는 학생 요인에 주목하지 않았다는 의미라기보다는 학생 요인 중에서도 학생 '개개인의 특성 및 성향'에 대하여 크게 관심을 기울여 오지 않았다는 뜻이다. 그러한 현상은 교육 관련 연구들을 분석해 볼 때 여실히 드러난다.

국외의 경우 교육 실제에 있어 학습자의 개인차를 고려하고자 하는 노력은 교수 학습 이론과 실제를 중심으로 연구되고 있다. 운동 기능에서의 개인차 고려(R. A. Schmidt & T. Lee, 1988; R, A Magil & D. Anderson, 2007; J. Loudon, 2013), 학습과 기억 및 지능에서의 개인차(S. Terry, 2008; P. H. Brooks, R. Sperber, & C. McCauley, 1984), 신경과학적 접근과 읽기기술에서의 개인차(J.

P. Byrnes, 2001b), 배우는 능력에서의 개인차(J. Hartley, 1998; V. Cook, 2001), 발달과 학습에서의 개인차(J. P. Byrnes, 2001a) 등 학습에서의 개인차를 포함한 연구들을 발견할 수 있다. 국내의 교과 수업에 있어 학생 개인차를 고려한 연구는 발달과 개인차에 대한 학습자 이해(임규혁・임웅, 2007; 이종철, 2012; 이현림・김영숙, 2016)와 학생들의 인지적 측면의 학습에 주된 관심을 기울여 왔다(김성애, 2006; 권영인・서보억, 2008; 왕석순・이춘식, 1999; 김형석・박승재, 1998). 개인차를 학습 환경에 보다 적절히 고려하여 교수학습 환경을 변화시키고자 하는 움직임도 시도되었다(배연일, 1998; 박문태, 1996).

학생들 간에 존재하는 성격, 흥미, 발달, 능력 정도의 차이를 고려하여 교수학습이 진행될 때 교육의 최대 효과를 도모할 수 있다. 개인 간의 차이는 특성 간의 차이뿐만 아니라 각 특성들 간의 정도의 차이도 함께 존재한다. 교육에서 개인차 고려는 실천의 문제이다. 흔히 수업의 장에서 주로 고려되어야 할 개인차 변인으로 여러 복합적인 요인들, 예를 들면 선수 학습 정도, 지능, 언어 능력, 운동 능력 등의 것들이 영향으로 결정되는 학습자의 '학습능력 수준'과 학습 동기 및 학습 집중력에 영향을 미칠 수 있는 '학습자의 흥미' 그리고 학습자의 지각 또는 인지 방식의 선호로서 '학습 양식 변인'을 제시할 수 있다. 이러한 세 가지 변인은 다른 개인차 변인에 비해 비교적 영향력이 큰 변인으로 보고되고 있는 것들이다(이화진 외, 1998). 교과의 특성에 따라 다양한 개인차 변인은 중요하게 고려되어야 한다. 통일교육에서도 학생 개인의 내적 성향, 마음 상태 즉 심리는 중요한 변인으로 다루어져야 할 필요가 있다.

따라서 본 연구에서는 도덕과 통일 수업 즉, 통일교육의 변인에 주목하고자 한다. 즉 학생 심리와 심리분석의 의미, 심리분석을 위한 분석 틀 가운데 에니어그램, 얼굴 심리학, 사이코패스와 소시오패스를 중심으로 살펴보고자 한다. 세 가지 분석 틀을 선정한 이유는 이러한 유형들이 학생들의 심리상태를 파악하는 유일하며 가장 적절한 도구들이라기보다 다음의 이유 때문이다.

첫째, 에니어그램의 9 가지 성격 유형은 비교적 복잡하지 않으면서도 서로 다른 유형을 살펴볼 수 있도록 돕기에 교사들이 현장에서 수월하게 투입하여 사용할 수 있다. 둘째, 이 유형들은 보다 다각적인 시각에서 학생들을 바라볼 수 있는 서로 다른 세 가지 도구이다. 셋째, 얼굴 심리학의 경우 그동안 간과되었던 아이들의 미세 표정 속에 담긴 학생들의 마음 상태에 교사가 보다 민감할 수 있도록 돕는다. 넷째, 이러한 분석의 틀을 실제로 학생들에게 적용하는 과정에서 학생들 또한 서로의 차이를 이해하고 그들에게 존재할 수 있는 잘못된 삶의 방식을 되돌아보고 반성하며 행동과 태도를 조심할 수 있도록 도와줄 수 있다.

학생을 대상으로 하는 교육 활동으로서의 통일교육 특성을 고려할 때, 궁극적으로 통일교육에서 학생의 심리상태 파악의 중요성 그리고 이것이 교육의 성패를 결정짓는 주요한 요소가 될 수 있음을 전제로 통일교육 실제에 주는 이 세 가지 분석 틀의 의미를 고찰하고자 한다.

II. 도덕과 통일 수업의 변인과 학생 심리

수업의 질을 결정하는 변인으로 다양한 요소들이 제시될 수 있다. 캐럴(Carroll)은 학습에 필요한 시간과 학습에 사용한 시간을 결정하는 변인으로 개인차 변인(individual variable)과 수업 변인(instructional variable)을 들고 있다. 개인차 변인에는 적성, 수업이해력, 학습 지속력이 포함되고 수업 변인에는 수업의 질, 학습기회가 포함된다(김영봉, 2007: 188). 학생, 교사, 교육과정으로 나누어 생각할 경우, '학생 변인'으로는 지능, 동기, 자아존중감, 학습 준비도, 학습 양식, 흥미 등을 들 수 있으며 '교사 변인'으로는 교수 효능감, 언어 능력, 학생 이해 능력, 직무 만족도, 심리적특성, 헌신도, 전문성 등이 관련된다. '교육과정 변인'에는 교육과정의 적정성, 교육과정의 수준, 과제의 적합성, 과제의 위계성, 과제의 지식적 특성, 과제의 타당성 등이 포함될 수 있다(김재영, 2009: 46).

통일교육에 영향을 주는 변인 역시 다차원적인 시각에서 접근 가능하다. 수업을 이끄는 주체로서의 교사, 학생, 교육과정, 교과서, 교육 자료, 학교 환경, 학부모, 지역사회, 사회문화 등 많은 요인들이 수업에 직·간접적으로 영향을 준다. 이 가운데 학생 변인은 교육의 대상이자 교육의 목적을 이루는 데 가장 핵심 요소라 할 수 있다. 학생 변인은 모든 교과교육의 목적이자 목표로 작용하기 때문이다. 도덕과 통일교육의 경우, 학생들의 통일의식의 함양을 포함한 통일역량 고양이 궁극적인 목적 가운데 하나라는 점에서 학생은 통일교육의 핵심 변인이자 통일교육의 성패를 좌우하는 역할을한다.

교수학습 지도에 있어서 학생 변인에 대한 관심은 주로 인지적 측면에서의 학생별 차이 즉, 영어과나 수학과와 같은 교과에서의 수준별 수업에 대한 연구에 집중 되어왔다. 도덕과 통일교육의 경우 학생들의 수준 차이에 대한 연구는 일천한 상황이다. 그것은 통일교육에서 학생 개인의 통일에 대한 인식수준, 가치 및 태도의 수준을 객관적이고 신뢰성 있게 측정해 낸다는 것이 상당히 어렵고 난해한 작업이기 때문이다. 그러나 다른 한편에서 보면 통일교육에서 관심을 가져야 하는 학생 변인은 학생 개개인의 개인적 성향, 정신적·신체적 발달 정도, 성격 특성, 삶의 양식 등의 측면도 포함하고 있다는 점이다. 특히 한 개인의 심리적 특성은 곧 그의 통일 의식, 통일 감수성, 통일 정서, 통일관 등의 바로미터가 될 수 있기에 통일교육에서 가장 주목해서 살펴보아야 할 요소이다. 학생의 개인차를 인정하고 각각의 성향, 성격, 심리상태에 적합한 통일교육을 제공하는 것은 교육자의 임무이자 통일교육을 성공적으로 수행하기 위한 필요조건이라 할 수 있다.

학생들의 마음 상태 즉, 심리를 분석하고자 하는 궁극적인 목적은 학생들을 있는 그대로 이해하기 위함이다. 궁극적으로 학생들의 심리유형에 적절한 통일교육 수업 방안을 마련하는 데 도움을 줄 수 있다. 그러나 개인이 가진 제각기 다른 성향, 상태, 정서적 특성, 사고방식, 행동 양식 등을 파악해 내는 것은 결코 쉬운 일은 아니다. 대부분의 심리상태는 외면적으로 드러나기보다는 내면 깊숙하게 감추어진 경우가 상당하기에 더욱 그러하다.

한편, 개인의 고유한 성격, 심리, 태도 및 행동 유형 간의 차이를 알아내고 인간 내적 상태와 외적 상태의 이해와 예측을 시도한 여러 영역의 심리 측정, 심리 검사, 심리분석의 시도들이 있다. 예를 들면, 프로이트의 정신분석학과 이를 기반으로 그림을 통해 인간의 심리상태 및 유형을 파악하고 측정하고자 한 HTP 검사와 KHTP 검사[20], 로르샤흐 검사(Rorschach test)[21], 칼 융의 꿈의 분석, 칼 융의 성격이론을 바탕으로 발전한 MBTI(Myers-Briggs Type Indicator) 성격 검사[22], 243가지의 유형을 제시하고 있는 에고그램(Egogram)[23], 셀리그먼의 긍정심리학을 기반으로 한 강점 파악, 아들러의 개인심리학을 기반으로 한 열등감과 삶의 양식분석, BIG 5 성격 특성 검사(Big 5 Personality Traits), 에

---

20) HTP 검사는 정신분석가 벅(Buck)이 개발한 것으로 그 해석은 프로이트의 이론적 해석에 기반을 두었으며 정신분석학 내에서만 적합하도록 보는 자료와 상징들을 제안했다. 이러한 이유로 전체로서의 인간을 보기보다는 병리적인 면만을 보게 한 점이 여러 임상가들에게 지적되어 왔다. 그러나 번스(Burns)는 마슬로우의 발달적 관점을 HTP 해석에 부여하여 전체로서 인간을 보는 즉 인간의 건강한 측면과 잠재력도 고려하여 인간을 보았다(유미, 2010: 61). 벅은 단일 과제의 그림 검사보다는 집-나무-사람(KHTP)을 그리게 하는 것이 피검자의 성격의 이해에 보다 효과적이라고 생각하였다(김동연, 2002: 3).

21) 로르샤흐 검사는 정신과 의사인 헤르만 로르샤흐(Hermann Rorschach)가 만든 것으로 잉크 반점을 이용하여 성격을 진단하는 심리투사 시험법이다(C. Raines & L. Ewing, 이미정 역, 2008: 28). 로르샤흐 검사법을 이용하는 심리학자와 정신과 의사는 다양한 잉크 반점을 보고 내놓은 답변을 보면 그 사람이 동성애자인지, 편집증 환자인지, 자살할 가능성이 있는지 따위를 밝혀낼 수 있다고 주장한다(S. Sutherland, 이세진 역, 2008: 217). 한편, 프로이트는 심리치료사들이 어떻게 환자 개개인을 이해하는지 설명하기 위해 공감적 투사라는 개념을 사용했다. 하지만 그는 우리 자신의 관점을 타인의 관점으로 혼동할 수 있다고 경고했다. 로르샤흐는 공감적 투사에 근거해서 그 유명한 잉크 얼룩 검사를 개발했는데, 환자들이 자신의 마음 상태를 잉크 얼룩에 투사하여 (주로 무의식적인) 욕구나 동기를 포함해 잉크 얼룩을 지각한다고 주장했다(W. Ickes & E. Aronson, 권석만 역, 2008: 71).

22) MBTI(Myers-Briggs Type Indjcator)는 성격 유형 선호지표로 심리학자 칼 융(Carl Jung)의 성격이론을 바탕으로 발전해 왔으며, 현재 전 세계에서 가장 널리 쓰이는 성격 유형 검사 도구이다. MBTI에서는 성격 유형을 크게 4가지로 분류한다. 이는 4가지 선호 경향인 태도, 인식기능, 판단기능, 생활양식을 기초로 한다. 어디서 에너지를 얻는지에 따라 외향형과 내향형, 무엇에 관심을 기울이는지에 관심을 둔다(이혜범, 2010: 334). 이것은 길고 복잡한 질문지를 대상자에게 작성하도록 한 뒤 결과 해석에 숙달된 자격 있는 평가자가 분석을 하는 방법이다. 16가지 심리유형 중 어느 한 가지로 대상을 파악한다(R. Carter, .김명남 역, 2008: 74).

23) 에고그램은 미국의 심리학자 듀세이(Dusay)가 고안한 심리 검사로 복잡한 사람의 성격을 5가지 영역으로 구분하여 분석한다. 그는 성격 분석 표지법이라는 자기 발견 테스트를 개발하였다. 에고그램에 따르면 5개의 마음 즉 비판적인 마음(CP), 용서하는 마음(NP), 부모의 마음(A), 자유로운 어린이의 마음(FC), 순응하는 마음(AC)을 어떤 비율로 가지고 있느냐에 따라 총 243개의 성격 유형으로 구분한다(이정현, 2010: 179; 아라키 히토미, 이선희 역, 2007: 154).

니어그램(Enneagram) 등이 심리학과 정신의학 등의 분야에서 대표적으로 사용되고 있는 도구들이다. 이와 같은 심리분석 틀들은 주로 학생 상담, 진로 탐색, 상담 프로그램 등에서 유용하게 활용되고 있다.

또한 FBI, CIA, 범죄심리학 등의 분야에서 사용되고 있는 심리분석의 틀 가운데 최근 등장한 얼굴 심리학, 사이코패스 체크리스트, 소시오패스 체크리스트 등을 들 수 있다. 검사 도구들은 인간 저마다의 개인적 특성들을 파악해 내는데 보다 강조점을 두고 있다는 점에서 통일교육 분야에서 관심을 기울일 필요가 있다. 개인 간의 차이와 특성이 고려되지 않은 통일교육은 피상적인 지식 전달에 그치게 될 가능성이 다분하기 때문이다.

III. 심리분석을 위한 세 가지 틀

학생들의 심리[24]를 살펴볼 수 있는 분석의 스펙트럼은 다양하게 제시될 수 있다. 이 가운데에서 주목하여 살펴보고자 하는 것은 에니어그램, 얼굴 심리학, 사이코패스 및 소시오패스 체크리스트이다. 그것은 이 세 가지 유형의 심리분석 틀 혹은 심리유형 판단 기준이 통일교육을 하는 교사로 하여금 학생들의 심리상태를 파악해 내는 비교적 용이한 도구가 될 뿐만 아니라, 이를 기반으로 세심한 통일교육 접근이 요구되는 학생들을 파악해 내는 데 도움을 줄 수

[24) 본 연구에서 사용하고 있는 '심리'라는 용어는 마음의 작용과 의식의 상태를 일컫는 것으로 연구자는 '심리'와 '마음'을 엄격하게 구분하지 않고 사용하였다. 따라서 본 연구에서 언급한 심리분석은 마음 분석, 마음 상태에 대한 이해, 마음 읽기, 심리상태 파악 등의 의미를 지니고 있다.

있기 때문이다. 더구나 이 세 유형에서 밝혀진 건강하지 않은 심리상태는 도덕성의 결여를 가늠해 낼 수 있는 척도가 된다는 점에서 의의가 있다.

학생들의 심리를 이해할 수 있는 다양한 심리분석의 틀 가운데 에니어그램, 얼굴 심리학, 사이코패스 및 소시오패스 체크리스트를 교차적으로 적용하면 학생들의 심리상태를 보다 깊이 파악하는 데 도움이 될 수 있을 것이다. 따라서 이 세 가지 유형 틀을 살펴보고 이것이 통일교육에 주는 의의 다시 말해, 이를 이용한 학생 개개인의 심리적 특성 파악이 통일교육 현장에 중요한 이유를 고민해 보고자 한다.

1. 에니어그램을 통한 심리분석

2천 년의 지혜를 품고 있는 것으로 평가받는 에니어그램은 아시아와 중동에서 그 기원을 찾을 수 있다. 에니어그램이라는 말은 그리스어 '에니어(ennea, 아홉)'와 '그램(gram, 모형)'의 합성어로서, 에니어그램 상징에서 볼 수 있는 9개의 지점 혹은 숫자를 가리킨다. 이 고대의 기호는 사람들이 생각하고 느끼고 행동하는 서로 다른 방식에 대한 통찰력을 제공한다(B. Britt, 김환영 역, 2008: 36). 에니어그램은 로어(Rohr)와 에버트(Ebert)에 의하면 14세기 이집트에서 발달하였다(R. Rohr & A. Ebert, 2001). 에니어그램의 고대의 상징은 오늘날 가장 대중적인 자기 이해의 체계로 9개의 독특한 성격 유형에 기초해 있다. 이것은 개인의 변모와 발전을 위한 도구로 이용된다. 즉 개인의 내면적 장애를 어떻게 극복할 수 있는가와 개인의 특별한 재능과 강점을 깨닫고 삶의 깊이 있는 방향을 발견하도록 돕는다(D. R. Riso & R. Hudson, 1999). 자기 이해와 자기 발전을 위한 귀중한 안내를 준다(D. Daniels & V. Price, 2009).

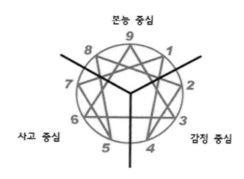

출처: https://www.enneagraminstitute.com/
how-the-enneagram-system-works/
(검색일:2016.05.23)

[그림 1] 에니어그램의 중심

에니어그램에서는 인간의 성격 유형을 먼저 세 개의 그룹, 즉 본능형, 감정형, 사고형으로 분류한다. 이들 세 기능은 인간 신체의 중심들과 연관되어 있다. 성격의 고착은 주로 이 세 중심들 중 하나와 관련된다. 현대 의학에서도 인간의 두뇌를 세 개의 기본적인 구성요소로 분류한다. 근본의 뇌 즉 본능의 뇌, 수질, 즉 감정의 뇌, 그리고 대뇌 피질, 즉 사고의 뇌가 그것이다. 일부 에니어그램 전문가들은 [그림1][25]과 같이 세 가지 중심을 머리 중심(사고 중심), 심장 중심(감정 중심), 장 중심(본능 중심)으로 부르기도 한다. 감정

25) https://www.enneagraminstitute.com/how-the-enneagram-system-works/(검색일:2016.05.23).

중심의 유형들은 우리에게 딜레마에 대한 세 가지 해결책을 제시한다. 그 해결책으로 2번 유형은 사람들이 자신을 좋아할 수 있도록 그들을 기쁘게 해 주는 것에, 3번 유형은 사람들이 자신을 칭찬하고 인정할 수 있도록 무엇인가를 성취하는 뛰어난 사람이 되는 것에, 4번 유형은 자신에 대해서 이야기를 갖고 자신의 모든 특성에 강한 중요성을 부여하는 것에 둔다. 본능 중심 유형의 사람에게 자아의 존재감을 유지하는 것이 중요하다면, 감정 중심 유형의 사람에게는 개인적인 정체성을 유지하는 것이 중요하다. 반면, 사고 중심 유형의 사람에게는 내면의 안내와 지원에 대한 신뢰를 찾는 것이 중요한 과업이 된다(R. Riso & R. Hudson, 주혜명 역, 2015).

에니어그램 각 유형의 성격 특질을 저녁 식사 상황에서의 독백을 예로 들어 살펴보면 다음과 같다. 저녁 식사를 위해 함께 원형 식탁에 둘러앉은 9명의 사람들은 각기 다른 생각이 가능하다. 1번 유형 사람은 '인원에 비해 음식이 충분하지 않군!'이라고 생각한다. 2번 유형은 '다른 사람들이 내가 필요하다는 것은 참으로 멋진 일이야.'라고 생각한다. 3번 유형은 '할 일이 너무 많으니 먹자마자 달려가야지.'라고 생각한다. 4번 유형은 '너무 가격이 저렴한 상어 알 요리라서 매우 놀랍군!'이라고 생각한다. 5번 유형은 '사람들이 참으로 수다스럽네. 어쨌든 나는 말을 안 해도 되니 좋군!'이라고 생각한다. 6번 유형은 '저 여인이 일찍 떠나려고 하는데 우리를 좋아하지 않는 걸까?'라고 생각한다. 7번 유형은 '우선 먹고 다음엔 사진을 찍고 그리고 나서 수업을 가야지.'라고 생각한다. 8번 유형은 '나에게 여기 있는 모든 음식을 넘겨줘!'라고 생각한다. 9번 유형은 '저녁 식사를 함께 하니 모든 사람들과 가깝게 느껴지는 것 같아.'

라고 생각한다(R. Baron & E. Wagele, 2009). 이러한 가상의 대화에서 확인할 수 있듯이 에니어그램은 9가지 성격 유형의 사람들이 서로 저마다 삶의 비중을 두는 것이 다르고 삶을 보는 시각도 다르다는 것을 잘 설명하고 있다.

정신과 교수인 대니얼(David Daniels)과 상담심리학자인 프라이스(Virginia Price)는 광범위한 연구를 통해 자기 발견과 개인 발달 안내를 접목한 과학적으로 발전된 에니어그램 테스트를 제안했다. 이들은 1유형부터 9유형을 완벽주의자, 기증자, 실행가, 낭만가, 관찰자, 충성스러운 회의론자, 향락주의자, 보호자, 조정자로 특징짓는다. 대니얼과 프라이스가 제시한 성격 유형 검사는 우리가 어떻게 생각하는가, 무엇을 느끼는가, 경험한 것이 무엇인가에 대한 질문을 통해 자신을 발견하도록 안내한다(D. Daniels & V. Price, 2009). 한편, 웨글(Elizabeth Wagele)과 바론(Renee Baron)은 이러한 9개 유형에 대하여 1번 유형은 완벽주의자, 2번 유형은 돕는 사람, 3번 유형은 성취가, 4번 유형은 낭만주의자, 5번 유형은 관찰자, 6번 유형은 질문자, 7번 유형은 모험가, 8번 유형은 주장자, 9번 유형은 중재자로 명명하여 구분 짓는다(R. Baron & E. Wagele, 2009).

각기 유형별 성격 특성은 다음과 같다. 1번 유형은 양심적이고 옳고 그름에 대해 민감하다. 2번 유형은 동정적이고 따뜻한 마음을 갖고 있으며 사람 지향적이며 친절하고 관대하다. 3번 유형은 성취 지향적이며 매력적이다. 4번 유형은 개인주의적이고 공상적이며 내성적이다. 5번 유형은 빈틈없고 호기심 많으며 통찰력을 갖고 있다. 6번 유형의 사람들은 다른 사람들과 강한 사회적 정서적 유대감을 형성한다. 그들은 믿음직스러우며 신뢰성이 있다. 7번 유형은 분주하며 생산적이다. 그들은 자발적이고 쾌활한 반면 규율적이지 않은 면이 있다. 8번 유형은 자기 자신을 운명의 주인으로 여기는 도전가이며 강하고 공격적이다. 9번 유형은 평화주의자로서 태평하고 순응적이다(S. Wrigh & J. Sayre-Adams, 2007). 이처럼 각 유형별 성격 특성은 학자마다 세부적인 항목과 명칭에서 다소 차이를 보이는 면도 있으나 그 중심적인 특성은 동일하며 각 유형별 특징적인 성향을 보인다는 공통점을 보인다.

주지할 사항은 에니어그램의 9가지 성격 유형은 나름대로 장단점을 갖고 있으며, 성장과 발달의 방향도 다르다(B. Britt, 2008: 17). 따라서 교사는 통일교육을 함에 있어 학생들이 갖는 다음 <표 1>26)과 같은 개인별 차이를 고려하면서 성장 방향으로 나아갈 수 있도록 돕는 것이 중요하다.

〈표 1〉 에니어그램 9가지 유형별 특징, 장점 및 단점

	특징	장점	단점
1번 유형	이성적, 이상적, 원칙적, 목표 지향적, 완벽주의 추구, 부도덕과 결함에 대한 두려움	완벽, 정확, 공정, 정직, 자제심, 인내력, 깔끔, 끈기, 믿음직함	세심, 비판적, 독선적, 완고, 강박
2번 유형	사교적, 돕기 좋아함, 타인의 감정에 민감, 관대, 사랑 받지 못하는 것에 대한 두려움	친절, 돌봄, 타인 이해, 칭찬	헌신의 대가 희망, 자신 욕구 외면, 타인조정
3번 유형	성공 및 유능함 추구, 실용적 및 실질적, 성공 추구, 자신의 가치 상실에 대한 두려움	적응, 유능, 실용, 뛰어난 화술	자기도취, 자만, 기만, 지나친 경쟁심, 속임
4번 유형	예민함, 개인주의, 개성,	이해심, 성찰,	여림, 우울, 죄의식,

26) https://theenneagramatwork.com/nine-enneagram-types(검색일: 2020.08.07)

	특징	장점	단점
4번 유형	정체성이 없는 것에 대한 두려움	독창성, 예술성	변덕스러움, 질투심
5번 유형	분석력, 통찰력, 지식 탐구, 관찰성, 객관성, 고독 추구, 무능함에 대한 두려움	분석적, 객관적, 통찰력, 자제력, 지적, 사려적, 전문적	지식추구, 오만, 고집, 인색, 내성적, 소극적, 행동력 부족
6번 유형	의심, 겁, 책임감, 안전, 충실, 타인의 도움을 받지 못하는 것에 대한 두려움	규범, 규칙, 공동체 의식, 돌봄	신중, 피해망상, 자기방어, 자신감 결여, 우유부단
7번 유형	낙천적, 명랑, 다재다능, 고통 받는 것에 대한 두려움	명랑, 자신감, 자주성, 상상, 호기심	즉흥적, 변덕스러움, 욕심
8번 유형	권력추구, 통제당하는 것에 대한 두려움	단호함, 자신감, 성실, 결단력	고집, 대립, 지배욕, 자신 한계, 불인정
9번 유형	안정, 평화, 포용력, 수용성 다른 사람과의 관계가 끊어지는 것에 대한 두려움	온순, 인내, 포용력, 배려	현실감 부족, 수동, 나태

　　교사는 에니어그램을 이용해 학생들의 성격 유형을 파악한 후 학생들 서로의 유형별 차이를 확인하게 하고 각기 '서로를 이해하는 사고의 관점'을 갖도록 지도할 수 있다. 뿐만 아니라 교사는 학생들의 성격 유형 차이를 수업에 활용하거나 각기 학생의 성격 유형에 적합한 통일교육의 방법을 구안하여 적용할 수 있을 것이다.

2. 에크만의 얼굴 심리학을 통한 심리분석

　　FBI, CSI, CIA 등에서 활발하게 활용되고 있는 얼굴 심리학은 우리나라에서는 최근까지 다소 생소한 심리학의 분야이다. 얼굴 심리학의 창시자라 할 수 있는 에크만은 표정에 나타나는 감정을 읽고 판단하는 기술[27]을 발전시켰다(P. Ekman, 이민아 역, 2006: 17). 그는 비

---

27) 에크만은 한 사람의 얼굴에서 만 개가 넘는 표정을 지을 수 있음을 알아냈고 프리즌과 함께 낱말과 사진을 이용하여 얼굴을 체계적으로 묘사한 최초의 얼굴 지도를 그려냈다. 그는 연구를 위해 자신의 얼굴 근육 하나하나를 움직이는 방법을 익혔으며 자신의 얼굴 움직임이 어떤

언어적 행동을 해부하는 연구를 시작으로 표정을 만들어내는 얼굴 근육 움직임은 실증적 조사로 파악될 수 있으며 인간은 만 개 이상의 표정을 만들 수 있다는 점을 발견했다. 그는 표정은 보편적이고 진화의 산물이라는 다윈의 주장을 뒷받침하는 근거 즉, 다양한 동양인과 서양인의 특정 표정이 일치하며 보편적 표정이 존재한다는 것을 확인했다. 그는 보편적 표정에 대한 증거와 심층적인 연구를 위해 프리슨(Wallace Friesen)과 파푸아뉴기니(Papua New Guinea)에서 외부와의 접촉이 전혀 없는 프리테족(preliterate people)의 비언어적 행동을 연구했다(P. Ekman, 1993: 384; C. Darwin, P. Ekman, & P. Prodger, 1998).

에크만과 프리슨은 프레임으로 나뉜 안면 반응 부호화 시스템을 개발하였는데(D. Keltner, 하윤숙 역, 2011: 143) 안면 반응 부호화 시스템(Facial Action Coding System(FACS))은 표정을 판독하는 일종의 코딩 시스템이다. 이는 모든 안면 움직임의 측정을 위해 고안된 포괄적이고 해부학적인 시스템으로서 시각적인 안면 활동을 묘사한다(P. Ekman & E. L. Rosenberg, 2005: 13). FACS는 인간의 표정을 숫자와 알파벳을 이용하여 나타내는 것으로 가령, 안쪽 양 눈썹이 올라가는 것을 AU 1(Action Unit 1)로 표현하는 방식이다. 안면 근육의 움직임 정도에 따라 다양한 표정을 숫자와 알파벳의 결합으로 만들어진 부호를 이용해 [그림 2](V. Bettadapura, 2012: 4)와 같이 나타낸다(Ekman & Rosenberg, 2005: 11-13).

근육 때문에 생겨난 것인지를 확인하기 위해서 피부 속에 바늘을 꽂아 전기 자극을 줘서 어떤 표정을 만들어내는 근육을 수축시키는 방법을 사용하기도 했다(P. Ekman, 이민아 역, 2006: 38-70).

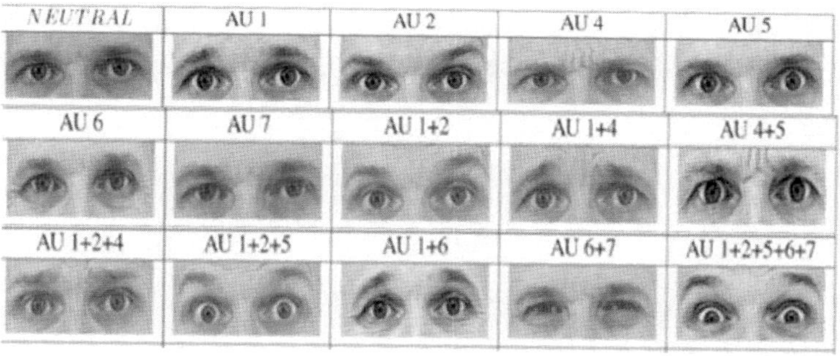

출처: V. Bettadapura, 2012: 4.

[그림 2] AU와 안면 움직임 결합
The Facial Action Coding System (FACS)의 예

Neutral :	눈, 눈썹, 그리고 뺨이 이완되어 있다.
AU1 :	눈썹 안쪽 부분이 올라간다.
AU2 :	눈썹 바깥 부분이 올라간다.
AU4 :	내려뜨리며 찡그린 눈썹
AU5 :	위 눈꺼풀이 올라간다.
AU6 :	뺨이 올라간다.
AU7 :	아래 눈꺼풀이 올라간다.
AU 1+2 :	눈썹 안과 바깥 부분이 올라간다.
AU 1+4 :	눈썹 내측이 올라가며, 함께 당겨진다.
AU 4+5 :	내려뜨리면서 찌푸린 눈썹과 윗눈꺼풀이 올라간다.
AU 1+2+4 :	눈썹들이 함께 위쪽으로 당겨진다.
AU 1+2+5 :	눈썹과 위 눈꺼풀이 올라간다.
AU 1+6 :	눈썹 안쪽 부분과 뺨이 올라간다.
AU 6+7 :	아래 눈꺼풀과 뺨이 올라간다.
AU 1+2+5+6+7 :	눈썹, 눈꺼풀, 그리고 뺨이 올라간다.

에크만은, 감정은 어느 지역에서나 보편적으로 나타나는 것이라는 사실을 입증하기 위한 연구를 통해 모든 국가에서 놀람, 공포, 분노, 슬픔, 역겨움, 행복이 거의 똑같은 표정으로 나타난다는 사

실을 밝혀냈다. 그는 후에 경멸을 이 감정 목록에 추가했다(T. Reiman, 박지숙 역, 2009). 아래 <표 2>(P. Ekman, 이민아 역, 2006: 367-385)는 표정과 이에 대한 설명이다.

<표 2> 표정 읽기

	약한 슬픔, 피곤 (처진 눈꺼풀)		못마땅함, 불쾌함, 비참함, 황당함 (밑으로 내려온 눈썹 힘이 들어간 아래 눈꺼풀)
	역겨움 (코의 잔주름, 두 눈을 좁히는 근육 수축)		화를 숨긴 표정
	약한 슬픔 (입술과 눈꺼풀을 통해 표현)		두려움 혹은 놀라움, 골몰한 표정
	약한 즐거움, 기쁘다, 만족스럽다, 기분 좋음		화를 참는 표정, 약간 짜증이 나기 시작한 표정 (눈꺼풀에 힘이 들어감)
	화를 참고 있는 표정, 아주 약한 화(짜증) (약간 힘이 들어가고 가늘어진 입술)		염려나 걱정, 혹은 두려움을 참는 표정(눈썹 모양)
	두려움을 약간 혹은 강하게 억누른 표정 (약간 옆으로 당겨진 입술)		화를 참는 표정, 짜증 (단서는 턱이 앞을 튀어나옴)

| | 역겨움 (입술 모양) | | 업신여김, 잰 체, 오만함 |

각기 개인이 감정을 느끼는 방식, 감정을 느끼는 강도, 감정 반응 속도 등은 다르지만 모든 사람이 경험하는 보편적 감정, 예를 들면, 당혹감, 죄의식, 수치심, 부러움 등은 존재하며 이러한 보편적 감정은 위와 같이 인간의 표정을 통해 확연하게 드러난다(Ekman, 이민아 역, 2006: 11).

사람들의 감정을 고스란히 드러내고 있는 표정에 대한 이해가 높아지면 그들의 내면에 감추어진 감정을 보다 정확히 해석할 수 있다. 그리고 이것은 우리로 하여금 우리 자신의 감정에 대해서도 보다 더 세밀하게 감지할 수 있도록 돕는다(P. Ekman & W. Friesen, 2003: 1). 에크만이 주축이 되는 얼굴 심리학의 주된 목적은 상대의 감정을 그대로 읽어내기 위함이다. 아무리 상대가 자신 내면의 감정을 우리에게 감추고자 거짓 표정을 짓는다고 하여도 짧은 순간 지나가는 얼굴에서 드러나는 미세한 근육의 움직임은 있는 그대로 그의 감정을 드러내 주고 있다는 것이 얼굴 심리학의 기본 가정이다.

에크만이 미세표정(micro-expressions)이라고 부르는 15분의 1초 이하로 밖에 지속하지 않는 아주 짧은 시간 스쳐 지나가는 학생들의 표정에서 그들이 가진 감정은 고스란히 드러나기 마련이다. 얼굴에 나타난 표정, 더욱이 미세표정을 읽어내는 것은 상당한 노력과 연습 그리고 훈련이 요구된다. 그러나 교사가 이에 대한 관심을 두고 완벽하게는 아니더라도 연습과 관심을 통해 학생들의 마음 상태를 그들의 표정을 통해 일정 부분 파악해 낼 수 있다면 즉 이를 통일교육 현장에서 교사가 읽어낼 수 있다면 교사는 학생들을 더 잘 이해할 수 있을 것이다.

교사가 자신이 지도할 학생이 지금 분노하고 있는지, 죄의식을 가졌는지 혹은 전혀 자신의 잘못된 행위에 대한 죄의식을 느끼지 못하고 있는지, 슬퍼하고 있는지 등을 정확히 파악해 낼 수 있다면 학생들이 꾸며낸 거짓 감정이 아닌 실제의 감정을 알아차리고 이를 기반으로 학생을 깊이 이해하고 나아가 이들을 어떻게 적절히 교육적으로 인도할 것인가 고민할 수 있을 것이다. 아울러 학생들이 서로를 더 잘 이해할 수 있도록 그들에게 서로의 감정을 배우고 이해하는 법 또한 가르칠 수 있을 것이다.

3. 사이코패스(psychopathy)와 소시오패스(sociopath)[28)]

무엇이 사람들을 반사회성 인격 장애자나 사이코패스나 새디스트로 만드는 것인가. 수십 년에 걸친 연구로 유전자와 환경이 이들 질병의 원인과 복잡하게 서로 얽혀 있다는 것이 밝혀졌다. 한 연구는 뇌 속에서 커뮤니케이션 분자를 파괴하는 MAO-A라는 낮은 등급의 효소를 부호화한 유전자를 가진 악동들이 다른 악동들보다 폭력이나 범죄를 저지를 공산이 더 크다는 점을 증명해 냈다. 그러나 이 아이들이 정상적인 환경에서 성장할 때 그 유전자는 그러한 행동을 유발하는 데 영향을 미치지 않는다. 그런데도 유전적인 장애에 관한 논의는 적어도 일부 유형의 반사회성 인격장애나 사이코패스와 관

---

28) 학자들에 따라 사이코패스, 사이코패시, 소시오패스, 소시오패시를 분명하게 구분하여 사용하는 경우도 있으나 본 연구에서는 사이코패시 및 사이코패스와 소시오패스 및 소시오패시 양자를 어느 정도 구별한 것을 제외하고는 이들을 엄격한 구분 없이 다소 혼용하여 사용하였다.

련된 행동을 직접 유발하는 유전자나 유전자 집단이 있지 않을까 하는 의문을 제기한다(B. Oakley, 이종삼 역, 2008: 68-69, 73).

팰런은 사이코패스의 뇌가 일반인의 뇌와 다른 점을 구체화하여 제시한다. 그는 사이코패스에게서 변연 피질(limbic cortex), 또는 감정을 조절하는 주된 영역 즉 감정 피질에서 활동의 소실을 보임을 설명한다. 안와 피질, 대상 피질과 측두 피질(temporal cortex)의 '연결 장치' 역할을 하는 피질 조각(뇌섬엽, 대뇌섬, insula)도 이들 사이코패스 살인자에게서 손상이나 기능 저하의 징후를 보인다. 사이코패스는 불안 및 공감과 관계가 있는 영역들의 문제를 갖고 있음으로 인해 사이코패스들은 때로 침착함을 유지할 수 있다는 것이다(J. Fallon, 김미선 역, 2015).

이처럼 사이코패스의 뇌 전두엽의 기능 이상이 범죄행위를 일으킬 수 있다. 두려움을 느끼지 못하는 이들의 공격 행동과 편도체는 연관된다(W. Siefer & H. J. Markowitsch, 김현정 역, 2010). 브라더스(Leslie Brothers)가 사회적 뇌(social brain)라 부른 한 무리의 영역들이 있다. 첫 번째 부위는 편도체(amygdala)인데 영장류 뇌의 다른 부위들과 마찬가지로 두 개이며, 측두엽의 뒤쪽, 변연계라 불리는 뇌의 피질 영역에 위치한다. 편도체는 공감하기, 곧 자극에 정서적인 의미를 붙이기 외의 다른 기능에도 관여한다(S. Baron-Cohen, 김혜리 역, 2007: 212).

조지프 르두는 변연계에서 가장 중요한 핵심 부위, 즉 감정 평가를 담당하는 부위인 편도체를 연구하였다. 그는 두려움이나 공포감을 유발하는 신호와 자극이 편도에서 직접 처리되어 그 즉시 몸이 공포반응을 보인다는 사실을 밝혀냈다(HG Häusel, 배진아 역, 2008). 사이코패스의 뇌를 스캔한 결과에서도, 특히 우뇌의 편도체에 기능 이상이 발견되었다. 정상적인 편도체는 정서 자극으로 활발해지지만 사이코패스의 경우는 타인이 괴로워하는 모습을 보아도 꿈쩍도 하지 않는다(R. Carter, 양영철 역, 2007: 184-185).

물론 뇌 영역의 일부 손상에 대한 특정 기능 상실에 대한 환원주의적 관점은 최근 많은 비판을 받는 것이 사실이다. 예를 들면 미국 존스홉킨스대학교의 한 의료팀은 자신들이 시술한 아동들이 반구 제거 수술을 회고하면서 반구 하나를 제거한 후에도 아동들이 얼마나 기억과 성격 그리고 유머를 잘 유지하는지를 보고 경외감을 느꼈다고 보고하기도 했다(D. G. Myers & C. N. DeWall, 신현정·김비아 역, 2015: 87). 인간의 두뇌와 기계를 연결하는 혁명적 기술 뇌-기계 인터페이스(BMI)를 개발한 뇌 과학의 권위자이자 인공지능의 석학인 니코렐리스(Miguel Nicolelis)는 20세기 주류 신경과학에서 환원주의적 접근이란 뇌를 고밀도의 뉴런 집단을 포함하고 있는 개별 영역 즉 신경핵으로 나누어 개별 뉴런과 그 뉴런들이 신경핵 내부나 또 다른 신경핵 사이에서 어떻게 연결되어 있는지를 연구하는 것이었으나 뇌 연구에 환원주의를 직접 적용하는 것은 부적절하다고 지적한다(M. Nicolelis, 김성훈 역, 2012: 28-30). 그런데도 정신 의학적인 측면에서 사이코패스는 통제와 관련된 뇌의 문제, 특히 전두엽과 측두엽의 이상과 함께 이야기된다(J. Fallon, 2013: 1, 41, 57-61; S. D. Nickerson, 2014: 63-77).

사이코패스의 근본적인 증세는 일곱 살 먹은 한 아이에 관한 다음과 같은 간단한 설명에서도 알 수 있을 만큼 심각하다. '마크는 나쁜 짓을 했을 때에도 죄책감을 느끼지 않고 생각이나 감정을 드러내지도 않으며 누가 자기에게 해코지를 해도 구조를 요청하는 법이 거의 없다.' 마크라는 아이에 대한 이 설명은 "7세 아이의 사이코패스에 대한 실질적인 유전 위험 증거"라는 2005년에 발표된 논문의 한 구절이다. 사이코패스에 관한 연구 결과는 일부 아이들은 현저하게 사악한 경향을 가지고 태어난다고 말한다(B. Oakley, 이종삼 역, 2008: 68-69, 72).

쿠크(David Cooke)와 미치(Christine Mitchie)는 사이코패스의 특징으로 거만하고 기만적인 대인 관계, 불충분한 감정 경험, 충동적이고 무책임한 행동을 제시하며(Oakley, 이종삼 역, 2008: 230), 엘런(Ellen)과 알리사(Alisa)는 청산유수, 극심한 자긍심, 잦은 거짓말, 교활함과 속임수의 능란함, 죄책감 없음, 메마른 정서 등을 꼽는다(M. E. O'Toole, 유지훈 역, 2012: 96). 이러한 이유로 사이코패스들은 자기들로 인해 발생한 육체적, 감정적, 심리적, 재정적 피해에 대해서 거의 책임을 지지 않고 어떤 고통도 받지도 않는다(P. Babiak, & R. D. Hare, 이경식 역, 2007: 139).

헤어(Robert Hare)는 자기 중심성, 죄의식 결여, 피상적인 감정, 기만성과 같은 사이코패스의 특징 중 많은 부분이 다른 사람과 정서적으로 공감하지 못하는 데서 비롯된 것이라고 지적한다. 즉 그들은 다른 사람의 정신 상태나 감정을 모사하지 못한다. 머리로만 이해할 뿐, 다른 사람의 '감정을 공감'하거나 '그 사람의 입장이 되어보는 것'이 불가능하다. 사이코패스는 '타인의 감정에 관심이 없다'라는 것이다(R. D. Hare, 조은경 외 역, 2005: 80).

세계적인 사이코패스 권위자인 헤어는 전 인구의 1%와 수감자 중 10%에 사이코패스 성향 즉 사이코패시가 있다고 밝힌 바 있다.

사이코패스는 모든 문화와 인종뿐 아니라 전 인류 역사에도 존재해 왔다. 사이코패시는 주로 남성에게서 나타나지만 사이코패스는 남녀를 불문한다. 사이코패스는 결혼해서 아이도 낳고 지능이 평균을 웃돌기도 하고 현실과 동떨어져 살고 있지도 않고 옳고 그름도 구별할 줄 안다. 겉모습은 보통 사람과 다르지 않으며 사회에 잘 적응하며 살기도 한다. 그러나 이들은 사람을 속이거나 조종하는가 하면, 위험은 감수하나 행동에는 책임을 지지 않는다(O'Toole, 유지훈 역, 2012: 95-96).

흔히 사이코패스는 '사이코패스 체크리스트(Psychopathy Checklist-Revised'(PCLR))를 이용하여 가늠한다. 이는 0-2점으로 된 항목 20개로 구성되어 있으며 정규 교육과정을 이수한 전문가가 실시한다. PCL-R은 헤어가 연구 설계한 것으로 사이코패스를 측정하는 시금석으로 널리 활용되어 왔다. 30-40점인 사람을 보통 '사이코패스'라고 규정한다. 같은 사이코패스라도 각자의 특성이 다를 수 있고 점수가 현격히 높은 것도 있기 마련이다. 이러한 이유로 경솔하게 꼬리표를 붙이거나 누군가를 장난삼아 '사이코패스'로 몰아세워서는 안 된다. 사이코패스에 담긴 의미는 매우 다양하므로 적절한 검증 후에는 진단이 동반되어야 한다(O'Toole, 유지훈 역, 2012: 102-103).

팰런(James Fallon)은 사이코패스를 감별하는 데 있어 헤어의 체크리스트는 좋은 출발점은 되지만 완전한 것은 아니라고 지적한다(Fallon, 2013: 17). 헤어는 사이코패스를 혈압에 비유한다. 누구나 사이코패스를 일부는 갖고 있으나 사이코패스의 정서적 특징, 즉 감정과 정서가 메마르고, 뉘우칠 줄 모르는 등의 특징에 유독 수치가 높은 사람도 있다(O'Toole, 유지훈 역, 2012: 102-103). 다음 <표 3>은 헤어가 구안한 사이코패스 테스트(The PCL-R test) 항목이다(R. D. Hare & C. S. Neumann, 2006: 63).

〈표 3〉 사이코패스 테스트(The PCL-R test) 예시 항목

1	말을 잘하며 표면적인 매력
2	자신의 가치에 대해 과대망상
3	자극 추구
4	병적인 거짓말
5	다른 사람에 대한 통제 의지 및 타인 조종
6	죄책감 없음
7	피상적인 감정
8	냉담과 공감 결여
9	기생적인 생활 방식 소유
10	빈약한 행동 통제력
11	문란한 성적 행동 추구
12	아동기의 행동적 문제
13	현실감 부족과 장기적 목표의 결여
14	충동성
15	무책임
16	자신의 행동에 대한 책임 수용에의 실패
17	무수한 단기간의 결혼생활
18	청소년기의 비행 행동
19	조건부 가석방의 철회
20	다양한 범죄 이력

롤랜드(Roland)는 "사이코패스는 치료에 응하지 않는다. 따라서 사이코패스를 교육하는 것은 오직 한 가지 결과만 초래할 뿐이다. '뛰어난 사이코패스'를 확대 재생산하게 되는 것이다."라고 강조했다. 그의 책에 소개된 메리 벨 사건은 폭력이 더 극악한 폭력을 야

기하고 살인범은 후천적일 수도 있음을 입증한다. 영국의 가장 악명 높은 아동 살해범인 그녀는 그 증거를 낱낱이 보여주었다.

어머니에게 지속해서 정신적 고문을 당한 메리는 만성적인 야뇨증에 시달렸다. 메리가 11세 때 노마 벨이라는 옆집 친구가 생겼다. 노마는 메리와 함께 도둑질과 공공기물 파괴를 일삼았다. 또 어린이 놀이터 모래밭에서 어린 아이 2명의 목을 조른 사건으로 기소되기도 했다. 이들이 더 악랄한 방법으로 약자들을 괴롭히게 되는 것은 시간문제였다. 수 주일 후, 네 살짜리 남자아이 마틴의 시체가 발견된 곳에서 메리와 노마를 보았다는 소년들의 제보가 있었다. 비극의 중심에 있어야 한다는 병적 충동심 때문인지, 메리는 마틴의 이모에게 "마틴이 사고를 당했다"라고 직접 전했다. 이런 행동은 의구심을 불러일으켰다. 더구나 그녀는 마틴의 가족에게 "울고 싶으냐"라고 묻거나 "마틴의 어머니가 마틴을 그리워할 것 같으냐"라고 물으면서 터져 나오는 웃음을 억누르지 못했다. 메리는 흡족해하고 있음이 분명했다. 나흘 뒤 메리는 마틴의 어머니 집을 찾아가 "마틴을 보고 싶다"라고 말했다. 마틴의 어머니가 마틴이 죽었다고 말하자 메리는 기쁘게 대답했다. "아, 죽은 건 알고 있어요. 걔가 관 속에 있는 걸 보고 싶다는 얘기였어요(P. Roland, 최수묵역, 2010: 177, 216-217)."

MAO-A라는 낮은 등급의 효소를 부호화한 유전자를 가진 아이들이 다른 아이들보다 폭력이나 범죄를 저지를 확률이 더 높다는 점을 증명해 냈지만 이 아이들이 정상적인 환경에서 성장할 때 그 유전자는 그런 행동을 유발하는 데 영향을 미치지 않는다. MAO-A 유전자는 반사회적 행동에 대한 소인만 제공한다. 이는 천성과 교육 둘 다 인격 형성은 물론 인격장애와 어떤 관계가 있음을 보여준다(B. Oakley, 이종삼 역, 2008: 68). 이러한 측면에서 본다면 롤랜드의 주장과 같이 사이코패스에 대한 교육이 전혀 불가능한 일인가에 대해서 숙고할 여지가 있다. 이에 대한 적절한 답변을 위해서는 의과학, 뇌신경과학, 심리학 등과 관련된 깊이 있는 연구가 필요하다.

벡과 프리먼은 사이코패스(psychopath), 소시오패스(sociopath), 반사회성 성격장애(antisocial personality disorder)를 혼용할 수 있다고 주장한다(A. A. Cavaiola & N. J. Lavender, 한수영 역, 2009: 113). 그러나 엘런(Ellen)과 알리사(Alisa)는 소시오패스와 사이코패스를 동의어로 혼용하는 사례가 자주 눈에 띄나 실상은 그렇지 않다고 강조한다. 임상 연구에 따르면 사이코패스와 비사이코패스는 신경학적인 차이가 있다고 하며, 이는 일련의 특징에서 명백히 드러난다. 현생 연구결과는 특징과 성격이 발현되는 정도에 따라 사이코패스를 네 가지 유형으로 분류한다. 반면, 소시오패스는 반사회성에 찌든 환경에서 성장한 사람을 일컫는 용어로 이해되기도 한다. 소시오패스는 학습되므로 정서가 결핍된 이유로 환경이 크게 작용할 가능성이 크다. 즉 신경학과는 거리가 멀 수 있다고 보는 관점도 있다. 예를 들면 조직 폭력배나 조직범죄가 들끓는 환경에서 자란 사람은 반사회적 행동인 위법 행위에 깊이 뿌리를 내리게 된다. 그러는 한편 일상에서는 평범한 감정을 느낄 수도 있다(O'Toole, 유지훈 역, 2012: 103).

사이코패스와 소시오패스는 반사회적 인격장애를 겪고 있는 개인에 대한 의학적 용어로 많은 사람들은 이들이 거의 유사한 행동적 특징을 보이기에 이 용어들을 거의 동일한 것으로 간주하지만 세부적으로는 구분이 가능하다. 사이코패스는 소시오패스의 극단적인 유형이며 사이코패스는 본성적인 것 즉 태어나는 것인 반면, 소시오패스는 양육과 같은 후천적인 환경에 의해 만들어진다. 사이코패스(psycopathy)는 규칙과 행동 변화의 권위를 손상하는 심리과정으로 인격적 장애를 지칭하며 이러한 인격적 장애를 갖춘 개인이 사이코패스(psychopath)이다(Oakley, 이종삼 역, 2008: 135, 237). 마찬가지로 소시오패시(sociopathy)의 성향을 소유한 개인이 소시오패스(sociopath)라 할 수 있다. 리클렌(Lykken)은 다음과 같이 소시오패스와 사이코패스를 구분하기도 한다.

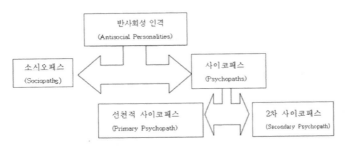

출처: D. M. Falkenbach, 2004: 13. 재인용.

[그림 3] Lykken's Antisocial Personalities(1995)

소시오패스와 사이코패스는 일상에서 거의 유사한 모습으로 등장하기에 소시오패스를 사이코패스와 같은 무게를 두고 살펴볼 필요가 있다. 소시오패스는 반사회적이고 사이코패스적인 특징 즉 자기중심적이고 감각 추구적인 성향을 갖추고 있으며 대인 관계에서 지배 욕구가 강하다. 이들은 언어적 공격성 높은 자만심, 낮은 외상

성 스트레스, 상당히 낮은 타인에 대한 배려, 일상적인 스트레스 낮음, 보통 사람들이 불안해하고 스트레스 받을 만한 걱정거리 등에 대한 다소 무관심, 타인의 인권을 무시하거나 방해하는 광범위한 패턴, 양심의 가책을 느끼지 못하고 거짓말이나 사기에 대해 편집증적인 기호가 있다. 그리고 사회적 규범을 따르지 않으며 전체 인구의 1-4%를 차지한다. 자신감이 넘치고 상대를 포식자의 눈으로 보며, 아무리 오랫동안 시선이 부딪혀도 동요하지 않는다. 공손히 눈길을 돌리지 않기에 거만하거나 공격적인 사람, 도발적이고 포악한 사람으로 여겨진다. 상대에게 얻을 것이 없으면 거래하지 않는 특징도 갖는다. 또한 부정직함, 충동조절을 하지 못하며, 권력에 집착, 강한 승부욕, 병적으로 자기중심적, 충동, 폭력, 주먹다짐 등의 성향을 소유한다.

그러는 한편 이들은 자신을 자애롭고 인심 좋은 사람이라는 사실을 알리기 위해 세상을 필요로 한다. 심지어 체육 시간에 코피가 터진 아이가 양호실로 퇴장할 때 쾌감을 느낀다. 그리고 음악적인 활동에 대한 남다른 관심, 타인 심지어 자기 자신도 능수능란하게 속이고 주목받는 것을 좋아하며 아이보다 어른을 더 잘 다루기도 한다. 어린 소시오패스는 어른들의 눈에 잘 띄지 않기에 어른들을 잘 이용하는데 이것은 그들이 본능적 공격성이 있고 상황에 따라 가면을 바꿔 쓰기 때문이다. 다른 누군가가 아무런 감정적 반응을 보이지 않을 때 소시오패스 아이는 더욱 침착해진다. 소시오패스 기질이 있는 아이는 불안감도 덜 느끼고 우울증에 빠질 확률도 낮다. 반사회적 태도가 정신 질환이라는 사실은 필립 피넬이 1806년 쓴 논문인 "정신 이상에 관한 논문"에서 강조된 바 있다(M. E.

Thomas, 김학영 역, 2014). 이러한 특징들은 교사가 특정의 학생들을 이해하는 도구가 될 수 있는 동시에 학생들의 도덕성과 밀접히 관련된 소인인 소시오패스적인 성향을 진단하는 도구로 활용 가능하다. 아래 <표 4>는 소시오패스 체크리스트로 활용 가능한 소시오패스 특징들이다.

〈표 4〉 소시오패스 진단을 위한 항목의 예

음악을 통해 자신의 반사회적인 성향을 감춤
신체적 접촉이 있는 운동을 좋아하기도 함
언어 공격성
위험을 감수하려는 성향
지나친 오만함
공격성이 있고 자신이나 타인의 안전에 대한 무관심
강한 성적 욕망
도덕적 충동은 없으나 자기 이익을 위해 도덕적으로 행동
양심의 가책을 느끼지 않음
승리에 대한 집착
인간관계를 소유(가족이나 친구) 혹은 이용(타인)으로 규정

소시오패스나 사이코패스 진단 리스트는 교육의 현장에서 극단적인 성향의 아이들을 판별하고 이해하는 좋은 도구임과 동시에 그러한 아이들에 대한 교육의 근본적인 방법에 대한 깊은 고민을 요구하는 자료가 된다.

Ⅳ. 심리분석 틀의 통일 교육적 함의

니베의 조사에 의하면 아시아인과 서양인은 몇 가지 점에서 차이가 있다. 서구인이 분석적인 반면 아시아인은 전체를 생각하며 종합적이다. 서구인은 객체를 맥락에서 떼어내 보려 하지만 아시아인은 맥락과 객체 간의 관계에 주목한다. 서구인은 객체 간 모순을 수용하기 힘들며 논리에 훨씬 의존한다(양창삼, 2002: 79). 이러한 차이는 언어, 생활양식, 인간관계 등 다양한 삶의 양식에서 동양인과 서양인의 차이를 만든다. 인간의 차이는 비단 문화적, 인종적, 민족적, 사상적, 종교적 차이 등에만 국한되지 않는다. 개개인 간에 존재하는 성향, 성격, 기질, 인성 등의 차이는 우리가 서로 저마다의 스펙트럼을 통해 세상을 보고 살아가고 있음을 잘 설명해 준다.

개인 간의 차이는 교육현장에서도 주요한 요소로 간주하여 왔다. 그것은 학습자의 차이에 따른 교수법과 평가 방법, 목표 등이 상이하게 제공되어야 보다 교육의 효과를 기대할 수 있기 때문이다. 통일교육의 측면에서 본다면, 개인 간의 차이는 매우 중요하다. 비단 학생 간의 인지적, 발달적 측면뿐만이 아니라 성격 유형, 심리상태, 삶의 경험 등 상태는 통일교육의 목표와 방법에 상당한 변화를 요구하기 때문이다. 만약 한 교실에 소시오패스와 사이코패스 그리고 에니어그램에서 나타나는 남을 배려하고 돕는 것을 즐겨 하는 성향의 학생, 내면의 죄의식을 깊이 감추고 있는 아이들이 함께 공존하고 있다고 가정해 보자. 이 교실에서 이루어지는 배려 지향, 통일 감수성, 통일 정서의 통일교육은 그것이 단순히 지식의 전달에 그치는 데 만족하지 않는 한 상당한 고민과 숙고를 요구한다고 할 수 있다.

이러한 이유로 에니어그램, 얼굴 심리학, 사이코패스 및 소시오패스 진단을 통한 아이들의 심리상태 파악은 통일교육에서 남한 학생, 탈북학생 등 다양한 배경을 가진 학생들의 이해에 유용한 도구가 된다. 통일교육에서 에니어그램을 통해 학생들의 성격별 유형을 가늠해 보는 것은 학생들이 동일한 상황에서라도 각기 다른 반응과 사고 유형을 소유할 수 있음을 인식하도록 돕는다. 그뿐만 아니라 에니어그램의 각 유형별 성격이 건강하게 발현되지 않을 때 나타나는 성격적 결함은 학생들을 이해하는 주요 단서이자 학생들의 삶의 영역을 확인하게 할 수 있다는 점에서 의미가 있다.

얼굴 심리학을 통해 얼굴에 나타난 표정을 파악하여 학생들이 의도적으로 숨기고 있으나 내면에 감추어진 감정 상태를 확인하는 것은 학생들과의 소통을 하는 데 중요하다. 그것은 겉으로는 참고 있으나 매우 화가 나 있는 학생의 감정 상태를 알아차리지 못하고 그에게 계속 무엇인가를 요구하거나 가르치고자 한다면 더 이상의 소통, 나아가 통일교육은 이루어질 수 없을 것이기 때문이다. 더구나 소시오패스적인 성향을 갖춘 아이가 자신의 내적 모습을 철저히 감추고 있을 경우 우리는 그들의 표정 즉, 미세표정에서 나타난 단서들을 통해 그들의 내면에 보다 깊숙이 다가갈 수 있을 것이다. 그리고 이러한 노력은 통일교육에서 지배적이고 공격적인 성향의 학생을 교육할 경우와 순종적이고 배려심 있는 학생을 교육할 경우의 차이를 만들어내며 그러한 차이는 반드시 고려되어야 할 사안이다. 이것은 마치 수학교육에서 사칙연산을 능숙하게 할 줄 아는 아이와 사칙연산을 전혀 하지 못하는 아이에 대한 교육이 달라야 하는 것과도 유사하다.

상대방 내면의 진실한 감정을 아는 것이 통일교육 현장에서 중요한 이유는 그것이 우리가 학생들이 미처 내뱉지 않은 그들의 감정을 우리가 알아낼 수 있도록 돕기 때문이다. 덧붙여 교사로 하여금 학생들을 더욱 잘 이해하게 하고 이를 기반으로 그들을 더 잘 교육할 수 있기 때문이다. 이것은 다음과 같은 측면에서 중요한 의의를 지닌다.

수학수업에서 사각형의 넓이를 계산하는 수업을 하고 있다고 가정하자. 그런데 한 학생이 몇 십분 째 한 문제를 해결하지 못하고 있다고 하자. 교사가 확인해 보니 그 학생은 구구단이 제대로 되어 있지 않아, 넓이 내는 공식은 알고 있으나 실제 문제를 풀지 못하고 있었던 것이었다고 한다면, 교사가 학생에 대한 파악은 주요한 단서가 된다. 마찬가지로 통일교육에서 한 학생이 어떠한 행동으로 깊은 죄의식에 사로잡혀 있다고 가정할 경우 그 아이가 비록 그러한 감정을 드러내지 않는다고 하여도 교사가 이를 알아차릴 수 있다면 문제의 원인부터 해결하는 상황을 만들 수 있을 것이다.

소시오패스와 사이코패스 진단 역시 통일교육의 근본적인 측면에서 주요하게 작용할 수 있다. 사이코패스의 특성을 고려해 본다면, 만약 통일교육 현장에서 교사가 사이코패스를 발견할 경우 그에게 일제식 통일교육은 어설픈 훈계에 불과할 수 있다. 그에게 필요한 것은 의학적, 뇌신경과학적 측면에서의 치료 행위 혹은 심리상담, 심리치료 등과 같은 노력, 심지어 이보다 더 적극적인 대처가 필요할 수 있다. 한편, 사이코패스와 소시오패스를 구분하는 입장에서 본다면 소시오패스는 반사회성에 물든 환경에서 성장한 사람으로 이해된다. 이 경우 소시오패스는 학습되므로 정서가 결핍된

이유로 환경이 크게 작용할 가능성이 크고 어느 측면에서는 신경과
학과는 거리가 멀 수 있다. 이들을 위해서는 적절한 환경과 문자
그대로의 교육이 요구된다고 볼 수 있다. 대상이 다르면 대상에 따
른 차별적인 통일교육이 구안되어야 한다. 따라서 다음과 같이 세
가지 심리분석 틀을 활용한 통일교육이 가능하다.

〈표 5〉 세 가지 심리분석 틀 활용 (예)

심리분석을 활용한 통일교육 실제 [예시]	
핵심 주제	활동 주제
나와 네가 다른 점은 무엇일까? (남한 학생과 북한 학생의 다른 점을 이해하기)	1. 에니어그램을 통한 9가지 성격 유형 검사 2. 서로 같은 유형의 친구들끼리 / 　서로 다른 유형의 친구들끼리 주제 논의 <예시 주제> 　・내가 가장 두려워하는 것은? 　・나를 가장 슬프게 하는 것은? 　・친구와 의견이 다를 때 나는 어떻게 하는가? 　・나에게 가장 가치 있는 일은?
잠재된 나의 공격성은?	사이코패스 및 소시오패스 체크리스트 활용 자신의 평소 모습에 대한 성찰 ・나를 화나게 하는 친구가 있다면 나는 어떻게 하는가?
	※ 사이코패스나 소시오패스 체크리스트를 통해 특이점이 발견된 학생에 대해서 교사는 주목하고 이들에 대한 적절한 처방에 대해 고민해야 한다.
네 안에 감추어진 정서는 무엇이니? (북한 주민 / 탈북학생에게 감추어진 정서는 무엇인가?)	얼굴 심리학을 이해하고 이를 활용해 친구의 표정 속에 드러나는 친구 내면의 정서 상태 가늠해 보기
	※ 학생들의 내면을 알아내려 노력하는 것은 학생들과 더욱 소통하기 위함이다. 이는 학생들 사이에서도 동일하다.
<주의점>	
에니어그램, 사이코패스 및 소시오패스 체크리스트, 얼굴 심리학을 활용한 심리분석은 단지 심리 파악을 위한 하나의 '참고자료'일 뿐 이것을 적용하여 자신뿐만 아니라 타인을 단정 짓지 않아야 함을 강조	

　통일교육에서 콜버그의 플러스 1 상향 단계를 추구하는 딜레마
토론 수업과 같이 동일한 도덕적 추론 발달단계인 아이들만의 토의

모임보다는 다른 도덕적 추론 단계의 아이들이 함께 있을 때 통일 사고의 자극과 발달은 더 잘 이루어질 수 있다. 비고츠키의 근접발 달영역(ZDP)에서의 도움을 줄 수 있는 아이와 도움을 받는 아이의 모습, 리프맨(Lipman)의 탐구공동체에서의 서로 다른 아이들 사이 에서의 상호작용은 분명 서로에게 도움이 되는 부분이다.

통일교육의 장에서 나와 다른 타인의 타자성을 이해하고 이들과 건설적인 관계를 맺고 상호 협력하는 배움은 필요하고 가능하다. 통일교육은 서로 다른 삶을 살아 온 남한과 북한이 하나가 되게 하 는데 기반이 되고자 하는 교육이다. 단편적 지식의 전달이나 감정 및 정서 강요에의 의존은 바람직하지 않다. 관점의 변화, 가치의 내 면화, 태도와 실천력의 향상, 공감역량 증대 등이 통일교육의 장에 서 요구되는 통일 시민역량이다.

학생들은 함께하면서 서로 다름을 이해하고 소통하고 협력하는 법을 배우는 관계의 현장에서 더욱 잘 사회통합의 기틀을 다질 수 있다. 그러한 이유로, 다양한 심리분석의 틀을 활용하여 학생들이 서로 다른 발달단계 혹은 서로 다른 차원의 사고의 틀, 성향, 기질, 성격 등을 지니고 있음을 인식하고 파악하게 하는 것이 요구된다. 서로의 차이에 대한 인지 및 상호이해를 위해서 그러한 차이가 존 재함을 아이들이 실제 확인하는 작업은 교사뿐만 아니라 학생들에 게도 의미 있는 일이다.

V. 결론

지금까지 통일교육의 논의는 교육의 주체가 되는 교사의 입장에서 학생들에게 무엇을, 어떻게 교육할 것인가에 주된 관심을 두고 이루어졌다. 도덕과 통일 수업에서의 학생 변인에 대한 논의는 대체로 학생들의 지식수준 측정 측면에서 이루어졌다. 학생들의 내적 상태, 심리에 대한 이해 및 측정 그리고 분석은 상담 활동과 학생 이해의 차원에서 주로 다루어졌다.

그러나 학생들의 심리상태에 대한 분석은 통일교육의 논의에서 상당한 의미를 갖는다. 다시 말해, 학생의 개인차를 구성하고 형성하는 요소 가운데 가장 핵심적인 사안이 되는 학생의 마음을 들여다보고 그 특성을 파악함으로써 남한 학생 및 탈북학생의 마음치유 및 심리치료도 감당할 수 있다. 그것은 첫째, 학생 저마다가 가진 마음의 상태는 곧 그들의 인식과 정서 상황을 드러내는 시금석일 수 있기 때문이며, 둘째, 학생 심리분석은 각기 학생에 대한 통일교육에서 무엇을, 어떻게 교육할 것인가에 대한 중요한 단서를 제공하기 때문이다. 학생의 심적 특성에 적합한 교육의 목적, 방법이 제공되어야 하는 동시에 심리적인 문제를 겪고 있는 학생들에 대한 통일교육은 치료적 기능도 가능하기 때문이다.

이러한 측면에서 본 연구는 통일교육에서 교사가 학생 이해 및 심리분석에 활용 가능한 세 가지 심리분석의 틀에 주목하고 이들에 대해 고찰해 보았다. 그리고 이것이 지니고 있는 통일 교육적 의의를 살펴보았다.

에니어그램을 통해 학생들의 성격별 유형을 가늠해 보는 것은 학생들이 동일한 상황에서라도 각기 다른 반응과 사고 유형을 소유할 수 있음을 인식하도록 돕는다. 얼굴 심리학을 통해 얼굴에 나타난 미세표정을 파악하여 학생들이 의도적으로 숨기고 있으나 내면에 감추어진 감정 상태를 확인하는 것은 학생들과의 소통을 하는 데 중요하다. 만약 통일교육 현장에서 교사가 사이코패스를 발견할 경우 그에게 교육은 어설픈 설교에 불과할 것이기에 통일 수업 현장에서 사이코패스와 소시오패스를 구분해 내는 것은 매우 중요한 일이다. 특히 아동기, 청소년기의 비도덕적 행위에 대해서는 강력한 제재와 더불어 행동의 원인 및 결과 그리고 발전 가능성에 대해 깊이 숙고하고 적절히 대처할 필요가 있다.

그런데도 산드라(Sandra)의 "에니어그램은 단지 지도일 뿐이기에 에니어그램을 분해하고 해독해서 이해하는 것이 아무리 매혹적이어도 이 정보가 직접적인 체험과 개개인의 의식 성장을 돕는 역할을 수행하지 않는다면 우리에게 근본적인 도움이 되지 않는다."(S. Maitri, 황지연 외 역, 2016)라는 지적과 마찬가지로, 앞서 살펴본 심리분석의 세 가지 유형 틀들은 단지 학생들이 드러내 주지 않는 그들의 내면에 대한 하나의 단서가 될 뿐이며 제시된 단서들을 어떻게 활용하여 적용할 것인가는 순전히 통일교육을 담당한 교사의 몫일 것이다.

교사는 교육 활동을 통해 학생들의 내적 작업이 보다 도덕적인 측면에서 방향을 잡아갈 수 있도록 안내하고 도와주어야 한다. 주목할 점은, 통일교육에서 고려해야 할 학생 변인은 매우 다양한 변수로서의 복잡한 발달 차원과 맥락 차원을 지닌 복합 변수라는 점이다. 그러므로 학생들의 통일 역량에 영향을 줄 수 있는 심리 관련 사례에 대한 보다 심층적인 연구와 적용을 위한 구체적 제안 연구가 요구된다. 교육으로서의 통일교육은 하나의 이론이 아닌 학생 개개인을 통일 시민으로 양육해가야 하는 실제적 과업임을 끊임없이 되물어야 할 것이기 때문이다.

실제 :

통일교육학,
그 과학적 실제 방법론

제VII부

인공지능 시대 Z세대와 통일교육

제11장

통일교육에서 그릿(grit)과 성장 마인드셋(mindset) 기반 발문 활용 전략

I. 서론

> "천재는 99%의 노력과 1%의 영감이다."
> -에디슨-

동기부여라는 용어는 라틴어 운동(movere)에서 파생되었다. 이 개념을 바탕으로 앳킨슨(Atkinson)은 동기부여를 행동의 방향, 활력 및 지속성에 대한 즉각적인 영향이라고 정의한다(R. M. Steers et al., 2004: 379). 심리학에서 주요 동기이론으로는 가장 널리 논의된 마슬로우의 욕구 단계이론과 헤르츠버그 동기위생이론, 매클랜드(David McClelland)의 성취 동기이론 등이 있다. 최근 동기부여 문제와 관련하여 심리학자들이 관심을 기울이고 있는 것은 다양한 분야의 성취에 영향을 미치는 대표적인 비인지적 요인인 '그릿(grit)'과 '성장 마인드셋(growth mindset)'이다. 국내에서 그릿, 마인드셋에 관한 연구는 2015년 이후 교육학 분야를 중심으로 등장하였다. 대부분의 관련 연구들은 초·중·고등학생 및 (예비) 교사를 대상으로 자존감, 자기효능감, 회복 탄력성 등 하위요인들과의 관계와 역할을 분석한 연구들(김미숙 외, 2015; 이미란 외, 2017; 이창식 외 2018; 윤성혜 외 2019)이 꾸준히 수행되고 있다.

그릿은 목표에 대한 장기간의 인내로서 인내심과 관련된 것으로, 성장 마인드셋은 노력이 재능이나 지능을 향상할 수 있다는 믿음으로 간략히 정의 가능하다. 자신에게 주어진 환경이나 능력이 고정되어 있고 변경될 수 없다고 생각하는 아이들은 성취를 위한 노력을 덜 하게 된다. 반면, 실패와 역경 그리고 고난에도 불구하고 장기간 노력과 관심을 유지하는 것은 쉽게 낙담하고 중도에 포기하는 것보다 성공과 목표에 더욱 가까이 다가가도록 돕는다. 도전과 역경에 직면했을 때 성장 마인드셋과 장기 목표를 위한 열정과 인내인 그릿을 소유한 학생들은 보다 인간 삶의 전 영역에서 진취적이고 발전적인 모습을 보인다. 그릿과 성장 마인드셋의 이러한 특성은 도덕발달, 도덕적 삶의 영역에도 동일하게 적용 가능하다. 그릿과 성장 마인드셋은 사회정서 학습의 핵심 구성요소로서 어린이가 교실과 생활에서 도덕적 어려움을 극복하고 도덕적으로 성장할 수 있도록 도울 수 있다.

본 논문은 그릿, 성장 마인드셋[29]과 같은 비인지 능력이 탈북학생을 대상으로 한 통일교육에 중요한 요소로 작용할 수 있다는 점에 주목하고자 한다. 특히 인격 형성 사회 기관인 학교 통일교육에서 탈북학생들의 도덕적 민주시민역량 발달에 이 두 개념의 활용

---

29) 그릿은 인내, 열정, 끈기, 투지, 집념, 기개 등으로 번역 가능하며, 성장 마인드셋은 성장을 위한 마음가짐으로 번역 가능하다. 본 연구자는 그릿과 성장 마인드셋을 특정한 한 단어로 번역해 내는 것이 오히려 그릿과 성장 마인드셋이 지닌 의미를 축소할 우려가 있다고 판단하여 그릿, 성장 마인드셋 용어를 그대로 사용함으로써 이 단어들이 지닌 의미를 온전히 드러내고자 한다.

방안을 모색하고자 한다. 그릿과 성장 마인드셋의 이론을 탐구하고 이것의 통일 교육적 의의, 시사점 그리고 적용 방안을 탐색하고자 한다. 이를 위해 먼저, 그릿과 성장 마인드셋의 유사 개념들을 확인 하기 위해 심리적 성장 개념의 발전 유형을 개략적으로 살펴보고, 둘째, 그릿과 성장 마인드셋의 개념과 육성 방안을 확인하고, 셋째, 통일 동기부여 그리고 성장 마인드셋의 성립 가능성을 확인하며, 마지막으로 통일교육에서 그릿과 성장 마인드셋 적용 방안으로 발문 활용을 고민하고자 한다. 궁극적으로 탈북학생들의 성장을 도모하는 것으로서 그릿과 성장 마인드셋을 기반으로 통일 수업에서 활용 가능한 발문을 개발하고, 이의 적용 전략을 거시적 측면에서 제안하는 데 그 목적이 있다.

II. 그릿과 성장 마인드셋의 심리학적 이해

1. 심리학에서 인간 성장 이론 유형과 동기

인간에게 있어 최적의 기능과 경험에 대한 관점들은 인본주의 심리학과 긍정심리학에서 인식론적 논쟁에 영향을 주었다. 제임 스, 듀이, 마슬로우는 인간에게 있어 무엇이 삶을 성취하고 의미 있게 만드는가에 대한 질문을 탐구하기 위해 경험적 전환을 시도 했다(K. Rathunde, 2001: 135). 또한 로저스, 마슬로우, 자호다, 에릭슨, 데시와 리안 등은 긍정적 감정과 성격 그리고 인간 번영 의 조건들에 대한 우리의 이해를 향상했다(M. E. Seligman et al., 2005: 874). 그릿과 성장 마인드셋 개념은 이러한 성장에 대한 인간 동기이론과 밀접하기에 이들의 개념 탐색에 있어 관련 용어들을 살펴볼 필요가 있다. 마슬로우의 자아실현 욕구, 칙센트미하이(Mihaly Csikszentmihalyi)의 몰입, 긍정심리학의 기본 가정, 회복탄력성, 자기효능감, 자기통제력을 고려할 수 있으며 인내, 끈기, 열정, 용기 등과도 관련된다.

마슬로우의 자아실현 욕구는 그의 욕구이론과 맞물려 있다. 욕구단계설은 경영 및 조직 행동에서 가장 영향력 있는 동기이론 중 하나이다. 그는 하위의 욕구가 100% 만족되지 않아도 약 25%만 만족되어도 상위의 욕구 5%가 나타날 수 있다고 보았는데 생리적 욕구, 안전과 안정의 욕구, 사랑과 소속의 욕구, 존경의 욕구 그리고 마지막 단계인 자아실현의 욕구가 그것이다. 마지막 단계는 알려는 욕구와 이해하려는 욕구, 심미적 욕구 둘로 나뉘어 7단계로 설명되기도 한다(박형빈, 2001: 15 재인용). 그의 동기이론의 기초는 인간이 만족하지 못한 욕구에 의해 동기부여 받으며 높은 욕구가 충족되기 전에 특정한 낮은 요인들이 충족되어야 한다는 것이다.

할로우(Harry Harlow)의 제자인 마슬로우는 인간의 동기부여에 영향을 미치는 초기 모델을 제안했다. 그는 동기가 계층구조로 배열될 수 있고 이러한 동기의 계층적 피라미드는 매우 매력적이고 견고한 문화적 밈(meme)으로 남아있다고 가정했다. 그는 뚜렷한 동기부여 시스템이 발달적으로 전개된다고 가정했는데 일단 사람들이 생리적, 안전, 소속, 존중과 같은 욕구를 달성했을 때 인간은 자아실현의 고유한 잠재력을 완전히 실현할 수 있다고 생각했다(D. T. Kenrick & J. A. Krems, 2018: 2-3).

마슬로우의 자아실현이론은 인간이 건강해지고 더 나은 삶의 질을 달성하도록 자극하고 촉구하는 도구가 될 수 있다는 점에서 동기 측면에서 중요한 의미가 있다. 자아실현인들은 자기계발 즉 자신의 잠재력, 정체성을 향해 노력한다. 개인의 성취, 변화 추구 등의 용어들이 자아실현과 관련된다. 마슬로우는 인간이 행동주의의 자극과 강화, 무의식적 본능에 의해서가 아닌 자기 숙달을 향한 경향에 의해서만 통제된다고 믿었다(N. Tripathi, 2018: 499). 자아실현은 창의성, 자율성, 자발성 그리고 인간의 욕망과 희망에 대한 역동적인 이해를 통해 자기 자신의 모든 잠재력을 성취하는 과정이다. 그것은 건강한 인간 발달로서 삶의 질을 향상하고 이에 영향을 미친다. 자아실현은 삶에서 가장 높은 성취 또는 완전한 잠재력으로 간주된다.

칙센트미하이의 몰입(flow) 또한 동기로서 작용한다. 그는 몰입이라는 개념을 사람들이 일상생활에서 동기부여 요소로 생각하는 좋은 느낌이나 최적의 경험을 기술하는 용어로 소개했다. 그에 따르면 스포츠, 예술 공연과 같은 활동 등에서 몰입 상태를 이해하는 열쇠는 그리스어 $\alpha \grave{v} \tau o \tau \varepsilon \lambda \acute{\eta} \varsigma$ 또는 자기 목표에서 나온 자동경험(Autotelic) 개념이다. 자동경험은 활동 또는 상황의 결과로 특히 외부의 목표나 보상 없이 자체 고유의 동기, 보상 또는 인센티브를 제공한다(W. O. dos Santos et al., 2018: 29). 몰입의 경험은 자의식의 상실, 시간 흐름의 왜곡된 감각, 행동과 인식의 병합으로 특징 지워진다. 그는 몰입이 인류의 진화를 가능하게 하는 메커니즘 중 하나라고 주장한다. 왜냐하면 인간의 두뇌에서 기술이 더 낮을 때 일어나는 불안과 지루함의 차선책을 피하려고 더 높은 기술을 연마하려 노력하기 때문이다(M. Csikszentmihalyi & J. Nakamura,

2018: 102). 그는 인간 잠재력의 모든 범위 즉 일상생활에서 이러한 유형의 최적 경험을 할 수 있는 기회를 제공함으로써 부모, 교사 등은 창의적인 개인의 발전과 문화의 진화에 기여할 수 있다고 본다(Csikszentmihalyi et al., 2018: 215).

최근의 연구에 따르면, 도전의 어려움이 그 사람의 기술 수준보다 크면 불안해지고 대조적으로 도전의 어려움이 그 사람의 능력보다 작으면, 그것은 지루한 활동이 되는 경향이 있기에(W. O. dos Santos et al., 2018: 29) 학습자의 상황을 고려한 적절한 수준의 도전 과제가 필요하다. 자아실현인의 절정경험과도 유사한 것으로 이해할 수 있는 몰입의 경험은 도전과 기술, 즉각적인 피드백, 명확하고 근접한 목표의 지속적인 균형을 요구하며 개인과 사회의 발전에 영향을 미치고 동기부여에 기여한다.

인본주의 심리학은 1970년 마슬로우가 사망하자 다소 침체기를 보였으나 그의 이론은 이후 긍정심리학 운동의 토대가 되었다. 인간의 강점에 대한 과학적이고 실제적인 탐구인 긍정심리학 운동은 1990년대 심리학자들 사이에서 유행하기 시작하였다(G. Easterbrook, 박정숙 역, 2007: 260). 1998년 미국심리학회(American Psychological Association: APA)의 회장으로서 셀리그먼은 환자를 줄이기 위한 전통적인 업무뿐만 아니라 웰빙 증진으로 관심을 선회했다. 많은 연구결과에서 웰빙은 신체적, 정신적 건강을 포함한 다양한 외부 혜택을 얻는 것으로 나타났다. 긍정심리학의 응용 프로그램은 복지, 긍정심리치료, 장점과 미덕의 분류 등으로 확대 발전하였다. 긍정심리학은 심리학을 넘어 신경과학, 건강, 정신의학 심지어는 신학, 인문학으로까지 확산하였는데(M. E.

Seligman, 2018: 1) 국내에서는 도덕교육 연구자들도 관심을 두는 분야 중 하나이다. 행복한 사람들은 더 건강하고 성공한 삶을 살며 사회적으로도 더 많이 참여하는 모습을 보인다(Seligman, 2005: 877). 긍정심리학은 과학에 기반을 두며 긍정경험, 긍정특성 즉 친절, 지혜, 성실, 용기 등에 관심을 두는데 처방을 하거나 개인의 가치를 변화하려 하기보다 각 개인에게 있어 가치 있는 것을 더 잘 달성하도록 돕는 데 목적이 있다. 강점은 인생에서 성취에 기여한다.

자기효능감(Self-efficacy)과 관련하여 반두라는 사회적, 자기 규제적, 학문적 자기효능감을 비롯한 다양한 영역의 자기효능 점수가 친사회적 행동 경향과 긍정적으로 연관되어 있는 반면, 정서불안, 신체적 및 언어적 공격성, 도덕적 해이를 포함한 반사회적 행동 경향과는 부정적으로 연관되어 있다고 주장했다. 자기효능감은 특정한 환경에서 성공할 자신의 능력에 대한 믿음으로 묘사할 수 있는데 이러한 태도는 사람들의 선택뿐만 아니라 그들이 성공하기까지 얼마나 기꺼이 노력하고 지속할 것인가에 따라 좌우된다. 개인의 자기효능감은 과거의 성공, 특히 개인에게 도전하고 많은 노력으로 극복한 성공에 따라 세워진다. 반면, 실패는 쉽게 개인의 자기효능감을 깨뜨렸다. 특히 개인의 성취가 용이하지 않은 경우 더욱 그러했다. 이것은 셀리그만의 학습된 무기력과도 일맥상통한다. 학습 면에서 자기효능감은 교육현장에서 학생들의 성공에 큰 영향을 주었다. 활동 수준, 노력 수준, 끈기 및 감정적 반응은 학습 동기의 핵심 지표이다. 높은 학습 자기효능감을 가진 학생들은 활동에 참여하기를 열망하는 경향이 있었고 시련을 통해 끈기 있게 행동했으며 감정적인 좌절감이나 부정적인 감정이 적었다(E. Rhew et al., 2018: 3).

성공의 중요한 결정 요인으로 흔히 유혹이 있을 때 주의력, 감정 및 행동을 조절할 수 있는 능력인 자기통제 그리고 좌절에도 불구하고 지배적인 상위 목표를 끈질기게 추구하는 그릿이 제시된다. 자기통제력 즉 자제력과 그릿은 서로 밀접한 상관관계가 있다. 차이점은 자제력이 높은 사람들이 유혹에 대처할 수는 있지만 지배적인 목표를 일관되게 추구하지 못하기도 한다. 마찬가지로, 그릿을 가진 성취자는 선택한 삶의 열정 이외의 영역에서 유혹에 굴복하기도 한다. 다시 말해 자기통제는 순간적으로 보다 매력적인 대안이 있음에도 불구하고 목표 작업을 수행한다. 이에 반해 그릿은 순간의 유혹에 넘어갈 수 있지만 수십 년간 단 하나의 목표를 향해 꾸준히 열심히 노력하는 것이다(A. Duckworth & J. J. Gross, 2014: 319). 자아실현, 몰입, 긍정심리학, 자기효능감, 자기통제 등은 행위의 주요한 동기로서 작용하며 그릿 및 성장 마인드셋과 관련되는 개념들이다.

2. 그릿과 성장 마인드셋

1) 그릿

근면과 끈기의 필요성에 대한 인식은 오래되고 보편적이다. 장기적인 목표를 세우고 그것을 고수할 수 있는 사람들은 학교와 인생에서 성공할 가망이 있다. 불굴의 투지, 기개를 뜻하는 그릿(Grit)[30]

---

30) 그릿은 1969년 존 웨인이 주연한 트루 그릿에서 아이디어를 얻어 탄생한 개념이다. 뉴욕시에서 7학년 수학 교사였던 더크웟스(Angela Lee Duckworth)는 일부 학생들이 다른 아이들보다 우수한 성과를 낸다는 것을 알아냈지만 몇 년 후 예기치 않은 결과를 발견했다. 점수를 계산하고 성적을 부여한 후에 그녀는 가장 높은 IQ를 가진 일부 학생들이 최고 성적을 받지 못하고 오히려 일부 IQ 점수가 낮은 학생들이 가장 우수한 성적자라는 것을 깨달았다. 이를 계기로 그녀는 대학원에 복귀하여 어떻게, 왜 어떤 학생들은 학업 목표에 도달하기를 계속하고 다

은 더크워스(Duckworth)와 그녀의 연구진들이 밝혀낸 성공을 위한 주요한 요인이다. 더크워스는 개인의 성공과 업적을 좌우하는 요소에 관심을 두었는데 그녀는 성공과 실패의 차이점 그리고 차별화 요소에 몰두한 결과 지능과 SAT 점수 이상의 성과를 설명하는 인자를 발견했다. 그녀의 연구는 미국육군사관학교에서 생도들을 연구함으로써 시작되었는데, 선천적인 재능을 가진 일부 생도들이 기초 생도 훈련 중에 왜 실패했는지를 설명하는 요인으로 그릿에 주목하게 되었다. 그녀와 연구진은 재능만으로는 혹독한 훈련 하에서의 성공 가능성을 충분히 예측하지 못한다는 것을 발견했다(A. Duckworth, et al., 2007: 1086-1087).

분야에 상관없이 성공한 사람들은 첫째, 회복력이 강하고 근면하며, 둘째, 자신의 원하는 바를 깊이 이해하고 결단력이 있다는 특징이 있었다. 그릿은 장기적인 목표를 달성하기 위한 끈기와 열정이다(A. Duckworth, 2016: 74-75). 그릿은 IQ와 정적 상관관계는 없지만 Big 5의 성격 요인 즉 신경증, 외향성, 개방성, 친화성, 성실성 가운데 성실성과 높은 상관관계를 보였다. 연구를 종합하면, 어려운 목표를 성취하는 것은 재능뿐만 아니라 시간이 지남에 따라 지속적이고 집중적 재능의 적용을 수반한다는 것을 암시한다(Duckworth et al., 2007: 1087).

그릿은 끈기, 인내, 열정 그리고 관심의 일관성 등의 하위 요소를 갖는 것으로(M. Credé, et al., 2017: 1) 성공을 예측하고 양심

___

른 학생들은 그렇지 못하는가라는 문제에 몰두하게 된다. 그녀의 연구는 학교 전반에 걸쳐 가장 흔한 측정 중 하나인 IQ 테스트 점수 대신 동기부여 및 심리적 관점에서의 교육을 탐구하게 했다. 그녀는 장기 목표를 위한 열정과 끈기라고 정의하는 그릿을 성공의 열쇠로 제안한다 (Duckworth & Quinn, 2009: 166; A Hochanadel & D. Finamore, 2015: 47).

같은 다른 특징과는 구별되는 고차원의 성격 특성이며 장기 목표에 대한 특정 수준의 인내와 열정으로 정의된다. 이것은 재능 이상으로 도전 영역에서 성취를 예측하는 요인이다(Duckworth & Quinn, 2009: 166). 그릿은 장기적인 열정과 목표를 고수하는 것으로 회복 탄력성, 자기통제력 등과 같은 몇 가지 인자들을 갖는다. 먼저, 회복 탄력성은 실패나 역경에 대한 긍정적인 반응이나 탄력적으로 행동하는 것으로 그릿과 연관된다. 회복 탄력성과 그릿의 차이점은 그릿은 실패와 역경의 상황에 탄력적으로 대응하거나 열심히 일하는 것 이외에 오랜 시간에 걸쳐 일관된 관심사를 갖는 것을 포함한다는 점이다. 그릿은 실패에 직면하여 복원력이라 일컬을 수도 있는 회복 탄력성을 가질 뿐만 아니라, 오랜 세월에 걸쳐 충성을 다하는 깊은 헌신을 포함한다(D. Perkins-Gough, 2013: 14). 더크워스는, 그릿은 큰 그림을 그리는 것에 관한 것으로 먼 미래에 대한 특정한 목표를 세우고 절대 그것을 굽히지 않는 불굴의 의지를 의미한다고 말한다. 그릿은 꾸준함과 관련이 있으며 장기간 유지되는 것으로 특정한 관심사를 그것이 성취될 때까지 지속하는 능력이다(헬렌 S. 정, 2011: 25).

다음으로 자기통제력은 앞서 살펴보았듯이 나중에 얻을 더 큰 만족을 위해 순간의 즐거움을 뒤로 미룰 줄 아는 만족 지연 능력을 뜻한다. 그에 비해 그릿은 순간의 욕구 충족을 지연시키는 능력에 비례하지 않는다. 자기통제력은 높지만 그릿이 낮은 아이들에게 한 시간 동안 철자 외우기 연습을 시키면 이 아이들은 놀러 나가고 싶은 욕구를 참고 철자를 외운다. 그 반면 자기통제력은 낮지만 그릿이 높은 아이들의 경우에는 장기적 측면에서 목표한 만큼 철자를 외우지만 그 순간에는 놀러 나갈 수도 있다. 즉 단기적으로 연습시간에 뒤처지지만 장기적으로는 더 많은 노력을 기울인다. 이 때문에 그릿이 높은 사람이라 할지라도 자기통제력이 다소 낮을 수 있다. 한편, 그릿이 높은 아이일수록 모르는 것에 집중해서 연습하는 경향을 보인다. 이들은 최종 우승자가 되겠다는 목표를 세우고 거기에 도달하기 위해 끈질기게 노력하는 성향이 있기에 자신의 취약점을 개선하고 실력을 발전시키는 데 모든 역량을 집중한다(헬렌 S. 정, 2011: 31).

따라서 그릿의 특성을 다음과 같이 제시할 수 있다. 첫째, 계층구조로서 그릿이다. 그릿은 일반적으로 더 낮은 수준에서 더 높은 수준으로의 구조로 작동한다. 핵심적인 요소는 끈기와 일관성을 들 수 있다. 인내와 일관성이라고도 할 수 있는 이 요인들은 각각 좌절에도 불구하고 목표와 관심사를 자주 바꾸지 않고 열심히 일하는 경향을 가리킨다. 둘째, 성공과 성과를 예측하는 지표로서의 그릿이다. 그릿의 하부 요소들은 성공에 기여한다(M. Credé et al., 2017: 4-5).

주목할 점은 그릿은 타고나고 고정된 것이 아닌 성장시킬 수 있는 능력이라는 점이다. 교육자들은 도전 과제가 발생할 때 학생들이 지속하고 번영할 수 있도록 돕는 환경을 조성할 수 있다고 강조한다. 학생들이 지속할 동기를 내재화함으로써 인내심과 성장 마인드셋을 발달시킬 수 있도록 도울 수 있다(Duckworth, Peterson, Matthews, & Kelly, 2007: 1089). 그릿의 특성을 측정하기 위해 개발된 척도는 교사들이 학생들의 수준을 측정하고 반영하도록 가르치는 데 사용될 수 있다. 그릿은 학생들의 변화를 돕기 위해 개발될 수 있는 한 가지 특성이다.

2) 성장 마인드셋

지능이 고정되어 있고 변경할 수 없다고 생각하는 사람들은 성공하기 위한 노력에 최선을 다하지 않는다. 도전과 역경에 직면했을 때 인내하는 학생들은 더크워스가 그릿이라 부르는 것을 가지고 있다. 이것은 드웩(Dweck), 매튜스 등에 따르면 학습의 성장 마인드셋 뒤에 있는 특성이다. 드웩은 고정 마인드셋이 학습과 성공에 부정적으로 기여하는 방법에 관해 연구했다. 그녀와 연구진의 연구결과는 학생들이 지능이 고정되어 있는 것으로 인식하는가 혹은 성장할 수 있는 것으로 인식하는가 하는 자신의 두뇌에 대한 믿음이 그들의 동기부여 및 학습에 지대한 영향을 미친다는 것이다. 다시 말해 학생들이 고정 마인드셋을 소유하고 있을 때 즉, 지능이 타고난 것으로 생각할 때 그들은 더 이상 어려운 과제에 도전하지 않으며 성공하려는 노력을 덜 한다는 것이다(A. Hochanadel & D. Finamore, 2015: 49). 반면, 노력을 중요시하는 학생들은 성장하는 마인드셋을 가지고 있었다.

이전의 연구에서 피터슨(Peterson)과 셀리그만은 도전에 직면했을 때 긍정적이든 부정적이든 특정 성향이 나타나며 사람들은 다양한 사고방식 하에서 그러한 특성에 따라 행동하고 그에 따라 동일한 결과가 기대된다는 것을 발견했다. 고정 마인드셋을 가진 사람들은 특수한 상황에서 미래의 행동을 결정하도록 요청 받았을 때 과거의 경험을 바탕으로 후속 행동을 인식하고 변화를 이룩할 수 없다고 결론지었다. 이것은 셀리그만의 학습된 무기력 이론과 관련된다. 드웩은 고정 마인드셋을 가진 개인은 자신의 지능이 단순히 선천적인 특성이라고 믿으며 지능을 변화시킬 수 없는 요소로 간주한다고 설명한다. 반면 이와 대조적으로, 성장 마인드셋을 가진 개인은 인간의 능력이 고정되어 있지 않고 시간이 지남에 따라 개발될 수 있다고 믿는다. 성장 마인드셋을 지닌 학생들은 배우고 도전한다(A. Hochanadel & D. Finamore, 2015: 48).

다시 말해 자신의 재능이 개발될 수 있다고 믿는 개인은 성장 마인드셋을 갖고 있으며 그들은 자신의 재능이 타고난 선물이라고 믿는 사람들 즉, 고정 마인드셋을 가진 사람들보다 더 많은 것을 성취하는 경향이 있다. 그것은 이들이 똑똑해 보이는 것에 대해 걱정하지 않으며 더 많은 에너지를 학습에 투입하기 때문이다. 성장 마인드셋이 강한 사람은 능력과 기술이 선천적이지 않고 학습 과정을 통해 향상된다고 믿는 경향이 있는데 그러한 믿음은 일반적으로 자기 효율성과 학습 과정에 참여하는 동기를 촉진한다.

중요한 점은 학생들의 동기부여와 학업성적에 긍정적인 영향을 미치는 성장 마인드셋이 가르칠 수 있는 특성으로 학생들의 노력과 지속성을 장려함으로써 촉진할 수 있다는 것이다. 드웩에 따르면 성장 마인드셋에 대한 가르침을 통해 학생들은 동기부여가 증가했고 학업 성취도가 향상되었다. 성장 마인드셋을 위한 교육적 개입은 학생들에게 지능이 고정된 것이 아님을 가르친다. 지능은 도전적인 문제에 대한 고된 노력과 함께 성장하기 때문에 도전적인 과제를 통해 길러질 수 있는데 특히 과학과 수학 같은 특정 과목에서 학생 성과에 큰 영향을 미쳤다. 성장 마인드셋을 가진 개인은 결과 보상을 염두에 두지 않고도 열심히 일하고 개선하기에 이것을 가진 학습자는 스스로 학습하는 경향이 있다. 최근에는 성장 마인드셋의 신경 메커니즘에 대한 신경과학적 연구도 진행되고 있는데 여기서는 학습 경험을 통해 뇌가 어떻게 변화하고 성장 마인드셋과 연관되는지에 대한 신경과학적 정보를 검토한다(B. Ng, 2018: 2-3).

더크워스와 드웩은 실패가 영구적이라는 고정관념이 어떻게 학생들의 학업 성취도를 막을 수 있는지에 대한 연구를 진행하여 성장 마인드셋을 갖는 것이 그릿을 발전시킬 수 있다는 결론을 내렸다. 그러므로 교사는 단지 좋은 성적을 내는 데만 초점을 맞출 것이 아니라 어떻게 학생에게 도전하고 해결책을 만들어내도록 가르칠 것인가에 초점을 맞춰야 한다. 또한 성장 마인드셋과 기술을 가르치는 것은 장기적인 목표와 그것을 어떻게 달성하는가를 촉진한다(A. Hochanadel & D. Finamore, 2015: 49).

특징적인 것은 모든 인간은 실제로 고정 마인드셋과 성장 마인드셋의 혼합체이며, 그 혼합물은 경험에 따라 계속 진화한다. 즉 순수한 성장 마인드셋은 존재하지 않는다는 것이며, 성장 마인드셋은 새로운 전략을 시도하고 효과적으로 전진하는 것이다(C. Dweck, 2016: 214-220). 다시 말해 고정 마인드셋과 성장 마인드셋은 모든 영역에 연속되는 마인드셋으로 존재하기보다 대부분의 사람들에게서 일반적으로 특정 영역의 능력에 대한 고정 또는 성장 마인드셋으로 나타난다. 예를 들어, A라는 사람은 그의 학업 능력에 대해서는 성장 마인드셋을 지니는 반면 어려운 사람들과 함께 일하는 능력에 대해서는 고정 마인드셋을 가질 수 있다. 마인드셋은 성격과는 다소 독립적으로 존재한다(L. A. Keating & P. A. Heslin, 2015: 331).

한편 성장 마인드셋은 대인 관계에도 영향을 준다. 교육, 사회 및 조직심리학과 같은 영역에서의 수십 년간의 연구는 마인드셋의 자기 규제적, 대인 관계적 영향을 드러낸다. 사람들이 고정 마인드셋을 가질 때 능력이 변화될 수 없다는 가정은 그들로 하여금 도전을 피하도록 이끌고, 타인을 신속하게 잘못된 인식으로 판단하도록 자극함으로써 다른 사람과의 관계를 긴장시킬 수 있다. 그러나 사람들이 성장 마인드셋을 가질 때, 그들은 도전과 노력을 중요한 것으로 받아들이는 경향이 있으며 다른 사람들을 잘못으로 비난하는 대신 그들이 발전하고 변화하도록 돕는다(Keating & Heslin, 2015: 331).

드웩의 성장 마인드셋, 더크워스의 그릿을 지닌 학생들은 도전과 역경에 직면했을 때 인내하며 최적의 노력을 지속해서 기울인다. 그릿과 성장 마인드셋을 심적 성장이라는 영역에 적용하여 생각할 때, 자신의 인격 특질을 고정 불변하는 것으로 믿는 학생과 이를 변화 가능한 것으로 인식하는 학생의 발전을 위한 노력에는 차이가 생기기 마련이다. 마인드셋, 그릿에 대한 연구들 가운데 통일교육 특히 탈북학생 대상 통일교육 현장에서 눈여겨볼 점은 고정 및 성장 마인드셋은 진단능력과 학습능력을 강조함으로써 촉진될 수 있다는 점이다. 가령, 대체로 고정되어 있거나 지능을 강조하는 환경은 고정 마인드셋을 유도하는 반면, 노력을 강조하는 환경은 성장 마인드셋을 육성한다(Keating & Heslin, 2015: 331-332).

Ⅲ. 동기와 성장 마인드셋의 신경과학적 이해

1. 동기부여로서 성장 마인드셋과 뇌신경과학

동기부여는 성취의 주된 원인이며 학생이 학업적으로 어떻게 수행할 것인지 예측을 가능하게 하는 요인이다. 본질에서 배움에 대한 동기부여를 받은 학생들 즉 배움에 대한 내적 동기를 지닌 학생들은 과정에 매료되고 질문을 즐기며 최종 결과보다는 과제 자체에 중점을 둔다.

반면 외적 동기가 있는 학생은 성적이나 상과 같은 최종 결과에 더 관심을 보인다. 맥더모트(McDermott)와 바릭(Barik)에 따르면, 청소년기의 교육에 대한 동기는 마슬로우의 욕구 단계 구조와 유사하다. 동기부여는 모든 학생들의 학업 성취에 중요한 요소이다. 학습 장애나 학교생활에 어려움을 겪고 있는 학생들은 종종 자신에 대해 평가절하하며 결과적으로 학업적 도전에 참여하고 지속하려는 동기를 감소시키고 낮은 동기부여로 인한 낮은 성취의 악순환을 반복한다.

대조적으로 내적 동기가 있는 학생들은 자신의 업적과 실패에 책임을 지는 경향이 있다. 동기부여에 있어 두 가지 기본 구성요소는 지속성과 자기평가이다. 부정적인 자기평가를 한 학생은 '나는 수학에 능숙하지 않다'라고 말할 수 있다. 결과적으로 과제를 시도하기 전에 학생들은 성공하지 못한다고 인식하여 과제 지속성이 부족한 것으로 나타났다. 또한, 학생들은 자신의 무능력을 숨기거나 부정적인 결과를 막기 위해 쉬운 작업을 선택했다. 이러한 인식은 업무 수행의 성공 여부와 상관없이 낮은 효능을 나타냈다. 이것은 곧 마인드셋을 통해 설명 가능하다. 고정 마인드셋을 가진 학생들은 결과적으로 적게 노력하며 이로 인해 학습 동기가 낮고 전반적인 학업 성취도도 감소한다. 그러나 성장 마인드셋을 지닌 학생들은 탄력적이고 도전과 실패를 학습기회로 보기 때문에 계속 어려운 작업을 시도한다(E. Rhew et al., 2018: 4-5).

성장 마인드셋은 지능 개발뿐만 아니라 사회 적응에도 긍정적인 영향을 미친다(D. S. Yeager, C. Romero, D. Paunesku et al., 2016: 374). 성장 마인드셋을 가진 사람들은 전반적으로 자기 효율을 촉진하고 친사회적 동기부여와 행동 경향에 긍정적이다. 이들은 친사회적 활동을 함으로써 자신의 인격을 개선하는 것이 가능하다고 믿는 경향이 더 많고 강한 친사회적 동기를 보인다.

반면에 노력을 통해 더 나은 사람이 될 수 있다고 믿지 않는 사람은 성장 마인드셋을 가진 사람들에 비해 상대적으로 적대적이고 공격적인 욕구를 가질 가능성이 높고 친사회적 동기가 약하다. 도덕 철학자들은 교육, 훈련, 실제 사회참여를 통해 도덕적인 인격이 개발되고 형성될 수 있으며 고정되어 있고 타고난 것이 아니라고 주장했다. 이러한 주장은 후에 인생의 한 부분에서 그것을 변경하는 것이 쉽지는 않더라도 인격은 평생 개선될 수 있음을 이야기한다(H. Han, 2018: 441).

따라서 교육현장에서 탈북학생들이 성장할 수 있다는 믿음, 신념, 인식과 사고는 일종의 성장 마인드셋이라 일컬을 수 있다. 발달심리학 연구들이 전반적으로 동기부여에 있어서 성장 마인드셋의 중요성을 보여주었듯이, 친사회적 동기부여도 성장 마인드셋에 의해 긍정적으로 영향을 받는다.

우리의 행동은 의도, 인센티브 또는 내적 가치에 의해 촉발된다. 최근 신경과학 연구는 성장 마인드셋과 내적 동기부여에 대한 몇 가지 사실을 알려준다. 성장 마인드셋과 내적 동기이론은 신경과학의 현대적 사고와 함께 교육 분야의 신경과학 연구의 가능성을 개괄한다. 그것은 신경 반응을 통해 내적 동기부여를 촉진하기 위해 성장 마인드셋을 지원한다는 측면에서 성장 마인드셋과 내적 동기 간의 관계를 밝힌다. 성장 마인드셋과 내적 동기부여 사이의 상호작용에 대한 통찰력을 제공하는 교육신경과학의 실증 연구를 살펴볼 수 있다(B. Ng, 2018: 1).

내적 동기부여는 개인의 행동과 자기 결정의 방향을 내재적으로 끌어낸다. 학생들이 활동 자체에 내재한 만족을 경험할 때, 본질에서 동기부여가 된다. 만약 학생들이 성적이나 사회적 인정과 같은 보상을 받기 위해 활동을 하고 있다면, 그들은 외적으로 동기부여가 된다. 중요한 것은 학업 과제에서의 선택, 노력 및 지속성과 관련된 학생들의 동기 부여된 행동은 내적 동기의 수준과 직접 관련된다는 점이다.

많은 연구들은 새로운 상황에 노출하고 예기치 않은 상황에 대처하기 위해 다양한 역량을 개발하는 것과 같은 내적 동기부여의 효과를 조사했다. 연구에서 내적 동기가 학업 성취 및 관심 추구, 학습과 성장의 촉진에 중요한 요소임이 밝혀졌다. 신경과학 측면에서 설명하면 도파민은 뇌의 보상과 쾌락 센터뿐만 아니라 동기부여와 정서적 행동을 제어하는 데 도움이 되는 뇌의 주된 신경전달 물질이다. 예기치 못한 보상 이벤트로 흥분되는 도파민 뉴런은 선조체, 피질, 변연계 및 시상 하부에 투영되어 행동의 동기부여에 영향을 미친다. 즉 도파민은 내적 동기부여의 중요한 기제로 간주되어 주의력과 행동 참여를 촉진한다. 예를 들어, 참가자는 자유 선택 조건에서 활동에 자발적으로 참여할 가능성이 높았다.

이러한 연구결과는 자율지원은 도파민 활동을 강화함으로써 내적 동기부여를 촉진함을 보여준다. 긍정적이고 부정적인 영향은 특정 주제에서 학습자의 내적 동기를 강화하거나 약화해서 그 주제에 대한 태도에 영향을 준다. 동기부여에 대한 신경과학 연구에 적용된 주요 방법은 EEG와 fMRI이다. 이 두 가지 기법은 모두 뇌 활동을 측정하기 위한 비침습적 절차이다. 신경 영상 분석 결과는 뇌에 대한 이해를 제공하는데, 이는 뇌 활성화의 특정 영역을 나타내며, 이는 결국 행동 결과와 관련된다. 선조체는 중뇌 도파민 신경세포로부터 입력을 받아 적응적인 행동을 만들어내기 때문에 학습 강화에 중요한 역할을 한다.

위와 같은 설명은 성장 마인드셋을 개발하기 위해 우리의 뇌가 어떻게 변하는지, 그리고 우리의 본질적인 동기에 어떤 변화가 있는지 이해하도록 돕는다. 성장 마인드셋은 신경 프로세스와 관련이 있고, 신경 프로세스는 의욕적인 행동과 관련이 있다. 교사들은 내적 동기부여의 기본 신경 메커니즘을 이해함으로써 자기 규제 전략을 적용하도록 학생들을 지도할 수 있다. 뇌 가소성은 우리의 삶을 통해 우리 두뇌가 변화할 수 있는 능력을 말하며 이것은 우리의 지능이 발전할 수 있다는 믿음인 성장 마인드셋과 연관된다(B. Ng, 2018: 3-10).

2. 그릿, 성장 마인드셋의 신경과학적 이해

더크워스는 종단 연구를 통해 대부분의 인간은 인생 경험이 쌓이면서 성실성, 자신감, 배려, 평정심이 발달하는데 이는 심리학자들이 주장하는 성숙의 원리라고 본다. 그리고 이러한 변화를 이끄는 이유는 우리가 이전에 몰랐던 내용을 배우기 때문이라고 덧붙인다. 주목할 점은 그릿의 전형이 보여주는 특징이다. 이들은 탁월한 열정과 끈기를 지닌 사람들로서 첫째, 관심, 열정을 지니고, 둘째, 꾸준히 양질의 연습을 하며, 셋째, 목적 즉 수년간의 절제와 연습 후에 타인을 위한 봉사와 같은 목적의식을 갖는다. 넷째, 모든 단계에 깃들인 희망인데 이것은 성장 마인드셋과 연계된다. 이 가운데 세 번째 목적과 관련하여 더크워스가 면담했던 그릿의 전형들은, 자기 일은 자신뿐만 아니라 타인에게도 중요하다고 지적했다는 점이다. 이들은 상대적으로 자기중심적인 관심에서 출발해 절제하고 연습하는 법을 배우고 마지막으로 타인중심의 목적으로 통합하게 되었다. 즉 그들은 자신의 노력이 궁극적으로 타인에게 유익을 가져오기 때문에 좌절과 실망, 희생 등의 모든 것을 감수할 가치가 있다는 뚜렷한 목적의식을 지닌다(더크워스, 김미정 역, 2019: 130, 196).

더크워스에 있어 그릿의 전형은 더 큰 목적을 위해 움직이는 사람들로 묘사되며 Big 5의 성격 요인 중 성실성과 높은 상관관계가 있다. 이 점에서 인본주의 심리학자들의 건강한 인간의 전형 특히 마슬로우의 자아실현인을 연상케 한다. 마슬로우는 자신에게 주어진 다양한 역할에서 최고의 수준은 아니어도 자신의 역할에 최선을 다하며 그 안에서 최고의 기쁨을 느끼는 존재를 자아실현인으로 보았다. 이들은 행복해지기 위해 존재가치라 부르는 것을 추구하는데

14가지의 존재가치는 진(眞), 선(善), 미(美), 전체성, 살아있음, 유일무이성, 완벽함, 완성, 정의(공정성), 정직, 윤택함, 애쓰지 않음, 즐거움, 자율이다(박형빈, 2001: 7, 27 재인용).

다시 말해 자아실현인들은 본질적인 가치 즉, 옳음, 정의, 바람직함, 공평함 등의 가치를 추구한다는 점에서 도덕적인 측면과 긴밀한 관련을 갖는다. 더크워스는 그릿의 전형이 갖는 궁극적 목적은 타인의 행복에 기여하려는 의도이기에 그릿의 기초가 되는 동기는 이타성이 될 수 있다고 보며 이를 아리스토텔레스가 행복을 추구하는 데 제시한 두 가지 길 즉, 에우다이모니아와 헤도닉을 통해 설명한다(더크워스, 김미정 역, 2019: 200). 에우다이모니아는 보다 고차원적이고 정신적인 행복인 참된 행복, 정신적 만족, 번영, 좋은 영혼, 복지 등과 헤도닉은 보다 저차원적이고 육체적인 행복인 쾌락적, 향락적 행복과 관련된다. 인간은 이 두 가지 길의 행복을 모두 추구한다. 그러나 개인의 가치에 따라 어느 길의 행복을 더 중시하는가는 사람마다 달라진다. 아리스토텔레스는 에우다이모니아를 추구하는 삶을 더 고귀하게 보았다.

그릿이 타인의 행복에의 기여를 추구하는 점을 이해하기 위해 행복의 뇌신경과학적 기원을 살펴볼 필요가 있다. 행복추구, 목적 추구는 일종의 동기 요인으로 이는 신경과학적으로 설명되기도 한다. 먼저, 행복감, 쾌감 등의 신경학적 기저이다. 인간이 무엇인가에 대해 만족, 성취감 등을 느낄 때 도파민이 분비되며 행복, 쾌감중추의 뇌 영역이 활성화되면서 기쁨과 행복을 느끼게 된다. 도파민을 관장하는 뇌 영역은 기분 좋은 순간에 활성화되는데 인간은 사랑하는 사람을 생각할 때도 쾌감중추로 즐거운 경험을 할 때와 같이 도파민을 분비시켜 우리를 행복하게 만드는 특정 뇌 부위가 매우 활발해진다. 옥시토신은 사람 사이의 친밀감, 신뢰 형성과 같은 도덕적인 측면에 도움을 주는 것으로 이 또한 뇌에 쾌감과 즐거움을 자극하여 우리를 행복하게 한다(박형빈, 2017e: 63-64).

다음으로 사회신경과학에서의 사회적 존재로서의 인간에 대한 설명이다. 인간이 다른 사람과 관계 맺고 사회적 삶을 살아가는 것은 일종의 욕구로 이해된다. 사회신경과학자들은 인간의 기본적인 욕구로서 관계성의 욕구를 쾌락 중추의 행복감과 같은 뇌신경과학적 관점에서 해명한다. 인간의 뇌 발달 특별히 대뇌 피질의 발달은 진화의 측면에서 사회 형성의 주요한 기저로 작용한다. 사회신경과학의 관점에서 인간은 사회적인 공감과 협력에 적합한 존재이다. 인간을 움직이게 하는 동기의 핵심은 다양한 관계 속에서 인정, 존중, 배려, 애정을 발견하고 주고받는 것이다. 타인과의 관계성 속에서 자신을 규정짓고 사회적 관점을 고려하는 등과 같은 인간의 사회성은 사회적 존재로서 인간을 만들어 주는 인간 뇌의 생물학적 본성에 기반을 둔다. 사회신경과학에서 인간 존재는 본성적으로 사회적 유대감을 갈망하고 그 유대감이 없으면 고통을 느끼는 유전적 경향을 갖는다(박형빈, 2017b: 79-80, 83-84). 인간은 사회적 연대를 추구하는 사회적 뇌로서의 뇌를 갖고 있으며 이를 통해 그릿의 전형들이 갖는 성취목표의 타인 지향성이 설명될 수 있다.

한편, 나바에츠의 삼층윤리이론은 인간이 도덕적 행동에 대한 서로 다른 인식과 수용을 촉발하는 각기 다른 유형의 도덕적 마인드셋(moral mindsets)을 발전시켰다고 제안함으로써 인간의 도덕적 모순을 설명한다. 세 가지 기본적인 도덕적 마인드셋은 안전(자기보호)

윤리, 참여 및 협력(관계조정)윤리 그리고 상상(추상)윤리이다. 마인
드셋 또는 각기 유형은 성향 및 사고방식이 될 수 있는데 이것은 상
황에 타인과의 상호작용을 통해 유발된다. 중요한 점은 연민과 성찰
을 위해 요구되는 규범적인 도덕적 마인드셋은 민감한 시기에 최적
의 뇌 발달을 필요로 한다는 점이다. 그렇지 않으면 자기보호 지향
성인 안전윤리가 지배적일 수 있다(D. Narvaez, 2013: 289).

삼층윤리이론은 초기 경험에 의존하는 도덕적 마인드셋의 형성
을 기술한다. 인간의 기본적인 세 가지 뇌 구조로도 설명될 수 있
는데 진화론적인 측면에서 뇌는 안전, 참여, 상상이라는 세 가지 도
덕적 마인드셋에 대응한다. 안전윤리는 모든 동물과 공유되는 것으
로 태어나면서부터 존재하는 생존시스템에 뿌리를 두고 있다. 예를
들어, 자아를 보호하기 위한 도덕적 조치를 할 때 나타난다. 참여윤
리는 주로 사회에 이르는 포유동물의 감정 시스템에 뿌리를 두고
있는 것으로 사냥하는 수렵 채집자 공동체들 사이에서 발견되는 지
배적인 관계 방식을 나타낸다. 그러한 공동체에서 초점은 웃음, 노
래, 춤, 포옹으로 인해 상호 간의 즐거움과 감정이다. 이 모드에서
는 친사회적 감정과 호르몬, 예를 들면 옥시토신이 우세할 가능성
이 가장 높다. 상상윤리는 주로 가장 나중에 발달한 뇌의 부분인
전두엽과 전두엽 피질(PFC)에 뿌리를 두고 있다. 그것은 현재의 순
간과 미래의 가능성에 대해 생각할 수 있는 능력을 가능하게 한다.
PFC는 초기 경험에 영향을 많이 받는다. 민감한 시기 돌봄이 미흡
할 때 PFC의 일부인 전두 피질이 제대로 발달하지 않으면 낮은 친
사회적 정서로 이어질 수 있다. 반면 친사회적인 감정과 연관될 때,
공동체의 상상력은 도덕적 문제해결로 향한다(D. Narvaez, 2013:

32-34). 그러므로 그릿의 타인 지향 목적의식은 뇌신경과학적 측면에서 사회적 존재로서의 뇌, 도파민, 행복의 고차원적 뇌 시스템, 참여윤리 및 상상윤리의 삼층윤리이론을 통해서 해명되며 이는 곧 도덕적 마인드셋과 직접 관련된다.

Ⅳ. 통일교육에서 성장 마인드셋을 위한 발문 활용 전략

1. 소크라테스식 발문과 도덕적 성장

반복적으로 성취를 경험하지 못하는 학생들은 새로운 도전을 두려워하게 되고 좌절에 의해 황폐해지기에 학생들의 학업 성취도를 높이는 동시에 자기효능과 동기부여를 향상할 수 있는 방법을 찾는 것이 필요하다. 드웩의 연구는 고정 지능에 대한 학생들의 믿음이 도전을 받을 때 불안감을 증가시킬 수 있다는 것을 보여주었다. 결과적으로, 고정 마인드셋을 지닌 학생들은 그들의 실패를 지능 탓으로 돌리기에 도전적인 작업을 시도하는 것을 꺼리게 된다. 반면 노력하면 지능을 향상할 수 있다는 믿음이 배움에 대한 욕구를 불러일으키기에 성장 마인드셋을 자극하고 향상하기 위한 개입은 학생들의 동기부여 발달에 영향을 준다(E. Rhew et al., 2018: 1). 그렇다면 어떻게 학생들의 성장 마인드셋을 자극할 수 있는가. 학생의 성장 마인드셋을 향상할 수 있는 방법은 무엇인가. 학교 도덕과 통일교육 현장에서 학생들의 성장을 위해 사용할 수 있는 방법은 대화이다. 대화는 의식을 자극하고 능동적 반응을 이끌 수 있다는 장점을 갖는다. 대화를 통한 의식적 자극으로 대표적인 것은 발문이다.

교사의 발문은 교육 전략으로서 유서 깊은 역사를 가지며 그 기원은 소크라테스의 문답법을 들 수 있다. 소크라테스 교수법은 대화를 지지하는 방법으로 가장 근본적인 방법이다. 실제로, 질문과 답변을 사용하여 가정에 도전하고 모순을 드러내며 새로운 지식과 지혜를 끌어내는 소크라테스 문답법은 강력한 교수 방법으로 평가받아왔다. 이것은 오랜 역사와 입증된 효과를 지닌 발문으로 현대의 교수법에서 광범위하게 사용되고 있다. 교실 환경에서 교사 질문은 학습해야 할 내용 요소와 그들이 무엇을 하고 어떻게 해야 하는지에 대한 방향을 학생들에게 전달하는 교육적 단서나 자극으로 정의된다. 교실에서 교사 발문의 목적으로 학생들의 흥미 향상, 수업에의 적극적 참여 동기부여, 준비 상태 점검, 과제 완료 여부 확인, 비판적 사고력 및 탐구적 태도 개발, 이전 학습 내용의 검토와 같이 수업 활동을 위한 것뿐만 아니라 궁극적으로 학생들의 통찰력 배양, 교육목표 달성, 학생들의 자발적 지식추구 자극 등 폭넓은 목적을 위해 다양하게 제시할 수 있다(K. Cotton, 1988: 1-2).

특히 소크라테스식 발문은 복잡한 생각을 탐구하고 사물의 진실에 접근하며 문제를 제기하고 가정을 밝히며 개념분석 및 구별을 위해 다차원 방향에서 학생들의 사고를 촉진하기 위해 사용할 수 있는 훈련을 위한 질문이다(R. Paul & L. Elder, 2007: 36). 소크라테스식 발문 즉 문답법은 비판적 사고 함양에 널리 활용되는 교수 전략으로 학생들의 사려 깊은 질문을 유도하기 위해 사용되는 것으로 직접적인 답을 제공하는 대신 생각에 자극을 주는 질문으로 주제를 계속 탐구함으로써 학생들의 생각을 자극한다(Y. T. C. Yang, T. J. Newby, & R. L. Bill, 2005: 164).

다시 말해 발문이란 교사가 학생들의 사고라든가 이론을 자극하고, 유발하여 수업목표를 향하여 발전시켜 나가기 위한 것이다. 이것은 자기가 모르는 것이나 의심나는 것을 상대방에게 단순히 알아보거나 일정한 정보의 제공을 기대하면서 문제를 제시하는 질문과는 다른 형태이다. 학생들이 좋은 아이디어를 발전시키고 창조적인 생각을 더 키워나갈 수 있도록(S. Berkun, 임준수 역, 2008: 197) 나아가 학생들이 문제의식을 느끼고 자신을 성찰하며 궁극적으로 도덕적으로 성장하도록 하기 위해 사고를 자극하고 촉진하는 교사의 발문은 가장 중요한 역할을 할 수 있다. 또한 소크라테스식 발문은 인식을 높이고 반성을 촉진하며 문제해결 사고를 향상하기 위해 유용하게 활용됨으로써 인지 편향을 시정한다(M. Neenan, 2009: 249). 이러한 이유로 소크라테스 문답법은 철학교육, 비판적 사고교육, 도덕교육, 인지 치료, 심리치료 등 다방면의 분야에 적용되어 왔다.

학자마다 이견이 존재할 수 있지만 반성적 사고의 촉진, 깨달음 등의 면에서 접근할 때 소크라테스식의 발문은 소크라테스 자신이 보여주었듯이 덕 교육에 있어 분명 의미 있는 방법이다. 통일교육의 차원에서 소크라테스식 발문은 많은 철학자들이 논했던 덕이란 무엇인가, 덕은 가르칠 수 있는가 라는 해묵은 도덕철학 명제를 상기시킨다. 소크라테스는 「메논」에서 덕이 무엇이며, 덕이 가르칠 수 있는가를 문답으로 논한다.

소크라테스는 덕은 앎이라 생각했다. 누군가 악을 추구한다면 그는 정확히 깨닫지 못했기 때문이다. 덕이 있는 사람은 덕에 대한 지식인 앎과 깨달음이 있는 사람이다. 그의 견해에서, 덕은 개념이 아니라 규범이다. 또한 덕은 지식이기에 가르칠 수 있다. 그렇다면 어떻게 덕을 가르칠 수 있는가? 그 방법은 무엇인가? 소크라테스의 덕을 위한 교육 방법은 무지에 대한 깨달음이기에 사람들이 진정한 지식, 진리를 추구할 수 있도록 촉구한다. 결국, 교육은 타고난 지식을 끌어내는 것이기에 교사는 지식을 단순히 전달하기보다 학생 스스로 이를 습득할 수 있는 방법을 가르쳐야 한다. 이를 위해 소크라테스는 기본적으로 대화 형식을 빌려 사람들이 스스로 생각하고 자신의 무지를 찾고 올바른 것을 되찾도록 한다. 소크라테스의 대화형 발문을 활용한 문답 교육 방식은 생각을 명확히 하도록 하고 사고하게 하며 자기성찰을 돕는 교육이다(Q. Zhou, 2011: 139-140).

소크라테스식 발문은 철학교육뿐 아니라 심리치료에도 널리 활용되었다. 우울증에 대한 인지 치료(CT)의 핵심 치료의 전략으로도 적용되는데 소크라테스식 발문은 치료사가 환자의 행동과 사고과정을 치료 목표단계로 인도하기 위해 일련의 단계별 질문을 요구한다. 치료사는 치료에서 강조되는 기술을 개발하고 구현하도록 돕기 위해 환자를 안내한다. 가령, 부정적인 자동 사고에 대한 대처 반응을 개발한다. 치료사는 환자가 새로운 관점을 개발하도록 도움을 주는 개방형 질문을 사용하여 능동적인 참여와 비판적 사고를 조장하고 학습 과정을 돕는다(J. D. Braun et al., 2015: 32).

이처럼 소크라테스식 교수법은 현대 교육학에서 대중적인 전략으로 인지적인 측면에서 도덕적 성격 발전을 위한 핵심적인 기술을 제공한다. 좋은 발문은 지적인 촉매제로 작용할 뿐만 아니라(L. Watson, 2019: 1) 도덕적 인격의 발전에도 도움을 준다. 따라서 교사는 통일 수업 장면에서 학생들이 통일교육 활동에 적극적으로 참여하도록 하기 위해서뿐만 아니라, 학생들이 자신의 통일 의식, 통일 역량이 발전될 수 있다고 믿도록 하기 위해서 그리고 통일교육의 효과를 향상하여 궁극적으로 학생들의 통일 역량의 성장과 발달을 위해 소크라테스의 대화형 문답식 발문을 활용할 수 있다.

2. 통일 성장 마인드셋을 위한 발문 예시 및 활용 전략

성공을 이룬 사람들에게게서 그들이 세운 목표를 달성하기 위한 그릿이라는 공통된 특징을 발견한 더크워스는 성공의 결정 요인으로 그릿을 강조하면서 그릿을 발달시키는 방법으로 흥미, 의식적 연습, 이타적 목표, 희망 및 성장 마인드셋을 제안한다(더크워스, 김미정 역, 2019: 135-227). 이 가운데 희망은 자신의 능력이 노력하는 만큼 성장할 수 있다는 믿음으로 드웩의 성장 마인드셋과 연관된다. 드웩은 고정 마인드셋과 성장 마인드셋에 대한 설명에서 인간의 지능, 재능, 능력이 고정되지 않고 변화되고 발전될 수 있다는 믿음의 중요성을 강조했다. 고난과 역경, 실패와 좌절에도 불굴의 의지와 투지, 집념, 기개, 끈기, 인내, 호연지기를 가질 수 있게 하는 것은 변화할 수 있다는 믿음, 더 나아질 수 있다는 믿음 즉 일종의 긍정 마인드이다.

성장 마인드셋과 그릿의 관계를 살펴보면 성장 마인드셋이 높을수록 그릿이 강화되며 그릿이 높을수록 성장 마인드셋이 향상되는 것으로 나타났다. 특히, 성장 마인드셋과 그릿 간에는 몇 가지 공통점이 있는데 그 첫 번째는 성취를 이끄는 핵심 요인으로써 목표를 향한 지속성을 뜻하는 그릿과 장기적인 목표 달성에 긍정적 영향을 미치는 성장 마인드셋이 성취목표와 깊은 관련이 있다. 두 번째, 이들의 기준은 목표대상을 선택하는 데서 시작된다. 세 번째는 자신에게 집중한다는 전제조건이다. 즉, 성장 마인드셋과 그릿은 자신의 역량을 타인과의 비교가 아닌 목표 자체에 집중하는 것에서 비롯된다(김현주 외, 2018: 48-49).

마슬로우가 욕구단계설을 제시하며 자아실현 욕구에서 설명했듯이 인간의 내면에는 현재의 자신보다 더 큰 목표를 추구하고 성취하고자 하는 욕구가 내재해 있으며 이는 인간으로 하여금 무엇인가를 위해 고군분투하게 하는 동기로 작용한다. 이것은 일종의 성취목표라 할 수 있는데 어떠한 성취목표를 갖느냐는 인간 삶의 한 기간뿐만 아니라 전 생애를 통해 중요한 키워드이다. 성취목표는 그릿과 성장 마인드셋의 중요한 공통점이며 앞서 논의했듯이 더크워스와 드웩은 그릿의 전형, 성장 마인드셋의 전형이 갖는 성취목표가 매우 친사회적이라는 점을 보여주었다. 우리는 그릿과 성장 마인드셋을 친사회적 성취목표를 기반으로 두 개념을 설명하는 대표적인 단어들을 다음과 같이 제시할 수 있다. 이러한 관련 용어들을 통해 그릿과 성장 마인드셋이 인본주의심리학, 긍정심리학의 기본 아이디어 그리고 타자 지향의 통일역량의 주요 요소들을 상당 부분 내포하고 있다는 점을 발견할 수 있다.

〈표 1〉 그릿과 성장 마인드셋 관련 개념

	그릿 - 성장 마인드셋
관련 단어	열정, 인내, 끈기, 자기통제력/자기 조절력, 회복 탄력성, 성실성, 성취목표, 자율성, 반복훈련, 습관, 집중력, 성찰력, 마음 챙김, 희망, 긍정, 감사, 공동체 의식, 친사회적 행동 성향, 고차원적 가치/목적 등

그릿과 성장 마인드셋을 학교 통일교육 현장에서 적용하기 위한 발문 유형 탐구를 위해 그릿과 성장 마인드셋이 통일교육에 갖는 시사점 및 특징을 살펴보면 다음과 같다. 첫째, 그릿과 성장 마인드셋은 영구불변의 것이 아닌 변화하는 것이며 노력과 연습을 통해 성장시키고 바꿀 수 있다. 그릿과 성장 마인드셋은 모두 교사의 개입을 통해 향상, 발전시킬 수 있다. 둘째, 그릿과 성장 마인드셋에서 중요한 것은 동기이며 동기를 이끄는 주요 요인 가운데 하나는 자율성이다. 셋째, 그릿과 성장 마인드셋을 지닌 사람은 높은 자기 조절력, 성실성, 회복 탄력성, 끈기, 용기, 기개, 투지 등과 관련되는 인자들을 갖는다. 넷째, 그릿과 성장 마인드셋은 성취목표가 중요하게 작용한다. 목표설정이 중요할 뿐 아니라 그릿과 성장 마인드셋 전형의 성취목표는 궁극적으로 가치 지향적이며 '타인의 복지'를 포함한다. 강력한 그릿을 발휘하기 위해서는 목표설정을 제대로 해야 하며 성장 마인드셋을 지닌 사람은 자기 일을 사랑하며 결과보다 과정에 관심을 둔다. 다섯째, 반복훈련을 통한 습관이 요구된다. 이는 동시에 뇌신경과학적 측면에서 설명 가능하다. 여섯째, 긍정 마인드의 유지가 필요하다. 좌절, 포기, 불안과 같은 부정 의식에서 용기, 도전, 안도라는 긍정의 마음가짐으로의 지향이 필요하다. 마지막으로 그릿과 성장 마인드셋은 비인지적인 동시에 인지적이다. 연구자들은 그릿과 성장 마인드셋을 비인지적 요소로 이해한다. 그러나 그릿과 성장 마인드셋의 구성요소와 이들의 작동 방식을 면밀히 살펴보면 이들이 결코 비인지적 요소만으로 이루어진 것은 아니라는 점을 깨달을 수 있다. 그릿과 성장 마인드셋은 인지와 정서가 함께 상호보완적으로 통합적으로 작용한다. 성장할 수 있다는 믿음은 성장할 수 있다는 사실에 대한 믿음으로 인지적 요소와 비인지적 요소가 동시에 작용하고 있다고 보는 것이 타당하다.

따라서 학교 통일교육 현장에서 그릿과 성장 마인드셋을 적용한 교육 방법을 소크라테스식 대화형 발문을 통해 구안할 수 있다. 발문의 특성에 따라 여러 유형을 생각해 볼 수 있다. 통일, 북한, 북한 주민, 북한이탈주민 등 내용에 대한 깊은 이해를 위한 발문, 비판적 사고를 위한 발문, 창의적 사고를 위한 발문, 수렴적 발문, 발산적/확산적 발문 등 다양하게 제시될 수 있다. 발문이 학생들의 사고를 자극하고 확산시킨다고 해서 어떤 발문이든 모두 학생들의 사고 확장에 유효하다고 할 수는 없기에 목표의식을 갖고 적절한 발문 유형을 구사하는 것이 중요하다. 아울러 정선된 좋은 발문이라 할지라도 그것이 모든 학생들에게 적용 가능하며 효과적이라고 볼 수 없기에 학생들 저마다의 사고 수준, 성장 배경 및 환경 그리고 맥락 등을 고려할 필요가 있다.

통일교육 현장에서 학생들은 통일 역량 향상을 위한 적절한 지원을 받지 못하는 경우가 있다. 특히 탈북학생의 경우는 더욱 그러하다. 탈북학생들은 탈북 과정에서 야기된 오랜 기간의 교육 공백기를 갖게 될 경우, 그릿과 성장 마인드셋이 잘 형성되지 않은 상황에 놓이게 될 수 있다. 따라서 학생들로 하여금 일관된 관심의 영역을 유지하고 더욱 열정적으로 노력하게 하는 것은 학습의 상황뿐만 아니라 도덕과 통일교육에서 중요하다. 탈북학생의 경우 통일교육을 통해 남한 사회에서 성장을 위해 계속 학습하는 법을 배울 수 있다.

드웩의 입장에서 성장 마인드셋을 교육하는 좋은 방법은 학생들에게 도전을 사랑하고 실수에 흥미를 느끼고 노력을 즐기며 지속해서 배우도록 가르치는 것이다. 우리가 관심을 두는 것은 소크라테스식 발문으로서 학생들의 통일 성장 마인드셋과 그릿을 육성하여 궁극적으로 학생들의 통일 역량의 발달을 이루게 하는 것이다. 그릿과 성장 마인드셋의 하위 요소, 그릿의 5가지 영역, 도덕성의 요소, 2015 개정 교육과정에서 제시한 도덕적 역량 그리고 그릿 향상을 위한 실천법 및 질문을 살펴봄으로써 그릿과 성장 마인드셋을 적용한 통일 역량 성장 마인드셋 향상을 위한 발문 전략 및 예시를 제안할 수 있다.

먼저, 그릿과 성장 마인드셋의 하위 요소들은 열정, 인내, 끈기, 자기통제력/자기 조절력, 회복 탄력성, 성실성, 성취목표, 자율성, 반복훈련, 습관, 집중력, 성찰력, 마음 챙김, 희망, 긍정, 감사, 공동체 의식, 친사회적 행동 성향, 고차원적 가치/목적 등이다.

둘째, 그릿의 5가지 영역은 1) 학업 또는 업무 그릿, 2) 인간관계 그릿, 3) 건강 그릿, 4) 과외활동 그릿, 5) 감정 그릿이다(C. Baruch-Feldman, 김지선 역, 2017: 44). 그릿의 하위 영역 가운데 인간관계, 감정과 같은 영역은 도덕성 요소와도 밀접하다. 예를 들면 감정 그릿은 어떠한 상황에서 적절히 대처하고 합당한 정서 감정을 갖는 것이기에 도덕적 정서, 통일정서와도 긴밀하다.

셋째, 도덕성의 요소들을 중심으로 보면, 콜버그의 도덕 추론 능력, 윌슨의 타인의 이익 고려를 중심으로 한 도덕성 16요소, 호프만의 공감, 콜즈의 도덕 지능, 존슨의 도덕적 상상력, 리코나의 책임과 존중, 스미스의 도덕 감정, 나딩스의 배려, 블라시의 도덕적 정체성, 나바에츠의 삼층 윤리 및 도덕적 전문가 모형, 레스트의 도덕적 민감성, 도덕판단, 도덕 동기, 도덕 행동의 도덕성 4요소, 히긴스의 도덕적 자아와 책임 등의 도덕성에 대해 다양한 요소들을 들 수 있다(박형빈, 2016: 26-27).

넷째, 2015 개정 도덕과 교육과정에서는 자기존중 및 관리능력, 도덕적 대인 관계 능력, 도덕적 정서 능력, 도덕적 공동체 의식, 윤리적 성찰 및 실천 성향 등의 도덕적 역량과 성실, 배려, 정의, 책임, 존중, 공정성 등의 핵심 가치를 제시(교육부, 2015a: 5-10)하고 있다. 특히 도덕과에서는 도덕적 자아정체성, 도덕적 대인 관계 능력, 도덕적 습관화, 도덕적 정서 능력이 제시된다.

다섯째, 펠드먼이 제안하는 그릿 실천법 23가지와 예시 질문은 다음(Baruch-Feldman, 김지선 역, 2017)과 같다.

〈표 2〉 그릿의 실천법 및 연관 질문(예시)

	실천 대주제	실천 세부 주제	연관 질문
1	그릿을 이해하라	그릿이란 무엇인가	·당신이 생각하는 그릿은 무엇인가? ·당신에게 그릿이 왜 중요한가? ·어려운 일을 끝까지 해냈을 때의 성공 요인은 무엇이었다고 생각하는가? ·그릿이 부족해서 일찍 포기했을 때 어떤 기분이었는가? ·당신이 실패나 어려움에도 굴하지 않고 과업을 완수했을 때 그 고된 노력과 희생이 가치 있다고 느꼈는가? ·세운 목표를 성공적으로 이루어내는 데 무엇이 도움이 되었는가?
2		나는 그릿을 얼마나 가졌는가	
3		다섯 가지 그릿 영역 중 내가 더 가져야 할 그릿은?	
4		그릿 계산법	
5		긍정으로 그릿을 발달시켜라	
6	그릿을 개발하라	미래의 나를 상상하며 장기적으로 사고하라	
7		비합리적인 사고에 빠지지 마라	
8		비관주의를 보내고 낙관주의를 환영하라	
9		고정 마음가짐과 성장 마음가짐	
10		이루지 못한 꿈에 힘을 더하라	
11		실패를 성장의 기회로 삼아라	

	실천 대주제	실천 세부 주제	연관 질문
12	그릿을 개발하라	그릿 마음가짐을 점검하라	
13		그릿 실천의 첫 단계, 목표설정	
14		반복된 훈련으로 완벽한 나를 만든다	·당신은 장기적 목표를 끝까 지 해내는가?
15	그릿으로 행동하라	달성하고 싶은 목표에 초점을 맞춰라	
16		자기통제력을 길러라	·당신은 학교 과제나 업무 완수(또는 상황이나 인간관
17		그릿을 습관화하라	계/ 건강과 웰빙/ 예체능 같
18		그릿 행동을 점검하라	은 외부 액션/ 감정)에 관한 그릿이 있는가?
19		목적과 열정이 결합할 때 시너지 효과	
20	그릿을 평생 가져라	마음 챙김과 감사의 마음을 독려하라	
21		스트레스를 극복하라	
22		그릿 공동체를 만들어라	
23		열린 마음으로 전진하라	

출처: C. Baruch-Feldman, 김지선 역(2017).

이러한 내용을 토대로 다음과 같은 통일교육에서 활용 가능한 발문, 제시 가능한 연계 질문, 발문 전략을 제안할 수 있다. 이는 교사의 역량과 의도에 따라 통일 수업 전체적인 흐름을 위한 것으로도 사용될 수 있으며 동시에 각 수업 진행의 일부분에서도 적절하게 적용이 가능하다.

〈표 3〉 GRIT & RGM 활용 통일교육 발문 구성 및 전략 구조

학습내용	발문 유형 및 수준	발문 대주제	발문 소주제	발문 목적
성장 가능성에 대한 믿음	·대화형 소크라 테스식 문답법 ·성찰 수준 ·확산적/발산적 사고 발문	성장 이해하기	그릿과 통일 성장 마인드셋 인식하기	통일 성장 마인드셋 (RGM) 신장
		통일 역량 개발 및 향상 하기	통일 시민 정체성, 통일 대인 관계 능력, 통일 습관화, 통일 정서 능력	
		통일 정서 갖기	열정, 회복 탄력성, 성실성, 자율성, 성찰력, 희망, 긍정, 감사,	

학습내용	발문 유형 및 수준	발문 대주제	발문 소주제	발문 목적
통일 역량 성장을 위한 노력의 중요성 인식	· 대화형 소크라테스식 문답법 · 성찰 수준 · 확산적/발산적 사고 발문	통일 시민으로 행동하기	인내, 끈기, 마음 챙김, 자기통제력/자기 조절력, 반복훈련, 습관, 집중력	통일 성장 마인드셋 (RGM) 신장
		꾸준히 통일 시민의 삶을 추구하기	성취목표, 공동체 의식, 친사회적 행동 성향, 고차원적 가치/목적	

연관 발문(예시)

■ 어려운 일을 끝까지 해냈을 때의 성공 요인은 무엇이었다고 생각하는가?
■ 자신의 인격적 특질 가운데 변화시키고 싶은 부분은 무엇인가? 그 이유는 무엇인가?
■ 통일 역량 특질은 변화하는 것인가? 왜 그렇게 생각하는가?
■ 나의 이익과 동등하게 다른 사람의 이익을 고려한 적이 있는가? 혹은 그렇지 못한 적이 있는가? 각 상황에서 어떤 기분이었는가?
■ 학생이 실패나 어려움에도 굴하지 않고 과업을 완수했을 때 그 고된 노력과 희생이 가치 있다고 느꼈는가? 어떤 점에서 가치 있다고 생각하는가?
■ 세운 목표를 성공적으로 이루어내는 데 무엇이 도움이 되었는가?
■ 장기적인 관점에서 통일 한반도에서 어떤 유형의 사람이 되고 싶은가? 그 이유는 무엇인가? 이를 위해 어떠한 노력을 하고 있으며 혹은 하고자 하는가?
■ 인간관계에 관한 그릿/ 성장 마인드셋을 갖고 있는가?
■ 도덕적 인격 중에 반복해서 훈련하는 인격 특질이 있는가? 무엇이며 이것이 습관화된다면 어떤 사람이 되어있을 것 같은가?

　　학교 도덕과 통일교육의 교수학습 과정에서 발문을 어떻게 적용할 것인가, 발문 활용의 핵심 사항은 무엇인가 등을 발문 전략으로 이해할 때 다음과 같이 발문 전략을 구조화하여 제안할 수 있다. 발문 전략은 먼저 1) 발문 준비하기 → 2) 발문 제시하기→ 3) 발문 반응 분석하기 및 피드백 제공하기 → 4) 발문 반성하기로 접근 전략을 세울 수 있다. 발문 준비하기에서는 발문의 목적을 확인하고 준비하는 것으로 학생들의 연령 특성 및 개인별 특성을 확인하고 진단하는 과정이 포함된다. 발문 유형, 발문 수준, 발문 내용을 계획한다. 발문 제시하기에서는 개별적 발문을 제시할 수도 있고 집단적인 상황에서 발문을 제공할 수도 있다. 발문 반응 분석하기에서는 학생들이 보여주는 반응을 분석하여 학생들의 성장 마인드셋을 포함하여 그릿과 성장 마인드셋의 상태를 진단하고 적절한 피드백을 제안하는 것이 포함된다. 마지막 단계에서는 발문 활동을 반성하고 차기 발문의 유형 및 발문 내용을 계획한다.

따라서 발문 활용 전략으로 수업 및 학생 특성을 고려한 발문 준비, 개별 및 집단별 발문 제공, 개인 및 집단 발문 반응 분석과 피드백 제공, 과정 및 결과 발문 반성을 제시할 수 있다. 유의할 점은, 통일교육에서 학생들이 미래 통일 시민으로 성장 가능하다는 사실을 가르쳐야 하지만 동시에 통일 성장 마인드셋을 향상하기 위한 소크라테스식 발문은 결코 덕목을 주입하거나 결론을 먼저 제시하려 해서는 안 된다는 점이다. 학생들은 각각의 발문 소주제에 해당하는 발문에 대해 스스로 생각하고, 선택하고, 자율적으로 반응할 수 있어야 한다. 이러한 과정을 통해 스스로 가치를 찾아가도록 하는 것이 필요하며 이 모든 것은 장기적인 관점을 지향해야 한다.

〈표 4〉 발문 전략

순서	단계	주요 내용
1	발문 준비	・발문 목적 확인 및 준비 ・학생 특성 확인 및 진단 ・발문 유형과 발문 수준 및 내용 결정
2	발문 제시	・개별 발문 제시 ・집단 발문 제시
3	발문 반응분석 & 피드백 제공	・개별 발문 반응 확인 및 분석 ・집단 발문 반응 확인 및 분석 ・개별 및 집단별 그릿과 성장 마인드셋 상태 진단 ・개별 특성 고려 피드백 제공 ・집단 특성 고려 피드백 제공
4	발문 반성 & 차기 계획	・발문 활동 반성 및 성찰 ・차기 발문 유형 및 발문 내용 계획

V. 결론

그릿은 다양한 분야의 성취에 영향을 미치는 대표적인 비인지적 요인으로 장기적인 목적을 달성하기 위한 지속성과 열정을 뜻하며 자신이 추구하는 장기적인 목적을 달성하기 위해 지속해서 노력하고 목적을 달성하는 과정에서 당면할 수 있는 실패 등에도 불구하고 장기간 노력과 흥미를 지속하는 성격 특성이다. 그릿이 높은 사람들은 장기적 목적을 달성하는 과정에서 내적 및 외적 장애물을 극복하고 목적을 달성하는 데 필요한 노력과 흥미를 유지하고, 결과적으로 성취가 높다. 그릿은 스스로에게 동기와 에너지를 부여할 수 있는 힘인 자기 동기와 목표를 향해 끈기 있게 전진할 수 있도록 스스로를 조절하는 힘인 자기 조절력으로 이루어진다. 여기에서 자기 동기력은 자율성과, 자기 조절력은 집념과 관련된다. 그릿은 스스로 노력하면 더 잘할 수 있다는 믿음인 성장 마인드셋, 역경과 어려움을 도약의 발판으로 삼는 회복 탄력성, 자신이 하는 일 자체가 재미있고 좋아서 하는 내적 동기(김주환, 2013: 83-89, 105-113 참조) 등과 밀접한 관련을 갖는다. 또한 자기 일에 몰두와 즐김인 몰입, 목표를 향해 불굴의 의지로 끊임없이 도전하는 끈기, 기개 등과 관련되며 결과적으로 마슬로우가 제안했던 자아실현인의 특성과도 맞닿아 있다. 특히 그릿과 성장 마인드셋은 상호 긴밀한 관계를 갖는데 그것은 성장 마인드셋이 전제되지 않으면 끈기와 열정을 갖고 장기간 동일한 목표를 향해 진행하기 매우 어렵기 때문이다.

그릿이 높은 사람들은 성장 마인드셋도 높고 한편 성장 마인드셋이 높은 사람들은 그릿도 높다. 관점에 따라 그릿은 성장 마인드셋의 하위 요소로도 동시에 성장 마인드셋은 그릿의 하위 요소로도 상호보완적으로 이해될 수 있다. 그릿과 성장 마인드셋은 서로 영향을 주고받는데 주목할 점은 그릿의 전형이 갖는 궁극적 목적은 타인의 행복에 기여하려는 의도이기에 그릿의 기초가 되는 동기는 이타성이 될 수 있다는 것이다.

그릿과 성장 마인드셋을 향상하는 방법은 의식적인 반복, 습관과 같은 노력이 중요하게 제안되는데 이는 뇌신경과학적인 측면에서도 설명 가능하다. 인간은 생의 시작부터 경험에 의해 형성되는 존재로 주된 보호자와의 관계에 의해 뇌가 형성되고 세팅되기 때문에 유전만큼이나 환경 즉 교육이 한 인간의 인격 형성에 중요한 요인으로 작용한다. 기억할 점은 생의 어느 지점에 놓여있다고 하더라도 개인은 스스로를 변화시킬 힘이 있다는 점이다. 이는 인본주의 심리학자인 마슬로우의 자아실현 욕구를 통해 이해될 수 있다. 특히 도덕적 측면에서 볼 때 인간은 인생 전반에 걸쳐 자율성을 가지고 자기 스스로 성장하면서 성격, 능력, 인격, 덕을 바꿀 수 있다. 개인은 자신이 선택한 활동으로 의도적으로 자기 자신이나 다른 사람을 도덕적으로 발전시킬 수 있다.

나바에츠의 삼층윤리이론의 관점에서 본다면 개인은 자신의 자아와 안전윤리를 증진하는 활동을 선택할 수 있는 한편, 다른 사람들과의 상호작용과 사회적 즐거움 속에서 참여윤리를 장려할 수 있다. 나아가 나와 관계없는 타자에까지 확장하는 상상윤리를 발전시킬 수 있는데 이 모든 것은 경험과 훈련, 자극, 노력 등에 의해 가능하다.

장기적이고 의미 있는 목표를 향한 열정과 지속력이 그릿의 자질이라는 점에서 성장할 수 있다는 성장 마인드셋을 기반으로 끈기와 인내를 통해 학생들의 민주시민으로서 통일 역량을 갖추도록 돕는 것은 통일교육 현장에서 중요한 교사의 과업 가운데 하나이다. 특히 탈북학생들로 하여금 성장 가능성에 대한 신념을 기르게 하며 궁극적으로 문화적, 교육 배경적 차이 등을 극복하고 민주시민성을 형성하고 발달하도록 도울 수 있다.

따라서 탈북학생을 포함한 학생들을 위해 통일교육 현장에서 성장 마인드셋을 겨냥한 발문 전략 및 방안을 다음과 같이 제안할 수 있다. 발문 접근 전략으로 발문 준비하기 → 발문 제시하기→ 발문 반응 분석하기 및 피드백 제공하기 → 발문 반성하기를 제안할 수 있으며, 발문 대주제로 통일성장 마인드셋 이해하기, 통일 시민성 개발하기, 통일 정서 갖기, 통일 시민으로 행동하기, 통일 시민의 삶을 꾸준히 추구하기를 제시할 수 있다. 각 단계 및 대주제 아래의 소주제와 관련된 발문을 제공함으로써 학생들의 통일 성장 마인드셋을 형성하고 촉진할 수 있다. 교사는 통일교육 현장에서 장기 목표에 대한 열정과 인내인 그릿과 도덕적 성장 지향형 사고방식인 성장 마인드셋을 위한 소크라테스식 발문을 활용한 대화형 통일교육을 시도할 수 있다. 이러한 교사의 개입은 학생들의 통일 역량 발달에 긍정적 영향을 주는 동력이 될 것이다.

제12장

디지털 원주민 코호트의 통일교육과
게이미피케이션(Gamification)

Ⅰ. 서론

지난 수십 년 동안 기술 발전은 놀라운 혁신을 보여주며 인류에게 다양하고 복잡한 사고를 요구하고 있다. 반면, 학교 교육현장은 '20세기의 교사와 21세기의 학생'이라는 말이 대변하듯 사회의 기술 변화 속도를 만족스럽게 따라가지 못하고 있다. 여전히 학생들은 학교의 표준화된 수업 시간과 교육환경 안에서 획일화된 집합교육을 받고 있다. 예측 불가능성, 학제 간 융합, 인공지능, 초연결 등으로 표현되는 4차 산업혁명 시대 이후를 살아갈 미래세대는 과거 인류가 예측하지 못한 복잡하고 새로운 도전 과제에 봉착하게 될 것이다. 이러한 점에서 학교 교육은 미래 사회를 살아갈 세대의 특성을 고려한 적합한 교육을 제공하고 있는가에 대해 고민할 필요가 있다. 특히 아날로그 세대와는 확연히 다른 특성을 보이는 유튜브 세대, 디지털 세대로 상징되는 디지털 원주민을 위한 학교 교육 패러다임 변혁이 요구된다. 과거 교실 수업은 학생들이 교사에 의존한 학습이 주로 이루어졌다면 미래 사회 교실 수업은 스스로 학습할 수 있는 능력을 갖춘 학생들이 자기 주도로 학습할 것을 더욱 요청하기 때문이다. 즉 전통적 교실 수업이 주어진 내용을 학생들이 익히는 학습에 주안점을 두었다면 이제는 학생들이 능동적으로 어떻게 배우게 할 것인가와 같은 교육 주체로서의 학습자를 위한 교육 방법이 요구된다. 학생들은 지식을 알고 이해하는 데 그치는 것이 아닌 지식을 찾고 이를 적용하는 방법을 습득할 수 있는 역량을 키워야 한다. 따라서 현세대를 제대로 이해하고 이들을 적합한 방법으로 교육하기 위한 획기적인 교육방안 구상이 필요하다.

학생들에게 어떠한 교육 자료를, 언제 제공할 것인지, 학생 각자에게 흥미롭고 긍정적인 학습 여정을 위한 최적화된 교육과정 플랫폼은 어떻게 구축되어야 하는지 등에 대한 논의가 요구된다. 교육은 인간의 심리적 특성에 근거해야 한다는 점에서 현재 학생들의 심리적 특징 이해가 필요하다. 이는 통일교육 현장에서도 마찬가지이다

본 연구에서는 이러한 문제의식을 기반으로 Z세대로 불리는 디지털 원주민세대의 디지털 원주민 코호트로서의 특징을 살펴보고, 디지털 원주민세대에게 적합한 통일교육의 방법론적 모형을 탐색하고자 한다. 이를 위해 최근 학습자 몰입 수업 전략의 하나로 활용되고 있는 게이미피케이션(gamification)31)을 알아보고 이를 디지털 원주민을 위한 통일교육에 어떻게 적용할 수 있는지 그 가능성을 타진하고자 한다. 따라서 본 연구의 과제는 첫째, 디지털 원주민의 코호트적 특성은 무엇인가? 둘째, 디지털 원주민의 입장에서 통일

---

31) gamification은 게임화라고도 번역되어 사용되기도 한다. 그러나 연구자는 명칭의 원래 의미를 보다 명확히 전달하기 위해 본 연구에서는 게이미피케이션이란 용어를 그대로 사용하고자 한다.

교육은 방법론적 차원에서 어떠한 보완점을 필요로 하는가? 셋째, 게이미피케이션은 도덕 심리학적 차원에서 디지털 원주민의 특성을 어떻게 반영하고 있으며 디지털 원주민의 학습동기부여를 위한 교육 방법으로서 어떠한 의미를 지니는가? 이다. 마지막으로 도덕과 통일교육 방법론 측면에서 게이미피케이션 모형 활용의 가능성 모색이다.

II. 디지털 원주민 코호트 특성과 통일교육

1. 디지털 원주민, 디지털 이주민 그리고 Z세대

세대 이론은 개인의 태도와 행동이 세대 간의 관계에 의해 영향을 받는다는 논쟁을 이끈다. 경영연구에서 조사된 세대로는 1940년경에 태어난 베이비붐 세대, 1960년경에 태어난 X세대, 1980년경에 태어난 밀레니얼 등이 있다. 10년 이상 밀레니얼 세대를 연구해온 퓨 연구소는 차세대 코호트의 독특한 점을 찾기 위해 1996년을 밀레니얼의 마지막 출생연도로 제안한다. 즉 1981-1996년생은 밀레니얼로, 1997년 이후 태어난 이들은 Z세대로 칭한다. 밀레니얼 이전 세대는 1965년에서 1980년 사이 출생한 X세대이다(M. Dimock, 2019: 1-2, 5). 다음은 시기별 세대 정의이다(Dimock, 2019: 3).

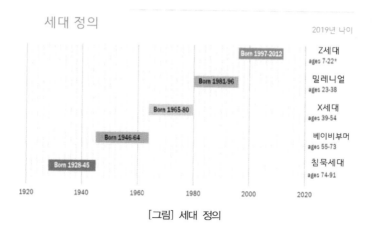

[그림] 세대 정의

　　로도스(Rhodes)는 한 세대와 다른 세대를 구별하게 하는 영향을 설명하며 사회학적, 환경적 영향을 포괄하는 코호트 효과를 제시했다. 코호트 효과는 문화적 현상이나 교육을 포함한 개인의 관점을 형성하는 연령 코호트 내의 공유된 경험으로 구성된다. 공유된 태도와 행동을 가진 세대 코호트를 정의하는 기준에서 디지털 원주민은 그들만의 특성을 공유한다(M. K. Stockham & M. Lind, 2018: 1). 과거 세대와 달리 오늘날 학생들의 삶은 그들의 뇌가 발달하는 시기에 디지털 미디어로 가득 차 있다. 이 때문에 연구자들은 미디어 사용이 학생들의 학습능력, 선호도 그리고 학습 태도에 심각한 영향을 미쳤다고 주장한다. 디지털 원주민은 속도, 비선형 처리, 멀티태스킹, 사회적 학습에 대한 선호를 포함하는 특징들을 지니고 있으며 이는 어린 시절과 청소년기 디지털 기술에 대한 몰입에 의해 발전된 것으로 알려져 있다(J. Marchetta, M. Masiello, & M. Rosenblatt, 2018: 193). 디지털 원주민으로서의 지위는 대체로 연령에 따라 정의되지만, 디지털 원주민이라는 의미를 정의하는 것은 세대 이론의 코호트와 시대적 영향이다(Stockham & Lind, 2018: 1-2). 이들은 디지털 세계에서 태어나고 자란 한층 발전된 문화 특성을 소유하고 공유하는 세대라는 점에서 디지털 원주민 코호트라 칭할 수 있다.

디지털 원주민에 대한 명칭은 1995년 바로우의 '사이버공간 독립선언'에서 처음 등장했다. 그는 "항상 이민자가 될 세상의 원주민인 당신의 자녀를 두려워하라"라고 부모들에게 경고했다. 파퍼트(Papert)도 부모와 자녀, 교사와 학생들 사이의 균열과 기성세대의 기술에 대한 무능을 묘사했다. 프렌스키(Prensky)는 2001년 '디지털 원주민과 디지털 이주민'이라는 글을 통해 디지털 원주민이라는 용어를 대중화했다. 탭스코트(Tapscot)는 이들을 N세대라는 이름으로 칭했고 사회 평론가들은 밀레니얼이라는 명칭을 사용했다. 그 후, C 세대, 구글 세대, 닌텐도 세대 등 다양한 용어가 등장하며 이 세대의 본질 포착을 시도했다(S. Bennett & L. Corrin, 2018: 2512).

이 새로운 세대는 독서보다는 비디오게임으로 많은 시간을 보내고 전자 메일, 인터넷, 휴대폰 메시지가 삶의 필수 요소이다(M. Prensky, 2001, 1-2). 디지털 원주민은 모바일 애플리케이션을 통한 친사회적 지향을 보이며(F. D'Errico, M. Paciello, R. Fida, & C. Tramontano, 2019: 109) 생각이 유연하고 변화에 저항하는 경향이 덜하다(M. Barak, 2018: 115). Z세대의 특이점은 기술 혁명의 모든 것들이 처음부터 그들 삶의 일부였다는 것이다. 최근 연구는 이 세대의 이전 세대와는 다른 행동과 태도, 생활 방식의 극적 변화에 주목한다(Dimock, 2019: 1-2, 5). Z세대에게 디지털 문명은 이전 세대에 있어 TV나 VCR과 같이 익숙하다. 스마트폰은 이미 이들의 생활필수품이 되었으며 공영방송보다는 유튜브를 선호한다. 이 세대와 구분되는 세대는 청년기 또는 성년기에 기술을 이용하게 되어 일반적으로는 텍스트 판독을 선호하는 디지털 이주민이다. 디지털 이주민은 디지털 세계에서 자라기보다는 디지털 세계에서 살고 일하기 위해 적응한 개인이다. 디지털 원주민과 디지털 이주민, 두 코호트 간에는 새로운 의사소통 언어에 대한 친숙성 차이가 존재한다.

교육 관점에서, 오늘날 학습자는 기술에 정통한 디지털 원주민이다. 교육, 학교현장이 직면하고 있는 가장 큰 문제 중 하나는 '디지털 원주민'을 가르치는 '디지털 이주민'이다. 두 세대 간의 의사소통 차이는 교실에서 가르치고 배우는 데 방해 요소로 작용하기에 교사는 암기식 수업의 정체된 교육현장을 변화시켜 학습자를 참여시키는 동적 공간으로의 학습 환경으로 전환할 필요가 있다. 태어나면서부터 줄곧 디지털 기술과 인터넷 세계 안에서 성장했던 디지털 원주민 학습자의 대표적인 특성은 다음과 같다. 1) 새로운 지식과 존재 방법을 가지고 있는 학생으로 정의된다. 2) 사회를 변화시키는 디지털 혁명을 추구한다. 3) 선천적으로 또는 본질에서 기술에 정통하다. 4) 멀티태스커, 팀 및 협업을 지향한다. 5) 기술 언어를 모국어처럼 사용한다. 6) 게임, 상호작용 및 시뮬레이션을 추구한다. 7) 즉각적인 만족에 민감하다. 8) 정보서비스가 성장의 영역으로서 지배적인 지식경제를 반영하고 이에 대응한다(E. E. Smith, R. Kahlke, & T. Judd, 2018: 510-511).

엄밀한 의미에서 Z세대는 디지털 원주민의 최신판이라 할 수 있는 디지털 원주민 2세대이다. 우리나라의 경우 밀레니얼 세대는 청소년 시기 후반에 본격적으로 보급된 인터넷을 접했고 20대 이후 스마트폰을 사용했다. 그러나 Z세대는 태어나면서부터 디지털 문화를 접했고 함께 성장했다. 따라서 교사들은 디지털 기반 학습 설계 프레임워크를 제공함으로써 이들 코호트의 특성을 반영한 교육환경을 지원할 필요가 있다.

2. 디지털 원주민과 통일교육

Z세대인 현재 학생들은 태생적으로 디지털 세상에서 태어난 디지털 원주민 2세대로, 부모 세대와는 완전히 다른 성장 환경과 발달과정을 겪고 있다. 이들은 태어나면서 이미 가상 네트워크에 속해 살아왔기 때문에 디지털 이주민들이 기술이라고 부르는 것을 자연스러운 환경의 일부로 받아들인다. Z세대를 1996년 이후 출생자로 가정할 때, 이들의 최고령은 2020년을 기점으로 23세까지이며 학교급으로 볼 때 유치원생, 초등학생, 중학생, 고등학생 그리고 젊은 대학생까지 이 코호트에 속한다. 그러므로 교육대상이 되는 학생과 교육을 담당하는 교사는 확연히 다른 코호트로 존재하며 이는 곧 학생들의 학습과 교사의 교수 방법 사이의 잠재적이고 실제적인 불일치를 초래하게 된다. 이 때문에 현재 학교 교육 모델의 근본적인 변화가 필요하다.

더구나 휴대전화와 인터넷이 상용화된 지 거의 20년이 지난 지금 스마트폰을 이용한 SNS, 페이스북(Facebook), 트위터(Twitter), 인스타그램(Instagram), 유튜브 등과 같은 사회관계망 서비스는 새로운 의사소통 수단으로 자리 잡았다. Z세대에게 있어 소셜미디어 애플리케이션은 이들을 정보의 수동적인 수신자에서 능동적인 공동 창작자 그리고 글로벌 정보 커뮤니티의 참여자로 변화시켰다. 페이스북은 디지털 상호작용의 대표적 예이다(T. Carter, 2018: 1, 3). 이 점에서 본다면 소셜미디어와 융합한 도전적인 학습 환경 제공은 학생들의 참여를 향상하고 협력적인 학습기회를 개선하는 데 도움이 될 것이다(K. P. Stevens & M. A. Nies, 2018: 31).

특히 간과해서는 안 되는 것은 통일교육 현장에서도 Z세대의 특성에 주목할 필요가 있다는 점이다. 한반도에서 통일은 이제 새로운 세대, 미래세대가 안고 가야 할 가장 중차대한 과제이다. 그런데 통일 및 북한 인식에 있어서 세대 간 인식 격차가 존재한다. 예를 들면, 6·25전쟁 경험은 전쟁을 직접 겪은 세대와 그렇지 않은 세대 간의 통일 의식에 대한 뚜렷한 차이를 만들었다(박형빈, 2017d: 185, 187). 아이러니한 것은 통일의 중요성에 대한 인식은 오히려 전쟁을 겪고 이산의 아픔을 직접 체험했거나 이러한 아픔을 부모로부터 간접적으로 전해 듣고 자란 디지털 이주민 세대, 즉 과거 세대가 미래 통일 시대의 주역인 Z세대보다 더 강하다는 점이다.

2019 통일의식조사에서 통일감정구조에 대한 연령별 특성을 보면, 통일에 대한 감정에서 40대, 50대, 60대 이상이 기쁨과 희망 감정에 높은 비율로 응답해 통일에 대해 긍정적으로 느끼고 있었다. 이에 비해 20대, 30대에서는 불안이 가장 높았다. 이는 20대의 통일에 대한 무관심한 경향을 보여준다(서울대학교 통일평화연구원 2019: 272). 통일교육 현장에서 세대별로 부정 정서, 긍정 정서에 대해 큰 폭의 차이를 보임을 인식하고 연령대별 이질적인 통일 관련 경험에 따른 인지적, 정서적 접근의 방향성을 제시할 필요가 있

다(서울대학교 통일평화연구원, 2019: 154-155).

통일교육의 교육 방법 차원에서 Z세대의 특성을 염두에 둘 때, 민족과 통일의 당위성을 강조했던 기존의 통일교육을 되돌아볼 필요가 있다. 다시 말해 통일교육은 세대 간 즉 코호트 간 특성이 가장 많은 영향을 미치는 교육 영역 가운데 하나라는 점에서 Z세대의 특수성을 고려한 교육 구상이 더욱 요구된다. 이들은 전통적인 교실에서의 강의식 수업보다 인터넷, 컴퓨터, 디지털 게임, 멀티미디어 등을 이용한 학습 몰입에 친숙한 세대이다. 포스트 밀레니얼, 홈랜드 세대 외에 I세대로도 알려진 Z세대는 모바일 원주민 코호트로서 무선 기술 응용 앱 활용도가 높고 이모티콘과 같은 비언어적이고 상징적 통신 방식에 관여해 왔다. 트웬지(Twenge)는 I세대의 첫 번째 핵심 키워드로 스마트폰을 드는데 이것은 언제 어디서든지 인터넷 접속을 가능하게 하고 애플리케이션을 통해 다양한 일들을 손안에서 해결할 수 있게 한다(J. M. Twenge, 2017: 1-3). 예를 들면, 미국에서 2016년 100명의 11세-17세 학생과 400명의 교사를 대상으로 한 설문에 의하면, 조사 대상 학생 78%와 교사 77%는 모두 Z세대가 경험 창조와 실습을 통해 가장 잘 배운다고 답했으며 교실에서의 실습학습과 교육과정의 진화를 희망했다(D. Schwieger & C. Ladwig, 2018: 47). 교육방법론 차원에서 눈여겨볼 점은 Z세대가 텍스트 환경보다 스마트폰, 앱, 웨어러블 등 기술에 익숙한 세대라는 것이다.

따라서 Z세대를 위한 통일교육은 다음과 같은 점을 염두에 둘 것이 요구된다. 첫째, 내용적 측면에서 기성세대와는 다른 통일인식, 민족의식, 통일의 당위성, 북한 인식을 갖는다. 둘째, 방법적 측면에서 통일교육 방법론 접근에 기술세대로서의 이들 특성에 대한 파악이 절실하다. 즉 모바일 기술을 활용한 소셜네트워크 및 동영상 이용, 메이커교육 등과 같이 실습, 창의, 경험, 참여 등 학습자 중심의 동기부여 접근으로의 교육 방향 선회이다. 셋째, 텍스트 중심 교육에서 미디어 리터러시 교육과 같은 미디어 중심 교육으로의 접근이다. 마지막으로 기성세대와 다른 낮은 성찰과 숙고형 생활방식에 대한 고려이다. 생각을 깊이 하고 고민하며 숙고하는 텍스트형 사고는 이들에게 친숙하지 않고 어려운 과제이다. 그러나 이들에게 반드시 발달시켜야 할 교육 영역임에는 분명하다.

III. Z세대를 위한 통일교육 방법론

1. Z세대의 심리 특성을 반영한 통일교육 교수학습 방안

통일교육 관련 연구에서 통일교육 대상이 되는 초·중·고등학생 세대 특성 즉 포스트 밀레니얼 코호트 특성을 고려한 통일교육 방안 논의에 대한 관심은 그다지 높지 않다. Z세대는 소위 X세대라 불리는 세대가 지니고 있는 '우리의 소원은 통일'에 대한 감흥과는 질적으로 다른 통일 감성을 갖는다. 통일교육 현장에서 디지털, 미디어 코호트로서 Z세대의 특성에 대한 고려가 충분히 이루어졌다고 보기 어렵다. 실천, 활동, 경험, 프로젝트 수업이 제시되고 있긴 하지만, 미디어 기술세대의 특성을 인식하고 교육환경에서 이들을 주체적 교육행위자로서 간주하고 있지는 않다. 따라서 학생들의 통일 의지, 통일 감수성, 통일 태도 등과 같은 가치, 정의적 측면에 대한 교육뿐만 아니라 실천하는 행동력 향상을 위해 이들의 심리적 특성을 바탕으로 한 미디어 기술 활용 교수학습 방안 마련이 요구된다.

한국에서 Z세대는 외국에서와 마찬가지로 밀레니얼 세대 즉 Y세대를 잇는 젊은 세대를 일컫는다. 국내에서는 1990년대 중반부터 2000년대 중반까지의 출생자를 Z세대로 정의하는 것이 통상적이다. 국내 Z세대는 2018년부터 약 648만 명에 달했으며 국내 인구의 약 12.5%가 넘는 비율을 차지했다. 이들의 가장 큰 특징은 모바일 원주민이라는 점으로 이들이 웹에 접속하는 주요 수단은 스마트폰이다. Z세대는 타 세대보다 모바일 동영상 시청 시간이 길고 특히 유튜브를 가장 적극적으로 소비하는 세대라는 점에서 주목받는다. 2018년 10대의 유튜브 사용 시간은 타 세대의 이용시간에 거의 2배에 달하는 이용시간을 보였다. Z세대가 유튜브와 같은 모바일 동영상 선호 성향을 보인다는 점에서 이들에 대한 동영상 콘텐츠의 중요성은 점점 증가하고 있다(박주현·이연준, 2019: 313-314). 이들은 네트워크, 디지털 매체 안에서 존재적 정체성을 형성하며(지승학, 2018: 127) 태어날 때부터 모바일 소셜 세대로서 현실뿐만 아니라 소셜라이프의 삶도 중요한 역할을 한다.

그러므로 영상세대인 Z세대를 대상으로 하는 통일교육은 기존의 교육 방식에서 도전적이고 건설적인 방향으로의 전환이 필요하며 이를 위해 다음과 같은 점들을 제안할 수 있다. 첫째, 책보다는 유튜브를 즐겨 찾는 영상세대가 가진 글에 대한 거부감을 줄이는 것으로 높은 텍스트 의존도에 대해 재고할 필요가 있다. 둘째, 미디어 기술을 활용한 수업 설계이다. 미디어를 단순한 수업 보조 도구의 위치에서 격상시켜 수업의 주된 매체로 활용할 수 있다. 학생들은 스마트폰의 보급, 소셜미디어의 발전, 유튜브 등의 동영상 플랫폼의 발달과 함께 성장한 미디어 세대로서 면대면 인간관계에서 벗어난 동시에 전통적 민족 개념을 초월하는 정보화, 세계화 시대에서 자라났다. 이들은 실제 만남을 통한 사회적 상호작용보다 온라인상에서의 상호작용을 더 선호하기도 한다. 셋째, 이들의 심리적 주된 특성은 그 어느 세대보다 강한 개인주의이다. 민족, 통일의 필요성, 통일의 당위성 등을 강조하는 통일교육에서 나아가 이들의 개인주의적 특성을 고려한 수업 내용 요소를 구안한다. 전통적인 민족 개념, 권위주의, 수직적 인간관계보다 개방된 민족 개념에 대한 활용이 필요하다. 넷째, 이전 세대보다 더딘 정신적 발달을 보이기도 하는 이들의 특성을 반영하여 정신적 성숙, 도덕적 발달을 더욱 도모한 통일교육 수업 설계를 고심할 필요가 있다. 이들은 신체적 발육에서는 이전 세대보다 발달했지만 정신적 강인함은 상대적으로 약해지고 있다.

결과적으로 Z세대에게 친숙한 미디어 환경을 수업 환경에서 적극 이용할 수 있다. Z세대의 통일교육을 위해 3가지 점을 고려할 수 있다. 첫째, 이들에게 통일의 당위성에 대한 민족주의적 시각, 애국이나 애족, 국가와 민족에 대한 충성심에 대한 강조는 이들에게 관련 없는 이야기일 뿐 아니라 자칫 이들의 반발심만 자극할 수도 있다. 둘째, 이들을 대상으로 하는 통일교육의 방향은 학습자 중심의 자기 주도적, 참여적 성격을 통해 이들의 참여의식을 유도해야 한다. 이에 미디어 기반의 탐구공동체 등의 전략을 사용할 필요가 있다. 궁극적으로 현재 초·중·고등학교 학생에 대한 특성 분석에 기반을 둔 교수학습 방안 제시가 요구된다.

〈표 1〉 Z세대 특성을 고려한 교수학습 방안

Z세대 특성 고려 교수학습
・지향점: 통일 당위성, 민족 개념에 대한 열린 접근
・교수 방향: 학습자 중심 교육, 대화형 학습 환경
・미디어 기반 교수학습 : 모바일 기기 활용, 유튜브 등 동영상 활용
・세부목표: 미디어 리터러시 역량 강화
・활동 플랫폼: 소셜네트워크 활용

2. Z세대를 위한 도덕 심리학 접근의 통일교육

Z세대의 특성을 파악하는 데 있어 외적인 태도와 행동 특징에 대한 분석과 아울러 간과되어서는 안 되는 점은 내적 특성이다. 이들의 내적 특성 즉 심리적 특징을 파악하기 위해 도덕 심리학을 고려해 볼 수 있다. 도덕 심리학은 도덕판단에서 감정이 실제적인 도덕적 행동을 야기하는 데 중요한 역할을 한다는 것을 밝혀냈다. 일반적으로 인간 행위에 있어 감정은 중요한 도구이다. 예를 들어, 곰을 보면 두려움에 몸을 움츠리거나 썩은 음식을 대하면 혐오감에 몸을 돌리는 것은 우리를 환경에 적응하여 보다 더 오래 생존하도록 돕는다.

연구자들은 도덕적 감정 또한 단기적으로는 비용이 많이 들지만 장기적으로는 이익이 되는 행동을 하게 하는 장치로서 진화했다고 주장한다. 하이트는 도덕적 정서가 사회 전체의 이익이나 복지와 연결되어야 한다고 제안했다. 도덕적 정서를 이야기할 때, 죄책감과 수치심 같은 자의식 감정, 사랑, 자부심과 같은 긍정적인 도덕적 정서 그리고 분노 및 혐오와 같은 비난 감정 등을 들 수 있다. 도덕 심리학자들은 이러한 감정들이 도덕적 의사결정을 이끌 수 있는 방법을 이론화했는데 예를 들어, 사람들은 결정 전 죄책감과 같은 부정적인 영향을 완화하거나, 결정 후 예상되는 수치심과 같은 부정적인 영향을 피하거나, 결정 후 자존감과 같은 긍정적인 영향을 달성하도록 동기를 부여받는다. 즉, 도덕적인 감정은 올바른 일을 할 수 있는 정보와 동기부여를 제공할 수 있다(R. Teper, C. B. Zhong, & M. Inzlicht, 2015: 1, 5). 도덕 심리학에서의 도덕적 행동에 대해 동기의 역할을 하는 정서에 대한 발견은 Z세대의 행동 예측에 있어 그들의 도덕적 정서, 동기부여와 같은 정서, 감정에 대한 관심을 불러일으킨다. 예를 들면, 공감 능력은 도덕적 정서의 일부분으로 통일교육에서 공감은 중요한 내용 요소이다. 전쟁세대에 대한 공감, 북한이탈주민에 대한 공감은 통일의 필요성 인식, 통일 의지, 통일의 당위성 인지에 긍정적으로 작용할 수 있기 때문이다.

Z세대는 소셜미디어에서의 커뮤니케이션 가속화, 모바일 및 스마트 테크놀로지 등과 같은 독특한 자극을 경험해 왔다. 소셜미디어를 통해 다른 문화, 배경, 환경으로부터 다른 사람들과 자신의 삶을 연결하는 반면, 때로 실제적 인간관계에 소홀한 면을 보이기도 한다. 그들의 사회적 상호작용은 주로 인터넷에서 일어난다. 이들은 주제에 관한 기사를 읽는 것보다 문제를 요약한 영상을 보는 것을 선택하며, 전통적 텍스트 환경보다는 동영상과 같은 시각적인 것을 더 선호한다(Z. Kirchmayer & J. Fratričová, 2018: 6020). 이러한 이유로 통일교육에서 Z세대의 통일 공감, 통일 감수성 함양을 위해 이들에게 도덕적 정서인 공감을 어떻게 발전시킬 수 있는가에 대한 고민이 요구된다. 타리(Annamária Tari)는 Z세대를 다음과 같이 정의하며 교육의 과제로 동기부여, 효과적인 교수법, 학습자 중심 학습 등을 지지하는 교사들의 새로운 역할이 필요하다고 제안한다(Z. E. Csobanka, 2016: 69).

〈표 2〉 타리의 Z세대 정의

1. 전 세대처럼 가족관계가 강하지 않다.
2. 똑똑하지만 정서 지능은 현저하게 낮게 개발되어 있다.
3. 멀티태스킹을 한다.
4. 자아도취적이며 자신의 디지털 발자국을 전 세계인에게 알리는 것에 관심이 있다.
5. 도덕성이 거의 없고 공감이 부족하기도 하다.
6. 또래들의 의견은 과대평가되며 가장 중요한 것이 된다.
7. 시각적 사고가 지배적이다.
8. 페이스북 등 자신의 상징을 놓치고 싶어 하지 않기에 만성적 수면 부족에 시달린다.
9. 미디어 영향으로 롤모델, 연예인, 스타들의 영향을 크게 받는다.

이와 더불어 Z세대의 읽기 특성을 간파한 아래와 같은 페니의 견해(Csobanka, 2016: 69-70)는 도덕 심리학 측면에서 Z세대의 공감 기반, 통일 감수성을 위한 통일교육 방안을 마련하는 데 시사점을 준다.

〈표 3〉 페니의 전통적 읽기와 Z세대의 새로운 읽기 전략

전통적 읽기		Z세대의 새로운 읽기
언어로 : 언어 요소, 단어, 문장들에 기반	텍스트 수용	동시에 : 많은 정보를 동시에
직선으로, 순차적으로	읽기의 방향	급속히, 도약적
전반적이며, 완전한 이해	읽기의 목적	독특한 요소에 초점
체계적 사고	독자에 대한 기대	그림들이 우선하며, 텍스트는 후순위
의미를 찾고 이해하는 과정의 구조상 정보 요소	과정	작가가 아닌 독자에 초점이 맞춰져 있음
더 깊이, 더 느리게	독서 속도	더 빠르게

우리는 어린 시절의 경험이 사회적 상호작용, 공감 그리고 다른 대인 관계 기술에 기여하는 뇌 부분을 개발하는 데 결정적이라는 것을 안다(N. Kardaras, 2016: 64-69). 이러한 점을 고려할 때, Z세

대는 미디어 환경의 영향으로 순차적이고 느린 숙고형 사고체계가 아닌, 급하고 속단적인 결정체계를 형성하게 된다. 또한 시각적인 것에 민감한 세대로서 텍스트보다 동영상을 더 선호하고 면대면 대인 관계보다 가상게임과 소셜미디어 네트워크 생활에 익숙하기에 실제적 공감 능력은 작을 수 있다. 따라서 이들의 도덕 심리적 특성을 고려한 통일교육 방법으로 미디어 기술을 활용한 교육방안 모색이 필요하다.

IV. 디지털 원주민 코호트와 게이미피케이션

1. 게이미피케이션과 Z세대 통일교육 방법

밀레니얼과 Z세대는 모두 인터넷 기반 기술에 익숙하지만 밀레니얼이 텍스트나 음성을 통한 통신을 선호하는 경향이 있는 반면, Z세대는 비디오 통신을 사용하는 것을 좋아하고 스마트폰과 소셜미디어에 많은 시간을 보낸다. 특히 Z세대는 기성세대와는 다른 레저 활동에 참여하기도 한다. 영국에서는 16-24세의 젊은이들이 화랑과 박물관을 방문하는 등의 문화 활동 순위는 낮은 반면, 가상세계의 사회적 상호작용에는 높은 관심을 보였다. 예를 들면, ICT 지원 AR 게임 포켓몬고는 2016년 7월 나이앤틱이 이를 출시한 첫 주 동안 게임 이용자는 6500만 명에 달하였다. 눈에 띄는 점은 미국 사용자의 경우, 출시 직후 몇 주 동안 전체 게이머의 22%가 13-17세의 연령대에 속했다는 점이다. 이와 같은 맥락에서 ICT의 진보와 연계된 또 다른 발전은 게이미피케이션(gamification)이다.

대부분의 최근 문헌에서 AR와 VR의 개발과 함께 게이미피케이션이 논의되고 있다. VR은 종종 사용자를 경험에 몰입시키기 위해 헤드셋을 사용하는 것을 포함한다(H. Skinner, D. Sarpong, & G. R. White, 2018: 95-96).

지난 15년간 디지털 게임 매체는 오락, 대중문화, 학문 그리고 교육 분야로까지 부상했다. 전통적인 학교 교육은 많은 학생들에 의해 비효율적이고 지루하게 인식된다. 새로운 교육적 접근법을 추구함에 있어 학생들의 동기부여와 참여에 관한 주요 문제에 직면하고 있다. 교육 게임을 학습 도구로 사용하는 것은 지식뿐 아니라 문제해결, 협업, 커뮤니케이션과 같은 중요한 기술을 가르치고 증진하는 데 유용한 접근법이다. 게임은 놀라운 동기부여력을 갖는다. 게임은 단지 놀이의 기쁨과 이길 가능성을 위해서 종종 아무런 보상도 받지 않고 사람들로 하여금 이에 종사하도록 장려하기 위해 많은 메커니즘을 이용한다. 게임의 교육적 응용이란 환경에서 학업 발전을 위해 게임 요소를 사용하는 것을 말한다. 게이미피케이션은 많은 양의 디자인과 개발 노력이 필요한 정교한 게임을 사용하는 것과는 대조적으로, 학습자의 참여와 동기부여를 향상하기 위해 적합한 선에서 게임 사고와 게임 디자인 요소를 사용하도록 제안한다(D. Dicheva, C. Dichev, G. Agre, & G. Angelova, 2015: 75).

지체만(Zichermann)은 게이미피케이션을 일반적으로 비게임 컨텍스트에서 게임 요소와 메커니즘을 사용하는 것으로 정의한다(K. Seaborn & D. I. Fels, 2015: 14, 16, 20). 2011년 미국 샌프란시스코에서 개최한 게이미피케이션 서밋 이후, 게이미피케이션은 새로운 게임 트렌드로 자리 잡았으며(이동엽, 2011: 449) 학습 과정, 특히 학습자의 동기를 개선하는 실용적인 접근법을 제공하는 것으로 인식된다(C. H. Chung, C. Shen, & Y. Z. Qiu, 2019: 1).

심리학적으로 게이미피케이션의 동기효과에 대한 연구는 자기 결정 이론의 관점에서 게임의 근본적인 동기부여 과정을 분석함으로써 다양한 게임 디자인 구현의 동기부여 효과를 설명한다(R. Van Roy & B. Zaman, 2018: 283-297). 학습 동기의 차원에서 동기부여는 행동의 시작, 방향, 강도, 지속성 및 질을 설명하는 데 사용되는 이론적 구성이다. 이러한 이유로 교사의 역할 중 일부는 학습자의 동기부여를 관리하여 이것의 수준을 최대한 높이는 것이다 (P. Buckley & E. Doyle, 2016: 1164).

관심은 행동에 영향을 미친다는 점에서 게이미피케이션은 Z세대의 선호와 학습 동기라는 주요한 인자를 내포한다. 참여는 학습자들의 관심을 오랫동안 유지하는 데 초점을 맞춘다. 몰입형의 매력적인 학습 경험을 창출하기 위한 비디오게임과 관련하여 개발된 교육 및 학습의 게이미피케이션 추세가 증가하고 있다(J. Majuri, J. Koivisto, & J. Hamari, 2018: 11). 게이미피케이션은 사람들을 참여시키고 행동 동기를 부여하며 학습을 증진하고 문제를 해결하는 게임 기반 메커니즘, 미학, 게임 사고를 사용한다. 동기부여 차원에서 볼 때, 게임에는 보상 시스템이 있다(P. Buckley & E. Doyle, 2016: 1163). 게이미피케이션은 비게임 컨텍스트에 게임 디자인 요소를 사용하는 것을 말하는 것으로 다양한 환경에 게임적 요소들을 적용하여 게임화한 것을 의미한다. 게임을 개발하는 데 필요한 절차나 전략, 기법 등을 게임이 아닌 영역에 적용하여 학습자의 동기를 자극한다.

우리나라에서도 수업의 내용을 게임과 관련지어 이어감으로써 학생의 흥미와 집중도를 끌어올릴 수 있는 게이미피케이션을 활용한 교육 연구들이 과학수업(박성진·김상균·하민수·윤희숙, 2018), 스마트-e러닝(민슬기·김성훈, 2015), 영어교육(최정혜, 2016) 등의 영역에서 최근 등장하고 있다. 게이미피케이션의 Z세대 통일교육에 대한 적용을 목표로 할 때, 의미 있는 방법으로 교육경험을 다양화하려는 노력에 관심을 기울일 필요가 있다. 통일교육에서 변화된 학습자로서 Z세대의 필요를 충족하는 교육방안으로 도덕 심리학 기반 게이미피케이션은 통일 수업에 게임의 요소나 게임을 접목함으로써 학생의 흥미도를 향상하고, 직접 참여할 수 있는 가상의 환경을 조성함으로써 높은 수업 몰입과 보다 뛰어난 학업 성취도 향상을 도울 수 있다. 이 점을 통해 통일교육에서 학생들의 동기부여, 공감, 자기주도학습, 학습자 중심 등의 학습동기부여와 도덕적 정서에 관여할 수 있다. 또한 게이미피케이션을 인공지능(AI)에 융합한 형태의 통일교육 수업 설계를 통해 4차 산업혁명이라는 시대적 장점을 최대한 활용하는 것도 가능하다. 결과적으로 Z세대는 디지털 세대이기 때문에 게임에 친숙하다고 볼 때 그들에게 가장 재미없는 주제를 재미있게 만들기 위해 게이미피케이션을 도입할 필요가 있다.

2. Z세대 통일교육을 위한 게이미피케이션 적용 개요

게이미피케이션은 다양한 맥락에서 연구자들의 관심을 증가시켰다. 활동과 행동을 지원하기 위해 게임에서 친숙한 경험을 유도하기 위한 다양한 상황에서 게임 디자인을 활용하는 디자인 접근법으로서 2010년대 초 대중화된 이래로 게이미피케이션은 큰 주목을 받고 있다. 게임은 호기심, 좌절감, 기쁨과 같은 강력한 감정적인 반응을 일으키는데 이것은 사람들이 게임을 할 때 더 참여적이고 더 생산적일 수 있다는 점에 기인한다(Buckley & Doyle, 2016: 1162). 이러한 점에서 본다면 게이미피케이션은 학생의 수업 참여를 위해 유용하게 활용할 수 있는 가장 주목할 만한 기술 전략 중 하나이다.

게임은 단순한 오락을 넘어 교육현장에 유용한 도구이기에 Z세대, 유튜브 세대로 불리는 디지털 원주민세대를 위한 통일교육의 방법론 차원에서 게이미피케이션이 활용될 수 있다. 따라서 도덕과 교육과정에서 디지털 원주민 코호트를 위한 도덕 심리학 기반 게이미피케이션 활용 통일교육 전략을 제공할 수 있는데 그 이유는 다음과 같다. 1) 가치관의 변화는 주입식 대사가 아닌 인물/사건/배경에 정서적 교감을 할 수 있어야 가능하다. 2) 타인과 교류하고 소통하는 사회적 동물인 인간, 특히 Z세대는 온라인 환경에서의 소셜 네트워크 환경 구축에 친숙하다. 3) 서사적 빌드업을 가진 게임은 참여자의 공감 역동성을 증대시킨다. 4) 통일문제와 같이 사회적 문제를 다루는데 있어 몰입감이 중요하며 게임은 가장 강력한 몰입 요인을 갖고 있다.

그러므로 Z세대의 학습 동기를 유발하고, 학습자 몰입을 위한 게이미피케이션 활용 통일교육 요소로 게임을 구성하는 3가지 요인인 '목표', '경쟁', '상호작용'을 채택하여 적용할 수 있다. 이들에 대한 세부요인으로는 목표에는 보상과 레벨을 구성할 수 있으며, 경쟁을 위해서는 아이템과 레벨업을 제시할 수 있고, 상호작용을 위해서는 커뮤니티, 정보 교환, 협업 요인을 제공할 수 있다(민슬기·김성훈, 2015: 177-187). 아울러 도덕과 교육과정의 기본 틀을 위한 전략 예시는 아래와 같다.

〈표 4〉 Z세대 대상 게이미피케이션 활용 도덕과
통일교육 전략(예시)

도덕과 통일교육 주제 요소 및 교수학습 전략(제안 예시)		
주제 및 차원		교수학습 전략
주제	통일 의미	통일 당위성과 민족 개념에 대한 열린 관점
가치/태도	민주시민의식, 평화의식, 인간 존중, 통일 공감	학습자 중심 교육, 대화형 학습 환경
역량	평화적 갈등 해결 능력, 소통 능력, 공감 능력, 협업 능력	미디어 기반 교수학습환경- 예) 게이미피케이션
인지/이해	분단, 북한, 통일, 북한이탈주민, 통일 미래상, 북한 주민	미디어 리터러시 역량 강화
		소셜네트워크 활용 등
게이미피케이션 요소		세부항목
목표		보상
		레벨
경쟁		아이템
		레벨업
상호작용		커뮤니티
		정보 교환
		협업

먼저, 도덕과 교육과정의 통일교육 주제 요소로서 제안할 수 있는 것은 통일 의미이다. 통일 의미에는 통일 필요성, 통일 관심, 통일 당위성, 통일의 미래상, 통일 실천 의지가 포함되며 학생들의 열린 사고 안에서 남북통일이 갖는 의의와 의미에 대해 고민하게 한다. 둘째, 가치와 태도 차원에서 민주시민의식, 평화의식, 인간 존중, 통일 공감 등을 다룰 수 있다. 셋째, 역량 차원에서 평화적 갈

등 해결 능력과 소통 능력 등을 다룰 수 있다. 마지막으로 인지와 이해 차원에서 분단, 북한, 통일, 북한이탈주민, 북한 주민 등에 대해 역사적, 사실적 측면에서 다룰 수 있다. 이러한 모든 것은 게이미피케이션에서 내러티브식 스토리로 제공될 수 있는데 유튜브와 같은 동영상 활용이 가능하다. 게이미피케이션 구성을 위해서는 위에서와 같이 게임의 3가지 요소인 목표, 경쟁, 상호작용을 이용할 수 있다.

V. 결론

이제 학교는 더 이상 교육에 대한 독점권을 가지고 있지 않다. 인터넷의 연결로 아주 가까운 미래에 인공지능(AI) 교사가 교육전문가가 되어 학생들의 질문에 답할 수 있다. 그런데도 학교는 기술이 제공하지 못하는 독자적인 교육 철학과 이념을 간직한 채 학생들을 교육할 필요가 있다. 특히 가치의 문제에 깊이 천착할 수밖에 없는 도덕과의 경우 더욱 그러하다. 도덕과 교육과정은 세대의 특성을 반영하고 미래의 기술이 학습에 효과적으로 도움이 될 수 있게 하며 궁극적으로 바람직한 것이 되도록 교육 시나리오를 고안하는 데 초점을 맞추어야 한다. 아날로그 세대와는 확연히 다른 특징을 보이는 유튜브 세대, 디지털 세대로 대변되는 Z세대인 디지털 원주민을 위한 학교 교육의 패러다임 변혁이 필요하다. 과거 학생들은 교사에 의해 학습했다면 이제 학생들이 스스로 학습할 수 있는 능력을 기를 수 있는 환경 마련이 요구된다.

분단국으로서 우리나라는 통일을 염원하고 통일을 준비하는 과정에서 필요한 통일교육에서 세대 특성을 반영할 필요가 있다. 디지털 세대 격차는 이 시대에 통용되는 개념으로 사용되고 있으며 디지털 원주민으로서의 학생과 디지털 이주민으로서의 교사 사이에 기술 격차는 크다. 기성세대와 비교해 Z세대의 사회적 특징으로 디지털 기기 사용 익숙, 유튜브 선호, 소셜네트워크 활용 성향, 텍스트보다 시각자료에 대한 민감한 반응 등을 들 수 있으며 도덕 심리적 특성으로 개인주의, 다소 낮은 공감, 성찰에 대한 어려움 등을 들 수 있다. 특히 이들은 스마트폰 게임에 친숙하며 그 어느 세대보다 이를 기꺼이 즐기는 세대이다. 이러한 특성을 고려할 때 도덕과 교육과정에서 통일교육은 규범적 접근에서의 민족에 대한 강조와 통일의 당위성 제시에 대한 보완 및 선회가 요청되며, 소셜미디어와 융합한 능동적인 학습 환경 제공, 경험 창조와 실습, 학습자주도의 교육환경 구축, 도덕적 정서 함양 교육환경 제공 등이 아울러 요구된다. 따라서 Z세대의 통일교육을 위해 고려할 4가지 점은, 1) 통일의 당위성, 애국, 애족, 국가와 민족에 대한 충성심에 대한 열린 시각, 2) 학습자 중심의 자기 주도적, 참여의식 유도, 3) Z세대의 심리적 특성 분석에 기반을 둔 교수학습 방안 제시, 4) 미디어 기술 기반의 교육환경 구축 방안 마련이다. 이러한 점에서 '게이미피케이션'에 대한 관심이 촉구된다.

본 연구는 현재 학생들의 세대 특성을 고려한 도덕과 통일교육의 바람직한 발전 방향을 제시해 보고자 하였다. Z세대 입장에서 도덕 심리학에 기초한 학생들의 심리 성향을 반영한 도덕과 통일교육의 개선 방향을 위한 방법론을 모색하는데 이들의 심리적 특성에 주목하였다. 세부적인 교수학습 방법, 평가 등과 같은 보다 구체적인 수업 방식이나 전략은 후속연구를 통해 개발하고자 한다. 본 연구에서 제시한 디지털 원주민 학습자를 위한 게이미피케이션 활용 통일교육 가능성 탐색이 통일교육 현장에서 구체적인 교수학습 방안을 구안하기 위한 실효성 있는 기초 자료로 활용되길 바란다.

제13장

학습자 중심수업과 창의적 사고기법 활용의
통일교육 수업 모듈 개발

Ⅰ. 서론

창의적 인재는 우리나라뿐만 아니라 전 세계적으로 추구하는 인재상이다. 유럽연합(EU)은 2009년을 '유럽 창의성과 혁신의 해(European Year of Creativity and Innovation)'로 공포하고 유럽의 미래를 위하여 시민의 창의성이 개인, 사회 발전에 기여함을 강조하기도 하였다(R. K. Sawyer, 2011: 3). 미국의 경우 1990년대 말부터 21세기에 요구되는 역량(21st Century Skills) 계발을 위한 교육개혁을 적극 추진하였으며, 국제연합(UN)은 2010년 창조 산업 분석을 통해 창의성, 지식, 문화, 기술 등이 일자리 창출이나 혁신, 사회통합을 주도한다고 보았다(안우환·오석환, 2012: 179 재인용). 영국, 중국, 캐나다, 싱가포르, 독일 등 대부분 국가에서도 창의성 교육을 교육과정을 통해 공식적으로 강조했다(김진숙 외, 2010: 27-35).

우리나라도 창의성 교육에 대한 필요성이 범교과적 차원에서 대두되었으며 각 교과에서 이루어질 창의성 교육에 대한 연구가 개진되고 있다. 창의성에 대한 강조는 비단 교육계의 모습만은 아니다. 사회 전반적으로도 디지털 경제와 지식사회가 본격화되면서 창의성과 혁신이 점점 중요한 경쟁우위 요소가 되었다. 기업 현장에서도 과거의 생산성 중심사고를 버리고 창의성을 중시하는 경영으로 탈바꿈해야 한다는 목소리가 커졌다(정명호, 2005: 134). 창의융합 인재가 강조되는 시대적 요구는 자연스럽게 교육의 변화를 요구한다. 교사 중심의 전통적인 교수법으로는 사회가 요구하는 인재를 육성하는 데 한계가 있다. 학교에서 이루어져야 하는 교육의 모습은 교사가 지식을 효율적·효과적으로 전달하는 것이 아니라, 학생들이 참여하고 활동하고 생각할 수 있는 기회가 많은 수업이어야 한다(Schleicher, 2012 : 장경원·고은현·고수일, 2015: 430 재인용).

통일교육에서 창의성은 오늘날과 같은 복잡한 세계에 더욱 중요하다. 그 이유는 예측하기 어려운 남북 관계 한반도의 윤리적 난제들을 해결하기 위해서는 통일 사고에 있어서의 창의적 발현이 요구되기 때문이다. 통일 수업에서 창의·인성교육, 창의융합 교육에 대한 논의를 이끌기 위해서는 통일 인성과 창의성, 통일 사고와 창의적 사고의 의미 확인과 양자의 관계 설정을 선행할 필요가 있다.

따라서 본 연구에서는 첫째, 창의성과 통일 인성의 관계 정립을 위해 통일 인성의 핵심 인자인 도덕성을 중심으로 창의성, 도덕성, 도덕적 창의성의 개념과 이들의 유기적 관계에 대해 주목하고자 한다. 둘째, 창의적 사고 향상을 위해 사용되고 있는 학습 방법들 가운데 학습자 중심수업과 창의적 사고기법들에 대한 고찰을 통해 이들 사고기법들이 통일교육에 어떻게 적용될 수 있는가에 대해 고민하고자 한다. 궁극적으로 학습자 중심 수업, 창의적 사고 기술들을 기반으로 도덕과 통일 수업의 내실을 기하는 데 효과적으로 사용할 수 있는 수업 모듈을 구안하고자 한다. 학습자 중심 수업으로는 액션 러닝(Action Learning)과 문제기반학습(PBL : Problem-Based Learning)을 살펴볼 것이다. 창의적 사고기법으로는 브레인스토밍(Brainstorming)[32], 스캠퍼(SCAMPER)[33], 마인드맵(Mind Map)[34], 속성열거법(Attributelisting)[35], 시네틱스(Synectics)[36], 연꽃 기법[37]

---

[32] 브레인스토밍은 광고 업체 BBOD의 중역 알렉스 오즈번(Alex Osborn)이 만든 용어로 그는 1948년에 출간한『창조력』에서 이 기술을 소개했다(Steve Coomber, 신승미 역, 2009: 81). 브레인스토밍은 아이디어 자극을 위한 대표적인 사고기법이다. 이 사고기법은 회의 진행에서 비판금지, 자유분방, 편승환영, 질보다 양을 추구한다. 브레인스토밍은 많은 아이디어로 문제를 폭풍같이 몰아쳐서 공격하는 전략으로 솔로 브레인스토밍으로부터 수백 명에 이르는 그룹 브레인스토밍까지 다양하게 변이 가능하다. 이 사고기법 안에서 모든 참석자는 아무런 제약을 받지 않고 아이디어를 내놓도록 적극 고무된다(C. Clark, 신민경 역, 2003; J. Rich, 정명진 역, 2003: 62).

[33] 스캠퍼는 브레인스토밍 기법을 제안했던 오즈번(Osborn)이 창의적인 사고를 자극할 수 있도록 제시한 질문 리스트에서 일부 주요한 질문만을 골라낸 것(박지영, 2007: 195)이다. 이것은 에버레(Ebere)에 의해 고안되었으며 그는 스캠퍼를 활용하면 창의성의 인지적인 과정과 정서적인 과정의 발달을 촉진한다고 본다(조미아, 2010: 78 재인용). 스캠퍼(SCAMPER)는 대체하기(S: Substitute), 결합하기(C: Combine), 동화시키기(A: Adapt), 수정하기(M : Modify, Magnify, Minify), 다르게 활용하기(P: Put to other uses), 제거하기(E : Eliminate), 재정리하기(R : Rearrange, Reverse)로 구성된 아이디어와 상상력을 자극하는 대표적인 체크리스트이다(박종하, 2007: 111-112).

[34] 마인드맵은 토니 부잔(Tony Buzan)이 개발한 좌뇌와 우뇌를 모두 활용해 적는 방법(와니 다츠야, 양영철 역, 2005: 67)으로 세계적인 두뇌 관련 학자들로부터 객관적이고 과학적으로 검증을 받은 학습 방법이다(조미아, 2010:76). 마인드맵으로 작성하면 목표와 관련하여 머릿속에 떠오르는 모든 정보를 시각 및 두뇌 시스템이 등록할 가능성을 크게 높여준다(T. Buzan, 권봉중 역, 2010b: 280). 마인드맵은 특정 주제와 그 관련된 것들을 한 장의 종이에다 그려 넣는 방식으로 중앙에 핵심이 되는 주제를 써넣고 사방으로 가지를 뻗으면서 주제와 관련되는 내용을 적는다(이영직, 2010: 139).

[35] 속성열거법은 로버트 크로포드(Robert Crawford)가 고안한 기법으로 주로 어떤 대상의 속성을 개량 개선하기 위한 아이디어를 얻을 때 사용된다. 이때 속성이란 상황이나 대상이 가지고 있는 고유의 요소나 성질을 뜻한다(대학종합연구소, 2008: 110). 이 사고기법의 진행 순서는 ① 문제확인 및 재진술하기, ② 속성 열거하기, ③ 각 속성을 새롭게 결합하거나 수정하기, ④ 생성된 아이디어의 실행 가능성 검토하기이다(조연순, 2008: 192). 속성열거법과 유사한 사고기법들로는 형태분석법, 체크리스트법, 행렬기법 등이 있다.

[36] 고든(William Gordon)이 1961년 *Synectics: The development of creative capacity*라는 책에서 시네틱스 이론(Synectics theory)이라는 용어를 사용하였으며 이 사고기법은 새로운 아이디어를 얻는 기제를 제공한다. 시네틱스의 어원은 그리스어에서 온 것이며 뜻은 서로 관련이 없는 요소들을 결합하는 것으로 문제를 정의하고 해결하는 창의적 과정에 관한 것이다. 개인이나 집단에 사용될 수 있다(김정섭, 2004: 65-66).

등 다양한 창의적 사고기법들이 있다. 본 연구에서는 체계적인 창의적 사고기법으로 세계적으로 활용 및 교육되고 있는 알츠슐러의 TRIZ, 스턴버그의 WICS, 드보노의 CoRT를 중심으로 검토해 보고자 한다. 이를 토대로 도덕과 통일교육에서 교수학습 방법으로 활용 가능한 통일 창의성 사고개발 방법을 위한 수업 모듈을 강구하고자 한다.

II. 창의성과 도덕성 그리고 통일 인성

1. 창의성의 이해

창의성의 개념에 대해 다세이(Dacey)는 역사적으로 르네상스 이전과 이후 그리고 19세기 이후로 나누어 르네상스 이전의 창의성에 대한 관점은 '신비스러운 것', '초인적인 것'으로서 신에게 부여받은 선물로 보는 시각이었다고 이해하는 반면, 르네상스 이후의 창의성은 인본주의의 영향으로 '인간의 타고난 재능'으로 보는 견해가 많았으나 문헌상으로는 창의성의 용어가 사용된 예는 드물었다고 본다(이경화·유경훈, 2014: 24 재인용). 다세이의 지적과 같이 심리학 분야에서 창의성은 한동안 경시되어왔던 주제이다. 창의성에 대해 과학적인 관심을 두기 시작한 것은 최근의 일로 1950년

---

37) 연꽃 기법은 로터스 블로섬(Lotus Blossom)이라고 불리며 마쓰무라 야쓰오가 개발한 것으로 그의 이름 이니셜을 따서 MY 기법이라고도 부른다. 기본적으로 연꽃에서 힌트를 얻은 아이디어이다. 연꽃 기법은 아이디어, 문제, 이슈, 주제 등을 3칸과 3줄로 이루어진 표에 배열하는 것에서부터 시작된다. 가운데 네모 칸을 둘러싸고 있는 8개의 칸은 연꽃잎이 배열된 모습과 유사하다. 해결책, 아이디어, 독창적인 용도, 주제의 확대 등 핵심 아이디어와 관련이 있는 것들이 꽃잎이 된다(J. Higgins, 박혜영 역, 2009: 229).

미국심리학회(The American Psychological Association) 회장이었던 길포드(J. P. Guilford)는 창의성에 관한 기조연설을 통해 창의성에 대한 심리학자들의 본격적인 연구를 촉발하는 계기를 만들었다(조연순, 2008: 17). 그가 1949년 미국심리학회에서 행한 연설을 창의력이라는 제목으로 1950년 미국심리학회지(American Psychologist)에 발표한 이래 현재까지 많은 연구자들은 창의력에 대한 개념과 측정, 창의력 신장 프로그램 개발 등 다양한 연구를 수행해오고 있다(안우환·오석환, 2012: 179).

길포드는 창의성이 높은 사람들을 실험실에서 연구하는 어려움이 창의성 연구를 제한했다고 지적하며 지필 검사를 사용하여 일반인을 대상으로 창의성을 연구할 수 있다고 주장했다. 이러한 검사 가운데 하나가 피검사자에게 벽돌과 같은 일반적인 사물을 사용하는 다양한 방법을 생각하도록 요구하는 비일상적인 사용방법 검사(Unusual Uses Test)이다. 많은 연구자들이 길포드의 주장을 받아들였으며 이른 시간 내에 확산적 과제가 창의적 사고를 측정하는 주된 도구로 받아들여졌다. 그 가운데 하나가 길포드의 연구를 토대로 만들어진 토랜스(E. Paul Torrance)의 '토랜스 창의성 검사(Torrance Tests of Creative Thinking)'이다. 이것은 확산적 사고와 여러 가지 문제해결 능력을 측정하는 언어 검사와 도형 검사로 구성되어 있다. 검사는 유창성, 융통성, 독창성, 정교성을 측정한다(R. J. Sternberg, 김정희 역, 2004: 149-165). 이 요소들은 오늘날 창의성의 주된 구성요소로 활용되고 있는 요소들이다. 토랜스는 창의적 능력, 기법, 동기의 통합된 관점에서 창의성을 정의하였으며 그가 시행한 창의적 사고에 관한 실험에서 융통성은 창의적 사고의 중요한 요소인 것으로 확인된 바 있다(T.

Buzan, 권봉중 역, 2010a: 187).

길포드의 지능구조모형(Structure of the Intellect: SOI) 이론은 창의적 사고과정에 관해 가장 널리 알려진 이론이다. 그는 인간의 사고를 '수렴적 사고'와 '확산적 사고'로 구분한다. 수렴적 사고는 논리적 사고를 일컫는 것으로 어떤 사실이나 진리에 맞는 구체적인 정답을 산출하는 사고력을 말한다. 즉 주어진 다양한 정보로부터 문제해결에 필요한 요소들만 선택하여 이미 정해진 답 혹은 정답을 끌어내는 사고력이다. 반면 확산적 사고는 하나의 정답보다는 여러 개의 가능한 해답을 산출하는 사고력을 가리킨다. 이는 다양하고 새로운 대안을 찾아내려는 노력으로서 호기심, 다양한 아이디어, 모순, 갈등, 모호함에 대한 개방성, 모험하기, 상상과 유머, 결정적인 요소 찾아내기, 해결책 찾아내기 등을 포함한다(김정섭, 2004: 20). 그는 창의성을 일반적으로 '새로움에 이르게 하는 개인의 사고 관련 특성', '새롭고 신기한 것을 생산하는 힘'으로 정의했다.

길포드 이후 창의성을 연구한 학자들은 창의성에 대해 여러 가지 접근법을 제시한다. 대표적인 접근법으로는 신화적 접근, 실용적 접근, 심리 측정 접근, 인지적 접근, 사회적 성격접근, 진화적 접근, 합류적 접근 등이 있다. 신화적 접근은, 창의성은 언어로 표현할 수 없는 특성으로 과학적인 연구대상이 아니라고 본다. 실용적 접근은 일반적으로 창의성의 사용과 창의성을 증가시키는 방법에 초점을 맞춘다. 심리측정 접근은 창의성 측정에 중점을 둔다. 인지적 접근은 창의성의 기저에 있는 정보처리와 정신적 표상을 다룬다. 사회적 성격접근은 동기뿐만 아니라 타인의 역할과 성격 특성의 역할을 다룬다. 진화적 접근은 창의성을 개인의 생존 기회를 증가시키고 따라서 번식을 증가시키는 적응으로 본다. 합류적 접근은 이러한 다양한 접근을 통합한다(R. J. Sternberg, 김정희 역, 2004: 155-175).

현대의 창의성 연구자들은 과거에 비해 보다 적극적이고 통합적인 입장에서 창의성을 정의하고자 한다. 드보노(De bono)는 창의성에 대한 두 가지 오해로 먼저, 창의적 사고를 몇몇 사람들에게 주어졌으나 다른 사람들에게 주어지지 않은 신비적인 선물로 생각하는 것과 둘째, 창조적인 사고가 흥미로운 것이라고 보는 관점이라고 단정한다. 그는 이 두 가지 오해를 거부하고 모든 가치 있는 창의적 아이디어는 반드시 언제나 논리적이어야 한다는 생각을 제안한다. 그에게 있어 창의성은 두뇌의 천성적인 것만은 아니며 우리가 창의적이고자 한다면 어떤 특별한 사고 기술을 발달시켜야 한다고 강조한다. 그리고 이 사고 기술을 수직적인 사고와는 대조되는 측면적 사고 즉 수평적 사고(laternal thinking)로 특징화했다(De Bono & Edward, 1994: 16-17). 창의적 사고는 수평적 사고로 새로운 아이디어, 방법, 관점 등을 모색하는 사고이다(이경화·유경훈, 2014: 25-26). 수평적 사고(측면적 사고)는 수직적 사고와는 달리 정답을 찾아가는 사고가 아닌 다양한 방안을 제시하고자 하는 사고방식이다.

스턴버그는 창의성을 '무엇인가 새롭고, 문제 상황에 적절한 것을 만들어낼 수 있는 능력'으로, 얼번(Urban)은 '주어진 문제나 감지된 문제로부터 통찰력을 동원하여 새롭고, 신기하고, 독창적인 산출물을 내는 능력'을 의미한다고 보았다. 그는 창의성의 구성요소 모형에서 창의성은 인지적 요인뿐만 아니라 성격적 요인까지 포함한 복잡한 구인으로 창의성을 설명한다. 히긴스(James Higgins)는 창의성을 하나의 과정 또는 하나의 기술로서 정의할 수 있다고 본다. 개인과 그룹, 조직 산업, 혹은 사회에 어떤 가치를 지니는 무엇인가 새롭고 독창적인 것을 끄집어내는 '기술'로 이해한다(J. Higgins, 박혜영 역, 2009: 26). 데이비스(Davis)는, 창의성은 다면적 현상으로 보아야 하며 개인의 인지적·정의적·동기적 측면을 포함해야 한다고 보았다. 특히 스턴버그와 루바트(Lubart)는 창의성이 발휘되기 위해서는 지적 능력, 지식, 사고방식, 동기, 인성, 환경이라는 6가지 요소들의 통합이 필요하다고 한다(이경화·유경훈, 2014: 28-29 재인용).

아마빌레(Amabile), 바론(Barron), 아이젠크(Eysenck), 고그(Gough), 맥킨논 (Mackinnon)과 같은 연구자들은 어떤 성격 특성이 종종 창의적인 사람을 특징짓는 것에 주목했다. 창의성이 높은 사람들과 창의성이 낮은 사람들을 대비시키는 연구에서 잠정적으로 관련이 있는 특성들을 밝혀냈다. 이런 특성들로는 독립적인 판단, 자신감, 복잡성에 대한 끌림, 아름다움에 대한 추구, 모험심들이 있다. 창의성에 대한 전통적인 성격접근에서는 자아실현을 창의성과 연관시킨다. 로저스(Rogers)는 자아실현을 향한 경향이 동기적 힘을 가지고 있으며 격려하고 평가가 없는 환경에 의해 촉진된다고 설명한다(R. J. Sternberg, 김정희 역, 2004: 165 재인용).

이처럼 현대적 접근의 연구자들은 창의성을 새롭고 질 높은 과제, 적절한 산출물을 생산하는 사고 능력 그리고 인지적·정의적·동기적 측면이 통합된 능력으로 이해한다. 심리학에서 이루어졌던 여러 창의성 연구들은 창의적 사고의 기초가 되는 인지 능력이나 과정뿐만 아니라 뛰어나게 창의적인 사람들이 지닌 독특한 성격 특성 및 사회적 환경에 초점을 맞추어 설명함으로써 창의성을 구성하는 인지적 측면, 정의적 측면, 환경적 측면을 이해하는 데 많은 도움을 주었다(조연순, 2008: 32). 이들은 창의성의 정의에서 확산적 사고, 인지적 능력뿐만 아니라 정의적 요소까지 고려한다.

2. 도덕적 창의성과 통일 인성

도덕성과 창의성의 연결 논의는 도덕적 측면에서의 창의성 발현인 '창의적' 도덕성과 창의적 사고에서의 도덕적인 면을 이야기하는 '도덕적' 창의성으로 구분할 수 있다. 본 연구는 '창의적' 도덕성과 도덕적 '창의성'의 두 영역 모두에 관심을 기울이고자 한다. 특히 도덕성을 발현한다는 것은 공적인 도덕의 경우 타인에 대한 관심과 타인에게 벌어질 사건들에 대한 예측 그리고 타인의 마음을 읽고 그에 반응함과 같은 고차원적인 도덕적 상상력을 필요로 한다[38].

도덕적 창의성은 새로운 도덕적 가치의 결과를 가져오는 것이라고 볼 수 있다. 이것은 주관적인 가치를 창출하는 것이 아니다. 사르트르와 니체가 제안하듯이 도덕적 창의성은 도덕적 이상의 광선 아래서 책임의 역할과 회합하는 중요한 역할을 한다. 스턴버그는 도덕적 창의성에서 지혜를 제시한다. 그는, 지혜로운 사고는 발달되고 고양될 수 있는 것으로 본다. 그는 문학 읽기, 철학, 토의, 프로젝트 등을 통한 대화적 사고를 통해서도 이러한 능력이 함양될 수 있다고 말한다(A. Cropley, 2011: 145).

---

38) 타인의 마음을 읽는 능력이 고차원적인 도덕적 상상력을 요구하는 것은 이것이 내가 아닌 다른 사람의 입장에 서기 위해서는 나에게 익숙한 것이 아닌 나에게 낯선 그(그녀)의 입장에 자신이 서 보는 상상을 할 수 있어야 하기 때문이다. 다시 말해, 어른이 아이의 입장에 서 보는 것, 남성이 여성의 입장에 서 보는 것, 강자가 약자의 입장에 서 보는 것은 상대방의 모든 상황과 입장을 하나하나 되새겨 자신의 인식과 마음에 담는 작업을 함께 요구하는 문자 그대로의 상상할 수 있는 능력을 필요로 하기 때문이다. 이러한 상상력은 곧 창의적인 작업이 된다.

특별히 창의성은 덕의 너머에 있다고 생각하는 바와 달리 스턴버그는 창의성을 도덕적인 문제로 인식한다. 도덕은 획득되고 가르쳐져야 하는 것과 같이 사람들은 지혜를 얻어야 하고 지혜는 사람들의 창의성을 도덕적으로 만든다고 강조한다. 스턴버그의 견해에서 창의성은 도덕적인 견해로 나아가야 하는 것으로 이해될 수 있다(Cropley, 2011: 145).

흔히 창의성은 예술과 과학에서 가장 높은 성취를 이루어낸 것으로 이해되었다. 도덕성은 우리로 하여금 연민, 정의 그리고 책임을 다할 것을 촉구한다. 도덕적 창의성의 가정은 창의성이 도덕적인 시각을 배제하지 않는다고 보는 것이다. 사르트르는 발명 가치(inventing value)를 이야기하고 주장했다. 마틴의 견해에서도 창의성은 도덕과 무관하지 않다. 창의적인 생산품을 생산해내는 과정은 창의적이다. 그런데 여기서 창의적인 생산품은 무엇인가에 대해 숙고할 때, 이것이 새롭고 가치 있는 생산품을 지칭함을 깨달을 수 있다. 이것은 도덕적인 것으로서의 창의적 생산품을 언급하는 것이다(M. W. Martin, 2006: 55-66). 도덕적 창의성은 좋은 삶에 필연적으로 공헌하기에 도덕적 창의성을 고양할 필요가 있다.

월(Wall)은 도덕적 삶과 숙고가 본질적이고 근본적으로 창의적이라는 점을 논한다(J. Wall, 2005). 도덕적 창의성은 이상, 유효성 그리고 책임의 용어 안에서 정의된다. 이러한 것들은 특이한 도덕적 책임 행동과 일반적인 도덕적 행동과 관계된다(A. S. Cua, 1978). 도덕적 창의성은 도덕적 관심과 목적에 의해 동기화되어 도덕적으로 가치가 있는 새로움을 발견하는 능력을 의미한다(Martin, 2006: 423 : 추병완, 2011: 217 재인용).

마슬로우에게 있어 창의성은 건강, 자아실현, 완전한 인간성과 같은 맥락에서 이해된다. 그의 욕구 단계설에 의하면 건강과 행복은 도덕성과 관련되고 윤리적인 것이다. 자아실현인은 창조적인 잠재성을 갖는다. 마슬로우는 인간의 선천적인 선을 주장해 왔다. 인간은 기본적으로 선하고, 약하지 않고, 충분인, 건강인, 행복한 사람이 될 능력을 갖추고 있다. 그의 자아실현인에 대한 설명에서 도덕성과 창의성의 관계에 대한 고찰을 얻을 수 있다. 그는 자아실현인이 지닌 특성들 가운데 그들이 절정경험의 순간을 보통 사람들보다 훨씬 자주 그리고 전적으로 경험한다는 점을 제시함으로써 그들의 삶과 행위에서 보여주는 창조성을 제안한다. 그는 절정경험에서 지각된 세계의 기술로서 존재 가치를 말한다. 인간은 절정경험에서 진실, 선, 아름다움, 전체성, 생동감, 유일성, 완전성, 완성, 정의, 순진성, 윤택함, 애쓰지 않음, 즐거움, 자아충족과 같은 14가지의 존재가치를 지각하게 된다. 마슬로우는 창의성의 근원이 인간 본성의 깊은 곳에 있다고 지적하며 근본적인 창의성은 모든 인간 존재의 유산이며 평범하고 보편적인 종류의 것이라고 강조한다. 그러나 이것은 자연의 깊은 층으로 사람이 성장함에 따라 너무도 쉽게 잃기 쉬운 특성이라고 말한다. 따라서 이를 얻기 위한 노력이 필요하다고 주장한다(A. H. Maslow, 1971: 128-129).

　스턴버그는, 창의성은 유용하거나 중요한 것뿐만 아니라 독창적이고 예기치 않은 아이디어를 창출하는 능력으로서 정의되어 왔다고 설명한다(Sternberg, 1999). 그러나 그는 이에 더하여 창의성의 개발을 위해 의사결정으로서의 창의성 개발 전략으로 성공과 실패에 대한 책임감 갖기, 창의적 협동의 중요성, 다른 사람의 관점에서 생각함의 소중함 등을 역설한다. 특히 그는 많은 영리하고 잠재적으로 창의적인 아이들이 실천적 지능을 개발하지 못했기 때문에 성공하지 못했다고 지적하며 아이들은 다른 사람들과 함께하는 것이나 다른 사람의 관점에서 사물이나 자신을 보는 것을 배워야 한다고 강조했다. 교사들이나 부모들은 아이들이 다른 사람의 관점을 이해하고 존경하며 다른 사람의 관점에 반응하는 것의 중요성을 깨닫도록 장려해야 하며 이 점은 매우 중요하다고 지적한다(R. J. Sternberg, 김정희 역, 2004: 206-208). 그는 도덕적 선함이 없이 창의적이라고 부를 수 없다(A. Cropley, 2011: 141)고 단언한다. 그의 입장에서 창의성은 이미 그 안에 도덕적인 측면 즉, 모두의 이익 추구와 선을 추구함으로써 선을 증진할 것을 함축하는 것으로 본다(Cropley, 2011: 143).

이처럼 현대의 창의성 연구자들은 도덕성과 창의성을 별개의 것으로 상정하기보다 둘 사이를 상호 유기적인 측면에서 이해하는 경향을 보인다. 창의성과 도덕성의 연계는 최근 강조되고 있는 '그룹의 창의성' 즉, '집단 창의성'을 통해서도 엿볼 수 있다. 집단 창의성의 핵심 가운데 하나는 타인의 의사에 대한 경청과 협업 능력, 의사소통 자세이다. 이러한 자세와 태도는 모두 도덕적인 측면과 관계 깊다. 즉, 그룹의 창의성을 발휘하기 위해서도 도덕성이 요구된다.

창의성과 통일 인성의 관계성을 살펴보면, 각각의 상황에 대한 유동적인 반응을 내는 통일 관련 결정은 도덕적인 것인 동시에 '상상'을 통한 창의적 산물이기도 한다. 각각의 독특하고 다채로운 통일 환경 및 통일 당사자에 대해 도덕적 상상을 하는 능력은 창의성이 요구되는 영역이다. 통일교육에서 통일 사고는 도덕적 상상을 필요로 한다. 이는 유용하고 실용적인 아이디어를 창출하는 능력뿐만 아니라 무엇이 선하고 옳은 것인가에 대한 관점을 형성하는 능력을 포함한다. 도덕적 상상의 유용성은 대안적인 행동과 가능성 그리고 다른 사람의 상황과 다른 사람 자체에 대한 깊이 있는 이해를 포함하는 경우가 많다. 다시 말하면, 우리는 도덕적 상상력을 동원하여 북한 주민의 상황, 북한이탈주민의 삶의 공간 그리고 그의 내면에 가까이 다가가 도덕적으로 민감하게 반응할 수 있게 되며 이는 곧 통일 인성이라 부를 수 있다.

아울러 창의적 통일 인성은 인공지능 시대 예측 불가능한 빠른 기술적 진보를 경험하고 있는 오늘날 복잡한 국내외 환경에서 더욱더 중요하게 간주된다. 인공지능의 책임 문제, 로봇 윤리, 사이보그의 지위 문제, 생명 복제 및 인간 복제, 유전자 조작, 약물을 통한 뇌신경학적 향상 논란 등 정보와 기술 진보에 따라 발생하는 다양한 분야의 도덕적 논의를 해결뿐만 아니라 남북 상황, 국제적 관계, 남한 주민과 북한 주민 간의 통합 문제 등 통일이라는 주제를 중심으로 한 예측 불가능의 문제를 해결하기 위해서는 과거의 관습이나 사상을 단지 답습하는 것으로는 역부족이다. 통일문제와 관련된 관계자들과 문제들에 대한 창의적 문제해결 접근이 통일 인성의 차원에서 요구된다. 이러한 점에서 통일 시민으로서 우리가 무엇을 해야 하는가는 윤리적 안내의 중요성만큼이나 창의적 사고와 행동을 필요로 한다.

따라서 급속한 남북 간 변화 및 세계 환경 변동에 따라 등장하는 새로운 통일문제들을 해결하기 위해서는 창의적인 통일 인성이 요구된다. 나아가 통일 인성과 창의성을 연결하여 생각해 볼 때, 창의성은 긍정적이고 부정적인 방향으로 나아갈 수 있다. 그러한 이유로 창의성은 도덕성에 의해 지지되어야 한다. 도덕적 창의성은 인간 존재와 그들의 환경에 대한 큰 이득을 가져올 수 있다. 그러나 비도덕적 창의성은 극심한 피해를 안겨 준다(Cropley, 2011: 143). 결과적으로 통일 인성과 창의적 도덕성은 통일이라는 주제 아래 서로 맞물린 하나의 서로 다른 측면에서의 명칭이다. 그렇다면 어떻게 창의적 통일 인성을 증진할 수 있는가. 전통적인 접근은 교사가 정직, 친절, 인내 등과 같은 덕을 키워주는 것을 기본으로 접근될 수 있다. 그리고 딜레마식의 인지적 접근도 가능하다(Cropley, 2011: 144). 그러나 창의적 교수법과 창의적 사고기법들은 보다 적극적인 방법으로 창의적인 측면에서의 통일 사고, 통일 인성과 창의적 통일 역량을 고양하고 훈련할 가능성을 열어준다.

III. 학습자 중심수업과 창의적 사고기법

1. 액션 러닝(Action Learning)과 문제기반학습(PBL)

1) 액션 러닝(Action Learning)

많은 학교와 대학에서 학습자 중심, 맥락과 경험 중심의 학습 환경을 제공해 줄 수 있는 교수·학습 방법을 연구하고 실천하려는 노력이 이루어지고 있다. 학습자 중심의 수업방법으로는 토론학습, 문제해결학습(PBL), 프로젝트 학습, 액션 러닝(Action Learning), 협동학습 등이 있다. 이 중 액션 러닝은 교육 참가자들이 학습 팀을 구성하여 실제 상황에서 실존하는 과제를 해결하며 그 과정에서 학습이 이루어지는 프로세스이다(Marquardt, 1999 : 구원회, 2016: 889 재인용).

액션 러닝은 경험을 통한 학습으로서 과제해결을 위한 계획을 세운 후 실제 경험을 하고, 그 경험에 대해 성찰을 하며, 이를 기초로 학습을 하는 '계획→실행→성찰→학습'의 순환의 과정으로 이루어진다. 이러한 과정을 통해 과제해결에 참여하는 그룹의 구성원들은 실제 세계를 이해하고, 문제해결 능력과 협동능력, 대인 관계능력 등을 개발할 수 있게 된다(장경원·고은현·고수일, 2015: 430).

액션 러닝이라는 용어는 레반스(Reg Revans)가 경영기술 발전 이론을 정립하는 과정에서 처음 사용한 바 있다. 그는 영국 석탄국의 교육국장을 지내면서 사람들이 광부들을 바라보는 시각이 아닌 그들의 실제 문제를 파악해내기 위해 2년 동안 광부들과 어울려 생활했다. 여기서 그는, 인간은 집단 내 '실행'을 통해 가장 효과적으로 학습할 수 있다는 사실을 깨달았다(L. Edvinsson, 바른 역, 2009: 27). 이를 계기로 '액션 러닝' 이론을 개발했다. 액션 러닝 과정은 다음과 같은 공식으로 표현된다.

학습(Learning) = 프로그램화된 지식(Programmed Knowledge) + 통찰력 있는 질문을 하는 능력(Questions), L=P+Q

프로그램화된 지식(P)은 책이나 강의, 기타 체계적인 학습체제를 통해 전달된다. 이는 접근할 수 있는 지식 형식으로 되어있지만, 우리가 원하는 것이 정확히 무엇인지를 발견하려면 시간이 걸리며 분리된 상태에서 모든 학습 욕구를 충족시키기에는 불충분하다. 레반스는 경험학습에서 이러한 형태의 지식이 과대평가되었다는 주장을

폈다. 통찰력 있는 질문(Q)은 진부한 해결책을 무조건 받아들이지 않는 창의적 태도뿐만 아니라 경험에 근거해서 또는 진행 중인 작업 프로젝트에 대한 견해에 근거해서 적절한 시기에 제기하게 되는 질문들을 말한다(Business 집필진, 2009: 360-362). 이러한 이유로 액션 러닝은 풍부한 학습기회를 창출할 수 있다는 장점을 갖는다. 수업에 참가한 학습자들은 다음과 같은 능동적인 활동을 요구받는다(Edvinsson, 바른 역, 2009: 29).

〈표 1〉 액션 러닝 과정

과제 선택	해결해야 할 과제를 선택한다.
과제 질문	그 과제에 대해 적극적으로 질문을 제기한다.
해결 마련	해결책을 마련하고 실천에 옮긴다.
다양한 실천	다양한 방식으로 실천해 본다.
실천 결과 관찰	한발 물러서서 실천의 결과를 관찰하고 그 이유를 분석한다
사례 공유	액션 러닝에 참가한 다른 사람들과 자신의 사례에 대해 공유한다.

액션 러닝에는 레반스 모델과 인플랜트 모델의 2가지 모델이 있다. 첫째, 레반스 모델은 개인적인 차원에 초점을 맞추고 있다. 둘째, 액션 러닝협회가 개발한 인플랜트(In-Plant) 모델은 개인과 기업의 모든 측면을 동시에 다루고 있다. 두 모델 모두 다음과 같이 해결과제, 제안자 해결, 액션 러닝 그룹, 학습관리자, 후원자라는 공통적인 요소들로 이루어져 있다(Edvinsson, 바른 역, 2009: 30-33).

해결과제	업무상 발생하는 문제점을 의미한다. 레반스 모델에서는 참여자가 가지고 있는 업무상의 문제점이 된다. 인플랜트 모델에서는 부서나 팀의 과제, 즉 프로젝트를 의미한다.
제안자 해결	과제를 제안하는 사람이다. 레반스 모델의 경우, 문제점에 대해 잘 알고 있고 해당 업무를 맡고 있으며, 해결방안을 실천할 수 있는 사람을 말한다.
액션 러닝 그룹	액션 러닝을 통해서 자신들의 경험을 공유하기 위한 모임을 말한다. 액션 러닝 프로그램의 핵심으로 그룹 모임을 통해 참여자들은 서로 질문, 논쟁, 실천, 지원을 공유할 수 있다. 개인 또는 조직은 이러한 과정에서 해결책을 찾을 수 있는 기회를 얻을 수 있다. 레반스는 이 그룹을 가리켜 '문제점을 공유하는 모임'이라고 말한 바 있다.
학습관리자	참여자들의 질문, 반성, 실천을 자극하고, 학습 지원 시스템을 이끌어가는 사람을 말한다.
후원자	학습 프로그램에 대한 책임을 지는 상급관리자를 말한다.

액션 러닝의 성패는 그룹의 활동과 학습관리자의 역할에 달려있다. 그중에서도 가장 중요한 부분은 그룹 활동이다. 모든 참여자는 그룹 속에서 다양한 시도를 하고, 경험을 공유하고, 그 결과 변화할 수 있는 기회를 가질 수 있다(Edvinsson, 바른 역, 2009: 35).

2) 문제기반학습(PBL : Problem-Based Learning)

학습자 중심 수업 가운데 최근 다양한 분야에서 활용되고 있는 수업방법은 문제기반학습(PBL: Problem-Based Learning)이다. 이것은 구성주의적 인식론에 기초한 학습 모형이다(Barrows, 1985; 강인애 외, 2007). 구성주의에서 강조하는 성찰은 문제기반학습에서 강조하는 비판적 사고, 즉 주어진 어떤 문제 상황이나 지식을 그대로 받아들이지 않고, 조사하고, 탐구하고, 그에 따른 결과로서 평가하고 판단하는 일련의 과학적 사고와 연결 지을 수 있다(강명희, 2007: 166). 바로우스(Barrows)는 문제기반학습을 학습자들에게 실제적인 문제를 제시하고 이 제시된 문제를 해결하기 위해 학습자들 상호 간에 공동으로 문제해결방안을 모색하고 협동학습과 개별학습을 통해 해결방안을 마련하는 일련의 과정에서 학습을 이루어지게 하는 학습 방법이라 정의한다(Barrows, 1985).

문제기반학습은 1960년대 캐나다의 맥마스터(McMaster) 의과대학에서 동기가 유발 되지 못하는 학생들에게 환자의 증상을 먼저 제시하고 그 문제를 해결하고자 필요한 지식을 배워 가도록 하기 위해 시작된 방법이다(Barrows & Tamblyn, 1980 : 조연순, 2008: 330 재인용). 맥마스터 의과대학에서는 교육 목표를 달성하기 위한 방법으로 문제기반학습을 실시하고 있다. 문제기반학습에 다양한 세미나와 진단을 위한 프로그램이 보완됨으로써 학생 중심적인 자기 주도 학습을 강화하고 있다. 문제기반학습은 1학년부터 4학년까지 지속되며, 이 기간 동안 학생들은 임상 사례를 접하게 된다(전우택, 2003: 165 재인용).

문제기반학습은 비구조화된 실생활 관련 문제를 제시함으로써 학생들에게 다양한 방법으로 문제를 해결하게 한다. 이러한 문제기반학습은 창의적 문제해결력 신장을 위한 교육적 접근으로 초·중·고등학교에서도 확산되고 있다. 이 접근은 문제해결력 신장뿐만 아니라 학교 교육과정 내용을 중심으로 하여 지식 습득의 목적도 달성할 수 있도록 한다. '문제'가 학생들이 다루고 학습하게 될 내용과 지식, 기술을 위한 견인차가 된다. 이 점에서 문제기반학습은 교육 과정적 측면과 교수전략 또는 방법적 측면이 상보적으로 결합해 있는 포괄적인 개념이다(조연순, 2008: 330).

문제기반학습 구현의 실제에 있어 쉽맨과 두치(Shipman & Duch)는 교수자 한 사람이 학생들 개개인에 대한 관심과 그룹별 활동에 대한 관리를 잘할 수 있는 범위는 보통 25명 내외라고 제안한다(Shipman & Duch, 2001: 강명희, 2007: 176 재인용). 이것의 목적은 학생들이 실제 문제 상황으로부터 문제를 이해하고 자기 주도적으로 문제를 해결해가는 과정을 통해 정보화 사회, 지식 기반 사회에서 요구되는 능력인 창의적 문제해결력, 정보처리능력, 지식에 대한 깊은 이해, 변화에 대처하는 능력, 자기 주도 학습능력, 타인과의 협동 기술을 기르는 것을 목표로 하고 있다. 문제기반학습은 '문제', '학생', '교사'의 영역에서 다음과 같은 특징을 갖는다(Delisle, 1997; Torp & Sage, 2002; Levin, 2001 : 조연순, 2008: 331-332 재인용).

〈표 3〉 문제기반학습 특징

문제	-문제 중심 학습은 문제로 시작한다. -문제는 정확한 답이 구해지는 상황이 아닌 비구조화되고 복잡한 것인 동시에 학습의 핵심과 배경이 포함되어 있어야 한다. -문제는 실제적이고 맥락적이며 학습자의 흥미와 교육과정을 고려한 것이어야 한다.
학생	-문제기반학습은 학생 중심이다. -학생은 문제 해결자로 학습에 참여해 좋은 해결책을 위해 노력하며 학습에 상당한 책임을 맡게 된다.
교사	-문제기반학습은 교사의 역할을 지식전달자에서 학습 진행자로 전환한다. -교사는 교육과정 설계자로서 문제를 설계하고 학습 계획을 세우며, 학습자 집단을 조직하고 평가를 준비한다. 〈촉진자〉로서 학생들에게 적당한 긴장감을 제공, 〈안내자〉로서 학생들에게 일반적인 관점을 제공, 〈평가자〉로서 형성평가를 통한 피드백을 제공, 〈전문가〉로서 지식의 중요성을 밝히며 학생들이 균형을 유지할 수 있도록 한다.

문제기반학습의 가장 큰 장점은 '교육과정'과 '학생의 삶의 맥락'을 동시에 고려한 문제를 제공하고, 학생 스스로 해답을 찾아갈 수 있도록, 교사가 조력자의 역할을 한다는 점에 있다. 문제기반학습에 대한 연구는 외국의 경우는 물론, 우리나라의 경우에도 의과대학을 중심으로 그리고 몇 개의 초중등학교 교사 대상 프로그램, 기업 연수과정 중에서도 이미 행해지면서 효과나 결과에 대한 긍정적인 평가가 제시되었다(강명희, 2007: 193). 연구결과에 따르면, 강의식 방식으로 학습한 학생들은 문제기반학습으로 학습한 학생들보다 자신들이 해당 전문 분야의 지식과 기술을 더 잘 습득했다고 생각하는 반면, 문제기반학습으로 학습한 학생들은 자신들의 의사소통 기술, 자기 표현력, 교수자 및 동료 학생들 간의 토론 부분에 높은 점수를 주는 것으로 나타났다(강명희, 2007: 184). 이는 문제기반학습이 단순한 지식의 습득보다 학습자와 학습자, 교수자와 학습자 간의 의사소통능력, 자기표현 기술 등의 정의적 측면에 긍정적인 영향력을 준다는 것을 보여준다. 문제기반학습을 통해 교사는 교육과정과 학생들의 삶의 맥락에 적합한 다양한 문제를 수업에서 집중적으로 다룰 수 있다. 다음은 문제기반학습 과정의 한 예시이다(조연순, 2008: 341).

〈표 4〉 문제기반학습 과정(예시)

알고 있는 것	알아야 할 것	알아내는 방법		1. 문제 만나기		1) 동기유발
					→	2) 문제제시
				2. 해결 계획 세우기		3) 문제 파악
1) 2) ...	1) 2) ...	1) 2) ...	←	3. 탐색하기		인지적 모니터링
				4. 해결책 만들기	→	
				5. 발표 및 평가하기		

2. 창의적 사고기법

창의성은 광범위한 영역에 관련되어 있으며 개인·사회적으로 중요한 주제이다. 개인적으로는 직장에서나 일상생활에서 일어나는 문제해결과 관련된다. 사회적으로는 새로운 과학적 발견, 새로운 예술 활동, 새로운 발명 그리고 새로운 사회 프로그램 개발을 끌어낼 수 있다. 개인, 조직, 사회는 경쟁성을 유지하기 위해 변화하는 요구에 부합하도록 기존의 자원을 변화시켜야만 한다(R. J. Sternberg, 김정희 역, 2004: 147). 이러한 이유로 다양한 창의적 사고 증진 및 창의성 향상 프로그램들이 제시되고 있다. 창의성에 대한 훈련 기법을 통해 창의적 사고를 자극하고자 하는 방법들로는 알츠슐러의 트리즈(TRIZ), 드보노의 측면적 사고(Lateral Thinking) 및 CoRT(Cognitive Research Trust), 스턴버그의 성공지능 및 WICS(A Theory of Wisdom, Intelligence, and Creativity Synthesized)가 있다.

그 외에 오즈번(Osborn, 1953)의 브레인스토밍(Brainstorming),

고든(Gordon, 1961)의 창조공학(시네틱스, Synectics) 등 다양하다. 이 가운데 체계적인 창의적 사고기법으로 세계적으로 많은 분야에서 활용 및 교육되고 있는 창의적 사고 프로그램인 알츠슐러의 TRIZ, 드보노의 CoRT, 스턴버그의 WICS를 살펴보도록 하겠다.

1) 알츠슐러의 트리즈(TRIZ)

'창의성'은 새로운 생각이나 개념을 찾아내거나 기존에 있는 생각이나 개념들을 새롭게 조합해 내는 것과 연관된 정신적이고 사회적인 과정이다. 새로운 발상을 통하여 획기적인 대안을 도출해야 할 때 구체적으로 적용해볼 만한 창의의 원리들과 분명한 기준을 동시에 제시한다. 문제해결 방식인 트리즈(TRIZ)는 창의적 문제해결 이론(Theory of Intensive Problem Solving)을 뜻하는 러시아어 'Teoriya Reshniya Izobretatelskikh Zadatch'의 약자이다(김성희, 2008: 75). 트리즈는 알츠슐러(G. S. Altshuller)가 1946년부터 전 세계 40만 개의 혁신적인 특허를 연구, 분석하여 새로운 발명이나 아이디어를 생각해내는 공통된 유형과 창의적 방법론을 집대성한 이론(김근배, 2012: 187)으로 1960년대 알츠슐러와 그의 제자들에 의해 만들어진 창의적 기술 문제해결 방법이다. 그는 개인별로 창조성과 문제해결 능력에 차이가 발생하는 이유를 탐구하여 창조적인 사람들의 문제해결 방법 및 기술을 전수하기 위한 방법 개발의 필요성을 인식하고 트리즈를 창안해 냈다.

일반적으로 많은 사람들은 과거의 관습적, 경험적인 사고방식에서 벗어나지 못해 새로운 아이디어의 창출에 어려움을 겪고 있다. 이를 심리적 관성(psychological intertia)[39]이라고 한다. 이러한 관성 즉 타성에 갇혀 있을 경우 문제를 다양한 관점에서 보지 못하므로 신규 아이디어의 발굴 및 수용이 어렵다(최상일, 2007: 35). 알츠슐러가 개발한 40개의 발명 원리는 트리즈 모순표에서 나타나는 모순 상황의 해결을 위해 사용될 수 있도록 정리되었다. 트리즈 이론의 특징은 누구나 쉽게 도구를 적용하여 문제를 해결할 수 있다는 것이다.

트리즈는 21세기형 창의성 발휘에 적합한 방법론으로 이해되고 있다. 트리즈 원리는 기술 분야의 문제해결원리라는 인식을 넘어 정치, 경영, 서비스, 교육, 전략, 디자인 분야 등의 다양한 영역에서의 활용이 검토되었다. 국내의 경우 트리즈 원리는 삼성, LG, 현대와 같은 대기업에서 활발히 연구되며 활용되었으며 미국, 러시아, 일본, 중국, 인도 등에서는 학교에서 트리즈를 교육했다. 트리즈는 비단 기술 발견의 영역 외에도 학생들의 창의력 신장에 유용한 도구로 전 세계적으로 인식되고 있다(G. S. Altshuller, 박성균 외 역, 2012). 트리즈는 교육 및 연구 분야 등에 활용 가능한 다음과 같이 40가지 원리로 구성되어 있으며 (Altshuller, 박성균 역, 2005) 이것은 흔히 발명의 40가지 원리로도 불린다. 학습자들은 다음의 원리를 실제 사례에 적용해 가면서 창의적 사고 발상 능력을 향상하게 된다.

---

39) psychological intertia를 최상일은 심리적 '장벽'으로 번역하였으나 연구자는 이해의 용이성을 보다 높이기 위해 심리적 '관성'으로 번안하였다.

〈표 5〉 TRIZ 40가지 원리

1. 분할	21. 유쾌한 것은 반복적으로 하기
2. 추출	22. 안 좋은 것은 좋은 것으로 하기
3. 부분	23. 피드백을 이용하기
4. 비대칭	24. 중간 매체를 이용하기
5. 한 번에 하라	25. 복사
6. 하나의 물건을 여러 번 사용	26. 간단하게
7. 포개기	27. 일회용으로
8. 지구 중력으로부터 피하기	28. 기계적 시스템은 광학 음향시스템 등으로 바꾸기
9. 미리 반대 방향으로 조치	29. 공기나 유압 이용
10. 미리 조치	30. 엷은 막 필름 이용
11. 사전 예방	31. 구멍이 뚫린 물질 사용
12. 자동으로 하게 하기	32. 색깔 변화 등 성질 변화
13. 반대로 하기	33. 동일 재료
14 직선은 곡선으로 바꾸기	34. 다 쓴 것은 버리거나 복구하게 하기
15. 부분적으로 자유롭게 하기	35. 물질의 속성을 변화
16. 지나치거나 혹은 부족하게 하기	36. 상태 전이
17. 다른 각도에서 보기	37. 열팽창
18. 진동 이용	38. 반응 속도 증가
19. 주기적으로 하기	39. 불활성 환경 사용
20. 유용한 일은 지속하기	40. 복합재료

2) 드보노의 CoRT

드보노는, 사고는 훈련과 연습을 통해 향상할 수 있는 기술로 이해한다(E. De Bono, 서영조 역, 2010: 16). 그는 지능(intelligence)은 잠재력 또는 가능성이며 사고(Thinking)는 기술이라고 말한다(E. De Bono, 1994: 3). 모든 문제들에 기본이 되는 사고체계의 중요성을 엿볼 필요가 있으며(E. De Bono, 김은경 역, 1995: 16), 창의성은 배워질 수 있는 기술이고 발달되고 적용될 수 있는 것으로 모든 사람들이 배울 수 있고 연습하고 사용할 수 있는 것으로 본다 (De Bono, 2008: 2-4). 학교 교육에서 지식으로 충분하다는 것은 하나의 신화에 불과하다(E. De Bono, 2010: 10)고 지적하며 사고의 기술을 익혀야 한다고 주장했다.

드보노의 기본 생각들은 수평적 사고, 6색 모자 기법, PMI 등으로 널리 알려져 있다. 특히 그의 CoRT 사고 프로그램은 창의적 사고기법을 가르치는 기본 기술들을 총망라한 창의적 사고 훈련프로그램이다. CoRT는 사고 프로그램으로 창조적인 사고를 다룬다(E. De Bono, 2010: 13). 드보노가 수평적 사고로서 제안하는 사고는 PO로 표현된다. PO는 예(YES)와 아니오(NO)를 넘어서는 새로운 사고의 기술이자 사고의 도구이다. 고정된 관념으로부터의 벗어남과 문제를 해결하기 위한 성실함을 요구한다(E. De Bono, 김은경 역, 1995: 60).

드보노는 사고에 있어 수직적 사고와 수평적 사고를 상호보완적인 것으로 이해한다. 수직적 사고는 과거에 중시해오던 사고의 양태로 정확한 단계만을 거쳐 결론에 도달하는 사고이며 여러 가지 대안 중 선택하는 데 사용된다. 반면, 수평적 사고는 여러 가지 대안을 창출해 내는 사고이며 과거 중요하게 다루어지지 않았던 사고이다. 수평적 사고는 창의적 사고에서 강조되는 사고기법이며 이는 특별한 기술들을 필요로 하고 실제로 이러한 기술들을 연습함으로써 발전시킬 수 있다(E. De Bono, 이은정 역, 2005: 11-12).

드보노는 수평적 사고는 아이부터 어른까지 누구든 사용할 수 있지만 수평적 사고의 태도를 가지기 위해서는 그것의 시스템과 수단을 통해 어려서부터 연습할 필요가 있다고 제시한다(E. De Bono, 이은정 역, 2005: 15, 17). 그는 생각하는 연습을 하는 것만으로는 부족하며 생각을 하는 '방법'에 주의를 기울일 필요가 있으며 사고 법을 가르친다는 것은 정보를 가르치는 것만으로 충분하지 않다고 제안했다(E. De Bono, 서영조 역, 2010: 20-21). 그가 수평적 사고의 연습을 위해 제시한 것들로는 시각적인 자료, 글이나 말로 된 자료, 문서 자료, 주제, 일화와 이야기, 자료의 저장 등의 다양한 자료들이다(E. De Bono, 이은정 역, 2005: 18-23).

CoRT(Cognitive Research Trust)는 총 60가지 도구로 6단계로 구성되어 있으며 각 단계는 10가지의 레슨을 포함한다. CoRT 사고 프로그램(Cort Thinking Program)은 Cort 1부터 Cort 6까지 이루어져 있다. CoRT 1은 '사고의 폭을 확장하기 위한 기법'으로 모든 사고의 기본이 되며 가장 먼저 실시하는 단계이다. CoRT 2는 '사고의 조직화'를, CoRT 3은 '상호작용 기법'을, CoRT 4는 '창의성과 관련된 기법'을, CoRT 5는 '정보와 정서를 다루는 기법'을, 그리고 CoRT 6은 '행위로서 선행된 사고 기술을 통합'하는 기술 습득에 초점을 둔다. 드보노(De Bono, 1987)는, CoRT 사고교육 프로그램은 이해하기 쉽고 구조가 복잡하지 않기 때문에 연령, 지능, 문화권에 관계없이 모든 사람을 대상으로 실생활에 적용할 수 있는 다양한 사고 기술이라는 장점이 있다고 강조한다. 그는 자신의 CoRT 사고기법을 5세 유아로부터 프랑스 IBM 회사의 이사진에 이르기까지 다양한 대상에게 실시한 결과, 나이가 어릴수록 더 효과적이라고 보고하였다(유연옥 외, 2015: 2 재인용). CoRT 1이 포함하는 10개의 사고기법은 다음과 같다(문창현·고자경·김영채, 1992). CoRT 1의 각각의 단계들은 기존의 사고 방법에서 벗어나 새로운 시각에서 문제를 접근하도록 돕는다.

〈표 6〉 CoRT 1단계 사고기법

(1) PMI (Plus, Minus, Interesting, 장점, 단점, 흥미로운 측면에서 아이디어 보기)	어떠한 아이디어에 대한 아이들의 가치판단을 유보하고 다양한 측면에서 아이디어를 주의 깊게 볼 수 있게 돕는다.
(2) CAF (Consider All Factors, 모든 요인 고려하기)	어떤 문제에 관한 결정을 내릴 경우, 그 문제와 관련된 모든 문제를 검토해 봄으로써 좋은 해결책을 찾아낼 수 있도록 한다.
(3) Rules (규칙 생각하기)	일상생활에서 사용되는 규칙의 의미를 이해하고 그 규칙들에 대하여 앞에서 살펴보았던 PMI, CAF 등을 실시함으로써 규칙의 유용성을 이해하도록 한다.
(4) C&S (Consequence and Sequel, 결과 생각하기)	어떤 사안에 대하여 해결방법을 모색하는 것으로 새로운 계획, 결정, 규칙 등은 모두가 어떠한 결과를 가져오게 마련이기에 그 결과를 단기적, 중기적, 장기적인 관점에서 나누어 분석적으로 예측해봄으로써 최적의 해결방안을 모색하도록 돕는다.
(5) AGO(Aims, Goals, Objectives, 목표들에 대해 생각하기)	어떠한 문제에 대하여 정확하게 무엇을 성취하려고 하는지 즉 행동의 목표를 분명하게 파악하는 것으로 계획을 수립하거나 실천하는 과정에 큰 도움을 준다.
(6) Planning(계획하기)	해결방안을 모색하는 것으로 목적을 성취하기 위한 계획의 중요성을 이해하고 계획에 대한 CAF, C&S, AGO 등을 실시해 봄으로써 계획 수립 단계에서 필요한 능력을 습득하도록 돕는다.
(7) FIP (First Important Priorities, 우선순위 정하기)	문제를 규정하는 것으로 생활 주변에 있는 여러 가지 아이디어나 사물들 중에서 더 중요한 것과 덜 중요한 것을 판단해 내게 하는 것이다. 제시한 아이디어에 대하여 PMI, CAF, C&S, AGO 등을 실시함으로써 가장 중요한 것이 무엇인가를 따져보는 습관을 기르도록 돕는다.
(8) APC (Alternatives, Possibilities, Choices, 가능한 대안 생각하기)	다양한 해결방안의 모색을 돕는 것으로 어떤 문제에 관한 해결방안이 언제나 최선이 아닐 수도 있음을 이해하도록 하고 그 대안을 모색할 수 있는 태도나 행동을 갖추게 하는 것이다.
(9) Decisions(결정하기)	어떤 방안이 왜 결정되었는지 결정사항의 변화 가능성은 무엇인지에 대해 아는 것이 중요함을 이해하고 자신의 결정에 대해 CAF, C&S, AGO, FIP, APC 등의 사고 방법을 적용해봄으로써 자신의 결정사항을 사전에 검토해 보는 습관을 기르게 한다.
(10) OPV (Other People's Views, 다른 사람의 관점에서 생각하기)	사고 활동에서 다른 사람들의 관점을 고려하도록 돕는 것으로 타인들은 나름대로 CAF, C&S, AGO, FIP 등을 실행하기 때문에 이를 고려하여 결정을 내리도록 다른 사람의 입장에 서 보도록 돕는다.

이와 같은 사고 도구들은 마치 색안경을 쓰고 세상을 보는 것과 같이 학생들이 미처 생각하지 못한 새로운 틀을 통해 세상을 볼 수 있도록 돕는다. 도덕과 통일 수업 현장에서 이를 적절히 제시할 경우 도구 그대로 유용하게 적용 가능하다. 다음은 창의적 사고의 기술을 익히기 위해 드보노가 제시한 연습 문제의 예시들이다(E. De Bono, 이은정 역, 2005: 57-116). 연습 문제들은 각 단계의 사고 도구들을 응용한 것으로 실제 수업에서 학생들이 사고의 관점을 넓히도록 투입하여 사용할 수 있다.

〈표 7〉 드보노의 창의적 사고 기술 연습문제(예시)

1	병을 어떻게 묘사할 수 있을까?
	1리터의 우유병에 500mL의 물이 차 있다. 이 병을 어떻게 묘사하겠는가?
2	사진을 어떻게 해석할 수 있을까?
	얕은 물을 무리 지어 건너가는 사람들이 보이는 사진이다. 그들의 복장을 보아 배를 탈것 같지는 않다. 배경은 해변처럼 보인다.
3	사진을 어떻게 묘사할 수 있을까?
	공원 벤치에 앉아 있는 소년
4	이야기를 다른 관점으로 본다면 어떻게 볼 수 있을까?
	글을 읽거나 쓰지 못하는 사람들이 논밭에서 일하면서 어렵게 살아가는 원시적인 공동체의 불편한 삶을 묘사한 이야기
5	문제를 진술하는 대안적인 방식을 어떻게 만들 수 있을까?
	사람이 많은 곳에서 부모를 잃은 아이들
6	문제에 접근하는 대안적인 방식을 어떻게 만들 수 있을까?
	사람이 많은 곳에서 부모를 잃은 아이들

이 외에도 드보노는 '왜'라고 질문하기, 블록 문제 제시하기, 판단을 연기하기, 대안을 생성하기 등 다양한 연습 방법들을 제시한다. 이러한 연습 문제들은 학습자로 하여금 수직적 사고가 아닌 수평적인 사고에서 생각할 수 있게 한다.

한편, CoRT 4 단계는 창의성 향상을 위한 단계로서 10 단계로 구성되어 있다. 이 단계에서는 아이디어들을 생성해 내는 여러 가지의 전략들을 제시한다. (1) 'YES/NO/PO'는 지각의 확장을 말하는 것으로 어떤 아이디어에 대한 '예/아니오'의 이분법적인 판단을 보류하고 아이디어의 다양한 측면을 면밀하게 살펴보는 습관을 기르게 돕는다. (2) '징검다리'는 기존의 아이디어를 새로운 아이디어를 얻는 수단으로 이용할 수 있음을 이해시키고 다양한 연습을 통해 습관화시킨다. (3) '무선적 투입'은 새로운 아이디어를 생성하기 위해 문제와 관련이 없는 아이디어를 무선적으로 이용할 수 있음을 이해시키고, 습관화시킨다. (4) '개념 도전'은 기존의 사상이나 개념을 당연하게 받아들이지 말고, 의심하고 도전함으로써 새로운 아이디어를 생성할 수 있는 능력을 기른다. (5) '핵심적 아이디어'는 문제 상황에서 가장 중요한 아이디어를 찾아내어, 그 아이디어를 의도적으로 회피함으로써 새로운 아이디어를 생성한다. (6) '문제 상황 정의'는 새로운 아이디어는 문제를 정확하게 규정함으로써 생성할 수 있음을 이해시키고, 다양한 연습을 통하여 그것을 습관화한다. (7) '잘못의 삭제'는 기존의 아이디어에서 잘못을 찾아내어 제거함으로써 새로운 아이디어를 생성하는 능력을 기른다. (8) '조합'은 두 가지 이상의 기존의 아이디어를 결합해 새로운 아이디어를 만들 수 있는 능력을 기른다. (9) '필수 조건'은 어떤 문제가 요구하고 있는 조건을 규명하여, 그 조건을 충족시키는 아이디어를 생성시킬 수 있도록 한다. (10) '평가'는 어떤 아이디어의 장단점, 그리고 필수적인 요건을 갖추고 있는지를 확인하고 분석해 보는 습관을 기른다(O. H. Al-Faoury & F. Khwaileh, 2014: 2249-2257).

3) 스턴버그(Sternberg)의 WICS

스턴버그는 창의성이란 새롭고 질이 높고 적절한 것을 산출하는 능력으로 정의한다(Sternberg & Lubart, 1995: 1996). 그는 오랜 기간의 연구를 통해 전통적인 지능이론과 지능 검사가 불완전하다고 제시하며 지능의 개념에 새로운 시각을 제안한다. 그는 인간 지능의 삼원론을 개발했다. 이 이론은 3가지 하위 이론을 가지는 것으로 '성분적 하위 이론'은 인간 지능의 정보처리 성분을 인식하기, 정의하기, 문제를 표상하기로 세분된다. 이것은 분석적 능력으로 생활의 본질에서 추출된 것이기 때문에 정보처리 성분이 비교적 친숙한 학문적인 문제에 적용될 때 사용된다. '경험적 하위 이론'은 이러한 성분이 지능을 표현과 평가와 가장 관련이 있는 경험의 영역을 배분적으로 나타낸다. 이는 창의적 능력으로 비교적 새로운 문제에 성분이 적용될 때 사용된다. '상황적 하위 이론'은 지능의 실세계의 상황적 기능을 세분한다. 기존의 환경에 적응하기, 기존의 환경을 더 좋은 새로운 것으로 조성하기 그리고 다른 환경을 선택하기이다. 이것은 실천적 능력으로 성분들이 일상생활 환경에 적응하고 환경을 조성하며 환경을 선택하는 데 적용될 때 사용된다(R. J. Sternberg, 김정희 역, 2004 : 서문).

성공적 지능이론은 삼원론의 확장으로 지능을 넓은 측면에서 해석한다. 즉 지능은 사회문화적 상황 속에서 개인적인 기준에 따라 성공적인 삶을 획득하는 능력이다. 성공을 획득하는 능력은 자신의 장점을 극대화하고 자신의 약점을 수정하거나 보완하는데 달려있다. 또한 전통적인 지능에 대한 정의는 환경에 대한 적응의 역할을 강조한다. 그러나 성공적 지능에서 균형을 이루는 능력은 환경에 적응하고 환경을 조성하고 그리고 환경을 선택하기 위해 획득된다. 다시 말해, 성공적인 교사나 연구자는 어디에나 적용되는 하나의 공식이 아니라 여러 기술들을 통합해서 성공을 얻는다. 성공은 분석적, 창의적 그리고 실천적 능력의 균형을 통해 얻어진다(Sternberg, 김정희 역, 2004: 69-71).

WICS 모델은 이처럼 지혜(Wisdom), 지능(Intelligence), 창의성(Creativity)의 종합(Synthesized)을 통합한 모델이다. 여기서 지혜는 지식, 경험, 이해 등을 기반으로 올바르게 판단하고 행동하는 능력을 지칭한다(R. J. Sternberg, 2007; Editors Of Webster's New World College Dictionary, 1997: 1553). 스턴버그는 성공적 지능을 위한 교수의 핵심 전략을 다음과 같이 제안했다(Sternberg, 김정희 역, 2004: 127-135).

〈표 8〉 스턴버그의 성공 지능을 위한 교수 전략(예시)

전략 1 :	암기 학습을 위한 교수 방법 - 회상, 재인, 배합, 검증, 암송
전략 2 :	분석적 학습을 위한 교수 방법 - 분석, 평가, 설명, 비교/대조, 판단
전략 3 :	창의적 학습을 위한 교수 방법 - 새로운 생각, 발명, 탐색, 상상, 가정, 종합
전략 4 :	실천적 학습을 위한 교수 방법 - 실천, 사용, 활용, 이행, 적용

성공적 지능을 가르치는 것에 대해 스턴버그는 다음과 같은 점들로 인해 성공적이라고 주장한다. 학생들이 강점을 이용하는 것을 돕는다는 점에서, 학생들이 약점을 수정하거나 보충하는 것을 돕는다는 점에서, 더 깊은 사고를 촉진한다는 측면에서 그리고 동기와 직업과의 연관성에서 의미가 있다는 점에서 성공적이다(Sternberg, 김정희 역, 2004: 140). 그가 제안한 성공적 지능은 학생들을 분석적, 창의적, 실천적으로 학습하도록 가르치는 것과 관련이 있으며 그는 교사들이 모든 학년 그리고 모든 교과목에서 이 교수 방법을 수업에서 사용할 것을 신중하게 고려하기를 권한다(Sternberg, 김정희 역, 2004: 143). 창의성을 개발하기 위한 전략으로 스턴버그가 제시하는 이론 가운데 '의사결정으로서의 창의성 개발'을 위한 전략은 다음과 같다(Sternberg, 김정희 역, 2004: 184-209).

- 문제를 재정의하라.
- 가정을 의심하고 분석하라.
- 창의적인 아이디어는 저절로 발생하지 않는다.
- 자신의 아이디어 가치를 다른 사람들에게 적극적으로 설득하는 방법을 배울 필요가 있다.
- 아이디어 내기를 장려하라.
- 지식을 양날을 가진 칼로 인식하고 그에 따라 적절하게 행동하라.
- *아동들이 지닌 장애를 확인하고 극복하도록 장려하라.*
- 분별 있는 모험을 장려하라.
- 애매함에 대한 관대함을 장려하라.
- *아이들이 자기효능감을 갖도록 도와주어라.*
- 아이들이 자기가 좋아하는 것을 찾도록 도와주어라.
- *아이들에게 지연 만족감의 중요성을 가르쳐라.*
- *아이들이 보상을 기다리는 것을 배우는 것이 중요하다.*
- 창의성의 역할 모델이 되라.
- 아이디어를 교차 수정시켜라.
- 창의적인 사고를 할 수 있도록 시간을 주어라.
- 창의성을 목표로 하고 가르치고 평가하라.
- 창의성에 대해 보상해 주어라.
- 실수를 허락하라.
- 성공과 실패에 대한 책임감을 갖도록 하라.

위의 내용 중 밑줄 친 항목들은 도덕적인 측면과 보다 밀접히 관련된 것들이다. 특히 책임의 문제는 리코나가 인격 교육론에서 존중과 함께 강조한 중요한 덕목이다. 학생들에게 책임지는 방법을 가르친다는 것은 창의적인 과정을 이해하기, 자신을 비판하기 그리고 자신의 가장 창의적인 일에 대해 자부심을 가지도록 하는 것을 가르치는 것을 의미한다. 많은 교사와 부모들은 실패에 대한 책임을 외부에서 찾도록 내버려 둔다. 교사들이 학생들에게 자기 자신에 대한 책임을 지도록 가르치는 것은 중요하다. 창의적인 사람들은 자기 자신과 자신의 아이디어에 대한 책임을 질 필요가 있다.

스턴버그는 또한 창의적 협동을 장려한다. 다른 사람의 관점에서 생각함을 통해 아이들은 다른 사람의 관점에서 사물을 상상하는 방법을 배울 수 있다. 다른 사람들과 함께 일하고 협동적으로 창의적인 활동을 함으로써 얻을 수 있는 가장 중요한 것은 다른 사람의 입장이 되어 생각해 보는 것이다. 사람들은 다른 관점에서 세상을 보는 것을 공부함으로써 자신의 관점을 넓힐 수 있다. 그는 또한 교사들은 아이들이 사람, 환경의 관계를 인식하는 것을 도와줄 필요가 있다고 지적한다. 스턴버그는 실제 미국과 다른 많은 지역에서 프로그램의 혁신적인 측면의 유효성을 검증하는 연구 사이트를 개설하였으며 "CORE"라 부르는 소프트웨어 프로그램을 개발하여 이를 교사들이 활용할 수 있도록 도왔다.

IV. 학습자 중심수업과 창의적 사고기법의 통일 수업

1. 창의적 통일 인성 향상을 위한 통일 수업

창의적 통일 인성은 각각의 독특하고 다채로운 통일문제 상황에 대해 도덕적 상상력을 최대한 발휘하여 문제를 창의적으로 해결하는 창의성을 내포한 도덕성이라 일컬을 수 있다. 통일 인성은 그 자체 다른 사람의 입장에 서는 능력, 타인의 처지를 고려하는 역량 등을 포함한다는 점에서 창의적인 측면을 요구한다.

한편, 창의성에 대한 인지적 접근과 성격 특성적 접근에서는 창의성과 관련된 개인 내적 요인들을 밝히는 데 주력함으로써 창의적 수행에 영향을 미치는 사회적·환경적 요인들의 중요성을 간과했다는 지적을 받는다. 이러한 한계점을 극복하고자 사회·심리학적 접근이 나타났으며 이 접근에서는 개인 외적 요인들인 특정 사회적·환경적 요인들이 어떻게 개인의 창의성에 영향을 미치는지 설명하고자 했다 (Amabile, 1983, 이경화·유경훈, 2014: 49 재인용). 인성, 도덕성, 통일 인성 형성에 대한 접근도 동일한 측면을 지닌다. 한 개인의 통일 인성을 구성하는 요인은 개인 내적인 유전적 요인뿐만 아니라 개인 외적인 가정적 요인 그리고 사회·문화적 요인을 간과할 수 없다. 개인 외적인 사회·문화적 요인은 사회 환경, 문화적 환경과 더불어 교육적 환경도 중요하다.

따라서 창의적 통일 인성 향상을 위한 수업 설계를 위해서는 먼저 사회·문화적 환경에 대한 진단과 이를 고려한 교육환경의 구축을 어떻게 할 것인가의 문제에 대한 대답이 선행되어야 할 것이다. 창의적 통일 인성 함양을 위해 창의적이며 도덕적으로 생각할 수 있도록 그 구체적인 사고 방법 툴을 제공할 수 있다. 이러한 점에서 액션 러닝, 문제기반학습과 같은 학습자 중심 수업방법들과 TRIZ, WICS, CoRT와 같은 창의적 사고기법들은 다음과 같이 도덕과 통일교육의 교수 기법들로 응용하여 적용 가능하다.

첫째, 액션 러닝을 통해 해결과제, 제안자, 액션 러닝 그룹, 학습 관리자, 후원자, 문제 중심 학습에 다양한 세미나와 진단을 위한 프로그램이 보완됨으로써 학생 중심적인 자기 주도 학습을 강화할 수 있다. 액션 러닝에서 강조하고 있는 학습자의 통찰력 있는 질문을 할 수 있는 능력의 강화는 도덕적 문제 사태에 대한 통찰력을 요구하는 도덕과 통일 수업에 적용하여 지도할 수 있다.

둘째, 문제기반학습은 비구조화된 학생들의 '삶의 맥락'을 겨냥한 삶의 실생활 관련 문제를 제시함으로써 학생들의 도덕적 실천 의지의 고양과 함께 다양한 방법으로 문제를 해결하게 하는 능력을 향상하는 데 도움을 줄 수 있다. 이는 학생들로 하여금 실제 통일 문제 상황으로부터 문제를 이해하고 자기 주도적으로 문제를 해결해가는 과정을 경험하게 할 수 있다.

셋째, 트리즈의 40가지 창의성 도출 원리 혹은 발명 원리를 통해 도덕적인 사고를 유도하는 도덕적 사고 원리 도구가 제시 가능하다. 학생들은 사고의 도구를 실제 사례에 적용해 가면서 통일문제에 대한 창의적인 사고 발상 능력을 향상하게 될 것이다.

넷째, 드보노의 CoRT (1)과 CoRT (4)의 각 10가지 사고기법들은 학생들로 하여금 통일 관련 문제 사태에서 문제 상황을 보다 분석적으로 파악하고 다채로운 관점의 스펙트럼을 통해 편향되고 조정된 관점에서 벗어나 새로운 시선으로 문제를 해결할 수 있는 능력 함양에 도움이 된다. 즉 각각의 단계들은 기존의 사고 방법에서 벗어나 새로운 시각에서 문제를 접근하도록 돕는다. 드보노는, 생각하는 연습을 하는 것만으로는 부족하며 생각을 하는 '방법'에 주의를 기울일 필요가 있다고 보았다. 또한 그는 사고법을 가르친다는 것은 정보를 가르치는 것만으로 충분하지 않다고 제안한다. 따라서 통일교육에서 학생들이 통일시각으로 사고하도록 연습할 수 있는 구체적이고 체계적인 방법으로서의 적절한 사고의 장치들을 학생들에게 제시할 필요가 있음을 알 수 있다.

다섯째, 스턴버그의 WICS는 지혜, 지능, 창의성의 종합을 통한 혜안의 중요성을 인식하도록 돕는다. 그는 창의적인 아이들이 실천적 지능을 개발하지 못했기 때문에 성공하지 못했다고 지적하며 아이들은 '다른 사람들과 함께하는 것'이나 '다른 사람의 관점에서 사물이나 자신을 보는 것'을 '배워'야 한다고 강조한다. 이처럼 도덕과 통일 수업에서 아이들이 다른 사람의 입장에서 서볼 수 있는 실제적인 세부적인 사고 도구들을 제공해 줄 필요가 있다.

2. 학생 중심 창의적 도덕과 통일 수업 모듈 개발

의사결정으로서의 창의성 개발을 위한 전략을 기반으로 도덕과 통일 수업에서 창의적 통일 인성 향상을 위해 '학생 중심 창의적 통일 수업 모듈'을 다음과 같이 제시할 수 있다. **1**은 학생 중심 창의적 통일 수업 모듈의 일반적 절차이며, **2**는 학생 중심 창의적 통일 수업 모듈의 일반적 학습 절차를 활용한 '다른 사람이 처한 환경에 서보기' 도덕과 통일 수업 모듈의 학습 절차이다. **3**은 학생 중심 창의적 통일 수업 모듈을 기반으로 '다른 사람이 처한 환경에 서보기' 도덕과 통일 수업 모듈의 <예시 모형 프로그램>이다. 이러한 일반적 모듈, 모형, 절차는 하나의 <예시>이기에 모든 수업에 획일적으로 적용할 것을 기대하기보다는 각 교사가 다양한 수업 상황에 맞게 수정 및 새롭게 구성하여 수업에 적용 및 활용할 것이 요구된다. 그것은 수업을 결정하는 다양한 수업 변인들이 존재하며 이에는 교사의 통일 수업 구성에서의 창의성이 요구되는 부분이기 때문이다.

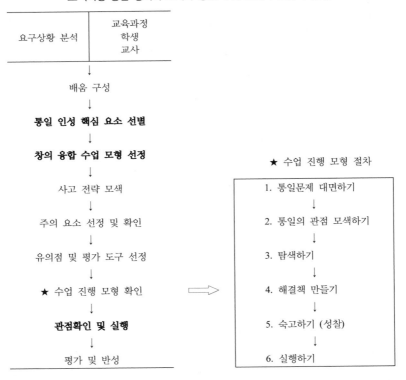

■ 〈학생 중심 창의적 도덕과 통일 수업 모듈의 일반적 절차〉

2 〈다른 사람이 처한 환경에 서보기 학습 절차 (예시)〉

배움 구성	배움 그룹 형성 (인원설정→인권구성→조장 및 팀원 역할선정)
	경험공유 → 문제확인 → 관점확인 → 대안 제시 → 해결안 적용 및 성찰 → 실천
도덕성 핵심 요소	공감, 도덕적 상상, 통일 상상
창의 융합 수업 모형	액션 러닝(Action Learning), 문제기반학습(PBL)
사고 전략	TRIZ, CoRT, WICS
주의 요소	도덕적 성찰
유의점	다른 사람의 입장에 서서 사고하기, 예) 탈북청소년의 입장

3 〈다른 사람이 처한 환경에 서보기(예시 수업 모형)〉

[도입] 다른 사람의 입장에 서본 경험 나누기

[전개1] 나와 다른 환경에 처한 사람의 입장 되어보기, 예) 탈북청소년의 입장

해결해야 할 맥락형 과제를 선택한다.		1. 문제 만나기 ↓		→	1) 동기유발 2) 문제파악 3) 관점채택
그룹 구성원과 사례를 공유한다.		2. 관점 모색하기 ↓			
공동의 해결책을 마련한다.	←	3. 탐색하기 ↓			
해결책을 실천한다.		4. 해결책 만들기 ↓		→	가상 연습 (시뮬레이션)
한발 물러서서 실천의 결과를 관찰하고 그 이유를 분석한다.		5. 숙고하기 (성찰) ↓ 6. 실행하기			

[전개2] 다양한 관점 경험하기

1) 모든 요인 고려하기
2) 가능한 대안들의 결과 생각하기
3) 목표들에 대해 생각하기
4) 우선순위 정하기
5) 다른 사람의 입장에서 결정하기

나와 다른 타인의 입장에 서본 경험 공유하기

[다짐]

각오 다지기 : 다양한 활동을 통한 실천 의지 확립

[실천하기]

시뮬레이팅 : 가상 실천	모의실천 : 역할극 활용
실제 실천 : 실제 사례 적용	반복하여 내면화하기 : 생활 속 실천의 습관화 : 내면화

<table>
<tr><td colspan="2">■ 도덕적 상상과 다른 관점을 연습하기 위해 사용할 수 있는 CoRT (1) OPV 사고
기법 활용(예)
- 내가 만약 코리안 디아스포라라면?
- 내가 만약 북한 주민이라면?
- 내가 만약 탈북청소년이라면?
- 내가 만약 선천적인 특정 장애를 갖고 태어났다면?
- 내가 만약 태어나자마자 외국에 입양된 아이라면?
- 내가 만약 난민이라면?
- 내가 만약 북한에 살고 있다면?
- 내가 만약 개인의 자유가 보장되지 않는 곳에 살고 있다면?
- 내가 만약 그러한 범죄의 피해자라면?
- 내가 만약 배우고 싶어도 배울 수 없는 경제 환경에 놓인 학생이라면?</td></tr>
</table>

이와 같은 프로그램 예시 모형은 차시별 수업에 따라 적절하게 교사에 의해 변형 및 수정되어 사용 가능하다. 중요한 것은 모든 상황에서 내가 아닌 다른 사람의 입장 특별히 사회적 약자, 탈북청소년, 북한주민 등의 입장에 서보게 하는 경험이다. 모의 경험이 진실 될수록 학생들은 타인의 고통을 경험하고 그에 대한 공감 능력을 향상하게 될 것이다. 각기 활동에는 학생들의 주의 집중 능력과 노력이 함께 요구된다.

V. 결론

창의성에 대한 도덕적 성찰을 함께 논하려는 연구들은 진정한 창의성은 그것이 도덕적일 때 얻어질 수 있는 것으로 이해한다. 도덕적 창의성은 두 가지 측면에서 접근 및 정의 가능하다. 첫째, '도덕적' 창의성으로서 창의성의 영역에서의 도덕성에 대한 문제를 말할 수 있으며, 둘째, 창의적 '도덕성'으로 도덕적 영역에서의 창의적인 사고의 발현을 이야기할 수 있다. 도덕성을 발현하는 것은 공적인 도덕의 경우 타인에 대한 관심과 타인에게 벌어질 사건들에 대한 예측 그리고 타인의 마음을 읽고 그에 반응해야 한다는 고차원적인 측면에서의 도덕적 상상력을 필요로 한다. 이 영역은 고도의 도덕적 창의성이 요구되는 부분이라 할 수 있다. 본 연구에서는 도덕적 상상력과 연계되는 창의적 통일 인성의 부분에 주목하고 이를 발현시키기 위한 방안의 하나로 학습자 중심수업과 창의적 사고기법들에 대한 활용을 일반적인 사고기법 모듈로 제안해 보고자 하였다.

창의성과 도덕성 및 인성의 관계에 대한 대표적 고찰은 마슬로우의 자아실현인에 대한 설명에서 얻을 수 있다. 마슬로우는, 자아실현인이 지닌 특성 중에서 그들이 절정경험의 순간을 평범한 사람들보다 보다 자주 전적으로 경험한다는 점과 그들의 삶과 행위에서 보여주는 창조성이라고 설명한다. 마슬로우는 자아실현인이 경험하는 절정경험에서 지각된 세계의 기술로서 존재가치를 제시한다. 그는, 인간은 절정경험에서 진실, 선, 아름다움, 전체성, 생동감, 유일성, 완전성, 완성, 정의, 순진성, 윤택함, 애쓰지 않음, 즐거움, 자아충족과 같은 14가지의 존재가치를 지각하게 된다고 설명한다. 한편, 스턴버그는 창의성을 도덕적인 문제로 인식한다. 도덕적 선함이 없이 창의적이라고 부를 수 없다고 보았다. 현대의 창의성 연구자들은 도덕성과 창의성을 별개의 것으로 상정하기보다 둘 사이를 상호 유기적인 측면에서 이해하는 경향을 보인다.

액션 러닝(Action Learnig), 문제기반학습(PBL)과 같은 학습자 중심수업과 알츠슐러의 TRIZ, 스턴버그의 WICS, 드보노의 CoRT와 같은 창의적 사고기법들은 보다 적극적이고 학생의 주도적인 학습 방법으로 창의적인 측면에서의 도덕적 사고, 즉 도덕적 창의성을 교육할 수 있는 도구들을 제안한다. 이러한 교수법과 사고기법들의 도덕과 통일 교육적 함의는 다음과 같다. 첫째, 통일 수업이 지식의 전달에 매몰되는 수업이기보다 학생들의 삶의 맥락을 교실 현장으로 끌어들이려는 노력이 필요하다. 둘째, 학생들 상호 동료 간의 협업을 통해 함께 문제를 해결하고자 하는 동기를 북돋울 수 있는 통일교육 환경을 마련할 필요가 있다. 셋째, 학생들의 자발적이고 주도적인 도덕적 영역으로의 발걸음을 내딛게 하는 통일 수업 기법 방안들이 필요하다. 넷째, 도덕과 통일 수업의 방법적인 측면에 적합한 측면들의 고려를 기반으로 학습자 중심 수업방법들과 창의적 사고기법들을 적극 활용할 것이 요구된다. 마지막으로 학생들의 사고 관점을 변화시키기 위해서는 실제 도덕과 통일 수업 현장에 적용 가능한 일종의 구체적 '도구'로서의 프로그램 수업 모형, 사고기법 모듈이 필요하다.

결과적으로 학습자 중심수업과 창의적 사고기법들의 고찰을 통해 도덕과 통일 수업 설계를 위한 다음의 사항들을 제시할 수 있다. 1) 생각하는 연습을 하는 것만으로는 부족하며 생각을 하는 방법에 주의를 기울일 필요가 있다. 2) 교육과정과 학생의 삶의 맥락을 동시에 고려한 문제를 제공하고 학생 스스로 해답을 찾아갈 수 있도록 교사가 조력자의 역할을 할 필요가 있다. 3) 학습자들은 배움 과정에서 끊임없는 삶의 질문을 제기할 수 있는 여건을 제공받을 필요가 있다. 4) 배움 그룹에 참가한 학생들은 다른 사람들과 자신의 사례에 대해 공유할 수 있는 기회를 제공받아야 한다. 5) 상황에 대한 다양한 관점에 설 수 있도록 하는 연습의 장과 도구가 필요하다. 이를 기반으로 학생 중심 창의적 통일 수업 모듈의 모형을 구안하여 적용할 수 있다. 본 모형은 '경험 나누기→문제확인→관점확인→대안 제시→해결안 적용 및 성찰→실천'의 과정을 거치며 각 단계마다 필요한 창의적 사고기법들의 도구들을 도덕교육, 통일교육의 측면에서 재구성하여 활용 가능하다.

결론적으로 도덕과 통일 수업에서 교육과정과 학생들의 삶의 맥락을 고려한 윤리적 문제들을 제시하고 이에 학생들이 깊이 숙고할 수 있는 교육 여건을 마련할 필요가 있다. 아울러 학생들의 문제해결에 있어 자신만의 시각이 아닌 다른 사람의 입장에 서 볼 수 있는 사고의 전환 연습 훈련이 지속해서 요구되며 이는 사고 연습 도구에 의해 구현 가능하다. 학생들은 이러한 교사들의 노력으로 보다 생동감 있고 내실 있는 통일교육에 참여하는 기회를 얻게 될 것이다. 학습자 중심수업과 창의적 사고 훈련을 강조하는 연구자들의 견해를 참고하여 통일교육 영역에서도 도덕과의 특성을 온전히 담아 낼 수 있는 보다 체계적인 창의적 통일 인성 향상 수업이 진행되길 바란다.

제14장

P4C와 미디어 리터러시 융합의
비판적 반성 사고를 위한 통일교육

Ⅰ. 서론

지난 3세기 동안 인류 역사상 가장 중요한 발전이라 일컬어지는 4차 산업혁명은 획기적인 변화 기술 트렌드로 인간 삶의 양식을 바꾸고 있다. 인간의 지능과 관련된 복잡한 기능을 수행하는 능력으로 주목받는 인공지능은 논리, 추론, 계획, 학습, 인식과 같은 인간과 유사한 특성을 가진 컴퓨터 소프트웨어로 자율 주행 자동차, 애플 시리(Siri), 아마존 알렉사(Alexa), 구글(Google) 등에서 사용이 증가하고 있다. 기술 진보는 사회적, 경제적 변화뿐만 아니라 교육 분야에서 창의성과 혁신을 높이기 위한 전략적 접근과 같은 시스템의 재창조를 요구한다. 교육현장에서 인공지능은 로봇 교사에 국한되지 않고 교과 과정, 교육 및 학습의 전 분야와 관련되기에 모든 교육 전략은 디지털 교육 시스템 변화의 영향을 고려하여 다양한 분야의 '융·복합적인 학제 간 접근' 시도와 '미래 세대에게 필요한 교육역량'을 고민할 필요가 있다. 다시 말해, 교육 및 인적 자원 개발 방향에서 인공지능 시대를 주도할 인재를 육성하기 위한 교육

방식의 근본적 혁신 방안 논의가 절실하다. 다중 분야의 아이디어를 이끌고 미래 사회에서 제기될 예측 불가능한 문제들을 도덕적으로 해결할 수 있는 사고 역량을 배양하도록 학생들을 교육할 필요가 있다. 인공지능 시대는 인류에게 디지털 시민의 지위에 걸맞은 자질 및 기질, 행동 양식, 가치관을 요구하기에 기술과 결합한 사회 인문학적 사고로서 비판적 사고에 대한 관심이 부각된다.

비판적 사고는 개인적, 시민적 성장에 기여하며 현재 전 세계적으로 교육의 중요한 목표로 강조되고 있다(N. Noddings & L. Brooks, 정창우 외 역, 2018: 86-87). 비판적 사고교육은 도덕과 통일교육에도 중대하게 요청되는데 통일에 대한 획일적 가치 수용, 담론과 합의 부재, 공존 가치 결여 등과 같은 일률적이고 무비판적인 통일교육은 주입식, 획일화된 교육으로 치달을 우려가 있을 뿐만 아니라 학생들의 통일 관심, 참여 동기, 통일 공감대, 건전한 통일 의식 등을 이끌기 어렵다. 이로 인해 담론 및 숙의 그리고 사회통합 부재에 의해 형성된 일방적인 체제 통일은 통일 이후 사회 혼란, 남북주민 간의 반목과 질시, 사회 구성원 간 심리적 분열과 사회갈등을 야기할 수밖에 없다.

그러므로 통일교육은 국가 정치 철학에 의해 독단적으로 주도되는 시각에 의존하기보다 가치에 기반을 둔 대화, 협의, 숙고, 토론 및 토의 등의 비판적 사고 활동을 통해 사회적 협약 도출로써 통일 합의를 마련하는 통일과정을 함께 요구한다. 특히 통일교육 현장에서 미디어 세대인 학생들은 건전한 통일 의식 및 정서, 평화적 문제해결 능력, 숙고한 통일 담론 형성 능력과 더불어 디지털 플랫폼에 의해 조종되지 않는 디지털 리터러시 능력과 같은 비판적 통일 사고 역량을 갖출 필요가 있다. 따라서 인공지능 시대를 이끌 미래 세대를 위한 통일교육은 명제적 지식과 방법적 지식의 융합을 필요로 하며 그 어느 때보다 학생들의 비판적 사고, 디지털 리터러시 능력 개발을 요구한다.

본 연구에서는 인공지능 미래 사회에서 학교 통일교육의 패러다임 전환의 한 방편으로 사유와 성찰을 중시하는 어린이 철학교육과 비판적 사고를 강조하는 미디어 리터러시 교육을 융합한 통일교육 방법의 가능성과 방안을 고민한다. 이를 위해 첫째, 현재 통일교육의 문제점 및 인공지능 시대의 특성, 어린이 철학교육과 통일교육과의 연계를 살펴봄으로써 학교 통일교육에서 비판적 사고교육으로서 어린이 철학교육(P4C)의 필요성을 살펴본다. 둘째, 미디어 리터러시 교육과 평화공존의 통일교육 내용 및 방법 요소를 진단한다. 셋째, 어린이 철학교육과 미디어 리터러시 교육을 융합한 성찰 및 숙고 지향의 학교 통일교육의 의의, 방향, 방법을 개괄적으로 탐구한다. 궁극적으로 본 논의는 4차 산업혁명 인공지능 시대의 미래세대를 위한 통일교육의 개선 방안을 제안하고자 한다. 이를 위해 어린이 철학과 미디어 리터러시를 고찰하여 비판적 반성 사고를 위한 통일교육 방법의 개념과 이론은 P4C를 통해, 기법과 구조는 미디어 리터러시를 적용하여 전개하고자 한다.

II. 어린이 철학교육(P4C)과 통일교육

1. 인공지능 시대 비판적 사고와 어린이 철학교육

1) 인공지능 시대 비판적 사고 필요성과 통일교육

4차 산업혁명이 다양한 분야에서의 급격한 변화를 줄 것으로 예상하는 만큼 우리 사회는 경제, 산업, 의료분야 등의 다양한 영역에서 준비를 요구한다(한승호, 2020: 52). 인공지능은 추론, 의사결정과 같은 인간의 사고력으로만 이루어지던 작업 영역에까지 활용되고 있다. 자율 주행 자동차, IBM의 왓슨 등은 인간의 독점적 능력이라 여겨졌던 패턴 인식과 복잡한 의사소통 영역에까지 컴퓨터가 빠른 속도로 진화하고 있음의 방증이다. 미래 사회는 인류에게 지식이나 단순 추론이 아닌 사회 전체의 역동성을 관통해 직관 및 통찰할 수 있는 기술 이상의 재능을 갖출 것을 요청하기에 사고 역량 개발이 촉구된다. 인류에게 필요한 상위 10가지 기술로 2016 미래직업보고서가 제시한 내용을 중요도 순서에 따라 살펴보면, (1) 복잡한 문제해결, (2) 비판적 사고, (3) 창의성, (4) 인간 관리, (5) 타인과의 조정 능력, (6) 감정 지능, (7) 판단 및 의사결정, (8) 서비스 지향, (9) 협상, (10) 경청이다(Karacay, 2018: 129).

교육 변화는 미래를 살아갈 디지털 세대 학생들이 암기할 수 있을 뿐만 아니라 차별화된 정보를 적절하게 처리하고 '비판적으로 사고'할 것을 요구한다(Chea et al., 2019: 81-85). 비판적 사고는, 협의로 정의하면 설득력 있고 논리적이며 합리적인 주장에 근거하여 문제에 접근하고 해결하는 사고 방법이다. 이는 주어진 과제의 정답 확인 및 평가, 선택, 다른 대안의 합리적 거부를 포함한다

(Florea et al., 2015: 565). 광의로는 관련 정보를 체계적이고 명확하게 평가하고 열린 마음으로 생각하며 다른 사람들과 효과적으로 의사소통하는 것을 말한다(Duron et al., 2006: 160).

이러한 상황에서 학교 통일교육 역시 4차 산업혁명 시대에 부합하는 교육방안을 마련할 때다. 통일교육원을 중심으로 우리 정부도 기존의 교육 방식의 틀에서 벗어나고자 변화를 시도하고 있다. 대표적인 예로 통일교육원은 SNS를 활용한 평화통일 교육을 시행하고 있다(한승호, 2020: 52). 그런데 통일교육 학교현장에서 제기되는 문제들로 기존 교육체제의 한계와 모순, 왜곡된 근대화의 문제, 일방적 주입식 교육의 한계(안승대, 2019: 73) 등이 제기된다. 이 가운데 통일교육 현장에서 일방적 교육의 문제를 극복하기 위한 방안으로 도덕교육학 기반의 체계적인 교육 방법 마련이 촉구된다. 특히 통일에 대한 기대가 부족한 학령기 세대에게 통일의 필요성과 관련하여 통일의 당위성, 통일 편익 등을 강권하듯 교육하는 것은 오히려 통일교육의 역효과를 유발할 가능성이 매우 높다.

따라서 통일교육 현장에서 참작할 것은 학생들 스스로 생각하고 사고하게 하는 방법 모색이다. 학교 교육에서 학생들의 기본 자질 및 능력 강화를 위해 주목해야 할 역량으로서 비판적 사고 능력에 관심을 기울일 필요가 있다. 비판적 사고는 창의적인 문제 발견 및 해결 능력, 다양한 사람들과 협력할 수 있는 능력, 민감성 및 리더십, 도전 동기부여 능력, 타인존중 및 배려의 태도와 자세 등과 같이 인지적 측면뿐만 아니라 정서적 측면을 포함하는 총체적 사고기법이다.

학생들의 비판적 사고교육을 위한 유용한 도구 중 대표적인 것은 철학교육이다. 수 세기 동안 철학은 비판적 사유와 관련된 복잡한 인지 능력과 기질을 요구하는 지적 활동으로 간주되었다. 일부 철학자들은, 아이들은 철학을 할 수 없다고 주장하기도 했다. 그러나 립맨(Matthew Lipman), 매튜스(Gareth Matthews), 프리차드(Pritchard)와 같이 어린이 철학교육을 지지하는 학자들은 아이들도 철학을 할 수 있다고 생각했으며 이들을 '어떻게 교육해야 하는가'에 대한 '방법'을 제안했다. 어린이를 위한 철학교육에서 대표적인 것은 '어린이 철학교육(Philosophy for Children, 이하 P4C)'이며 대표자인 립맨은 보다 입체적이고 포괄적인 입장에서 비판적 사고에 접근한다.

1970년대 립맨은 아동철학진흥원(IAPC) 설립을 통해 P4C를 개발했다. 이 조직은 철학적 대화를 통해 학교 수준에서 '사고 기술'을 가르치는 아이디어를 대중화하고 발전시켰다(Gorard et al., 2015b: 5). 당시 미국에서는 추론에 중점을 두는 것이 교육개혁의 필수 요소이며 교육 내용에 철학을 도입하는 것이 그 요소를 발휘할 수 있는 최상의 교과 과정 및 교육 희망이라는 확신이 있었다. 립맨은 P4C 학교 교육 실천의 대표자로 '해리 스톨마이어의 발견(Harry Stottlemeier's Discovery, 1974)'이라는 철학 소설을 저술했는데, 학생 집단 간의 대화를 자극하는 것을 목표로 하는 이 소설에서 해리라는 인물은 철학적인 문제에 대해 비평적인 대화에 참여하는 실제 아이를 묘사했다(Vansieleghem et al., 2011: 172-173). P4C는 학교와 교육정책에 대한 영향력이 커지면서 중요한 교육 철학 운동이 되었다.

2) 비판적 사고를 위한 기본 개념: 반성적 사고와 P4C

립맨의 견해는 듀이의 실용주의 철학에 강하게 영향을 받은 '반성적 사고(reflective thinkig)' 개념에 기초하고 있다. 듀이는 더 나은 사고방식으로 성찰 즉 반성적 사고를 생각했다. 그는, 반성적 사고는 주제를 마음속에서 반추하고 진지하고 연속적으로 신중하게 고려하는 사고의 과정으로 정의한다. 그는 잘 생각하는 법, 특히 반성적 사고의 일반적인 습관을 얻는 법을 배워야 한다고 강조했다(Dewey, 1933: 3, 35; Ramsey, 2003: 123, 127 재인용). 이 점에서 어떤 신념이나 생각에 대한 적극적이고 지속적이며 신중한 고려인 반성적 사고는 비판적 사고와 긴밀하다.

비판적 사고는 역사적으로 소크라테스의 대화법으로 거슬러 올라가는 반사적인 사고로 생각하는 능력과 기술이다. 글래서(Edward Glaser)는 듀이의 생각을 발전시켜 반성적 사고를 내면의 문제와 주제를 사려 깊게 고려할 수 있는 태도이며 논리적으로 조사하고 추론하는 방법으로 보았다. 그리고 이러한 사고방식을 적용하는 기술로 비판적 사고(critical thinking)를 제시했다(Glaser, 1941: 5). 반성적 사고는 신뢰할 만한 것을 결정하는 데 중점을 둔 합리적인 사고이며 어떤 주제, 내용, 문제에 관한 사고방식이라는 점에서 비판적 사고와 연관된다. 특히 립맨의 비판적 사고는 기본적으로 듀이의 반성적 사고에 기초하여 이를 창의적 사고와 배려적 사고에까지 발전시킨 이론이다.

립맨의 비판적 사고에 담긴 반성적 사고의 이해는 다음과 같은 듀이의 성찰, 즉 반성적 사고의 의미 탐구를 통해 얻을 수 있다. 첫째, 성찰은 학습자와 경험에 대한 심층적인 이해를 통해 학습자를 한 경험에서 다음 경험으로 이동시키는 의미 있는 과정이며 본질에서 도덕적 목적을 위한 수단이다. 둘째, 성찰은 과학적 탐구에 뿌리를 둔 체계적이고 엄격한 훈련된 사고방식이다. 셋째, 성찰은 다른 사람들과의 상호작용으로 공동체 안에서 이루어져야 한다. 넷째, 성찰은 자신과 타인의 개인적, 지적 성장에 가치가 있는 태도를 필요로 한다(Rodgers, 2002: 845-848). P4C는 비판적 반성 사고를 추구하기에 교실에서 아이들은 활발한 상호 진술 및 응답을 경험하고 교사는 관찰자로 사고 촉진자의 역할을 한다(Mitias, 2004: 18). P4C는 아이들과 철학을 할 때 사실이나 정보를 가르치려고 노력하지 않고 지식을 조사하고 연관성 및 추론을 실현하는 방법에 초점을 맞춘다. 이후 매튜스는 교육자의 관점보다는 철학자의 입장에서 어린이 철학교육 문제에 접근하여 어린이의 본질적인 경이에 바탕을 둔 아이들과 함께하는 철학 대화 개념을 도입했다. 그는 무지한 존재로서가 아니라 이미 철학적으로 이성을 발휘할 수 있는 능력을 갖춘 지성적인 대리인으로 어린이를 재고할 필요성을 강조하며 '아동기의 철학(philosophy of childhood)'으로 알려진 분야의 토대를 마련했다

1990년 BBC는 P4C가 미국의 가장 혁신적인 학교 중 하나에서 실행되고 있다는 것을 보여준 다큐멘터리인 '6세 소크라테스'를 방영했다. 이 다큐멘터리는 영국의 학자, 학교 교사, 교육 서비스 제공자, 자선단체 사이에 많은 관심을 불러일으켰으며, 1992년 사페레(The Society for Advancing Philosophical Enquiry and Reflection in Education, SAPERE)가 설립되면서 그 결실을 보았다. 비영리 단체인 사페레는 교육 자원 개발과 교사 연수과정 제공과 함께 영국 학

교에서 P4C 사용을 장려했다(Gorard et al., 2015b: 5). 모든 교육 연령 범위에서 실행된 P4C는 공립학교에서 철학을 교육 내용 영역으로 확립한다는 현실적 목표를 가지고 철학과 어린이 개념 사이의 관계를 탐구하는 데 주력했으며 이후 40여 년 동안 전 세계로 퍼져나갔다.

철학적 대화를 통해 학생들의 비판적 사고개발을 목표로 하는 어린이 철학교육이 인공지능 시대 교육현장에 중요한 이유는 다음과 같은 P4C의 등장 배경을 통해서도 드러난다. P4C가 등장하게 된 배경에는 '어떻게 학교 교육이 도덕적 향상을 가져올 수 있는가'라는 근본적인 질문이 놓여있었다(Cam, 2014: 1203).

소크라테스는 '숙고하지 않은 삶은 가치 있는 삶이 아니며, 철학적인 삶의 탐구에는 협력적인 탐구가 필요하다'라고 믿었다. P4C는 아이들이 이성을 조건으로 사회에 참여할 수 있도록 협력적 탐구를 통해 철학을 가르쳐야 한다고 제안한다. 특히 '고차적 사고'와 '탐구공동체(Community of Inquiry)'를 강조한 립맨이 효과적인 도덕교육으로 제안한 것은 '윤리적 탐구'이다. 윤리적 탐구는 학생들의 도덕교육을 위해 사고의 모든 측면을 배양하는 윤리적 탐구 과정에 학생들이 적극적으로 참여하도록 한다. 고차적 사고의 양성은 학생들로 하여금 비판적이고 창의적이며 배려 깊은 사고를 하게 한다. '비판적 사고'는 논리적, 인식적 능력의 강화와 관련되고, 발명과 발견을 포함하는 '창의적 사고'는 예술적, 과학적 탐구 과정으로 구성되며, '배려적 사고'는 능동적 사고, 정서 및 가치 사고를 포함한다.

2. P4C의 비판적 사고와 통일교육

1) P4C의 비판적 사고교육 방법과 특성

P4C는 학생들이 철학적인 문제에 초점을 맞춘 집단 대화에 참여하는 방식을 가르침으로써 이들이 질문하고 논리적으로 토론할 수 있도록 돕는다(Gorard et al., 2015a: 3). 어린이 철학교육은 학생들이 그룹에서 질의하게 하는 교수 방법을 포함하며 토론을 생성하기 위해 고안된 텍스트를 이용해 학생들을 철학에 입문시키는 프로그램으로 미국에서 1970년대부터 활발하게 성장했다. 프로그램의 영향에 대한 실험적 연구들은 아이들이 비판적 사고의 기반이 되는 추론, 독해, 수학 능력 면에서 상당한 향상을 보였다고 보고한다(Lam, 2013: 68-69).

P4C는 듀이와 비고츠키의 영향을 받았는데 이들은 단순히 암기만을 위한 교육이 아닌 '사고를 위한 가르침'의 필요성을 강조했다. P4C는 철학적 사상의 활용과 더불어 특별하게 작성된 이야기를 이용한다. 아이들은 철학이 수반되는 일종의 담화와 대화에 참여하게 되는데 여기서 타당성, 추론, 받아들일 수 있는 것과 받아들일 수 없는 형태의 도덕적 판단을 구별하기 위한 기준을 발견하도록 요구받는다(Lipman, 2017: 9). 교육 방법과 내용적인 측면에서 P4C는 학생들에게 진실, 공정성, 왕따 같은 철학적인 개념에 초점을 맞춘 집단 대화에 도덕적으로 참여하는 방식을 가르친다.

P4C 교육 방법의 대표적인 것은 성찰하는 탐구공동체인데 이는 공동체, 탐구, 성찰이라는 주요한 3가지 구성요소를 포함한다(McRae, 2004: 32). 이것이 목표로 삼는 것은 학생들이 논리적으로

생각하고 의견을 말하며 논쟁에서 적절한 언어를 사용하고 다른 사람들의 견해와 의견에 경청하는 것이다. P4C 실행에서 교사와 학생은 모두 서로를 바라보고 이야기를 들을 수 있도록 원을 그리며 앉는다. 프로그램은 학생들과의 세션 수행에 대한 가이드라인 협상으로 시작되며, 이것의 목적은 모든 학생들이 동의하는 기본적인 의사소통 규칙의 제정이다(Gorard et al., 2015b: 9). 연구에 의하면, 어린이 철학교육 프로그램에서 활용하는 탐구공동체는 도덕적 정서인 '공감' 발달 촉진에도 중요한 수단으로 작용했다(Schertz, 2007: 185). P4C는 학생들이 논리적으로 생각하고 의견을 말하며 논쟁에서 적절한 언어를 사용하게 할 뿐만 아니라 다른 사람들의 의견에 경청하도록 한다.

립맨은 윤리적 탐구가 공예와 같은 위치에 있기 때문에 학생들은 공예 견습생이 되며 교실은 이러한 목적으로 윤리적 탐구공동체가 된다고 보았다(Lipman, 1987: 139). 그는 효과적인 도덕교육을 위해 학생들이 윤리적 탐구에 적극적으로 참여해야 한다고 강조했으며, 윤리적 탐구가 학생들 사고의 모든 측면을 배양한다고 보았다(Lipman, 1995: 61). 그의 표현대로 P4C라는 비지시적 도덕교육은 아이들에게 윤리적 탐구에 종사하도록 가르친다. P4C의 비판적 사고교육 특징은, 학생들이 비판적인 맥락이라 할 수 있는 일종의 윤리 아틀리에에서 연관된 도구, 방법, 관행, 절차를 습득함으로써 도덕적 추리에 능통함을 배울 뿐만 아니라 타인존중, 경청, 공감과 같은 도덕적 정서 능력을 익히게 된다는 점이다.

2) 통일교육과 P4C의 고차적 사고

우리나라에서 어린이 철학교육 연구는 2000년대 초반부터 윤리교육, 도덕교육, 철학교육, 교육학, 철학 등의 분야에서 본격적으로 시행되었다. 현재 도덕·윤리교육, 도덕교육학 학문 분야에서 어린이 철학교육에 대한 연구자들의 관심은 2000년대 초중반에 비해 다소 소극적인 편이다. 그러나 인공지능 시대 학생들에게 도덕적 사고의 측면인 반성적 성찰과 비판적 사고가 더욱 요청된다는 점을 고려할 때, 고차적 사고개발을 위해 가치에 대한 철학적 탐구를 주된 목적으로 하는 P4C는 도덕·윤리교육, 통일교육 현장에서 주목된다. 특히 한 인간의 성장과 발달과정에서 학교생활 기간은 바른 가치관 및 대인 관계 형성을 위해 매우 중요한 시기인 만큼 P4C의 역할은 그만큼 중대하다.

통일교육의 관점에서, 이미 남북분단 상태에서 태어나 살아온 세대인 초중고학생들이 남북통일의 당위성에 대해 의문을 갖는 것은 당연하다. 그들은 분단된 현실을 태어나면서부터 자연스러운 삶의 일부분으로 여기며 생활해왔다. 그런데 분단 이후 세대인 이들은 미래 통일 세대로서 통일을 준비하고 통일을 진행하여 통일을 달성해야 하는 중차대한 임무를 지니고 있다. 이 점에서 이들에 대한 통일교육 방법에 고심할 필요가 있다. 통일의 당위성에 대해 기성세대와 다른 관점을 지닐 수밖에 없는 학생들에 대한 통일교육은 과거의 답습을 뛰어넘어 이들의 특성을 고려하면서 시대 및 사회 환경에 적합하게 변용되어 제시될 필요가 있다.

미래 통일 세대의 특징 인식과 더불어 도덕·윤리과 통일교육에서 관심을 기울일 사항은 평화, 정의, 인권 등의 가치에 대한 지향,

한반도 분단 및 통일 관련 지식에 대한 올바른 인식 및 시각, 통일 태도와 심정, 통일 사고, 통일철학, 통일 감수성 등의 총체적 의미로서의 통일 역량이다. 이러한 통일 역량 가운데 통일에 대한 숙고, 숙의, 반성적 사고를 포함하는 건전한 통일관 즉 통일철학 확립을 위해 고차적 사고로서의 비판적 사고가 주시된다. 또한 방법적인 차원에서 통일교육은 한반도의 항구적 평화정착과 평화적 통일의 성취라는 주요한 관점을 포함하기에 통일교육에서 학생들로 하여금 사유와 심성에서 비폭력적 삶의 방식을 익히도록 함으로써 갈등에 대한 평화적 해결 능력, 평화적 감성 및 태도를 강화할 것이 기대된다. 학생들이 통일에 대한 심의와 숙의 과정을 통해 평화 기반의 통일 담론을 형성하게 하는 것이 중요하며, 이는 평화와 통일에 대한 도덕적 탐구공동체 활동과 같은 P4C의 비판적 사고 활동을 통해 가능하다.

학생들의 문제해결 능력과 자존감에 대한 P4C 프로그램의 효과 결과에서 실험 그룹 학생들은 자존감이 크게 향상되었고 문제 중심의 문제해결 스타일이 크게 증가한 반면, 감정 중심 스타일은 크게 감소했다. 즉 P4C는 학생들의 사회인지 능력을 증진하는 데 유용하고 이들이 '사고력'을 더욱 발휘하게 하며, 더 유연하고 '사려' 깊고 합리적인 것을 배우게 한다(Seifi et al., 2011: 66). 립맨의 주장대로 P4C는 첫째, 아이들에게 도덕적인 문제에 대해 자율적으로 생각할 지적 도구를 주고 이러한 문제의 형이상학적, 논리적, 심미적 차원을 탐구하게 하며 그들 자신이 답을 형성해 가는 것을 목표로 한다는 점, 둘째, 타인의 의견에 경청하게 함으로써 공감의 능력을 발달시킨다는 점, 셋째, 타당한 도덕적 근거들을 확인하게 함으로써 도덕적 추론을 가능하게 한다는 점, 넷째, 아이들로 하여금 타인을 생각하고 사려 깊고 객관적이며 합리적인 방식으로 윤리적인 문제를 논의하도록 한다는 점 등에서 도덕·윤리교육에서 통일교육을 위한 교육 방법으로서 의미를 갖는다. 학교 도덕과에서 학생들의 통일에 대한 고차적 사고 배양은 수업 현장에서 이들로 하여금 비판적이고 창의적이며 사려 깊은 숙고자가 되도록 요청하는 P4C 접근법을 통해 이루어질 수 있다.

III. 미디어 리터러시와 통일교육

1. 학생 특성과 미디어 리터러시

1) 디지털 환경과 리터러시 능력

미디어 환경은 지난 수십 년 동안 급격하게 변화했다. 미디어 플랫폼의 전환과 변화를 통한 알고리즘의 진화와 자동화는 컴퓨터 기계 학습 기법의 사용을 가능하게 했다. 코호트 관점에서 본다면 밀레니얼 세대는 디지털 방식이지만 디지털 원주민인 Z세대는 모바일 및 앱 세대이기에 이들의 세계에 대한 렌즈는 멀티앱 실행 화면이다. 의사소통 방식에 있어 이들은 모든 질문에 즉각적인 답변을 기대한다. 소셜미디어에서도 밀레니얼 세대를 위한 플랫폼이 페이스북이었던 반면, Z세대는 인스타그램을 선호한다(Loveland, 2017: 36). 디지털 세대에 있어 미디어는 삶의 수단을 넘어 '삶의 터전'이기에 미디어에 대한 학생들의 대처 능력 향상에 대한 요구는 미디어 리터러시 교육을 포함한다. 미디어 리터러시는 미디어 사용 능력으로서 비판적으로 생각하고 탐구하고 표현하도록 돕는다.

미디어 리터러시는 개인이 디지털 정보에 접근, 탐색, 이해, 기여하는 데 필요한 일련의 기술이다(Baron, 2019: 343). 1992년 미국 미디어 리터러시에 관한 리더십 컨퍼런스(National Leadership Conference on Media Literacy)에서 제시한 이러한 정의는 널리 받아들여지고 있다. 미국 미디어 리터러시 교육협회(NAMLE)는 미디어 리터러시를 모든 형태의 커뮤니케이션을 사용하여 접근, 분석, 평가, 생성, 행동하는 능력으로 정의한다(Bulger et al., 2018: 7). 미디어 리터러시는 시청각 문해력, 디지털 문해력, 광고 문해력, 인터넷 문해력, 영화 문해력, 시각적 문해력 등과 관련이 있다.

2) 통일교육과 미디어 리터러시의 비판적 사고

전통적으로 미디어 리터러시의 근본적인 목표 중 하나는 미디어에 대한 비판적 사고를 발휘하고 이념과 가치를 표면화하는 능력을 개발하는 것이다(Cappello, 2019: 1-9). 우리나라의 경우, 교육부는 2019년 '학교 미디어 교육 내실화 지원 계획(교육부, 2019)'을 발표함으로써 학교 미디어 교육을 위한 범부처 협업의 체계적 지원망 구축과 운영을 도모하였다. 여기에서 특히 책임감 있는 미디어 이용이 강조된다. 일반적으로 미디어 리터러시는 미디어에서 생성된 메시지에 대한 진지한 참여를 촉진하는 능력으로 설명되기에 학자들은 대부분 '비판적 사고'와의 관련성에 주목한다.

미디어 리터러시 교육은 비판적 사고, 효과적인 의사소통, 활동적인 시민이 되기 위한 탐구 습관과 표현 기술을 개발하도록 돕는 것으로 핵심 원칙은 다음과 같다. (1) 우리가 얻고 작성하는 메시지에 대한 적극적인 질의와 비판적 사고를 요구한다. (2) 모든 형태의 미디어를 포함함으로써 읽기/쓰기 개념을 확장한다. (3) 모든 연령의 학습자를 위한 기술을 구축하고 강화한다. 이러한 기술은 반복적인 연습을 필요로 한다. (4) 민주사회에 필수적인 정보화, 반성, 참여를 발전시킨다. (5) 미디어가 사회화의 에이전트로서 문화와 기능의 일부임을 인식한다. (6) 자신의 개인적 기술, 신념, 경험을 자신의 의미를 구성하기 위한 미디어 메시지로 사용한다(Cherner et al., 2019: 5). 또한 다음과 같은 5가지 권고 사항은 미디어 리터러시 교육의 발전을 위한 안내가 된다. (1) 미디어 환경에 대한 일관된 이해의 발전, (2) 학제 간 협업 향상 즉, 교육 분야뿐만 아니라 사회심리학, 정치과학, 사회학 등 다른 분야와의 연구 창출, (3) 미디어를 활용한 이해 관계자 통합, (4) 언론의 리터러시 기반 구축 우선시, (5) 해석뿐만 아닌 행동을 다루기 위한 커리큘럼 개발 즉 소셜미디어 사용의 증가에 따른 해석과 사용자의 행동 다룸 추구이다(Bulger et al., 2018: 3-4).

미디어 리터러시, 소셜미디어 활용 등 미디어 연계 수업은 학생들의 흥미를 이끌어 이들이 재미있게 학습할 수 있도록 할 뿐만 아니라 이를 어떻게 적절하게 사용할 수 있는가에 대한 교육을 통해 학생들에게 보다 의미 있는 학습 경험을 제공하는 자료로 계획될 수 있다(박형빈, 2020: 120)는 점에서 통일교육 방법론으로 유용하다. 미디어 문맹 퇴치 활동이라 할 수 있는 미디어 리터러시 능력을 강화하기 위한 교육 프로그램은 '비판적 사고' 형성에 긍정적 결과를 보여주며 가짜 뉴스에 적절하게 대처하게 한다. 특히 미디어 정보에 취약한 학생들이 소셜미디어, 유튜브를 포함한 미디어를 통해 얻게 되는 편향, 편견, 가짜 뉴스 등과 같은 부정적 영향을 벗어나 비판적인 시각을 획득하도록 하는 교육 전략으로서 미디어 리터러시는 통일교육 현장에서 핵심 키워드로 작용 가능하다.

2. 통일교육에서 P4C 구현을 위한 미디어 리터러시 교육 활용

1) 통일 관련 정보 습득 원천으로서 미디어

한반도 통일의 헌법적 기준인 대한민국 헌법은 자유민주적 기본질서에 입각한 평화적 통일을 제시하고 있다. 통일교육에서 평화적 접근은 통일과정과 통일 이후 건설된 새로운 국가에서 구성원들 모두가 평화롭고 행복한 삶을 영위해 가는 데 필요한 도덕적 자질과 품성을 기르는 데 중점을 두는 교육 접근이다(유병열, 2019: 60). 이에 통일교육이란 평화에 기초하여 통일을 이루고 통일 이후 평화로운 삶을 일구어가기 위해 필요한 지식, 가치관, 태도, 실천 능력을 기르는 교육으로 정의할 수 있다. 통일은 평화에 기반을 두어야 한다는 시각과 함께 통일 이후 사회도 평화로운 사회여야 함을 전제한다. 일반적으로 평화교육은 탐구, 비판적 사고, 평등 및 사회정의에 관한 대화를 교수학습방법과 과정에 포함한다(Bajaj et al., 2009: 441). 평화교육이 갈등 관계에 놓인 사람들에게 대화와 타협을 통한 갈등 해소 방법을 모색하게 한다는 점에서 통일교육에서 평화적 접근이 요청된다. 이에 통일교육에서 평화통일 교육에 대한 논의는 도덕·윤리과 교육 영역에서 관심을 기울이는 주제 중 하나이다.

통일교육에서 다루는 내용은 단순히 존재하는 지식이 아닌 학습자의 고민과 성찰의 대상인 동시에 미래 통일사회를 형성할 수 있는 살아있는 지혜가 되어야 한다. 이 점에서 통일에 대한 비판적 인식을 바탕으로 분단 이후 서로 다른 삶의 양식 속에 살아온 구성원들이 공감하고 배려할 수 있는 상호문화이해 역량, 통일 소통력, 통일 감수성, 통일 실천 의지 등을 갖추도록 도와야 함이 통일교육에서 강조된다. 그런데 학생들은 폐쇄 사회인 북한에 대한 정보를 대부분 미디어를 통하여 얻고 있기에 미디어에서 정치적 성향에 따라 묘사된 북한 모습을 통해 인지 편향이 촉발된다. 학생들의 북한에 대한 균형 잡힌 시선 형성을 위해서는 그들이 접하는 북한, 북한 주민, 북한이탈주민 관련 정보를 다양한 관점에서 비판적으로 심사숙고하며 그들의 견해를 성찰하게 해야 한다(박형빈, 2018d: 263-264). 미디어에 대한 평형적인 시각과 비판 의식은 미디어 리터러시 향상을 통해 가능하다. 미디어 리터러시 교육을 활용한 비판적 사고교육은 학생들의 북한 및 통일에 대한 '확증 편향'과 '집단극단화'를 극복하게 도울 수 있다.

2) P4C를 구현하기 위한 미디어 리터러시 교육 프로그램

미디어 리터러시 교육 프로그램의 장점은 이것이 다양한 영역에 적용된다는 것이다. 예를 들면, 성 건강 향상을 위한 미디어 인식 프로그램은 미디어 리터러시 교육의 프레임워크를 사용하여 임신 및 성병 예방, 데이트 폭력, 건강한 관계를 포함한 광범위한 성 건강 주제를 다루는 청년을 위한 종합적인 성 건강 프로그램이다. 미디어 인식 프로그램은 성 건강에 대한 부정확한 규범적 신념을 개선하기 위해 '비판적 사고 기술'을 개발하는 데 중점을 두기 때문에, 전통적인 성 건강 교육 프로그램과 차별된다. 프로그램 전반에 걸쳐 학생들은 대중 매체 즉 미디어의 메시지를 분석 및 평가하고 성 역할, 성폭력, 동의, 약물 사용에 대한 미디어 표현을 주제로 살핀다. 분석의 일환으로 학생들은 미디어에 제시된 정보를 의학적 측면에서의 성 건강 정보와 비교함으로써 미디어에서 제공하고 있는 정보의 정확성과 안전성을 평가하는 방법도 배운다.

미디어 인식 프로그램은 또한 특정 성적 취향 또는 성적 활동의 유형을 강조하거나 과대평가하지 않도록 개발되었으며 성적 행위 관련 위험을 의학적으로 적절한 방식에서 논의한다. 이것이 진행되는 5가지 과정을 핵심 내용 중심으로 요약하면 다음 <표 1>과 같다. 과정은 선형적 또는 비선형적 차원에서 운용 가능하다.

〈표 1〉 미디어 인식 프로그램

미디어 인식 프로그램 진행의 주요 항목	
Lesson 1	□ 프로그램 소개 □ 개인의 미디어 사용에 대한 반성 & 미디어 메시지가 개인에게 미치는 영향 조사
Lesson 2	□ 미디어 정보에 대한 사실 확인 □ 건전하지 못한 정보에 대한 적절한 대응
Lesson 3	□ 미디어 메시지가 옳지 못한 행위를 합리화하거나 미화하는 방법 식별 및 해당 메시지에 대한 대처
Lesson 4	□ 미디어 메시지에서 생략된 사실 발견 및 정확한 정보와의 비교
Lesson 5	□ 주제와 관련된 전문가와의 소통 연습

출처 : Scull et al., 2018: 165-177 재구성.

미디어 리터러시 프로그램은 비판적 사고 함양을 목적으로 하기에 하나의 기본 도구로서 다양한 주제에 적용하여 다방면의 플랫폼에 기초한 미디어 리터러시 교육이 가능하다는 이점이 있다. 예를 들면, 소셜미디어 리터러시, 게임 리터러시, ICT 리터러시 등이다. 따라서 미디어 인식 프로그램의 주제를 건강한 성인식 대신 건전한 통일 의식, 바람직한 통일관, 통일철학, 통일 의지, 북한관 등 '통일'이라는 주제에 중점을 둔 변용 툴이 가능하다. 진행 과정은 순차적, 비순차적 방법이 모두 활용될 수 있으며 학교 수업의 경우 한 시간이 40-50분으로 구성되어 있으므로 레슨 과정을 각각 독립된 하나의 수업 차시로 실행할 수 있다. 레슨별 핵심 활동은 반복적 학습을 위해 중복 제시 가능하다.

〈표 2〉 미디어 '통일' 인식 프로그램(예)

미디어 '통일' 인식 프로그램 진행의 주요 항목	
진행 과정	주요 활동 내용
Lesson 1	▫ 통일과 미디어 관계 ▫ 통일 관련 미디어 접촉 경험, 알게 된 것, 느낀 점
Lesson 2	▫ 미디어로 접한 통일 및 북한 관련 내용 ▫ 타인과 정보교환 및 사실 확인
Lesson 3	▫ 미디어에 제시된 통일 및 북한 관련 내용 사실 확인 ▫ 미디어를 통해 새롭게 알게 된 통일 및 북한 관련 내용 ▫ 사실인 것과 사실이 아닌 것 구분하기 ▫ 가짜 뉴스에 대처하는 법
Lesson 4	▫ 미디어 북한 및 통일 관련 내용의 진위 판단 ▫ 가짜 뉴스와의 비교 ▫ 생각할 점과 배울 점 ▫ 통일 및 북한 관련 신뢰성 있는 정보 원천 조사
Lesson 5	▫ 통일 및 북한 관련 전문가 조사 ▫ 미디어 이용 통일전문가 견해 청취 ▫ 집단토의 및 결과 반성

미디어 통일인식 프로그램을 진행할 경우 교사는 (1) 학생들의 유튜브와 같은 통일 관련 미디어 접촉 경험 파악, (2) 미디어를 통해 얻은 내용 확인, (3) 편향 및 오류 분석, (4) 사실 확인, (5) 열린

토의를 통한 현상 파악 및 오류 수정을 통해 학생들의 올바른 통일 관 형성을 돕게 된다. 특히 집단토의 과정에서 학생들이 '확증 편향' 및 '집단극단화'에 매몰되지 않도록 균형을 잡는 노력이 필요하다. 이러한 과정을 이용하여 미디어 리터러시 교육 프로그램을 통일교육에서 효과적인 방법적 도구로 응용할 수 있다.

Ⅳ. P4C와 미디어 리터러시 교육 융합 통일교육 개선안

1. 통일교육을 위한 P4C와 미디어 리터러시 융합 개요

1) P4C, 미디어 리터러시와 통일교육

통일교육의 가치 측면을 고려할 때 학생들은 인지적 앎을 넘어, 상대를 이해하고 공감하며 협력하는 도덕성 발달이 통일교육의 기본적 목적으로 상정된다. 융·복합, 통합 학문으로서의 도덕교육학, 그 안에 속한 통일교육은 통일에 대한 가치, 태도를 기르는 인성교육으로서의 기능을 배제할 수 없다. 또한 학생들의 아동기의 특성 및 발달 정도를 염두에 두고 과학적 교수법을 통하여 사회적 맥락과 학생 개별적 특성이 반영된 교육방법론을 모색해야 한다. 통일교육은 기본적으로 통일철학, 통일 미래상, 통일 의지뿐만 아니라 남북주민통합, 남한 구성원 통합과 같은 사회통합을 필요로 하며 타인존중 및 배려에 기반을 둔 도덕적 공동체를 지향한다.

P4C는 협력적 탐구를 통한 협업 능력, 대화와 담화를 통한 의사소통, 타인의 견해 경청, 비판적 반성 사고로서 고차적 사고 추구, 윤리적 탐구공동체 강조, 가치 주제에의 집중 그리고 공감 발달을

추구한다. 또한 교육 진행 시 학생들을 원의 형태로 앉도록 배치함으로써 학생들이 서로 바라보며 자연스러운 의사소통이 가능하도록 환경을 구성한다. 미디어 리터러시는 비판적 사고 기술, 효과적 의사소통, 탐구 습관 및 표현 기술의 개발 격려, 미디어에 대한 합리적이고 비판적 접근, 분석, 평가, 생성 활동 추구의 핵심 특성을 갖는다. 통일교육에서 [그림 1]과 같은 P4C와 미디어 리터러시의 특징 고려가 가능하다.

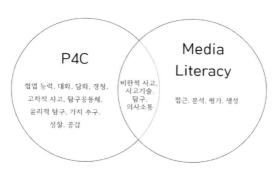

[그림 1] P4C & 미디어 리터러시 특징

2) P4C와 미디어 리터러시 교육 융합 방안

P4C와 미디어 리터러시의 융합 교육의 교육원리는 인지·심정·태도·행동의 통합 변화 추구, 보편성과 특수성에 대한 균형, 내집단과 외집단 상호고려, 외적·내적 변화 추구 등이 제시 가능하다. 교육목표는 합리적 의사결정 및 소통 능력, 도덕적 헌신, 비판적 사고 및 반성적 성찰, 집단극단화 및 편향 극복, 공감 및 배려, 비폭력적 갈등 해결, 협업, 책임감 등을 제안할 수 있다. 따라서 [그림 2]의 통일교육과 P4C & 미디어 리터러시 연계가 가능하며, 이를 토대로

<표 3>의 P4C & 미디어 리터러시 통일교육 융합 모형을 제안할 수 있다.

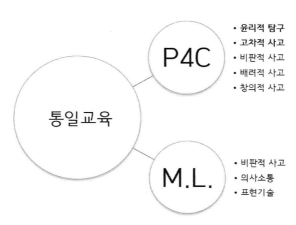

[그림 2] P4C & 미디어 리터러시 융합

〈표 3〉 P4C & 미디어 리터러시 융합 통일교육 모형(예)

P4C		미디어 리터러시	P4C & 미디어 리터러시 융합 통일교육(P.M.R.E)	
고차적 사고	비판적 사고 [반성적 사고]	비판적 사고	미디어 기반	□인지적 측면: 비판적 반성 사고 기술 습득 예) 통일, 북한, 통일 미래상, 북한 주민, 북한이탈주민 등
				□정서적 측면: 공감, 민감성, 연대감 예) 북한 주민, 북한이탈주민 등
	창의적 사고	의사소통		□태도 및 행동 측면: 배려, 경청, 합리적 의사소통 ↓
	배려적 사고	기술, 책임		□통일철학 / 통일 의지 합리적 열정, 도덕적 헌신

2. P4C와 미디어 리터러시 융합 통일교육 프로그램 방안

1) P4C와 미디어 리터러시 융합 통일교육 개요

비판적 사고 함양을 주된 목적으로 하는 P4C와 미디어 리터러시의 다음과 같은 특징은 통일교육에서 이들이 갖는 교육 방법적 의의를 잘 나타낸다. 먼저 P4C의 경우, (1) P4C의 목적은 아이들이 질문하고 논리적으로 토론할 수 있는 의지를 갖도록 돕는 것이다. (2) P4C는 아이들의 이성을 조건으로 협력적 탐구를 통해 가르치고자 한다. (3) 탐구공동체를 강조하는 고차적 사고는 비판적이고 창의적이며 배려 깊은 사고를 하게 한다. (4) P4C는 윤리적 탐구공동체 안에서 학생들이 논리적으로 생각하고 다른 사람들과 적절하게 의사소통하도록 돕는다. (5) P4C 실행에서 교사와 학생은 모두 서로를 보고 이야기를 들을 수 있도록 자리 배치함으로써 자유로운 의사소통과 상호존중의 맥락을 형성한다. (6) P4C에서 사용된 사유 과정을 중시하는 탐구공동체는 도덕적 정서인 공감의 발달을 촉진한다.

다음으로 미디어 리터러시의 의의는 다음과 같다. (1) 비판적 사고 촉진을 기본 바탕으로 접근, 분석, 평가, 생성 및 행동하는 능력으로 구성된다. (2) 미디어 리터러시의 교육 핵심 원칙은 비판적 사고와 더불어 효과적인 의사소통을 위한 탐구 습관과 표현 기술을 발달시키는 것이다. (3) 미디어 리터러시 기술은 반복적인 연습을 통한 습관을 필요로 한다. (4) Z세대의 배움의 특성을 고려한 교수학습 전략이다.

따라서 P4C와 미디어 리터러시 융합 통일교육 프로그램의 목표는 비판적 반성 사고교육으로 통일, 북한 주민, 북한이탈주민에 대한 올바른 인식, 태도 함양이다. 목표를 성취하기 위한 프로그램의 개발 방향은 다음과 같다. 첫째, 미디어 도구 활용으로 학생의 직접적 상호작용과 활동 경험으로 인식과 태도 변화를 유도한다. 둘째, 비판적 반성 사고를 촉진하는 참된 경험 활동 과정을 제공하여 인지, 정의, 태도, 행동의 총체적 발전을 도모한다.

2) P4C와 미디어 리터러시 융합 통일교육 프로그램 모형

비판적 반성 사고 함양을 위해 학교 통일교육 현장에서 적용 가능한 P4C와 미디어 리터러시 교육 융합 프로그램 모형 예시는 <표 4>와 같다. 융합 프로그램의 대주제는 통일교육으로 설정하고, 소주제는 건강한 북한관 및 통일관이 제시될 수 있다. P4C와 미디어 리터러시를 통해 추구하고자 하는 공통 역량은 비판적 통일 의식, 통일철학, 통일 감수성, 평화 감수성, 존중, 배려, 책임 등이다. 동영상 플랫폼으로 YouTube, 옥수수, 넷플릭스 등이 사용 가능하다. 총 5회차로 수업에 적용하여 선형적 또는 비선형적인 방법으로 진행 될 수 있다.

〈표 4〉 P4C & 미디어 리터러시 융합 통일교육(P.M.R.E.)(예시)

P4C & 미디어 인식 프로그램 활용 통일교육 프로그램 개요		
대주제	통일교육	
주제	건전한 안보관, 균형 있는 북한관 및 통일관, 평화통일 실현 의지	
공통 역량	P4C & 미디어 리터러시	비판적 통일 의식, 통일철학, 통일 감수성, 평화 감수성, 존중, 배려, 책임, 실천 의지, 도덕적 사고, 합리적 의사소통 등

P4C & 미디어 인식 프로그램 활용 통일교육 프로그램 개요			
활용대상(예)	동영상 플랫폼, 예) YouTube, 옥수수, 네이버TV, 넷플릭스 등		
과정요소	미디어 리터러시	선형	접근→분석→평가→생성
		비선형	접근/ 분석/ 평가/ 생성
중점요소	P4C	☐비판적 사고, ☐배려적 사고, ☐창의적 사고	

프로그램 개요		
진행 과정	핵심 요소	발문(예시)
Lesson 1	• 프로그램 소개 • 개인 미디어 사용에 대한 반성	• 올바른 정보를 선택하는 것이 중요한 이유는 무엇인가? • 통일 및 북한 관련 정보를 얻는 주된 미디어 매체는 무엇인가?
Lesson 2	• 미디어 제공 정보 사실 확인 • 불건전 정보의 적절한 대응 방안 모색	• 선정한 미디어 내용의 사실 확인 방법은 무엇인가? • 본 미디어 내용 가운데 건전하지 못한 내용은 무엇인가? • 건전하지 못한 미디어 메시지는 어떻게 대처 가능한가?
Lesson 3	• 미디어 메시지가 옳지 못한 행위를 합리화하거나 미화하는 방법 식별 및 대응 실제	• 미디어 메시지 가운데 옳지 못한 내용은 무엇인가? 옳지 못한 내용은 어떻게 미화되고 있는가? • 옳지 못한 내용에 대해 실제 어떻게 대처할 수 있는가? 나/우리가 할 수 있는 구체적 방안은?
Lesson 4	• 미디어 메시지에서 생략된 사실 발견과 정확한 정보와 비교	• 미디어 메시지에서 생략된 사실은 무엇이며 실제 사실은 무엇인가? • 해당 내용에 대한 실제 사실 정보는 어떻게 얻을 수 있는가?
Lesson 5	• 주제와 관련된 전문가와의 소통 연습	• 미디어 메시지와 관련하여 전문가는 누가 될 수 있는가? • 주제와 관련한 전문가와 어떻게 소통할 수 있는가? • 해당 전문가와 실제 소통 연습은 어떻게 할 수 있는가?

V. 결론

인공지능 시대 학교 통일교육에서 핵심으로 다루어야 할 내용 가운데 하나는 학생들이 통일과 평화에 대한 올바른 '관점'을 갖도록 이들을 비판적으로 사고하고 성찰하도록 돕는 것이다. 예를 들면,

어떠한 평화를 지향할 것인가. 어떠한 통일 한국의 미래상을 추구할 것인가. 우리에게 통일은 어떤 의미를 갖는가. 통일과정과 통일이후 사회통합을 위해 어떠한 방법들을 이용해야 하는가. 북한 주민 및 북한이탈주민을 바라보는 우리의 시선은 어떠해야 하는가 등은 모두 '가치'와 관련된 물음들이다. 이 때문에 이러한 문제들에 대한 '깊은 숙고'가 이루어질 수 있도록 교수전략이 마련되어야 한다. 궁극적으로 도덕과에서 통일교육은 평화지향 통일교육으로서, 가치와 규범들을 제공하는 주입형 교육이기보다 편견 및 차별 의식 해소, 상호존중의 평화적 문제해결력을 향상하는 '숙고와 성찰형' 교육이 되어야 한다.

P4C는 아이들이 이성을 조건으로 사회에 참여할 수 있도록 '협력적' '탐구'를 통해 철학을 가르쳐야 한다고 제안한다. 이에 개인의 책임을 종파적이고 교훈적인 종교교육보다 사회적 가치에 효과적으로 통합시키고자 했다(Cam, 2014: 1203). 특히 탐구공동체에서 강조하고 있는 고차적 사고와 윤리적 탐구는 학생들이 사고의 모든 측면을 배양하도록 요구하며 비판적 사고, 창의적 사고, 배려적 사고를 망라한다(Lipman, 1995: 61). 철학적 대화를 통해 학생들의 비판적 사고개발을 목표로 하는 어린이 철학교육이 통일교육 차원에 요긴한 이유는 다음과 같다. 첫째, 도덕적 향상을 지향한 교육방법이다. 둘째, 학생들은 철학적 논의, 숙고, 숙의의 지적 활동이 가능하다. 셋째, 사고의 기술로서 가르치고 배울 수 있는 사고기법이다. 넷째, 소설 활용과 같이 이야기를 활용함으로써 철학적인 문제에 비판적으로 참여하게 한다. 다섯째, 통합적 사고로서 인지, 정서, 행동적 측면을 지향한 사고방식이다.

그러므로 도덕과 통일교육이 첫째, 성찰과 숙고 기반 통일철학이 있는 통일교육, 둘째, 문화 이해를 기반으로 북한 주민에 대한 인정과 존중, 화해와 협력 추구의 통일교육, 셋째, 평화와 통일 감수성 교육을 필요로 한다는 점에서 어린이 철학교육이 유용하게 적용 가능하다. 또한 학생들의 특성을 고려하여 그들이 통일문제를 구체적인 삶의 현장으로 끌어내 자기 삶의 맥락에서 이해하고 탐색할 수 있는 기회를 제공할 필요가 있다는 점에서 미디어 리터러시 교육의 목적과 방법이 함께 접목되고 융합되어 활용될 필요가 있다.

통일교육에서 사회의 여러 이슈들과 관련해 학생들은 건전한 비판의 관점을 가지고 다른 사람을 위하는 감정과 상상력을 동원하여 타인의 관점을 취해보는 이야기 나눔의 현장을 마련해야 한다. 대화로서 담화는 정서 공유를 위한 강력한 수단이다. 그 속에서 문제와 대상을 입체적으로 바라보려는 개인적, 공동체적 노력이 필요하다. 통일과 통일교육은 장기적인 과제인 동시에 단기적 과제이다. 오늘의 통일 준비가 없이는 내일의 통일도 이룰 수 없다. 통일교육에 대한 인식론적, 철학적 논의를 바탕으로 통일교육의 방법론 측면에서의 지평 확장이 필요하다. 이를 바탕으로 도덕과에서 통일교육은 비판적 사고와 통일 감수성을 촉진하는 방향으로 나아갈 수 있으며 학생의 자기성찰을 염두에 둔 것으로서의 비판적 사고인 비판적 반성 사고가 통일교육 현장에서 역량으로 접근될 필요가 있다.

P4C는 아이들에게 자율적 판단 능력 배양, 문제에 대한 탐구력 배양, 공감 능력 배양, 도덕적 추론, 사려 깊고 객관적이며 합리적인 방식으로 윤리적인 문제를 논의하도록 한다. 이 점은 통일교육 현장에서 학생들로 하여금 통일에 대해 고민하고 숙고하는 작업을

통해 학생들이 주체적으로 통일철학을 정립하도록 돕는다는 데 그 의미와 효과가 있다. P4C와 미디어 리터러시를 융합하여 비판적 사고, 성찰, 숙고를 위한 다양한 교육 기회를 마련함으로써 도덕과 통일교육은 인공지능 시대를 살아갈 Z세대의 특성을 반영함과 동시에 평화지향 통일교육의 역할을 성실히 수행할 수 있을 것이다. 이러한 방법은 교조주의적이며 성찰과 숙고 부재라는 문제에 직면할 수 있는 도덕과 통일교육 현장에서 숙고형 통일교육 방법을 위한 유용한 제안이 될 것이다. 통일교육의 특수성을 고려했을 때, P4C와 미디어 리터러시 교육이 통일교육 장면에서 긍정적이고 의미 있게 활용될 수 있는 지점에 대한 추가적인 고민 또한 요구된다. 이 부분을 위해 후속연구를 통해 보다 구체적인 교육 프로그램이 개발되길 희망한다.

제VIII부

윤리상담과 통일교육

제15장
윤리클리닉으로서 윤리상담과
탈북청소년을 위한 통일교육

Ⅰ. 서론

청소년 시기는 급속한 신체적 성장이 이루어지는 시기임과 동시에 정신적인 측면에서도 많은 변화와 혼란을 경험하는 시기로 인성 형성의 결정적 시기라 할 수 있다. 탈북청소년들은 민감한 성장기를 경험함과 동시에 탈북이라는 특수 경험에 의한 심리적 트라우마를 겪는 경우가 많다. 보다 체계적이고 내실 있는 탈북청소년 대상 통일교육을 위해서는 교사들의 수업 시간 내의 역할과 더불어 수업 시간 외의 역할도 중요하게 논의되어야 한다. 인성 형성의 결정적 시기를 보내고 있는 학생들을 대면하고 있는 교사들이 아이들에게 미치는 영향은 크고, 특별히 탈북학생들에 대한 교사들은 중요한 역할을 담당할 수 있기 때문이다.

누스바움(Martha Nussbaum)은 법관들에게 있어 인간에 대한 깊은 이해와 긍휼이 시적 정의의 출발점이라 지적하며 타인의 삶을 산다는 것이 어떤 것인지를 상상할 수 있는 능력을 중요하게 제시했다(Nussbaum, 2013: 32). 이와 마찬가지로 교사들의 학생들에 대한 깊은 이해, 공감, 긍휼은 통일교육의 시작이라 할 수 있다. 교사는 공감적 상상을 통해 학생들의 처지를 이해하고 학생들과 정서적 교감을 통해 그들의 심성을 변화시킬 수 있어야 한다. 통일이 강요나 주입이 아닌 교육으로서의 자격을 갖추기 위해서는 더욱 그러하다.

한편, 얼 쇼리스(Earl Shorris)가 주도한 미국을 중심으로 일었던 소외된 이들을 위한 인문학 강좌인 클레멘트 과정(Clement Course)은 한 인간의 삶의 변화에 철학적 성찰과 인지적 활동이 매우 중요함을 자각하도록 돕는다(E. Shorris, 2006). 빈민들을 동원해 훈련하는 대신 그들 스스로 자신의 삶을 성찰하도록 돕는 인문학적 성찰 활동은 대상자들로 하여금 자신을 돌아보는 힘을 근간으로 자존감을 얻고, 자기 삶의 질을 높이도록 도왔다. 철학적 숙고를 통해 자신의 삶을 깊이 있게 고찰하는 행위가 일으킨 변혁은 학생들의 통일에 대한 관점, 인식, 정서를 변화시켜야 할 교사가 눈여겨볼 점이다. 학생들의 통일인식 개선을 위해 철학적 숙고가 유용하게 작용할 수 있다. 통일교육 현장에서 교사는 학생들에게 지식의 전달이 아닌 학생들 스스로 깊이 있는 성찰을 할 수 있도록 하는 조력자의 역할을 수행할 수 있어야 한다. 철학실천, 인문학 실천에서 보여준 성과들을 도덕과 통일교육에서 참고할 필요가 있다.

최근 학계에서 논의되고 있는 윤리상담은 이러한 논의들과 맥을 같이하는 동시에 도덕과 교육의 궁극적인 목적을 충실하게 달성하고자 하는 움직임이라 할 수 있다. 도덕과 통일교육을 담당하는 교사는 탈북학생을 포함한 학생들의 인성이 어떻게 형성되며 각각의 발달단계에 결정적 역할을 하는 요인은 무엇인가에 대해 인식하고 학생들과 신뢰 속에서 공감하고 소통할 수 있어야 한다. 이는 통일 교육에서 교사가 상담자로서의 역할도 함께 담당할 것을 요청한다. 도덕과 통일 수업에서 교사는 단순히 도덕적 지식에 대한 전달자나 설교자라기보다 학생들의 통일 인성의 함양을 도모하는 측면에서 반성적 사고의 촉진자, 도덕적 심성 함양을 위한 감화자 나아가 마음의 치유를 위한 치료자로서의 역할도 요구받는다. 그러나 현재 학교에서 이루어지는 도덕과 통일 수업 시간 내에 이러한 역할들을 교사들이 온전히 수행해 내기에는 시간적, 공간적 한계와 함께 다수의 학생들을 한 교실에서 담당해야 한다는 가장 큰 문제점에 봉착하고 있다.

그러므로 본 연구에서는 도덕과 통일교육의 목적과 정신건강의 관련성을 고찰한 후 정신건강과 마음 치료 그리고 학생들의 인성 함양에 대한 교사의 역할을 짚어 보고자 한다. 나아가 보다 내실 있는 도덕과 통일교육을 위해 요구되는 상담자, 치료자로서의 교사의 역할을 윤리상담의 용어 안에서 제안해 보고자 한다.

이에 본 논의는 먼저, 도덕교육의 목적과 정신건강의 문제를 논의하고, 둘째, 마음 치료와 윤리교사의 역할을 논의한 후, 셋째, 윤리상담자로서의 교사의 역할 수행을 위한 기본 틀을 도덕과 통일교육의 이론적 토대를 기반으로 살펴보고자 한다. 궁극적으로 마음 치료자로서의 교사의 역할과 윤리상담에 대한 고찰을 통해 윤리클리닉으로서의 통일 윤리상담 방법을 거시적 측면에서 제안하고자 한다.

II. 도덕과 통일교육의 목적과 심리치료

1. 도덕과 교육의 목적으로서 정신건강

통일교육의 목표와 본질에 대한 논의는 다양한 관점에서 제시될 수 있다. 그러나 도덕과 통일교육은 인간 행위의 옳고 그름, 선악(善惡)의 근본 원리, 가치판단과 분리될 수 없다는 데에는 일반적으로 동의할 것이다. 또한 도덕교육의 목적이 학생들의 인격 함양, 도덕적 심정 획득, 도덕성의 고양이라는 점에서 생각해 볼 때 도덕과 통일교육 또한 학생들의 도덕성 발달을 배제하여 이루어져서는 안 된다. 도덕교육이 관념적이고 철학적인 측면에서의 교육과 정신적인 측면 즉, 심리학적인 부분을 함께 포함하고 있기에 통일교육 또한 이러한 영역들을 고려할 필요가 있다. 그것은 도덕성의 요소가 인지적, 정의적, 행동적 요소를 모두 포함하고 있으며 일반적으로 정서적인 부분은 인간의 마음과 관련된 것으로 이해되고 있기 때문이다.

도덕교육의 목적에 대한 철학적 접근은 인간을 합리적인 존재로 간주한다. 도덕교육의 합리적 접근에 대한 문제를 지적한 것 중의 하나는 덕 윤리학의 등장으로 제기된 덕 접근이다. 최근 도덕 철학자들은 감정과 동기의 역할을 돌아보기 시작했다. 덕 윤리학의 영향은 많은 교육 철학자들로 하여금 어떻게 도덕적 추론 능력을 발달시킬 것이냐는 문제뿐만 아니라 어떻게 덕을 발달시킬 것인가를 추구하게 했다. 이것은 인간에 대한 좀 더 전인적인 견해를 취하게 한 바람직한 움직임이다. 다음의 변화는 윤리적 환경에 대한 접근이다. 이것은 어떻게 덕이 발달하는가에 관심을 둔다. 아리스토텔레스의 견해에 의하면 인간은 덕스러운 환경에서 양육되는 것이 아니라면 덕을 발달시키기 어렵다. 도덕적 추론은, 수학적 추론과 같이 그가 매우 좋은 환경을 갖지 않아도 발달시킬 수 있다. 그러나 충분한 정도의 덕들을 다른 사람들이 내놓지 않은 환경에 있다면 개인적으로 한 인간은 덕의 기회를 얻기는 거의 어렵다. 그러므로 도덕교육에 대한 철학적 숙고는 다양한 방법 안에서 지적인 이웃과의 풍성한 상호작용을 요청한다(G. Haydon, 2007).

도덕교육에 대한 심리학적 접근은 도덕교육의 목적을 무엇보다 아동의 도덕발달에 대한 것으로 이해한다. 도덕적 지식 또는 가치교육은 오랫동안 아동의 도덕발달에 초점을 맞추기보다 도덕적 가치를 가르치는 데 중점을 두어왔다. 그러므로 우리에게 필요한 것은 무엇이 도덕교육을 구성하는 것인가 그리고 어떻게 이것을 알려줄 것인가에 대한 우리의 이해에 대한 패러다임의 대전환이다. 초점의 이동은 도덕적 가치의 교수로부터 아이들의 도덕적 발달을 돕고 지지하는 것으로의 옮김이다(G. Kaur, 2010). 이러한 관점의 전환은 도덕과 통일교육에서 심리적, 정서적 측면과 발달에 관심을 기울이게 한다.

도덕교육의 목적은 도덕성 발달 및 함양, 도덕적 관념의 획득, 도덕적 인격의 함양, 유덕한 인간의 육성 등으로 이야기할 수 있다. 그리고 이러한 논의들은 도덕과 통일교육에서 도덕성, 덕, 도덕적 인격의 상태가 어떠한 상태인가에 대해 숙고하게 만든다.

일반적으로 덕은 영혼의 건강 즉, 마음의 건강으로 이해되어 왔다(M. W. Martin, 2006: 15). 플라톤은 건강으로서 덕의 의학적 모델을 고수한다. 그는 정신건강의 용어 안에서 덕을 표현한다. 그는 공화국에서 "영혼과 신체에서 무엇이 건강하고 병든 것인가; 거기에 차이는 없다. 덕은 일종의 건강과 아름다움 그리고 영혼의 좋은 상태이고 악은 병듦과 추함과 약함이다."라고 지적한다. 도덕교육 목표의 일부는 건강한 양심(Health consciousness)을 발달시키는 일이라 할 수 있다. 버져스(Berges)는 영혼의 건강으로서의 덕의 개념에서 중요한 것은 건강한 양심이 모든 병을 물리치기에 충분하지 않다는 점을 깨닫는 것이라고 지적한다. 운과 유전자는 우리가 건강에 머물도록 부분적 역할을 한다. 기억해야 할 것은 치료의 중요성이다. 치료는 가장 중요한 의학적 모델이다.

우리가 무엇을 하든지 우리는 아프게 되고 그리고 우리는 치료를 위해 의사를 찾아야 한다. 그러나 병은 그것이 발전하기 전에 발견될 수 있고 조치가 취해질 수 있다. 예를 들면, 건강에 중대한 문제가 발생하기 전에 발견하여 체크하는 것이다. 만약 병이 발생하면 우리는 심각한 의학적 개입이나 치료를 제시해야 한다. 그는 플라톤의 의학적 모델이 덕과 건강을 묘사할 때 유용하게 사용된다고 주장한다. 첫째, 건강한 영혼, 둘째, 질병에 대한 규칙적인 증상 관찰, 셋째, 마지막 의존으로서 치료는 영혼의 건강을 유지하기 위해 관심을 기울여야 할 점들이다(S. Berges, 2012: 2-5).

건강한 인간이 되는 것이 의미하는 것은 신체의 이익과 해를 깨닫게 되는 것이고 건강한 습관을 획득하는 것이며 식단 조절과 운동을 포함한다. 신체와 영혼의 비유는 다음과 같은 가정들을 제시한다. 우리는 건강한 영혼을 획득하기 위해서, 건강을 위해 공헌하는 것이 무엇인가 알아야 한다. 그리고 적극적으로 그것을 찾아야 한다. 신체 건강의 경우에 있어 의사는 우리에게 우리가 건강해지기 위해 우리가 필요로 하는 것이 무엇인지 말해줄 것이다. 플라톤에 의하면 논박(elenchos)에 있어 일종의 방어적 치료가 정신적인 측면에서의 건강 유지와 같다. 의사와 같이 철학자는 그들이 생각하는 좋음 위에 시민을 놓을 수 있다(Berges, 2012: 2-8).

플라톤의 정신건강 모델은 그러므로 모든 범죄자들이 반드시 치료받아야 함을 의미하지는 않는다. 그런데도 모든 사람들이 그들의 정신적인 발달에 더 주의할 것을 함축한다. 그래서 우리는 다음과 같은 결론에 도달한다. 플라톤의 의학적 모델은 도덕적이지 않은 모든 사람이 제정신이 아님을 함축하지는 않으며 병보다는 불완전한 발달(Berges, 2012: 9-10)을 의미하기에 철학자의 치료와 도움이 필요할 수 있다는 점이다.

윌슨은 도덕교육의 목적을 도덕적 사고하기에 두고 도덕적 사고하기에서 강조하는 이성이나 합리성의 개념을 정신건강(spiritual health)이나 영혼의 특성과 연결하여 설명한다. 그는 정신건강은 교육의 목적이 될 수 있고 되어야 한다고 강조한다. 그는 건강한 마음을 정의하는 특성들은 모든 합리적 인간이 소유하고 싶어하는 특성이거나 합리적 인간의 개념에 논리적으로 필수적인 특성이라고 제안한다(Wilson, 1972: 85).

도덕성이 정신건강의 용어 안에서 접근되는 경향에 대한 또 하나의 해석은 마틴(Martin)의 설명이다. 그는 '도덕-치료' 시각을 3가지로 정리한다. (1) 건전한 도덕성은 건강한 것이다; (2) 우리는 우리의 건강에 책임이 있다; (3) 도덕적 가치는 정신건강과 심리치료에 붙박여 있다. 이러한 마틴의 가정은 플라톤의 덕 기원 윤리와 관련된다. 도덕적 가치는 정신건강과 관련되고 부분적으로 치료 상의 목적과 과정에 스며든다. 심리치료는 수백 가지의 다른 유형이 있고 그들 모두는 도덕적 짐을 싣고 도덕적 인도를 받는다. 정신건강과 장애는 도덕적 판단을 포함한다(M. W. Martin, 2006: 1-8). 이러한 이유로 도덕교육의 목표로서의 정신건강에 대한 논의는 자연스럽게 도덕과 통일교육에서 정신건강, 마음 치료, 심리치료에 대한 관심을 불러온다.

2. 정신건강과 심리치료

정신건강을 위한 치료적 행위는 의학적인 측면과 심리적인 측면에서 접근 가능하다. 우울장애와 같은 질환 치료에 의학적 치료 외에도 심리치료가 큰 역할을 한다. 심리치료는 정신과 의사, 심리학자 혹은 심리치료사가 할 수 있다. 도덕교육의 목적으로서의 정신건강의 관점에서 살펴볼 것은 심리적 측면에서의 정신치료이다. 심리치료는 다양한 용어 아래 정의 가능하다. 스트로츠카는 심리치료란 의식적이고 계획된 상호작용 과정이며 그 목적은 인간의 행동장애와 고통스러운 상태에 영향을 미치는 것이라고 정의한다. 이 경우 행동 장애와 고통스러운 상태를 고치기 위해 심리적 의사소통 즉, 가장 흔한 경우는 언어를 통한 소통이 사용된다. 심리치료에서 강조되는 중요한 요소는 환자와 심리치료사 사이에 정립되는 '관계'이다(B. Granger, 2007: 137).

심리치료에서 관계의 측면에 주목한 또 다른 견해는 이탈리아의 정신과 의사 쥬스티이다. 그는 '심리치료란 언제나 두 사람 혹은 여러 사람의 만남을 전제로 한다'라고 정의한다. 그 만남에서 한 사람이 자신을 규정하거나 아니면 한 사람이 도움이 필요한 사람으로 규정되고 자기를 치료해달라거나 바꾸어달라고 요청한다. 반면 상대방은 이 사람이 바뀔 수 있도록 돕기 위해 사용할 이론적 기술적 지식과 확실한 자격을 갖추고 있는 것으로 인정받는 사람이다 (Granger, 2007: 136).

심리치료는 지난 세기 동안 수많은 새로운 기법들을 제시했다. 행동치료, 인지 치료(Cognitive Therapy) 또는 인지 행동치료(Cognitive Behavior Therapy), 미술치료, 연극치료, 게슈탈트 심리치료, 환자 중심치료 등 그 종류도 다양하다. 이러한 기법은 모두 환자가 처한 환경을 바꾸고 환자의 정서적·행동적 장애를 직접 치료하고자 하는 방법이다.

심리치료의 대상은 인간관계와 관련한 현상으로 감정 조절의 어려움, 불안, 신경쇠약, 삶의 기쁨 상실, 교제 상대자나 가족 사이의 문제, 자신을 괴롭히는 강박관념이나 강박행위, 성에 관한 문제, 신체적 질병으로 생긴 정신적 부담이나 신체적으로 야기된 정신장애 등이다. 첫째, 이러한 증상들은 모두 두 가지 방식으로 인간관계와 관련한다. 열거한 증상은 인간관계에 반드시 영향을 미치고 인간관계의 경험은 대부분 정신적 증상의 발생에 기여한다. 둘째, 인간관계는 우리 안에서 강한 작용을 일으키는 동시에 정신 영역뿐 아니라 뇌를 거쳐서 유전자와 생물학적 기능, 유기체의 신체적 구조에까지 영향을 준다. 그렇기 때문에 한편으로 인간관계가 증상의 발생과 지속에 중요한 작용을 한다는 사실뿐만 아니라 다른 한편으로 증상과 인간관계의 관계가 심리치료의 중요한 출발점이다(T. Humphreys, 2006: 256).

정신건강에 문제가 야기된 조울증 환자들은 약물로부터 도움을 받는다. 이런 질병을 치료하고자 한다면 제일 먼저 정신과 의사를 찾아가야 한다. 그러나 문제의 원인이 자기 정체성, 가치관, 윤리 등과 관련된 것이라면 정신과 의사를 찾아가 정신병으로 진단받고 약제를 타오는 것은 최악의 선택이다. 문제 상황에 직면해 있는 사람들은 그들의 문제에 도움이 될 만한 폭넓고 깊이 있는 대화를 원한다. 그들 자신의 인생 철학을 확실히 파악함으로써, 또 과거의 위대한 사상가들로부터 도움을 얻음으로써 현재의 복잡한 상황을 해결하는 분석 틀을 얻을 수 있고, 그리하여 다음 상황으로 나아갈 수 있게 된다. 그들은 정신적으로 또는 철학적으로 전보다 더 굳건해지고 온전해지는 것이다. 그들은 치료가 아니라 대화를 원하고 있다(L. Marinoff, 2000).

대화를 통한 심리치료 방법의 대표적 유형은 인지 행동치료 즉, 인지 치료이다. 버틀러(Gillian Butler)는 "인지 행동치료는 생각과 감정에 서로 긴밀한 관계가 있다는 인식을 바탕에 둔다. 무언가 잘못될 것으로 생각하면 불안감에 사로잡힌다. 반대로 만사형통할 것으로 생각하면 자신감에 넘칠 것이다."라고 말한다. 따라서 인지행동 치료사는 환자와 협력하여 그들이 지닌 부정적 사고를 파악하고 이를 바꾸려고 노력한다(D. Freeman, 2012: 286).

이러한 인지 치료의 경향은 인간의 정신건강에 상담과 같은 인지적 활동이 지대한 영향을 끼칠 수 있다는 것을 강조한다. 인지 행동치료는 영국을 포함해 유럽 전역에서 광범위한 심리 질환의 치료법으로 공인되었다. 영국 정부에서 내놓은 '심리치료 접근성 향상 계획(Improving Access to Psychological Therapies Scheme)'에서도 인지 행동치료가 핵심을 차지했다. 이 계획은 2007년 불안증과 우울증에 시달리는 600만 명을 지원하고자 신규 치료사 3600명을 양성하는 것을 목표로 삼기도 하였다(Freeman, 2012: 286).

인지 치료는 행동주의의 독단이 무너지고 인지심리학이 시작된 1960년을 전후로 상담 분야에서도 인지를 강조한 새로운 심리치료 이론으로 등장했다. 인지 치료로 불리는 이 접근 방식은 벡(Aron Beck)의 인지 행동치료(CBT: Cognitive Behavioral Therapy)와 엘리스(Albert Ellis)의 합리적 정서 행동치료(REBT: Rational Emotive Behavioral Therapy)가 대표적이다. 인지 치료는 심리적 문제의 원인을 정신분석처럼 무의식에서 찾지 않는다(강현식, 2010: 367-368). 정신분석적인 접근은 사람들로 하여금 자기들 마음속에 있는 모든 것을 말하게 하는 방법을 사용한다. 정신 분석가들은 대부분 환자들에게 일방적으로 말을 하게 하고 자신들은 반응을 보이지 않는 경우가 대부분이었다(P. Wallin, 2007: 223). 인지 치료는 또한 행동주의처럼 강화와 처벌에서 문제해결의 실마리를 찾지도 않으며, 일반인들처럼 상황에서 찾지도 않는다. 이보다는 상황을 받아들이는 사람들의 '생각'에서 찾는다. 물론 문제의 원인이 실제 현실 상황에 있기도 하지만 그에 대한 '해석'을 더 중요하게 본다. 따라서 인지 치료는 생각과 해석의 틀을 변화시켜 심리적 문제에서 벗어나게 하는 목표를 가진다(강현식, 2010: 367).

인지 치료 과정을 엘리스는 A-B-C 과정(Activating event→Belief→Consequence)으로 표현했다. 예를 들면, 동민과 현숙이 직장에서 해고를 당했다고 가정해 보자. 동민은 이제 모든 것이 끝났다는 절망감에 휩싸여 새로운 직장을 구해보려는 시도조차 하지 않고 자포자기 상태에 빠져 있다. 하지만 현숙은 실직을

당한 직후 좌절과 낙담을 딛고 이내 새로운 직장을 찾아보기 시작했고 새로운 기술을 익히기 위해 학원에 등록했다. 이와 같은 예에서 동일한 사건을 경험한 두 사람의 대처가 다른 이유는 생각 때문이다. 실직은 선행사건(A)이고 좌절과 낙담은 결과(C)이다. 보통 사람들은 자신의 힘든 감정(C)이 외부의 어떤 사건이나 상황 때문이라고 간주한다. 그러나 인지 치료는 사건에 대한 해석이나 신념, 생각이 둘 사이를 매개하고 있다고 본다. 두 사람의 대처가 달라진 이유는 바로 이 때문이다. 동민은 실직을 극복 불가능한 파국적인 사건으로 생각했기 때문에 절망의 늪에 빠졌다. 반면, 현숙은 자신이 극복할 수 있는 사건으로 생각했기 때문에 이내 벗어날 수 있었다(강현식, 2010: 367-368).

이처럼 인지적 접근에서는 사람의 감정과 행동이 생각 즉 인지에서 나오기 때문에 이에 대한 변화가 삶의 변화를 가져온다고 본다. 벡에 의해 개발된 인지 치료에서 인지란 우리가 어떻게 지각을 하고 생각을 하느냐 하는 것과 연관되어 있다. 지각한다는 것은 어떤 것을 알고 깨우쳐야 한다는 것을 의미한다. 어떤 것을 인지하기 위해서는 전에 그것에 대해 인식하고 있어야 한다. 세상을 지각하는 방식은 세상에 반응하는 방식이 된다. 만일 삶에 대한 지각이 부정적이라면 생각, 감정, 활동 모두가 부정적일 수밖에 없다. 인지 치료는 어떤 사람의 비틀어지고 잘못된 인지, 지각과 평가를 알아내어 그것을 보다 정확하고 실질적인 견지에서 재조정하는 것을 말한다(H. H. Bloomfield, 2002: 142).

인지 치료, 인지행동 치료자들은 인지의 변화를 통해 감정과 행동의 변화를 꾀했다. 그러나 최근에는 감정이나 행동의 변화를 통해 인지의 변화를 꾀하려는 시도가 행해지고 있다. 예를 들면, 자신을 우울하게 만드는 생각을 바꾸는 것이 쉽지 않다면, 운동이나 여타 즐거운 일을 하면서 몸을 움직이다 보면 우울증도 사라지게 될 것이고 이를 기반으로 생각도 변화시킬 수 있다는 논리이다. 현재 인지 치료는 감정과 행동을 포함한 종합적 접근이 되고 있다. 인지 치료의 효시로 알려진 벡의 치료는 본래 인지 치료였다가 인지 행동치료로 이름을 바꾸었고, 엘리스의 치료도 합리적 치료에서 합리적 정서 치료로, 다시 합리적 정서 행동치료로 이름을 바꾸었다. 현재 인지 치료는 행동 수정 기법들을 상당수 포함하고 있다(강현식, 2010: 370). 인지 치료의 기본 가정은 우리를 화나게 하는 것은 그 상황이 아니라 그 상황에 대한 우리의 반응이다(P. Wallin, 2007: 223).

결국, 인지 치료는 사람이 비정상적인 행동을 하도록 하는 불합리한 사고 패턴을 인식하도록 하는 것을 목적으로 한다. 환자들은 좀 더 현실적인 방식으로 사람들과 상황 그리고 자신을 인식하는 법을 배우고 문제 해결법 및 대처 기술을 향상한다. 인지 치료는 우울증, 공황장애, 성격장애와 같은 질환을 치료하는 데 널리 사용된다(J. Wright, 2005: 236).

인지 치료는 수백만의 사람들이 나쁜 습관, 우울증, 불안 그리고 심지어는 그보다 더 심각한 감정적 장애를 성공적으로 극복하도록 도와주었다. 여기서 중요한 점은 인간이 자신의 감정과 반응을 바로 즉시 변화시킬 수는 없다고 할지라도 우리의 행동과 그 상황을 받아들이는 내면의 대화를 변화시킬 수 있다는 점이다. 연습을 통해 우리의 감정들은 우리의 행동과 더 밀접하게 부합될 것이라는 점이다(Wallin, 2007: 222-223). 엘리스와 벡을 중심으로 한 심리치료 방법은 치료에 사고의 변화, 생각의 이동, 철학적 숙고와 인식론적 접근 방법을 취하였다.

도덕과 통일교육에서 인지 치료 또는 인지 행동치료에 관심을 두는 것은 이것이 학생들의 개별적 도덕성의 문제, 통일 인성에 교사가 좀 더 가까이 다가갈 수 있는 방법을 제공하기 때문이다. 그것은 현재 학교현장에서 이루어지는 통일교육이 안고 있는 가장 큰 난제인 학생들의 통일 인성의 변화를 도모할 수 있도록 도와줄 뿐만 아니라, 학생에 대한 일제식 지도의 한계 극복과 더불어 개개인에 대한 맞춤형 지도에 대한 요구를 해결할 수 있는 구체적인 방법론을 제공하고 있기 때문이다.

III. 도덕과 통일교육에서 치료와 상담

1. 인지 행동치료와 철학 상담

심리적 문제에 대한 인지적 접근은 사람의 감정과 행동이 생각 즉 인지에서 나오기 때문에 이에 대한 변화가 삶의 변화를 가져온다고 본다. 인지 치료에서 인지란 우리가 어떻게 지각을 하고 생각을 하느냐 하는 것과 연관되어 있다. 인지 치료는 도덕과 통일교육지도 교사로 하여금 학생들이 그들의 행동과 상황을 받아들이는 내면의 대화를 변화시킬 수 있도록 유도할 수 있게 한다.

인지 행동치료가 인간 정신문제에 대한 인지적 접근을 도모하고 있는 심리학적 접근이라고 한다면, 동일한 문제에 대해 유사한 방법으로 접근하고 있는 철학적 접근은 철학 상담이라 할 수 있다.

철학 상담은 일군의 철학자들에 의해 제시된 것으로 그 기원은 고대 그리스의 에피쿠로스로부터 윌리엄 제임스(William James), 듀이(John Dewey), 토마스 만(Thomas Mann), 누스바움 등의 생각으로까지 연결된다. 철학 본유의 기능 속에서 심리 치료적 기능을 추구하고자 한 철학 상담의 대표적인 학자로는 라베(Peter Raabe), 매리노프 등을 들 수 있다.

매리노프는 철학 상담에 대해 우리가 무엇이 유리하고 무엇이 불리한 것인지를 잘 따져보아야만 하며, 불편함은 편안함으로 완화되지 않으면 결국에 가서 질병이 되고 만다고 지적한다. 의학적 치료를 필요로 하는 질병으로 악화하기 전에 불편함을 철학적으로 해소하는 것이 가장 바람직하며 그렇기 때문에 불편함이 지속되면 인간의 사고와 언어, 행동이 영향을 받아 뒤틀리고 신체의 건강과 정서적 안정에도 문제가 발생한다고 본다. 해결되지 않은 도덕적 딜레마, 바로잡히지 않은 부정행위, 실현되지 않은 목표는 모두 불편함의 근원이며 철학적으로 검토되지 않을 경우 심리학적, 의학적 문제로까지 비화할 수 있다는 것이다. 그는 철학을 통해 사람들에게 무엇이 좋은 것이고 옳은 것이며 의로운 것인가의 의문에 올바른 답변을 하도록 하기 위한 것이 기본적인 철학 카운슬러의 역할이라고 보았다(L. Marinoff, 2006: 22-32).

매리노프는 플라톤과 소크라테스의 견해로 철학 상담에 대해 보완을 시도한다. 플라톤은 우리가 어리고 나약하고 남의 말에 솔깃한 시절에 부모를 비롯한 다른 사람들이 우리에게 해로운 관념을 어떻게 주입하는지를 설명한바 있다. 그 관념들은 나중에 우리를 옥죄이고 불건전한 영향을 미치기도 한다. 그런데도 우리는 그것들을 우리 고유의 관념으로 잘못 간주하여 옹호하려는 경향이 있다. 우리는 모두 자신의 진정한 관념이 무엇인지를 가려내야 하며, 오랜 친구처럼 가장하고 있는 유해한 관념들은 그 관념을 벗기고 추방할 필요가 있다. 철학 카운슬러는 이 일을 소크라테스식 문답법을 통해 도와줄 수 있다. 철학자는 산파와 같이 의뢰인의 관념을 마음속 깊은 곳으로부터 밝은 대화의 장으로 끄집어내고, 의뢰인은 그 관념이 진정으로 자신의 것인지 아닌지를 결정하게 된다(Marinoff, 2006: 66).

이러한 점에서 철학 상담은 전적으로 새로운 시도라기보다 고대에 기원을 두고 있는 철학실천으로의 회귀로 묘사된다. 미국 철학·상담·심리치료학회(American Society for Philosophy, Counselling, and Psychotherapy, ASPCP)는 타인들에게 철학적 도움을 제공하려는 실천이 "적어도 기원전 5세기, 그와 같은 철학을 몸소 실천한 소크라테스만큼이나 오래되었다."라고 한다 (P. B. Raabe, 2011: 18). 아울러 철학 상담(Philosophical Counseling)은 도덕적 치료 기능을 갖는다. 철학 상담은 윤리적 관점, 비판적 사고 그리고 다른 철학적 근원을 개인들이 의미 있는 삶을 추구하고 개인적 문제들을 다루는 데 사용하도록 제공한다(M. W. Martin, 2006: 160).

2. 학생 통일 상담 필요성

아도(Pierre Hadot)는 철학적 활동은 우리로 하여금 좀 더 완전하게 존재하도록 해 주며 더 나은 인간으로 만들어 주는 과정이라고 말하며, 누스바움은 에피쿠로스학파나 회의주의 학파, 스토아 등과 같은 그리스와 로마의 헬레니즘적인 철학 전통에서의 철학은 인간의 비참한 상황을 다루는 참여적인 기술로서 또한 인생의 매우 고통스러운 문제들과 대결하는 방법으로서 실천했다고 주장한다. 비트겐슈타인(Ludwig Wittgenstein), 듀이, 보로비츠(Jon Borowicz), 로빈스(Susan Robbins) 등 몇몇 철학자들은 철학의 상담자적 역할을 중요하게 강조했다. 더욱이 퀘스텐바움(Peter Koertenbaum)은 철학과 심리치료를 통합하려고 시도했다(Raabe, 2011: 18-21). 마틴(Mike Martin)은, 철학 상담자들은 심리적 건강 기원으로부터 도덕 기원 노력을 구분하기 위해 '도덕성 치료(Morality Therapy)'를 양분한다고 본다. 철학 상담은 건강한 도덕성, 건강을 위한 책임 그리고 도덕적 짐을 실은 정신건강의 주제에 집중한 통합된 도덕적 치료 접근에 더욱 밀착된다(Martin, 2006).

철학 상담, 철학 치료는 일군의 철학적 사유의 방법을 통해 마음을 치유하는 것을 주장한다. 반면, 상담치료는 심리학자들의 상담 활동을 통해 마음을 치료하는 것을 제안한다. 그러나 인지 치료, 철학 상담, 상담치료, 철학 치료, 심리치료는 모두 언어를 주된 매개로 하여 이루어진다는 점에서 공통점을 갖고 있다. 그리고 이것은 도덕과 통일교육이 학생 상담의 양상으로 이루어질 때 인지 치료와 철학 상담의 교차점을 구할 수 있게 한다.

마틴은 소크라테스가 덕의 본성에 대한 아테네인들과의 철학적 논증을 통해 그들을 덕의 길로 인도했다고 강조한다. 덕에 대한 철학적 질문을 논의하는 데 있어 아테네인들은 덕 양심이 되었다. 그들은 무엇이 덕인가를 이해하는 데 가까이 가는 것뿐만 아니라 덕과 도덕적 행동을 생각하는 습관을 갖게 되었다. 따라서 그들 스스로 더욱 도덕적으로 행동하기 쉽게 되었다(S. Berges, 2012: 7).

학생들과의 대화를 통한 통일인식 변화는 일종의 상담 활동을 통해서도 이루어질 수 있다. 이것은 심리치료로서는 인지 치료로, 인지적 상담으로서는 철학 상담 활동이라 불릴 수 있다. 학교에서 이루어지고 있는 상담 활동이 학생들 개개인의 문제에 직접 가깝게 다가가도록 하는 보다 내실 있는 상담 활동을 고민해 볼 필요가 있다. 한정된 시간과 장소에서 이루어지는 학교 통일교육 활동 보완으로서의 교사들의 통일 상담 활동에 대해 생각해 볼 필요가 있다.

Ⅳ. 철학 상담을 넘어 윤리상담으로 : 윤리클리닉으로서의 윤리상담

1. 철학 상담과 윤리상담

철학 상담은 빠르게 성장하고 있는 철학의 새로운 분야로서 그 뿌리가 고대까지 거슬러 올라간다. 상담 훈련을 받은 철학자가 가치관의 혼란을 겪고 있는 사람들이나 자신의 문제해결을 위한 실마리를 찾지 못하고 헤매는 내담자들, 또는 갑자기 인생이 무의미하다고 느끼는 사람들에게 철학을 통해 삶의 문제를 해결할 수 있도록 돕는다(P. B. Raabe, 2010).

철학 상담(Philosophical Counseling)은 다른 사람과 정서, 갈망, 기대 또는 일반적인 삶의 방식을 논의하고 토론하는 것이다. 프로이트 정신분석은 치료와 상담에 대한 유일한 심리적 접근이 아니다. 철학 상담은 많은 다른 접근을 포함한 광범위하고 다양한 접근으로 제시될 수 있다. 예를 들면, 실존주의 치료, 인지 치료, 합리적 정서 치료, 로고테라피(Logotherapy) 등이다. 철학 상담은 한편으로 그들의 세계관 내에서 상담자들의 곤경이나 삶을 다루려는 것으로 특징지어질 수 있다. 철학 상담의 주제는 내담자의 내부에서 발생하는 과정에 대한 것이기보다는 오히려 철학적, 논리적, 개념적, 실존적, 윤리적, 미학 등등의 숙고를 통한 세계의 건설이다. 사람들의 마음에서의 철학적 과정에 대한 지식은 인간 행동의 관찰과 같은 경험적 연구에 기초해 있다(R. Lahav & M. Tillmanns, 1995).

철학 상담은 철학 이론과 방법을 적용해 내담자가 자신들의 문제를 해결하도록 돕는다. 이러한 이유로 철학 상담은 철학적 지혜를 통해 철학적 실천을 기반으로 인간 삶의 구체적인 삶의 현장에 대한 치유를 가능하게 하는 인문 치료의 개념을 갖는다. 대표적인 철학 상담 이론가로는 매리노프, 라베, 아헨바흐 등을 들 수 있다.

과거 국내에서 상담에 대한 논의는 주로 심리학, 상담학을 중심으로 논의되어왔다. 그 후 철학 상담이 소개되면서 교육 철학, 해석학, 상담치료학, 철학 등으로 그 논의의 범위가 확장되었다. 국내 도덕교육학계에서 상담에 대한 논의가 활발하게 전개되기 시작하면서 윤리상담이라는 친숙하면서도 조금은 낯선 단어가 등장하기 시작했다. 2014년 이후 한국윤리교육학회를 중심으로 도덕교육학 분야에서 교과 교육의 방법적 측면에 상담을 활용하려는 움직임과 논의들이 활발히 제기되고 있다. 윤리상담은 상담학회를 중심으로 논의되어왔던 상담윤리와 철학 상담의 논의들을 도덕교육의 측면에서 어느 정도 수용하는 양상을 보인다.

그러므로 윤리상담에 대한 논의의 시발점은 철학 상담에 있다고 할 수 있다. 최근 일군의 국내 연구자들은 윤리상담에 관심을 기울이고 있다. 윤리상담은 윤리학과 도덕·윤리교육 접근법에 근거한 상담으로 정의되기도 한다. 윤리상담(Ethics Counseling)은 도덕 윤리적 문제에 대해 긍정적 성과를 낳을 수 있는 상담과업(박장호, 2014: 2-3)으로 정의한다. 한편, 정서적 안정감과 위로의 제공, 도덕적 정서의 발현, 도덕적 동기화를 통한 도덕적 행동의 촉진 등을 통해 도덕 교과 시간으로는 부족했던 부분을 채워 주는 보완적인 활동이 필요하고 이러한 활동으로 윤리상담(Ethics Counseling)이 제안(정탁준, 2014: 44)되기도 했다. 덧붙여 윤리상담(Ethical Counseling)을 윤리적 문제에 대한 상담과 윤리적 방식으로서의 상담으로 나누고, 도덕과에서 추구하는 윤리상담은 청소년기의 학생들이 겪고 있는 문제들 중 특히 윤리적 문제로 말미암아 발생하는 갈등과 고민을 완화해 주고 상담의 과정을 통해 학생들 스스로 자신의 문제에 대한 새로운 통찰을 얻을 수 있게 조력하는 것을 목표로 하는 것(김국현, 2014: 32-33)으로 정의하기도 한다.

반면, 국외의 윤리상담(Ethical Counseling)에 대한 연구들은 윤리상담에 보다 윤리적인 관점을 강조한다. 윤리상담과 유사한 개념들은 기존의 심리상담, 철학 상담, 심리치료들이 있으며 철학 상담의 지류로서 윤리상담은 실제와 적용의 축으로서 윤리적 쟁점과 관점을 강조한다(A. YU, 2011). 포스터와 블랙의 연구에서, 윤리상담(Ethical Counseling)의 연구와 실제는 분명히 연관된 윤리원칙들과 행동강령 사이의 이분법을 포함한다. 많은 실제의 삶에서 어떻게 원칙을 적용할 것인가로 정의한다. 즉, 윤리상담은 분명하게 연결된 윤리적 원칙들이나 행동강령과 함께 이러한 원칙이나 강령들을 수많은 실생활의 카운슬링 상황에서 어떻게 적용할 것인가에 대한 지도와 안내를 제공하는 일이다(D. Foster & T. G. Black, 2007).

한편, 윤리상담(Ethical Counseling)의 핵심은 전문적인 부분에 한계를 두고 환자와의 관계에 있어서 하지 말아야 할 일들에 대해서 말하기도 한다. 카운슬링의 과정에서 지켜야 할 윤리적 원리에 대한 설명 즉, 고객에 대한 비밀 준수와 같은 윤리적 책임에 대해서 말하기도 한다(B. Herring, 2002). 이들의 연구는 용어 그대로 삶의 여러 문제들에 대한 '윤리적 원칙'들을 이용한 상담으로서의 윤리상담과 상담 활동에서의 윤리적 강령을 이야기하고 있다. 다시 말해, 윤리상담은 삶의 문제들에 대한 윤리적 관점에 대한 상담 활동과 상담 과정에서 지켜야 할 윤리적 측면으로 설명할 수 있다.

윤리상담의 논의 속에서 철학 상담, 철학 치료, 심리치료, 정신치료, 인문 치료 등의 용어로 각 용어마다 강조되는 측면에서의 정도의 차이와 개념 정의의 다양성이 존재하고 용어들이 다소 서로 혼용되어 사용되고 있다. 그런데도 철학 상담과 윤리상담이 인지 치료의 측면을 수용하고 있다는 점과 상담자와 내담자 사이의 대화를 매개로 진행되는 상담 활동을 통해 내담자의 삶의 문제를 해결하고 삶의 태도를 변화시키려 한다는 점에서는 공통점을 갖는다. 다만 윤리상담은 철학 상담에 비해 보다 내담자의 도덕성의 측면에 국내외의 학자들은 관심을 기울이고 있다.

따라서 윤리상담은 기존에 논의되었던 철학 상담의 여러 요소들을 수용하는 동시에 도덕과에서 추구하는 도덕성의 함양이라는 기본 강령을 목표로 하는 활동으로 재개념화할 수 있다. 나아가 윤리상담은 철학적이고 심리학적인 상담 활동으로 보다 윤리적인 측면이 강조되는 것으로 정의될 수 있다.

2. 통일 윤리상담자로서 교사의 역할

교사들은 도덕적 성숙을 촉진하는 데 있어 중요한 역할을 수행해야 한다(K. Ryan, 1988). 도덕과 통일 수업은 본래의 목적을 달성하는 데 시수의 부족과 학생들 개개인을 돌볼 수 없다는 가장 큰 어려운 점이 있다. 학생들과의 개별적 만남을 위한 시간으로서 윤리상담이 추가로 이루어진다면 도덕과 통일 수업에 내재하는 시수의 부족과 이론적, 일제적, 획일적, 지식적 접근에 주로 의지할 수밖에 없다는 현안들을 다소 해소할 수 있을 것이다. 이러한 점에서 교사는 통일 인성과 통일 의지, 바람직한 통일관, 통일 감수성 등의 통일교육에서 요구되는 과업들을 성취하기 위해 일률적으로 이루어지는 교실 수업 외에 학생들을 개별적으로 만나 대면적으로 지도할 것이 요구된다.

통일 윤리상담은 학생들 개개인의 삶의 문제와 가치관 형성을 돕는 보다 구체적인 수업의 연장선으로 활용될 수 있다. 그동안 논의되었던 철학 상담의 용어가 아닌 윤리상담의 용어를 사용하는 이유는 이것이 교사를 중심으로 이루어지는 활동이라는 점과 도덕과 통일 수업의 내실을 기하기 위한 통일 수업의 보완적인 성격도 함께 지니고 있기 때문이다. 물론 교사가 학생들과 통일 윤리상담을 진행하면서 학생들의 삶의 문제에 대한 철학적 고민이나 교우문제, 가정문제와 같은 소소한 일상의 고민을 도외시하는 것은 아니다. 교사는 학생들이 요청하는 모든 고민에 함께 동참하고 고민할 것이 요구된다. 그런데도 교사는 학생들과의 모든 상담 활동이 그것이 형식적으로 이루어지든 비형식적으로 이루어지든 상관없이 통일 인성의 함양이라는 통일교육의 연장선에 놓여있다는 점을 항시 기억해야 할 것이다.

통일 윤리상담 시간의 확보 가능성은 자유학기제, 창의 교과 시간, 상담 시간 등을 이용하여 이루어질 수 있다. 교사는 이러한 시간을 활용하여 학생들 개개인과 만날 시간을 확보하고 그들에게 삶의 전반을 되돌아보고 짚어볼 수 있는 기회를 제공할 수 있을 것이다. 학생들 개개인에 대한 개별 파일을 작성하고 최소 기한을 정해 정기적으로 혹은 비정기적으로 학생들과의 면대면 상담 활동을 진행할 수 있다. 통일 윤리상담은 교사가 학생들 개개인을 관리하며 도와줄 수 있는 통일교육 시스템으로 정착할 수 있다.

교사의 통일 윤리상담 모형에 대한 예로서 2000년대 초 몇몇 대학에서 시행한 학사 지도교수 제도를 생각해 볼 수 있다. 대학의 학사 지도교수는 신입생의 대학 생활 적응지원과 전공 선택 지도 업무를 주로 담당한다. 학사지도 교수는 학생발달 단계에 대한 전문지식을 바탕으로 학생들이 당면한 여러 문제를 효과적으로 해결해 줄 수 있다. 학사지도를 전담하는 전문 학사지도 교수들의 가장 중요한 업무는 학사지도이며 학생 발달단계에 대한 전문지식을 이용해 학생들이 당면한 여러 문제를 효과적으로 해결해 주는 것이다. 또한 학교의 제반 규정, 정책, 업무절차에 대해 많은 정보를 가지고 전공탐구 중이거나 전공미결정 학생을 지도한다(문환구·문일, 2001: 22).

학사 지도교수가 학생들의 학사지도와 학생들의 발달단계에 대한 전문적인 지식을 바탕으로 학생들 개개인이 당면한 문제를 전문 상담가로서 상담을 통해 해결하도록 돕는 것과 같이 일선 학교에서 교사가 통일교육의 관점에서 학생들의 개개인의 삶의 문제와 학교생활 전반에 대한 여러 가지 당면 과제들을 보다 슬기롭게 대처할 수 있도록 돕는 역할을 할 수 있다. 뿐만 아니라 도덕과 통일교육에서 목표로 삼는 통일 인성의 함양이 각 학생마다 어느 정도 이루어지고 있는지 확인하며 부족한 부분을 보완해 줄 수 있을 것이다.

교사들이 통일 윤리상담을 주도할 경우 일제식 통일교육과 비교해서 가질 수 있는 장점은 학생들의 통일 인성 형성에 대해 보다 전문적인 시각에서 학생들의 필요를 충족시켜줄 수 있다는 점이다. 교사의 보다 전문적인 통일 윤리상담의 내실화를 도모하기 위해서는 먼저 윤리상담에 대한 기본 모형이 제시되어야 하고 이를 담당할 도덕과 교사들에 대한 사전 연수도 필요하다. 둘째, 장기적으로 교육대학교 학생들과 사범대학교 윤리교육과 학생들에 대한 윤리상담 관련 내용의 필수 이수를 통한 예비 교사 교육도 함께 뒷받침되어야 한다. 셋째, 윤리상담자로서의 통일교육 담당 교사 수를 충분히 확보하지 못하는 학교의 경우 교사 확보를 위한 방안으로 국가적인 차원에서 교사의 직무연수 기회를 마련할 필요가 있다. 학생들의 통일 인성 형성을 위한 통일 윤리상담이 실제로 이루어질 수 있는 기반을 마련하는 것도 중요하다. 한정된 도덕과 통일 수업 시간과 공간을 극복하고 보다 내실 있는 도덕과 통일교육을 일구어내기 위해서는 교사가 학생들을 만나는 모든 순간과 모든 장소가 곧 통일 수업의 연장선일 수 있어야 한다.

더불어 듀이가 지적하듯이 도덕교육의 문제는 특정 교과의 문제가 아니라 교육 전체의 문제라는 기본 전제(J. Dewey, 2011: 8)를 되새길 때, 모든 교과 교사 역시 통일 윤리상담자로서의 역할을 담당할 수 있다. 통일교육 담당 전문 교사는 다른 교과 교사들의 이러한 역할에 대한 조언자, 상담자, 조력자의 역할 또한 담당할 수 있을 것이다.

상담이 면대면의 상호작용을 보다 요구하는 활동이기에 통일 윤리상담으로서의 도덕과 통일교육 활동은 통일 수업의 한계를 뛰어넘어 교과 수업과 동시에 학생들에 대한 개인 상담으로서의 역할을 수행할 수 있도록 구성될 수 있다. 상담의 주제나 활동이 되는 각각의 영역은 학생들이 당면할 통일문제가 그 역할을 담당할 수 있으며 이에 대한 해석과 활동의 범위는 교사의 자발적이고 치밀한 계획과 구성 하에 새롭게 조성될 수 있다.

상담은 이제까지 심리학 영역의 전유물로 간주해 왔다. 그러나 도덕과 통일교육의 내실화를 기하기 위해서는 교사들의 학생들에 대한 상담 활동 특별히 통일 윤리상담 활동이 수행될 필요가 있다. 통일교육의 배경학문이 융복합 학문으로서의 도덕교육일 수 있다는 점을 상기할 때, 도덕과 통일 수업은 각각의 배경학문이 지향하는 다양한 활동영역들을 수업에 활용 가능하다. 이는 곧 통일 윤리상담의 방법론적인 측면에 적용 가능하다.

결과적으로 통일 윤리상담의 초점은 학생들과의 공감에 두고 그 영역은 교사의 학생과 연계된 상담 활동, 교사의 학생과 이루어지는 모든 상담 활동이다. 그리고 이러한 모든 상담 활동이 통일교육 관점에서 이루어질 때 일종의 심리치료의 성격도 내포할 수 있다. 따라서 통일 윤리상담 모형으로는 철학 상담, 소크라테스의 대화법, 콜버그의 +1 사고 촉진법, 도덕적 추론 모형, 가치 명료화, 가치분석, 가치 탐구, 심리치료, 인지 치료, 인본주의 상담기법, 공감의 뿌리 교육 방법, 도덕적 상상 등 다양한 도덕교육 방법이 활용 가능하다.

V. 결론

학생에게 있어 교사의 영향력은 가족이나 TV보다 더 큰 영향을 미칠 수 있고, 그렇기 때문에 교사의 활기찬 눈빛이 아이들에게 무엇보다 중요하다(J. Kozol, 2011). 학생들의 통일 인성 형성과 같은 도덕과 통일교육 본래의 목적을 달성하고 보다 내실 있는 도덕과 통일 수업을 이루어내기 위해서는 교사들의 교수 역량의 도약이 절실하다. 교사의 학생과의 모든 만남은 또 다른 도덕과 통일 수업으로서의 통일 윤리상담이 될 수 있다.

통일 윤리상담자로서 교사는 학생들이 처한 각각의 상황에서 구체적으로 무엇을 해야 하는지 알려주며 본인 스스로 모범적인 예가 되어야 한다. 다수의 학생을 대상으로 이루어지는 도덕과 통일 수업에서 제시되는 통일 관련 내용은 자칫 추상적인 구호로 그칠 수 있다. 통일 시대를 준비하기 위해 미래 통일 시민으로서 학생 개개인이 처한 상황에서 그들이 무엇을 해야 하고 무엇을 느껴야 하는가는 수업 시간 외의 교사와 학생이 대면하는 모든 장소와 모든 시간에 이루어져야 한다. 이것이 바로 통일교육을 지도하는 교사는 곧 통일 윤리상담자가 되어야 하는 이유이다.

통일교육의 기반은 아이들에게 도덕적 교차점에서 올바른 방향을 제시해 주는 것을 포함한다. 매일의 삶에서 아이들은 도덕적 의무를 생각하고 행할 수 있게 해야 한다. 뿐만 아니라 통일, 북한, 통일의 미래상 등에 대한 잘못된 인식과 태도를 교사의 도움으로 해결할 수 있도록 조력해야 한다. 통일교육 현장에서 유용한 통일 상담 활동은 카운슬링(counseling)보다는 전문화된 의미를 부과하여 컨설테이션(consultation)으로 통일 윤

리상담(Ethics Consultation)이라 칭할 수 있다. 통일 윤리상담
은 철학 상담을 넘어 도덕과 통일 수업의 연장으로서 학생들의
내면의 치유로서의 상담 활동으로 일종의 통일 윤리클리닉 활
동으로 제안될 수 있다.

제16장

문화 코호트로서 탈북학생 민주시민교육을 위한 윤리컨설팅 프로그램

Ⅰ. 서론

근래 남북관계는 안보 중심에서 평화공존의 방향으로 전환하고 있다. 남북 주민의 상생과 한반도의 항구적인 평화통일을 위해 체제통합과 같은 외형적 통합보다 사회통합과 같은 통합의 실질적 기반이 되는 내재적 통합이 요구된다. 외형적인 통일은 체제나 제도의 문제인 반면, 내면적 통일은 남북주민 통합과 같이 사람과 사람의 문제이기에 만남, 이해, 소통, 협력 등에 대한 인식이 필요하다. 통일 준비기, 통일 과정기, 통일 성취기 각 단계의 성공적 이행을 위한 핵심 인자는 남북한 주민 간의 이해, 협력, 공조를 통한 사회통합, 사람의 통합이기에 통일교육을 통해 학생들은 북한, 북한 주민, 북한이탈주민에 대해 알고 이해하며 이들과 함께 평화롭게 공존하는 통일의 미래상을 그려낼 수 있도록 교육받아야 한다.

한편 2017년 북한이탈주민에 대한 누적 수가 3만 명을 넘기 시작한 시점을 기준으로 탈북학생 관련 연구도 급증하였다. 연구 주제는 탈북학생의 남한 사회 적응이 가장 많이 다루어졌으며 그다음으로 교육, 심리 및 상담, 정책 순이다. 2011년 이후에는 문화예술 치료 연구도 등장하였는데 이러한 현상은 탈북학생 심리치료 프로그램에 새로운 양상을 보이기 시작했다고 할 수 있다. 2015년 이후 이전에 다루지 않았던 사회적 인식 및 고정관념 등을 다룬 연구도 등장하고 있으며 대부분의 연구들은 탈북학생들의 특수한 상황과 특별한 맥락에 대한 이해에 관심을 보인다. 최근 특징은 시민의식이나 민주적인 가치 등에 대한 교육 연구의 등장이다(김보미, 2019: 1283-1284). 최근 이루어진 연구들의 경우 과거 연구들과 달리 탈북학생들에 대한 다소 부정적이고 소극적인 관점에서 벗어나 이들이 능동적으로 자신의 경험을 해석하고 정체성을 형성해 나가는 면을 강조하고 있으며 이들이 북한에서 겪었던 학습 경험이 남한에서 학업 및 생활 적응에 미치는 영향에 대해 연구(이은지·박순용·임해경, 2019) 하는 등 탈북학생이 가진 경험의 특수성과 개별성을 있는 그대로 이해하고 적합한 지원을 제공하고자 하는 방향으로 변모하고 있다.

그런데도 여전히 탈북학생들은 남한 사회에서 언어, 문화, 교육, 체제 차이와 탈북 과정에서의 교육 공백, 심리적 적응, 사회문화 및 가치관 차이, 감정 표현의 차이로 인해 적응의 어려움을 경험하고 있다. 더욱이 제3국 출생 북한이탈주민 자녀들의 경우 한국어에 익숙하지 않은 경우가 많아 남한 사회에 적응하는 데 더 많은 시간과 노력을 필요로 한다(노은희·오인수, 2018: 227). 이러한 이유로 탈북학생 교육종단연구는 초·중·고등학교 단계별로 탈북학생들의 교육 성장을 위한 지원이 보다 적극적으로 진행될 필요가 있으며 개별 탈북학생의 교육 성장에 초점을 맞출 것을 제안한다(김정원 외, 2018 : Ⅴ). 또한 탈북학생의 교육 문제에 있어 정체성 문제는 초창기 연구부터 지금까지 지속해서 중요한 이슈로 다루어져 왔다.

한 개인의 정체성은 개인에 의해 독자적으로 구성되는 것이 아니며 타인과의 관계나 개인이 속한 집단에 대한 사회의 인정 등에 끊임없이 영향을 받으며 변화한다. 문화이주민의 성격을 띠는 탈북학생의 경우 이들이 남한 사회에서 동질감을 갖고 사회문화 통합을 이룰 수 있도록 하기 위해서는 제도적 지지와 아울러 심리적 지지가 요구된다. 특히 국가 정체성의 경우 남한 사회의 민주시민으로서의 정체성을 포함한다는 점에서 탈북학생의 과거 교육경험에서 누락되었던 민주시민교육에 대한 고려가 필요하다. 탈북학생들의 정체성에 대한 이해를 바탕으로 한 새로운 수준의 통합적 교육방안 및 방법을 모색할 필요가 있다. 이에 교육현장에서 통일교육의 대상이 되는 남한 학생, 탈북학생, 다문화 학생 등의 대상별 특수성을 고려한 교육방안이 존재하는가, 탈북학생에 대한 정책적 제도적 지원을 넘어 실질적이고 적합한 교육 프로그램이 제공되고 있는가, 등에 대한 고민이 요구된다. 통일을 준비하고 성취하기 위해서는 남한 주민과 남한 내 정착하여 생활하고 있는 북한이탈주민과의 공존과 융합에 대한 통일 담론이 필요하다는 점에서 그리고 탈북학생은 미래 통일 시대에 남한과 북한의 주요한 가교 역할을 할 수 있다는 점에서 이들에 대한 관심이 촉구된다.

본 연구는 사회통합의 차원에서 탈북학생을 위한 사회적 지지의 한 방편으로 탈북학생 민주시민교육을 위한 윤리상담 프로그램 개발에 주목하고자 한다. 탈북학생의 탈북 경험과 청소년기 특성 고려와 함께 대한민국 국민으로서 그리고 민주시민으로서 성장하도록 도울 필요가 있다는 인식에서 출발한다. 따라서 본 연구의 연구 문제는 다음과 같다. 첫째, 북한의 교육 특수성을 통해 북한 출생 탈북학생과 민주시민교육의 관계는 무엇인가. 둘째, 탈북학생을 위한 윤리상담의 필요성과 방향은 어떻게 제시될 수 있는가. 셋째, 코칭, 컨설팅, 멘토링과 비교하여 윤리상담의 성격 및 특성은 어떻게 제안될 수 있는가. 넷째, 탈북학생의 민주시민교육을 위한 윤리컨설팅 프로그램 기본 모듈은 어떻게 구성될 수 있는가이다.

II. 탈북학생과 민주시민교육

1. 문화 코호트로서 탈북학생의 교육 배경 및 특징

탈북학생은 남한 사회에 정착 전 남한과 다른 사회 환경과 교육 여건을 갖는 북한 또는 중국이나 제3국에서 생활했다. 특히 북한 출생 탈북학생의 경우 북한에서 기존에 받았던 선행 교육의 경험은 남한 사회에서의 적응, 정체성 형성에 상당한 영향을 주는 것으로 나타났다. 북한에서 받았던 집단주의, 조직 생활, 주입식 교육, 통제와 억압, 벌과 복종 등 북한 사회에서 체득된 삶의 태도는 다방향의 사고보다는 단방향의 사고를 하도록 유도하며 이는 현재 남한 교육에서 추구하는 창의적이고 비판적인 사고를 하는 것에 어려움을 겪게 만든다. 또한 자유와 자율이 주어지는 남한 사회에서의 학업 및 생활 적응에 부정적인 영향을 미친다(이은지 외, 2019: 180-181).

북한은 다른 사회주의 국가보다 더 체계적이고 반복적으로 정치 사상 교양 교육을 실시하면서 주체사상, 선군사상, 김일성-김정일주의라는 집단 및 집합 의식을 형성하며 가정, 학교, 사회 등 삶의 전 영역에서 집단주의[40]로 대표되는 공통 가치를 내면화할 것을 강조해 왔다. 북한의 교육정책 수립과 지도 총괄은 노동당 중앙위원회의 과학교육부에서 담당한다. 북한 교육이 갖는 이념적 지향은 주체사상에 기초한 사회주의 교육으로 주체형의 새 인간은 김일성-김정일주의로 철저히 무장하며 개인의 이익보다 사회집단의 이익을 중시하는 인간을 말한다(통일교육원, 2018: 174-175). 북한의 교육환경은 전적으로 북한체제의 유지와 김일성 일가의 우상화 그리고 전체주의, 집단주의 사고에 매몰되어 있다.

교사의 경우에도 남한의 교사와 북한의 교사의 태도에 차이가 있다. 북한에서 교직 경험이 있는 북한이탈주민에 대한 연구는 북한 사회에서 공식적으로 규정한 교사의 역할은 혁명가이자 지식인으로서 주어진 임무를 수행하는 것으로 북한 교사의 교육 활동의 우선순위는 학습을 통해 개인의 역량을 극대화하는 것이기보다 집단 체제에 대한 순응 과정에 무게를 둔다고 지적한다. 또한 북한에서는 교사의 담임 책임제를 기조로 학급운영을 하고 있기 때문에 구조적으로 교사의 권위가 강하게 유지된다고 지적한다(임해경·채소린·한마음·박순용, 2019: 84). 김정은 집권 후 북한에서는 학제 개편 등 대대적인 교육 개혁이 단행되었는데 2012년 최고인민회의에서 '12년제 의무교육 실시'를 발표하면서 40년 가까이 유지되어왔던 11년제(1-4-6) 의무교육

---

40) 북한의 집단주의 의식은 북한 헌법인 '조선 사회주의 헌법' 제1장을 통해서도 알 수 있다. [제1장 정치] 제9조. 조선민주주의인민공화국은 북반부에서 인민 정권을 강화하고 사상, 기술, 문화의 3대 혁명을 힘 있게 벌려 사회주의의 완전한 승리를 이룩하며 자주, 평화통일, 민족대단결의 원칙에서 조국 통일을 실현하기 위하여 투쟁한다. 제10조. 국가는 사상혁명을 강화하여 사회의 모든 성원들을 혁명화, 로동계급화하며 온 사회를 동지적으로 결합된 하나의 집단으로 만든다(한국민족문화대백과, 한국학중앙연구원, https://terms.naver.com/entry.nhn?docId=548794&cid=46629&categoryId=46629, 검색: 2019.3.2)

제에서 12년제(1-5-3-3) 의무교육제로 개편하였으며 교육정책, 교육과정, 교과서 등의 개정이 이루어졌다(통일교육원, 2018: 174-175). 이러한 교육개혁은 겉으로는 실용주의를 표방한 것처럼 보이나 실질적으로는 김정은 체제를 공고히 하려는 전략이 깊숙이 내재해 있음은 차후 살펴볼 특수교과목을 통해서도 파악할 수 있다.

남한에서는 교육과정이라는 용어가 보편적으로 사용되는 단어인 반면, 북한에서는 교육강령, 과정안, 교수 요강이라는 명칭을 사용하고 있다. 북한의 교육목표는 법령인 사회주의 헌법, 교육법, 교육강령에 제시되어 있으며 보다 세분되고 위계적인 교육목표체계를 갖고 있다. 북한은 교육 이념부터 학교급별 도달목표에 이르기까지 사회주의 이념과 김일성 가계의 우상화 내용이 전면에 등장한다. 교육 이념은 사회주의 교육학의 원리를 구현하여 후대들을 '사회와 인민을 위하여 투쟁하는 견결한 혁명가로(중략)', '지덕체를 갖춘 주체형의 새 인간[사회주의 헌법]' 등으로 사회주의 이념을 강조한다. 북한의 학교급별 교과는 다음(김진숙, 2017: 363-404)과 같으며 교육이 학교만이 아닌 사회관계 속에서 이루어지는 것으로 보기에 학교 이외에도 학생소년궁전, 학생소년회관, 도서관, 소년단야영소 등 과외 교양 기지들을 거점으로 해서 소조 활동을 비롯한 다양한 과외활동을 하도록(통일교육원, 2018: 194) 함으로써 집단화, 획일화를 강조한다.

<표 1> 북한의 학교급별 일반교과 및 특수교과

	소학교
일반교과	**소학교** 사회주의 도덕, 국어, 영어, 수학, 자연, 정보 기술, 체육, 음악 무용, 도화 공작 **초급중학교** 사회주의 도덕, 국어, 영어, 조선력사, 조선지리, 수학, 자연과학, 정보 기술, 기초기술, 체육, 음악 무용, 미술 **고급중학교** 사회주의 도덕과 법, 심리와 론리, 국어 문학, 한문, 영어, 력사, 지리, 수학, 물리, 화학, 생물, 체육, 예술, 정보 기술, 기초기술, 공업기초, 농업기초, 군사 활동 초보, 자동차(뜨락또르)
특수교과	**소학교** 1. 위대한 수령 김일성 대원수님 어린 시절 2. 위대한 령도자 김정일 대원수님 어린 시절 3. 항일의 녀성 영웅 김정숙 어머님 어린 시절 4. 경애하는 김정은 원수님 어린 시절 **초급중학교** 1. 위대한 수령 김일성 대원수님 혁명 활동 2. 위대한 령도자 김정일 대원수님 혁명 활동 3. 항일의 녀성 영웅 김정숙 어머님 혁명 활동 4. 경애하는 김정은 원수님 혁명 활동 **고급중학교** 1. 위대한 수령 김일성 대원수님 혁명 력사 2. 위대한 령도자 김정일 대원수님 혁명 력사 3. 항일의 녀성 영웅 김정숙 어머님 혁명 력사 4. 경애하는 김정은 원수님 혁명 력사

북한 교육 특징은 개인의 자유, 평등 가치 추구보다 사회주의 국가의 우월성, 사회주의 준법 사상 및 생활양식, 계급의식, 국가에의 충성심을 발화시키는 교육이다. 이는 남한 교육이 자유민주주의 가치를 심어주면서 개인의 자유와 평등을 통한 인간다운 삶을 실천할 수 있는 태도와 능력을 길러주는 것과는 확연히 다르다. 북한은 남한과 비교해 교육이 주민 감시와 통제의 수단으로 활용되어 온 측면을 갖고 있으며 북한의 교육강령에서 볼 수 있듯이 수업 시간,

교과서, 교수학습 방법, 평가와 같은 세밀한 사항까지 국가에서 일률적인 기준을 제시하고 있어 남한에 비해 교육환경이 폐쇄적이고 획일적이다.

2. 민주시민교육과 보이텔스바흐 합의

교육은 한 인간의 사상, 가치, 인식 등 인간 정신에 전방위로 영향을 주기에 한 사회의 교육 이념과 목표는 그러한 교육을 받은 사회 구성원들의 가치 형성에 강력한 힘을 발휘한다. 이러한 이유로 특히 북한에서 정치 사상적 특성을 그대로 담고 있는 교육을 경험한 북한 출생 탈북학생들에게 자유민주의 가치를 지향하는 남한의 교육은 때로 낯설게 다가올 수 있다. 우리식 사회주의를 표방하며 일인 독재체제를 공고히 해온 북한 사회라는 성장 배경을 갖는 이들에게 개인의 자유와 책임을 강조하는 자유민주의 이념과 사상이 내포된 민주시민교육은 윤리 및 도덕교육 차원에서도 유념하여 교육해야 할 부분이다.

대한민국에서 시민을 양성하기 위한 교육은 민주시민교육으로 축약된다. 흔히 민주시민 요소는 개인의 자유 즉, 사상, 양심, 믿음, 언론, 사생활 등에 대한 권리로 구성된다. 최근 우리 사회에서 학생들에 대한 민주시민교육이 더욱 강조되고 있다. 서울시교육청은 창의적 민주시민을 기르는 혁신 미래 교육이라는 슬로건을 내걸고 서울형 학교 민주시민교육 기반 조성을 위해 '2019 학교 민주시민교육 활성화 지원 기본 계획'을 발표했다(서울특별시교육청 민주시민교육과, 2019). 교육부를 비롯하여 한국교육개발원, 한국교육과정평가원 등의 교육 관련 유관기관에서도 민주시민으로서의 자질에 주목하고 있으며 이외에도 교육법, 교육과정에서도 민주시민교육에 대한 내용을 찾아볼 수 있다.

먼저 대한민국 교육 및 교육제도에 관한 기본적 사항을 정한 법률인 대한민국 교육기본법41)에서는 다음42)과 같이 민주시민교육을 제시하고 있다. 민주시민교육은 세계시민교육, 통일교육, 지속가능발전 교육, 평화교육, 인권교육, 국제이해 교육, 다문화 교육, 상호문화교육, 개발교육 등 다양한 교육적 차원과 연계된다.

> 제2조(교육 이념)
> 교육은 홍익인간(弘益人間)의 이념 아래 모든 국민으로 하여금 인격을 도야(陶冶)하고 자주적 생활능력과 민주시민으로서 필요한 자질을 갖추게 함으로써 인간다운 삶을 영위하게 하고 민주국가의 발전과 인류공영(人類共榮)의 이상을 실현하는 데에 이바지하게 함을 목적(후략)

둘째, 교육부는 2018년 포용적 민주주의를 실현할 성숙한 민주시민을 양성하고자 '민주시민교육 활성화를 위한 종합계획'을 발표했다. 민주시민교육은 교육 패러다임을 경쟁을 넘어 협력으로 전환하며 참여와 실천을 통해 생활 속 민주주의 확산을 기반으로 학교현장의 변화를 촉진하고자 한다. 본 종합계획에서는 민주시민교육의 목표와 기본원칙 등을 포함한 기준을 마련하고 토의, 토론, 주제중심 프로젝트 등을 통한 교육을 제안하고 있다. 또한 미래 사회에 필요한 비판적 사고력, 창의력, 의사소통능력, 협력능력은 민주시민

---

41) 시행 2019. 6. 19. 법률 제15950호, 1997년 12월 13일 제정, 2007년 12월 21일 전문개정, 2018년 12월 18일 일부 개정.

42) 법제처, 국가법령정보센터,
(http://www.law.go.kr/lsInfoP.do?lsiSeq=205788& efYd=20190619#0000, 검색: 2019.6.10)

의 대표적인 자질로 민주시민교육은 미래 사회에 대비한 교육 혁신을 위해서도 필수불가결한 요소임을 제시한다(교육부 민주시민교육과, 2018: 1-3).

셋째, 2015 교육과정에서도 민주시민교육에 대한 내용을 엿볼 수 있다. 도덕과, 사회과 등 민주시민 관련 교과에서 목표, 교과역량, 성취기준 등을 통해 민주시민 관련 내용을 제시하고 있다. 2015 개정 초등학교 도덕과 교육과정에서 '도덕과는 학교 인성교육의 핵심교과로 도덕적인 인간과 정의로운 시민이라는 중첩된 인간상을 지향한다.'라고 밝히고 있으며 총론에서는 '추구하는 인간상'으로 자주적 생활능력과 민주시민으로서 필요한 자질을 갖추게 할 것을 제안하고 있다(교육부, 2015a: 3; 교육부, 2015b: 1).

국가적 차원에서 민주시민교육은 헌법에서 제시된 민주주의를 유지하는 데 필수적인데 그것은 제도로서의 민주주의가 실제적인 민주주의를 담보하지는 않기 때문이다. 다시 말해 민주주의가 스스로 형성되는 실체가 아닌 사회 구성원이 민주주의의 근본 가치를 수호하고 구현하려는 의식적인 노력이 뒷받침될 때 실현될 수 있기 때문이다. 헌법에서 명시된 자유민주주의의 가치는 이를 유지하기 위해 요구되는 지식, 기술, 역량 등의 자격을 갖춘 시민들에 의해 유지된다. 이러한 이유로 우리 사회도 교육과정을 중심으로 사회의 광범위한 범위에서 민주시민교육을 지원하고자 한다고 할 수 있다.

민주시민교육은 자유, 책임, 정의, 평등, 평화 등의 기본 가치를 비롯하여 개인의 존엄성과 가치에 대한 인정, 개인의 책임 완수, 공통의 이익을 위한 관심과 공감 등을 기반으로 민주사회에서의 시민 참여, 권리와 의무에 대한 이해와 수용에 관심을 둔다. 민주시민교육은 한편으로 비민주적인 학교 환경에서 비민주적인 방식으로는 민주시민을 양성할 수 없는 까닭에 교육 내용의 변화만이 아니라 교수학습방법과 학교문화의 변화 등 전반적인 교육 혁신을 필연적으로 요구한다. 학교 교육에서 민주시민교육은 민주주의 제도를 지식으로 학습하는 수준에 머무르지 않아야 한다. 학생들을 민주시민으로 길러 내기 위해서는 수업 시간에 이념뿐만이 아닌 다양한 사회 현안에 대해 토론하고 논쟁하는 실제 참여로 이어질 수 있는 교육과정을 제공해야 한다. 또한 한국 사회에서의 민주시민교육은 한국적 상황이라는 특수성과 지구촌 세계의 보편가치라는 보편성이 함께 고려될 필요가 있다.

한편, 한국정부의 탈북학생 교육지원 정책의 전개과정을 살펴보면, 2000년대 초반에는 탈북학생들의 기본적인 학습권 보장을 위한 정책이 주로 실시되었고, 2009년 이후에는 그들의 학습권 보장 정책들이 체계화되면서 확대되었다. 2012년 이후에는 탈북학생 개인의 필요에 초점을 맞춘 지원이 전개되었는데, 교사-탈북학생 멘토링 사업, 진로 개발 지원 사업, 심리상담 지원 등의 사업들이 다각적으로 추진되었다. 하지만 이와 같은 탈북학생 지원정책은 한국 사회와 학교에 적응하는 데 필요한 지원 수준이고, 탈북학생들이 한국 사회의 일원으로서 주체적인 민주시민으로 성장하는 데까지 지원하겠다는 것은 목표로만 제시될 뿐 구체적인 실행은 체계적이지 못하다는 한계를 드러내고 있다. 이에 탈북학생이 민주시민으로 성장하기 위한 토대역량을 강화하는 교육 정책적 과제(김선·김희정, 2018: 31)에 관심을 기울일 필요가 있다.

이 점에서 탈북학생 민주시민교육을 위한 윤리상담 프로그램 구현에 앞서 독일의 정치교육의 일환이었던 보이텔스바흐 합의를 살펴볼 필요가 있다. 보이텔스바흐 합의는 독일통일 이전뿐만 아니라 1989년 베를린 장벽이 무너진 직후 동독인들의 새로운 정체성 형성을 위한 정치교육에 중요한 역할을 했다. 보이텔스바흐 합의를 통해 독일 민주시민교육은 불필요한 정치 갈등을 줄이고 실제적인 문제에 집중하며 발전할 수 있었다. 보이텔스바흐 합의의 세 가지 기본원칙은 강압 즉 교화금지 원칙, 논쟁성에 대한 요청 원칙 그리고 학습자의 이해관계 인지에 대한 요청이다(심성보·이동기·장은주·케르스틴 폴, 2018: 162-163). 이 세 가지 원칙은 탈북학생들을 위한 민주시민교육의 방향 제시에 의미 있는 시사점을 제공한다. 탈북학생의 경우 북한에서 비민주적 정치사회 체제, 사회구조, 교육환경으로 인해 민주시민성 함양 기회를 충분히 얻지 못했다는 점을 인지할 필요가 있다. 학생들에 대한 교사의 강압과 교화를 금지하고, 학문적으로 논쟁이 있는 사안은 교육현장에서도 논쟁적으로 다루어야 하며, 주어진 정치 상황에서 자신의 이해관계를 분석하는 능력을 강조하는 보이텔스바흐의 핵심 사안은 탈북학생들이 북한 교육에서 경험하지 못했던 주요한 민주시민의 자질을 위한 교육의 구성요소가 될 수 있다. 따라서 일방적인 주입식 교육이 아닌 공론장, 숙의 민주주의, 개인의 목소리를 낼 수 있는 깊이 있는 상담 활동 등과 같이 자신을 둘러싼 세계에 대한 분석과 비판이 가능한 민주시민교육 프로그램이 탈북학생들을 위해 구안될 필요가 있다.

III. 탈북학생과 윤리상담

1. 탈북학생과 상담

2000년 이후 북한이탈주민 수의 급격한 증가는 탈북청소년 지원에 대한 사회적 인식과 연구에 확대를 야기했다. 탈북청소년은 협의의 개념으로는 북한에서 출생하여 현재 한국에 사는 만 6세 이상 24세 이하의 북한이탈주민으로 규정되며 초·중·고등학교 학령과 청소년 기본법이 규정하는 법령에 따라 교육지원 대상이 되는 청소년 연령인 만 24세까지의 청년들이 포함된다.[43] 광의로는 부모 중 한 사람 이상이 북한이탈주민이고 중국, 태국, 캄보디아, 베트남, 몽골, 라오스, 미얀마 등 제3국에서 출생한 아동·청소년이 포함되는데 이들은 법률이 정의하는 협의의 북한이탈주민 개념 범주에는 포함되지 않지만 정부에 의해 교육지원이 필요한 탈북가정의 자녀로 분류된다(은지현·조영하, 2015: 55-56). 북한이탈주민의 자녀로 제3국 출생자와 남한 출생자의 수가 지속해서 증가함에 따라 이들의 재학생 수도 꾸준히 늘고 있으며, 탈북청소년이 남한 사회와 학교생활에 잘 적응할 수 있도록 도움을 주는 교육 지원에 대한 관심도 높아지고 있다.

집단 내에서 이념적, 심리적, 사회문화적 차이는 문화적응 스트레스를 초래하기에 문화충격의 관점에서 볼 때 남한 사회에서 탈북학생들은 탈북과 사회정착 과정에서 중첩된 스트레스 경험에 노출되어 있다. 탈북학생들의 탈북과 문화적응 스트레스 완화를 위해 주로 사용되어 온 방법은 상담 활동을 통한 심리적 개입이다. 그동

---

43) 한국교육개발원, (https://www.hub4u.or.kr/hub/edu/understand.do, 검색: 2019.3.1)

안 연구자들은 탈북학생들의 적응, 진로, 심리상담에 관심을 기울여왔다. 유관기관 및 관계 법령 측면에서는 이주배경청소년재단의 탈북청소년 집단 상담 프로그램, 남북하나재단의 탈북청소년 심리상담, 교육부와 한국교육개발원 탈북청소년교육지원센터의 탈북학생 심리상담, 민주평화통일자문회의 탈북청소년 상담, 청소년복지지원법에 근거한 탈북청소년 상담 등 탈북학생을 위한 각계 기관과 단체의 상담 지원 프로그램이 있다.

탈북학생 대상 상담은 대부분 학교 적응, 사회 적응 그리고 탈북 과정 및 남한 사회 정착과정에서의 경험에 대한 심리치료를 위해 이들의 심리적 안정과 이해 도모에 중점을 둔다. 탈북학생 상담은 탈북학생들에게 정서적 지지를 제공하여 자기 이해를 돕고 자아존중감과 자신감을 회복시켜 안정적인 심리적 적응을 이끌고 궁극적으로 남한 사회의 구성원으로서 견고히 자리매김하게 하고자 한다. 이러한 점에서 탈북학생 대상으로 이루어지는 상담 활동은 가치 지향보다는 정서안정 지향에 보다 중점을 두고 이루어져 왔다. 그러나 통일의 과정은 탈북학생들이 남한 주민, 남한의 사회문화 및 가치에 대한 이해와 이들과의 통합이라는 과제와 마주한다. 가치는 정치, 경제, 사회, 문화 특히 가치관 형성에 핵심 역할을 하는 교육에 그대로 반영된다는 점을 고려할 때 탈북학생은 북한에서의 교육 기간 또는 탈북 과정과 생활 중에 교사, 부모, 주위 사람들에 의해 남한의 기본 가치와 다소 거리가 있는 가치교육으로서의 도덕 윤리 교육을 경험했다고 볼 수 있다. 이러한 이유로 탈북학생들이 우리 사회와 잘 융합되고 함께 성장할 수 있는 방법을 모색하기 위해서는 상담 활동에서 탈북학생들의 심리적 안정 도모와 아울러 남한의 사회문화적 특성 및 정치 사회적 가치관을 이해하고 이들이 올바른 정체성을 확립하도록 돕는 작업이 필요하다.

2. 탈북학생의 특성과 윤리상담 필요성

탈북학생의 특성 관련 연구들은 탈북학생들이 다음과 같은 특징을 보인다고 지적한다. 첫째, 감정의 고저가 심하며 감정 표현이 극적이라는 감정성의 심리적 경향이 있다(정향진, 2005: 81). 둘째, 집단주의와 개인주의 성향에서 남한 청소년과 비교해 통계적으로 유의미한 차이를 갖는다(이정우, 2006: 159). 셋째, 남한 학생에 비해 민족 정체성, 집단주의 의식에서 보다 강한 경향을 보인 반면, 개인주의 의식에서는 보다 약한 양상을 갖는다(박형빈, 2019b: 109). 넷째, 탈북학생들은 모든 인간은 평등하다는 점을 가치 측면에서 상대적으로 남한 학생들에 비해 낮게 인식한다(맹영임·길은배·최현보, 2013: 131-132, 272) 등이다. 결과적으로 탈북학생들은 남한 청소년들에 비해 감정 지향성의 특성을 보이며 보다 강한 집단주의 및 민족주의적인 성향을 지니고 모든 인간이 평등하다고 인식하기보다는 계급적 차이를 수용하는 경향을 보인다.

탈북학생의 가치, 문화 심리적 특성에 대한 이러한 연구결과는 이들이 남한 사회와는 다른 성장 배경과 교육환경, 탈북 과정에서의 경험 등으로 인해 남한 청소년과는 다른 성향과 가치체계를 보유하고 있음을 나타낸다. 탈북학생들의 남한 사회정착과 적응 그리고 통일 이후 남북주민의 화합을 위해서는 이들의 이러한 특성을 이해하고 포용하는 동시에 남한 사회의 가치문화를 습득하고 내재화할 수 있는 기회 제공을 통해 민주시민의 자질을 함양하게 할 필요가 있다. 보편가치와 더불어 남한의 특수가치 형성을 위한 역량 및 능력을 길러주는 교육이 필요하다. 한편, 탈북학생들 개개인은 성장 배경, 탈북 경험, 교육경험 등에서 각기 다르기 때문에 그들을 대상으로 한 교육 지원 활동에서 하나의 정형화된 방식을 적용하기 어렵다. 이러한 이유로 최근 탈북학생 개개인의 특성과 상황을 고려한 맞춤형 교육 지원 활동을 통해 그들의 적응과 성장을 도와줄 필요가 제기되고 있으며 상담, 멘토링은 대표적인 맞춤형 지원 활동이라고 할 수 있다. 또한 도덕 윤리교육 차원에서 이들의 가치, 심리 문화적 특성을 파악하고 이해하며 남한 사회의 가치관 및 정신문화를 습득하고 향유할 수 있도록 하는 것이 요구된다. 이에 단순한 상담 활동이 아닌 도덕, 윤리, 가치를 담지한 상담 활동으로서 윤리상담이 필요하다.

따라서 탈북학생 대상 윤리상담은 자유민주의 가치 지향을 포함한 것으로서 인성발달과 개인과 공동체의 조화 추구 그리고 탈북학생들 각자가 처한 삶의 맥락 상황에서의 올바른 가치판단을 할 수 있도록 돕는 도구가 되어야 한다. 이러한 까닭에 윤리상담은 심신 안정 기반의 상담 활동과 구분되며 정치학적 접근으로서의 민주주의 교육과도 구별된다. 탈북학생의 민주시민교육을 위한 윤리상담에서 개인의 자유와 민주주의의 의미가 가치 차원에서 접근될 수 있다. 결과적으로 탈북학생들이 개인의 자율성, 인간의 존엄, 인권, 자유, 평등, 정의, 공정, 참여 등의 개념을 도덕적 존재 개념 안에서 이해하는 기회를 제공할 수 있다. 이 점에서 탈북학생을 대상으로 하는 윤리상담은 윤리전문가에 의해 이루어지는 일종의 윤리컨설팅에 가깝다.

Ⅳ. 탈북학생을 위한 윤리컨설팅 개요

1. 탈북학생을 위한 민주시민교육으로서 윤리상담

북한은 교육의 강령적 지침인 '사회주의 교육테제'를 채택하여 김일성, 김정일, 김정은에 대한 절대적인 충성심을 강조하는 독재체제 국가로 남한과는 다른 교육 특징을 갖는다. 남한은 자유민주주의 사회로 개인의 권리가 존중되나 북한 출생 탈북학생들은 북한에서 획일화된 사회주의 교육을 경험했다. 교과목 측면에서 보면 윤리, 도덕, 한국사, 사회 과목은 대표적으로 북한과 완전히 다르다. 이 때문에 탈북학생들은 이러한 과목에서 배경 지식이 결여되어 있다. 더욱이 탈북 후 한국 입국까지 장기간이 걸린 탈북학생의 경우 학업 공백과 더불어 한국어, 문화, 교육환경 및 내용 차이 등으로 문화이주민으로서 남한의 가치문화를 수용할 기회를 경험하지 못해 남한 사회 적응에 어려움을 겪는다. 남한 학생들이 소유한 국가 사회적인 가치나 이념, 도덕적 신념, 윤리관, 세상을 보는 관점의 어느 부분들은 탈북학생에게 매우 낯설며 동시에 그들이 중요하게 배워야 할 정신적인 가치문화이다.

북한 출생 탈북학생의 측면에서 보면, 첫째, 탈북학생들은 북한에서 획일화된 사회주의 교육을 경험했다. 둘째, 탈북학생들에게 남한의 윤리, 도덕, 한국사, 사회 과목은 낯선 과목이다. 셋째, 북한의 강한 집단주의, 권위주의는 탈북학생들에게 자유, 권리, 책임을 기반으로 하는 민주시민성 부족을 초래할 수 있다. 넷째, 탈북 후 한국 입국까지 장기간이 걸린 탈북학생의 경우 학업 공백과 한국어, 문화, 교육환경 및 가치 차이 등으로 남한 사회 적응에 어려움을 겪는다. 남북의 이념적 차이는 고스란히 교육 정신에 반영되고 있으며 이는 북한 교육의 특성을 이룩함으로써 탈북학생의 독특한 교육 배경을 형성한다.

결과적으로 이러한 교육, 사회문화 배경은 탈북학생으로 하여금 문화이주민의 성격을 띠게 한다. 탈북학생들이 갖는 교육 배경을 고려할 때 남한 사회 적응, 정착을 넘어 공동체 구성원으로 주체적으로 살아가게 하기 위해서는 남한 사회의 기본 가치인 민주시민의식을 체득할 수 있도록 교육할 필요가 있다. 탈북학생들은 남한 사회 적응 교육에서 자유, 민주, 권리 등과 같은 가치의 문제를 다루는 민주시민교육으로서의 도덕 윤리교육을 필요로 한다.

한편, 윤리상담은 윤리라는 기준을 가지고 바람직한 방향을 제시하고자 하는 처방적 성격을 갖는다. 윤리상담은 윤리학을 기반으로 해서 실천되는 상담으로 상담자는 올바름에 대한 기준들을 제시하는 것으로 내담자를 돕는 역할을 하게 된다(김대군, 2017: 27). 윤리상담은 학생들의 다양한 도덕적 가치문제를 자율적으로 해결하여 바람직한 가치관을 형성하도록 돕는 과정이기에(정탁준, 2014: 39) 윤리상담에서 학생들 개개인에 대해 도덕적 사고의 촉진 및 도덕적 인격 형성을 촉진할 수 있다(박형빈, 2015: 187). 또한 상담의 특성상 학생들은 윤리상담을 매개로 올바른 가치 확립뿐만 아니라 심적 치유의 기회를 얻을 수 있기에(박형빈, 2017c: 33) 가치와 치유라는 두 가지의 키워드를 지향하는 활동이 된다(박형빈, 2017c: 50).

이러한 점에서 본다면, 탈북학생을 대상으로 하는 윤리상담은 이들의 정서 부적응, 도덕적 과오와 같은 부정적 요인을 극복함과 동시에 도덕 윤리 학습의 기본 역량을 갖추게 하고 이들 개인의 윤리적 삶의 문제에 대한 지적 욕구 충족과 실천적 방법과 기술 습득을 촉진할 수 있다(박장호, 2014: 6). 탈북학생을 대상으로 하는 윤리상담은 궁극적으로 남한 사회의 가치문화를 확인하고 획득하게 하여 그들로 하여금 도덕적인 민주시민으로서의 삶을 영위할 수 있는 역량을 길러줄 수 있어야 한다. 탈북학생들은 윤리상담을 매개로 인지적 측면에서 존재의식 즉 도덕적 정체성을 형성하고 올바른 가치관을 확립하며 정서적 측면에서 심리안정과 심적 치유를 경험하고 궁극적으로 남한 사회에서 민주시민으로 성장할 동력을 얻을 수 있다.

2. 윤리상담의 성격: 코칭, 상담, 멘토링과 컨설팅

탈북학생을 위한 민주시민교육으로서 윤리상담의 구체적인 방법을 구상함에 있어 먼저 윤리상담의 상담 유형 특성을 규정할 필요가 있다. 윤리상담에서 상담의 의미를 탐색하는 것은 윤리상담자의 역할을 가늠하는 데 도움을 준다. 상담 실천 영역에서 종종 유사한 개념들로 사용되는 용어들은 코칭(coaching), 멘토링(mentoring), 카운슬링(counselling), 컨설팅(consultaion)이다. 먼저, 코칭은 내담자가 문제해결 차원을 넘어 자신의 미래를 창조함으로써 궁극적으로 자신이 원하는 방향으로 성장하고 발전하도록 지원한다(최효진, 2006: 54). 둘째, 멘토(Mentor)는 멘티의 개인적 성장을 촉진하고 잠재력을 극대화하며 능력을 개발하고 성과를 향상하여 그들이 되고 싶은 사람이 되고자 노력하게 한다. 셋째, 카운슬링 즉 상담은 일반적으로 정서적인 상태, 개인적인 위기와 문제를 해결하기 위해 고안된 단기간 개입으로 심리치료(psychotherapy)와 같이 내담자의 행동과 성격의 건설적인 변화를 목표로 한다. 상담의 일반 원칙은 내담자 중심, 협동적 관계, 제약 없는 상호작용 및 목표 지향적 절차에 중점을 두기에(R. Nupponen, 1998 : S61) 내담자에게 자연스럽게 격려와 지원을 제공한다(G. Corey, 2009: 7). 넷째, 컨설팅은 전문지식을 가진 사람이 이를 필요로 하는 사람들에게 상담 및 자문에 응하는 일이며 이 점은 컨설팅과 코칭의 공통점이다(전도근, 2006: 26).

이처럼 상담 영역에서 일반적으로 사용되는 코칭, 멘토링, 카운슬링, 컨설팅 개념을 통해 윤리상담이 단순한 심리지원 차원을 넘어 전문적인 지식이나 경험을 제공해야 함을 알 수 있다. 윤리상담은 윤리 카운슬링을 넘어 윤리컨설팅의 역할을 해야 한다. 그것은 윤리상담이 윤리상담사 혹은 교사가 윤리, 도덕 측면에서의 전문적인 식견을 기반으로 내담자에게 올바른 지향점을 제안하는 활동이기 때문이다. 탈북학생의 민주시민교육을 위한 윤리상담은 윤리적 의사결정이 요구되는 상황에서 내담자가 자신의 판단과정을 대비하여 검토해 볼 수 있도록 실제적인 윤리 문제들에 효과적으로 대처하게 하며, 바람직한 가치관 형성을 기반으로 민주시민으로서 다양한 가치문제를 자율적으로 해결하도록 돕는 과정이어야 한다.

V. 탈북학생 민주시민교육을 위한
윤리컨설팅 프로그램 유형과 모듈

1. 탈북학생 윤리상담을 위한 모델: 네이메헌의 도덕 상담

탈북학생의 민주시민교육을 위한 윤리상담 프로그램 구안을 위해 살펴볼 수 있는 도덕 상담(Moral Counselling)은 네덜란드 네이메헌(Nijmegen) 라드바우드 대학 의료센터(Radboud University Medical Center)에서 개발된 상담 프로그램이다. 이것은 도덕 상담의 방법에 대한 유용한 아이디어를 제공하기에 우리는 이를 통해 윤리상담의 적절한 진행 방법을 위해 참고 사항을 얻을 수 있다. 후루트와 레거트(De Groot & Leget)는 도덕 상담에서 내담자가 도덕적 확신에 도달하기 위해 가치와 규범이 상호 연관되어 있는 청취 망을 통해 서로 다른 각도에서 도덕적 스펙트럼을 고려할 수 있다고 제안한다. 도덕적인 이야기에 의해, 내담자는 그들이 결정을 내릴 수 있게 해줄 확신을 위한 청사진을 발견한다. 이 방법은 로저스(Carl Rogers)의 내담자 중심 대담 스타일과 관련이 있는데 주된 관심사는 진실성, 수용과 존중, 공감과 같은 카운슬러의 태도이다. 또한 리쾨르(Paul Ricoeur)[44]의 견해인 내담자의 진술 내용에 초점이 맞춰져 있기에 도덕 상담가는 내담자가 자신에 대해 어떻게 말하는가를 관찰하는 데 주의를 기울인다(J. de Groot, & M. EC van Hoek, 2017: 106-107).

후르트와 레거트는 도덕 상담의 방법을 설명하면서 인간의 모든

---

44) 리쾨르(Paul Ricoeur)는 20세기 가장 중요한 철학자로 널리 알려져 있으며 실존주의, 현상학, 해석학, 언어 철학, 내러티브 이론, 종교 철학, 도덕철학, 정치 철학 등 주요 철학 운동에 기여하는 수많은 책과 논문을 저술했다.

중요한 결정에는 도덕적 차원이 있으며 많은 경우 내담자는 제공된 정보 때문이 아니라 정보에 의해 생성된 도덕적 혼란 때문에 의사결정에서 어려움을 겪는다고 지적한다. 이때 내담자는 의사결정 과정에서 현명한 결정에 대한 가치 설명을 제공할 수 있는 코치 역할의 카운슬러를 필요로 한다. 라드바우드 대학 의료센터에서 행해진 도덕 상담은 영적 조언자라고 불리는 병원 군목에 의해 환자들에게 수행되었는데, 영적 카운슬러는 의사가 의료 상황에서 딜레마를 제기하는 경우 환자가 현명한 결정을 내릴 수 있도록 그를 지원한다. 주목할 점은 네이메헌의 도덕 상담 방법이 리쾨르, 누수바움(Nussbaum), 브레넌(Brennan)과 같은 윤리학자의 생각과 상담전문가, 로저스와 같은 치료전문가의 이론을 결합한 것이라는 점이다. 특히 리쾨르의 견해는 카운슬링에서 청취망으로 사용되는 주요 개념들을 제공한다. 도덕 상담과 관련한 그의 핵심 개념은 <표 2>와 같다.

〈표 2〉 리쾨르의 도덕 상담 관련 핵심 개념

	자신을 위한 좋은 삶(자아)	다른 사람들과 더불어(타자)	정의로운 제도 (각자)
가치	자존감	배려	평등
규범	자율성	존중	정의
신념	결의성	책임	공정

출처: J. de Groot & C. Leget, 2011: 6.

주지하듯이 리쾨르의 도덕철학은 칸트 의무론에 의해 검증된 아리스토텔레스 실천지 버전으로 평가된다. 윤리적 의도는 바르거나 정의로운 제도 안에서 다른 사람들과 함께 그리고 다른 사람들을 위해 좋은 삶을 목표로 하는 것이다. 그의 설명에 따르면, 실천지는 행복, 자율, 정의를 달성하기 위해 아리스토텔레스의 윤리 목표의 특정 요구 사항을 중재하는 기술이며 동시에 칸트 도덕 규범의 보편적 요건을 조정하는 기술이다. 그는 윤리적 생활이 모든 개인의 자치와 존엄성을 존중하기에 윤리가 도덕성을 필요로 한다고 본다 (D. M. Kaplan, 2006: 45). 도덕 상담은 내담자가 '나는 무엇을 하고 싶다'에서 나아가 규범 수준에서 '나는 무엇을 해야 한다'를 고민할 수 있게 한다. 이러한 리쾨르의 기본 생각은 도덕 상담, 윤리 상담에서 도덕 윤리전문가로서 카운슬러가 담지하고 있어야 할 기본적이며 핵심적인 내용의 일부가 될 뿐만 아니라 탈북학생의 민주시민교육을 위한 윤리상담의 성격을 제안한다. 한편, 윤리상담에서 카운슬러의 역할은 로저스의 견해를 통해 유추 가능하다. 로저스는 문제보다 내담자에 대한 도움 '관계'에 중점을 둔다. 카운슬러는 내담자의 개인 성장을 도울 수 있는 관계를 제공하는데 여기서 카운슬러의 기본적인 태도는 진실성, 완전한 수용, 공감적 이해라는 세가지 요소로 구성된다(J. de Groot & C. Leget, 2011: 5-7).

따라서 탈북학생을 위한 민주시민교육으로서 윤리상담 프로그램의 기본 방향은 다음과 같이 제안할 수 있다. 먼저, 핵심 가치의 선정이다. 학생들의 주체적 참여를 높이고 주체 의식을 함양하기 위해 핵심 가치를 선정하고 각각의 가치를 확립하기 위한 교육 활동을 할 수 있다. 둘째, 참여 활동의 제시이다. 세션 프로그램으로 자유 인터뷰, 도덕 딜레마, 가치 활동, 역할극 등의 활동이 활용 가능하다. 셋째, 교육과정과의 연계이다. 2015 개정 도덕과 교육과정에서 제안하고 있는 성격, 목적/목표, 핵심역량, 가치가 참조 되어 프로그램의 목적을 명확히 할 수 있다. 넷째, 보이텔스바흐 원칙의 준수이다. 다섯째, 탈북학생의 특성 고려이다. 탈북학생들의 특성인 집단주의 지향, 자유민주주의 가치에 대한 경험 미숙, 자율성 및 선택과 책임에 대한 경험 부족 등을 유념할 것이 요구된다. 여섯째, 생활 문화적 접근 지향이다. 생활 밀착형, 맥락형의 주제와 제재를 취급함으로써 자기 삶의 문제에 천착할 수 있는 계기를 제공한다. 마지막으로 카운슬러의 자세이다. 카운슬러는 탈북학생의 필요를 적절히 충족시키며 이들이 제기하는 규범과 가치에 귀 기울이며 적극적인 격려자가 될 수 있어야 한다. 윤리상담은 윤리학, 도덕철학을 기반으로 상담 및 심리치료의 카운슬러 자세가 덧입혀질 때 효과적이게 된다. 제안할 수 있는 탈북청소년 민주시민교육을 위한 윤리컨설팅 개발 방향은 [그림 1]과 [그림 2]와 같다.

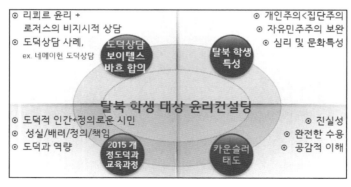

[그림 1] 탈북학생 윤리컨설팅 배경

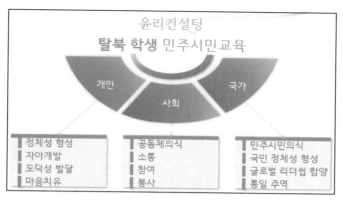

[그림 2] 탈북학생 민주시민교육 3영역

2. 탈북학생을 위한 윤리컨설팅 프로그램 모듈과 카운슬러의 역할

1) 탈북학생 민주시민교육을 위한 윤리상담 모듈

탈북학생의 민주시민교육을 위한 윤리상담은 크게 세 개의 축으로 구성 가능하다. 첫째, 윤리상담의 역할은 가치의 문제에 대해 올바른 가치를 선택하도록 돕는 일로서 특히 자유민주주의의 가치에 대한 확인과 개인의 자유와 책임, 인간의 존엄성, 인권, 평등, 공정, 존중과 참여의 가치를 인식하고 내면화하는 것이다. 둘째, 윤리상담의 성격은 어떤 분야의 전문적인 식견을 가진 사람이 내담자를 상대로 상세하게 상담하고 도와주는 것으로서 컨설팅의 특성을 내포하는 것이다. 셋째, 윤리상담의 방법은 윤리와 상담을 융합함으로써 갖게 되는 윤리상담의 독특성을 반영하여 담화를 중심으로 개별적으로 이루어지며 단순히 일회성으로 끝난다는 느낌 없이 서로에게 진정성 있는 관계를 형성하는 것으로 구성된다. 그러므로 탈북학생 윤리컨설팅은 이들이 일상생활에서 겪는 도덕적 딜레마를 포함하며 민주시민으로서 도덕적 기준을 가지고 자기 자신과 삶의 문제를 바라보고 당면 문제와 미래 과제를 처리할 수 있도록 전문적으로 돕기 위한 활동이 된다. 이를 통해 탈북학생들은 장기적 관점에서 도덕적인 민주시민으로서 남한 사회의 구성원으로 자리 잡게 될 것이다.

윤리상담의 모듈 구성을 위해 앞에서 논의한 내용을 네 가지 측면에서 활용할 수 있다. 첫째, 민주시민교육의 차원에서 자유민주의 가치를 기반으로 보이텔스바흐 합의의 세 가지 기본원칙인 교화 금지, 논쟁성 재현, 이해 관계자 지각 원칙을 기본 이념으로 상정 가능하다. 탈북학생들은 민주시민의 가치인 자유, 평등, 평화, 존엄, 공정, 참여 등 기본 이념 및 개념을 인식하고, 민주시민 가치를 내면화하고 태도를 함양하며 행동을 위한 실천력을 기를 수 있다. 둘째, 가치교육의 차원에서 리쾨르가 제안하는 자존감, 자율성, 결의성/ 배려, 존중, 책임/ 평등, 정의, 공정의 3차원 가치들을 다룰 수 있다. 셋째, 카운슬러의 역할로 로저스의 진실성, 수용과 존중, 공감과 같은 상담자의 태도를 유념한다. 넷째, 형식적 차원에서 네메이헌의 도덕 상담의 절차 및 방법 활용이 가능하다.

내담자의 도덕적 문제를 돕고자 설계된 네이메헌의 도덕 상담과정은 6개의 세션으로 구성되는데 이 중 5개는 역할극과 관련된다. 처음 세션은 자유 인터뷰 방법을 사용하여 서로를 알도록 한다. 두 번째 세션은 도덕적 딜레마, 결정 또는 선택에 직면한 상황에서 어떻게 의사결정을 내리는가에 중점을 둔다. 각 참가자는 개인적인 도덕적 문제가 어떻게 관리되었는지 또는 문제가 아직 해결되지 않은 경우 참가자의 마음과 인식에서 어떤 프로세스가 작동하는지 설명하게 한다. 여기서 채택할 수 있는 다양한 관점에 대해 생각하게 한다. 즉 한 사람이 자신의 관점, 중요한 다른 사람의 관점, 그리고 익명의 다른 사람들의 관점에 관심을 두게 한다. 세 번째 세션에서는 참가자가 상담자에게 개인적인 문제를 제출하도록 요청하며 리쾨르의 도덕 상담 핵심 개념망을 연습한다. 네 번째 세션은 자유 인터뷰 방법을 사용하여 실제 사례를 다룬다. 다섯 번째 세션은 이전의 역할극에서 얻은 경험을 바탕으로 또 다른 역할극을 연습하며 상담자와 관찰자가 서로 다른 진술 사이의 양면성과 모순에 특별한 주의를 기울이게 한다. 여섯 번째 세션은 교육학습 토론의 형태를 취하면서 도덕 상담 인터뷰의 종료를 다루는 역할극을 다룬다(De Groot & Leget, 2011: 10-12).

탈북학생의 민주시민교육을 위한 윤리컨설팅 프로그램은 자유민주주의의 기본 가치와 보이텔스바흐 협약의 기본 이념, 리쾨르의 기본 가치, 로저스의 카운슬러의 역할 그리고 네메이헌의 도덕 상담의 방식을 기반으로 그 모듈을 구성할 수 있다. 따라서 이를 활용하여 제안할 수 있는 탈북학생 민주시민교육 윤리컨설팅 프로그램의 3차원과 5회기는 다음과 같다. 먼저 3차원은 1) 인지적 측면: 가치관 형성 활동, 2) 정의적 측면: 내면을 치유하는 역할극 활용, 3) 행동적 측면: 자유 인터뷰, 협동적 의사소통과 협업 수행이다. 다음으로 윤리상담 프로그램 회기별 진행 모듈은 다음과 같다. 1회기는 사전 준비 단계로, 탈북학생들에 대한 특성 파악 및 윤리상담 프로그램에 대한 전반적 소개, 집단의 목적, 일정 및 진행 과정에 대한 안내, 집단 규칙 정하기 등이다. 탈북학생들은 간단한 자기소개를 통하여 참여 동기와 집단에 대한 기대감 등을 표현할 수 있다. 2회기는 도덕 딜레마 나누기로 각 참가자는 개인적인 도덕적 문제가 어떻게 관리 되었는지 또는 문제가 아직 해결되지 않은 경우 참가자의 마음과 인식에서 어떤 도덕적 기준을 가졌는지 토의한다. 3회기는 도덕 역할극으로 교육연극을 활용하여 2회기에서 나눈 도덕 딜레마에 대한 해결책을 모색한다. 4회기는 사회이슈 & 개인 이슈라는 타이틀의 회기 제목을 설정하고 질문지를 활용한 자유 인터뷰 방법을 적용한다. 여기에서 탈북학생들이 일상생활에서 겪는 주변의 스트레스 요인을 탐색하고 이를 해결할 수 있는 방법을 찾는다. 5회기는 협업 프로젝트 수행하기로 집단에 주어진 미션을 수행하고 회기 전체를 정리한다. 회기 진행에서 특히 유의할 점은 본 회기를 통해 탈북학생들이 민주시민으로서의 가치에 대한 이해, 인식, 태도 등을 획득할 수 있도록 돕는 것이다. 즉 자유민주 가치인 개인의 자율성, 인간의 존엄, 인권, 자유, 평등, 정의, 공정, 참여 등과 같은 가치들이 윤리상담 프로그램의 5회에 걸친 진행 모듈에서 강조되어 추구되어야 한다. 예를 들어 2회기 도덕적 딜레마 상황에 대한 활동에서 법원 재판 방청과 같은 활동 경험을 제공할 수도 있을 것이다.

〈표 3〉 탈북학생 민주시민교육을 위한 윤리상담 프로그램 모듈(예)

핵심 이론	윤리학, 도덕철학, 상담 및 심리치료	
핵심 이념	보이텔스바흐 협약 기본 이념 민주시민교육의 가치	
추구 목적	1. 윤리적 기준 확보(보편성과 특수성) 2. 심리적 지지 3. 가치문화 이해 4. 건강한 자아 정체성 및 국가 정체성 형성 5. 더불어 사는 능력/ 참여 능력	(도덕적) 민주시민교육

핵심 덕목	자존감	배려	평등
	자율성	존중	정의
	결의성	책임	공정
카운슬러 태도	진실성, 완전한 수용, 공감적 이해		
차원	인지	가치관	
	정의	내적 치유, 공감	
	행동	의사소통, 협업 수행, 참여	
활동	역할극, 자유 인터뷰, 프로젝트 수행 등		
회기	1회기	준비기	
	2회기	도덕 딜레마	
	3회기	도덕 역할극	
	4회기	자유 인터뷰	
	5회기	협업 프로젝트	

2) 카운슬러의 역할

자유민주의 가치 지향을 포함한 것으로서 인성발달과 개인과 공동체의 조화 추구 그리고 탈북학생들 각자가 처한 삶의 맥락 상황에서의 올바른 가치판단을 할 수 있도록 돕는 카운슬러의 역할이 요구된다. 이러한 까닭에 윤리상담은 심신 안정 기반의 상담 활동과 구분되며 정치학적 접근으로서의 민주주의 교육과도 구별된다. 윤리상담은 인류의 보편가치와 대한민국의 특수가치를 모두 고려한 윤리 기반의 전문적인 조언, 충고, 상담, 코칭으로서 윤리 컨설팅이다.

결과적으로 앞에서 살펴본 상담유형과 도덕 상담을 통해 탈북학생의 민주시민교육을 위한 윤리상담에서 다음과 같은 카운슬러의 역할 수행을 제안할 수 있다. 첫째, 촉진자로서의 역할이다. 탈북학생의 사고, 도덕성 발달, 의식을 일깨우고 북돋는 역할이 필요하다.

둘째, 전문가로서의 역할이다. 도덕적인 삶이 무엇인지, 민주시민의 자질이 무엇인지 고민할 때 이러한 탈북학생들의 필요에 응답할 수 있어야 한다. 그러나 동시에 주입, 교화에 주의하여 보이텔스바흐 합의의 첫 번째 원칙인 교화금지 원칙을 준수해야 한다. 셋째, 공감자로서의 역할이다. 전폭적인 지지와 격려, 소통으로 탈북학생들의 심신의 안정을 도모하고 심리적 지지자가 되어줄 수 있어야 한다. 넷째, 대화상대로서의 역할이다. 학생들이 삶의 구체적인 맥락에서 삶의 목적과 가치의 문제에 대해 고민할 때 이에 대해 효과적인 대화를 이끌 것이 요구된다. 마지막으로 논쟁자로서의 역할이다. 보이텔스바흐 협약의 기본 이념을 기반으로 윤리상담 활동에서 자칫 가치의 전달자나 주입자가 아닌 철저한 교화금지, 논쟁성 재현, 이해 관계자 지각의 원칙을 구현할 것이 요구된다.

이러한 윤리컨설팅 프로그램 개발 방향 및 모듈을 기반으로 탈북학생의 민주시민교육으로서 윤리컨설팅 프로그램 개발을 위한 윤리적 기준을 확보하고 학생들의 심리적 지지를 얻으며 남한의 가치문화를 이해하도록 도울 수 있다. 궁극적으로 이러한 프로그램 개발 방향 제시는 탈북학생의 건강한 자아정체성 형성 및 국가 정체성을 확립하고 나아가 우리 사회의 구성원으로서, 자유 대한민국의 민주시민으로서 자리매김하도록 도울 것이다.

VI. 결론

모든 탈북학생들에게 적용되는 일관적인 특성은 없다. 모든 학생들이 개개의 특수성을 지니고 있다. 북한에서의 교육경험, 탈북

과정에서 생긴 교육 공백 기간, 개인의 특성, 가정환경 등이 학생마다 천차만별이다. 그중에서 비교적 공통적인 부분을 뽑아낸다면, 자유의 가치에 대한 교육 경험 부재, 집단주의적 성향, 남한 사회와 다른 이념적 특징 소유 등이다. 상담은 이들의 개별성을 인정하고 특징을 파악하는 좋은 도구가 될 수 있기에 이들을 개별적으로 돕기 위한 탈북학생 민주시민교육으로서 윤리컨설팅 프로그램 개발이 요망된다.

탈북학생들이 남한 사회에서 안정적으로 정착하도록 돕는 것은 통일을 준비하고 통일을 앞당기는 동시에 통일의 성공적 성취와 진정한 사회통합을 위한 기반이 된다. 문화이주민의 관점과 가치문화적응 측면에서 탈북학생들은 남한에서 그들에게 부과된 다양한 규범과 규칙에 대한 이해와 더불어 어떠한 아이디어, 태도, 규칙, 가치가 우선하는지 인지하고 깨달을 필요가 있다. 이러한 정신문화는 남한 사회의 가치를 반영한 것으로 이는 대표적으로 도덕 윤리교육을 통해 남한의 청소년들에게 교육되는 것이다. 특히 민주시민으로서 남한에 정착해야 하는 탈북학생들에게 자유민주의 가치는 남북의 상이한 교육환경으로 탈북학생들에게 낯선 개념일 수 있다. 이에 탈북학생들을 위한 개별적 사회통합 방안으로서 윤리상담 활동에 주목할 필요가 있다.

윤리상담은 가치를 기반으로 상담 활동이 가진 장점을 포괄한 확장된 도덕 윤리교육 방안이라는 점에서 윤리컨설팅의 의미를 갖는다. 탈북학생들은 윤리컨설팅 활동을 통해 자기 자신에 대한 올바른 이해와 견해를 가질 뿐만 아니라 보편적인 가치와 남한 사회를 구성하는 주요한 가치들을 경험함으로써 남한 청소년들과 가치문화, 심리문화의 격차를 줄이고 남한 사회에 안정적으로 정착할 수 있다. 탈북학생 대상 윤리상담은 도덕적 카운슬러에 의해 이루어진다. 카운슬러의 역할을 확보한 교사는 윤리 도덕 측면에서 전문성을 가지고 내담자가 더 깊은 수준에서 의사소통할 수 있도록 돕는 동시에 이들의 내면을 이해하고 이들에게 적절한 조언을 주기 위한 개입 활동을 하게 된다.

따라서 탈북학생 민주시민교육을 위한 윤리컨설팅 프로그램은 2015 개정 교육과정, 보이텔스바흐 합의, 리쾨르와 로저스의 견해가 융합된 도덕 상담과정을 참고로 다음과 같이 회기별 진행 모듈을 제안할 수 있다. 1) 추구 목적은 윤리적 기준 확보, 심리적 지지, 가치문화 이해, 건강한 자아 정체성 형성, 더불어 사는 능력 및 참여능력이다. 2) 핵심 이론은 윤리학, 도덕철학, 상담 및 심리치료이다. 3) 윤리전문가로서 카운슬러에게 요구되는 태도는 진실성, 완전한 수용, 공감적 이해이다. 4) 핵심 덕목으로는 자존감, 자율성, 결의성, 배려, 존중, 책임, 평등, 정의, 공정이 제시될 수 있다. 5) 인지, 정의, 행동의 3차원을 지향한다. 6) 활동으로 역할극, 자유 인터뷰, 프로젝트 수행 등이 사용될 수 있다. 7) 5회기의 구성은 다음과 같다. 1회기는 사전준비 단계로, 탈북학생들에 대한 특성 파악 및 윤리상담 프로그램에 대한 전반적 소개가 이루어진다. 2회기는 도덕 딜레마 나누기로 도덕적 문제에 대한 토의가 이루어진다. 3회기는 도덕 역할극 활용으로 도덕 딜레마에 대한 해결책을 모색한다. 4회기는 질문지를 활용 자유 인터뷰로 스트레스 요인을 탐색하고 이를 해결할 수 있는 방법을 찾는다. 5회기는 협업 프로젝트 수행을 통해 회기를 정리한다. 탈북학생 민주시민교육으로서 윤리컨설팅 활동을 발판으로 탈북학생들이 남한 사회 구성원으로서 실제적이고 구체적으로 고정된 위치를 점유하는 계기를 얻길 바란다. 나아가 윤리교육자로서 도덕 윤리교사들이 윤리컨설팅 활동을 통해 통일 시대 탈북학생을 위한 윤리 도덕교육의 새로운 방법론을 탐색하고 적용하는 계기를 얻길 희망한다.

제17장

탈북청소년 대상 민주시민교육을 위한
윤리상담 프로그램 개발 및 적용

Ⅰ. 서론

남한 청소년에 비해 탈북청소년이 외상 후 스트레스 장애(PTSD), 우울증 등의 정신적 어려움을 더 겪고 있을 가능성이 있다. 가정 및 집단폭력 노출과 연관된 정신건강 그리고 이에 대한 남한 청소년과의 비교에서 탈북청소년이 폭력과 트라우마 노출 비율이 더 높고, 정신건강 문제의 수준도 더 심각하며 PTSD와 우울증 심각도 지표 검사에서도 남한 청소년보다 높은 점수를 기록했다(Park, Catani, Hermenau, & Elbert, 2019: 46). 탈북청소년은 탈북과 북한, 중국, 제3국에서의 출생 및 성장이라는 남한 청소년과는 다른 특수한 성장 배경과 경험을 갖는다(박형빈, 2019b: 96). 이러한 사실은 통일을 준비하는 과정에서 탈북청소년의 인지적, 심리적, 사회문화적, 도덕 및 윤리적 특성을 고려할 필요가 있음을 나타낸다. 또한 남북통일 전후 사회통합 차원에서 남한에 정착한 탈북청소년에 대한 부정적 시각과 편견에 의한 거부 그리고 공감과 협력 기반의 교육실천 등한시는 통일의 여정에서 걸림돌로 작용한다는 점을 유념할 필요가 있다. 이는 남

한 내 사회 구성원 간의 반목과 갈등을 영구화하고 고착화하여 남
북 사회통합을 저해하는 사회 공동체적 손실을 야기할 수 있기 때
문이다. 탈북청소년의 내적 특성을 파악하고 이해하며 이들이 남한
사회 구성원과 소통하고 협력하는 기회를 갖게 함으로써 대한민국
의 민주시민으로 성장하도록 도와야 한다.

탈북학생을 대상으로 한 기존 상담 활동은 가치 지향보다는 정서
안정 지향에 보다 중점을 두고 이루어졌다. 그러나 통일의 과정은 탈
북학생들의 남한 주민, 남한 사회문화 및 가치에 대한 이해와 이들과
의 통합이라는 과제와 마주한다. 탈북학생들이 우리 사회와 잘 융합
하고 함께 성장할 수 있도록 돕는 방법으로 적용되는 상담 활동에서
탈북학생들의 심리적 안정 도모와 아울러 남한의 사회문화적 특성
및 정치 사회적 가치를 이해하고 올바른 정체성을 확립하도록 돕는
작업이 필요하다(박형빈, 2019a: 79).

본 연구는 통일 한반도를 준비하는데 남한에 정착한 탈북청소년
대상 사회통합 교육 및 정서안정 교육이 시급하며 이를 위해 이들에
대한 민주시민교육으로서 윤리상담이 요청된다는 문제의식에서 출발
하였다. 본 연구의 목적은 탈북청소년들의 내적 특성에 대한 진단과
이해를 바탕으로 남한 사회 구성원으로서 능동적으로 생활할 수 있
도록 돕기 위한 윤리상담 프로그램을 고안하여 적용하고 그 결과를
분석하는 것이다. 이에 본 연구는 탈북청소년 윤리상담 프로그램을
개발하여 적용하고 이의 결과를 질적 연구방법으로 분석하였다. 질
적 연구방법은 무미건조한 관찰자 또는 제삼자의 입장에서 접근하는
양적 연구방법의 한계를 극복하기 위한 정성적 연구방법으로 탈북청
소년의 경험과 인식 및 가치의 영역에 보다 깊이 접근하게 한다. 본

프로그램 참여 과정에서 관찰된 탈북학생의 통일인식, 탈북 및 남한 사회생활 경험 등 내적 현상을 있는 그대로 이해하고 이들이 대한민국의 민주시민으로서 정체성을 확고히 하도록 북돋는 것이 본 연구의 취지이다.

본 연구의 도구로 사용된 윤리상담 프로그램은 탈북청소년의 도덕성을 측정하기 위해 개발된 통합형 도덕성 진단 검사 적용 결과를 바탕으로 창안된 프로그램이다. 통합형 도덕성 진단 검사 도구 적용 결과 탈북청소년들은 남한 학생들에 비해 집단 회의에서 자신의 의견을 보다 덜 피력하는 경향, 민족에 대한 보다 강한 애착 즉, 강한 민족 정체성과 집단의식 그리고 이중적인 국가 정체성 및 민족 정체성 등을 지니고 있음이 드러났다(박형빈, 2019b: 108-109).

본 윤리상담 프로그램은 탈북청소년 개인 내면의 목소리를 낼 수 있는 환경을 제공하고 이들이 우리나라의 보편가치를 확인하고 대한민국 사회 구성원으로서 정체성을 형성하며 이를 확고히 하는 데 도움을 주고자 기획되었다. 탈북학생들은 본 프로그램 활동을 통해 남한 대학생과 교류하면서 남한 사회 이해뿐만 아니라 성찰과 감정이입 과정을 거쳐 남한의 가치를 인식하고 민주시민으로 성장하는 기회를 얻었다. 또한 이들은 삶을 가치에 기초하여 다양한 관점에서 생각함으로써 비판적이고 객관적인 사고 능력을 키웠다. 한편 연구자는 탈북학생의 프로그램 참여관찰과 심층 인터뷰 실시를 통해 복합적인 의미와 맥락에서 이들을 이해하는 단서를 추출하고자 했다.

그러므로 본 연구에서는 다음과 같은 연구 문제를 설정하였다. 첫째, 윤리상담 프로그램 참여 과정을 통해 탈북학생은 남한의 가치 인식 및 사회적 지지 차원에서 어떠한 경험을 하게 되었는가. 둘째, 탈북청소년이 가진 남북통일, 남한 사회와 북한 사회의 차이점, 통일의 미래상 등은 무엇인가. 셋째, 탈북학생의 민족 정체성과 국가 정체성의 구체적 모습은 무엇인가. 넷째, 탈북학생이 남한 사회 구성원으로 성장하는 데 필요로 하는 구체적인 심적 지원은 무엇인가. 다섯째, 민주시민교육으로서 탈북청소년 대상 윤리상담 프로그램은 탈북학생에게 어떠한 내적 변화를 야기하였는가이다. 이를 위해 본 프로그램 진행 과정에 대한 관찰 내용과 심층 인터뷰 자료와 같은 탈북학생들과의 면담과 이들의 내적 경험 해석을 중심으로 질적 연구를 진행하였다.

II. 이론적 배경

1. 탈북청소년과 질적 연구

탈북청소년은 학령기에 해당하므로 이들이 교육기관에 재학할 경우 탈북학생이 된다. 학교에 재학 중인 탈북청소년과 북한이탈주민 자녀 모두 일반적으로 탈북학생이라 불리기도 하는데 이들 중 북한, 중국, 제삼국 출생의 경우 탈북 과정에서의 교육 공백기로 인해 남한의 교육기관에서 동학년 학생들보다 나이가 많은 경우가 많다. 예를 들면, 고등학교급 탈북학생 가운데 성인 연령의 북한이탈주민 수도 상당하다. 북한이탈주민의 수가 꾸준히 증가하여 정점을 이룬 2010년을 전후로 탈북청소년을 대상으로 하는 연구들이 급증하였다. 탈북청소년 연구들을 분류하여 살펴보면, 탈북청소년의 문화적응, 학교 적응, 심리적응 등 이들의 남한 사회에 정착 및 적응에 대한 연구와 탈북청소년 지원 정책과 같은 사회통합 방안 및 프로그램 연구 그리고 탈북청소년의 감정성, 문화 심리, 진로성숙도, 자기효능감, 정신건강 등과 같은 이들의 내적 특성에 대한 연구로 구분할 수 있다(박형빈, 2019b: 91). 1999년부터 2018년까지 수행된 탈북청소년 관련 선행 연구의 연구 주제는 탈북청소년의 남한 사회 적응이 27.5%로 가장 많았고 다음으로는 이들에 대한 교육이 24.63%를 차지했으며 연구방법은 질적 연구가 많았다(김보미·이정민, 2019: 1265). 탈북학생들의 남한 사회 적응 지원(노은희·오인수, 2017; 박은미·정태연, 2018; 전선혜·유정애, 2019)에 대한 관심 증대와 함께 탈북청소년에 대한 상담을 통한 개입(서미·양대희·김혜영, 2017; 노은희·오인수, 2018) 노력과 같은 질적 연구 기반 연구가 지속되고 있다.

본 연구가 탈북학생 대상 윤리상담 프로그램 실행을 매개로 하여 그 결과 분석에 질적 연구방법을 사용한 이유는 다음과 같다. 첫째, 질적 연구는 특정한 상황이나 장면에서 어떤 일이 일어나고 있는지에 대해 체계적 접근, 과학적 방법으로 구체적 모습을 파악하고자 관찰, 면접, 자료 분석 등에 의해 언어적·논리적으로 서술하는 방식이며 양적 연구에 비해 특정 상황이나 장면에서 무엇이 일어나고 있는지 해석하게 한다(배장오, 2008: 40). 이에 자연스러운 환경 속에서 보여주는 상호작용과 그 이면의 복잡하고 미묘한 의미, 문화적 특성을 이해하는 데 유용한 연구방법이다(이형하, 2010: 50). 둘째, 탈북학생의 통일인식, 가치관, 심리상태 파악을 위해서는 외부로 드러난 현상 확인보다 내적인 심리 해석이 필요하며 질적 연구

방법은 이들의 내면을 깊이 있게 관찰하고 이를 통찰하여 설명하는 데 유용하다. 셋째, 탈북 경험, 남한 사회 적응, 통일인식, 국가 정체성, 개인 문제에 있어 탈북학생 간 개인차가 존재하기에 문화 경험에 의한 개인 특성을 세심하게 접근하기 위해서는 개별 접근 방식이 요구된다. 질적 연구방법은 탈북청소년과 직접적이고 개별적으로 교류하며 그들의 주관적 인식과 내적 경험을 선명하게 이해하고 관찰하도록 돕는다.

연구자는 질적 연구방법으로 데이터 코딩방법을 활용하였다. 코딩은 반복 과정을 거쳐 데이터 뭉치를 선택하고 연구 질문의 측면에서 의미 있는 요약 또는 코드의 해석적 할당을 의미하며 참가자의 진술 내용에 초점을 맞추는 일반적으로 사용되는 정성적 연구방법이다(Bennett, Barrett, & Helmich, 2019: 7-12). 코딩은 질적 연구의 기본 분석 과정으로 흔히 근거이론 연구에서는 개방 코딩, 축 코딩, 선택코딩의 세 가지 기본 코딩 유형이 있다. 이 중 연구자가 주로 사용한 개방코딩은 데이터를 분석하는 해석 과정으로 데이터에 반영된 현상에 대한 표준적인 사고방식을 통해 데이터에 대한 새로운 통찰력을 얻는 것을 목적으로 한다. 이는 개념적으로 유사한 항목을 그룹화하여 범주화함으로써 하위 범주를 형성한다(Corbin & Strauss, 1990: 423). 연구자는 연구에서 수집된 자료를 크게 기술, 분석, 해석하는 과정으로 단계를 명확히 하고 정성적 분석 방식에 따라 자료에 몰입하고 반복 코딩 과정을 거쳐 연구결과를 도출하였다.

2. 탈북청소년을 위한 윤리상담

집단 내 이념적, 사회문화적 차이는 문화적응 스트레스를 초래한다는 문화충격의 관점에서 볼 때 남한 사회에서 탈북학생들은 탈북과 사회정착 과정에서 중첩된 스트레스 경험에 노출되어 있다. 탈북학생들의 탈북과 문화적응 스트레스 완화를 위해 주로 사용되어온 방법은 상담 활동을 통한 심리적 개입이다. 탈북학생 대상 상담은 탈북학생들에게 정서적 지지를 제공하며 궁극적으로 남한 사회 구성원으로서 견고히 자리매김하게 한다(박형빈, 2019a: 78). 인간이 새로운 문화 속에서 살게 될 때 나타나는 현상과 그 적응 과정에서 나타나는 문제를 북한이탈주민들도 겪게 되기에 하나원 퇴소후 생활할 때 심리상담과 심리적응 프로그램의 시행이 더욱 철저하게 요구된다(금명자 외, 2003: 7, 12-13). 그런데 남한에 정착한 탈북청소년 대상 상담 프로그램은 문화이주민으로서 탈북학생을 대상으로 하기에 이들에 대한 심리안정 활동에서 한 차원 발전된 형태인 가치 기반의 윤리상담이 요구된다(박형빈, 2019a: 65).

탈북청소년에게 윤리상담이 필요한 이유는 다음과 같다. 첫째, 사회통합 차원에서 탈북청소년을 위한 교육은 개별 접근이 요구되며 이는 대화를 통해 이루어질 수 있다. 상호작용에 의한 소통활동은 심리상담 분야에서 심리치료, 마음 치료를 위해 적극 활용되어 온 방법이다. 둘째, 탈북청소년의 남한 사회 적응은 인지적 차원과 정서적 차원이 함께 고려될 필요가 있다. 윤리상담은 정서적 측면에서의 심리치료와 이성적 측면에서의 도덕적 정체성, 올바른 인식, 가치관 등을 포섭하며 타인에 대한 바람직한 인지, 태도, 정서, 행동 등을 포괄하는 총체적인 접근이다. 윤리상담은 내면의 심리문제 혹은 그릇된 가치관에 대한 치유 역할을 담당할 뿐만 아니라 사적 도덕과 공적 도덕을 포함하는 인성교육으로서 가치 교육이다(박형빈, 2017c: 34, 47). 셋째, 탈북학생의 특성을 이해하고 우리 사회의 가치관과 정신문화를 습득하고 향유할 수 있게 하는 보다 적극적인 상담 활동이 필요하다. 북한 출생 탈북청소년은 남한과 다른 교육, 문화, 사회 환경에서 성장했기에 이들이 우리 사회에 잘 융합하고 이질감 없이 성장하는 방법을 모색하기 위해서는 상담 활동에서 마음의 안정 도모뿐만 아니라 이들이 남한 사회의 문화 특성과 정치사회 가치관을 이해하고 올바른 정체성을 확립하도록 돕는 것이 요구된다. 넷째, 탈북청소년이 또래 집단과 상호 편견이나 배제 없이 융합하고 사회에 소속감을 느끼게 하는 것은 정서 지원 차원에서 핵심적인 사회 적응 요인으로 작용한다. 이에 유사 연령 남한 친구들과의 집단 상담 형태의 윤리상담은 이들이 상호 내적 언어를 나누는 중요한 기회로 작용할 것이다(박형빈, 2019a: 78-79, 99-100).

이러한 이유로 본 윤리상담 프로그램은 탈북학생들에게 정서적 지지, 자기 이해 고취, 자아존중감 회복, 안정적 심리적응 기회를 부여하고 무엇보다 이들의 민주시민 정체성 확립을 도움으로써 궁극적으로 남한 사회 구성원으로 자리 잡게 하는 것을 목적으로 실시되었다. 탈북청소년들을 위한 윤리상담은 이들로 하여금 정서 부적응, 도덕적 과오와 같은 부정적 요인을 극복함과 동시에 도덕 윤리 학습의 기본 역량과 우리 사회의 가치를 확인하고 획득하도록 돕기 위한 것이다(박형빈, 2019a: 83). 이에 탈북청소년을 위한 윤리상담은 '보편성'과 '특수성'을 융합한 윤리적 기준을 확보하고,

탈북학생들에 대한 심리적 지지를 바탕으로 가치문화 이해 입장에서 더불어 사는 능력 즉 참여능력과 공감의 기회를 제공하는 방향으로 구성되었다. 또한 북한 출신과 남한 출신 주민이 함께하는 '동행' 형식으로 운영하여 서로 친분을 쌓는 시간을 갖도록 하였다. 연구자는 5회차로 구성된 탈북청소년 대상 민주시민교육으로서 윤리상담 프로그램을 개발하여 적용하고 그 결과를 탐구하였다.

Ⅲ. 연구방법

1. 연구 참여자

본 사회통합 윤리상담 프로그램은 경기도 소재 탈북청소년 학교인 H 중고등학교 학생 6명과 서울특별시 소재 S 대학교에 재학 중인 대학생 6명을 대상으로 실시되었다. 이 중 연구대상자는 탈북학생 6명으로 연구대상자 모집은 본 연구의 목적을 밝히고 연구에 자발적 참여를 희망하는 6명 학생의 지원을 받아 구성하였다. 본 프로그램의 연구 보조로 참여한 S 대학교 대학생 6명은 본 프로그램의 목적과 내용을 안내 받은 후 자유롭게 참가 의사를 밝힌 자원자에 한해 선정되었다. 연구대상 및 연구결과 분석은 연구대상자인 탈북학생 6명의 자료에 한정된 것임을 분명히 하였다. 본 프로그램은 인간 대상 연구이므로 연구 시행에 대해 2019년 4월 서울교육대학교 생명윤리위원회(IRB)로부터 연구윤리 심의(승인번호: SNUEIRB-2019-04-002)를 거친 후 2019년 7월부터 9월까지 총 5회차에 걸쳐 S 대학교에서 진행되었다. 자료 수집은

2019년 4월 연구자가 해당 학교를 방문하여 연구에 대해 설명하고 기관장의 동의를 득한 후 학부모 설명문, 학부모 동의서, 학생 설명문, 학생 동의서를 전달 및 배부하여 설문 참여를 희망하는 학부모 및 학생들의 동의를 구한 후 시작하였다. 연구 동의서 및 설명문에는 프로그램 진행 시 비디오 녹화, 오디오 녹음에 대한 안내, 수집된 정보의 처리 여부, 연구 참여자에 대한 보상 등의 내용이 포함되었다. 실제 프로그램 진행은 S 대학교에서 총 5회차에 걸쳐 이루어졌는데 1회차는 2019년 7월 11일, 2회차는 8월 16일, 3회차는 9월 22일, 4회차와 5회차는 집중 운영으로 9월 28일 오전과 오후로 나누어 실행되었고 각 회당 기본 2시간으로 구성되었다. 각 회차는 활동형, 토론형을 포함한 1:1 상담 및 집단 상담유형으로 구안되었다. 연구대상인 H 중고등학교 고등학생 6명의 남한 입국 연도는 2009년부터 2016년까지이다. 이들 가운데 남학생은 2명, 여학생은 4명이며 출생연도는 1999년부터 2002년까지이고 전원 모두 북한 출생이다. 연구대상자로 프로그램에 참여한 탈북학생의 인구통계학적 특성은 다음 <표 1>과 같다.

〈표 1〉 탈북학생의 인구통계학적 특성

순번	이름(가칭)	학년	남한 입국 연도	출생연도	출생국
1	A	3	2009	2000	
2	B	3	2014	2001	
3	C	3	2009	2000	북한
4	D	3	2010	1999	
5	E	1	2015	2001	
6	F	1	2016	2002	

2. 연구 절차 및 자료 분석

1) 연구 일정

본 연구는 탈북학생의 심리적 상태, 특성, 경험에 대해 피상적 접근이 아닌 연구자가 직접 연구 현장에 들어가 참여자들의 삶에 참여하면서 그들 내면의 본질적 현상을 파악하기 위한 것으로 질적 연구방법을 활용하였다. 질적 연구방법은 연구대상자의 언어와 행동 그리고 연구자 자신이 프로그램 참여자들과의 면담 및 대화 내용뿐만 아니라 진행 참여자로서 느낀 것, 경험한 것 등을 결과 분석 자료로 활용할 수 있다는 장점이 있다. 연구자는 직접 프로그램 진행을 통해 탈북학생들을 관찰하고 심층 인터뷰와 연구자 참여 결과로 얻은 연구 자료를 토대로 그 현상을 기술하고자 했다. 프로그램 진행 시 내용이 녹음, 녹화되고 익명으로 처리된다는 것을 연구 참여자들에게 사전에 밝히고 동의를 구하였으며 연구 이외에 다른 목적으로 사용하지 않는다는 점도 명확히 하였다. 본 연구의 절차는 [그림 1]과 같이 연구 목적 및 필요성, 연구 문제를 선정하고 선행 연구를 고찰하여 탈북청소년을 위한 윤리상담 프로그램의 이론적 배경을 탐구한 후 프로그램 진행 과정의 자료와 면담을 바탕으로 분석하고 해석하여 연구결과를 도출하는 절차로 시행되었다. 연구자는 일정한 장소에서 탈북학생을 대상으로 연구 보조로 참여한 남한 대학생 6명과 함께 2019년 7월부터 9월까지 평균 한 회차당 2시간(120분) 기준으로 총 5회차의 윤리상담 프로그램을 진행하였다. 역할극, 영상 제작 등과 같이 시간이 보다 많이 소요되는 회차는 3시간으로 토론과 의견 교환과 같은 활동은 2시간으로 구성하였다. 수업을 진행하는 과정에서 직접 드러나는 탈북학생의 감정이나 대화 내용 등을 매 차시별 녹음 또는 녹화하여 전사하였고 회차 진행 전후 및 중간 쉬는 시간 등을 활용하여 심층 인터뷰를 매 차시마다 실시하여 결과 분석 자료로 삼았다.

연구계획	연구계획수립	2018. 10
탐색 및 설정	선행 연구 고찰 탈북청소년을 위한 윤리상담 프로그램 개발 프로그램 수정 및 최종안 마련 연구 참여자 모집 및 선정	2018.12 -2019.7
연구설계	활동 주제 선정 회차별 프로그램 주제 및 학생 활동 구안	2019.2 -2019.9
연구실행	프로그램 진행 참여관찰 및 심층 인터뷰 진행	2019.7 -2019.9
분석 및 정리	자료 수집 자료 분석 결과 해석	2019.6 -2020.2
연구정리	결론 및 제언	2020.3 -2020.4

[그림 1] 연구 진행 과정표

2) 자료 수집

본 연구의 자료 수집을 위해 탈북청소년 대상 윤리상담 프로그램을 진행하였다. 탈북청소년 대상 윤리상담 프로그램은 참여 탈북학생들이 자신의 의견과 생각을 자유롭게 소통하는 기회를 갖는 것을 목적으로 다각적 활동 체험을 통해 이들이 가진 인식이 어떤지 알아보고 이들에게 이해와 치유 등의 기회를 제공하기 위해 연구자가 설계한 프로그램이다. 본 프로그램은 연구자가 직접 진행하였으며 운영 시 참여관찰법을 활용하였다. 연구 참여자의 사전 동의하에 프로그램 과정을 녹음, 녹취하였고 이를 모두 전사하여 전사본을 결과 분석 자료로 활용하였다. 연구대상자에 대해서는 프로그램 진행 전후 및 프로그램 진행 중간 휴식 시간 등을 이용하여 연구자가 직접 개방 질문 형식의 심층 인터뷰를 진행하였다.

연구자는 심층 인터뷰 내용 및 프로그램 진행 관찰을 기반으로 코딩과 같은 정성적 연구방법을 활용하여 프로그램 적용 결과를 해석하였다. 즉 프로그램 참여 탈북학생 6명의 프로그램 참석 과정에서 제시한 의견 및 소감, 연구자의 관찰, 심층 인터뷰 답변 내용을 중심으로 연구자가 핵심적인 내용과 주제를 중심으로 분석하였다. 연구결과 자료 해석은 귀납적 방법으로 면접, 면담, 인터뷰 자료에서 주제별로 유사성과 상이성을 도출함으로써 현상을 그대로 이해하고자 코딩 기법을 사용하였다. 즉 연구대상자의 자발성과 데이터 자료의 신뢰성을 최대한 확보하기 위해 참여관찰과 더불어 심층 인터뷰를 병행하였으며 이는 반구조화된 인터뷰 형식으로 진행되었다. 연구자는 심층 인터뷰 과정에서 탈북학생들의 솔직한 답변을 얻기 위해 이들이 답변을 지연하는 질문에 대해서는 재차 묻지 않았다. 심층 인터뷰에서 가능한 연구자의 주관과 편견을 배제하고자 개방 질문을 활용하였으며 최대한 이들의 솔직한 답변을 듣고자 노력했다. 핵심 질문은 각 회차의 주제, 프로그램 참여 소감, 남한과 북한 사회의 가치관 차이 등에 대한 것이다. 예를 들면, "본 회차 참여 소감을 구체적으로 말해줄 수 있나요?", "남한 사회와 북한 사회의 가장 큰 차이를 가치관의 측면에서 무엇이라고 생각하나요? 왜 그렇게 생각하나요?" 등이다. 연구자는 연구대상자의 프로그램 참여 내용, 프로그램 참여 전후 변화, 심층 인터뷰 결과, 연구자 관찰 내용 등에 주목하였다. 심층 인터뷰와 마찬가지로 각 회차에서의 자료 수집 또한 편안한 환경에서 이루어졌으며 연구대상자가 중단 의사가 있을 시 언제든 프로그램 참여 및 인터뷰를 중단할 수 있고 어떠한 불이익도 없음을 재차 확인하였다. 연구자는 탈북학생의 프로그램 참여 경험에 대한 일반적인 지식과 정보를 포괄적으로 얻기 위해 열린 분위기 형성에 주의를 기울였다. 본 논문에서는 참여자의 개인정보보호를 위해 탈북학생들을 A, B 등의 개인 식별 색인으로 분류하여 제시하였다.

3) 자료 분석

연구결과 해석 자료는 연구자의 프로그램 진행 과정에 대한 연구자 노트, 관찰 내용, 심층 인터뷰 자료이며 이를 범주로 분류하고자 코딩 방식을 취하였다. 이는 전사된 자료를 읽고 추론하여 그 의미를 도출하는 과정에서 반복적인 개념의 유형과 사고를 추출할 수 있기에 탈북학생에 대한 고정된 시각에 의해서가 아닌 관찰과 심층 인터뷰 자료 자체에서 나타나는 주제를 발견하는 데 적합한 방법이라 볼 수 있다. 프로그램 진행에 대한 분석은 연구자가 직접 녹음과 녹화 자료를 확인하고 전사 자료와 심층 인터뷰에 대한 연구자 기록 내용을 읽은 후 영역별로 개념과 범주로 유목화하는 작업을 실시하였다. 분석 과정에서 해당 원문 자료를 처음부터 끝까지 세심하게 읽으며 몇 가지 의미 단위로 세분하고 각 단위마다 중심적인 주제를 확인하는 코딩 단계를 거쳤다. 그 후 이렇게 분류된 자료들을 유사성과 차이점에 기초하여 보다 큰 의미 단위들로 엮어 나가는 과정을 통해 핵심 주제를 추출하였다. 이러한 과정을 반복하며 중심 단어와 개념들을 기준으로 재범주화하고 해당 범주를 재해석하였다. 연구자는 추출된 주제들을 기반으로 함의와 시사점을 도출하여 탈북학생 윤리상담 프로그램 적용 결과의 분석 결과를 정교화했다. 5회차로 구성된 본 프로그램 지도 계획의 중점 활동은, 1회차는 가치탐색, 2회차는 가치관 나누기, 3회차는 민주시민의 삶 엿보기, 4회차는 남북가치관 비교, 5회차는 통일미래 모습 관련 동영상 만들기이다. 각 회차별 진행한 주요 활동명, 활동 주제, 일시, 내용의 예시는 다음과 같다.

1회차: 가치탐색 – 나의 가치 나누기

〈표 2〉 1회차 활동

	활동명	가치탐색
	일자	2019년 7월 11일
	시간	18:00-20:00
	장소	S 대학교 강의실
주제 및 내용	시몬스 가치 체계표	시몬스 가치 체계표를 통해 자신이 중요시하는 가치들이 무엇인지 알고, 그에 대해 이야기 나누기
	통일교육	통일, 통일교육의 효용성을 의심하고 그에 대한 논의 남북의 차이에 대한 이야기 나누기

2회차: 가치관 나누기 - 법원 재판 방청 및 가치 활동

〈표 3〉 2회차 활동

	활동명	법원 재판 방청과 가치관 나누기
	일자	2019년 8월 16일
	시간	12:00-15:00
	장소	S 대학교 강의실, 서울중앙지방법원
주제 및 내용	법원 재판 방청	형사재판 및 민사재판 방청 재판을 보면서 생각난 것들(인식 변화 등)에 대한 이야기, 남북한의 재판 및 처벌 방법 등의 차이에 대해 이야기
	가치 순위 매기기	자기 삶에서 가치관을 1-8순위까지 정하고 이유 말하기, 북한에서의 생활 이야기

3회차: 민주시민의 삶 엿보기 - 토의 및 도덕 역할극

〈표 4〉 3회차 활동

	활동명	기사 토론과 연설문 발표
	일자	2019년 9월 22일
	시간	13:00-16:00
	장소	S 대학교 세미나실
주제 및 내용	기사 토론	제2차 세계대전 당시 프랑스 마을 이야기에 담긴 도덕 딜레마 토론
	연설문 작성 및 발표	도덕 역할극: 해당 기사의 주인공이 되어 연설문 작성하고 발표
	자유	자유에 대한 단상

4회차: 남북가치관 비교 – 남북한 학생들의 가치관 알아보기

〈표 5〉 4회차 활동

	활동명	남북한 학생들의 교육 불평등
	일자	2019년 9월 28일
	시간	10:00-12:00
	장소	S 대학교 스마트강의실
주제 및 내용	교육 불평등	기사 3개 읽고 '교육의 불평등' 의견 자유롭게 질문 나누기
	남북한 교육차	남한과 북한의 교육 현실 비교하기

5회차: 통일미래 모습 관련 동영상 만들기 – 통일 영상 제작

〈표 6〉 5회차 활동

	활동명	통일 동영상 제작
	일자	2019년 9월 28일
	시간	13:00-16:00
	장소	S 대학교 스마트강의실 및 휴게실
주제 및 내용	남북통일 토론	남북통일이란 무엇인가, 통일의 미래상 토론 남북통일이 자신에게 어떤 의미인지 서로의 의견 교환
	통일 동영상 제작	우리들의 통일 이야기 동영상 제작 남북통일과 관련된 영상을 찍고, 서로를 북돋는 시간 공유. 남북통일의 미래가 어떤지 이야기 조별 통일 관련 영상 제작 위한 시나리오 작성과 연계된 토의 시나리오에 따른 영상을 촬영 및 활동 후 소감문 작성

프로그램은 주로 강의실에서 이루어졌고 심층 인터뷰는 강의실, 교내 커피숍 등에서 이루어졌다. 심층 인터뷰는 통상 10분 내외 수시로 이루어졌으며 진행 시 탈북학생의 답변과 맥락에 따라 질문을 추가하거나 답변을 강요하지 않고 넘기기도 했다. 이들과의 대화를

자연스럽게 이끌기 위해 단답형 질문, 개인적인 질문, 형식적인 질문 등은 배제하고자 노력하였다. 그러나 탈북학생이 자발적으로 개인적 경험 및 견해를 이야기할 때는 이야기를 끊지 않고 경청하였다. 심층 인터뷰 질문은 "남북통일을 해야 한다고 생각하는가? 이유는 무엇인가?", "북한에서의 학교생활에서 기억나는 것은 무엇인가?", "남한 친구들이 북한 친구들과 차이점은 무엇이라고 생각하는가?", "본 프로그램 진행 과정에서 느낀 점은 무엇인가?" 등이다. 그러나 이는 단지 기본적 질문 범주이며 연구자는 개방적인 태도를 견지하며 탈북학생들의 대화 흐름을 방해하지 않으려고 노력했을 뿐만 아니라 연구자가 프로그램 진행 과정에서 관찰하고 인지한 내용을 확인하기 위하여 이들 개인에 따라 각기 다른 질문 형태를 추가하기도 하였다. 이 중 일부의 질문과 이에 대한 탈북학생들의 답변 예시는 다음과 같다. 실제 이보다 열린 질문으로 구성되었으나 본 기술에서는 구조화하여 기재하였다.

〈표 7〉 심층 인터뷰 질문 및 답변 내용(예시)

회차	질문	답변
1	오늘 프로그램에서 가장 생각에 남는 점은 무엇인가요?	하나의 주제로 이야기를 나눌 때 서로를 존중하는 법을 배울 수 있어서 좋았습니다. 처음이라 낯설었는데 질문을 통해 대화할 수 있어 좋았어요.
2	가치 활동이 활동 참여자들 서로를 어떻게 이해하도록 도왔나요?	다양한 주제를 가지고 토의를 하며 자신을 조금 더 알아갈 수 있었고 서로에 대한 선입견을 해소하며 이 활동에 대한 중요성을 알게 되었고 나의 꿈에 한 발 더 다가갈 수 있었어요.
3	통일 한반도에서 남북주민들의 모습은 어떠할 거라고 생각하나요?	독일 방문을 한 적이 있는데 독일통일 후 동독 주민은 2등 주민 의식이 있었다는 것을 알게 되었어요. 저는 만약 북한 주민이 통일 한반도에서 2등 주민의 위치에 놓이게 된다면 통일에 대해 다시 한번 진지하게 생각해 볼래요.

회차	질문	답변
4	본 회차 활동이 본인에게 도움을 준 부분이 있다면 무엇인가요?	토의를 통해 자신감 있게 말하고 정리해서 말하는 방법까지 향상될 수 있어서 의미 있는 활동이었습니다. 서로 다른 의견을 거리낌 없이 제시할 수 있는 환경이 놀라웠어요. 북한에서 학교를 다닌 적이 있는데 수업 시간에 반대 의견을 내는 것은 거의 힘들었어요.
5	본 프로그램 중 가장 좋았던 회차를 하나만 선택한다면 무엇인가요? 그 이유는 무엇인가요?	모두 좋았어요. 특히 남한의 대학생들과 이야기 나눌 수 있는 기회가 많아 좋았어요. 모든 회차가 저에게 도움이 되었고 많은 것을 알 수 있었던 계기가 되었어요.
	본 프로그램을 통해 가장 도움이 되었던 점은 무엇인가요?	각자의 여러 가지 생각을 들을 수 있는 것, 또 다른 사람의 가치관을 존중할 수 있는 이해력을 키우는 것이 제일 도움이 되었습니다. 나의 생각을 보다 자신감 있게 얘기할 수 있게 되었습니다. 대화를 통해 자신의 부족한 부분을 깨달을 수 있었고 남북에 관한 오해를 풀고 서로 이해할 수 있는 계기가 되었어요.
	본 프로그램에 대한 전반적인 소감은 무엇인가요?	처음에는 나에게 도움이 될까? 라는 고민이 앞섰지만 많은 것을 하나하나 경험하면서 배워 가는 게 인생이고 그러면서 성장한다고 생각했고, 저와 다른 저보다 더 성숙한 생각들도 듣게 되면서 많이 배우게 된 계기여서 좋았습니다.

Ⅳ. 연구결과

1. 참여관찰 및 심층 인터뷰 결과

본 연구는 탈북청소년의 특성을 반영하여 연구자가 개발한 윤리 상담 프로그램을 탈북청소년 6명에 대해 실시하고 프로그램 모니터링, 관찰, 심층 인터뷰, 참여 소감을 통해 프로그램 적용 결과를 탐색하였다. 본 프로그램의 회차별 활동 소감, 견해, 의견을 살펴보면 다음과 같다. 본 프로그램 진행 관찰 내용, 심층 인터뷰 자료, 탈북학생의 견해 및 소감을 바탕으로 질적 연구의 분석 결과를 논의하고자 한다.

<표 8> 1회차 : 나의 가치 나누기 - 나에게 통일이란?, 남북의 차이는?

의견	A	저는 그런 기분이 들었어요. 10년 안에 통일될 것 같아? 아니래. 만약에 통일됐다고 해도 그게 희석되고 하나가 되기에는 완전히 오랜 시간이 걸린다고 생각하거든요. 10대 때 받아들이는 거랑 20대에 받아들이는 거랑 30대에 받아들이는 거랑 다 다르잖아요. 나이가 많으면 많을수록 그 북한에서 받았던 그 교육, 체제, 이게 몸에 뱄기 때문에 그걸 버리기 정말 힘들거든요. 그리고 10대 때 교육하면 진짜, 어릴 때 온 아이들이 받아들이는 거랑 좀 나이, 20대, 다 다르거든요. 그래서 굉장히 오랜 시간이……
	B	저는 아까 C가 질문했잖아요. 통일을 위해 무엇을 했나. 통일에 대해 무엇을 실천하고 있나 생각해 볼 수 있는 시간이었어요.
	C	통일교육을 하러 다니면 북한에서 살던 이야기, 탈북과정, 가족 이야기 등 아픈 부분까지 드러내길 요구하는 질문을 받게 된다.
	D	북한은 외국과 문화교류를 못하다 보니 사람들의 생각이 적당한 곳에서 멈춰있는 것 같다. 하지만 남한 사람들은 많은 여러 나라와 교류도 하며, 연예인 등의 문화생활을 상대적으로 많이 하는 것 같다. 북한은 불만이 있어도 그대로 참아야만 하는 분위기이다.

<표 8>과 같이 1회차 활동에서 학생들은 '가치'라는 키워드를 기반으로 통일, 통일교육 등의 단어에 대한 자유로운 분위기에서 질의응답을 이어가며 토의 활동을 진행했다. A와 B는 통일교육 강사로 다수의 강연에 참여한 경험이 있었는데 두 학생 모두 자신들이 일선 학교에 통일교육 강사로 갔을 때의 경험이 좋지 않은 기억으로 남아있다고 이야기했다. **A는 통일교육 자체가 북한이탈주민에 대한 배려가 없음을 이야기했다.** 가족사 등 탈북과 관련된 사적인 질문으로 탈북민의 아픈 기억을 건드리는 경우가 대다수임을 언급했고 이것에 대해 회의감을 드러냈다. **B는 통일에 대해 현실적인 방안이 없음도 이야기했다.** 통일교육이라고는 하지만 실제로는 실천하는 것이 적은 현실을 드러냈다.

〈표 9〉 2회차 : 법원 재판 방청 및 가치 활동 - 정의와 가치, 시민의 삶

소감	A	남한의 재판과정에 대해 생각해 볼 수 있는 기회가 된 것 같아 의미 있었다. 북한은 잘못을 하면 벌을 바로 내리지만, 남한에서는 재판을 하여 그 사람이 정말로 잘못을 하지 않았는지 확인하고 존중해주며 잘못에 따라 형벌의 강도를 정한다는 것이 다른 것 같다. 북한에서는 무조건 벌을 받지만 남한은 확인을 하고 억울하게 오해를 받았다고 하면 벌을 안 받을 수도 있기 때문이다. 오늘 활동을 통해 남한 사회에 대해 더 잘 알 수 있었다.
	B	활동을 하면서 느낀 남한 사회와 북한 사회의 차이점은 생각의 폭에 차이가 있다는 것이다. 예를 들면, 만약 내가 북한에서 밀수꾼의 아들 이라면 나는 커서 밀수꾼이 되었을 것이다. 그러나 한국에 와서는 내 가 꿈을 선택할 수 있기에 기쁘다.
	C	이번 회차 주제와 관련해 탈북에 대해 다시 한번 되돌아볼 수 있었다. 평소 생각을 미처 못했는데, 잊고 살았는데 필요성을 느꼈다.

2회차에서 탈북학생들은 북한에서의 생활(자유가 없는 삶, 일상 생활 속에서의 특이점 등)에 대해 많은 이야기를 나누고 그에 대한 감상을 이야기하였다. 통일에 대한 자신들의 생각을 이야기하는 것은 물론, 그에 따라서 바뀐 모습, 자신이 직접 변한 변화(자신이 가졌던 통일에 대한 가치관 변화 등)를 이야기하였다. 그리고 왜 그러한 인식이 발생한 것 같은가에 대해 이야기했다. 참여 학생들은 남북주민, 민주시민의 삶 등 이야기를 발전시켜갔으며 전범국으로서 일본과 독일을 비교하고, 그에 따른 자기 생각을 이야기하였다. 가치 활동과 관련해서 탈북학생들은 8가지 가치(자유, 자율성, 평등, 책임, 준법정신, 타인의 이익 고려, 정의, 열린 마음) 가운데 전원 모두 자유를 가장 중요한 가치로 지목하였다.

<표 10> 3회차 : 토의 및 도덕 역할극 – 민주시민의 삶

| 의견 | A | 사람은 다 똑같지만 문화가 다르다 보니 생각이 달라지고 서로에 대해서 잘 모르고 있는 것 같다. 문화의 차이가 그 이유이다.
분단된 지 조금 오래되다 보니 언어가 많이 변한 것 같다.
우리와 이곳 사람들과는 서로 차이는 없고, 서로 같은 사람이며 동포여서 비슷한 것 같다는 것을 깨달았다.
통일교육을 다니면서 남한 학생들과 북한 학생들이 많이 다르다고 생각했는데 오늘 활동을 하며 다를 것이 없다는 것을 느꼈다. |
| | B | 남북 학생들은 성장 배경에 따라 서로 다르고, 서로 살아온 환경이 달라 모르는 부분도 있고 막히는 부분도 있다. |

3회차 활동은 조별로 나뉘어 기사를 읽고 토의한 후 제시된 상황에 맞게 연설문을 쓰고 조별로 발표하는 시간을 가졌다. 이후 발표 내용에 대해 다시 자유롭게 논의하는 기회를 제공했다. 탈북학생들은 역할극 대사 작성과 역할극 활동에서 자연스럽게 해당 기사의 내용을 현재 남북분단 현실과 연계하여 이야기했다. 특히 문화가 달라 생각이 나뉘고 이에 서로를 이해하기 어려워지는 것이 남북분단 현실의 문제라는 점을 지적했다. 또한 자유에 대한 이야기를 나누며 남한의 친구들이 자유에 대한 감사함을 갖는 경우가 많지 않음을 보고 적잖이 놀라웠다고 지적했다. 본인들은 자유를 위해 목숨을 걸고 탈북했다고 단호히 말했다.

<표 11> 4회차 : 남북한 학생들의 가치관 알아보기 – 남북한 학생들의 가치관 비교

| 의견 | A | 남북통일이란 나에게 어떤 의미인가? 그 이유는?
・성산 일출봉 : 산을 올라갈 때에는 숨이 차고, 덥고, 힘들고, 어려운데, 정상에 올라가 보면 시원한 바람과 넓은 바다, 경치 좋은 산을 보는 것처럼 처음에는 어렵지만 통일이 되면 보고 싶은 가족을 볼 수 있으므로 좋다.
・꿈 : 가족과 만나는 것이 나의 꿈이기도 하고 미래에 직접도 많이 늘어 나의 꿈도 이룰 수 있기 때문이다. |

의견	A	· 하나 : 남북한이 하나 된다는 것도 있지만 우리의 가족들이 하나가 되는 것이기 때문이다.
	B C	남북통일의 미래상은 처음에는 살아온 환경이 달라 당연히 갈등이 발생할 것이다. 하지만 우리는 본래 하나의 민족이었기 때문에 시간이 지나면 점차 하나가 되어 발전할 것 같다. 하지만, 두 나라의 정치체제와 가치관 차이 때문에 적지 않은 어려움을 겪을 것으로 생각한다.

4회차 활동에서 학생들은 통일의 의미에 대해 집중적으로 이야기를 나누었다. 통일의 의미, 통일의 필요성, 통일은 해야 하는가 등 프로그램 참여자들은 자연스럽게 자신이 평소 가지고 있었던 통일에 대한 인식들을 부담 없이 나누었으며 열띤 토론 끝에 결국 우리는 한민족이기에 어려움이 발생하겠지만 통일을 이루어야 한다는 결론을 내렸다.

〈표 12〉 5회차 : 통일 영상 제작 – 통일 동영상 만들기

소감	A	서로 각 지역의 고유문화는 꼭 보존하되 한 민족, 한 국가다운 단합을 필요로 하고 보여줘야 한다.
	B	생각이 다 다른 친구들과 모여 서로의 의견을 존중하고 들어주는 모습에서 간접적 통일이 됐다고 생각함.

5회차에서 학생들은 통일의 미래상을 주제로 동영상을 제작하였으며 프로그램 참여 전반에 대해 이야기 나누었다. 남한 학생 한 명이 통일 미래의 모습에서 사회주의와 자유주의에 그리고 공산주의와 자본주의에 대해 자연스럽게 탈북학생들에게 의견을 물었다. 특이한 점은 대화 과정에서 탈북학생들은 자본주의의 장점을 말한 반면, 남한 대학생들은 자본주의의 단점을 이야기했다. 탈북학생들이 공통으로 말한 내용은 "자본주의가 일한 만큼 벌어갈 수 있어 좋다."였다. 북한에서는 아무리 열심히 일해도 월급을 조금 준다고

했다. 반면, 남한 대학생들은 자본주의로 인해 양극화가 심해지고, 공동체가 훼손되었다고 말했다. 이들의 대화 일부를 소개하면 다음 <표 13>과 같다. 질문은 남한 대학생이, 답변은 탈북학생이 한 것이다.

〈표 13〉 프로그램 진행 중 남북 참여자 상호 자유 질의응답 예시

	남한 대학생 질문	탈북학생 답변
1	열심히 일해도 월급을 조금 준다고 했는데, 그럼 그 월급은 돈으로 주나요, 아니면 쌀로 주나요?	제가 살았던 농촌은 쌀로 주었는데, 지역마다 다르다. 아마 도시는 돈으로 줄 것이다. 북한에 있을 때 너무 가난해서 2월과 4월이 되면 너무 좋았다. 2월과 4월은 나라에 행사가 있어 맛있는 것을 많이 준다. 배급을 받고 나면 마을 한 곳에 모여 김정일, 김정은 초상화를 앞에 두고 감사의 인사를 한다.
2	북한에서 살았을 때 계획 경제나 북한체제에 대해 어떤 생각을 하고 있었나요? 일한 만큼 벌어갈 수 있어 공산주의보다 자본주의가 더 좋다고 말했는데, 그때는 그런 생각이 들지 않았나요?	북한에서는 어릴 때부터 그게 당연한 것으로 생각하기 때문에 전혀 이상하다고 생각하지 못했다. 누구나 다 그렇게 한다.
3	'사랑의 불시착' 드라마에서 보면, 장마당(시장)에 샴푸, 바디워시 등 남한 제품을 파는 장면이 나오던데 실제로도 그런가요?	네. 구할 수 있어요. 드라마도 봤어요. 그런데 한국 제품은 바로 티가 나요.
4	장마당에 그렇게 대놓고 남한 물건을 팔아도 괜찮은가요?	뒤로 다 거래하는 것 같아요.
5	한국 드라마를 자주 봤나요?	저는 주로 중국 드라마를 봤고, 부모님이 한국 드라마 보시는 걸 봤어요. 제가 살았던 곳은 엄청 시골이라 보안 요원이 일 년에 한 번만 와서 괜찮아요.
6	보안 요원에게 드라마를 보다가 걸리면 안되나요?	자국 드라마만 봐야 해요. 중국 드라마도 보면 안돼요.

프로그램 진행 중 참여자들은 자유로운 상호 의사소통 기회를 가질 수 있었기에 남북 참여자들 사이에 자연스럽게 질의응답이 이루

어졌다. 그러한 질의응답 내용 가운데 위에 예시로 제시된 내용에서 알 수 있듯이 탈북학생들은 북한에서 생활할 당시 일상생활에서의 제약을 많이 받았음을 알 수 있다. 또한 경제적으로 어려웠던 시기에 대한 경험을 이야기했고 김일성 일가에 대한 충성에 대한 강요를 당연한 것으로 받아들이고 생활했었다고 이야기했다. 대화 가운데 남한 대학생과 탈북학생은 서로에 대한 이해의 깊이를 넓혀갔다.

〈표 14〉 1-5회차 참여 소감 종합

소감	A	항상 같은 탈북학생 친구들과 토론을 하다 처음으로 남한 대학생들과 토론을 하면서 많이 배우고 성장한 것 같아서 좋다. 남한 대학생들과 함께 해서 좋았다.
	B	남북한의 문화 차이가 많아서 통일 자체에 많은 어려움이 있지만 통일을 했으면 좋겠다고 생각하고 있으며, 남한 친구들이 북한에 대해 잘 모를 것 같아서 통일교육을 많이 해야 한다고 생각한다. 활동을 하면서 통일에 대해서도 알아가고 말하는 방법도 많이 배우는 것 같아서 좋았다.
	C	서로 차이는 없고, 서로 같은 사람이며 동포여서 비슷한 것 같다. 통일교육을 다니면서 일반 학생들이 처음 우리를 보고 다르다고 생각했다고 한다. 그런데 다른 것 없이 같다고 말해주었고, 우리도 그렇게 느낀다.
	D	서로에 대해 더 잘 알 수 있어서 좋았다. 남북 학생이 서로 같은 동포여서 너무 좋았다. 가장 인상 깊었던 활동 회차는 5회차인데 서로 몰랐던 얘기로 자유로운 대화 속에 조금 다른 친구들끼리 그동안 많이 친해졌다.
	E	많은 것을 배우고 견해를 넓힐 수 있는 유익한 시간이었다. 가장 인상 깊었던 것은 3회차로, 앞으로 나가 직접 발표를 하였기 때문이기도 하지만 가장 많은 의견이 오고 간 활동이었기 때문이다.
	F	남북한 학생들은 서로 살아온 환경이 다르기 때문에 의견이나 내용 등 세세한 것은 달랐지만, 주어진 주제에 대해 생각하고 의견을 말하는 것에는 다름이 없다는 것을 느꼈다. 이후에 이와 같은 프로그램이 있다면 참여하고 싶다.

탈북학생과 남한 대학생들은 본 프로그램 진행 과정에서 일상적인 대화로부터 점점 사회주의와 자본주의에 대한 생각을 공유했으

며 이들 모두 북한과 남한의 일상을 비교할 수 있고, 각 체제에 대한 학생들의 의견을 들을 수 있어 유익한 시간이었다고 이야기했다. 인상적이었던 점은 탈북학생은 프로그램 참여 과정에서 동포, 한민족, 우리라는 단어를 자주 사용했으며 북한을 자신의 고향으로 지칭했다는 점이다. 탈북청소년이 가진 민족 정체성, 국가 정체성, 통일, 자유, 민주시민, 남북사회, 민족에 대한 그들의 기본 생각을 엿볼 수 있었으며 프로그램 회차가 진행될수록 프로그램 남북 참여자 간 연대감, 공동체 의식, 소속감이 성장함을 확인할 수 있었다.

2. 연구결과 분석

탈북학생 6명에 대한 관찰, 심층 인터뷰, 소감 및 의견 결과물을 바탕으로 개념을 추출하고 범주화한 코딩 결과를 상위범주, 중위범주, 하위범주로 <표 15>와 같이 분류하여 해석하였다. 상위범주는 개념, 중위범주는 세부개념, 하위범주는 구체적 내용으로 제시하였다.

〈표 15〉 본 연구의 코딩 범주

상위범주	중위범주	하위범주
통일	통일 필요성	남북한이 하나 된다는 것도 있지만 우리 가족이 하나가 되는 것이다. 남북주민은 같은 동포이다. 우리는 본래 하나의 민족이다.
	통일 미래상	북한 주민이 통일 한반도에서 2등 주민이 될 수 있는 것에 대한 두려움이 있고 그런 통일 한반도라면 고민이 된다.
	통일의 걸림돌	두 나라의 정치체제 때문에 적지 않은 어려움을 겪을 것으로 생각한다. 나이가 많으면 많을수록 그 북한에서 받았던 그 교육, 체제, 이게 몸에 뱄기 때문에 그걸 버리기 정말 힘들다. 사람은 다 똑같지만 문화가 다르다 보니 생각이 달라지고 서로에 대해서 잘 모르고 있는 것 같다. 문화의 차이가 그 이유이다.

상위범주	중위범주	하위범주
민족 정체성		분단된 지 조금 오래되다 보니 언어가 많이 변한 것 같다. 처음에는 살아온 환경이 달라 당연히 갈등이 발생할 것이다.
	통일교육	통일교육을 하러 다니면서 북한에서 살던 이야기, 탈북과정, 가족 이야기 등 아픈 부분까지 드러내길 요구하는 질문을 받게 된다. 그 부분은 불편했다.
	고향	고향이 남북으로 갈리는 친구들끼리 의견을 표출하고 공감하며 통합한다는 것은 어렵지만 필요하다.
	민족	우리는 본래 하나의 민족이다.
	동포	남북주민은 같은 동포이다.
남북차이	수업 환경	북한에서 학교를 다녔는데 수업 시간에 반대 의견을 내는 것은 거의 힘들다.
	사회문화환경	북한은 외국과 문화교류를 못하다 보니 사람들의 생각이 적당한 곳에서 멈춰있는 것 같다. 하지만 남한 사람들은 많은 여러 나라와 교류도 하며, 연예인 등의 문화생활을 상대적으로 많이 하는 것 같다.
	개인 의견	북한은 불만이 있어도 그대로 참아야만 하는 분위기이다.
	법적 정의	북한은 잘못을 하면 벌을 바로 내리지만, 남한에서는 재판을 하여 그 사람이 정말로 잘못을 하지 않았는지 확인하고 존중해주며 잘못에 따라 형벌의 강도를 정한다는 것이 다른 것 같다. 북한에서는 무조건 벌을 받지만 남한을 확인을 하고 억울하게 오해를 받았다고 하면 벌을 안 받을 수도 있다.
	계층 이동	북한은 출신 성분 즉 태생이 절대적이다.
	자유	가치 활동과 관련해서 탈북학생들은 8가지 가치(자유, 자율성, 평등, 책임, 준법정신, 타인의 이익 고려, 정의, 열린 마음) 가운데 전원 모두 자유를 가장 중요한 가치로 지목
프로그램 참여 효과	남한 주민 및 남한 사회 이해	서로에 대한 선입견을 해소 다른 사람의 가치관을 존중할 수 있는 이해력 서로를 존중하는 법을 배움 서로 다른 의견을 거리낌 없이 제시할 수 있는 환경이 놀라움 생각이 다른 친구들과 모여 서로의 의견을 존중하고 들어주는 모습에서 간접적 통일이 됐다고 생각함.
	자기 이해	자신감 있게 말하고 정리해서 말하는 방법까지 향상 탈북에 대해 다시 한번 느낄 수 있었다.
	친밀감	서로 몰랐던 얘기로 자유로운 대화 속에 조금 다른 친구들끼리 친해졌다는 기분이 들었다. 고향이 남북으로 갈리는 친구들끼리 의견을 표출하고 공감하며 통합한다는 것은 매우 이례적이고 필요성을 직접 느꼈다.

본 연구 문제에 대한 결과는 다음과 같다. 첫째, 탈북학생들은 프로그램 회차가 진행될수록 각 회차의 중심 활동에서 뿐만 아니라 남한 대학생과의 자유로운 대화를 통해 북한과 남한의 사회를 비교하고 차이점을 인식하며 남한의 사회문화, 가치에 더욱 친숙해졌다고 회고했다. 둘째, 탈북학생들은 통일에 대해 의견을 나눌 때 동포, 한민족, 우리라는 단어를 남한 대학생들에 비해 많이 사용했다. 이들은 모두 북한 출생이었기에 본인에게 통일은 자신의 가족이 다시 하나가 되는 것, 자신의 고향에 갈 수 있는 것 등과 같이 통일에 대한 강한 애착을 보여주었다. 예를 들면, 한 탈북학생은 부모님 중 한 분과 형제 중 한 명이 현재 북한에 거주하고 있다는 이야기를 들려주며 자신은 통일이 되어 가족이 함께할 수 있었으면 좋겠다고 하였다. 셋째, 탈북학생들은 남한에서의 정착 생활 가운데 남북주민과 한민족이라는 강한 민족 정체성을 갖고 있었으나 남한의 법체계, 가치체계, 정치체제 등의 상이함에 아직 익숙하지 않은 부분도 있기에 약한 국가 정체성을 드러냈다. 넷째, 탈북학생들은 프로그램 진행을 통해 가장 큰 만족 요소로 남한 대학생과 활동하며 남한 주민을 더 많이 이해하고, 친밀감을 갖게 되었다는 점을 들었다. 이들은 프로그램을 통해 남한 주민과 연대감, 공동체 의식, 집단에의 귀속의식을 발전시키게 되었다고 고백했다.

V. 결론 및 제언

본 연구의 결과를 토대로 한계점 및 제언은 다음과 같다. 먼저 한계점은, 첫째, 본 연구는 6명의 탈북청소년과 6명의 남한 대학생이 함께 윤리상담 프로그램을 진행하고 연구대상자인 탈북학생들의 참여 내용과 이들에 대한 관찰 및 심층 인터뷰를 바탕으로 도출된 연구결과이다. 이에 본 연구결과를 탈북청소년 전체로 확장하여 일반화하기에는 어려움이 있다. 그러나 본 연구는 탈북청소년의 경험에서 생성되는 복합적인 의미를 주관적이고 해석학적으로 분석했다는 점에서 유의미한 탐구이다. 향후 연구에서는 참여자의 수를 확대하고 대상자 특성을 세분할 필요가 있다. 이와 더불어 양적 연구방법과 질적 연구방법을 병행하는 후속연구를 통해 국내 탈북청소년들에 대한 연구를 지속할 필요가 있다. 둘째, 본 연구에서는 윤리상담의 진행과 이에 대한 탈북학생들의 반응을 통해 탈북학생들의 특성을 보다 심층적으로 분석하고자 한 것이기에 탈북청소년을 특징짓는 다각적인 특성 연구들이 후속연구에서 종합적으로 이루어진다면 보다 의미 있는 결과를 얻을 수 있을 것이다. 셋째, 탈북청소년 탐색과 지원을 위한 연구가 더욱 활발하게 진행되어 이들을 이해하는 기초 자료 제공과 이들을 위한 차별화된 전략 마련을 추구할 필요가 있다. 예를 들면, 이러한 연구를 기반으로 학교현장에서 이들을 지도할 교사를 위한 연수 프로그램 및 교재 등도 아울러 개발될 필요가 있다.

다음으로 본 연구결과를 통한 제언은 다음과 같다. 첫째, 탈북청소년을 위한 지지 프로그램은 일회성을 극복하고 지속적인 개입을 추구해야 한다. 개인 차이를 인정하고 이해하며 개별적 접근의 정서 기반, 장기적 접근의 프로그램 지원이 필요하다. 둘째, 심리적 지원을 넘어 인지, 가치문제에 대한 민주시민교육이 되어야 한다. 셋째, 학생 중심 및 남한 학생과의 동행 형식으로서의 교육실천이 필요하다. 이를 위해 상호작용 및 정서적 반응에 의한 마음 열림을 활용할 수 있다. 넷째, 탈북학생에 대해 고정적으로 관념화된 이미지를 재고해야 한다. 다섯째, 스토리텔링을 통해 탈북학생의 관심과 요구, 의견을 자유롭게 제시할 수 있는 기회 제공이 필요하다. 여섯째, 통일교육에서 반성적 성찰과 자기 및 타인 이해 경험이 필요하다.

본 연구에서는 윤리상담 프로그램 참여 과정에서 탈북학생들에게 어떤 의식과 감정의 과정이 일어나는지 탐색하였다. 탈북학생들은 본 윤리상담 프로그램 참여를 통해 대한민국의 민주시민으로서 성장할 뿐만 아니라 남한 대학생과 정서적으로 친근함을 형성하는 단계에까지 나아감으로써 남한 주민에 대한 공감적 역량 강화에도 도움을 얻었다. 윤리상담 프로그램은 탈북청소년에게 한국인으로 성장하는 교육 기회와 실질적인 사회연결망을 제공하는 계기가 될 것이다. 후속연구에서는 다양한 연구대상자에 대한 연구방법 및 기법을 활용하여 복합적인 결과들을 도출할 필요가 있다. 본 연구결과는 탈북청소년 교육을 위한 교사, 학교현장을 비롯한 교육계 그리고 탈북청소년에 대한 삶의 질을 증진하는 데 이바지할 것이다.

참고문헌

교육부(2009), 『2009 개정 교육과정』, 교육부 고시 제 2009-41호.

_____(2015a), 『2015 개정 도덕과 교육과정』, 교육부 고시 제2015-74호, 별책 6.

_____(2015b), 『초 중등학교 교육과정 총론』, 교육부 고시 제2015-80호 [별책 1].

교육부 민주시민교육과(2018), 『민주시민교육 활성화를 위한 종합계획』, 세종: 교육부.

강현식(2010), 『꼭 알고 싶은 심리학의 모든 것』, 서울: 소울메이트.

강명희(2007), 『e 러닝 콘텐츠 설계』, 고양시: 서현사.

강인애·정준환 외(2007), 『PBL의 실천적 이해(PBL 수업을 위한 길라잡이)』, 서울: 문음사.

구원회(2016), "액션 러닝을 활용한 대학 교양 수업에서의 학생 변화와 수업 운영에 관한 연구 -D 대학교 사례를 중심으로", 『학습자 중심 교과교육연구』 16(1), 887-908.

권영인·서보억(2008), "개인차를 고려한 중학교 기하 교수-학습 방법 개발", 『A-수학교육』 47(2), 113-132.

금명자·권해수·이희우(2004), "탈북청소년의 문화적응 과정 이해", 『한국심리학회지: 상담 및 심리치료』, 16(2), 295-308.

금명자·김동민·권해수·이소영·이희우(2003), 『통일 대비 청소년 상담 프로그램 개발연구 I』, 부산: 한국청소년상담복지개발원.

길은배(2015), "공공부문 지원정책에 기초한 탈북청소년의 사회통합 모형에 관한 연구", 『청소년복지연구』, 17(4), 217-237.

길은배·문성호(2003), "북한이탈청소년의 남한 사회 적응 문제와 정책적 함의", 『청소년학 연구』, 10(4), 163-186.

길임주(1997), "도덕성 발달이론에서의 성숙단계와 딜레마에 대한 재고", 『교육학연구』, 35(1), 67-81.

김국현·권미정(2014), "고등학교 수업에서의 윤리상담 실행 이론과 적용 방안", 『윤리교육연구』, 35, 27-64.

김근배(2012), 『마케팅을 공자에게 배우다』, 서울: 리더스북.

김기년·탁진국(2013), "청소년 강점척도 개발 및 타당도 검증", 『한국심리학회지: 일반』, 32(4), 803-828.

김남국(2005), "심의 다문화주의: 문화적 권리와 문화적 생존", 『한국정치학회보』, 39 (1), 87-108.

김남준·박찬구(2015), "세계화 시대의 세계시민주의와 세계 시민성: 어떤 세계시민주의? 어떤 세계 시민성?", 『윤리연구』, 105, 1-34.

김대군(2017), "분노조절능력 향상을 위한 윤리상담 프로그램", 『윤리교육연구』, 43, 27-48.

김대식(2016), "함석헌의 평화 사상: 비폭력주의와 협화주의(協和主義)를 중심으로", 『통일과 평화』, 8(2), 45-79.

김동연(2002), 『HTP와 KHTP 심리진단법』, 서울: 동아문화사.

김명선(2015), "탈북청소년의 학교생활 적응 경험 분석", 『열린 교육 연구』, 23, 45-74.

김미숙·이성회·백선희·최예솔(2015), "초·중·고 학생의 그릿 (Grit)에 영향을 미치는 환경 요인 및 성별·학년별 특성", 『학습자 중심 교과교육연구』, 15, 297-322.

김병조·김복수·서호철 외 2인(2011), 『한국의 다문화 상황과 사회통합』, 한국학중앙연구원.

김보미(2019), "탈북청소년 연구의 20년 동향분석", 『학습자 중심 교과교육연구』, 19(8), 1265-1289.

김보미·이정민(2019), "탈북청소년 연구의 20년 동향분석: 1999년~2018년 연구 중심으로", 『학습자 중심 교과교육연구』, 19(8), 1265-1289.

김선·김희정(2018), "탈북학생 교육정책에 대한 고찰: 토대역량 접근법을 중심으로", 『교육사회학연구』, 28(4), 31-55.

김성애(2010), 『영어 교수 기술 연구』, 서울: 신아사.

김성수(2011), 『함석헌 평전 : 신의 도시와 세속 도시 사이에서』, 서울: 삼인.

김성희 외(2008), 『위키 매니지먼트』, 서울: 국일미디어.

김세훈(2006), "다문화사회의 문화정책", 『한국행정학회 하계학술발표논문집』, 한국행정학회, 461-470.

김신희·이우영(2014), "탈북청소년의 민주적 가치에 대한 인식", 『현대북한연구』, 17(3), 268-313.

김영봉(2007), 『교육학 개론』, 서울: 서현사.

김영호(2016), 『함석헌 사상 깊이 읽기 3 : 역 생명 평화』, 파주: 한길사.

김윤나(2008), "북한이탈청소년의 문화적응 과정 분석: 적응 유연성을 중심으로",

『한국청소년연구』, 19(3), 139-168.

김응종(2008), 『서양사 개념어 사전』, 파주: 살림.

김재영(2009), 『한문과 교수학습 모형』, 서울: 전통문화연구회.

김정섭(2004), 『동화를 통한 창의성 교육』, 서울: 서현사.

김정원(2017), "한국 사회정착 사례분석을 통한 탈북청소년 '적응'의 의미 재검토", 『통일교육 연구』, 14, 1-17.

김정원 외(2018), "2주기 탈북청소년 교육 종단 연구(Ⅲ)", 연구보고 RR 2018-04, 진천: 한국교육개발원.

김주환(2013), 『그릿 (잠재력을 실력으로 실력을 성적으로 결과로 증명하는 공부법, GRIT)』, 경기: 쌤앤파커스.

김지현(2009), "세계시민주의, 공동체주의, 자유주의", 『시대와 철학』, 20권 2호, 93-126.

김진숙(2017), "북한의 '전반적 12 년제 의무교육'에 따른 학제와 교육과정 개편: 평가와 전망", 『북한법 연구』, 17, 363-404.

김진숙 외(2010), 『창의성 교육 국제 비교 연구』, 한국교육과정평가원.

김창근(2006), "평화를 위한 통일교육: 기본 방향과 실천 과제", 『분쟁 해결 연구』, 4(1), 213-234.

_____(2010), "다문화 시대의 통 민족주의와 통일교육", 『윤리연구』, 77, 137-162.

_____(2014), "인권의 보편성과 북한의 인권관: 통일교육에 주는 함의", 『윤리연구』, 96, 203-238.

김철(2010), "Durkheim의 교육이론에 나타난 인간관에 대한 비판적 고찰", 『교육의 이론과 실천』, 15(2), 25-45.

김태동(2010), "문화적응 스트레스와 학교 적응 관계에서 탈북 후기청소년의 자기효능감 매개 효과 연구", 『청소년학 연구』, 17(9), 277-296.

김현아·조영아·김연희(2012), "북한이탈청소년의 적응 유연성 척도 개발을 위한 타당화 연구", 『한국심리학회지: 학교』, 9(1), 25-46.

김현주·김덕진·강상범(2018), "청소년 검도선수의 마인드셋과 그릿의 관계에서 성취목표성향의 매개 효과", 『대한무도학회지』, 20(4), 47-60.

김형석·박승재(1998), "중학교 힘과 운동 단원 학습에서 개인차를 고려한 교재가 학생의 흥미와 성취도에 미치는 영향", 『한국과학교육학회 학술발표 및 세미나집』, 1998(1), 21-22.

김희경·신현균(2013), "탈북청소년용 심리상태검사 개발 및 신뢰도 연구", Korean Journal of Clinical Psychology, 32(3), 521-541.

_____(2015), "탈북청소년과 남한 청소년의 정신건강 문제 비교", 『한국심리학회지: 여성』, 20(3), 347-367.

김희필 외(2007), "초등학생 창의성 교육을 위한 TRIZ 발명 교육 프로그램의 개발 및 적용 효과", 『한국실과교육학회지』, 20(2), 1-20.

남성욱·이가영·채수란·배진(2017), "북한 여성과 통일 한국의 양성평등 과제", 『통일전략』, 17(3), 165-223.

노영란·이경진(2006), "개인차를 고려한 도덕과 수업을 통한 도덕적 인지 능력 신장 방안: 사회영역이론을 반영하여", 『초등 도덕교육』 22, 67-101.

노은희·오인수(2018), "제3국 출생 북한이탈주민 자녀를 위한 상담 및 교육 적 개입방안: 학교기반 정신건강 프로그램을 중심으로", 『통일문제연 구』, 30(2), 227-264.

노명환(2001), 『역사와 문화의 차원에서 본 유럽통합의 제 문제』, 서울: 한국 외국어대학교출판부.

도경옥 외(2016), 『북한 여성 아동 인권 실태』, 통일연구원.

맹영임·길은배·최현보(2013), "탈북청소년 사회통합을 위한 정책방안 연구", 『한 국청소년정책연구원 연구보고서』, 세종: 한국청소년정책연구원, 1-393.

문용린(1994), 『한국 청소년의 도덕성 발달 진단을 위한 연구』, 서울: 학술진 흥재단.

_____(2004), 『도덕성의 발달과 심리』, 서울: 학지사.

문용린·김민강·엄채윤(2008), "한국판 도덕 판단력 검사(KDIT) 세 가지 지 수의 타당도 비교", 『교육심리연구』, 22(4), 783-800.

문지영(2013), "함석헌의 정치사상-전통과 근대, 동양과 서양의 이분법적 대립을 넘어서", 『민주주의와 인권』, 제13권 1호, 전남대학교 5·18연구소.

문창현·고자경·김영채(1992), "CoRT 1 : de Bono의 측면적 사고개발 프로 그램", 『사고개발』, 2(2), 22-60.

문화체육관광부(2016), 『2016년 한국인의 의식·가치관 조사 결과 보고서』, 세종: 문화체육관광부.

문화콘텐츠기술연구원(2009), 『다문화의 이해』, 서울: 경진.

문환구·문일(2001), "학사 지도교수 제도 - 국내외 현황", 『공학교육연구』, 4(2), 20-26.

민슬기·김성훈(2015), "학습자 몰입 증진을 위한 스마트 e-러닝의 게이미피 케이션 적용 연구", 『한국디자인문화학회지』, 21(4), 177-187.

박경미(2006), 『서구 기독교의 주체적 수용』, 서울: 이화여자대학교출판부.

박경서(2012), 『인권이란 무엇인가』, 경기: 미래지식.

박균열(2006), "도덕 판단력 측정 도구 MJT의 특징과 활용법", 『도덕윤리과 교육연구』, 23, 125-165.

_____(2017), "도덕적 역량 검사 도구(MCT)의 구성원리를 활용한 통일·안보의식측정도구 개발 기초 연구", 『국방연구』, 60(3), 67-92.

박균열·홍성훈·서규선·한혜민(2011), 『청소년 도덕성 진단 검사 도구 개발연구 I: 도덕적 감수성, 연구보고 11-R13-1』, 서울: 한국청소년 정책연구원.

박문태(1996), "개인차의 필연성은 학습지도의 출발점인가?", 『교육심리연구』 10(3), 23-38.

박민철(2016), "한반도 통일과 민족 정체성 문제: 1990 년대 이후 남북 철학계의 민족, 민족주의 이해", 『시대와 철학』, 27(1), 109-144.

박병기·변순용·김국현·손경원(2011), 『청소년 도덕성 진단 검사 도구 개발연구 I: 도덕적 동기화, 연구보고 11-R13-3』, 서울: 한국청소년 정책연구원.

박성은(2003), "고등학생용 정신건강 진단 검사의 요인분석", 『순천향 인문과학논총』, 11, 아산: 순천향대학교 인문과학연구소, 105-124.

박성진·김상균·하민수·윤희숙(2018), "게이미피케이션 콘텐츠가 과학수업에 미치는 영향", 『현장과학교육』, 12(1), 75-84.

박장호(2014), "윤리상담-이론적 토대에 대한 검토", 『윤리교육연구』, 34, 1-37.

박종하(2007), 『상상력에 불을 지피는 아이디어 충전소』, 서울: 더난출판사.

박주하 외(2017), 『2017 남북통합에 대한 국민의식조사』, 서울:통일연구원.

박주현·이연준(2019), "근거이론을 통한 국내 Z 세대의 모바일 동영상 이용 행태에 대한 연구-유튜브를 중심으로", 『커뮤니케이션 디자인학연구』, 67, 312-327.

박진(2018), "이야기 치료와의 연계를 통한 문학 치료의 발전 방향", 『문학 치료 연구』, 46, 9-38.

박찬석(2009), "평화 지향적 통일교육의 의의와 방향", 『초등 도덕교육』, 30, 166-195.

_____(2012), "학교 통일교육의 현재와 미래 평화와 안보의 발전적 통섭을 위하여", 『북한학연구』, 8(1), 5-34.

박찬석·최현호(2007), "열린 민족주의와 통일교육 연구", 『윤리교육연구』, 14(0), 257-274.

박형빈(2001), "자아실현을 위한 인성교육에 관한 연구 : 마슬로우(A.Maslow)의 자아실현이론을 중심으로", 한국교원대학교 석사학위 논문.

_____(2013), "통일교육에서 민족주의와 다문화주의", 『윤리교육연구』, 31, 213-235.

_____(2014), "도덕성 성차 논의의 도덕 교육적 함의", 『초등 도덕교육』, 46, 213-255.

_____(2015), "윤리클리닉으로서 윤리상담에 관한 일 고찰", 『초등 도덕교육』, 48, 187-221.

_____(2016), "의학적 관점에서 본 도덕성의 정신건강 측면과 마음치유로서의 도덕교육", 『윤리교육연구』, 39, 1-39.

_____(2017a), "복잡계와 뇌 과학으로 바라본 인격특성과 도덕교육의 패러다임 전환", 『윤리연구』, 112, 129-158.

_____(2017b), "사회신경과학에서의 사회적 고통 및 도덕성에 대한 이해와 도덕교육", 『도덕윤리과교육』, 54, 77-108.

_____(2017c), "윤리상담(Ethics Consultation)의 역할과 적용 방안: 수용전념 치료(ACT) 기법 활용을 중심으로", 『윤리교육연구』, 45, 33-67.

_____(2017d), "통일교육의 사회신경과학적 교수 방법-코호트(cohort) 통일 정서전염(emotional contagion) 교육을 중심으로", 『윤리교육연구』, 46, 181-211.

_____(2017e), "행복에 대한 신경심리학적 해명의 도덕 교육적 함의", 『도덕윤리과교육』, 57, 45-76.

_____(2018a), "세계화 시대 인권으로 보는 함석헌 씨을 사상의 실천 윤리적 성격과 교육적 함의", 『윤리연구』, 118, 171-198.

_____(2018b), "초등 통일교육에서 '여성·평화·안보에 관한 UN 안보리 결의 1325'의 적용 가능성 탐색", 『초등 도덕교육』, 59, 35-70.

_____(2018c), "통합형 도덕성 진단 도구 개발을 위한 기초 연구 I", 『윤리교육연구』, 50, 413-461.

_____(2018d), "편향 극복과 성찰을 위한 뉴미디어 리터러시 교육 프로그램을 활용한 초등 통일 인성교육 방안", 『초등 도덕교육』, 60, 253-285.

_____(2019a), "문화 코호트로서 탈북학생 민주시민교육을 위한 윤리컨설팅 프로그램 모듈 개발 기초 연구", 『윤리교육연구』, 53, 65-100.

_____(2019b), "탈북청소년의 도덕적·시민적 역량 함양을 위한 통합형 도덕성 진단 도구 개발 및 적용", 『도덕윤리과교육연구』, 62, 89-120.

_____(2020), "도덕과 교육과정에서 통일교육과 민주시민교육 그리고 평화교육의 관계 설정 및 발전 방안", 『도덕윤리과교육연구』, 67, 99-128.

박은미·정태연(2018), "탈북대학생의 대학 생활 및 남한 사회 적응에 대한 질적 연구", 『한국심리학회지: 일반』, 37(2), 257-288.

박호성(1997), 『남북한 민족주의 비교연구 : '한반도 민족주의'를 위하여』, 서울 : 당대.

배연일(1998), "개인차에 적응하는 교육과정 편성 운영방안", 『아동교육』 7(2), 133-148.

배장오(2008), 『현장연구방법』, 고양: 서현사.

변종현(2006), "세계 시민성 관념과 지구적 시민성의 가능성", 『윤리교육연구』, 10, 139-161.

_____(2015), "북한 인권 문제와 남북한 통일의 상호작용", 『윤리연구』, 103, 59-82.

부산대학교 인문 한국 고전번역 비교문화학 연구단(2010), 『유럽 중심주의 비판과 주변의 재인식』, 서울: 미다스북스.

산업능률대학종합연구소 지적사고의 기술 연구프로젝트팀, 박화 역(2008), 『지적사고의 기술』, 서울: 미래의 창.

서미·양대희·김혜영(2017), 탈북청소년의 학교 적응을 위한 또래 상담 프로그램 개발. 『청소년상담연구』, 25(1), 197-223.

서보혁(2014), "북한 인권법 제정 문제에 대하여", 『코리아연구원 현안진단』, 제249호, 코리아연구원.

서울대학교 통일평화연구원(2019), 『다가오는 한반도 평화, 불안과 희망, 2019 통일의식조사 자료집』, 서울 : 서울대학교 통일평화연구원.

서울특별시교육청 민주시민교육과(2019), 『2019 학교 민주시민교육 활성화 지원 기본 계획』, 서울 : 서울특별시교육청.

선수현(2014), "클릭! 통일교육: 포커스 ; "꽃제비 날다" -북한 아동 인권에 관심을", 『통일 한국』, 369권, 평화문제연구소, 54-55.

손기웅·고상두·고유환, & 김학성(2014), "'행복 통일'로 가는 남북 및 동북 아공동체 형성을 위한 통합정책: EC/EU 사례분석을 통한 남북 및 동북아공동체 추진방안", 『KINU 연구총서』 14-05, 통일연구원.

송명자(1994), "한국 중·고 대학생의 심리 사회적 성숙 진단 및 평가(Ⅰ)", 『한국심리학회지: 발달』, 7(2), 53-73.

송선영(2011), "한국 다문화사회에서 한반도 통일의 가치 정립의 토대에 대한 연구 -문화 개념과 정서 개념의 다문화적 접근의 가능성을 중심으로", 『윤리연구』, 80, 51-77.

송진영·배미경(2015), "탈북청소년들이 인지하는 적응 의미 연구", 『청소년학연구』, 22(12), 219-248.

신지용·조수철(1997), "한국판 청소년용 도덕발달수준 평가 도구의 개발", 『소아청소년정신의학』, 8(2), 183-198.

심성보(2008), 『도덕교육의 새로운 지평』, 경기: 서현사.

심성보·이동기·장은주·케르스틴 폴(2018), 『보이텔스바흐 합의와 민주 시민교육』, 서울: 북멘토.

심응철(2008), 『심리학과 생활』, 경기: 서현사.

안권순(2010), "북한이탈청소년의 남한 사회 적응을 위한 지원방안 연구", 『청소년학연구』, 17(4), 25-45.

안승대(2019), "루소의 자연주의 교육론과 통일교육", 『통일교육연구』, 16, 73-96.

안우환·오석환(2012), 『내 아이디어를 특허로 만들자』, 서울: 이담북스.

양영자(2007), "분단-다문화시대 교육이념으로서의 민족주의와 다문화주의의 양립 가능성 모색", 『교육과정연구』, 25(3), 23-48.

양창삼(2002), 『인간관계 필드북』, 서울: 경문사.

염유식 외(2017), 『한국 어린이·청소년 행복지수 국제비교연구조사결과보고서』, 서울: 연세대학교 사회발전연구소.

오기성(2012), "학교 통일교육의 주요 방향에 대한 성찰", 『통일문제연구』, 24(1), 187-220.

_____(2018), "통일교육에서 평화 인문학 및 통일인문학의 함의", 『초등 도덕 교육』, 61, 317-337.

왕석순·이춘식(1999), "학습자의 개인차를 고려한 실과 교수-학습 및 평가 방안 탐색", 『한국실과교육학회지』, 12(1), 825-840.

유미(2010), 『미술치료의 이해』, 파주: 이담북스.

유병열(2019), "통일교육의 평화 윤리적 접근과 교육원리에 관한 연구", 『한 국초등교육』, 30(1), 57-73.

유연옥 외(2015), "CoRT 사고 활동이 유아의 사회적 기술과 창의성에 미치는 영향", 『사고개발』 11(1), 1-17.

유현상(2015), "함석헌 철학에서 전통의 계승과 모색 - 씨올 철학의 변증법적 사유를 중심으로 -", 『시대와 철학』, 26(1), 한국철학사상연구회.

유홍림(2007), "남북한 통합 논의의 이념적 자원", 『한국정치연구』, 16(2), 55-77.

윤성혜·임지영(2019), "대학생의 성취목표 지향성 군집에 따른 마인드셋과 실패 내성의 차이, 『교육연구논총』, 40(2), 5-30.

윤인진(2010), 『한국인의 이주노동자와 다문화 사회에 대한 인식』, 파주: 이담북스.

은지현·조영하(2015), "탈북청소년들의 학교폭력에 대한 인식 경향 연구", 『한국청소년 연구』, 세종: 한국청소년정책연구원, 51-77.

이경화·유경훈(2014), 『창의성』, 서울: 동문사.

이광자(2008), 『건강 상담 심리』, 서울: 이화여자대학교출판부.

이규성(2006), "심정과 자유의 철학 -함석헌-", 『시대와 철학』, 17권 1호, 한국철학사상연구회.

이규창(2017), 『북한 인권 피해구제 방안과 과제』, 통일연구원.

이기영(2002), "탈북청소년의 남한 사회 적응에 관한 질적 분석", 『한국청소년 연구』, 175-224.

이동엽(2011), "게이미피케이션 (Gamification)의 정의와 사례분석을 통해 본 앞으로의 게임 시장 전망", 『디지털디자인학연구』, 11(4), 449-457.

이미란·이혜원·탁정화(2017), "예비 유아 교사의 자기효능감과 그릿의 관계에서 회복 탄력성의 매개 효과", 『학습자 중심 교과교육연구』, 17, 491-512.

이민용(2013), "내러티브 담화와 정신분석학 기반의 내러티브 치료", 『독어독문학(구 독일문학)』, 125, 163-184.

이범웅(2012), "민족주의의 관점에서 본 바람직한 남북관계와 통일정책에 대한 고찰", 『윤리연구』, 84, 309-335.

이상록(2017), "1970년대 함석헌의 민주화 운동과 비판의 철학 -『씨올의 소리』를 중심으로 -", 『인문과학연구』, 25권, 덕성여자대학교 인문과학연구소.

이선민(2008), 『민족주의 이제는 버려야 하나』, 서울: 삼성경제연구소.

이영돈(2006), 『마음』, 경기: 예담.

이영직(2010), 『질문형 학습법』, 서울: 스마트주니어.

이용승(2007), "호주 다문화주의의 역진", 『민족연구』, 30, 26-51.

이은지·박순용·임해경(2019), "탈북자들의 선행 교육경험이 남한에서의 적응 및 정체성 형성에 미치는 영향에 대한 연구", 『교육학연구』, 57(1), 159-188.

이인재·박균열·홍성훈·윤영돈·류숙희·전종희·김연종(2012), 『청소년 도덕성 진단 검사 도구 표준화 연구 Ⅱ, 한국청소년정책연구원 연구보고서』, 세종: 한국청소년정책연구원, 1-236.

이정우(2006), "탈북청소년의 집단주의-개인주의 성향에 관한 비교연구", 『사회과교육연구』, 13(2), 159-185.

이정은(2012), "여성 인권과 세계 평화의 관계-성 평등과 무력 분쟁에 관한 UN '1325 호 결의안'에 기초하여", 『동서철학연구』, 64, 29-57.

이정현(2010), 『심리학, 열일곱 살을 부탁해』, 서울: 걷는나무.

이종철(2012), 『교육심리학 개설』, 서울: 정민사.

이준 필립(2006), 『이제는 유럽이다』, 서울: 교보문고.

이창식·장하영(2018), "희망과 자기주도학습과의 관계에서 성장 마인드셋과 그릿의 역할", 『한국융합학회논문지』, 9(1), 95-102.

이춘정·유형근·권순영(2010), "학교상담 : 이야기 치료의 기법을 활용한 초등학교 저학년의 학교폭력 예방 프로그램 개발", 『상담학연구』, 11(1), 265-282.

이치석(2015), 『씨알 함석헌 평전 : 혁명을 꿈꾼 낭만주의자』, 서울: 시대의창.

이태욱(2001), 『두 개의 독일』, 서울: 삼성경제연구소.

이황직(2008), "교양에서 시민으로-뒤르켐 교육론의 함의", 『사회이론』, 23, 231-260.

이현림·김영숙(2016), 『인간 발달과 교육』, 파주: 교육과학사.

이형하(2010), 『농촌 다문화 가정 결혼이주여성의 지역 사회 참여 연구』. 파주: 이담북스.

이혜범2010), 『이럴 때 이런 대화법』, 서울: 원앤원북스.

이화진 외(1998), 『개인차를 고려한 교수·학습 및 평가 방안 연구 : 초등학교 도덕, 실과, 체육, 음악, 미술 교과를 중심으로』, 서울: 한국교육과정평가원.

이효영(2017), "세계시민교육 관점에서 본 탈북청소년 교육방법적용과 방향성 고찰", 『학습자 중심 교과교육연구』, 17, 205-233.

임규혁·임웅(2007), 『교육심리학』, 서울: 학지사.

임해경·채소린·한마음·박순용(2019), "북한 교사의 역할과 권한에 대한 질적 사례연구", 『교육사회학연구』, 29(1), 53-84.

임형백·이성우·강동우·김미영(2009), "한국농촌의 다문화사회의 특징", 『농촌지도와 개발』, 16(4), 743-773.

장경원·고은현·고수일(2015), "학교에서의 액션 러닝에 대한 연구 동향분석", 『교육방법연구』, 27(3), 429-455.

장은주(2017), 『시민교육이 희망이다(한국 민주시민교육의 철학과 실천모델)』, 서울: 피어나.

장재영 외(2007), 『내 모자 밑에 숨어 있는 창의성의 심리학』, 서울: 가산출판사.

전도근(2006), 『생산적 코칭』, 서울: 북포스.

전선혜·유정애(2019), "탈북대학생 학업 적응 곤란 요인 및 적응 지원방안 연구", 『학습자 중심교과교육연구』, 19(11), 1257-1279.

정순미(2008), "다문화시대 민족 정체성 교육의 방향: 2007 개정 도덕과 교육
  과정 내용 체계를 중심으로," 『다문화·정보화시대 윤리교육의 역할
  과 과제』, 2008년도 한국윤리학회 동계학술대회, 1-17.
정탁준(2014), "인성교육의 핵심 활동으로서 윤리상담에 대한 연구", 『윤리
  교육연구』, 34, 39-59.
전우영·조은경(2000), "북한에 대한 고정관념과 통일에 대한 거리감", 『사회
  및 성격』 14(1), 167-184.
전우택·민성길·이만홍·이은설(1997), "북한 탈북자들의 남한 사회 적응에
  관한 연구", 『신경정신의학』 36(1), 145-161.
전우택(2003), 『인문사회의학과 의학교육의 미래』, 연세대학교출판부.
정명호 외(2005), 『휴먼 네트워크와 기업경영』, 서울: 삼성경제연구소.
정연선(2008), 『한국정치특강』, 서울: 숭실대학교출판부.
정진경·정병호·양계민(2004), "탈북청소년의 남한학교 적응", 『통일문제연구』,
  16(2), 209-239.
정탁준(2014), "인성교육의 핵심 활동으로서 윤리상담에 대한 연구", 『윤리
  교육연구』, 34, 39-59.
정한울(2017), "대한민국 민족 정체성의 변화 : Two Nations-Two States 정체성
  부상에 대한 경험적 연구", 『평화연구』, 25(2), 43-86.
정향진(2005), "탈북청소년들의 감정성과 남북한의 문화 심리적 차이", 『비교
  문학연구』, 11(1), 81-111.
조기제(2009), "통일교육과 자유, 민주, 인권의 가치", 『한국초등도덕교육학회
  하계학술발표논문집』, 2009권, 1-4.
조동운·최양진(2015), "북한이탈주민 조기정착 방안", 『한국정책학회 춘계
  학술발표논문집』, 한국정책학회, 119-136.
조동준·김병연·천자현·김학재·안소연·이종민·김경민(2017), "2017 남북
  통합지수", 『통일학연구』, 34, 20-21.
조미아(2010), 『창의성 키우는 독서학교』, 서울: 경향에듀.
조연순(2008), 『창의성 교육』, 서울: 이화여자대학교출판부.
조영아(2015), "남한 내 북한이탈여성의 차별 경험 과정", 『여성연구』, 37-82.
조영하·정주영(2015), "탈북청소년들의 지구 시민의식 연구", 『한국청소년
  연구』, 26(4), 5-27.
조정아(2007), "통일교육의 쟁점과 과제", 『통일정책연구』, 16(2), 서울: 통일
  연구원.
주승현(2017), "북한 인권 문제와 통일의 상관성에 관한 연구", 『기독교교육

논총』, 50, 261-290.

지승학(2018), "Z 세대를 위한 주체성 담론 고찰", 『영상문화』, 33, 127-148.

지은림(2007), "대학생용 지구 시민의식 척도 개발의 타당화 및 관련 변인 분석", 『교육평가연구』, 20, 151-172.

지은림·이윤선·도승이(2014), "인성 측정 도구 개발 및 타당화", 『윤리교육연구』, 35, 151-174.

채경희(2017), "북한이탈주민의 적응실태 및 방안", 『한국산학기술학회논문지』, 18(10), 524-530.

채병관(2016), "뒤르켐, 부르디외, 에르비외-레제의 관점으로 본 21세기 한국 개신교회의 안과 밖", 『담론 201』, 19(1), 79-102.

채정민(2016), "탈북청소년에 대한 심리학적 연구의 주요 쟁점과 연구 방향", 『한국심리학회지: 문화 및 사회문제』, 22(4), 675-693.

최명선·최태산·강지희(2006), "탈북 아동, 청소년의 심리적 특성과 상담전략 모색", 『놀이치료연구』, 9(3), 23-34.

최은숙·안정선·이경열(2017), "보건계열 대학생을 위한 도덕 지능 도구의 타당성 연구", 『한국응급구조학회논문지』, 21(3), 49-58.

최장집(1996), 『한국 민주주의의 조건과 전망』, 서울: 나남출판.

최정혜(2016), "초등 학습자의 영어 말하기 능력 향상을 위한 교육 게이미피케이션 접목 스마트 러닝 설계", 『한국게임학회 논문지』, 16(3), 7-16.

최창일(2007), 『트리즈 마케팅』, 서울: 더난출판사.

최효진(2006), 『삶을 움직이는 힘 코칭 핵심 70』, 서울: 새로운사람들.

추병완(2003), "통일교육에서 평화 교육적 접근의 타당성", 『통일문제연구』, 15(1), 103-125.

_____(2011a), "다문화사회에서 학교 통일교육의 새 활로", 『교육과정평가연구』, 14(1), 55-78.

_____(2011b), "초등 도덕과에서 창의적 사고기법의 활용", 『초등 도덕교육』, 35, 211-242.

통일교육원(2014), 『2014 통일교육 지침서』, 서울: 통일교육원.

_____(2019), 『2019년 학교 통일교육 실태조사 결과 보고서』, 서울: 통일교육원.

_____(2018), 『2019 북한 이해』, 서울: 통일교육원.

통일부(2018), 『평화·통일교육 방향과 관점』, 서울: 통일부 통일교육원.

한국여성정책연구원(2017), 『유엔 안보리 결의 1325 국가 행동 계획 평가 및 개선 방향 연구』, 여성가족부.

한승호(2020), "4차 산업혁명 시대의 학교 평화통일 교육 기본 방향성", 『한국동북아논총』, 25(1), 51-69.

한일조(2010), "거울 뉴런(Mirror Neuron)과 공감과 도덕교육", 『교육철학』, 41, 521-548.

한효정·조희주(2016), "이야기 치료기법을 활용한 자기 내러티브 탐색과 치료-우울증 진단을 받은 중년여성을 사례로-", 『인문사회』, 217(2), 185-206.

함석헌(1983), 『함석헌 전집 3-한국기독교는 무엇을 하려는가』, 파주: 한길사.

_____(2003), 『뜻으로 본 한국역사-큰 스승 함석헌 깊이 읽기』, 파주: 한길사.

_____(2009), 『함석헌과의 대화』, 파주: 한길사.

_____(2016a), 함석헌 선집 편집위원회(편), 『씨올의 소리(함석헌 선집 I)』, 파주: 한길사.

_____(2016b), 함석헌 선집 편집위원회(편), 『들사람 얼(함석헌 선집 II)』, 파주: 한길사.

_____(2016c), 『인간혁명-한길 그레이트북스 150/함석헌 선집 3』, 파주: 한길사.

_____(2017), 남승원(편), 『함석헌 수필 선집』, 서울: 지식을만드는지식.

황인표(2009), "평화 지향적 학교 통일교육과 2007 도덕과 교육과정의 분석", 『도덕윤리과교육연구』, (28), 27-56.

허은영·강혜영(2007), "진로상담: 탈북청소년과 남한 청소년의 진로성숙도와 진로 자기효능감 비교", 『상담학연구』, 8(4), 1485-1500.

헬렌 S. 정(2011), 『인라이어』, 서울: 랜덤하우스코리아.

현인애(2016), "북한이탈주민의 정치적 재사회화 연구", 『세계북한학 학술대회 자료집』, 3, 3-22.

홍성수(2014), "한국 사회에서 인권의 변동-세계화, 제도화, 지역화", 『안암법학』, 43호, 안암법학회.

****** 역서 ******

아라키 히토미, 이선희 역(2007), 『기분 좋은 날은 어떻게 만들어지는가』, 파주: 살림.

와니 다츠야(和仁達也), 양영철 역(2005), 『성공 노트술』, 서울: 아카데미북.

Allemand, S., & Ruano-Borbalan J. C., 김태훈 역(2007), 『세계화』, 서울: 웅진지식하우스.

Altshuller, G. S., 박성균 역(2005), 『40가지 원리 (그림으로 보는 발명문제 해결 이론)』, 서울: 인터비전.

Altshuller, G. S., 박성균 역(2012), 『아이디어를 만드는 40가지 원리 (에디슨은 Why 시행착오를 더 했을까)』, 서울: GS인터비전.

Babiak, P. & Hare, R. D., 이경식 역(2007), 『직장으로 간 사이코패스』, 서울: 랜덤하우스코리아.

Baron-Cohen, S., 김혜리 역(2007), 『그 남자의 뇌 그 여자의 뇌』, 서울: 바다출판사.

Baruch-Feldman, C., 캐런 바루크 펠드먼, 김지선 역(2017), 『그릿 실천법 - 목표를 향해 끝까지 밀고 나가는 단 하나의 공식』, 서울: 보랏빛소.

Bauer, J., 이미옥 역(2006), 『공감의 심리학』, 서울: 에코리브르.

Baylis, J., 하영선 외 역(2006), 『세계정치론』, 서울: 을유문화사.

Berkun, S., 스콧 버쿤, 임준수 역(2008), 『이노베이션 신화의 진실과 오해』, 서울: 한빛미디어.

Bloomfield, H. H., 채정호 역(2002), 『우울증에서 벗어나는 92가지 방법』, 서울: 아카데미북.

Britt, B.(2008), 김환영 역, 『리더십, 성격이 결정한다』, 서울: 비즈니스북스.

Brockman, M.(Ed.), 한세정 역(2010), 『넥스트(NEXT) : 천재과학자 18인이 그리는 10년 후 미래』, 파주: 21세기북스.

BUSINESS 집필진 저(2009), 바른 번역 역, 『비즈니스 구루에게 듣는다』, 서울: 비즈니스맵.

Buzan, T., 권봉준 역(2010a), 『마인드맵 두뇌사용법』, 서울: 비즈니스맵.

Buzan, T., 권봉준 역(2010b), 『토니 부잔의 마인드맵북』, 서울: 비즈니스맵.

Cacioppo, J. T. & Patrick, W., 이원기 역(2013), 『인간은 왜 외로움을 느끼는 가(사회신경과학으로 본 인간 본성과 사회의 탄생)』, 서울: 민음사.

Carter, R., 김명남 역(2008), 『다중인격의 심리학』, 서울: 교양인.

Carter, R., 양영철 역(2007), 『뇌 맵핑마인드』, 서울: 말글빛냄.

Cavaiola, A. A. & Lavender, N. J.(2009), 한수영 역, 『성격을 읽는 기술』, 서울: 비즈니스맵.

Ciarrochi, J., Forgas, J., & Mayer, J., 박재현·장승민·권성우 역(2005), 『정서지능』, 서울: 시그마프레스.

Clark, C., 신민정 역(2003), 『브레인스토밍』, 서울: 거름.

Coomber, S.(2007), 신승미 역(2009), 『승자가 가르쳐주는 성공법칙』, 서울: 지훈.

De Bono, E., 김은경 역(1994), 『YES와 NO를 넘어서: PO』, 서울: 한울.

De Bono, E., 서영조 역(2010), 『생각의 공식』, 서울: 더난출판사.

De Bono, E., 이은정 역(2005), 『드 보노의 수평적 사고』, 서울: 한언.

Dewey, J., 조용기 역(2011), 『교육의 도덕적 원리』, 서울: 교우사.

Duckworth, A., 김미정 역(2019), 『그릿』, 서울: 비즈니스북스.

Durkheim, E.(1972), 이종각 역(2004), 『교육과 사회학』, 서울: 배영사.

Dweck, C. S., 김준수 역, 『마인드셋』, 서울: 스몰빅라이프.

Easterbrook, G., 박정숙 역(2007), 『진보의 역설』, 서울: 에코리브르.

Edelman, G. M.(2006), 황희숙 역, 『신경과학과 마음의 세계』, 고양: 범양사.

Ekman, P., 이민아 역(2006), 『얼굴의 심리학 (우리는 어떻게 감정을 드러내는가?』, 서울: 바다출판사.

Fallon, J., 김미선 역(2015), 『괴물의 심연(뇌과학자, 자신의 머릿속 사이코패스를 발견하다)』, 서울: 더퀘스트.

Freeman, D., 이종훈 역(2012), 『그러니까 심리학』, 서울: 북돋움.

Frith, C., 장호연 역(2009), 『인문학에게 뇌 과학을 말하다』, 파주: 동녘사이언스.

Gazzaniga, M. S., 김효은 역(2009), 『윤리적 뇌: 뇌 과학으로 푸는 인간 본성과 생명윤리의 딜레마』, 서울: 바다출판사.

Gazzaniga, M. S., 박인균 역(2009), 『왜 인간인가 (인류가 밝혀낸 인간에 대한 모든 착각과 진실)』, 서울: 추수밭.

Gladwell, M., 노정태 역(2009), 『아웃라이어 : 성공의 기회를 발견한 사람들』, 파주: 김영사.

Glazer, N., 서종남 역(2009), 『우리는 이제 모두 다문화인이다』, 서울: 미래를 소유한사람들.

Goleman, D., 한창호 역(1995), 『EQ 감성 지능』, 파주: 웅진지식하우스.

Granger, B., 임희근 역(2007), 『우울증』, 파주: 웅진지식하우스.

Häusel, HG., 배진아 역(2008), 『뇌 욕망의 비밀을 풀다』, 서울: 흐름출판.

Hare, R. D., 조은경 외 역(2005), 『진단명 사이코패스(우리 주변에 숨어 있는 이상인격자)』, 서울: 바다출판사.

Helgoe, L., 임소연 역(2009), 『은근한 매력』, 서울: 흐름출판.

Higgins, J., 박혜영 외 역(2009), 『MBA에서도 가르쳐 주지 않는 창의력 노트』, 서울: 비즈니스북스.

Humphreys, T., 윤영삼 역(2006), 『8살 이전의 자존감이 평생 행복을 결정한다』, 서울: 팝콘북스.

Ickes, W., & Aronson, E., 권석만 역(2008), 『마음 읽기』, 파주: 푸른숲.

Kagan, J., 노승영 역(2007), 『정서란 무엇인가』, 서울: 아카넷.

Keltner, D.(2011), 하윤숙 역, 『선의 탄생』, 서울: 옥당.

Kurzweil, R., 정병선 역(2006), 『노화와 질병』, 서울: 이미지박스.

Kymlicka, W., 장동진·장휘·우정열·백성욱 역(2002), 『현대 정치철학의 이해』, 서울: 동명사.

Kymlicka, W., 황민혁 외 1 역(2011), 『다문화주의 시민권』, 서울: 동명사.

Leahy R. L. & Holland, S. J., 조현주·김종남 외 역(2008), 『우울과 불안장애의 치료계획과 개입방법』, 서울: 시그마프레스.

Leif Edvinsson el al., 바른 번역 역(2009), 『기업문화』, 서울: 비즈니스맵.

Maitri, S., 황지연 외 역(2016), 『에니어그램의 영적인 지혜(진정한 '나'는 성격 너머에 있다)』, 서울: 한문화.

Marinoff, L., 이종인 역(2000), 『철학으로 마음의 병을 치료한다』, 서울: 해냄출판사.

Markowitsch, H. J. & Siefer, W., 김현정 역(2010)., 『범인은 바로 뇌다(연쇄 살인자, 사이코패스, 극렬 테러리스트를 위한 뇌 과학의 변론)』, 서울: 알마.

Martiniello, M., 윤진 역(2008), 『현대 사회와 다문화주의』, 서울: 한울아카데미.

Morgan, A., 고미영 역(2015), 『이야기 치료란 무엇인가』, 서울: 청록출판사.

Myers, D. G. & DeWall, C. N.(2015), 신현정·김비아 역, 『마이어스의 심리학』 제11판, 서울: 시그마프레스.

Nicolelis, M.(2012), 김성훈 역, 『뇌의 미래 (인류의 미래를 뒤바꿀 뇌 과학 혁명)』, 파주: 김영사.

Noddings, N. & Brooks, L., 정창우 외 역(2018), 『논쟁 수업으로 시작하는 민주시민교육(비판적 사고와 시민성 교육을 위한 안내서)』, 서울: 풀빛.

Noë, A., 김미선 역(2009), 『뇌 과학의 함정 : 인간에 관한 가장 위험한 착각에 대하여』 파주: 갤리온.

Nussbaum, M., 박용준 역(2013), 『시적 정의 (문학적 상상력과 공적인 삶)』, 서울: 궁리.

Nussbaum, M., 오인영 역(2003), 『나라를 사랑한다는 것: 애국주의와 세계시민주의의 한계 논쟁』, 서울: 삼인.

Oakley, B.(2008), 이종삼 역, 『나쁜 유전자』, 파주: 살림.

O'Toole, M. E., 유지훈 역(2012), 『첫인상은 항상 배신한다』, 파주: 21세기북스.

Pinker, S., 김한영 역(2007), 『마음은 어떻게 작동하는가』, 파주: 동녘사이언스.

Raabe, P. B., 김수배 역(2011), 『철학 상담의 이론과 실제』, 서울: 시그마프레스.

Raines, C. & Ewing, L., 이미정 역(2008), 『사람의 마음을 얻는 소통의 심리학』, 서울: 한국경제신문사.

Reiman, T., 박지숙 역(2009), 『왜 그녀는 다리를 꼬았을까』, 파주: 21세기북스.

Rich, J. R., 정명진 역(2003), 『브레인스토밍 100배 잘하기』, 서울: 21세기북스.

Ridley, M., 김한영 역(2004), 『본성과 양육』, 파주: 김영사.

Rifkin, J., 이경남 역(2010), 『공감의 시대』, 서울: 민음사.

Riso, D. R. & Hudson, R.(2015), 주혜명 역, 『에니어그램의 지혜(나와 세상을 이해하는 아홉 가지 성격 유형)』, 서울: 한문화.

Roland, P., 최수묵 역(2010), 『이웃집 사이코패스 FBI 프로파일러들이 파헤친 연쇄살인범의 심리)』, 서울: 동아일보사.

Root-Bernstein, R. & Root-Bernstein M.(2007), 박종성 역, 『생각의 탄생』, 서울: 에코의서재.

Sacks, J., 서대경 역(2009), 『사회의 재창조』, 서울: 말글빛냄.

Sandel, M. J., 이창신 역(2010), 『정의란 무엇인가』, 파주: 김영사.

Seligman, M. E. P., 마틴 셀리그만, 유진상 역(2008), 『심리학의 즐거움』, 휘닉스.

Shorris, E., 이병곤·임정아 외 역(2006), 『희망의 인문학 (클레멘트 코스 기적을 만들다)』, 서울: 이매진.

Siegel, D., 다니엘 시겔, 이영호·강철민 역(2016), 『쉽게 쓴 대인관계 신경 생물학 지침서: 마음에 대한 통합 안내서』, 서울: 학지사.

Stamm, J. & Spencer, P., 질 스탬, 폴라 스펜서, 김세영 역(2011), 『두뇌 육아』, 서울: 아침나무.

Sternberg, R. J., 김정희 역(2004), 『지혜 지능 그리고 창의성의 종합』, 서울: 시그마프레스.

Sutherland, S., 이세진 역(2008), 『비합리성의 심리학』, 서울: 교양인.

Thomas, M. E.(2014), 김학영 역, 『나 소시오패스(차가운 심장과 치밀한 수완으로 세상을 지배한다)』, 파주: 푸른숲.

Urvan, A., 조희진 역(2007), 『내가 사랑하는 심리학자』, 서울: 말글빛냄.

Wallin, P., 박미낭 역(2007), 『내 안의 말썽쟁이 길들이기』, 서울: 젠북.

Waters, L., 리 워터스, 김은경 역(2019), 『똑똑한 엄마는 강점 스위치를 켠다 (자녀의 미래를 바꾸는 부모의 작은 습관, The Strength Switch)』, 경기: 웅진리빙하우스.

Whitmore, J., 김영순 역(2007), 『성과 향상을 위한 코칭 리더십』, 서울: 김영사.

Wilson, E.(2005), 최재천·장대익 역, 『통섭: 지식의 대 통합』, 서울: 사이언스북스.

Wilson, J., 최원형 역(2003), 『현대교육목적론』, 서울: 원미사.

Woods, D. R., 이우숙 역(2005), 『문제 중심 학습의 원리』, 서울: 현문사.

Wozniak, Robert H. 저, 진영선·한일조 역(2011), 『마음 뇌 심리 : 데카르트에서 제임스 까지』, 서울: 학지사.

Wright J., 이은정 역(2005), 『뉴욕타임스가 선정한 교양』, 서울: 이지북.

국가교육과정정보센터,
http://ncic.go.kr/mobile.kri.org4.inventoryTable.do;jsessionid=BF52A7C5C5FA0
86016FBF8D32E287709(검색: 2019.7.20)
법제처, 국가법령정보센터(http://www.law.go.kr/lsInfoP.do?lsiSeq=61603#0000,
검색: 2019.3.1)
법제처, 국가법령정보센터(http://www.law.go.kr/lsInfoP.do?lsiSeq=205 788&ef
Yd=20190619#0000, 검색: 2019.6.10)
법제처, 국가법령정보센터,
http://www.law.go.kr/lsInfoP.do?lsiSeq=202632&efYd=20180914#0000
(검색: 2019.7.20)
통일부,
http://www.unikorea.go.kr/nkhr/info/invasion/residence/?boardId=bbs_0
000000000000073&mode=view&cntId=51457&category=&pageIdx=
(검색: 2018.3.20)
한국교육개발원
(https://www.hub4u.or.kr/hub/edu/understand.do, 검색: 2019.3.1)
한국민족문화대백과, 한국학중앙연구원(https://terms.naver.com/entry.nhn?doc
Id=548794&cid=46629&categoryId=46629, 검색: 2019.3.2)
https://www.researchgate.net/profile/Diana_Falkenbach/publication/254706581_
The_subtypes_of_psychopathy_and_their_relationship_to_hostile_and_i
nstrumental_aggression/links/5526c7cf0cf2e486ae40c5a7.pdf (검색: 20
16.06.18)
https://www.enneagraminstitute.com/how-the-enneagram-system-works/ (검색: 2016.05.23)
https://theenneagramatwork.com/nine-enneagram-types (검색: 2020.08.07)

Acevedo, A.(2018), "A personalistic appraisal of Maslow's needs theory of motivation: From "humanistic" psychology to integral humanism," *Journal of Business Ethics*, 148(4), 741-763.

Al-Faoury, O. H. & Khwaileh, F.(2014), "The Effect of Teaching CoRT Program No. (4) Entitled "Creativity" on the Gifted Learners' Writings in Ein El-Basha Center for Gifted Students", *Theory and Practice in Language Studies*, 4(11), 2249-2257.

Amin, S., Jumani, N. B., & Mahmood, S. T.(2019), "Conceptual Awareness of Secondary School Teachers Regarding Peace Education: Analysis", *International Journal of Innovation in Teaching and Learning(IJITL)*, 2(1). 1-11.

Angus, L. E., & McLeod, J.(Eds.)(2004), *The handbook of narrative and psychotherapy: Practice, theory and research*, Thousand Oaks, CA: Sage.

Aquino, K. & Reed, I. I.(2002), "The self-importance of moral identity", *Journal of personality and social psychology*, 83(6), 1423-1440.

Aquino, K., McFerran B., & Laven M.(2011), "Moral identity and the experience of moral elevation in response to acts of uncommon goodness", *Journal of Personality and Social Psychology*, 100(4), 703-718.

Aquino, K. et al.(2009), "Testing a social-cognitive model of moral behavior: the interactive influence of situations and moral identity centrality", *Journal of personality and social psychology*, 97(1), 123-141.

Aristotelian, Kristjánsson K.(2015), *Character education*, London: Routledge.

Ashton, M. C. & Lee, Kibeom(2009), "The HEXACO-60 : A short measure of the major dimensions of personality", *Journal of personality assessment*, 91(4), 340-345.

Astin, J. A., Shapiro, S. L., Eisenberg, D. M., & Forys, K. L.(2003), "Mind-body medicine: state of the science, implications for practice", *The Journal of the American Board of Family Practice*, 16(2), 131-147.

Bajaj, M. & Chiu, B.(2009), "Education for sustainable development as peace education", *Peace & Change*, 34(4), 441-455.

Barak, M.(2018), "Are digital natives open to change? Examining flexible thinking and resistance to change", *Computers & Education*, 121, 115-123.

Baron, R. J.(2019), "Digital literacy", In Hobbs, R. & Mihailidis, P.(Eds.), *The international encyclopedia of media literacy*(vol 2), Hoboken: Wiley-Blackwell, 343-349.

Baron, R. & Wagele, E.(2009), *The Enneagram made easy*, New York: Harper Collins.

Barrows, H. S.(1985), *How to design a problem-based curriculum for the preclinical years*, NY: Springer.

Baruth, L. G. & Manning, M. L.(2016), *Multicultural counseling and psychotherapy: A lifespan approach*, Abingdon-on-Thames: Routledge.

Basinger, K. S., Gibbs J. C., & Fuller, D.(1995), "Context and the measurement of moral judgement", *International Journal of Behavioral Development*, 18(3), 537-556.

Beck, A. T. & Dozois, D. J.(2011), "Cognitive therapy: current status and future directions", *Annual review of medicine*, 62, 397-409.

Beck, A. T., & Weishaar, M.(1989), "Cognitive therapy", *Comprehensive handbook of cognitive therapy*, Boston, MA: Springer, 21-36.

Bell, P.(2015), "Moral Reasoning of Pre-Service Teachers: The Effects of Instruction in Moral Development Theory and Instructor Moderated Dilemma Discussion in the Asynchronous Online Classroom", *Doctoral dissertation*.

Bennett, D., Barrett, A., & Helmich, E.(2019), "How to analyse qualitative data in different ways", *The clinical teacher*, 16(1), 7-12.

Bennett, S. & Corrin, L.(2018), "From digital natives to student experiences with technology", *Encyclopedia of Information Science and Technology*(4th edition), Hershey: IGI Global.

Berges, S.(2012), "Virtue as Mental Health: A Platonic Defence of the Medical Model in Ethics", *Journal of Ancient Philosophy*, 6(1), 1-19.

Bettadapura, V.(2012), "Face expression recognition and analysis: the state of the art." arXiv preprint arXiv:1203.6722

Bhawuk, D. PS., Brislin, R.(1992), "The measurement of intercultural sensitivity using the concepts of individualism and collectivism", *International journal of intercultural relations*, 16(4), 413-436.

Bienenfeld, D.(2002), "History of Psychotherapy", In Hersen, M., Sledge W.(Eds.), *Encyclopedia of Psychotherapy*, New York: Academic Press, 925-935.

Biggs, D. A. & Colesante, R. J.(2015), "The Moral Competence Test: An examination of validity for samples in the United States," *Journal of Moral Education*, 44(4), 497-515.

Blasi. A.(1984), "Moral identity: Its role in moral functioning", In Kurtines,

W. M. & Gewirtz, J. L.(Eds.), *Morality, moral behavior, and moral development*, New York: John Wiley & Sons, 128-139.

_____(1993), "The development of identity: Some implications for moral functioning", In Noam, G. G., Wren, T. E., Wren, T.(Eds.), *The moral self*, Cambridge: MIT Press, 99-122.

Boni, A. & Calabuig, C.(2017), "Education for global citizenship at universities: Potentialities of formal and informal learning spaces to foster cosmopolitanism", *Journal of Studies in International Education*, 21(1), 22-38.

Borba, M.(2001), *Building Moral Intelligence: The seven essential virtues that teach kids to do the right thing*, San Francisco: Jossey-Bass.

Boss, JA.(1994), "The anatomy of moral intelligence", *Educational Theory*, 44(4), 399-416.

Braun, J. D., Strunk, D. R., Sasso, K. E., & Cooper, A. A.(2015), "Therapist use of Socratic questioning predicts session-to-session symptom change in cognitive therapy for depression", *Behaviour research and therapy*, 70, 32-37.

Brooks, P. H., Sperber, R. & McCauley, C.(1984), *Learning and cognition in the mentally retarded*, Brighton: Psychology Press.

Brown, D.(2000), *Contemporary Nationalism: Civic, Ethnocultural, and Multicultural Politics*, London: Routledge.

Brugman, D., Basinger, K. S., & Gibbs, J. C.(2007), "Measuring adolescents' moral judgment: an evaluation of the sociomoral reflection measure-short form objective(SRM-SFO)", *65th International Council of Psychologists Conference*. San Diego, USA., 1-28.

Brugman, D., & Aleva, A. E.(2011), "Developmental delay or regression in moral reasoning by juvenile delinquents?", *Journal of Moral Education*, 33(3), 321-338.

Buckley, P. & Doyle, E.(2016), "Gamification and student motivation", *Interactive learning environments*, 24(6), 1162-1175.

Bulger, M. & Davison, P.(2018), "The Promises, Challenges, and Futures of Media Literacy", *Journal of Media Literacy Education*, 10(1), 1 -21.

Bunch, C.(1990), "Women's rights as human rights: Toward a revision of human rights", *Hum. Rts. Q.*, 12, 486-498.

Byrnes, J. P.(2001a), *Cognitive development and learning in instructional contexts*,

Boston: Allyn & Bacon.

Byrnes, J. P.(2001b), *Minds, Brains, and Learning: Understanding the Psychological and Educational Relevance of Neuroscien*, New York: Guilford Publications.

Calhoun, C.(1993), "Nationalism and ethnicity", *Annual review of sociology*, 19(1), 211-239.

Cam, P.(2014), "Philosophy for children, values education and the inquiring society", *Educational Philosophy and Theory*, 46(11), 1203-1211.

Cappello, G.(2019), "Critical Theory Applied to Media Literacy", In Hobbs, R. & Mihailidis, P.(Eds.), *The international encyclopedia of media literacy*, Hoboken: Wiley-Blackwell, 1-9.

Capuzzi, D., & Stauffer, M. D.(2016), *Counseling and psychotherapy: Theories and interventions*, Hoboken, NJ: John Wiley & Sons.

Carhart-Harris, R. L., Bolstridge, M., Day, C. M. J., Rucker, J., Watts, R., Erritzoe, D. E., & Rickard, J. A.(2018), "Psilocybin with psychological support for treatment-resistant depression: six-month follow-up", *Psychopharmacology*, 235(2), 399-408.

Carr, A.(1998), "Michael White's narrative therapy", *Contemporary Family Therapy*, 20(4), 485-503.

Carter, A.(2013), *The political theory of global citizenship*, London: Routledge.

Carter, T.(2018), "Preparing Generation Z for the teaching profession", *SRATE Journal*, 27(1), 1-8.

Chandra, K.(2006), "What is ethnic identity and does it matter?", *Annu. Rev. Polit. Sci.*, 9, 397-424.

Chavez, A. F. & Guido-DiBrito, F.(1999), "Racial and ethnic identity and development", *New directions for adult and continuing education*, 84, 39-47.

Chea, C. C. & Huan, J. T. J.(2019), "Higher Education 4.0 : The Possibilities and Challenges", *Journal of Social Sciences and Humanities*, 5(2), 81-85.

Chen, Y. M., Hsu, T. H., & Lu, Y. J.(2018), "Impact of flow on mobile shopping intention", *Journal of Retailing and Consumer Services*, 41, 281-287.

Cherner, T. S., & Curry, K.(2019), "Preparing Pre-Service Teachers to Teach Media Literacy: A Response to "Fake News", *Journal of Media Literacy Education*, 11(1), 1-31.

Chung, C. H., Shen, C., & Qiu, Y. Z.(2019), "Students' Acceptance of

Gamification in Higher Education", *International Journal of Game-Based Learning(IJGBL)*, 9(2), 1-19.

Clarken, R. H. (2009). "Moral Intelligence in schools". Paper presented at the Annual Meeting of the Michigan Academy of Sciences, Art and Letters, 1-9. https://files.eric.ed.gov/fulltext/ED508485.pdf

Cohen, J. L.(2008), "Rethinking human rights, democracy, and sovereignty in the age of globalization", *Political theory*, 36(4), 578-606.

Cohen, T. R. & Morse, L.(2014), "Moral character: What it is and what it does", *Research in organizational behavior*, 43-61.

Coles, R.(1997), *The moral intelligence of children: How to raise a moral children*, New York: Random house.

Connor, W.(1994), *Ethnonationalism: The quest for understanding*, Princeton University Press.

Cook, V.(2001), *Second Language Learning and Language Teaching*, United Kingdom: Oxford University Press.

Corbin, J. & Strauss, A.(1990), "Grounded Theory Research: Procedures, Canons and Evaluative Criteria", *Zeitschrift für Soziologie*, 19(6), 418-427.

Corey, G.(2009), *Theory and practice of counseling and psychotherapy*, Belmont, CA : Thomson Brooks/Cole.

Cotton, K.(1988), *Classroom questioning*, New Jersey: Northwest Regional Educational Laboratory.

Cowley, G. & Springen, K.(1995), "Rewriting life stories", *Newsweek*, 125(16), 70-74.

Cramer, H., Lauche, R., Paul, A., Langhorst, J., Michalsen, A., & Dobos, G. (2015), "Mind–Body Medicine in the Secondary Prevention of Coronary Heart Disease: A Systematic Review and Meta-analysis", *Deutsches Ärzteblatt International*, 112(45), 759-767.

Credé, M., Tynan, M. C., & Harms, P. D.(2017), "Much ado about grit: A meta-analytic synthesis of the grit literature", *Journal of Personality and social Psychology*, 113(3), 492-546.

Cropley, A.(2011), "Moral issues in creativity", In M.A. Runco & S. R. Pritzker(Eds.), *Encyclopedia of creativity*(2nd ed.), 2, Amsterdam: Elsevier.

Csikszentmihalyi, M., Montijo, M. N., & Mouton, A. R.(2018), "Flow theory: Optimizing elite performance in the creative realm, In Pfeiffer, S. I.,

Shaunessy-Dedrick, E., & Foley-Nicpon M.(Eds.), APA handbooks in psychology", *APA handbook of giftedness and talent*, Washington, DC: American Psychological Association, 215–229, http://dx.doi.org/10.10 37/0000038-014, 215-229(검색일 : 2019. 6. 1).

Csikszentmihalyi, M & Nakamura, J.(2018), "Flow, altered states of consciousness, and human evolution", *Journal of Consciousness Studies*, 25(11-12), 102-114.

Csobanka, Z. E.(2016), "The Z generation", *Acta Technologica Dubnicae*, 6(2), 63-76.

Cua, A. S.(1978), *Dimensions of moral creativity: Paradigms, principles, and ideals*, University Park: Penn State University Press.

Damasio, A.(1994), *Descates' Error*, London: Penguin Books.

Daniels, D. and Price, V.(2009), *The Essential Enneagram: The Definitive Personality Test and Self-Discovery Guide*, New York: Harper Collins.

Davis, D. M. & Hayes, J. A.(2011), "What are the benefits of mindfulness? A practice review of psychotherapy-related research", *Psychotherapy*, 48(2), 198–208.

Darwin, C., Ekman, P. & Prodger, P.(1998), *The expression of the emotions in man and animals,* 3rd ed., London: HarperCollins.

De Bono, E.(1987), *Cort Thinking Program Cort 1 : Breadth/Student Work Cards, Clive*, IA: Debono Thinking Systems.

_____(2008), *Creativity Workout: 62 Exercises to Unlock Your Most Creative Ideas*, NY: Ulysses Press.

_____(2010), *Teach Your Child How To Think*, Penguin Books.

De Groot J. & Leget, C.(2011), "Moral counselling: A method in development", *Journal of Pastoral Care & Counseling*, 65(1). 1-14,

De Groot, J. & Van Hoek, M. EC.(2017), "Contemplative listening in moral issues: Moral counseling redefined in principles and method", *Journal of Pastoral Care & Counseling*, 71(2), 106-113.

D'Errico, F., Paciello, M., Fida R., & Tramontano, C.(2019), "Effect of Affective Priming on Prosocial Orientation through Mobile Application: Differences between Digital Immigrants and Natives", *Acta Polytechnica Hungarica*, 16(2), 109-128.

Dewey, J.(1933), *How we think: A restatement of the relation of reflective thinking to the educative process*(2nd ed.), Boston: D.C. Heath & Company.

_____(1938), *Experience and Education*, New York: Macmillan Publishing Company.

_____(1952), *Democracy and Education*, New York: Macmillan Publishing Company.

Dharmapuri, S.,(2012), "Implementing UN Security Council Resolution 1325 : putting the responsibility to protect into practice", *Global Responsibility to Protect*, 4(2), 241-272.

Dicheva, D., Dichev, C., Agre G., & Angelova, G.(2015), "Gamification in education: A systematic mapping study", *Educational Technology & Society*, 18(3), 75-88.

Dill, J. S. (2007), "Durkheim and Dewey and the challenge of contemporary moral education", *Journal of moral education*, 36(2), 221-237.

Dimidjian, S., Kleiber, B. V., & Segal, Z. V.(2010), "Mindfulness-based cognitive therapy", *Cognitive and behavioral theories in clinical practice*, 307-331.

Dimock, M.(2019), "Defining generations: Where Millennials end and Generation Z begins", *Pew Research Center*, 17, 1-7.

Donnelly, J.(2007), "The relative universality of human rights", *Human rights quarterly*, 29(2), 281-306.

_____(2013), *Universal human rights in theory and practice*, USA: Cornell University Press.

Duckworth, A.(2016), *Grit: The Power of Passion and Perseverance*, New York: Scribner.

Duckworth, A., & Gross, J. J.(2014), "Self-control and grit: Related but separable determinants of success", *Current Directions in Psychological Science*, 23(5), 319-325.

Duckworth, A., Peterson, C., Matthews, M. D., & Kelly, D. R.(2007), "Grit: perseverance and passion for long-term goals", *Journal of personality and social psychology*, 92(6), 1087-1101.

Durkheim, E., translated by D. F. Pocock(1953), "The Determination of Moral Facts", *Sociology and Philosophy*, Glencoe: The Free Press.

_____(1973), *Emile Durkheim on morality and society*, University of Chicago Press.

_____(1973), "Pacifisme et Patriotisme" translated by N. Layne in, *Sociological Inquiry*, 43(2), 99-103.

_____, Translated by E. Fields, Karen(1995), *The Elementary Forms of Religious Life*, New York: The Free Press.

_____(2012), *Moral education,* Courier Corporation.

_____(2013), *Professional ethics and civic morals,* London: Routledge.

Durkheim, E. & Swain, J. W.(2008), *The elementary forms of the religious life*, Courier Corporation.

Duron, R., Limbach, B. & Waugh, W.(2006), "Critical thinking framework for any discipline", *International Journal of Teaching and Learning in Higher Education*, 17(2), 160-166.

Dweck, C.(2016), "What having a "growth mindset" actually means", *Harvard Business Review*, 13, 213-226.

Dweck, C. S. & Yeager, D. S.(2018), "Mindsets Change the Imagined and Actual Future", *The Psychology of Thinking about the Future*, 362, 362-376.

_____(2019), "Mindsets: A View From Two Eras", *Perspectives on Psychological Science*, 14(3), 481-496.

Ekman, P.(1993), "Facial expression and emotion.", *American psychologist*, 48(4), 384-392.

Ekman, P. & Friesen, W.(2003), *Unmasking the Face: A Guide to Recognizing Emotions from Facial Expressions*, MA: MalorBooks.

Ekman, P. & Rosenberg, E. L.(2005), *What the face reveals: Basic and applied studies of spontaneous expression using the Facial Action Coding System(FACS)*, USA: Oxford University Press.

Erskine, N.(2018), *Peace education for children, young people and families*, University of Cumbria & Brathay Trust seminar series.

Etchison, M. & Kleist, D. M.(2000), "Review of narrative therapy: Research and utility", *The Family Journal*, 8(1), 61-66.

Falkenbach, D. M.(2004), The Subtypes of Psychopathy and Their Relationship to Hostile and Instrumental Aggression, Doctoral dissertation, University of South Florida.

Fallon, J.(2013), *The psychopath inside: A neuroscientist's personal journey into the dark side of the brain*, London: Penguin.

Fesmire, S.(2003), *John Dewey and moral imagination: Pragmatism in ethics, Bloomington*, Indiana: Indiana University Press.

Florea, N. M., & Hurjui, E.(2015), "Critical thinking in elementary school children", *Procedia-Social and behavioral sciences*, 180, 565-572.

Foster D. & Black, T. G.(2007), "An Integral Approach to Counseling Ethics", *Counseling and Values*, 51(3), 221-234.

Gainous, J. & Martens, A. M.(2016), "Civic education: do liberals do it better?", *Journal of Political Ideologies*, 21(3), 261-279.

Germer, C.(2004), "What is mindfulness", *Insight Journal*, 22, 24-29.

Germer, C., Siegel, R. D., & Fulton, P. R.(Eds.)(2016), *Mindfulness and psychotherapy*, New York: Guilford Publications.

Ghorbanzadeh, M. & Mardani, N.(2015), "The right to development and globalization theory", *Advances in Environmental Biology*, 9(2), 438-444.

Gilabert, P.(2011), "Humanist and political perspectives on human rights", *Political theory*, 39(4), 439-467.

Gibbs, J. C., Basinger, K. S., Grime, R. L., & Snarey, J. R.(2007), "Moral judgment development across cultures: Revisiting Kohlberg's universality claims", *Developmental Review*, 27(4), 443-500.

Glaser, E. M.(1941), *An experiment in the development of critical thinking* (No. 843), New York: Teachers College.

Glasser, W.(1964), "Reality therapy: A realistic approach to the young offender", *Crime & Delinquency*, 10(2), 135-144.

Glenn, A. L. et al.(2010), "Moral identity in psychopathy", *Judgment and Decision*, 5(7), 497-505.

Goncalves, M. M., Matos, M., & Santos, A.(2009), "Narrative therapy and the nature of innovative moments in the construction of change", *Journal of Constructivist Psychology*, 22(1), 1-23.

Gonçalves, Ó. F.(1994), "Cognitive narrative psychotherapy: The hermeneutic construction of alternative meanings," *Journal of Cognitive Psychotherapy*, 8(2), 105-125.

Gonçalves, Ó. F., & Machado, P. P.(1999), "Cognitive narrative psychotherapy: Research foundations", *Journal of Clinical Psychology*, 55(10), 1179-1191.

Goodhart, M. E.(2003), "Origins and universality in the human rights debates: Cultural essentialism and the challenge of globalization", *Human Rights Quarterly*, 25(4), 935-964.

Goodwin, G. P., Piazza, J., & Rozin, P.(2014), "Moral character predominates in person perception and evaluation," *Journal of personality and social psychology*, 106(1), 148-168.

Gorard, S., Siddiqui, N., & See, B. H.(2015a), "How effective is a summer school for catch-up attainment in English and maths?", *International Journal of Educational Research*, 73, 1-11.

_____(2015b), *Philosophy for Children: Evaluation Report and Executive Summary*, London: Education Endowment Foundation.

Gordon, T.(2003), *Teacher Effectiveness Training: The Program Proven to Help Teachers Bring Out the Best in Students*, New York: Three Rivers Press.

Gordon, W.(1961), *Synectics: The Development of Creative Capacity*, New York: Collier Macmillan.

Graham, J., Haidt, J. & Rimm-Kaufman, S. E.(2008), "Ideology and intuition in moral education", *International Journal of Developmental Science*, 2(3), 269-286.

Grawe, K.(2017), *Neuro psychotherapy: How the neurosciences inform effective psychotherapy*, London: Routledge.

Guibernau, M.(2004), "Anthony D. Smith on nations and national identity: a critical assessment", *Nations and Nationalism*, 10(1-2), 125-141.

Gumru, B. F. & Fritz, J. M.(2009), "Women, peace and security: An analysis of the national action plans developed in response to UN Security Council Resolution 1325", *Societies without Borders*, 4(2), 209-225.

Hackett, J. D., Omoto, A. M. & Matthews, M.(2015), "Human rights: The role of psychological sense of global community", *Peace and Conflict: Journal of Peace Psychology*, 21(1), 47–67.

Hafner-Burton, E. M.(2012), "International regimes for human rights", *Annual Review of Political Science*, 15, 265-286.

Haidt, J.(2003), "The moral emotions", In Davidson, R. J., Scherer, K. R., & Goldsmith, H. H.(Eds.), *Handbook of affective sciences*, Oxford: Oxford University Press, 852-870.

Han, H.(2015), "Virtue ethics, positive psychology, and a new model of science and engineering ethics education", *Science and Engineering Ethics*, 21(2), 441-460.

Han, H., Choi, Y. J., Dawson, K. J., & Jeong, C.(2018), "Moral growth mindset is associated with change in voluntary service engagement", *PloS one*, 13(8), e0202327.

Hanna, P. & Vanclay F.(2013), "Human rights, indigenous peoples and the concept of free, prior and informed consent", *Impact Assessment and Project Appraisal*, 31(2), 146-157.

Hardy, S. A. & Carlo, G.(2011), "Moral identity: What is it, how does it develop, and is it linked to moral action?", *Child Development Perspectives*, 5(3), 212-218.

Hare, R. D., & Neumann, C. S. (2006). "The PCL-R Assessment of Psychopathy: Development, Structural Properties, and New Directions", In C. J. Patrick(Ed.), *Handbook of psychopathy*, New York: The Guilford Press, 58-88.

Hare, R. M.(1981), *Moral Thinking: Its Levels, Method and Point*, Oxford: Oxford University Press.

Hart, D.(2005), "The development of moral identity", *Nebraska symposium on motivation*, Vol. 51, In Carlo, G., Edwards, C. P.(Eds.), *Moral Motivation Through the Life Span*, US: University of Nebraska Press, 165-196.

Hartley, J.(1998), *Learning and studying: A Research Perspective*, London: Routledge.

Herring, B.(2002), "A Basic Set of Core Ethical Guidelines For Addiction Treatment Professionals", *Counselor: The Magazine for Addiction Professionals*, March/April 2002, https://www.billherring.com/basic-set-core-ethical-guidelines-addiction-tre atment-professionals (검색일: 2015. 04. 02.)

Higgins, S. & Novelli, M.(2018), "The potential and pitfalls of peace education: a cultural political economy analysis of the emerging issues teacher education curriculum in Sierra Leone", *Asian Journal of Peacebuilding*, 29-53.

Hochanadel, A., & Finamore, D.(2015), "Fixed and growth mindset in education and how grit helps students persist in the face of adversity", *Journal of International Education Research*, 11(1), 47-50.

Hogan R.(1973), "Moral conduct and moral character: a psychological perspective", *Psychological bulletin*, 79(4), 217-232.

Hopgood, S.(2013), *The endtimes of human rights*, NY: Cornell University Press. HUMAN RIGHTS WATTCH(2017), *WORLD REPORT*, USA. ttps://www.hrw.org/sites/default/files/world_report_download/wr2017-web.pdf (검색 : 2018.1.2)

Huß, S.(2004), Resolution 1325 on Women, *Peace and Security*, 1-18.

Iacoboni, M. & Dapretto, M(2006), "The mirror neuron system and the consequences of its dysfunction", *Nature Reviews Neuroscience*, 7(12), 942-951.

Jaeger, A.(2018), *Designing Civic Education for Diverse Societies: Models, Tradeoffs,* and Outcomes, Migration Policy Institute Europe.

Joyce, P. & Sills, C.(2018), *Skills in Gestalt counselling & psychotherapy*, Thousand Oaks, CA: Sage.

Jung, K., & Dalton, B.(2006), "Rhetoric versus reality for the women of North Korea: Mothers of the revolution", *Asian Survey*, 46(5), 741-760.

Kaplan, D. M.(2006), "Paul Ricoeur and the philosophy of technology." *Journal of French and Francophone Philosophy*, 16(1/2), 42-56.

Karacay, G.(2018), "Talent development for Industry 4.0", *Industry 4.0 : Managing The Digital Transformation*, Berlin & Heidelberg: Springer, 123-136.

Kardaras, N.(2016), "Generation Z: Online and at Risk?", *Scientific American Mind*, 27(5), 64-69.

Keating, L. A. & Heslin, P. A.(2015), "The potential role of mindsets in unleashing employee engagement", *Human Resource Management Review*, 25(4), 329-341.

Kedourie, E.(2012), *Nationalism*, Oxford and Cambridge. Hoboken, NJ: Wiley-Blackwell.

Kenrick, D. T. & Krems, J. A.(2018), "Well-being, self-actualization, and fundamental motives: An evolutionary perspective", In Diener, E., Oishi, S., & Tay L.(Eds.), *Handbook of well-being*, Salt Lake City, UT: DEF Publishers.

Kim, E., Yun, M., Park, M., & Williams, H.(2009), "Cross border North Korean women trafficking and victimization between North Korea and China: An ethnographic case study", *International Journal of Law, Crime and Justice*, 37(4), 154-169.

Kim, H. A.(2016), "Meta-analytic Review on the Mental Health among the North Korean Refugees in South Korea (Depression and Post-Traumatic Stress Disorder)", 『한국위기관리논집』, 12, 105-124.

Kirchgasler, C. (2018), "True grit? Making a scientific object and pedagogical tool", *American Educational Research Journal*, 55(4), 693-720.

Kirchmayer, Z. & Fratričová, J.(2018), "What motivates generation Z at work? Insights into motivation drivers of business students in Slovakia", *Proceedings of the Innovation management and education excellence through vision 2020*, 6019-6030.

Klinker, J. F. & Hackmann D. G.(2004), "An analysis of principals' ethical decision making using Rest's four component model of moral behavior", *Journal of School Leadership*, 14(4), 434-456.

Knowles, R. T., Torney-Purta, J. & Barber, C.(2018), "Enhancing citizenship learning with international comparative research: Analyses of IEA civic education datasets", *Citizenship Teaching & Learning*, 13(1), 7-30.

Kohlberg, L.(1958), The Development of Modes Of Moral Thinking And Choice In The Years Ten To Sixteen, Unpublished Ph.D Thesis, University of Chicago.

Kozol, J.(2011), *On Being a Teacher*, London: One world Publications.

Kusuma, A. J.(2015), "The Issue of Human Rights Violation Towards Rohingnya Ethnic Group and the Role of International Community", *Proceeding Of The International Seminar and Conference on Global Issues*, 1(1), 16-23.

Kuyken, W., Watkins, E., Holden, E., White, K., Taylor, R. S., Byford, S., & Dalgleish, T.(2010), "How does mindfulness-based cognitive therapy work?", *Behaviour research and therapy*, 48(11), 1105-1112.

Lahav, R. & Tillmanns, M.(1995), *Essays on philosophical counseling*, Lanham: University Press of America.

Lam, C.(2013), *Childhood, philosophy and open society: Implications for education in Confucian heritage cultures*, Dordrecht: Springer Science & Business Media.

Lapsley, D. K., & Stey, P. C.(2008), "Moral self-identity as the aim of education", In Nucci, L., Krettenauer T., & Narváez, D.(Eds.), *Handbook of moral and character education*, USA: Routledge, 30-52.

Lardén, M., et al.(2006), "Moral judgement, cognitive distortions and empathy in incarcerated delinquent and community control adolescents", *Psychology, Crime & Law*, 12(5), 453-462.

Latzko, B. & Malti, T.(Eds.).(2010), *Children's Moral Emotions and Moral Cognition: Developmental and Educational Perspectives*, San Francisco: Jossey-Bass.

Lewis, B.(2011), "Narrative and psychiatry", *Current opinion in psychiatry*, 24(6), 489-494.

Lipman, M.(1987), "Ethical reasoning and the craft of moral practice", *Journal of Moral Education*, 16(2), 139-147.

_____(1995), "Moral education higher-order thinking and philosophy for children", *Early Child Development and Care*, 107(1), 61-70.

_____(2017), "The Institute for the Advancement of Philosophy for Children (IAPC) program", *History, Theory and Practice of Philosophy for Children*, London: Routledge, 3-11.

Lind, G.(2008), "Teaching students to speak up and listen to others: fostering moral-democratic competencies", *Doing democracy: striving for political literacy and social justice*, New York: Peter Lang, 319-335.

Lopes, R. T., Gonçalves, M. M., Machado, P. P., Sinai, D., Bento, T., & Salgado, J.(2014), "Narrative Therapy vs. Cognitive-Behavioral Therapy for moderate depression: Empirical evidence from a controlled clinical trial", *Psychotherapy Research*, 24(6), 662-674.

Loudon, J.(2013), *Clinical Mechanics and Kinesiology*, United States: Human Kinetics.

Loveland, E.(2017), "Instant generation", *Journal of college admission*, 235, 34-38.

Lukes, S. (1985), *Emile Durkheim, his life and work: a historical and critical study*, Stanford University Press.

Lysaker, P. H. & Lysaker, J. T.(2001), "Schizophrenia and the collapse of the dialogical self: Recovery, narrative and psychotherapy", *Psychotherapy: Theory, Research, Practice, Training*, 38(3), 252-261.

Machado, P. P. & Gonçalves, Ó. F.(1999), "Introduction: Narrative in psychotherapy: the emerging metaphor", *Journal of Clinical Psychology*, 55(10), 1175-1177.

Magill, R. A. & Anderson, D.(2007). *Motor learning and control: Concepts and applications*. Vol. 11, New York: McGraw-Hill.

Majuri, J., Koivisto J., & Hamari J.(2018), "Gamification of education and learning: A review of empirical literature", *Proceedings of the 2nd International GamiFIN Conference(GamiFIN 2018)*, 11-19.

Malti, T., Gasser, L., & Gutzwiller-Helfenfinger E.(2010), "Children's interpretive understanding, moral judgments, and emotion attributions: Relations to social behaviour", *British Journal of Developmental Psychology*, 275-292.

Manzo, J., & Hinitz, B.(2018), "Maria Montessori's legacy: Twenty-first-century peace education", *The College of New Jersey Journal of Student Scholarship*, 1-11.

Marchetta, J., Masiello, M., & Rosenblatt, M.(2018), "Preferences and Learning Behaviors of Digital Natives", *Proceedings of the Northeast Business & Economics Association*, 193-195.

Marinoff, L.(2003), *The Big Questions: How Philosophy Can Change Your Life*, New York: Bloomsbury.

Marquardt, M. J.(1999), *Action learning in action*, Palo Alto, CA: Davies-Black.

Marquis, A. & Elliot, A.(2015), "Integral psychotherapy in practice, Part 2 :

Revisions to the metatheory of Integral Psychotherapy based on therapeutic practice", *Journal of Unified Psychotherapy and Clinical Science*, 3(1), 1-40.

Martin, M. W.(2006), *From Morality to Mental Health: Virtue and Vice in a Therapeutic Culture*, Oxford: Oxford Scholarship.

_____(2006), "Moral creativity", *International Journal of Applied Philosophy*, 20(1), 55-66.

_____(2006), "Moral creativity in science and engineering", *Science and engineering ethics*, 12(3), 421-433.

Maslow, A. H.(1971), *The Father Reaches of Human Nature*, London: Penguin books.

Mavroudi, E.(2008), "Palestinians and pragmatic citizenship: Negotiating relationships between citizenship and national identity in diaspora", *Geoforum*, 39(1), 307-318.

Mazower, M(2004). "The Strange Triumph of Human Rights, 1933-1950", *The Historical Journal*, 47(2), 379-398.

McFerran, B., Aquino, K., & Duffy, M.(2010), "How personality and moral identity relate to individuals' ethical ideology", *Business Ethics Quarterly*, 35-56.

McLane, G. Y.(2013), "Escape from North Korea: Economic and Cultural Determinants of Female Refugee Migration Patterns Into China", thesis.haverford.edu(검색 : 2018.1.2.)

McNeel, S. P.(1994), "College teaching and student moral development", In Rest, J. R., et al.(Eds.), *Moral development in the professions: Psychology and applied ethics*, UK: Psychology Press, 27-50.

McRae, J.(2004), "Scratching beneath the phenomena: P4C as the practice of comparative philosophy", *Thinking: The Journal of Philosophy for Children*, 17, 30-36.

Meena, A. K.(2017), "Globalization and Human Rights", In Sieh E., McGregor J.(Eds), *Human Dignity*, (London: Palgrave Macmillan, 53-60.

Mehrabian, A. & Epstein, N.(1972), "A measure of emotional empathy 1", *Journal of personality*, 40(4), 525-543.

Nickerson, S. D.(2014), "Brain Abnormalities in Psychopaths: A Meta-Analysis", *North American Journal of Psychology*, 16(1), 63-77.

Miller, W. W.(2002), *Durkheim, morals and modernity,* London: Routledge.

Mitias, L. M.(2004), "P4C: Philosophy—Process, Perspective, and Pluralism—for Children", *Thinking: The Journal of Philosophy for Children*, 17(1/2), 17-23.

Moberg, D. J. & Seabright, M. A.(2000). "The development of moral imagination". *Business ethics quarterly*, 10(4), 845-884.

Morais, D. B. & Ogden, A. C.(2011), "Initial development and validation of the global citizenship scale", *Journal of studies in international education*, 15(5), 445-466.

Moreira, P., Beutler, L. E., & Gonçalves, Ó. F.(2008), "Narrative change in psychotherapy: Differences between good and bad outcome cases in cognitive, narrative, and prescriptive therapies", *Journal of clinical psychology*, 64(10), 1181-1194.

Mouritsen, P., & Jaeger, A.(2018), "Designing Civic Education for Diverse Societies: Models, Tradeoffs, and Outcomes", *Migration Policy Institute Europe*.

Myyry, L., et al.(2003), "Components of morality: A professional ethics perspective on moral motivation, moral sensitivity, moral reasoning and related constructs among university students", *Social psychological studies*, 9, 1-131.

Narvaez, D.(2011), "Neurobiology, moral education and moral self-authorship", In de Ruyter, D. & Miedema, S.(Eds.), *Moral education and development: A lifetime commitment*, Rotterdam: Sense Publishers, 31-44.

_____(2013), "Neurobiology and moral mindsets", In Heinrichs, K., Oser, F., & Lovat, T.(Eds.), *Handbook of moral motivation: Theories, models, applications, Rotterdam*, Netherlands: Sense Publishers.

Neenan, M.(2009), "Using Socratic questioning in coaching", *Journal of rational-emotive & cognitive-behavior therapy*, 27(4), 249-264.

Ng, B.(2018), "The neuroscience of growth mindset and intrinsic motivation", *Brain sciences*, 8(2), 20.

Noddings, N.(2008), "Caring and peace education", *Encyclopedia of peace education*, 87-91.

Nucci, L., Krettenauer, T. & Narváez, D.(Eds.)(2014), *Handbook of moral and character education*, London: Routledge.

Nupponen, R.(1998), "What is counseling all about—: Basics in the counseling of health-related physical activity", *Patient education and counseling*, 33, S61-S67.

Osler, A.(2015), "Human rights education, postcolonial scholarship, and action for social justice", *Theory & Research in Social Education*, 43(2), 244-274.

Park, C. B.(2012), "challenges and social integration policy in Germany", 『유럽연구』, 30(2), 347-378.

Park, D., Yu, A., Baelen, R. N., Tsukayama, E., & Duckworth, A. L.(2018), "Fostering grit: Perceived school goal-structure predicts growth in grit and grades", *Contemporary Educational Psychology*, 55, 120-128.

Park, J., Catani, C., Hermenau, K., & Elbert, T.(2019), "Exposure to family and organized violence and associated mental health in north Korean refugee youth compared to south Korean youth", *Conflict and health*, 13(46). 1-12.

Park, K. A. (2011), "Economic crisis, women's changing economic roles, and their implications for women's status in North Korea", *The Pacific Review*, 24(2), 159-177.

Paul, R. & Elder, L.(2007), "Critical thinking: The art of Socratic questioning", *Journal of developmental education*, 31(1), 34-37.

Perkins-Gough, D.(2013), "The significance of grit: A conversation with Angela Lee Duckworth", *Educational Leadership*, 71(1), 14-20.

Perls, F. S. & Andreas, S.(1969), *Gestalt therapy verbatim*, Lafayette, CA: Real People Press.

Phinney, J. S.(1992), "The multigroup ethnic identity measure: A new scale for use with diverse groups", *Journal of adolescent research*, 7(2), 156-176.

Phinney, J. S., & Ong, A. D.(2007), "Conceptualization and measurement of ethnic identity: Current status and future directions", *Journal of counseling Psychology*, 54(3), 271.

Pickering, W. S. F.(1995), "Durkheim and moral education for children: a recently discovered lecture", *Journal of Moral Education*, 24(1), 19-36.

Pontes, A. I., Henn, M. & Griffiths, M. D.(2019), "Youth political (dis) engagement and the need for citizenship education: Encouraging young people's civic and political participation through the curriculum", *Education, Citizenship and Social Justice*, 14(1), 3-21.

Power, M.(2010), *Emotion-Focused Cognitive Therapy*, Hoboken, NJ: Wiley-Blackwell.

Prensky, M.(2001), "Digital natives, digital immigrants", *On the horizon*, 9(5), United Kingdom: MCB University Press, 1-6.

Prus, R.(2011), "Examining community life in the making: Emile Durkheim's Moral Education", *The American Sociologist*, 42(1), 56-111.

Ramsey, S. J.(2003), "Reflecting on the future: Education in the third millennium", *Curriculum and Teaching Dialogue*, 5(2), 123-130.

Rashid, T.(2015), "Positive psychotherapy: A strength-based approach", *The Journal of Positive Psychology*, 10(1), 25-40.

Raz, J.(2015), "Human rights in the emerging world order", *Transnational Legal Theory*, 1(1), 31-47.

Reed, I. I. & Aquino, K. F.(2003), "Moral identity and the expanding circle of moral regard toward out-groups", *Journal of personality and social psychology*, 84(6), 1270-1286.

Reimers, F. M.(2018), "Education for a democratic and cosmopolitan future", *Learning to Collaborate for the Global Common Good*, 23-48.

Rest, J.(1979), *Development in judging moral issues*, Minneapolis, MN: University of Minnesota Press.

Rest, J. et al(1999). "A neo-Kohlbergian approach: The DIT and schema theory", *Educational Psychology Review*, 11(4), 291-324.

Rest, J. R., Narvaez, D., Thoma, S. J., & Bebeau, M. J.(1999), "DIT2 : Devising and testing a revised instrument of moral judgment", *Journal of educational psychology*, 91(4), 644-659.

Reynolds, S. J., & Ceranic, T. L.(2007), "The effects of moral judgment and moral identity on moral behavior: an empirical examination of the moral individual", *Journal of Applied Psychology*, 92(6), 1610-1624.

Rhew, E., Piro, J. S., Goolkasian, P., & Cosentino, P.(2018), "The effects of a growth mindset on self-efficacy and motivation", *Cogent Education*, 5(1), DOI: 10.1080/2331186X.2018.1492337.

Richter, M.(1958), "Professional Ethics and Civic Morals. by Emile Durkheim, Cornelia Brookfield", *American Sociological Review*, 23(6), 743-745.

Riessman, C. K. & Speedy, J.(2007), "Narrative inquiry in the psychotherapy professions", *Handbook of narrative inquiry: Mapping a methodology*, 426-456.

Riso, D. R. & Hudson, R.(1999), *The wisdom of the Enneagram: The complete guide to psychological and spiritual growth for the nine personality types*, New York: Bantam.

Roberts, E. et al.(1999), "The structure of ethnic identity of young adolescents from diverse ethnocultural groups", *The Journal of Early Adolescence*, 19(3), 301-322.

Roberts, R. E., Phinney, J. S., & Masse, L. C.(1999), "The Structure of Ethnic

Identity in Young Adolescents from Diverse Ethnocultural Groups." *Journal of Early Adolescence*, 19, 301-322.

Rodgers, C.(2002), "Defining reflection: Another look at John Dewey and reflective thinking", *Teachers college record*, 104(4), 842-866.

Rohr, R. & Ebert, A.(2001), *The enneagram: A Christian perspective*, New York: Crossroad Publishing Company.

Rorty, R.(1993), "Human rights, rationality, and sentimentality", *Wronging Rights?: Philosophical Challenges for Human Rights*, London: Routledge, 1-34.

Ryan, K.(1988), "Teacher Education and Moral Education", *Journal of Teacher Education*, 39(5), 18-23.

Santos, W. O., Bittencourt, I. I., Isotani, S., Dermeval, D., Marques, L. B., & Silveira, I. F.(2018), "Flow Theory to Promote Learning in Educational Systems: Is it Really Relevant?", *Brazilian Journal of Computers in Education*, 26(02), 29-59.

Sawyer, R. K.(2011), *Explaining creativity: The science of human innovation*, Oxford, England: Oxford University Press.

Schertz, M.(2007), "Avoiding 'passive empathy' with Philosophy for Children", *Journal of Moral Education*, 36(2), 185-198.

Schleicher, A.(Eds.)(2012), *Preparing teachers and developing school leaders for the 21st century : Lessons from around the world*, Paris, France: OECD Publishing.

Schmidt, R. A. & Lee, T.(1988), *Motor control and learning*, United States: Human Kinetics.

Schulz, W., Ainley, J., Fraillon, J., Losito, B., Agrusti, G. & Friedman, T.(2018), "Introduction to the International Study of Civic and Citizenship Education", *Becoming Citizens in a Changing World*, Cham: Springer, 1-20.

Schwieger, D. & Ladwig C.(2018), "Reaching and retaining the next generation: Adapting to the expectations of Gen Z in the classroom", *Information Systems Education Journal*, 16(3), 45-54.

Scull, T. M. et al.(2018), "Examining the efficacy of an mHealth media literacy education program for sexual health promotion in older adolescents attending community college", *Journal of American College Health*, 66(3), 165-177.

Seaborn, K. & Fels, D. I.(2015), "Gamification in theory and action: A survey", *International Journal of human-computer studies*, 74, 14-31.

Seifi, G. M., Shaghaghi, F., & Kalantari, M. S.(2011), "Efficacy of philosophy for children program(P4C) on self-esteem and problem solving abilities of girls", *Journal of Applied Psychology*, 5(2), 66-83.

Seligman, M. E.(2018), "Positive Psychology: A Personal History", *Annual review of clinical psychology*, 15, 1-23.

Seligman, M. E., Rashid, T., & Parks, A. C.(2006), "Positive psychotherapy", *American psychologist*, 61(8), 774-788.

Seligman, M. E., Steen, T. A., Park, N., & Peterson, C.(2005), "Positive psychology progress: empirical validation of interventions", *American psychologist*, 60(5), 410-421.

Shilling, C. & Mellor, P. A.(1998), "Durkheim, morality and modernity: collective effervescence, homo duplex and the sources of moral action", *British Journal of Sociology*, 193-209.

Shulman, B. H.(1985), "Cognitive therapy and the individual psychology of Alfred Adler", *Cognition and psychotherapy*, Boston, MA: Springer, 243-258.

Skinner, H., Sarpong, D., & White, G. R.(2018), "Meeting the needs of the Millennials and Generation Z: gamification in tourism through geocaching", *Journal of Tourism Futures*, 4(1), 93-104.

Smith, A.(1759), *The Theory of Moral Sentiments*, Reprinted in Raphael D. D. & Macfic A. L.(Eds.), Oxford: Oxford University Press.

Smith, A. D.(1991), *National Identity*, London: Penguin.

_____(2010), *Nationalism*, Cambridge: Polity Press

_____(2002), "When is a nation", *Geopolitics*, 7(2): 5-32.

Smith, E. E., Kahlke, R., & Judd, T.(2018), "From digital natives to digital literacy: Anchoring digital practices through learning design", In Campbell, M., Willems, J., Adachi, C., et al.(Eds.), *Open Oceans: Learning without borders*, Proceedings ASCILITE 2018 Geelong, 510-515.

Sobel, D. S.(2000), "The cost-effectiveness of mind-body medicine interventions", *Progress in brain research*, 122, 393-412.

Spano, Robert(2014), "Universality or diversity of human rights? Strasbourg in the age of subsidiarity", Human Rights Law Review, 14(3), 487-502.

Sternberg, R. J.(2003), *Wics (A Theory of Wisdom, Intelligence, and Creativity Synthesized)*, New York: Cambridge University Press.

Sternberg, R. J. & Lubart T. I.(1996), "Investing in creativity", *American psychologist*, 51(7), 677–688.

Stevens, K. P. & Nies, M. A.(2018), "Transforming nursing education in a 140-character world: The efficacy of becoming social", *Journal of Professional Nursing*, 34(1), 31-34.

Stevenson, S. F., Hall, G., & Innes, J. M.(2004), "Rationalizing criminal behaviour: The influence of criminal sentiments on sociomoral development in violent offenders and nonoffenders", *International Journal of Offender Therapy and Comparative Criminology*, 48(2), 161-174.

Stockham, M. K. & Lind, M.(2018), "Digital Natives, Work Values, and Computer Self Efficacy", *International Journal of Strategic Information Technology and Applications(IJSITA)*, 9(1), 1-22.

Struthers, A. E.C.(2015), "Human rights education: Educating about, through and for human rights", *The International Journal of Human Rights*, 19(1), 53-73.

Suh, B. H.(2016), *North Korean Human Rights: Crafting a More Effective Framework*, Seoul: IPUS.

Tappan, M. B.(2006). "Mediated moralities: Sociocultural approaches to moral development", In Killen M. & Smetana J. G.(Eds.), *Handbook of moral development*, New Jersey: Lawrence Erlbaum Associates Publishers, 351–374.

Tarry, H. & Emler, N.(2007), "Attitudes, values and moral reasoning as predictors of delinquency", *British Journal of Developmental Psychology*, 25(2), 169-183.

Teper, R., Zhong, C. B., & Inzlicht, M.(2015), "How emotions shape moral behavior: Some answers (and questions) for the field of moral psychology", *Social and Personality Psychology Compass*, 9(1), 1-14.

Terry, S.(2008), *Learning and Memory*, Boston: Addison-Wesley.

Thomas, S. A.(1977), "Theory and practice in feminist therapy", *Social Work*, 22(6), 447-454.

Tibbitts, F(2017). "Evolution of human rights education models." In Bajaj, M. & Flowers, N.(Eds.), *Human rights education: Theory, research, praxis*, Philadelphia: University of Pennsylvania Press, 69-95.

Triandafyllidou, A.(1998), "National identity and the other", *Ethnic and racial studies*, 21(4), 593-612.

Tripathi, N.(2018), "A valuation of Abraham Maslow's theory of self-actualization for the enhancement of quality of life", *Indian Journal of Health and Wellbeing*, 9(3), 499-504.

Turiel, E.(2002), *The culture of morality: Social development, context, and conflict*, Cambridge University Press.

Twenge, J. M.(2017), *IGen, Why today's super-connected kids are growing up less rebellious, more tolerant, less happy-and completely unprepared for adulthood-and what that means for the rest of us*, New York: Simon and Schuster.

Twiss, S. B.(2004), "History, human rights, and globalization", *Journal of Religious Ethics*, 32(1), 39-70.

Valasek, K. & Nelson, K.(2006), "Securing equality engendering peace: a guide to policy and planning on women peace and security (UN SCR 1325)".

Van Roy, R. & Zaman, B.(2018), "Need-supporting gamification in education: An assessment of motivational effects over time", *Computers & Education*, 127, 283-297.

Vansieleghem, N., & Kennedy, D.(2011), "What is philosophy for children, what is philosophy with children—After Matthew Lipman?", *Journal of Philosophy of Education*, 45(2), 171-182.

Veugelers, W. & de Groot, I.(2019), "Theory and Practice of Citizenship education", In W. Veugelers(Ed.), Education for Democratic Intercultural Citizenship, Leiden: Brill Sense, 14-41.

Wall, J.(2005), *Moral creativity: Paul Ricoeur and the poetics of possibility*, New York: Oxford University Press.

Wallis, J., Burns, J., & Capdevila, R.(2011), "What is narrative therapy and what is it not? The usefulness of Q methodology to explore accounts of White and Epston's (1990) approach to narrative therapy", *Clinical Psychology & Psychotherapy*, 18(6), 486-497.

Wampold, B. E.(2010), "The research evidence for the common factors models: A historically situated perspective", In Duncan, B. L., Miller, S. D., Wampold, B. E., & Hubble, M. A.(Eds.), *The heart and soul of change: Delivering what works in therapy*, Washington, DC: American Psychological Association, 49-81.

Watson, L.(2019), "Educating for inquisitiveness: A case against exemplarism for intellectual character education", *Journal of Moral Education*, 303-315.

Webster's New World Editors(1997), *Webster's New World College Dictionary* (3rd Edition), Hoboken, NJ: Wiley Publishing, Inc..

Westheimer, J.(2019), "Civic Education and the Rise of Populist Nationalism", *Peabody Journal of Education*, 94(1), 4-16.

White, C. & Denborough, D.(1998), *Introducing narrative therapy, a collection of practice based writings*, Adelaide, South Australia: Dulwich Centre Publications.

White, A. N.(2018), "Socratic Questioning in Adlerian Psychology", *Counselling Methodologies-Psychodynamic and Humanistic Modalities (PSYC 6153)*, Yorkville University.

White, M. & Epstone, D.(1990), *Narrative means to therapeutic ends*, New York: Norton.

Willett, S.(2010), "Introduction: Security Council Resolution 1325 : assessing the impact on women, peace and security", *International Peacekeeping*, 17(2), 142-158.

Williams, K. R.(2010), "An assessment of moral and character education in initial entry training(IET)", *Journal of Military Ethics*, 9(1), 41-56.

Wilson, J.(1972), "Mental Health as an aim of Education", In R. F. Dearden, P. H. Hirst, & R. S. Peters(Eds.), *Education and the development of reason*, London and Boston: Routledge & Kegan Paul, 85-94.

Wright, S. & Sayre-Adams, J.(2007), "Who do you think you are?", *Nursing Standard*, 21(32), 20-23.

Yang, Y. T. C., Newby, T. J., & Bill, R. L.(2005), "Using Socratic questioning to promote critical thinking skills through asynchronous discussion forums in distance learning environments", *The American Journal of Distance Education*, 19(3), 163-181.

Yeager, D. S., Romero, C., Paunesku, D., Hulleman, C. S., Schneider, B., Hinojosa, C., et al.(2016), "Using design thinking to improve psychological interventions: The case of the growth mindset during the transition to high school", *Journal of Educational Psychology*, 108(3), 374-391.

YU, A.(2011), "The Practice and Theory of Supernatural Virtues in Ethical Counseling", *Philosophy and Culture*, 38(1), 19-37.

Zhou, Q.(2011), "On Thoughts of Socrates about Virtue in Menon and Whether Virtue is Teachable", *Canadian Social Science*, 7(2), 138-140.

중, 고등학교 교사와 연세대학교 교육대학원 특임교수로 근무하였고, 현재는 서울교육대학교 윤리교육과 교수로 재직하고 있다.

대표적인 저서로는 ≪뇌 신경과학과 도덕교육≫(2020세종도서(학술)), 역서로는 ≪어린이 도덕교육의 새로운 관점≫(공역)(2019세종도서(학술)), 논문으로는 〈초등 도덕과 교육과정에서 민주시민교육을 위한 지속가능발전교육(ESD)의 과제〉, 〈AI 도덕성 신화와 그 실제 : 기계의 인간 도덕 능력 모델링 가능성과 한계〉, 〈도덕교육신경과학, 그 가능성과 한계 : 과학화와 신화의 갈림길에서〉, 〈사이코패스(Psychopath)에 대한 신경생물학적 이해와 치유 및 도덕 향상으로서의 초등도덕교육〉, 〈복잡계와 뇌과학으로 바라본 인격 특성과 도덕교육의 패러다임 전환〉, 〈언어분석과 윌슨의 도덕성 요소에 관한 연구〉 등 다수가 있다.

저자는 도덕교육, 도덕심리, 도덕교육신경과학, 윤리상담, 통일교육, 도덕철학, 인성교육, 민주시민교육, 통일인성교육, 인공지능윤리, 평화교육 등에 관심을 갖고 연구하고 있다.

통일교육학:
그 이론과 실제

초판인쇄 2020년 10월 30일
초판발행 2020년 10월 30일

지은이 박형빈
펴낸이 채종준
펴낸곳 한국학술정보㈜
주소 경기도 파주시 회동길 230(문발동)
전화 031) 908-3181(대표)
팩스 031) 908-3189
홈페이지 http://ebook.kstudy.com
전자우편 출판사업부 publish@kstudy.com
등록 제일산-115호(2000. 6. 19)

ISBN 979-11-6603-150-2 93370